— 하 —
## 중국공산당역사
1966년 5월~1976년 10월

## 중국공산당역사(전3권)

**1판 1쇄 인쇄일** _ 2014년 7월 10일
**1판 1쇄 발행일** _ 2014년 7월 20일
**지은이** _ 중국공산당중앙당사연구실
**옮긴이** _ 홍순도 · 홍광훈
**펴낸이** _ 김정동
**펴낸곳** _ 서교출판사

**주소** _ 서울특별시 마포구 합정동 371-4 (덕준빌딩 2층)
**전화** _ 02 3142 1471
**팩스** _ 02 6499 1471
**등록번호** _ 제2-1260
**등록일** _ 1991. 9. 11

**이메일** _seokyodong1@naver.com
**홈페이지** _ http://cafe.naver.com/seokyobooks

**ISBN** _ 978-89-88027-81-3 04910
       978-89-88027-00-4 04910 (세트)


이 책의 한국어판 저작권은 중국의 民族出版社, 中共堂史出版社와의 독점 계약으로
서교출판사에 있습니다. 저작권법에 따라 한국 내에서 보호를 받는 저작물이므로
무단전재와 무단복제를 금합니다.

잘못된 책은 구입처에서 교환해 드립니다.

-하-
# 중국공산당역사

서교출판사

# 목 차

《중국공산당역사》 한국어판 서문

## 제20장 '문화대혁명'의 발동 • 17
### 1. 문화대혁명의 도화선 • 18
부대문예사업좌담회 요지 • 23
펑전. 뤄루이칭(羅瑞卿), 루딩이, 양상쿤(楊尙昆) 사건 • 26
### 2. 5월에 열린 중앙정치국확대회의와 '문화대혁명'의 발동 • 29
5월에 열린 중앙정치국확대회의와 5·16통지 • 29
혼란스러운 국면의 출현과 공작조를 파견하는 문제에서의 의견 차이 • 33
### 3. 당중앙위원회 제8기 제11차 전원회의와 '16개조' • 41
### 4. '문화대혁명'의 급속한 확산 • 47
홍위병 운동의 흥기와 대연계 • 47
'자산계급 반동 노선에 대한 비판'과 그것이 초래한 부정적 결과 • 50
경제 분야로 확산되는 '문화대혁명' • 56

## 제21장 전면적 권력 탈취에서 9차 당대회까지 • 65
### 1. 전면적 권력 탈취로 초래된 천하 대란 • 66
상하이에서 일어난 '1월의 권력 탈취' 사건 • 66
전국적인 내란 국면 형성 • 70
### 2. 동란을 반대한 중앙지도층의 항쟁 • 73
급격히 승격된 전국적 내란 • 73
혼란을 반대한 정의적 항쟁 • 76
'3지 2군'과 정세를 안정시키기 위한 기본적 조치 • 80
### 3. 전면적 내전과 상황을 통제하기 위한 노력 • 83
우한 '7 20'사건과 전면적 내전 • 83
장강 남북을 시찰하면서 한 마오쩌둥의 담화 • 89
'우경번안'과 '반우경번안' • 92
중앙의 강제적 조치로 무단 투쟁을 제지 • 95

각 성, 직할시, 자치구에서 혁명위원회 설립 • 99
4. 당의 제9차 전국대표대회 • 102
확대된 당중앙위원회 제8기 제12차 전원회의와
류사오치의 억울한 사건 • 102
중국공산당 제9차 전국대표대회의 소집과
'무산계급 독재에서의 계속 혁명의 이론' 확립 • 109

## 제22장 '투쟁, 비판, 개혁'운동과 1970년대 초반의 국민경제 • 119
1. 전쟁 준비 고조와 '투쟁, 비판, 개혁'운동 • 120
중국공산당 제9차 전국대표대회 이후의 정치 형세 • 120
신중국 창건 이후 가장 큰 전쟁 준비 고조 • 122
'투쟁, 비판, 개혁'운동의 전면적 전개 • 125
2. 1970년대 초의 국민경제 • 135
제3차 5개년 계획의 기본적인 완수 및 제4차 5개년 계획의 제정 • 135
경제사업에서의 3가지 돌파 • 142
제3선 건설의 전면적 전개 • 147
농촌 경제와 지방 '5가지 소형'공업, 공사와 생산대 기업의 발전 • 150

## 제23장 린뱌오 반혁명집단의 음모활동과 그들의 멸망 • 157
1. 당중앙위원회 제9기 제2차 전원회의와 린뱌오, 장칭
두 집단의 모순 격화 • 158
린뱌오 집단과 장칭 집단의 결탁과 쟁탈 • 158
당중앙위원회 제9기 제2차 전원회의에서의 한 차례 투쟁 • 161
'천보다를 비판하고 작풍을 정돈하는' 운동 • 169
2. 린뱌오 반혁명집단의 멸망 • 175
린뱌오 반혁명집단이 무력정변을 획책한 음모 • 175
마오쩌둥의 남방 시찰 시 담화 • 179
'9·13' 사건 • 182

## 제24장 극좌적 사조에 대한 비판 및 당 정책의 관철 시행 • 187

1. '린뱌오를 비판하고 작풍을 정돈하는' 운동 • 188
   사태를 안정시키기 위한 조치 • 188
   "린뱌오를 비판하고 작풍을 정돈하는" 운동의 내적 모순 • 191
2. 당의 각항 정책을 관철 시행 • 194
   마오쩌둥과 저우언라이가 극좌적 사조를 비판 • 194
   간부정책의 관철 시행 • 196
   국민경제를 조정, 정돈 • 201
   대외경제무역사업에서 새로운 돌파를 이룩하다 • 209
   당의 과학교육, 문화, 민족, 통일전선 등에 관한 정책을 관철 시행 • 218
3. 극좌적 사조에 대한 비판의 중단 및 10차 당대회의 소집 • 225
   장칭 집단이 '우경 번안풍'을 비판 • 225
   중국공산당 제10차 전국대표대회 • 233

**제25장 외교 전략의 전환 및 대외관계에서의 새로운 국면 • 237**
   1. 외교사업에서 받은 충격 및 대외관계의 기본적인 회복 • 238
   2. 외교 전략에 대한 중대한 조절 • 242
      국제 정세 및 외교 전략에 대한 재사고 • 242
      중미관계 정상화 진척의 기본적 가동 • 250
      중미관계 처리 원칙의 확정 및 키신저의 중국 방문 • 255
   3. 대외관계에서 새로운 국면이 출현 • 259
      유엔에서의 중화인민공화국의 합법적 지위 회복 • 259
      닉슨의 중국 방문 및 중미연합공보의 발표 • 262
      중국 대외관계에서의 새로운 발전 • 265
      '3개 세계' 분획의 전략적 사상 제기 • 267

**제26장 1975년의 전면적인 정돈사업 • 271**
   1. '린뱌오를 비판하고 공자를 비판하는' 운동과
      마오쩌둥의 '4인방'에 대한 비평 • 272
   2. 장칭 집단의 '내각 구성' 음모를 분쇄한 투쟁 • 288

장칭 집단의 '내각 구성' 음모의 분쇄 • 288
　　당중앙위원회 제10기 제2차 전원회의와 전국인민대표대회
　　제4기 제1차 회의 • 293
　　마오쩌둥의 무산계급 독재 이론문제에 관한 담화 • 298
　3. 덩샤오핑 주관으로 진행한 전면적인 정돈사업 • 305
　　정돈사업의 발단과 돌파구 • 305
　　계속해서 추진된 정돈사업 • 314
　　중앙정치국회의에서 '4인방'을 비판 • 324
　　정돈사업의 전면적인 전개 • 328
　　정돈사업의 성과와 제4차 5개년 계획의 완수 • 346
　4. 그릇되게 덩샤오핑을 비판하여 빚어진 정돈사업의 중단 • 349

## 제27장 장칭 반혁명집단을 분쇄한 승리 • 359
　1. '우경번안풍을 반격하는' 운동 • 360
　2. 톈안먼 사건을 중심으로 한 전국적인 항의운동 • 368
　3. 당이 관건적인 시각에 위급한 국면을 전환 • 376
　　'덩샤오핑을 비판하고 우경번안풍을 반격하는' 운동의 승격 • 376
　　전국적으로 마오쩌둥을 추모 • 380
　　'4인방'을 일거에 분쇄 • 385

## 제28장 '문화대혁명'의 10년에 대한 기본적인 분석 • 393
　1. '문화대혁명' 내란의 심각한 위해 • 394
　2. '문화대혁명' 시기 사회주의 건설사업의 진전 • 401
　3. '문화대혁명'의 역사적 교훈 • 410

## 제29장 '문화대혁명'의 결속과 '좌'적 지도방침의 지속 • 427
　1. '4인방'을 적발, 비판하는 운동의 전개와
　　'두 개의 범시'라는 그릇된 방침의 제기 • 428
　　전국 정세를 안정시킨 정책 • 428
　　'4인방'을 적발, 비판하는 운동과 그 역사적 제한성 • 432

'두 개의 범시' 방침의 시행과 그 방침에 대한 배격 • 436
2. 국민경제의 복구와 급급히 성공하려고 서두르는 경향의 출현 • 443
생산 질서를 정돈하고 국민경제를 기본적으로 복구 • 443
새로운 '약진' 계획이 형성 • 450
3. 중국공산당 제11차 전국대표대회 • 456
당중앙위원회 제10기 제3차 전원회의와 덩샤오핑의 복직 • 456
11차 당대회의 소집 • 459
국가 정치생활의 정상적인 질서 회복 • 462

**제30장 혼란 상태를 바로잡는 사업의 국부적인 진전과 진리의 규준문제에 대한 토론 • 467**
1. 억울한 사건, 꾸며낸 사건, 잘못 처리된 사건에 대한 시정과 교육, 과학, 문예 분야의 시비에 대한 가름 • 468
시정사업의 전개 및 부딪친 장애물 • 468
교육 전선에 대한 '두 개 평가'를 뒤엎고 대학시험제도를 회복 • 474
과학의 봄을 부르다 • 481
'문예계에서의 검은 선 독재론'에 대한 비판 • 486
2. 진리의 규준 문제에 대한 토론을 전개 • 489
진리규준문제에 대한 토론을 준비 • 490
진리의 규준 문제를 둘러싸고 벌어진 사상 측면에서의 논쟁 • 493
덩샤오핑 등 노 동지들의 지지와 진리의 규준에 대한
전국적인 토론의 전개 • 495
3. 진리의 규준에 대한 토론이 혼란 상태를 바로잡는
사업을 강력하게 추동 • 501
억울한 사건, 꾸며낸 사건, 잘못 처리된 사건을
시정하는 사업이 국면을 타개 • 502
노동에 따른 분배문제에 대한 토론을 한층 더 깊이 있게 전개 • 507
'좌'적인 농촌정책을 타파하기 위한 시도 • 510

**제31장  역사적인 위대한 전환을 실현 • 517**

　1. 국제 정세에 대한 정확한 판단과 외교사업에서 거둔
　　 적극적인 성과 • 518
　　　활발한 대외교류 전개 • 518
　　　〈중일평화우호조약〉의 체결과 중미 간 공식 수교 • 522
　　　선진적 기술과 설비 도입 • 526
　2. 개혁개방과 사업 중점을 옮기기 위한 준비 • 531
　　　개혁을 요구하는 당내의 목소리 • 531
　　　덩샤오핑의 동북3성 시찰 시 담화 • 536
　　　사업 중점을 옮겨놓는 것에 대한 문제를 제기 • 540
　3. 역사적인 위대한 전환을 실현 • 544
　♣ 맺음말 • 559
　　　당이 사회주의 혁명과 건설을 영도하여 이룩한
　　　위대한 성과와 창출한 기본 경험 • 559
　♣ 후 기 • 572

　　　◆ 찾아보기 ◆ • 580

## 일러두기

- 이 책의 인명·지명 중국어 표기는 독자 여러분의 가독성을 고려하여 한자를 병기하였다.
- 1911년 신해혁명 이후 활동한 인물과 지명은 중국어 현지 발음으로 표기했다.
- 중국의 행정단위인 성(省)·지(地)·현(縣)은 시명과 붙여 씀을 원칙으로 하였다.
- 학교명·단체명·회사명·시설명 등은 붙여 씀을 원칙으로 하였다.

## 편집자의 글

2010년 말부터 추진했던《중국공산당역사》가 출간되니 감회가 남다르다.
이 책을 출간하기 위해 중국으로 서너 번 출장을 다녀오기도 했고 담당 주임과 50여 차례 이메일을 주고받기도 했다. 중국은 우리나라와 이념은 달라도 미국이나 일본을 제치고 교역량 1위를 차지할 정도로 중요한 나라이다. 그뿐만 아니라 세계 최고 수준의 역사, 그리고 문화의 깊이와 다양성은 그 어떤 나라와도 비교할 수 없을 만큼 유구하다.
이제 중국에서 가장 권위 있는 〈중국중앙공산당사연구실〉에서 펴낸 중국의 정치, 경제, 문화, 사상 등을 망라한 장대한 《중국공산당역사》(1949~1928)를 야사나 서방의 시각이 아닌 정사로 기술한, 중국 근현대 공산당역사를 한눈에 볼 수 있게 되었다. 신중국을 창건한 중국 지도자들의 성공과 고민 그리고 오류 등 그 궤적을 한눈에 볼 수 있게 된 것이다.
서교출판사는 중국 관련 도서를 출판한 지 이제 4년. 짧은 연조이기는 하지만 우리 사회에 중국과 관련된 도서를 쉬지 않고 출간할 것을 다짐한다. 이어《중국공산당역사》(1921~1948)와《중국공산당역사》(1979~2011)의 출간에도 온 힘을 기울일 것이다.

# 《중국공산당역사》 한국어판 서문

《중국공산당역사》(1949~1978) 한국어판이 출판되는 것은 참으로 뜻깊은 일이다. 왜냐하면 이 책의 편찬 이념을 인정받았을 뿐만 아니라 한국 독자들이 중국을 더 잘 알 수 있는 또 하나의 문이 열렸기 때문이다.

지난 2011년, 중국공산당 창건 90주년에 즈음하여 《중국공산당역사》(1949~1978) 중국어판이 출판되었다. 중국공산당의 90년 역사는 크게 3단계로 나눌 수 있다.

첫 단계는 1921년 중국공산당이 창건되고 신중국이 탄생하기까지 28년간이다. 이 시기는 중국공산당이 신정권 수립을 위해 어렵고도 탁월힌 무력투쟁을 벌었던 혁명딩의 역사이다. 이 시기의 역사는 이미 펴낸 《중국공산당역사》(1921~1948)에 어느 정도 서술되었다.

두 번째 단계는 1949년 신중국이 창건되고 1978년 중국공산당 제11기 중앙위원회 제3차 전원회의가 소집되기까지 29년간이다. 이 시기에 중국공산당은 집권당으로서 새 나라를 건설하기 위해 꾸준한 모색을 진행하였는데 이 책이 바로 이 단계의 역사를 기록한 것이다.

세 번째 시기는 1978년 중국공산당 제11기 중앙위원회 제3차 전원회의가 소집되고 2011년까지 33년간이다. 이 단계는 중국공산당이 개혁·개방을 진행한 시기이다.

중국의 개혁·개방은 지금도 끊임없이 추진되고 있고 이 시기의 중국공산당 역사를 서술한 저서는 현재 편찬 중에 있다.

이 책은 중국공산당의 영도 아래 세계적으로 인구가 가장 많은 반식민지 반봉건의 농업국가가 독립되고 민주적인 공업화, 현대화 국가로 변모한 위대한 노정을 보여 주었다. 오늘날 국제사회에서 중국의 개혁·개방이 진행한 모색과 이룩한 성과에 대해 의구심을 가지거나 반대하는 입장을 가진 사람은 점점 적어지고 있다. 그러나 중국공산당이 탁월한 성과를 이룩한 원인을 제대로 이해하는 사람은 많지 않다. 이 책을 통해 독자들은 중국공산당의 각고의 노력에 대한 이해와 인식을 새롭게 할 수 있으리라 생각한다.

중·한 양국은 바다를 사이에 두고 있는 이웃 나라이다. 양국은 지역적으로 가깝고 문화적 인연이 깊으며 경제적으로 융합을 이루는 등 서로 공감하는 접점이 많다. 한국의 박근혜 대통령은 다음과 같이 지적한 바 있다. "양국의 뿌리 깊은 문화적 자산과 역량이 한국에서는 한풍(漢風), 중국에서는 한류(韓流)라는 새로운 문화적 교류로 양국 국민들의 마음을 더욱 가깝게 만들고 있는데 앞으로 한국과 중국이 함께, 아름다운 문화의 꽃을 더 활짝 피워서 인류에게 더 큰 행복을 줄 수 있기를 바란다." 이 책이 반영한 중국공산당 역사는 중·한 양국에 큰 의미를 가진다. 그 이유는 "이 시기에 두 나라 모두가 농업을 토대로 한 저소득 사회로부터 과학기술을 이용한 도시화, 공업화 사회로의 거대한 전환을 시도하였기 때문"이다.

우선 이 단계에서 두 나라의 역사적 배경이 비슷하다. 이 책에 반영된 시기는 1948년 대한민국이 수립되고 박정희 시대가 막을 내리는 1979년 10월과 기본적으로 일치한다. 이 시기에 양국의 역사 배경은 놀라울 정도로 비슷하다. 첫째, 중·한 양국은 제2차 세계대전이 끝나고 일제가 패망한 후 민족 해방과 국가 독립을 실현하면서 식민지, 노예화의 고난의 역사에 종지부를 찍었다.

둘째, 중·한 양국은 제2차 세계대전이 끝난 후 한때 국내 모순과 국내 전쟁의 수렁 속에 휘말려 들었다. 중국의 경우 항일 전쟁이 승리한 후 국공 양당이 평화적 건국의 시정목표를 실현하지 못하면서 3년간에 걸친 '제3차 국내 혁명전쟁'이 발발하였다. 한반도의 경우에도 1950년에 3년 넘게 지속된 '6·25 전쟁'이 일어났다.

셋째, 양국 모두 서로 대치되는 정권이 수립되었다. 1948년 8월, 한반도 남부에서 '대한민국'이 수립된 데 이어 9월 한반도 북부에서 조선민주주의인민공화국이 수립되면서 분단의 시기에 들어섰다. 중국도 대만 해협을 사이 두고 서로 대치되는 두 개의 정권이 수립되었다. 넷째, 양국 모두 '냉전시기'의 전초지대가 되었다. '정전협정' 체결 후 한반도는 '38선'을 분계로 냉전 전방이 되었고 중국 역시 대만 해협을 사이 두고 상당히 긴 대치와 단절의 시기에 들어섰다. 중국과 한반도는 이토록 유사한 역사 속에서 제각기 단장의 아픔을 겪어 왔다.

다음으로 사회적 행정(行程)을 추진하는 목표가 기본석으로 일치한다. '세계체제론'을 정립한 이매뉴얼 월러스틴은 주변부 국가는 세계경제 긴축의 기회를 빌려 수입 대체 산업화를 실시하거나, 사회주의 자력갱생의 발전 전략을 실행하거나, 세계경제 팽창기에 국가와 다국적 기업을 긴밀히 이어주는 발전 전략을 실행하면 반주변부 국가로 거듭날 수 있다고 인정했다. 중·한 양국은 모두 전통적인 농업 사회로서 한때 식민지 또는 반식민지의 '주변부 국가'로서 산업 공업화와 사회 현대화를 실현하는 형태 전환의 역사적 과업을 떠맡아야 했다. 양국은 통치 이념이나 사회 제도가 서로 다르지만 공업화, 현대화를 이룩하는 목표는 같았던 것이다. 이 시기에 중·한 양국은 전쟁으로 폐허가 된 국민경제를 복구, 발전시켰으며 '5개년 계획'을 세워 공업화를 힘써 추진하였다.

그다음으로 자국 특색을 띤 공업화와 현대화의 길을 모색한 이념과 조치가 비슷하다. 서구 중심주의는 공업혁명은 서구에서 일어났고 공업화, 현대화는 당연히 '서구화'의 길을 따라야 한다고 주장한다. 특히 중국, 한국과 같이 짙은 유교 논리 문화 전통을 가진 나라가 '완전 서구화'의 길을 따라 '민주제도'를 도입하지 않은 채 공업화를 실현할 수 있을지 의심을 받아 왔다. 한국은 1960년대 초 이미 "서양의 민주 제도를 그대로 본받아서는 안 되며 사대주의와 식민주의 사관을 타파해야 한다."고 생각하고 한국의 산업화와 현대화의 희망을 한국 사상사의 주체성에 뿌리를 내린 '한국적 민주주의'에 두어야 한다는 박정희 전 대통령의 주장도 있었다. 중국 공산당은 예부터 교조주의와 비현실적인 원칙주의를 반대하고 마르크스주의의 중국화와 중국 특색의 사회주의를 견지해 왔다. 산업화를 향한 길에서 중·한 양국은 각기 직면하고 있는 현실이 서로 달랐기에 그 과정에서 참고로 된 사상적 자원 또한 다를 수밖에 없었다. 하지만 양국은 모두 산업화와 현대화 이론의 '현지화' 정착에 노력을 기울여 왔다.

중·한 양국은 현대사회로의 전환 과정에 괄목할 만한 성과를 거두었다. 한국이 경제 발전에서 이룩한 '한강의 기적' 그리고 중국이 개혁·개방 과정에 모색해 낸 '중국식 모델'이 바로 그것들이다. 물론, 양국은 사회제도와 경제제도, 산업화 추진 과정 등에서 차이가 있다. 이러한 공통점들과 차이점들은 비교를 통해 얻어진 것이다. 비교는 대립을 위해서가 아니다. 비교를 통해 교류가 이루어지고 비교를 통해 함께 발전하는 길을 찾을 수 있다.

이 책은 한 정당의 역사를 기록한 것만은 사실이다. 다만 책에서 서술되는 시기의 중국 공산당은 이미 혁명당이 아닌 새 나라 건설을 추진하는 집권당이고, 세계에서 가장 많은 인구를 가진 가난한 농업 사회를 산업화와 현대화로 이끌어 가는 집권당이다. 그러므로 이 책은 한 정당의 조직과 구조, 이념 그리고 내부 운동 등의 내용만 다루는 기존의 정당사와는 달리, 집권당의 정치체계와 경제, 국방, 외교, 교육, 과학기술, 사회 등 제 방면 그리고 중대한 사건들에 대한 결정 과정을 통해 집권 사상과 정치 철학 및 국내외의 다양한 변수들을 서술하고 있다. 이 책은 당대 중국의 역사를 훑어볼 수 있는 '개략사'와도 같은 것이다.

집권당의 역사를 다루고 있다는 성격상, 이 책에서는 국가 경제의 회복과 사회주의 건설에 관한 내용에 큰 비중을 두고 있다. 실제로 이 책의 소제목에는 '제1차 5개년 계획' 등 키워드가 5~6곳에서 나온다. 이러한 것들을 통해 독자들은 신중국 산업화의 태동과 발전, 결정, 실시 등 제반 과정 그리고 중요한 프로젝트들의 수량과 구조, 분포, 생산능력 등 생산력 배치 상황을 이해할 수 있다. 이런 의미에서 이 책은 또 '신중국 산업화 역사'라고 해도 과언이 아니다. 외교는 한 나라의 주권을 상징하고 국제환경과의 관계를 조율하는 중요한 분야이다. 이 책에서는 '한국전쟁', '건설에 유리한 평화로운 국제환경을 위한 노력', '1950년대 후반과 1960년대 중반 당의 외교 방침 및 우리나라의 외교 관계', '외교 전략의 전환과 대외 관계에서의 새로운 국면' 등 4개 장에 걸쳐서 신중국 대외 정책의 변화와 발전 과정을 정리하고 있다. 여기에는 중-소, 중-미, 한국전쟁 등 대국 관계 외에도 중국-인도, 중국-베트남과 같은 주변국들과의 관계에 대해서도 다루고 있다. 그리고 국제 공산주의 운동에서의 일부 중요한 사건들도 언급되어 있다.

이 밖에 일반 독자들이 큰 관심을 보이는 '양탄일성(원자탄, 수소탄, 인공위성 기술)', '달라이 라마와 티베트', '린뱌오 그룹과 장칭 그

룹의 결탁과 모순' 등에 관한 내용도 심도 있게 서술하고 있다. 이 책은 다양한 문헌과 사료들을 접할 수 있는 권위와 자료를 지니고 있는 '중국 공산당 중앙위원회 당사 연구실'에서 펴낸 것으로 역사와 평론의 엄밀함, 역사적 논리의 합리성 등에서 장점을 보인다는 평가를 받고 있다.

시진핑(習近平) 중국 국가주석이 한국을 국빈 방문하는 2014년 7월과 때를 맞춰 《중국공산당역사》(1949~1978)를 한국에서 펴내게 되어 매우 뜻깊다. 양국은 서로 이념은 다르지만 오랜 붕우로서 지난 5,000년간 역사를 함께하고 문화를 공유해 왔다. 따라서 이번 《중국공산당역사》 한국어판 출간을 통해 중·한 학술 교류뿐만 아니라 상대국의 역사에 대한 이해의 폭을 넓히기를 바란다. 왜냐하면 한국은 중국과 가까운 이웃나라 중 하나이고 중국에 매우 중요하고 크게 서로 협력할 가능성을 지닌 전략적 동반자 나라이기 때문이다. 양국이 문화를 교류하고 역사 연구를 공동으로 추진하는 것은 서로에 대한 믿음이 있어야 가능하다. 아무쪼록 이 책이 중국을 연구하는 자료로 한국의 연구자들이나 역사학도는 물론 중국에 관심 있는 독자들에게 작은 도움이나마 될 수 있다면 더 이상의 기쁨은 없겠다. 한국어판이 출간되기까지 수고하신 관계자 여러분께 감사드린다.

2014년 6월 중국 민족출판사 당위원회 서기 우빈희(禹宾熙)

제3편

# 문화대혁명의 내란과 린뱌오, 장칭 두 반혁명집단의 멸망

당중앙위원회의 영도 아래 전당과 전국 인민이 일치단결하여 공동 노력한 결과, 중국은 국민경제의 심각한 곤란을 극복하고 경제 조정 과업을 성공적으로 완수했다. 그리하여 1966년부터 국민경제 발전 제3차 5개년 계획을 집행하기 시작했다. 광범위한 당원간부와 인민 대중이 바야흐로 4개 현대화의 과업을 완수하기 위해 힘써 사업을 진행하는 과정에서 '문화대혁명'이 일어났다.

1960년대에 들어선 후 국제 정세에는 복잡하고 심각한 변화가 일어나고 있었다. 한편으로 아시아, 아프리카, 라틴아메리카 국가들에서 민족독립운동과 무장투쟁이 일어나고 선진자본주의 국가들에서는 학생운동과 전쟁반대운동, 민권운동이 고조되었으며 적지 않은 나라에서 좌익 급진적 사조가 발전했다. 그런가 하면 다른 한편으로 미국의 베트남 침략전쟁이 점차 심화됨에 따라 중미 관계가 첨예한 대치 상태에 놓이게 되었다. 의식 측면에서의 치열한 논쟁과 소련의 패권주의 정책으로 중소 관계는 나날이 악화되었고 사회주의 진영과 국제 공산주의 운동도 분열 상태에 빠졌으며 중국과 일부 주변 국가 간의 관계도 긴장이 조성되었다. 이는 당의 지도자들의 전반 세계정세에 대한 관찰과 추측, 그리고 사회주의 발전에서의 일부 중요한 문제에 대한 사고에 영향을 주지 않을 수 없었다. 당시 사회주의 각국, 국제 공산주의운동 내부에서 일어나고 있는 심각한 변화에 직면하여 마오쩌둥은 세계의 절대다수 공산당과 노동당이 수정주의로 변했으며 중국도 자본주의 장벽의 현실적 위험에 직면했다고 인정했다.

'문화대혁명'이 일어나게 된 것은 마오쩌둥의 사회주의에 대한 인식과 국내 정세에 대한 추측과 밀접한 관계가 있다. 1960년대 처음 몇 년간, 사회주의란 무엇이며 어떻게 중국의 실정에서 출발하여 사회주의를 건설할 것인가 하는 문제들이 아직 명확하지 않은 상황에서 경제 조정이 심화되었다. 당지도층에서는 국내 정세와 정책 조정에 대해 여러 다른 인식이 나타났다. 마오쩌둥은 조정 가운데 나타난 일부 현상을 자본주의로 간주하고 당내의 자신의 견해와 서로 다른 의견을 수정주의로 인정했다. 그럼으로써 당시 중국의 계급투쟁 정세 및 당과 국가의 정치 상황에 대해 완전히 그릇된 판단을 내리게 되었으며 따라서 사회주의 사회에서의 계급투쟁에 대한 그릇된 인식이 매우 심각한 수준까지 팽배해졌다. 마오쩌둥이 '문화대혁명'이라는 이런 극단적 형식을 취한 것은 지난 몇 년 동안 진행한 농촌의 '4청'도, 도시의 '5반'도, 의식형태 영역에서의 비판도 모두 문제를 해결할 수 없었으므로 오직 과단한 조치를 취해 공개적이고 전면적으로 아래로부터 위에 이르기까지 군중을 광범하게 발동해야만 당 및 국가 생활의 어두운 면을 드러내놓을 수 있으며 이른바 '자본주의 길로 나아가는 집권파'에게 빼앗긴 권력을 되찾아올 수 있으며 '수정주의 현상을 피'하고 '자본주의 회귀를 방지'할 수 있다고 인정했기 때문이다.

당중앙위원회 제8기 제10차 전원회의 이후 사회주의 시기 계급투쟁 이론에 대한 반복적인 선전과 깊이 있는 관철을 통해 중국의 광범위한 당원, 간부와 군중은 사회주의 사회의 주요 모순은 계급투쟁이고 중국도 수정주의에 의해 권력을 탈취당할 수 있다는 등 관점을 점점 널리 수용하게 되었다. 어떻게 유력한 조처를 취해 당시 당내에서 인정하는 가능하게 또는 바야흐로 산생되고 있는 수정주의를 깨끗이 제거하여 중국으로 하여금 소련 등 나라의 전철을 밟는 것을 피할 것인가가 갈수록 전당과 전국 인민이 보편적으로 관심을 두는 문제가 되었다.

신중국이 창건된 후 여러 가지 역사적 원인으로 말미암아 당과 국가의 지도체제가 고도로 집중된 상황이 효과적으로 개선되지 못했으며 당내 민주주의와 국가 정치생활에서의 민주주의 법제 건설이 상응한 발전을 가져오지 못했다. 이는 당의 권력이 지나치게 개인에게 집중되고 당내에서 개인 독단과 개인숭배 현상이 자라날 수 있는 조건을 마련해줌으로써 당과 국가가 '문화대혁명'의 발동과 발전을 방지하고 억제하기 어렵게 했다.

문화 분야에서의 비판으로부터 시작된 '문화대혁명'은 후에는 또 '정치 대혁명'이라 불렸다. 사실상 그것은 어떠한 의미에서 보나 혁명 또는 사회적 진보가 전혀 아니며 지도자가 잘못 발동했고 반혁명집단에 이용되어 당과 국가 및 여러 민족 인민들에게 엄중한 재난을 가져다준 내란에 불과했다. 또한 당과 국가 및 인민들에게 신중국 창건 이후 가장 심한 좌절과 손실을 가져다주었으며 전국 인민들이 간고하게 건설한 사회주의 사업이 전례 없는 재난을 당하게 했다. 사회주의 중국은 올바른 발전 방향을 벗어나 세계 경제와 과학기술 발전의 시대적 조류와 분리되었으며 경제와 사회 발전 측면에서 일부 국가와의 격차가 더 커졌다.

'문화대혁명' 10년간 비록 당의 지도사상 면에서 '좌'적 오류가 주도적 지위를 차지했다. 그러나 린뱌오(林彪), 장칭(江靑) 집단이 이런 오류를 이용하여 극좌적 사조를 선동함으로써 사회 동란이 엄중하게 확대되었고 장기적으로 지속되었다. 운동 초기 많은 학생, 간부와 군중이 호소에 호응하여 열광적으로 운동에 참가했지만 당의 지도층 내부와 당 내외의 광범위한 간부, 군중 가운데는 끝까지 '좌'적 오류와 극좌적 사조에 대한 다양한 정도, 다양한 형식의 배격과 항쟁이 존재했고 끊임없이 발전했다. 바로 전당과 광범위한 인민대중의 공동 투쟁이 있었기에 '문화대혁명'의 파괴가 어느 정도 제한을 받을 수 있었다. 중국의 국민경제는 비록 막대한 손실을 보았지만 여전히 진전을 거두었고 첨단과학기술도 새로운 발전을 이루었다. 나라가 동란에 빠진 상황에서도 인민해방군은 여전히 용감하게 조국의 안전을 지켜나갔다. 중국의 대외사업에서도 새로운 국면을 맞이했다. 물론 이 모든 것은 결코 '문화대혁명'의 성과가 아니다. 만약 '문화대혁명'이 없었더라면 우리의 사업은 더 큰 성과를 이룩했을 것이다. '문화대혁명' 가운데 우리는 린뱌오, 장칭 두 반혁명집단으로 피해를 당했지만 궁극적으로 자력으로 그들에게 전승했으며 당, 인민정권, 인민군대 및 전반 사회의 성격은 모두 변하지 않았다. 우리 인민은 위대한 인민이며 우리의 당과 사회주의 제도는 위대하고도 완강한 생명력을 가지고 있음은 역사가 증명해주었다.

제20장

'문화대혁명'의 발동

1965년 11월, 〈문회보(文匯報)〉에 '신편 역사극 하이루이(海瑞)의 파직을 평함'이란 글이 발표되었는데 이는 '문화대혁명'의 도화선이 되었다. 이 글의 발표와 이로 말미암은 맹렬한 문화비판은 처음에는 중앙 제일선 지도자들의 배격을 받았지만 이는 "중앙에 수정주의가 나타났다."는 마오쩌둥의 우려를 더 심화시켰으며 그로 하여금 '수정주의'를 반대하는 더욱 치열하고 광범위한 운동을 일으킬 결심을 내리게 했다. 1966년 5월에 열린 중앙정치국확대회의와 같은 해 8월에 열린 당중앙위원회 제8기 제11차 전원회의를 거쳐 '문화대혁명'이 전면적으로 일어났다. 10월에 중앙사업회의가 열린 후 운동 범위는 문화와 교육 분야 및 당, 정부 기관에서 급속히 공장, 광산 기업과 광활한 농촌으로 확산했다.

## 1. 문화대혁명의 도화선

'신편 역사극 하이루이의 파직을 평함'에서부터 '2월 제강'을 비판하기까지 의식적인 비판이 끊임없이 심화되는 상황에서 1965년 11월 10일, 상하이(上海) 〈문회보〉는 야오원위안(姚文元)[1]의 '신편 역사극 하이루이의 파직을 평함'(이하 '야오원위안의 글'로 약칭)을 발표했다. 〈하이루이의 파직〉은 명나라 역사를 연구하는 전문가인 우한(吳晗)이 쓴 경극 극본[2]이었다. 일찍이 1959년 4월에 열린 당중앙위원회

---

1) 야오원위안은 당시 상하이 〈해방일보〉 편집위원, 상하이시 당위원회 집필조 구성원이었다.
2) 우한은 당시 베이징시(北京市) 부시장, 중국민주동맹 중앙위원회 부주석, 민주동맹 베이징시위원회 주임위원을 담당하고 있었으며 공개되지 않은 공산당원이었다. 1959년 당중앙위원회 제8기 제7차 전원회의 후 우한은 후차오무(胡喬木)의 초청으로 하이루이에 관한 글을 쓰기 시작했다. 그 후 그는 또 베이징경극단 마롄량(馬連良)의 초청으로 1960년 말에 하이루이에 관한 극본을 완수했다. 극본 원명은 〈하이루이〉이며 후에 다른 사람의 의견을 받아들여 기타 하이루이 관련 극과 구별하고자 〈하이루이의 파직〉으로 제목을 고쳤고 1961년 1월에 베이징에서 첫 공연을 했다.

제8기 제7차 전원회의 기간에 마오쩌둥은 연설에서 명나라의 청렴한 관리인 하이루이의 청렴하고 아부하지 않으며 죽음을 무릅쓰고 간언하는 정신을 배워야 한다고 말했다. 회의가 끝난 후 얼마 안 되어 우한은 이러한 정신에 따라 하이루이에 관한 글을 쓰기 시작했다. 루산(廬山)회의에서 펑더화이(彭德怀)에 대해 잘못 비판한 후 마오쩌둥은 '좌파 하이루이'와 '우파 하이루이'를 구분해야 하며 펑더화이가 보여준 하이루이 정신은 '우파 하이루이'라고 주장했다. 1965년 말부터 '하이루이의 파직'에 대한 비판, 즉 이른바 '우파 하이루이'에 대한 비판이 전개되기 시작했다.

1962년부터 마오쩌둥의 비서직을 맡은 장칭은 중공중앙 선전부, 문화부 책임자들에게 '하이루이의 파직'에 중요한 정치적 오류가 존재하므로 마땅히 공연을 중지하고 비판해야 한다고 주장했지만 완곡히 거절당했다. 그 후 장칭은 또 마오쩌둥에게 '하이루이의 파직'에 문제가 있으니 비판해야 한다고 여러 차례 말했다. 마오쩌둥은 처음에는 동의하지 않았지만 결국은 '설복'당했다. 1964년에 캉성도 마오쩌둥에게 '하이루이의 파직'이 루산회의와 관련될 뿐만 아니라 펑더화이 문제와도 연관이 있다고 말했다. 1965년 2월에 장칭은 상하이에 가 상하이시위원회 서기처 서기인 장춘차오(張春橋) 등과 함께 상하이시당위원회 집필조의 야오원위안을 시켜 '하이루이의 파직'을 비판하는 글을 쓰도록 획책했다. 전체 집필 과정은 마오쩌둥을 제외한 모든 정치국 상무위원들과 절대다수의 정치국 위원들을 속인 채 비밀리에 진행되었다. 장칭의 말대로 하면 "그들이 알게 되면 이 글을 말살하기"[3] 때문이었다.

---

[3] '장칭이 중앙군사위원회확대회의에서 한 연설', 1967년 4월 12일.

야오원위안의 이 비판의 글은 극본 '하이루이의 파직'에 묘사된 명나라 역사에서 하이루이가 "밭을 돌려주게 하고" "죄 없이 감옥살이한 사람들의 억울한 누명을 벗겨준 것"을 아무런 근거도 없이 당중앙위원회 제8기 제10차 전원회의에서 비판을 받은 '개인경리 바람', '번안풍'과 연계시키면서 "이는 당시 자산계급이 무산계급 독재와 사회주의 혁명을 반대한 투쟁의 초점"이라고 했으며 '하이루이의 파직'은 곧바로 이런 계급투쟁의 반영이고 '한 그루의 독초'라고 맹렬하게 공격했다.

이 글은 학술계에서 보편적인 반감을 불러일으켰다. 〈문회보〉는 여러 의견을 담은 서신과 원고를 수천 건 받았다. 많은 유명 학자들은 야오원위안의 글이 "사람을 모함하여 죄를 뒤집어씌운다."고 질책하면서 "만약 우한을 비판, 투쟁하게 된다면 모든 진보적 지식인들의 간담을 서늘하게 할 것이다."고 했다. 중앙에서는 지명인사를 비판할 경우에는 비준을 받아야 한다고 규정했었다. 중국공산당 베이징시위원회 제1서기이며 시장인 펑전(彭眞)은 〈문회보〉에서 비준을 거치지 않고 갑자기 베이징시 부시장 우한을 지명하여 비판한 글을 보도한 것은 매우 비정상적인 현상이라고 느꼈다. 글의 배경을 파악하지 못한 정황에서 그는 우한 문제의 성격은 적아 모순에 속하지 않으므로 경계를 잘 식별해야 한다고 베이징시당위원회에 알렸다. 야오원위안의 글이 발표되어 10여 일 사이에 화둥(華東)지구의 몇몇 신문에서 이글을 전재한 외 베이징과 대다수 지구의 신문과 잡지들에서는 이를 전재하지 않았다. 이에 마오쩌둥은 상하이에서 소책자를 출판할 것을 제안했다. 책을 주문할 때 베이징 신화서점의 주문 수가 매우 적었는데 이는 베이징시당위원회와 중앙의 일부 주요 지도자들에 대한 마오쩌둥의 의심과 불만을 더 심화시켰다. 마오쩌둥은, 펑전은 우한의 막후 지지자이며 베이징시당위원회는 "바늘 꽂을 틈도, 물 스며들 틈도 없는 독립 왕국"이라고 여겼다.

중앙서기처는 야오원위안의 글이 발표된 배경을 대체로 파악한 후 베이징의 신문들에 전재할 것을 지시했다. 〈인민일보〉는 저우언라이와 펑전의 의견에 따라 1965년 11월 30일부 제5면 '학술연구' 전문란에 야오원위안의 글을 전재한 동시에 편집자의 평어를 함께 실었다. 평어에서는 여전히 토론을 학술문제로 삼아야지 정치문제로 처리해서는 안 된다고 주장했다. 그 후 베이징과 각지의 신문, 잡지들에서는 여러 다른 시각에서 '하이루이의 파직'을 비판한 글들을 잇달아 발표하고 야오원위안의 글에 대한 질의와 반박, 그리고 우한과 '하이루이의 파직'을 위해 변호한 글들도 약간 발표했다.

1965년 12월 21일, 마오쩌둥은 항저우에서 천보다 등과 담화하면서 '하이루이의 파직'에서 "요해처는 '파직'이라는데 있다. 가정(嘉靖)황제는 하이루이를 파직시켰고 우리는 1959년에 펑더화이를 파직시켰다. 펑더화이 역시 '하이루이'다."고 말했다. 마오쩌둥의 '하이루이의 파직'의 '요해'에 관한 담화가 알려진 후 일부 비판의 글은 논조가 한층 더 높아졌고 비판 규모가 급속히 확대되었다. 많은 학자와 작가들은 긴장과 불안에 싸여 있었다.

1966년 1월 중순, 중앙선전부는 〈붉은기〉 편집위원인 관펑(關鋒)과 〈붉은기〉 역사조 조장인 치번위(戚本禹)가 각각 '하이루이의 파직'의 '요해'를 비판하여 쓴 글을 받아보았다. 글 가운데는 일부 논조를 지나치게 높은 원칙에 올려놓고 주장했기에 공개 발표에 적합한지 적합하지 않은지를 파악할 수 없었다. 그래서 요점을 간추려서 중앙문화혁명 5인 소조에 보고하여 지시를 요청했다. 2월 3일에 펑전은 문화혁명 5인 소조회의를 소집하고 이러한 글의 요점을 포함한 7

부의 자료를 인쇄해 발부했다. 모두 학술 비판으로 긴장 정세가 조성되고 있고 관련 부문에서 어떻게 정책을 시행할 것인가 하는 문제를 제기한 내용이었다. 회의에서는 약간의 지도 방침을 제정하여 이번 토론을 당중앙위원회의 영도로 진행해야 하며 '백가쟁명, 백화제방'의 방침을 시행해야 한다고 인정했다. 회의 후 중앙정치국 상무위원회에 회보할 '당면 학술토론에 관한 문화혁명 5인소조의 회보제강'(후에 '2월 제강'이라 했다)을 작성했다.

이 제강은 비록 그 당시의 상황에서 불가피하게 '좌'적 논조가 많이 존재하고 있었지만 주요 취지는 이미 나타난 '좌'적 경향을 제약하고 학술 토론의 범위로 운동을 국한하도록 하며 심각한 정치적 비판으로 밀고 나가는 것을 찬성하지 않는 것이었다. '2월 제강'은 "실사구시하며 진리 앞에서는 누구나 다 평등하다는 원칙을 견지해야 하며 도리로 사람을 설득시켜야 하며 학벌처럼 무단으로 사람을 대하거나 권세로 사람을 억압해서는 안 되며" "신문, 잡지에서의 토론을 정치문제에만 국한하지 말고 각종 학술이론과 관계되는 문제에 대해서는 충분한 토론을 전개해야 하며 만약 마지막까지 계속 의견이 일치하지 않으면 마땅히 보류하도록 하고 나중에 계속 토론하게 해야 한다."고 지적했다. '2월 제강'은 또 "좌파 학술사업가들이 자산계급 전문가, 학벌의 길로 나아가는 것을 경계해야 한다."고 지적했다. 이 제강은 부속서 7부와 함께 마오쩌둥과 중앙정치국의 기타 상무위원들에게 제출되었다. 2월 5일, 류사오치(劉少奇)는 베이징에 있는 정치국 상무위원들을 불러 토론한 후 이에 동의했다. 2월 8일, 펑전, 루딩이(陸定一), 캉성 등이 우한에 가서 마오쩌둥에게 회보했고 마오쩌둥도 반대하지 않았다. 2월 12일에 '2월 제강'을 중공중앙의 문건으로 전당에 보내고 각급 당위원회에서 "그대로 집행"할 것을 요구했다. '2월 제강'의 형성은 당내의 상당히 많은 사람이 사상문화 분야의 비판운동에 대하여 신중한 태도를 가지고 있음을 반영했다. 그러나 장칭 등은 이에 극도로 불만족해했다.

그 후 얼마 되지 않아 '2월 제강'을 둘러싸고 한 차례 심각한 투쟁이 시작되었다. 투쟁의 범위가 의식 영역과 문화교육 부문에서 정치 분야와 당의 고위급 영도기관에까지 확대되었고 투쟁의 초점이 '하이루이의 파직'에 대한 비판에서 '2월 제강'에 대한 부정으로 옮아갔다. 투쟁의 대상은 '하이루이의 파직'과 '자산계급 학술 권위'에서 그들을 '지지'하고 '비호'하는 '당내의 자산계급 대표 인물', '우리 신변에서 잠자고 있는 흐루쇼프'로 옮아갔다. '하이루이의 파직'에 대한 비판도 더욱 명확하고 직접 "중앙에 수정주의가 나타났다."는 것과 연계시켰다.

### 부대문예사업좌담회 요지

'2월 제강'이 작성됨과 동시에 1966년 2월 2일부터 20일까지 장칭은 중앙군사위원회 부주석이며 국방부 부장인 린뱌오의 '전적인 지지'로 상하이에 가서 부대문예사업좌담회를 소집했다. 회의에서 장칭은 문화부에서 문예사업에 관한 자신의 의견을 관철시키지 않는다고 질책했으며 또 베이징시당위원회에서 자기의 경극 혁명을 지지하지 않고 자기에 대해 독재를 시행한다고 공격하고 나서 "나는 높은 신을 모실 것이다. 해방군이란 이 높은 신을 모셔 나를 지지하게 할 것이다."고 밝혔다. 장칭은 문예면에서 "마오 주석 사상과 대립하는 한 갈래의 반당, 반사회주의의 검은 선이 우리를 억압했다."고 하면서 "지금은 우리가 그들을 억압을 시행할 때"라고 주장했다.

회의 후 총 정치부 당위원회에 이번 회의를 회보하기 위해 작성한 해방군총정치부 문화부의 회의 요지가 장칭의 불만을 자아냈다. 그는 총정치부에서 사람을 파견하여 회의 요지를 다시 쓰게 하고 천보다, 장춘차오와 함께 회의 요지의 수정에 참여했다. 여러 차례 수정을 거친 이 좌담회 요지는 10여 년 이래 문화 전선에는 첨예한 계급투쟁이 존재하고 있으며 문예계에서는 마오 주석 사상과 대립하는 "한 갈래의 반당, 반사회주의의 검은 선이 우리를 억압했다."고 하고 나서 "문화 전선에서의 한 차례 사회주의 대혁명을 결연히 진행하여 이 검은 선을 철저히 없애버릴 것"을 호소했다. 요지는 또 문화혁명의 구호 아래 1930년대의 좌익문화운동에 대해 기본적으로 부정했다. 3월에 마오쩌둥은 이 요지를 세 차례 수정했으며 제목을 '린뱌오 동지가 장칭 동지에게 위탁하여 소집한 부대문예사업좌담회 요지'로 고쳤다. 그는 또 요지에 "이 검은 선을 제거했다고 하더라도 앞으로 또 다른 검은 선이 있을 수 있으므로 계속 투쟁해야 한다." "지난 10여 년간의 교훈이라면 우리가 뒤늦게 장악했다는 것이고" "일부 개별문제만 집중하고 전면적이고 체계적으로 운영하지 못한 것이다. 우리가 장악하지 않으면 많은 진지를 검은 선이 점령할 수밖에 없다. 이는 중대한 교훈이다."고 보충했다. 이 좌담회 요지는 4월 10일에 중공중앙의 문건 형식으로 전당에 이첩되었다. '문예계의 검은 선 독재론'의 제기는 1960년대 초에 이미 매우 심각해진 사상영역의 '좌'적 오류를 한층 더 심화시켰고 신중국 창건 이후 17년간의 문예사업에서 거둔 성과를 전면 부정했으며 더 나아가 중앙의 일부 지도자를 부정하는 이론적 근거를 제공했다. 부대문예사업좌담회 요지의 제정과 발부는 장칭이 군대 측으로부터 정치적 지지를 모색하고 문예전선에서 돌파구를 열려는 계획의 중요한 절차였으며 또한 장칭과 린뱌오가 서로 결탁하고 서로 이용하여 당중앙위원회 지도층에서 권력 쟁탈 활동을 진행한 발단이 되었다.

1966년 3월 17일부터 20일까지 마오쩌둥은 항저우에서 중앙정치국 상무위원회 확대회의를 소집하고 전국적으로 자산계급 학술 권위에 대한 비판을 전개하도록 제기했다. 그는 "학술계, 교육계는 사실상 자산계급, 소자산계급이 장악하고 있다."고 하면서 앞으로 수정주의를 할 사람은 바로 이들이며 "이는 한 차례 광범위한 계급투쟁이다."고 했다. 3월 28일부터 30일까지 마오쩌둥은 상하이에서 연이어 캉성, 장칭, 장춘차오 등을 찾아서 한 담화에서 다음과 같이 맹렬하게 질책했다. '2월 제강'은 계급 경계를 혼동시키고 시비를 가르지 않았으므로 그릇된 것이며 "좌파의 원고를 깔아두고 반공 지식인을 두둔하는 사람은 '대학벌'이며 중앙선전부는 염라왕궁이니 '염라대왕을 타도하고 귀졸들을 해방'시켜야 한다." 그는 또 다음과 같이 말했다. "제10차 전원회의는 결의에서 전국적 범위에서 계급투쟁을 진행한다고 했는데 무엇 때문에 학술계, 역사계, 문예계에서 계급투쟁을 진행해서는 안 되는가? 18층 지옥을 전부 타파해야 한다." "내가 줄곧 주장한 바와 같이 중앙이 잘못하면 지방에서 중앙을 공격할 수 있고…… 만약 중앙에 수정주의가 나타났다면 지방에서 반란을 일으켜야 한다."[4] 4월 9일부터 12일까지 중앙서기처는 베이징에서 회의를 소집했다. 캉성은 마오쩌둥이 3월 말에 발표한 담화를 전달했다. 회의에서는 펑전을 비판했고 '2월 제강'을 취소하고 비판하는 것에 대한 당내 통지를 작성하기로 결정했다. 또 문화혁명문건작성소조(중

---

[4] 중앙문화혁명 5인 소조는 마오쩌둥의 제의에 따라 1964년 7월에 설립되었는데 임무는 관련 부문을 책임지고 지도하여 중앙과 마오쩌둥의 문학예술과 철학적인 사회과학문제에 관한 지시를 관철, 집행하는 것이었다. 당중앙위원회의 확정으로 중앙정치국 위원이며 중앙서기처 서기인 펑전이 조장을 맡았고 중앙정치국 후보위원이고 중앙서기처 서기이며 중앙선전부 부장인 루딩이(陸定一), 중앙정치국 후보위원이고 중앙서기처 서기이며 중앙이론소조 조장인 캉성(康生), 중앙선전부 부부장인 저우양(周揚), 신화통신사 사장이며 〈인민일보〉 총편집인 우렁시(吳冷西)가 조원으로 있었다.

앙문화혁명소조의 전신)를 설립하기로 했다.

'2월 제강'이 취소되고 문화혁명의 임무가 제기됨에 따라 이른바 "두 달 반 동안 억류되었던" 관평, 치번위의 글들이 공개적으로 발표되었으며 죄상을 날조한 살벌한 비판의 글들이 연이어 출간되었다. 문화 분야에서부터 시작된 이 한 차례의 '혁명'은 급속히 정치 분야로 옮겨졌다.

### 펑전, 뤄루이칭(羅瑞卿), 루딩이, 양상쿤(楊尙昆) 사건

문화 비판이 승격됨과 동시에 중앙에서 당과 국가의 지도자들이 갑작스럽게 파직당하고 비판받는 정치 사건이 연이어 발생함으로써 당 내에서 커다란 충격과 의심을 불러일으켰다.

1965년 11월 10일, 바로 야오원위안의 글이 발표된 날, 중공중앙 판공청 주임 양상쿤이 파직됐다. 그 이유는 "중앙을 속이고 사사로이 도청기를 가설했고" "대량의 기밀 문건과 서류를 제 마음대로 다른 사람에게 제공하여 베껴 쓰도록 했다."는 것 등이었다. 이 모든 것은 양상쿤이 직책 범위 내에서 진행한 정상적인 사업에 대한 모함[5]이었다.

1주일이 지난 11월 18일, 린뱌오는 전군의 사업에 대해 5가지 원칙[6]을 제기했고 일면적으로 "정치를 두드러지게 내세울 것"을 강조했다. 이어 린뱌오는 마오쩌둥 사상은 현시대 마르크스-레닌주의의 최

---

5) '마오쩌둥이 상하이에서 캉성, 장칭, 장춘차오 등과 한 담화', 1966년 3월 30일.
6) 1980년 10월, 중공중앙은 중앙판공청의 '원 중앙판공청과 양상쿤 등 동지의 명예 회복 대한 문제에 관한 지시요청보고'를 보내 정식으로 양상쿤의 명예를 회복시켜주었다. '보고'는 다음과 같이 지적했다. 녹음과 서류를 베껴 쓰는 일은 엄격한 심사와 비준을 거친 후 지도자의 중요한 연설을 기록하고 서류 자료를 모으는 사업이기 때문에 이른바 '도청', '사적인 기록'과 '비밀 누설' 문제가 존재하지 않는다. 양상쿤에게 억지로 뒤집어씌운 모든 죄명은 사실에 맞지 않다.

고봉이며 가장 생기 있는 마르크스-레닌주의라고 제기했다. 그는 또 마오 주석의 책은 최고 지시이고 마오 주석의 말씀은 한 마디 한 마디가 진리이고 한 마디가 우리의 만 마디보다 낫다고 했다. 얼마 뒤 린뱌오가 뤄루이칭[7]을 모함한 사건이 발생했다. 뤄루이칭이 한때 군대사업에서 린뱌오가 제기한 각종 극단적 언론에 대해 불만을 표시한 것이 린뱌오의 깊은 원한을 샀던 것이다. 린뱌오와 그의 아내 예췬(叶群)의 의도에 따라 공군 사령원 우파셴(吳法憲)과 해군 부사령원 리줘펑(李作鵬) 등은 뤄루이칭을 모함하는 글을 썼다. 11월 30일, 예췬은 린뱌오가 마오쩌둥에게 쓴 친필 서신과 상기 몇 부의 모함 자료를 가지고 항저우로 가서 마오쩌둥을 만나 뤄루이칭이 "정치를 두드러지게 내세우는 것"을 반대하고 군권을 빼앗으려 한다고 모함했다. 마오쩌둥은 린뱌오, 예췬 등의 모함을 믿었다. 12월 8일부터 16일까지 마오쩌둥의 제의에 따라 중앙정치국은 상하이에서 상무위원회 확대회의를 소집히고 뤄루이칭을 '임임리'[8]에 적발해 비판했다. 이번 회의에서 중앙위원회위원도 아닌 예췬은 몇 시간에 걸쳐 발언하면서 뤄루이칭이 "정치를 두드러지게 내세우는 것을 반대"하고 "마오쩌둥 사상을 반대"하며 "린뱌오의 권력을 빼앗으려" 하며 "군권을 탈취하고 당을 반대"하려 한다고 모함했다. 임시 결정으로 열린 이번 회의에 대해 중앙의 다수 지도자는 모두 그 내막을 몰랐다. 심지어 중앙의 일상사업을 주관하는 류사오치도 사전에 회의 내용을 모르고 있었다. 갑자기 적발된 뤄루이칭의 '문제'에 직면하여 류사오치,

---

[7] 5가지 원칙이란 마오쩌둥 저작을 학습하고 4가지 제일(사람의 요소 제일, 정치사업 제일, 사상사업 제일, 산 사상 제일)을 견지하며 기층을 관리하고 우수한 간부들을 발탁시켜 중요한 자리에 보내며 세련된 군사기술을 부지런히 연마하는 것을 가리킨다.
[8] 뤄루이칭은 당시 중앙서기처 서기, 국무원 부총리, 해방군 총참모장을 담임했다.

저우언라이, 덩샤오핑(鄧小平) 등은 모두 이를 의심했다. 중앙에서 정황을 깊이 조사할 때 예췬은 우파셴, 리줘펑과 결탁하여 계속 거짓 증거를 만들어냈다. 12월 11일, 윈난에서 국경 경비 상황을 검사하던 뤄루이칭은 갑자기 상하이로 긴급 소환되어 연금을 당했다. 1966년 3월에 중앙군사위원회는 상무위원회의를 열고 뤄루이칭을 비판하면서 '자산계급 야심가', '군대 속의 흐루쇼프'라는 등 죄명을 그에게 마구 뒤집어씌웠다.

1966년 4월 22일, 마오쩌둥은 항저우에서 열린 중앙정치국 상무위원회 확대회의에서 다음과 같이 지적했다. 나는 우한 문제뿐만 아니라고 생각한다. 우한 문제의 심각성은 조정에 사람이 있는 것이고 이러한 심각성이 중앙에도, 각 부문에도, 각 성, 직할시, 자치구에도, 군대에도 있다. 이는 영혼에 미치는 의식 형태의 투쟁이므로 영향을 미치는 범위가 아주 넓다. 마오쩌둥은 펑전과 베이징시당위원회를 다시 매섭게 질책하고 일부 당내 문건에서 펑전의 이름을 삭제했다. 회의 후 펑전은 사업을 정지당했다.

'하이루이의 파직'을 비판하는 문제에서 중앙선전부는 '염라 왕궁'이라고 질책받았고 중앙선전부 부장 루딩이도 입장과 견해가 "펑전과 완전히 일치하다."고 비난받았으며 곧 각종 죄명을 덮어쓰고 사업을 중지당했다.

펑전, 뤄루이칭, 루딩이, 양상쿤 등 당중앙위원회 요직에 있던 높은 명망을 가진 지도자들이 갑자기 잇달아 '외국과 내통'하는 자, '자산계급 야심가', '수정주의자', '반혁명가' 등으로 몰렸다. 이는 전당에 커다란 충격을 주지 않을 수 없었다. 이는 마치 수정주의가 문화뿐만 아니라 당과 정부 부문, 군사기관의 고위층 지도자들 속에서도 나타난 듯했다. 당과 국가의 고위 지도자들과 관련한 이런 엄중한 정치 사건이 연이어 발생한 것과 신문, 잡지에서 갈수록 흉흉하게 진행되는 정치적 비판이 서로 작용하여 당 내외에 강렬한 충격을 일으킴으로써 어디에나 '계급투쟁'이 존재한다는 긴장된 분위기가 조성되고 아니나 다를까 중앙에서 '수정주의'가 나왔다는 큰 착각을 조성했다.

5월 15일, 수도를 보위할 것에 관한 마오쩌둥의 지시 정신에 따라 돌발 사건을 방지하기 위해 중앙은 수도공작조를 설립하여 수도의 안전을 보위하는 책임을 지게 했다. 며칠 후 수도공작조는 수도의 경비 역량을 강화하기 위해 부대를 동원함과 동시에 베이징의 요해 부문과 방송선전기관에 대한 보위 임무를 재조정했다.

## 2. 5월에 열린 중앙정치국확대회의와 '문화대혁명'의 발동

### 5월에 열린 중앙정치국확대회의와 5·16통지

1966년 5월 4일부터 26일까지 중앙정치국확대회의가 베이징에서 소집되었다. 이번 회의의 몇 가지 의정은 모두 마오쩌둥이 회의 전에 주관해 확정한 것이었다. 회의 기간에 마오쩌둥은 다른 지역에 있어서 회의에 참석하지 못했다. 회의는 류사오치의 사회로 진행되었으며 캉성이 마오쩌둥에게 회보하고 지시를 요청하는 것을 책임졌다.

회의는 긴장되고 무거운 분위기 속에서 이루어졌다. 우선 펑전, 뤄루이칭, 루딩이, 양상쿤에 대해 '적발, 비판'했다. 린뱌오는 발언에서 이른바 "펑전, 뤄루이칭, 루딩이, 양상쿤 음모 반당집단"이 있으며 반혁명 정변을 일으키려 한다고 모함했다. 회의에서는 펑전, 루딩이, 뤄루이칭의 중앙서기처 서기 직무를 정지시키고, 양상쿤의 중앙서기처 후보서기 직무를 정지시키며, 펑전의 베이징시당위원회 제1서기 및 시장 직무를 해임하고, 루딩이의 중앙선전부 부장 직무를 해임할 것을 결정했다.

회의는 5월 16일에 '중국공산당 중앙위원회 통지'(후에 '5·16통지'로 약칭했다)를 채택했다. 이 통지는 사전에 마오쩌둥의 7차례의 수정을 거쳤으며 일부 중요한 단락은 모두 그가 직접 보충해 넣은 것이었다. 이는 당시 당과 국가의 정치 형세에 대한 마오쩌둥의 그릇된 판단을 반영했다. '5·16통지'는 펑전의 주관으로 작성된 '2월 제강'에 대해 전면적으로 비판하면서 '2월 제강'은 펑전이 문화혁명 5인 소조 성원인 캉성과 기타 동지들 몰래 "자기의 의견대로 만들어 낸 것"이며 또 "중앙의 명의를 절도하여 전당에 발부한 것"이라고 주장했다. '5·16통지'는 또 '2월 제강'은 이번 학술 비판의 정치적 성격을 덮어 감춘, "자산계급 복원을 위해 여론 준비를 한" 수정주의 강령이라고 비판했다. '5·16통지'는 전당에 다음과 같이 요구했다. "무산계급 문화혁명의 큰 기치를 높이 치켜들고 반당, 반사회주의의 이른바 '학술 권위'들의 자산계급 반동 입장을 철저히 적발해 폭로하고 학술계, 교육계, 신문계, 문예계, 출판계의 자산계급 반동사상을 철저히 비판하고 이런 문화 분야의 영도권을 탈취해야 한다. 이렇게 하려면 그와 동시에 당내, 정부 내, 군대 내와 문화 분야의 각계에 혼입한 자산계급 대표 인물들을 비판하고 깨끗이 몰아내야 하며 일부는 그 직무를 조정해야 한다. 더욱이 이런 사람들을 믿고 문화혁명 지도 사업을 맡겨서는 안 된다." 통지는 또 다음과 같이 제기했다. "당내, 정부 내, 군대 내와 각 부류 문화계에 혼입한 자산계급 대표 인물들은 한 무리의 반혁명 수정주의 분자들이다. 그들은 일단 시기가 무르익으면 정권을 탈취하고 무산계급 독재를 자산계급 독재로 전환시키려 들 것이다. 이런 인물들 속에 어떤 자들은 이미 우리에게 간파되었으나 어떤 자들은 아직 간파되지 못했으며 또 어떤 자들은 우리의 신임을 얻어 우리의 후계자로 양성되고 있다. 예를 들면 흐루쇼프와 같은 그런 인물들인데 그들은 지금 우리 곁에서 잠자고 있다. 각급 당위원회에서는 반드시 이 점에 충분한 주의를 기울여야 한다." 통지 가운데 이 같은 엄중한 그릇된 평가는 마오쩌둥이 직접 보충하여 넣은 것인데 이는 그가 '문화대혁명'을 발동한 주요 근거를 보여주었다. 그는 다음과 같이 말했다. 국내의 무산계급과 자산계급 간의 투쟁은 이미 극히 엄중한 지경에 이르렀다. 자산계급이 창궐해 진격하는 상황에서 도시나 농촌을 막론하고 다수 단위에서 상당히 큰 영도권이 마르크스주의자와 인민대중의 수중에 들어오지 않고 있다. 더욱 더 심각한 것은 당의 지도층에 '수정주의'가 나타난 것이다. 그는 다음과 같이 인정했다. 일부 노 간부들은 민주주의 혁명 단계에서는 그와 합작할 수 있었으나 사회주의 단계에 이르러 자산계급을 반대하고 농촌에서 집체화를 시행하려 하자 찬성하지 않는다. 그들은 이미 자본주의 길로 나아가려는 집권파로 변했다. 이런 사람들이 중앙에서 자산계급 사령부를 이루고 있으며 수정주의적인 정치 노선과 조직 노선을 가지고 있으며 각 성, 직할시, 자치구와 중앙의 각 부문에 대리인을 두고 있다. 그는 자기가 내세운 사회주의 건설에 대한 일련의 주장이 류사오치 등 일부 중앙지도자들의 저항을 받아 시행할 수 없다고 여겼다. 따라서 류사오치 등 일부 중앙지도자들에 대한 불만과 불신이 갈수록 심해졌다. 마오쩌둥은 그가 인정하는 이런 정황들을 스스로 총화해낸 소련공산당에서 흐루쇼프 수정주의가 나온 교훈과 연계시킴으로써 당과 국가의 발전 전망에 대해 깊은 우려를 표시했다. 그는 1966년 5월 5일에 알바니아 당, 정부 대표단과 담화할 때 "때로 나도 걱정된다. 생각을 하지 않고 근심하지도 않는다는 것은 거짓말이다."고 하면서 "우리는 황혼기에 들어섰다. 그러므로 아직 숨이 붙어 있을 때 이런 자산계급의 장벽을 부숴야 한다."고 말했다. '5 16 통지'가 채택된 지 얼마 안 된 6월 10일에 마오쩌둥은 베트남노동당 중앙위원회 주석 호찌민과의 담화에서 "우리는 모두 일흔이 넘은 사람들입니다. 조만간 마르크스가 우리를 데려가겠지요. 후계자는 도대체 누구일까요? 베른슈타인, 카우츠키일지 아니면 흐루쇼프일지 알 수 없습니다. 준비를 해야 하겠습니다. 아직도 늦지 않았습니다."고 말했다. 이것이 바로 그가 '5·16통지'에서 "흐루쇼프와 같은 인물"이 나왔다고 지적한 의도였다.

  5월 18일, 린뱌오는 중앙정치국확대회의에서 긴 연설을 했다. 그는 "최근 몇 달간 마오 주석은 반혁명 정변 방지 대해 특별히 주목하고 있으며 매우 많은 조치를 취했다."고 했다. 그는 동서고금의 많은 정변 사실을 강조하여 열거하고 나서 듣는 사람이 소름 끼칠 정도로 다음과 같이 말했다. "최근 기괴한 사건과 현상들이 아주 많이 발생하고 있는데 여기에 주의를 돌려야 한다. 반혁명 정변이 일어나 사람을 죽이고 정권을 탈취하며 자산계급의 장벽 쌓기를 시도하고 사회주의를 소멸하려 할 수도 있다." "위험은 바로 지도층에서 나타난다." 린뱌오는 또 개인숭배를 극구 고취하면서 "마오 주석께서 살아 계시는 한, 그이가 90세이든 100여 세이든 영원히 우리 당의 최고 수령이며 그의 말씀은 모두 우리 행동의 준칙이다. 누가 그를 반대하면 전당이 함께 규탄하고 전국이 함께 토벌해야 한다."고 했다. 린뱌오의 이러한 말들은 경직된 분위기를 조성했으며 회의에 대해 그리고 회의 후의 사태 발전에 대해 악영향을 끼쳤다.

  중앙정치국확대회의에서는 원래의 펑전을 중심으로 하는 문화혁명 5인 소조를 취소하고 새로 문화혁명소조(공식 명칭은 중앙문화혁명소조인데 일반적으로 중앙문혁소조 또는 중앙문혁이라고 약칭한다)

를 설립하기로 결정했다. 중앙문화혁명소조의 구성원으로는 조장에 천보다, 고문에 캉성, 부조장에 장칭, 장춘차오 등이고 조원에 왕리(王力), 관펑, 치번위, 야오원위안(姚文元) 등[9]이었다. 이 2개 소조는 이름은 서로 같았지만 그 성격과 당내에서의 지위가 완전히 달랐다. 후자는 설립되자마자 사실상 중앙정치국의 제약을 받지 않는, 직접 '문화대혁명'을 지휘하는 기구가 되었으며 막강하게 중앙의 각 중요한 언론 심지어 전국의 여론 수단을 통제했다.

1966년 5월에 소집된 중공중앙 정치국확대회의는 '문화대혁명' 정식 발동의 징표가 된다. 이 회의에서 채택된 '5·16통지'는 '문화대혁명'을 발동한 강령성(綱領性) 문건이 되었다.

### 혼란스러운 국면의 출현과 공작조를 파견하는 문제에서의 의견 차이

1966년 5월, 중공중앙 정치국확대회의가 열리고 있을 때 장칭, 캉성 등은 이미 회의의 내용 일부를 사회에 퍼뜨렸다. 신문지상의 대비판 추세도 갈수록 거세졌다. 우한에 대한 비판으로 말미암아 중국공산당 베이징시위원회 서기처 서기 덩퉈(鄧拓)와 통일전선부 부장 랴오모사(廖沫沙)가 연루되었으며 뒤이어 베이징시당위원회의 이론 간행물인 〈전선〉과 〈베이징석간〉도 연루되었다.

1961년부터 1964년 사이에 덩퉈, 우한(吳晗), 랴오모사는 각각 〈베이징석간〉 등 신문에 특집 또는 단편 형식으로 잡문을 발표했고 또 함께 '삼가촌찰기'를 써서 공동 집필로 〈전선〉에 발표했다. 이런 글들은 자료를 많이 수집하고 인용했기에 지식성이 아주 강했으며 일부 글은 중국 사회주의 건설에서 나타난 '좌'적 오류를 완곡하게 비

---

[9] 적발, 비판할 때 비판을 받는 사람이 참가하지 못하게 함을 가리킨다.

판하여 독자들의 환영을 받았다. '하이루이의 파직'에 대한 비판이 전개된 후 '삼가촌찰기'는 반당, 반사회주의의 '독초'로 몰렸다. 1966년 5월 8일, 〈해방군보〉와 〈광명일보〉는 각각 짧은 글을 발표하여 기세등등하게 공격 방향을 베이징시당위원회에 돌렸다. 또한 덩퉈, 우한, 랴오모사가 〈전선〉과 〈베이징석간〉을 반당 도구로 삼아 "미친듯이 당과 사회주의를 향하여 진격했다."고 모독했다. 5월 10일, 상하이의 〈해방일보〉와 〈문회보〉는 야오원위안이 쓴 '삼가촌-〈연산야화〉, 〈삼가촌찰기〉의 반동본질을 평함'이라는 글을 발표하여 '삼가촌찰기' 등 글은 모두 "주도면밀하게 획책한, 목적이 있고 계획이 있으며 조직적인 한 차례의 반당, 반사회주의의 대진격"이라고 비난했다. 기타 신문, 잡지들도 잇달아 규탄에 적극적으로 호응하며 나섰다. 삽시간에 '대음모가', '잡귀신', '검은 무리', '독화살' 등 구절들이 신문을 꽉 메웠으며 선전 분야는 온통 살벌한 말로 가득 찼다. 평전을 수반으로 한 베이징시당위원회는 '포위 토벌'을 당하는 지경에 이르렀다. 이와 동시에 거의 모든 성과 직할시에서도 본지의 이른바 '삼가촌', '사가점'을 붙잡아내었다. 문화계는 전반적으로 불안에 빠졌다.

당내의 절대다수 고위급 간부들은 이런 극단적인 방법과 실제에 맞지 않는 견해를 받아들이기 어려웠다. 그리하여 마오쩌둥은 정치 비판을 통해 강력한 충격을 줄 수 없고 그 자신이 우려하는 중국에서 "수정주의가 나타날 수 있다."는 문제를 해결할 수 없을까 걱정했다. 그는 아래에서 위에 이르기까지 대중을 움직일 수 있는 돌파구를 찾아 '수정주의'에 대한 강력한 사회적 압력을 형성하려 했던 것이다. 때마침 베이징대학 철학학부 당 총지서기 녜위안쯔(聶元梓) 등 7명이 베이징대학에는 몇십 개 국가의 유학생들이 있기에 운동에 내외를 구별할 것에 관한 저우언라이의 관련 지시를 어기고 5월 25일에 공개적으로 교정에 대자보를 붙이고 베이징대학 당위원회와 베이징시 당위원회를 향해 반란을 일으켰다.[10] 6월 1일 저녁, 마오쩌둥의 지시[11]에 따라 신화사는 녜위안쯔 등이 쓴, 후에 '전국의 첫 마르크스-레닌주의대자보'로 불린 대자보 전문을 발표했다. 천보다가 인솔한 공작조가 접수해 관리한 〈인민일보〉는 이날, '모든 잡귀신을 쓸어버리자'는 사설을 발표함으로써 대중에게 일어나 "사상문화 진지에 도사리고 있는 많은 잡귀를 없애버리고…… 이른바 자산계급의 '전문가', '학자', '권위', '창시자'들을 맹렬하게 족쳐야 한다."고 선동하면서 "몇 천 년 이래 착취계급에 의해 조성된 인민을 해치는 모든 낡은 사상, 낡은 문화, 낡은 풍속, 낡은 습관을 철저히 타파해야 한다."고 선동했다. 이튿날 〈인민일보〉는 녜위안쯔 등의 대자보를 게재하는 동시에 이 대자보를 환호하는 논평원의 글을 발표했다. 글에서는 베이징대학은 '반당, 반사회주의의 완고한 보루'이고 베이징대학 당위원회는 '가짜 공산당', '수정주의의 '당'이라고 중싱모략하면서 "그들을 타도하고 그들의 검은 무리, 검은 조직, 검은 규율을 철저히 파괴해야 한다."고 선동했다.

---

10) 1966년 8월 2일, 타오주(陶鑄)(5월에 중앙서기처 상무서기 겸 중앙선전부 부장으로 새로 임명되었다)도 중앙문화혁명소조 고문으로 임명되었다. 부조장에는 또 왕런중(王任重)(중난국 제1서기), 류즈젠(劉志堅)(해방군 총정치부 부주임)이 있었다. 조원에는 또 셰탕중(謝鏜忠)(해방군 총정치부 선부 부장), 인다(尹達)(중국과학원 철학사회과학부 역사연구소 부소장), 무신(穆欣)(광명일보사 당조서기 겸 총편집) 등이 있었다. 이런 성원들은 얼마 못 가 박해를 받고 밀려났다. 왕리는 당시 중앙대외연락부 부부장, 〈붉은기〉 부총편집으로 있었다. 같은 해 8월, 천보다가 병으로 앓는 기간에 장칭이 대리조장으로 있었다.

11) 녜위안쯔 등은 대자보에서 당 조직들이 운동 가운데 "영도를 강화하고 일터를 고수"하는 것에 관한 베이징시당위원회와 베이징대학 당위원회의 요구를 터무니없이 비판했고 "모든 혁명적 지식인이 싸울 때가 왔다." "수정주의의 온갖 통제와 모든 음모 궤계를 무너뜨리고 온갖 잡귀신과 모든 흐루쇼프식의 반혁명 수정주 분자들을 견결히, 철저히, 깨끗이, 모조리 소멸해야 한다."고 선동했다. 이 대자보가 나붙은 당일, 베이징대학에는 1,000여 장의 대자보가 붙었는데 대부분이 학교의 영도를 보호하고 녜위안쯔 등을 반격하는 글들이었다. 캉성은 곧 녜위안쯔 등 사람들의 대자보 내용을 베껴서 당시 남방에 가있는 마오쩌둥에게 보냈다.

6월 4일에 〈인민일보〉는 베이징시위원회를 개편할 것에 관한 중공 중앙의 결정을 공포했다. 중공중앙 화베이국 제1서기인 리쉐펑(李雪峰)이 베이징시당위원회 제1서기를 겸했고 중국공산당 지린성위원회 제1서기 우더(吳德)가 베이징시당위원회 제2서기로 하방되었다. 이를 하루 앞두고 개편을 거친 베이징시 당위원회가 파견한 공작조가 베이징대학에 진주하여 "당위원회의 직권을 대리 행사"했고 "문화대혁명을 영도"했다. 마오쩌둥은 이에 동의했다. 6월 5일에 〈인민일보〉는 '무산계급 혁명파가 될 것인가 아니면 자산계급 보수파가 될 것인가' 하는 제목으로 사설을 발표하여 '모든 혁명적 동지'들은 일어나 원 단위의 영도를 수호하는 '보수파'들과 단호하게 투쟁해야 한다고 선동했다.

　이러한 비상조치는 전국에서 강렬한 반향을 불러일으켰다. 제일 먼저 대학교와 중학교 학생들이 일어나 '수정주의에 대한 반란'을 일으켰다. 6월 1일부터 시작하여 며칠밖에 안 되는 짧은 시간에 전국의 거의 모든 대학교와 중학교에서 학생들이 반란을 일으키는 '혁명적 운동'이 나타났다. 학생들은 학교에서 대자보를 붙이고 변론회를 열면서 공격 방향을 학교 당위원회, 당지부와 교원들에게 돌렸다. 일부 학교의 비판은 급속히 학교 지도부와 교원들에 대한 비판 투쟁으로 발전했으며 따라서 정상적인 교수 질서를 유지하기 어렵게 되었고 학교에 무정부 상태가 나타났다.

　군중 반란 물결의 충격으로 대학교와 중학교의 교원과 학생 및 종업원들은 기층 당조직에 대한 태도가 다름에 따라 '반란파'와 '보수파'('보황파'라고도 한다)로 나뉘었다. 얼마 지나지 않아 많은 학교의 지도기구가 마비 상태에 빠졌고 혼란 국면이 날마다 심해졌다. 이때 마오쩌둥이 베이징에 없었기에 류사오치, 덩샤오핑 등이 중앙사업을 주관하고 있었다. 한꺼번에 일어난 군중운동에 직면한 그들은 당의 영도를 강화하고 한창 확산되고 있는 열광적인 정서를 단속하여 혼란 국면이 확대되는 것을 방지해야 한다고 주장했다. 6월 3일에 류사오치와 덩샤오핑의 사회로 열린 중앙정치국 상무위원회 확대회의는 토론을 거쳐 당이 뒤바뀐 군중운동을 영도한 방법과 마오쩌둥이 인민일보사와 베이징대학에 공작조를 파견하는 것을 비준한 선례에 따라 베이징시 당위원회가 대학교, 중학교에 공작조를 파견하는 데 동의하기로 결정했다. 같은 날, 중앙정치국은 이미 일어난 문제에 따라 대학교, 중학교에서 운동을 전개하는 것과 관련한 규정을 내렸다. 며칠 사이에 전국 대부분의 성, 직할시, 자치구와 중앙의 부, 위원회는 잇따라 본 지구, 본 계통의 일부 학교에 공작조를 파견했다. 그러나 대량으로 공작조를 파견하는 것에 대해 마오쩌둥은 다른 견해를 갖고 있었다. 그는 "공작조를 너무 일찍 파견하는 것이 좋지 않다. 준비되지 않았다. 혼란이 조성되고 혼전이 벌어져 정황이 명확해진 후에 파견하는 것이 더 낫지 않겠는가?"[12]라고 했다. 그러나 이미 많은 공작조가 파견됐다. 마오쩌둥이 공작조 파견에 대한 주장을 바꾼 것은 '혼란'에 대한 그의 견해와 직접 관계가 있었다. 그는 7월 8일에 장칭에게 보내는 서신에서 천하는 대란을 거쳐야 잘 다스려질 수 있다고 하면서 "지금의 임무는 전당, 전국에서 우파를 기본적으로(전부는 불가능하다) 타도하는 것이다. 그뿐만 아니라 7~8년 후 또 한 차례 잡귀신을 쓸어버리는 운동이 일어나게 될 것이고 뒤이어 또 몇 차례의 제거가 있게 될 것"이며 "이번 문화대혁명은 한 차례의 진지한 연습"이라고 인정했다. 그는 중국은 지금 한창 사회주의 길을 견지하는가

---

12) 마오쩌둥의 회시는 다음과 같다. "이 글의 전문을 신화사에서 방송하고 전국의 각 신문, 잡지들에서 발표할 수 있다. 아주 필요하다. 베이징대학이란 이 반동적인 보루를 지금부터 파괴해도 된다."

아니면 자본주의 길로 나아가는가 하는 긴요한 고비에 처해 있으며 장구한 견지에서 볼 때 '대란'의 대가를 지불할 만한 가치가 있다고 확신했다.

공작조는 대학교, 중학교에 진주한 후 원래 학교지도부의 직권을 중지시키고 공작조가 영도권을 대리 행사한다고 선포했다. 공작조는 '반당, 반사회주의의 우두머리'에 대한 투쟁을 조직했으며 문화교육계의 지명인사와 지도자들에 대한 적발과 비판을 주관했다. 일부 학교의 주요 지도자들이 '자산계급의 대표인물'로 비난받았고 많은 교수와 전문가는 '반동적 학술 권위'로 비판받았다. 또한 정치역사 문제가 있고 복잡한 사회관계가 있다고 인정받은 교원들은 차별을 받았다. 그럼에도 운동을 당의 영도로 질서 있게 진행하려는 공작조의 방법은 일부 과격한 반란학생들의 불만을 초래했으며 점점 더 중앙문화혁명소조의 강력한 비판을 받았다. 얼마 안 되어 일부 반란학생들이 공작조를 공격하는 대자보를 나붙였으며 또 일부 학생들은 공작조를 거치지 않고 자체로 '검은 무리'를 비판하는 투쟁을 벌였다.

6월 18일, 베이징대학의 일부 학생들은 공작조를 따돌리고 40여 명의 간부와 교원을 끌어 내어 비판하고 공격했는데 얼굴에 검은 칠을 하고 고깔모자를 씌우고 무릎을 꿇게 하고 마구 때리며 여성을 모욕하는 등의 행위를 저질렀다. 공작조는 이런 행위를 발견한 후 재빨리 제지했다. 류사오치의 의견에 따라 당중앙위원회는 6월 20일 베이징대학 공작조의 이번 사건 처리 정황에 대한 속보를 이첩했다. 류사오치는 속보에 대한 회시에 다음과 같은 평어를 달았다. "중앙은 함부로 투쟁하는 현상에 대해 베이징대학 공작조가 처리한 방법이 정확하고 적시적이라고 인정한다. 만일 각 단위에 이런 현상이 발생했을 경우 모두 베이징대학의 처리 방법을 참조할 수 있다." 각지 공작조는 당중앙위원회의 이러한 정신을 관철하는 과정에 대다수 대중의 지지를 얻었지만 반란파와의 대립관계는 더욱 심각해졌다.

운동이 확대됨에 따라 어떻게 운동을 영도할 것인가 하는 문제에서 나타난 류사오치, 덩샤오핑 등 중앙지도자들과 중앙문화혁명소조 간의 의견 차이는 날로 첨예해졌다. 천보다, 장칭, 캉성 등의 선동과 지지로 학생들이 공작조를 쫓아내는 사건이 끊임없이 발생했고 6월 중하순에 이르러서는 최고조에 달했다. 6월 20일, 중앙문화혁명소조는 중앙에 "전국의 대학교, 중학교와 기관 단위는 적당한 시기에 문화혁명소조를 설립하고 문화혁명운동을 영도해야 한다."고 제안함으로써 공작조를 폐지하고 학생들이 자체로 "혁명을 하게" 할 것에 대한 의견을 완곡하게 전달했다. 7월 19일과 22일, 류사오치는 두 차례에 걸쳐 중앙정치국 상무위원회 확대회의를 사회하고 '문화대혁명'과 관련된 문제를 연구했다. 천보다는 회의에서 공작조 폐지를 제기했다가 덩샤오핑 등 다수 동지의 반대를 받았다. 류사오치는 나수 동지의 의견을 지지하면서 다수의 공작조는 좋으며 그래도 교양, 방조하고 잘못을 시정하고 있다고 했다. 회의에 참가한 대다수 동지가 공작조를 즉시 폐지하는 것에 동의하지 않았기에 천보다 등의 의견은 부결되었다.

7월 18일, 마오쩌둥이 우한에서 베이징으로 돌아왔다. 캉성, 천보다, 장칭 등의 간추린 회보를 청취한 뒤 그는 운동의 진전에 대해 아주 불만족해하면서 베이징에서의 '문화대혁명'이 조용히 진행되고 학생운동이 압제를 받고 있다고 생각했다. 7월 25일, 마오쩌둥은 중앙문화혁명소조의 성원들과 베이징 각 대행정구의 제1서기들을 접견한 자리에서 "공작조를 두지 말고 혁명적 교원과 학생들이 자체로 혁명을 하게 해야 하며 혁명위원회를 설립해야 한다."고 했다. 그는 "공작조는 투쟁할 줄 모르고 시정할 줄 모르며 나쁜 역할을 하며 운동을 방해한다."고 질책했다. 그는 또 "군중이 최고위급지도자들과 직접 만나는 것을 허용해야 한다."면서 "신문사를 포위하지 못하며 성 당위원회를 포위하지 못하며 국무원을 포위하지 못하며 중앙을 찾아와서는 안 된다."는 규정은 모두 "군중 혁명을 방해"하는 것이라고 했다. 마오쩌둥의 지시에 따라 7월 28일, 베이징시 당위원회는 정식으로 '각 대학교와 전문학교의 공작조를 취소할 것에 관한 결정'을 발부하고 "이 결정은 중학교에도 적용된다."고 설명했다.

7월 29일, 베이징시위원회는 베이징의 대학교와 전문학교 및 중학교 사생 문화혁명적극분자대회를 열었다. 덩샤오핑, 저우언라이, 류사오치가 연설을 발표했으며 중앙을 대표하여 공작조를 파견한 것과 관련한 책임을 안았다. 류사오치는, 공작조를 파견한 것은 중앙에서 결정하고 동의한 것이지만 그 방식이 당면의 무산계급 문화대혁명운동의 수요에 적합하지 않다는 것이 밝혀졌기에 중앙은 공작조를 취소하기로 결정했다고 했다. 그는 또 무산계급 문화대혁명을 어떻게 해야 하는가에 대해서 "여러분이 명철하지 않거나 잘 몰라서 우리에게 물어보지만 솔직히 말하면 나도 잘 모른다. 당중앙위원회의 기타 사업가들도 잘 모를 것이다."고 했다.[13] 공작조를 철수시킨 것은 '문화대혁명'을 발동하는 중요한 절차로 이는 운동에 대한 당의 영도력을 한층 더 약화시켰고 전국적으로 '천하 대란'이 일어나는 혼란스러운 국면을 조성했다.

1966년 5월에 중앙정치국확대회의가 열린 후 두 달 동안의 기본적인 발동을 거쳐 '문화대혁명'은 주로 학교 및 의식 영역의 일부분에

---

13) 중공중앙 문헌연구실 편, 〈류사오치 연보(1898~1969)〉 하, 중앙문헌출판사 한문판, 1996년, 646~647쪽.

서 발동되었다. 그러나 중앙의 일부 주요지도자로부터 당과 정부 각급 지도자들 및 광범위한 학생과 교원에 이르기까지 대다수는 이번 운동에 대해 잘 이해하지 못했다. 혼란스러운 국면에 대한 당 내외의 우려도 끊임없이 늘어났다. '좌'적 방침이 당내에서 크게 배격 당했다. 마오쩌둥은 방해 세력을 제거하고 이번 운동을 더욱 깊이 있고 광범하게 전개하기 위해서는 '문화대혁명'을 한층 더 발동할 필요가 있다고 했다.

## 3. 당중앙위원회 제8기 제11차 전원회의와 '16개조'

1966년 8월 1일부터 12일까지 마오쩌둥의 사회로 당중앙위원회 제8기 제11차 전원회의가 베이징에서 소집되었다. 이번 회의는 원래 닷새간 열기로 했으며 주요 의정은 모두 네 가지, 즉 (1) '문화대혁명'에 관한 결정을 채택하며 (2) 제10차 전원회의 이후 중앙이 국내외 문제에서 취한 중대한 조치들을 토론하고 비준하며 (3) 5월에 열린 중앙정치국확대회의에서 결정한 인사 변동에 관한 절차를 보충 시행하며 (4) 회의 공보를 채택하는 것이었다. 그러나 회의가 시작한 후 의정이 바뀌었고 회의 기한은 12일로 연장되었다.

전원회의에서 먼저 류사오치가 보고를 진술했다. 그는 당중앙위원회 제8기 제10차 전원회의 이후 국내외 측면에서의 중앙의 일부 주요 사업과 기본적인 방침, 정책을 소개하고 동시에 공작조 파견에 대한 주요 책임을 짊어졌다. 류사오치가 연설할 때 마오쩌둥이 보충 설명하면서 공작조가 군중운동을 방해하고 진압했다고 질책했다. 이날 회의에서는 마오쩌둥이 칭화대학부속중학교 홍위병들에게 보낸 답장과 칭화대학 부속 중학교 홍위병들이 혁명적 반란을 선전한 대자보[14] 두 장을 인쇄해 발부했다. 5월 말에 베이징 칭화대학 부속 중학교 학생 10여 명이 자발적으로 집회를 열고 전국의 첫 '홍위병' 조직을 세웠다. 베이징의 기타 중학교들에서도 잇달아 유사한 학생조직을 세웠다. 칭화대학 부속 중학교 홍위병들이 쓴 대자보에는 이렇게 씌어 있었다. "혁명은 바로 반란이다. 마오쩌둥 사상의 영혼은 바로 반란이다." "반란을 일으키지 않으면 100% 수정주의다!" "우리는 화약 냄새를 더 진하게 만들 것이다." "대박투, 대격투를 일으키자." "낡은 세계를 뒤죽박죽되게 하고 수습하기 어렵게 만들며 산산이 부서지게 해야 한다. 혼란스러우면 혼란스러울수록 좋다!" 마오쩌둥은 이 두 장의 대자보를 찬양하면서 칭화대학 부속 중학교 홍위병들의 행동은 "반동파에 대한 반란은 도리가 있다는 것을 설명해준다."고 인정했으며 "베이징에서나 전국에서 나는 물론이고 문화대혁명 운동에서 무릇 여러분처럼 혁명적 태도를 보이는 사람이라면 우리는 모두 열렬히 지지해줄 것이다."고 표명하고 나서 그들에게 "단결할 수 있는 모든 사람과 단결하도록 주의를 돌려야 한다."고 요구했다.

그 후 이틀간의 회의에서 회의에 참석한 일부 중앙 부, 위원회, 성 당위원회와 각 대행정구의 책임자들은 분분히 '문화대혁명' 이래 "정세를 따르지 못하여" "방향과 노선 오류를 범했다."고 자기 검토를 하면서 운동에 대한 곤혹스러움과 동란 국면에 대한 불안감을 내비쳤다.

8월 4일, 마오쩌둥은 중앙정치국 상무위원회 확대회의를 소집하고

---

14) 1966년 6월 24일과 7월 4일, 칭화대학 부속 중학교 홍위병들이 '무산계급의 혁명적 반란정신 만세'와 '무산계급의 혁명적 반란정신 만세를 다시 논함'이란 두 장의 대자보를 썼는데 7월 28일에 장칭이 이를 마오쩌둥에게 전해주었다. 이 두 장의 대자보는 8월 하순에 〈붉은기〉와 〈인민일보〉에 발표되었다.

공작조 파견에 대해 더 호되게 질책했다. 그는 다음과 같이 말했다. 중앙은 스스로 자기의 명령을 어겼다. 중앙은 학교들에서 반년 간 수업을 중지하고 '문화대혁명'을 진행할 것을 명령하고는 학생들이 일어나니 또 진압했다. 조금 가볍게 말하면 이것은 방향성 문제이지만 사실상 방향성 문제이면서도 노선 문제이며 마르크스-레닌주의에 어긋나는 것이다.

8월 7일, 회의에서는 마오쩌둥이 8월 5일에 쓴 '사령부를 포격하자-나의 대자보'를 인쇄해 발부했다. 대자보에서는 다음과 같이 질책했다. 6월 상순에 공작조를 파견하면서부터 50여 일 동안 중앙에서 지방에 이르기까지의 일부 지도자들은 "반동적인 자산계급 입장에 서서 자산계급 독재를 자행하여 무산계급의 기세 드높은 문화대혁명운동을 압살했다. 그들은 시비를 뒤엎고 흑백을 뒤섞어 놓으며 혁명파를 포위토벌하고 반대되는 의견을 압제하면서 백색테러를 자행하고는 득의양양해했다. 그리하여 자산계급의 위풍을 돋구어주고 무산계급의 기개를 꺾어놓았다. 이 얼마나 지독한가!" 이 대자보는 또 지난날 중앙의 지도층에 존재하던 사회주의건설문제에서의 논쟁에 따라 다음과 같이 제시했다. "1962년의 우경과 1964년의 '좌'의 그릇된 경향과 연관해볼 때 어찌 깊이 생각할 일이 아니겠는가?" 같은 날, 마오쩌둥은 회의에서 이렇게 말했다. 문건('사령부를 포격하자-나의 대자보'-인용자 주)에서는 지명하지 않고 사령부를 포격했다. 지난 두 달 동안은 나를 향해 포격했고 나는 반격했다. 그는 또 이 시기 정확한 것은 중앙의 문화혁명이지 중앙이 아니라고 했다. 그 후 회의는 방향을 돌려 중앙의 일상사업을 주관하는 류사오치, 덩샤오핑 등 지도자들을 비난했다.

8월 6일, 마오쩌둥은 청가(請暇)를 맡고 외지에서 '치료'를 받고 있는 린뱌오를 급히 전원회의에 참가하도록 베이징에 불러들였다. 린뱌오는 회의에 참가한 후 즉시 대다수 중앙지도자와는 완전히 다른 태도를 보였다. 8월 8일에 린뱌오는 중앙문화혁명소조 구성원들을 접견할 때 한 연설에서 "하늘땅을 뒤집어엎고 기세 드높이 혼란을 조성하며 소란을 피워야 한다. 이 반년 동안 자산계급이 잠을 잘 수 없게 만들고 무산계급도 잠을 잘 수 없게 만들어야 한다."고 말했다. 8월 12일, 린뱌오는 전원회의 폐막식에서 다음과 같이 연설했다. "이번 위대한 문화혁명을 진행하는 과정에 엄중한 노선적 오류가 발생하여 이 혁명을 거의 무산시킬 뻔했다." "주석이 나서서 이 국면을 돌려놓아 이번 문화혁명이 재정비되고 계속 진공할 수 있게 되었다." 이튿날 그는 또 "이번에 사람들 일부를 파직시키고 일부를 승진시키며 일부를 보호할 것이다. 조직적으로 전면적인 조정이 있을 것이다."[15]라고 말했다.

 8월 8일, 전원회의는 중앙문화혁명소조에서 주로 작성하고 마오쩌둥이 심사 결정한 '무산계급 문화대혁명에 관한 중국공산당 중앙위원회의 결정'('16개조'로 약칭)을 채택하고 '문화대혁명'의 목적, 중점, 의존 역량, 방법 등에 관해 규정했다. '16개조'는, 이번 운동의 목적은 "자본주의 길로 나아가는 집권파를 전복하고 자산계급의 반동적 학술 '권위'를 비판하며 자산계급과 모든 착취계급의 의식형태를 비판하며 교육을 개혁하고 문학예술을 개혁하며 사회주의 경제 기반에 적응되지 않는 모든 상부구조를 개혁함으로써 사회주의제도의 공고화와 발전에 이롭게 하는 것에 있으며" "이번 운동의 중점은 당내의 자본주의 길로 나아가는 집권파들을 투쟁하는 것이다."고 규정했다.

---

15) '린뱌오가 중공중앙사업회의에서 한 연설', 1966년 8월 13일.

또한 '16개조'는 이번 운동에서 "본래 알려지지 않은 많은 혁명적 청소년들이 용감한 맹장이 되었다." "그들 혁명의 총체적 방향은 처음부터 끝까지 정확한 것이며" "당의 영도는 좌파를 잘 발견하고 좌파 대열을 발전, 확장시키며 견결히 혁명적 좌파에 따라…… 가장 반동적인 우파를 철저히 고립시키고 중간파를 섭렵할 줄 알아야 한다."고 지적했다. '16개조'는 "'과감성'을 앞세우며", "대자보, 대변론 형식을 충분히 이용하여 대명, 대방해야 하며", "혼란이 생길까 두려워하지 말아야 한다."고 거듭 강조했다. '16개조'는 '5 16통지'와 마찬가지로 '자본주의 길로 나아가는 집권파', '좌파', '우파' 등 개념을 판별하는 명확한 기준을 제기하지 않았으며 어떻게 당의 영도를 실현할 것인지에 대해 구체적으로 규정하지도 않았다. 비록 '16개조'에서도 두 가지 같지 않은 성격의 사회 모순을 구별해야 하며 "도리로 투쟁해야지 무단으로 투쟁하지 말아야 한다."고 제기하기는 했지만 이런 원칙적인 규성들이 그 후의 운동에서 전혀 준수되지 못했다. 설령 이런 원칙대로 처리했다 해도 "혁명해서는 안 된다." "자산계급 반동노선이다."라는 질책을 받았다. 그러나 매우 큰 임의성을 띤 개념과 과격한 투쟁을 조장하는 내용은 도리어 큰 범위에서 맹목적인 반란 행동과 사회 동란을 격화시켰다.

　이번 전원회의는 마오쩌둥의 제의로 8월 12일에 중앙영도기구를 개편하는 의정을 임시로 추가했다. 중앙정치국 상무위원은 원래의 7명에서 11명으로 늘어났다. 이름을 순서대로 배열하면 마오쩌둥, 린뱌오, 저우언라이, 타오주, 천보다, 덩샤오핑, 캉성, 류사오치, 주더, 리푸춘, 천윈이었다. 린뱌오는 일약 마오쩌둥 다음으로 두 번째 자리를 차지했고 류사오치는 원래의 두 번째 자리에서 여덟 번째 자리로 내려갔다. 전원회의에서는 중앙위원회 부주석을 다시 뽑지 않았지만 그 후에는 린뱌오만 중앙위원회 부주석으로 불리고 류사오치, 저우언라이, 주더, 천원의 부주석 직무는 다시 언급되지 않았다. 이번 전원회의 후 원래 류사오치와 덩샤오핑이 중앙일선사업을 주관하던 지도 집단은 더 이상 존재하지 않았다. 8월 하순부터 저우언라이가 책임지고 중앙정치국 상무위원회(확대)정황교환회의를 소집하여 국내외의 일상사업을 연구해 처리했으며 마오쩌둥과 린뱌오에게 지시를 요청하여 결정했다.

많은 회의참가자는 당중앙위원회 지도층의 이와 같은 중대한 인사변동에 대해 매우 놀라면서 사상적으로 여러 의심을 품고 곤혹스러워했다. 그러나 회의는 아주 경직된 정치적 분위기 속에서도 '문화대혁명'을 발동하는 조직적 절차를 완수했다.

회의가 폐막될 때 채택된 공보는 "당면 정세는 한창 세계혁명의 새로운 시대에 처해 있으며" 세계정세의 총체적 추세를 보면 "제국주의는 전면적인 붕괴의 길로 나아가고 있고 사회주의는 전 세계적인 승리로 나아가고 있다."고 지적했다. 공보는 또 '문화대혁명'에 관한 마오쩌둥의 일련의 지시는 "마르크스-레닌주의의 중대한 발전"으로서 "마오쩌둥 동지는 천재적, 창발적, 전면적으로 마르크스-레닌주의를 계승, 수호하고 발전시켰으며 마르크스-레닌주의를 새로운 단계로 끌어올렸다."고 지적했다. 또한 "린뱌오 동지는 인민해방군에 전군적으로 마오쩌둥 동지의 저작을 학습하는 군중운동을 전개할 것을 호소함으로써 전당, 전국에 빛나는 본보기를 보여주었다."고 했다. 공보는 또 전당과 전국인민에게 '문화대혁명'을 끝까지 진행하도록 호소했다.

5월에 열린 중앙정치국확대회의와 당중앙위원회 제8기 제11차 전원회의에서의 '문화대혁명'에 대한 끊임없는 발동을 거쳐 '좌'적 오류의 방침이 당중앙위원회에서 주도적 지위를 차지하기 시작했다.

## 4. '문화대혁명'의 급속한 확산

### 홍위병 운동의 흥기와 대연계

당중앙위원회 제8기 제11차 전원회의 후 마오쩌둥의 지지로 홍위병 조직은 급속히 발전하여 전국을 휩쓰는 홍위병 운동을 형성했다. 마오쩌둥이 홍위병 운동을 지지한 까닭은 '문화대혁명'을 발동하는 가운데에서 장애 세력을 한층 더 제거하기 위해서였지만 평화적 이행을 방지하려는 것도 있었다. 그는 '문화대혁명' 가운데 반란을 일으키는 학생들이 바로 델레스[16]가 평화적 이행의 희망을 맡긴 젊은 세대들이라고 인정했다. 마오쩌둥은 그들로 하여금 직접 투쟁의 중요성을 체험하고 자기가 취득한 경험과 인식을 다시 후대에 알려주어 대대손손 전해가도록 한다면 델레스의 예언이 중국에서 실현되기 어려울 것이라고 생각했다.

8월 18일에 수도의 100만 명 대중이 참가한 '문화대혁명' 경축집회에서 마오쩌둥은 녹색 군복 차림에 '홍위병' 완장을 차고 〈마오 주석 어록〉[17]을 들며 "반란에는 도리가 있다."는 등 노래를 높이 부르는 홍위병들을 향해 손을 들어 인사하면서 홍위병들에 대한 지지를 표명

---

16) 존 포스터 델레스(1888~1959년)는 1953년부터 1959년까지 미국 국무장관으로 있었다. 델레스는 1957년 4월과 6월에 연설을 발표하여 사회주의 국가들에 대해 '평화적 이행' 정책을 시행할 것을 제기함과 동시에 중국에 대한 '평화적 이행'의 희망을 제3세대 또는 제4세대에 맡긴다고 명확하게 제기했다.

17) 1961년 5월부터 린뱌오의 지시에 따라 〈해방군보〉는 매일 마오쩌둥 어록을 한 조목씩 실었다. 1964년 5월에 해방군 총정치부는 이 신문에 실렸던 어록에 다른 내용을 더 보충하여 책으로 출판했으며 해방군 내부에서 발행했다. 1966년 12월에는 어록에 린뱌오가 서명한 재판 서언을 보충하고 전국적 범위에서 확대 발행했다.

했다. 그 후 베이징과 각지에 보편적으로 홍위병 조직들을 세웠다.

8월 중하순에 베이징의 홍위병들은 앞장서 학교에서 거리로 뛰쳐나가 '네 가지 낡은 것'[18]을 타파했다. 그들은 마오쩌둥과 공산당에 대한 열애, 혁명적 이상에 대한 열렬한 추구에서 출발하여 북받치는 열정으로 반란의 행렬에 뛰어들었다. 그들은 유치하고 열광적이었고 단순하고 맹목적이었다. 기본적인 법제 교육을 받지 못했고 기본적인 법률 의식이 없었으며 그 어떤 법적인 제약도 받지 않았다. "반란에는 도리가 있다."는 기치 아래 단순하고 폭력적이며 야만적인 행동으로 자기들이 '잡귀신'이라고 보는 사람들을 타격했으며 "때려 부수고", "불태우고", "들부수는" 등의 말은 한때 널리 유행하는 구호와 행동이 되었다. 도시의 거리와 상점, 병원, 학교 등 곳곳에 큰 영향력을 가지는 옛 이름과 옛 가게 간판들은 이른바 "봉건적이고 자본주의적이고 수정주의적"인 잡동사니로 비판받아 모조리 없애거나 부수었고 "무산계급을 일으켜 세우고 자산계급을 없애는" 내용의 새로운 간판, 새로운 가게로 바꾸었다. 예를 들면 베이징의 창안제(長安街)를 '둥팡훙타루(東方紅大路)'로, 대사관 구역의 둥자오민샹(東交民巷)을 '판디루(反帝路)'로, 시쟈오민샹(西交民巷)을 '판슈루(反修路)'로, 왕푸징(王府井) 백화청사를 "베이징시백화상점"으로, 둥안시장(東安市場)을 '둥펑시장(東風市場)'으로, 셰허병원(協和医院)을 "판디병원(反帝医院)"으로, 퉁런병원(同仁医院)을 '궁눙빙병원(工農兵医院)'으로, 취안쥐더(全聚德)오리구이점을 '베이징오리구이점'으로, 헝더리(亨得利)시계가게를 '서우두(首都)시계가게'로 이름을 바꿨다. 많은 도시의 주요 거리에는 반란 표어와 마오 주석 어록이 가득 나붙어 이

---

18) '네 가지 낡은 것'이란 '16개조'에서 말한 '착취계급'의 낡은 사상, 낡은 문화, 낡은 풍속, 낡은 습관을 가리킨다.

른바 '붉은 바다'를 이루었다. 일부 홍위병들은 '혈통론'을 기치로 "아버지가 영웅이면 아들도 호걸이고 아버지가 반동이면 아들도 망나니이다."라는 구호를 열광적으로 고취하면서 "가정 출신이 나쁜" 학생과 청년들을 박해했다. 거리와 골목 곳곳에서 집을 수색하고 사람을 때리고 문화유물을 파괴하고 '악서(惡書)'를 불태우고 긴 머리, 파마머리를 자르는 등 엄중한 위법 행위가 발생했다.

'네 가지 낡은 것'을 타파하면서 발생한 이런 행동은 린뱌오와 중앙문화혁명소조의 긍정과 찬양을 받았다. 그들은 홍위병들의 방법이 "아주 좋다."[19]고 칭찬했다. 홍위병운동은 톈진, 상하이, 광저우 등 대중도시로 급속히 만연되었고 전국 각지로 퍼져나갔으며 사람을 때리고 물건을 파괴하고 집을 수색하는 풍조가 갈수록 심해졌다. 각지의 홍위병들은 또 천백 년 동안 전해 내려온 일부 귀중한 문화유물과 고적들을 파괴하거나 불태워버리면서 전례 없는 문화대재난을 일으켰다. 일부 홍위병 조직들은 또 명망이 아주 높은 민주당파 시노자, 민족종교계 인사들의 거처에 제멋대로 들이닥쳐 수색하고 약탈했으며 심지어 민주당파 중앙기관에 무조건 '해산'하라는 '최후통첩'을 내렸다.

1966년 9월 초, 중공중앙과 국무원에서는 각지의 교원과 학생들을 조직하여 베이징에 와서 '문화대혁명'을 참관할 것에 관한 통지를 발표했다. 각지의 홍위병들은 제각각 베이징으로 몰려들어 '경험을 배웠고' 베이징의 홍위병들도 제각각 각지에 가서 '선동'했다. 당시 이런 현상을 '대연계'라고 했다. 8월 18일부터 11월 하순까지 마오쩌둥

---

19) 1966년 8월 하순, 〈인민일보〉와 〈붉은기〉 등에서는 '아주 좋다!', '우리의 홍위병들에게 경의를 드린다!', '혁명적 청년들에게 경의를 드린다'는 사설을 발표했다. 8월 31일, 린뱌오는 외지에서 베이징에 온 홍위병들을 접견하는 대회에서 연설을 발표하여 홍위병들의 '네 가지 낡은 것'을 타파하는 행동을 지지했다.

은 각지에서 온 홍위병들을 총 8차례 접견했는데 인원수가 1,100만 명에 달했다. 그리하여 '대연계'는 전국의 도시와 농촌에 파급되었고 홍위병운동은 고조에 달했다. 이는 사회의 대란을 조성한 중요한 절차였다. '대연계'는 전국의 철도교통에 큰 혼란을 일으켰고 공, 농업생산에 직접적인 영향을 주었을 뿐만 아니라 개인숭배, "모든 것을 의심하고" "모든 것을 포격"하는 극좌적 사조를 전국에 급속하게 확산시켰다.

홍위병운동이 세차게 일어나고 '대연계' 고조가 전국에 확산되고 있을 때 저우언라이, 타오주 등 지도자들은 홍위병 운동을 당조직의 영도 궤도에 들어서게 하기 위해 노력했고 정책을 중시하고 무단 투쟁을 멈추며 생산에 영향을 주지 않도록 홍위병들에게 요구했다. 마오쩌둥은 8월 29일에 중앙정치국확대회의를 사회할 때 첫 시작부터 다음과 같이 강조했다. "'문화대혁명'이 사회적인 비판, 투쟁, 개혁으로 발전했는데 도리로 투쟁해야지 무단으로 투쟁하지 말아야 한다." 국민경제의 정상적인 운행을 유지하기 위해 중공중앙은 1966년 9월 중순, 저우언라이의 주관으로 마오쩌둥의 비준을 거쳐 농공업생산 수호에 관한 문제를 둘러싸고 연이어 통지를 발부하여 당의 영도를 견지하고 담당한 일터를 견결히 지키며 생산 임무를 잘 완수하며 홍위병들이 공장이나 농촌에 내려가 대연계를 취해서는 안 되며 대중이 직접 간부를 '파직'시켜서는 안 된다는 등 사항을 명확히 제기했다.

**'자산계급 반동 노선에 대한 비판'과 그것이 초래한 부정적 결과**

'문화대혁명'은 겉으로 보기에는 기세 드높이 발동된 것 같았지만 여전히 다수의 간부와 노농대중의 이해와 지지를 얻지는 했다. '문화대혁명'에 대한 당내 고위층과 중층의 장애를 타개하기 위해 '자산계급반동 노선을 비판'하는 문제가 제기되었다. 10월 1일, 린뱌오는 중화인민공화국 창건 17주년 경축대회에서 연설을 발표하여 "마오 주석을 대표자로 하는 무산계급 혁명 노선과 혁명 노선을 반대하는 자산계급 간의 투쟁은 아직도 계속되고 있다."고 했다. 이날, 〈붉은기〉 제13호는 '마오쩌둥 사상의 큰 길에서 전진하자'란 사설을 발표하여 "극소수의 사람은 새로운 형식을 취해 대중을 기만하고 '16개조'에 대항하며 자산계급 반동 노선을 완고하게 견지하고 있다." "자산계급 반동 노선를 반드시 철저하게 비판해야 한다."고 했다. 이 사설은 처음으로 "자산계급 반동 노선을 비판"할 문제를 제기했다. 이는 류사오치, 덩샤오핑이 '문화대혁명' 초기에 제정한 방침을 무턱대고 지도원칙의 수준으로 끌어올려놓고 한 비판이었을 뿐만 아니라 저촉 정서를 가지고 있는 지도간부들에게 준 더욱 큰 압력이기도 했다. 10월 5일, 린바오의 건의에 따라 중잉군사위원회와 해방군 종정치부는 중앙문화혁명소조가 참여하여 작성한 '군대학교들에서 무산계급 문화대혁명을 진행하는 것에 관한 긴급 지시'를 발부하고 "공작조를 철수한 후 군대학교에서의 문화대혁명운동을 학교당위원회에서 영도한다는 규정을 취소한다."고 선포했으며 "군중운동을 속박하는 관습을 반드시 모조리 없애버려야 한다."고 했다. 같은 날, 중공중앙은 '긴급 지시'를 보내고 이 문건은 전국의 현급 이상 대학교, 중학교들에 모두 적용되므로 마땅히 견고히 관철해 집행해야 한다고 했다. 이는 사실상 "당위원회를 치워버리고 혁명하자."라는 호소로 무정부주의적 사조를 한층 더 범람하게 만들었다.

10월 9일부터 28일까지 '자산계급 반동 노선'을 비판하는 것을 주제로 한 중앙사업회의가 베이징에서 소집되었다. 이번 회의는 5월에 열린 중앙정치국확대회의와 당중앙위원회 제8기 제11차 전원회의 후 '문화대혁명'에 대한 또 한 차례의 발동이었다. 마오쩌둥은 이번 회의에서는 "사상이 통달되지 않는" 문제를 해결해야 한다고 제기했다. 천보다와 린뱌오는 한 가지 기조로 주제 발언을 했다. 천보다는 '무산계급 문화대혁명의 두 갈래 노선'이란 제목의 보고에서 마오 주석의 혁명 노선은 "군중 자신이 자신을 교양하고 자신을 해방하는 노선"이고 그릇된 노선은 "군중 자신이 자신을 교양하고 자신을 해방하는 노선을 반대하는" 것인데 "두 갈래 노선의 투쟁은 지금도 계속되고 있고 아직도 몇 차례 더 거듭될 것이다."고 했다. 린뱌오는 연설에서 "지난 몇 달 동안 문화대혁명의 정형을 보면 두 끝은 아주 열성이 높다. 하지만 가운데는 전혀 열성이 없으며 심지어 다소 엇갈리는 경향까지 있다."고 했다. 그는 "혁명적 군중운동은 자연적인 합리성을 갖고 있다."고 공공연하게 말했다. 그는 이름을 거론해가며 류사오치와 덩샤오핑이 "대중을 압제하고 혁명을 반대하는 노선"을 집행했다고 공격하면서 "하나는 군중 노선이고 다른 하나는 반군중 노선이다. 이것이 바로 우리 당내 두 갈래 노선의 첨예한 대립이다."고 했다.

이번 회의 기간에 류사오치와 덩샤오핑은 핍박에 의해 마오쩌둥의 '사령부를 포격하자—나의 대자보'의 요구에 따라 서면 검토를 했고 이미 범한 '노선적 오류'에 대하여 책임을 졌다. 당시 마오쩌둥은 류사오치와 덩샤오핑의 검토에 대해 모두 인정[20]하고 "류사오치 동지와 덩샤오핑 동지를 전적으로 탓해서도 안 된다. 그들이 오류를 범하게 된 데도 원인이 있다."고 제기했다. 그는 또 "류사오치와 덩샤오핑을 비판한 대자보를 거리에 붙이는 것은 좋지 않다. 그들의 혁명을 허용

---

20) 1966년 10월, 마오쩌둥은 덩샤오핑과 류사오치의 검토서에 회시를 했는데 덩샤오핑의 검토는 "이대로 말하면 될 수 있고" 류사오치의 검토는 "대체로 잘 썼다."고 인정했다.

해야지 혁명하지 못하게 해서는 안 된다." "류사오치 동지에 대해서 경솔하게 모든 것을 부정해서는 안 된다."고 했다. 당시에 마오쩌둥은 이제 5개월간 또는 좀 더 긴 기간 '문화대혁명'을 진행하면 곧 끝나리라고 추측했다. 그는 지난해 9, 10월에 베이징에서 수정주의가 나오면 어떻게 할 것인가 하고 경고한 적이 있는데 당시 베이징의 문제는 기본적으로 해결되었다[21]고 말할 수 있다고 했다.

그러나 이러한 군중운동은 일단 일어나면 시간, 범위와 방식에서 통제하기 아주 어려웠다. 중앙사업회의 이후 린뱌오와 천보다가 이번 회의에서 한 연설을 대량으로 인쇄해 발부했는데 전국적으로 '자산계급 반동 노선'을 비판하는 열풍이 일어났다. '자산계급 반동 노선'을 비판함에 따라 사회적으로 더 많은 대중이 반란파에 가담했고 따라서 반란파대열은 재빨리 사회 각 분야로 발전했으며 사회계층도 갈수록 복잡해졌다. 우선 '자산계급 반동 노선을 비판'하는 가운데 '해방'됐다고 생각한 사람들은 몇 달 진에 공작조의 '압세'를 받았던 반란 학생들이었다. 그들은 여기에서 해방되어 반란조직의 책임자가 되었으며 집권파를 비판하는 선두에 섰다. 이 밖에 여러 가지 원인으로 사회 현상에 불만을 품고 있거나 또는 일부 간부의 관료주의 작풍과 특수화 현상에 불만을 품고 있던 대중도 '문화대혁명'을 관료주의를 반대하고 등급에 따른 특권을 제거하는 투쟁으로 여기고 반란대열에 가담했다. 작업 환경과 대우에 불만을 갖고 있던 일부 임시공과 귀향 지식청년들은 이번 운동을 그들의 처지를 개선하는 기회로 여기고 제각각 각종 명목의 반란조직을 모으고 정식 노동자로 채용해 주고 도시로 되돌려 보내며 대우를 높여줄 것을 요구했다. 반우파 운

---

[21] '마오쩌둥이 중앙사업회의에서 한 연설 기록', 1966년 10월 25일.

동과 '반우경' 운동 및 '작풍을 바로잡고 인민공사를 정돈하는 운동'과 '4청'운동에서 비판이나 처리를 받았던 일부 사람도 이 운동을 통해 자신에게 가해진 불공정한 처리를 시정할 수 있을지도 모른다는 생각에 반란을 일으키면서 바로잡아줄 것을 요구했다. 반란 대중은 모두 여러 목적에서 출발하여 '자본주의 길로 나아가는 집권파'와 '자산계급반동노선'을 반대한다는 기치를 내들고 각자의 요구를 제기했다. 이런 혼란스러운 국면 속에서 '문화대혁명' 전에 쌓였던 각종 사회 모순이 급속히 기형적이며 첨예한 현상으로 폭발했다.

  '자산계급 반동 노선'에 대한 비판은 공격 방향을 당과 정부의 각급 지도기관 및 그 책임자에게 집중시켰고 그들이 "그릇된 노선을 집행했다."고 공격했다. 그리하여 일종 비정상적인 국면이 형성되었다. 즉 "반란에도 도리가 있다."는 전제 아래 규정에 어긋나는 온갖 불법 행위가 아무런 구속도 당하지 않을 수 있었고 이런 행위에 대한 간섭은 오히려 '자산계급 반동 노선'이란 죄명을 쓰게 되어 사회 전체가 끊임없는 혼란에 빠지게 되었다. 지방에서 군대에 이르기까지 지도기관을 포격하고 지도기관에 뛰어들어 소란을 피우며 지도간부를 잡아내어 공격하고 포위 공격하는 사건이 끊임없이 발생했다. 10월 18일, 칭화대학 교정과 베이징거리에 "류사오치를 타도하자."는 구호와 표어가 나붙었다. 11월 8일, 베이징대학의 녜위안쯔(聶元梓) 등은 덩샤오핑을 공격하는 대자보를 내붙였다. 11월 중순에 장칭과 천보다 등의 의도에 따라 녜위안쯔가 사람들을 끌고 상하이로 가서 '선동'함으로써 혼란은 한층 더 심해졌고 이로 말미암아 상하이시 시장 차오디추(曹荻秋) 등 지도자들이 비판 받고, 공격을 받았다. 얼마 뒤 병원에 입원하고 있던 상하이시당위원회 제1서기 천피셴(陳丕顯)도 충격을 받았고 상하이시당위원회 기관은 마비 상태에 빠졌다. 12월 하순에 화동 각 성, 직할시의 반란파는 상하이에서 '자산계급반동노선을 비판하는 대회'를 열었다. 대회 발언에서 각지의 반란파는 모두 공격 방향을 해당 지역의 당과 정부 주요 책임자들에게 돌렸다. '자산계급 반동 노선'을 비판하는 고조 속에서 중앙에서 지방에 이르기까지 각급 당위원회는 거의 전부 무너졌고 지도 부문은 마비 또는 반 마비 상태에 빠졌으며 당과 공청단 기층조직도 활동을 중단했다. 그 후 '문화대혁명' 운동에 대한 영도는 오직 중앙의 몇몇 지도자와 중앙문화혁명소조 구성원들의 접견과 연설, 중앙문건, 신문과 잡지의 사설 등을 통해 구현되었다.

각급 지도간부들을 공격하는 과정에 각지에서는 또 '반역자를 붙잡아내는' 활동이 벌어졌다. 베이징에서는 이른바 '보이보(薄一波) 등 61명 반역자 집단'을 잡아내는 사건이 발생했다. 이는 캉성이 중앙에서 지방에 이르기까지의 많은 지도간부를 타도하고 류사오치를 모함히기 위해 날조해낸 익울한 사선[22]이었다. 11월 하순에 산시성의 홍위병들이 이 61명 가운데의 한 사람인 류란타오(劉瀾濤)의 출옥문제를 제기했는데 비록 저우언라이가 마오쩌둥에게 서신을 보내 사실의 진상[23]을 진술했고 또 홍위병들에게 "대회에서 발표하지 말고 추궁하

---

22) 1936년, 화베이(華北)가 위급하고 전국 항일구국운동이 앙양되고 있는 정세에서 중앙북방국의 사업을 주관하던 류사오치는 간부가 부족한 문제를 해결하기 위해 베이핑군인반성원에 갇혀 있으면서도 줄곧 투쟁을 견지했던 보이보(薄一波), 안쯔원(安子文), 류란타오(劉瀾濤) 등 61명에게 국민당 당국의 수속 절차를 그대로 밟고 출옥하도록 한 뒤 이 일을 중공중앙에 보고했다. 장원톈(張聞天)은 중공중앙을 대표하여 특정한 역사적 조건에서 취한 이 특수한 조치를 비준했다. 그러나 캉성은 중앙에서 이미 결론을 내렸음에도 1966년 9월에 마오쩌둥에게 서신을 보내 류사오치를 모함했다. 캉성은 서신에서 "나는 류사오치 동지가 안쯔원, 보이보 등 사람들을 '자수하게 하여 출옥'시킨 결정에 대해 오랫동안 의심해왔습니다." "이 결정은 완전히 잘못된 반공적인 결정입니다."라고 썼다.
23) 저우언라이는 류란타오 등의 출옥문제는 "당시 확실히 류사오치 동지가 중앙을 대표하여 결정한 것으로서 중국공산당 제7차 대회와 제8차 대회에서 이미 모든 심사를 거쳤으므로 중앙은 이 사실을 알고 있음을 인정해야 한다."고 명확히 지적했다: 저우언라이, '간부를 보호할 것에 관한 글과 전보문들' (1966~1974), 〈저우언라이선집〉(하), 민족출판사 1986년, 557쪽 주해 참조.

지 말 것"을 요구했지만 캉성 등의 사주로 홍위병들은 '반역자를 붙잡아내는' 행동을 중단하지 않았을 뿐만 아니라 도리어 운동을 전국적으로 밀고 나아갔다. 오랜 시련을 겪은 많은 지도간부가 이 때문에 누명을 쓰고 감옥에 들어가게 되었다.

**경제 분야로 확산되는 '문화대혁명'**

  당중앙위원회 제8기 제11차 전원회의는 '문화대혁명'의 중점은 대중도시의 문화교육단위와 당과 정부의 지도기관이라고 규정했다. 회의가 끝난 후인 9월 8일에 저우언라이의 주관으로 '혁명을 틀어쥐고 생산을 하는 것에 관한 통지'를 제정하여 마오쩌둥의 회시를 거친 후 중공중앙의 명의로 발부했다. '통지'는 "공업(국방공업을 포함한다), 농업, 교통, 재정무역 부문은 즉시 각급 지휘 기구를 강화 또는 구성하여 생산과 건설, 과학연구, 설계, 시장, 수매 등 사업의 정상적인 운행을 보장하고 혁명과 생산에서 모두 승리를 거두도록 보장해야 한다."고 요구했다. 저우언라이는 경제사업을 단단히 주도해야 하며 절대 생산을 중단해서는 안 된다고 거듭 강조했다. 그러나 10월 이후 '자산계급 반동 노선을 비판'하면서 조성된 반란 열풍은 이 규정을 타파하고 농공업 분야로 확산되기 시작하면서 국민경제의 정상적인 운행을 심각하게 교란했다.

  11월 초, 상하이에서 일부 공장의 반란파 대표들은 '상하이노동자혁명반란총사령부'('공총사'로 약칭)를 설립하기로 계획했다. 중국공산당 상하이시위원회는 업종을 벗어난 노동자 조직을 설립하지 않는 것에 관한 저우언라이, 타오주 및 중공중앙 화둥국의 규정에 따라 '공총사'를 합법적인 혁명적 군중 조직으로 승인하지 않았다. 11월 10

일 새벽, '공총사'의 책임자인 왕훙원(王洪文)[24]은 베이징으로 청원하러 가겠다며 2,000여 명을 거느리고 상하이 북역에서 강제로 승차했는데 열차가 상하이 부근의 안팅(安亭)역에서 가로막혔다. 왕훙원은 노동자들을 선동하여 철길에 드러누워 운행을 중단하도록 하여 후닝선(滬寧線)의 전체 운행이 30여 시간이나 중단되었다. 이 사건을 '안팅 사건'이라고 부른다. 안팅 사건을 처리하는 과정에서 중앙문화혁명소조 부조장 장춘차오는 저우언라이, 타오주 및 화둥국과 상하이 시당위원회의 의견에도 아랑곳하지 않고 제멋대로 안팅 사건을 긍정적으로 평가하는 글을 언론에 발표함으로써 왕훙원 등을 위시한 '공총사'를 합법적 조직이라고 승인했다. 얼마 안 되어 마오쩌둥은 장춘차오의 처리의견에 동의했다. 그리하여 공장, 광산 기업의 노동자들이 연합하여 '반란'을 일으키고 "생산을 중단하고 혁명"하는 선례가 시작되었다. 이 문제에서 마오쩌둥은 생산을 중단할 것이 아니라 혁명을 잘 통솔하는 것으로 생산을 추진하고 촉진하도록 주장했다. 그러나 '문화대혁명'이 공장, 광산 기업에서 진행되면서 마오쩌둥의 주관 염원과는 반대로 생산이 엄중한 교란과 파괴를 받았다.

당중앙위원회 제8기 제11차 전원회의 이후 공장, 광산 기업에서 '문화대혁명'을 진행해야 하는가, 진행한다면 어떻게 진행해야 하는가에 대한 당내 고위층의 의견 차이는 여전히 심각했다. 안팅 사건 이후 이 의견 차이는 끝내 11월 중하순에 열린 공업교통좌담회에서 한 차례의 치열한 투쟁으로 불거졌다. 11월 중순, 중앙문화혁명소조는 공업과 교통에서 '문화대혁명'을 일으킬 것에 관한 문건 초안을 내놨는데 그 가운데는 "공장에서 군중 조직을 설립하는 것을 허용하며"

---

24) 왕훙원은 당시 상하이국영제17면방직공장 보위간부였으며 '상하이노동자혁명반란총사령부'의 주요 구성원이었다.

"학생들이 공장으로 가 서로 연계를 맺는 것을 허용한다."는 등 규정이 있었다. 이 문제를 가지고 저우언라이는 중점공업기업이 소재한 성, 직할시와 국무원 관련 부문의 책임자들이 참가한 공업교통좌담회를 소집하고 중앙문화혁명소조의 문건 초안을 토론하기로 결정했다. 회의에서 타오주(陶鑄), 구무(谷牧), 위추리(余秋里)와 몇 달 동안 공업, 교통 기업이 받은 충격과 파괴에 깊이 우려한 회의참가자들은 분분히 중앙문화혁명소조의 의견 초안을 비판하면서 저우언라이 등의 일관적인 주장을 찬성했다. 즉 공업, 교통 기업은 "생산을 중지하고 혁명"해서는 안 되며 운동을 과외 시간에만 진행하고 반드시 당위원회의 통일적인 영도 아래 진행하며 공장에서는 더 이상 군중 조직을 설립해서는 안 되며 학생들은 공장에 가서 서로 연계를 맺어서는 안 된다는 등이었다. 11월 24일, 회의에 참가한 지도자들이 저우언라이에게 정황을 회보할 때 사회 동란과 중앙문화혁명소조에 대한 그들의 불만이 한꺼번에 폭발하고야 말았다. 그들은 격분한 나머지 마지막에는 모두 자리를 박차고 선 채 회의를 계속했다. 중앙문화혁명소조가 제기한 주장에 대한 회의 참가자들의 치열한 반박은 경제사업에 심각한 결과를 초래한 '문화대혁명'에 대한 당내의 고위층, 중층 지도간부들의 강렬한 불만을 반영했다. 그러나 이런 의견들은 린뱌오와 중앙문화혁명소조의 간섭으로 제재당하고 말았다.

공업교통좌담회 이후 중앙문화혁명소조의 극좌적 관점을 반영한 '혁명을 틀어쥐고 생산을 하는 것에 관한 10가지 규정(초안)'과 '농촌에서의 무산계급 문화대혁명에 관한 지시(초안)'가 하달되었다. 그 후 공장과 농촌에서는 군중반란조직을 세우고 대명, 대방, 대자보, 대변론('4대'로 약칭)을 전개했으며 공장, 광산, 인민공사, 생산대대, 생산대 간의 대연계 등 작법이 합법화되고 '문화대혁명'이 농공업생산 분야에 전면적으로 확대되었으며 동시에 대학교, 중학교 학생들의 반란 열풍과 연결되었다. 이는 전국을 큰 혼란에 빠뜨린 또 하나의 중요한 절차였다. 일찍이 공업교통좌담회에서 공장, 광산 기업의 '4대'와 서로 연계를 가지는 등 활동을 반대한 타오주가 내부의 지명비판을 받기 시작했다. 그 후 우로는 국무원 지도자에게 아래로는 작업 주임이나 생산대 대장에 이르기까지 각급, 각 부문의 생산을 주관하는 지도간부들이 더 큰 압력을 받게 되었다. 그들은 비판 투쟁을 받거나 '한쪽으로 밀려나는' 등 대다수가 충격을 입었다. 그리하여 경제사업의 정상적인 운행은 이미 아주 어려워졌다.

'문화대혁명'의 동란이 전국 방방곡곡을 타격하고 있을 때 일부 간부와 군중은 이미 이번 운동의 목표와 방법에 대해 의심하기 시작했다. 연계를 취하러 외지에 나간 홍위병들 가운데의 일부는 자신이 듣고 목격한 혼란스러운 정세 때문에 곤욕을 치렀고 또 일부는 글을 써 '혈통론'에 대해 예리한 비판을 제기했다. 베이징거리에는 "중앙의 문화혁명에 대해 질의한다.", "장칭 동지에게 질의한다."는 대자보가 붙었다. 일부 공장, 광산 기업의 오랜 당원과 노동자 및 노력 모범들은 자발적으로 조직하여 공장의 생산 질서를 교란하는 반란행위를 배격했다. 11월 13일과 29일, 중앙군사위원회의 부주석들인 천이(陳毅), 예젠잉(叶劍英), 쉬샹첸(徐向前) 등은 베이징노동자체육관에서 열린 10만 명 대회에서 '문화대혁명'이 일어난 후의 여러 극단적인 작법들을 비판했다. 그들은 피해 범위가 너무 넓고 너무 크기에 이대로 나간다면 그 결과가 매우 심각하게 우려된다고 하면서 인민해방군은 혼란에 빠져서는 안 되며 반드시 질서가 있어야 한다고 했다. 얼마 후 장칭은 천이, 예젠잉 등의 연설에 대해 "군중을 진압했다."고 질책했으며 동시에 이 연설을 '11월 검은 바람'으로 취급하여 비판했다.

1966년 말에 이르러 7개월 남짓한 동안의 발동을 거친 '문화대혁명'은 끝내 막아내기 어려운 기세로 전면적으로 전개되었다. 아울러 파괴력이 매우 큰 이번 운동의 각종 형식에 대한 배격과 항쟁도 함께 발전했다.

마오쩌둥이 '문화대혁명'을 발동한 것은 한동안의 성숙 과정을 거쳤던 것이다. 집권한 무산계급 정당의 수령인 마오쩌둥은 간난신고를 거쳐 창건한 당과 인민정권의 공고화에 지극한 관심을 돌리면서 자본주의 복원의 위험과 중국에 대한 제국주의의 평화적 이행의 음모에 높은 경각심을 가지고 현대 수정주의를 반대하는 경로를 모색했다. 그가 당과 정부에 존재하는 퇴화변질 현상과 군중을 이탈하는 현상을 제거하기 위해 꾸준히 투쟁한 것도 줄곧 당과 인민들의 옹호와 지지를 받았다. 그러나 그가 사회주의 사회의 일정한 범위 내에 존재하는 계급투쟁을 확대하고 절대화함과 동시에 인민들이 정권을 잡은 상황에서 또 한 차례 '천하대란'의 방법으로 "천하를 크게 다스리려고" 한 것은 마르크스주의 이론에 어긋날 뿐만 아니라 중국의 실정에도 위배되는 것으로서 전적으로 그릇된 것이었다. 그가 당내와 당의 지도층에 수정주의가 나타났다고 강조한 것도 사실에 부합되지 않았다. 그가 말하는 수정주의의 함의는 아주 모호했는데 수정주의에 속하지 않는 것들, 심지어 마르크스주의, 사회주의적 원칙에 맞는 것까지도 모두 수정주의로 간주하고 비판했다.

마르크스주의 창시자들은 비록 자본주의 사회가 필연적으로 사회주의 사회에 의해 대체된다는 역사적 추세를 과학적으로 논증했지만 미래의 사회주의 사회 건설에 대해서는 구체적인 설계도를 그려내지 못했으며 게다가 일부 구상은 그들이 당시 살고 있던 서유럽의 선진 자본주의 사회의 현 상태에서 출발하여 제기한 것이었다. 만일 그들의 관련 논술 가운데 개별적 논단을 간단하게 인용하거나 심지어 그것을 오해한다면 당연히 중국의 구체적 문제를 해결할 수 없는 것이었다. 장기간에 걸쳐 마오쩌둥은 새로 일어난 사회주의 사회의 실생활에서 나타난 모순과 문제들을 끊임없이 관찰하고 숙고했으며 사회주의 이상을 추구하기 위해 힘썼다. 그는 주관적으로 마르스주의를 견지하고 발전시켰으며 사회주의 방향을 견지했다고 인정했다. 그러나 사회주의에 관한 그의 독특한 구상 가운데 소중한 예견이 있는가 하면 현실을 벗어난 마르크스주의에 대한 교조적인 이해도 있었다. 바로 1966년 5월, 중앙정치국확대회의가 열리는 기간인 5월 7일에 마오쩌둥은 부대의 농업, 부업 생산보고와 관련하여 린뱌오에게 보낸 회시 서신(후에 '5·7지시'라고 불렀다)에서 그가 지향하는 이상사회의 청사진을 그려놓았다. 이 구상은 당시 전국적 범위에서 '공산주의대학'을 세우는 강령이라고 높이 평가받았는데 실제로 이것은 1958년의 인민공사에 대한 마오쩌둥의 일부 구상의 연장이고 발전이었다. 중국의 실제를 이탈한 이런 사회주의 구상은 실제로 실현될 수 없었으며 당내의 많은 동지의 배격을 받지 않을 수 없었다. 이러한 배경에서 마오쩌둥은 사회주의 노선으로 나아갈 것인가 아니면 자본주의 노선으로 나아갈 것인가 하는 것을 아주 첨예한 문제로 삼아 전당과 전국인민 앞에 제기했다. 그가 견지한 사회주의 방향, 이를테면 집체화의 길로 나아가는 것을 견지하고 빈부의 양극 분화를 반대하는 등은 기본원칙으로는 정확한 것이었다. 그러나 이를 구체적으로 실현하는 경로와 방법에서 그는 중국의 실제에서 출발하지 않았다. 이 문제에서 마오쩌둥은 주관주의적 오류를 범했다. 그는 자기의 그릇된 의견을 찬성하지 않거나 일부 정확한 주장들을 제기한 부분적 중앙지도자들을 수정주의를 하고 있거나 자본주의 길로 나아가고 있다고 여겼다. 그는 자기가 공평하고 완벽한 사회주의를 추구하기 위해 노력하는 과정에 당내의 지도층으로부터 심각한 저항을 받는다고 인정했으며 따라서 이런 정형을 당내의 '독립 왕국' 또는 '자산계급 사령부'로 간주하고 반드시 군중을 발동하여 비판하고 타도해야 한다고 주장했다.

마오쩌둥의 이런 그릇된 관점이 형성될 수 있고 당내에서 배격하지 못하고 심지어 많은 사람이 이런 관점을 수용하게까지 된 데에는 사회역사적 근원이 있다. 중국 근대 이후의 역사가 보여주다시피 오직 사회주의만이 중국을 구할 수 있고 오직 사회주의만이 중국을 발전시킬 수 있다. 그러므로 사회주의 길과 사회주의 기본원칙을 수호하는 것은 마오쩌둥과 전당의 확고부동한 정치적 입장이었다. 그러나 사회주의란 무엇이고 어떻게 사회주의를 건설할 것인가 하는 문제에 대한 마오쩌둥의 이해 가운데는 중요한 한계가 있었으며 심지어 그릇된 것도 있었다. 1957년 이후 사회주의 사회에서의 계급투쟁에 관한 마오쩌둥의 일련의 '좌'적 이론 관점과 중국의 실제를 이탈한 일부 사회주의에 대한 구상을 마르크스주의 이론에 대한 중대한 발전으로 간주하고 널리 선전함으로써 사람들로 하여금 갈수록 계급투쟁 확대화의 오류에 빠져 들어가게 했으며 상상 밖으로 이런 오류를 견지하는 것을 마르크스주의를 수호하는 신성한 사업으로 여겼다. 그리하여 이런 오류에 대해 의심한 사람들도 한동안 선뜻 반대할 수 없게 되었다.

중국공산당은 장기간의 혁명전쟁을 거친 후 신민주주의에서 사회주의로의 과도를 거쳐 신속하게 사회주의 사회에 들어섰다. 경제, 문화적으로 낙후한 나라에서 어떻게 사회주의를 건설할 것인가 하는 것에 대해 당은 충분한 사상적, 이론적 준비와 체계적인 과학적 연구가 부족했다. 지난날 혁명전쟁 시기에 쌓은 풍부한 계급투쟁 경험에 젖어 당은 사회주의 건설에서 드러난 많은 새로운 문제, 새로운 모순을 관찰하고 처리할 때 습관적으로 지난날의 익숙한 경험을 그대로 적용했다. 즉 흔히 계급투쟁에 속하지 않는 문제를 계급투쟁으로 간주하고 일정한 범위에서만 일어나는 계급투쟁을 전체 국면을 지배하는 주요 모순으로 간주했다. 따라서 여전히 대규모의 대중적 정치 투쟁의 방법으로 그것을 처리했다. 지난날 전쟁 시기 혁명대열 내에서 효과적이었던 군사공산주의의 경험도 이상적 사회를 계획하는 근거로 삼게 되었다.

마오쩌둥은 중국의 혁명사업과 사회주의사업에서 위대한 공적을 쌓았기 때문에 전당, 전군과 전국 인민들 속에서 매우 높은 명망을 얻고 있었다. 그가 정확한 지도사상을 견지할 때 이러한 명망은 당이 전국 여러 민족 인민을 단결하고 응집하여 공동 노력하도록 하는 무궁무진한 힘이 되었다. 당이 사업이 중심을 사회주의 건설로 돌리는 특별히 신중을 기해야 하는 시기에 마오쩌둥의 명망도 최고조에 이르렀다. 그는 점차 교만하기 시작했고 점차 군중과 실제를 벗어나기 시작했다. 그의 주관주의 작풍과 독단적 작풍은 갈수록 심해졌다. 그리하여 그에 대한 개인숭배는 갈수록 심해졌고 당과 국가의 정치생활 가운데의 집체적 영도 원칙과 민주주의중앙집권제가 파괴당했다. 그리하여 많은 고위급 지도간부를 포함한 광범위한 당원과 간부들이 '문화대혁명'을 발동하는 것에 대해 의심을 품었지만 여전히 마오쩌둥이 제기한 일련의 '좌'적 관점을 배격할 수 없었다. 여기에서 린뱌오, 장칭, 캉성 등 야심가들은 지극히 부정적인 역할을 했다. 이런저런 역사적 원인으로 신중국 창건 이후 당과 국가의 정치생활에서의 민주화와 법제화 행정이 순조롭게 발전되지 못했고 당과 국가의 영도제도, 조직제도, 간부제도 등 면에는 건전하지 못한 점들이 여전히 나타났다. 체제 면에서의 이런 결함으로 인민의 존중을 받는 수령 마오쩌둥이 오류를 범하는 과정에 제때에 제한을 받지 못했고 린뱌오, 장칭과 같은 야심가들이 득세하여 횡포를 벌일 수 있게 되었으며 따라서 당은 '문화대혁명'과 같은 이런 막대한 재난이 발생하고 발전하는 것을 끝끝내 제지할 수 없게 되었다.

제21장

전면적 권력 탈취에서 9차 당대회까지

1966년 말에 이르러 '문화대혁명'은 이미 전국 각지와 모든 분야에서 대규모로 발동했다. 운동은 맹렬하게 국가의 정치, 경제, 문화와 생활의 모든 면에 충격을 주었으며 온 사회는 동란과 불안에 빠졌다. 1967년 초 상하이 반란파의 '1월의 권력 탈취'를 발단으로 전국적으로 '전면적 권력 탈취'가 시작되면서 '천하대란'이 일어났으며 여러 지방에서는 무기까지 사용하는 '내전'으로 번져갔다. 7, 8, 9월에 동란은 미증유의 엄중한 지경에까지 이르렀다. 심각한 동란 사태는 당내외에서 여러 가지 방식으로 저지를 당했다. 동란을 단속하고 제지하려는 일련의 노력을 거친 것도 있겠거니와 어느 정도 '권력 탈취' 성과를 공고히 하려는 목적에서 전국(타이완성을 제외)적으로 20개월 사이에 성급 혁명위원회가 계속 성립되었다. 장칭, 캉성 등의 조작 밑에 당중앙위원회 제8기 제12차 전원회의에서는 류사오치에 대한 지극히 그릇된 '심사보고'를 채택하여 당의 역사에서 보기 드문 억울한 사건을 만들어냈다. 비록 9차 당대회에서는 '문화대혁명'이 '위대한 승리'를 이룩했다고 인정했지만 '문화대혁명'은 예상했던 것처럼 그렇게 '성공적인 결과'를 내지 못했다. 전국적인 동란 사태는 다만 기본적으로 완화되기 시작했을 따름이었다.

## 1. 전면적 권력 탈취로 초래된 천하 대란

### 상하이에서 일어난 '1월의 권력 탈취' 사건

  1967년 양력설, 〈인민일보〉와 〈붉은기〉는 '무산계급 문화대혁명을 끝까지 진행하자'는 제목으로 사설을 발표했다. 사설은 다음과 같이 제기했다. 1967년은 "전국적으로 계급투쟁을 전면적으로 전개하는 한 해가 될 것이며" "무산계급이 기타 혁명적 대중과 연합하여 당내의 한줌도 못 되는 자본주의 길로 나아가는 집권파와 사회상의 온갖 잡귀신들을 향해 총공세를 펼치는 한 해가 될 것이다."이 같은 방향 선도로 전국적인 동란 사태를 한층 더 격화시킨 상하이의 '1월의 권력 탈취' 사건이 일어났다.

'권력 탈취' 문제와 관련해 일찍이 '5·16통지'는 그 범위에는 주로 학술계, 교육계, 신문계, 문예계, 출판계와 같은 문화 분야의 권력을 빼앗는 것이 포함되며 당중앙위원회에서 직접 영도하는 개별적 부문과 개별적 지방당 조직, 예를 들면 중공중앙 선전부, 문화부와 중국공산당 베이징시위원회 등을 개편하는 것도 포함된다고 밝혔다. 그 후 당중앙위원회 제8기 제11차 전원회의에서 채택된 '무산계급 문화대혁명에 관한 결정'에서는 "지도권을 무산계급 혁명파들의 수중으로 빼앗아오고" 문화혁명소조와 같은 '새로운 조직 형태'로 그것들을 '대체'해야 한다고 제기[1]했는데 이는 주로 '문화대혁명'에 대한 영도권을 가리킨 것이다. 상하이의 '1월의 권력 탈취'는 권력 탈취의 함의를 극도로 발전시켜 반란파 조직들이 각급 당, 정부 지도권을 탈취하는 선례를 만들어냈다.

이에 앞서 1966년 11월 초, 왕훙원 등은 '상하이노동계급혁명 반란 총사령부' 설립 준비를 할 때 이미 "목표를 집중하여 상하이시당위원회를 공격하자."라고 떠벌였다. 1967년 1월 초, 상하이의 〈문회보〉, 〈해방일보〉의 반란파들은 연달아 "권력을 탈취"하고 신문사를 '접수, 관리'한다고 선포했다. 1월 4일, 장춘차오, 야오원위안은 "중앙문화

---

1) 중공중앙의 '무산계급 문화대혁명에 관한 결정'에서는 다음과 같이 규정했다. "문화혁명소조, 문화혁명위원회 및 문화혁명대표대회는 공산당의 영도로 대중이 스스로 교양을 진행하는 가장 훌륭한 조직 형식이다. 이 조직들은 우리 당이 대중과 긴밀히 연계하는 가장 좋은 교량이며 무산계급 문화혁명의 권력기구이다." 그것은 "임시적인 조직이 아니라 장기적이며 상설되어 있는 대중 조직이어야 한다. 이 조직들은 학교, 기관에 적용될 뿐만 아니라 공장, 광산 기업, 가두, 농촌에도 기본적으로 적용된다".

혁명소조 조사원"의 신분으로 상하이에 가서 '상하이노동계급혁명 반란총사령부' 등 반란파 조직들에 중국공산당 상하이시위원회의 영도권을 탈취할 것을 명확히 제기했다. 1월 6일, '상하이노동계급혁명 반란총사령부'를 비롯한 상하이시의 반란파 조직들은 연합으로 '천피셴, 차오디추를 우두머리로 한 상하이시당위원회를 철저히 타도하는 대회'를 소집하고 전 시 각 단위, 각 부문의 몇백 명 지도간부를 비판, 투쟁했다. 대회에서는 통령을 발부하여 "천피셴, 차오디추를 우두머리로 한 상하이시당위원회를 반드시 철저히 타도해야 한다."고 공개적으로 선포했다. 상하이시당위원회, 상하이시정부의 각급 기구들은 핍박에 의해 사업을 중지했고 뒤이어 상하이시의 당, 정부 대권은 장춘차오, 야오원위안, 왕훙원이 조종하는 반란파들의 수중에 들어갔다.

　마오쩌둥은 상하이의 '1월의 권력 탈취'를 높이 평가했다. 1월 8일, 그는 〈문회보〉, 〈해방일보〉의 영도권을 탈취한 것에 대해 언급할 때 다음과 같이 제기했다. "이는 한 차례 대혁명이며 한 계급이 다른 한 계급을 뒤엎는 대혁명이다. 이번 대사는 전체 화둥 지역은 물론 전국 각 성, 시의 무산계급 문화대혁명운동의 발전에 대해 기필코 거대한 추동 역할을 일으키게 될 것이다."[2] 동시에 〈인민일보〉는 1월 5일자 상하이 〈문회보〉에 실린 '전 상하이 시민들에게 알리는 글'을 전재하고 편집자의 말에 마오쩌둥의 상기 평가 내용을 인용했다. 1월 11일, 중공중앙, 국무원, 중앙군사위원회, 중앙문화혁명소조는 연명으로 축전을 보내어 '1월의 권력 탈취' 이후 상하이가 보여준 '일련의 혁명적 행동'을 긍정해주었다. 그 뒤로 〈인민일보〉, 〈붉은기〉는 연속 사

---

2) '마오쩌둥 사상이 신문진지를 점령하게끔 하자', 1967년 1월 19일 자, 〈인민일보〉 사설.

설과 문장을 발표해 상하이에서 일어난 '1월의 권력 탈취'의 '경험'을 선전하고 소개하면서 "전국적으로 전면적인 권력 탈취 투쟁을 전개" 할 것을 호소했다. 1월 16일에 〈붉은기〉는 논평원의 글을 발표했는데 글에서는 마오쩌둥의 '최신 지시'를 전달했다. "당내의 한줌도 못되는 자본주의 길로 나아가는 집권파들에 권력을 탈취하는 것은 무산계급 독재에서 한 계급이 다른 한 계급을 뒤엎는 혁명, 즉 무산계급이 자산계급을 소멸하는 혁명이다."

상하이에서의 '1월의 권력 탈취'가 발생한 초기에 마오쩌둥은 벌써 권력을 탈취하는 투쟁에서 반드시 낡은 국가기구를 철폐해야 한다는 마르크스주의 원칙을 시행해야 하며 새로운 정권은 파리코뮌 방식을 취해야 한다고 인정했다. 2월 5일, 장춘차오 등의 사주로 '상하이인민코뮌'이 설립되었다. 베이징의 반란파도 이때를 전후하여 '베이징혁명반란코뮌', '베이징인민코뮌' 등 이름으로 조직을 설립했다. 그러나 얼마 안 되어 마오쩌둥은 생각을 달리하기 시작했다. 2월 12일, 그는 장춘차오, 야오원위안에게 다음과 같이 말했다. 베이징인민코뮌을 세운다면 정치체제와 국가체제를 바꾸어야 하는 문제가 생기게 된다. 국호문제인 경우 외국에서 승인해주겠는가 하는 문제가 나타나게 된다. 그러면서 그는 그래도 이름을 바꾸지 말고 코뮌이라고 부르지 말 것을 주장했다. 마오쩌둥은 앞으로도 인민대표대회가 필요하므로 지금의 임시 권력기구를 혁명위원회로 부르는 것이 좋겠다고 했다. 2월 23일, 상하이인민코뮌 임시위원회는 상하이시혁명위원회로 이름을 바꾸었다. 뒤이어 권력 탈취를 통해 생겨난 각급 정권과 행정사업단위 나아가 기업의 지도기구까지 모두 통일적으로 이름을 혁명위원회로 했다.

무산계급 독재의 조건에서 한 계급이 다른 한 계급을 뒤엎는 '대혁명'을 진행하는 것은 이론적으로 매우 그릇된 것이었으므로 실천에서는 필연적으로 아주 심각한 결과를 초래한다. 상하이 '1월의 권력 탈취'의 선례는 전국적 범위에서의 "모든 것을 타도하고" "전면적으로 권력을 탈취하는" 서막을 열어놓았다. '권력 탈취'에 참여하는 사람들의 성분이 갈수록 복잡해지고 내부의 갈등과 충돌도 갈수록 첨예해졌다. '전면적인 권력 탈취'의 전개와 더불어 무정부주의가 급격히 팽창하면서 전국적인 동란이 급속히 격화되었다.

### 전국적인 내란 국면 형성

상하이 '1월의 권력 탈취'의 유도에 1967년 1월 14일에 '산시혁명반란총지휘부'는 "당일부터 문화대혁명에 대한 원 산시성(山西省)당위원회의 모든 지도권을 본 지휘부가 접수, 관리한다."고 선포했다. 1월 22일, '칭다오시혁명반란위원회' 등 반란 단체들도 중국공산당 칭다오시(靑島市)위원회, 칭다오시인민위원회의 '모든 권력'을 탈취했으며 뒤이어 산둥성(山東省)의 반란 단체들을 조직하여 산둥성의 당, 정부 대권을 탈취했다. 1월 25일, '구이저우무산계급혁명 반란총지휘부'는 당일부터 "중국공산당 구이저우성위원회, 구이저우성(貴州省)인민위원회, 중국공산당 구이양시(貴陽市)위원회, 구이양시인민위원회의 당, 정부, 재정, 문화교육 등의 모든 영도권을 접수해 관리한다."고 선포했다. 1월 31일, '헤이룽장성홍색반란자혁명위원회'는 "중국공산당 헤이룽장성(黑龍江省)위원회, 헤이룽강성인민위원회의 당, 정부, 재정, 문화교육 등의 모든 영도권을 전부 해당 위원회가 접수해 관리한다."고 선포했다.

이러한 성과 도시들의 권력 탈취 행동을 〈인민일보〉는 매우 신속하게 보도했을 뿐만 아니라 사설까지 발표하여 긍정하고 찬양했다. 아주 짧은 기간 내에 전국적 범위에서 전면적으로 권력을 탈취하는 폭풍이 일어났다. 지방에서 중앙에 이르기까지, 학교에서 기관에 이르기까지, 공장, 광산 기업에서 도시, 가두, 농촌, 공사와 생산대에 이르기까지 권력 탈취의 물결은 갈수록 거세져가기만 했다. 온갖 형태의 반란조직들이 앞다투어 당, 정부 기관을 점령하고 기관의 공인을 빼앗으며 지도간부들을 억류하거나 심지어 납치까지 했다. 또한 신문사를 폐쇄하고 방송국을 공격하면서 횡포를 부렸다. 권력 탈취자와 원 당과 정부의 영도를 지지하는 경향을 가진 대중 간, 권력 탈취 파벌 간에 격렬한 충돌이 일어났다. 비록 마오쩌둥의 의견에 따라 중앙에서 권력 탈취 과정에 '대연합'을 실현하고 간부들을 올바르게 대하라고 지시했지만 이같이 심한 혼란 상황에서 지시는 그 역할을 발휘하지 못했다. 많은 지방에서의 권력 탈취는 사실상 반란파 조직들 사이의 '권력 다툼', '권력 쟁탈'이었기에 필연적으로 각 파벌 간의 무차별적인 무단 두생을 초래하게 되었으며 '때리고 부수고 빼앗고 수색하고 붙잡는' 횡포들이 거리낌 없이 자행됐다. 전국 각지에서는 크고 작은 여러 파벌이 수풀처럼 번갈아 일어섰다. '전면적 권력 탈취'는 일체를 타도하고 전면적 내란을 일으키는 무정부주의적 광란을 일으켰고 전국은 전례 없는 혼란에 빠졌다.

'문화대혁명'과 권력 탈취 투쟁은 명목상으로는 직접 군중에게 의해 진행한다고 했지만 수많은 당과 정부의 지도간부들이 잡혀 나와 박해를 당했으며 당의 영도 기관과 각급 조직들이 보편적으로 마비 상태, 반 마비 상태에 처했다. 많은 당원이 역할을 발휘할 수 없는 처지에 놓이고 당의 규율과 나라의 법률이 포기당한 채 무시당했고 나라의 사법기관, 공안기관이 직권을 행사할 수 없는 상황에 처했기 때문에 권력 탈취는 많게는 일부 야심가, 모험가, 투기세력과 온갖 사회의 악질 세력들이 아무런 구속 없이 제멋대로 파괴력을 행사할 수 있는 조건을 마련해주었다. '가장 혁명적'이란 기치를 든 이 반사회주의 세력들은 린뱌오, 장칭 등 야심가 일당이 동란을 조성하는 데 따른 사회적 기초가 되었다. 당과 마오쩌둥에 대한 신뢰의 마음에서 초기에 운동에 휩쓸려들었던 수많은 대중은 잔혹하게 다루고 무자비하게 타격하는 행위를 찬성하지 않았다. 그 후에 그들은 여러 다른 경로를 통해 점차 각성하고 반란대열에서 빠져 나오거나 '소요파'가 되거나 또는 돌아서서 여러 형태로 '문화대혁명'을 저지하고 반대했다. 그리하여 그들은 타격과 박해를 받았으며 심지어 일부는 목숨까지 잃었다.

한동안 전국 각 성, 직할시, 자치구에서는 보편적으로 권력 탈취를 이룩했지만 절대다수는 결코 중앙의 승인을 받지 못했다. 승인을 받은 몇몇 성, 시의 권력 탈취 역시 파벌 투쟁 때문에 거의 대부분 번복 현상을 보이면서 여러 차례 권력 탈취를 하는 정도에 이르기까지 했다. 권력 탈취의 혼란스러운 국면은 오랫동안 지속되면서 각급 영도 기구는 물론 기층 사회생활에까지 막대한 파괴와 손실을 초래했다.

이 같은 권력 탈취는 중앙의 많은 노동자의 반대를 받았다. 그러나 절대다수 노 동지들은 이미 발언권을 박탈당한 처지였다. 그나마 발언권을 갖고 있던 저우언라이 등은 비록 권력 탈취를 근본적으로 부정할 수는 없었지만 권력 탈취의 함의를 "무산계급 문화대혁명을 영도"하는 권력이지 결코 당, 정부, 재정, 문화교육 면의 모든 대권을 탈취하는 것이 아니라고 적극 해석했다. 또한 부분적 당, 정부 기관 실무 부문의 권력은 마땅히 여전히 실무에 밝은 원래의 간부들이 장악하도록 해야 한다고 설득했다. 저우언라이는 여러 장소에서 다음과 같이 강조했다. 신중국 창건 이후 17년 동안 당과 정부의 영도로 이룩한 제반 사업에서의 성적이 주류이며 오류와 결점은 부차적인 것이다. 전국 각급 당, 정부 기관의 지도자들을 모두 '자본주의 길로 나아가는 집권파'로, '자산계급 반동 노선을 집행하는 반대 세력'으로 취급하지 말아야 하며 그들을 반드시 일률적으로 타도해야 할 '검은 무리'로 취급하지 말아야 한다. 이 같은 해석과 판단은 중앙문화혁명소조의 제기법과는 분명히 달랐다. '1월의 권력 탈취' 이후 장춘차오는 상하이에서 "무산계급 문화대혁명은 처음부터 끝까지 바로 권력을 탈취하는 것이다. 기층에서 중앙에 이르기까지 당권, 정권, 재정권, 문화교육권 및 기타 권력을 탈취하는 것이다." "권력이라는 권력은 모두 탈취", 즉 이른바 '전면적 권력 탈취'를 해야 한다. 이 같은 두 가지 다른 주장은 그 후의 계속 첨예하게 충돌했다.

## 2. 동란을 반대한 중앙지도층의 항쟁

### 급격히 승격된 전국적 내란

'전면적 권력 탈취'로 일어난 대동란 속에서 베이징에서 전국 각지에 이르기까지 잇달아 일련의 중대한 사건들이 발생했다.

1967년 1월 4일, 중앙문화혁명소조 구성원인 천보다, 캉성, 장칭 등은 죄명을 날조하여 중공중앙 정치국 상무위원이며 중앙문화혁명소조 고문인 타오주를 "중국에서 가장 큰 보수파"라고 선포하면서 당시 지도자 서열에서 '네 번째 인물'이었던 타오주를 갑작스럽게 타도했다. 타오주는 1966년 5월에 중난국에서 중앙으로 전근되어 사업하게 되었다. 그는 비록 중앙문화혁명소조 고문직을 맡고 있었지만 많은 문제에서 문화혁명소조의 극단적 행위를 배격했다. 천보다의 말대로라면 타오주는 중앙에 전근해온 후 "마오 주석을 대표자로 하는 무산계급 혁명 노선을 집행하지 않았으며 실제로는 류, 등 노선의 충실한 집행자"[3]였던 것이다. 타오주의 이 같은 입장은 장칭 등의 커다란 불만을 초래했다. 그 후 마오쩌둥은 비록 이는 "한 상무위원(천보다)가 다른 한 상무위원을 타도한"[4] 부정당한 작법이라고 일찍이 비평하기는 하면서도 그 결과만은 여전히 인정해주었다.

타오주를 타도한 사건은 중앙문화혁명소조 구성원인 천보다, 캉성, 장칭 등이 정치적으로 상식을 벗어난 특수 권력을 장악하고 있음을 보여주었다. 타오주의 뒤를 이어 원 중난국 제2서기이며 중앙문화혁명소조 부조장인 왕런중, 중앙문화혁명소조 부조장이며 전군문화혁명소조 조장인 류즈젠(劉志堅), 중국인민해방군 총정치부 주임 샤오화(蕭華) 등도 린뱌오, 장칭, 천보다 등에 의해 타도되었다.

1967년 1월 6일, 칭화대학 '징강산(井岡山)병단'은 속임수를 써서 류사오치의 부인 왕광메이(王光美)를 중난하이(中南海)로부터 불러낸 후 칭화대학으로 압송해 비판하고 타격했다.[5] 저우언라이의 관여해 왕광메이는 풀려났다. 1월 13일에 마오쩌둥은 단독으로 류사오치를 만났다. 류사오치는 마오쩌둥에게 '문화대혁명' 가운데 범한 '오류'에 대한 책임을 자신이 안을 것이며 당이 적게 피해를 입도록 하기 위해 조속히 광범위한 간부들을 해방시켜주어야 한다고 하면서 하루빨리 '문화대혁명'을 마무리하기 위해서 자신이 맡고 있는 당과 국가의 영도직무를 사임하겠노라고 제기했다.

---

3) 천보다 등이 "왕런중을 전문 잡아내기 위해 광저우로 가는 혁명 반란단"의 성원들을 접견할 때 한 연설, 1967년 1월 4일.
4) 마오쩌둥이 중공중앙 정치국 상무위원회 확대회의에서 한 연설, 1967년 2월 10일, 타도대상으로 선포된 타오주는 아무런 합법적절차도 거치지 않은 채 맡고 있던 모든 직무를 해임 당했다. 1969년 11월에 타오주는 안후이성(安徽省) 허페이(合肥)에서 한을 품은 채 병으로 서거했다.
5) '징강산병단'은 칭화대학의 홍위병조직이었다. 속임수를 써서 왕광메이를 꾀어낸 홍위병들은 이는 장칭의 지지를 받은 일이라고 거리낌 없이 떠들어댔다.

1월 상순과 중순에 베이징에서 또 홍위병 반란파가 중공중앙과 국무원 소재지인 중난하이를 포위하고 공격하는 사건이 발생했다. 이들 군중 조직은 중난하이안에 거주하고 있는 류사오치, 덩샤오핑, 타오주 등 지도자들을 비판, 투쟁할것을 제기함과 아울러 리푸춘, 천이, 탄전린, 리셴녠, 위추리 등 국무원 책임자들을 끌어내겠다고 공개적으로 표시했다. 저우언라이는 밤낮으로 중난하이를 고수하면서 홍위병 반란파의 온갖 극단적 행동을 거듭 비판하고 권고하여 제지시켰으며 당과 정부기관의 정상적인 사업을 보장해줄 것을 요구했다. 그는 여러 중앙기관의 부장과 지팡이 성당위원회 서기, 성장들을 중난하이에 안치시키고 보호해주었다. 저우언라이는 반란파들의 공격을 받고 있는 민주당파, 무당파 인사들에 대해서도 최선을 다해 온갖 방법으로 보호해주었다.

　무법천지의 반란과 권력 탈취로 오랜 시련을 겪은 수많은 고위급 지도간부와 기타 각급 시노간부늘이 잔혹하게 박해를 당했을 뿐만 아니라 전국적으로 헤아릴 수 없는 무단 투쟁과 대규모의 유혈 사건이 일어났다. 1월 말에 신장(新疆) 스허쯔시(石河子市)에서 반란파가 총기를 강탈하여 여러 차례 유혈 사건이 발생했다. 2월 하순에 칭하이성(靑海省) 시닝(西宁)에서도 대규모의 유혈 사건이 발생했다. 이와 동시에 베이징, 청두, 쿤밍, 구이양, 창사(長沙), 난징, 선양 등지에서도 반란파가 주둔군 지도기관을 공격하고 군대 지도간부들을 비판하고 터격하는 사건이 빈번하게 발생했다.

　전면적 권력 탈취가 시작되어 짧디짧은 1, 2개월 사이 중앙에서 지방에 이르기까지의 많은 당, 정부, 군대 지도자에서 기층간부에 이르기까지 보편적으로 비판과 터격을 받고 타도되었으며 무단 투쟁으로 인한 유혈 사건이 끊임없이 발생했다. 그리하여 공업, 교통이 심하게 충격을 받았고 광범위한 도시 주민들의 정상적인 생활 질서가 혼란에 빠지게 되었다. 더 중요한 것은 갈수록 심각해진 전면적 권력 탈취로 말미암아 바야흐로 더욱 심한 혼란 국면을 빚어내고 있는 것이었다.

### 혼란을 반대한 정의적 항쟁

전국적 혼란이 급격하게 만연하자 줄곧 깊은 우려를 품고 있던 노세대 혁명가들은 깊은 관심을 돌리지 않을 수 없었다. 그들은 더 이상 참을 수 없었다. 그리하여 중앙문화혁명소조와의 첨예한 충돌로 일촉즉발 직전에 이르렀다.

1967년 1월 19일과 20일, 중앙군사위원회는 베이징 징시(京西)호텔에서 정황교환회의를 하고 군대에서 '대명, 대방, 대자보, 대변론'을 진행해야 하는가를 놓고 토론했다. 회의에서 장칭, 캉성, 천보다 등은 "군대라고 특수화해서는 안 된다."는 것을 이유로 군대에서도 지방과 마찬가지로 운동을 진행해야 한다고 계속 주장했다. 이에 대해 군사위원회 부주석들인 예젠잉, 쉬샹첸, 네룽쩐(聶榮臻)은 단호히 반대했다. 그들은 군대는 무산계급 독재의 기둥이기에 군대가 일단 흔들리게 되면 나라를 지키고 외적의 침입을 물리치는 중임을 수행할 수 없게 될 것이라고 줄곧 주장했다. 치열한 논쟁 가운데 예젠잉과 네룽쩐은 격분하여 책상을 내리치면서 장칭 등을 호되게 꾸짖었다. 이것이 이른바 "경서호텔을 들썩인" 사건이다.

1월 22일에 마오쩌둥은 중앙군사위원회 정황교환회의에 참석했던 군대간부들을 접견하고 군대는 마땅히 안정을 유지해야 한다는 의견에 찬성한다고 했다. 새롭게 전군문화혁명소조 조장 직무를 인계받은 쉬샹첸은 뒤이어 곧바로 린뱌오를 만나 이유를 밝히면서 군대를 안정시킬 문건 제정을 그 자리에서 요구했다. 린뱌오의 동의를 거친 뒤 쉬샹첸, 녜룽쩐, 예젠잉 및 저우언라이 등은 중앙군사위원회 '8항 명령'6)을 작성했다. 1월 28일, '8항 명령'은 마오쩌둥의 비준을 거쳐 하달되었다. 그러나 이러한 문건으로는 이미 '천하대란'에 빠진 국면을 돌려세울 수 없었다.

2월 상순부터 저우언라이는 중난하이 화이런탕(懷仁堂)에서 중공 중앙 정치국의 부분적 위원, 국무원과 중앙군사위원회 지도자 그리고 중앙문화혁명소조 성원들이 참가한 정황교환회의를 소집하고 당과 정부의 실무사업을 상의했다. 정황교환회의에서 노 세대 혁명가들은 다시금 당과 군대를 혼란에 빠뜨린 중앙문화혁명소조의 그릇된 행위를 적발하고 규탄하는 투쟁을 일으켰다.

2월 10일에 열린 중앙정치국 상무위원회 확대회의에서 마오쩌둥은 천보다, 장칭, 캉성이 1월 4일에 한 타오주를 타도하는 것에 관한 연설을 두고 천보다와 장칭을 맹렬하게 꾸짖었으며 중앙문화혁명소조에서 회의를 열고 그들을 비판하라고 지시했다. 마오쩌둥의 이 같은 태도로 혼란을 반대한 노 세대 동지들은 고무됐다. 2월 11일에 있었던 정황교환회의에서 예젠잉은 캉성, 천보다와 장춘차오 등을 이렇게 질책했다. 당신들은 당을 혼란에 빠뜨렸고 정부를 혼란에 빠뜨렸으며 공장과 농촌을 혼란에 빠뜨렸다. 그래도 성에 차지 않아 군대

---

6) '8항 명령'의 주요 내용은 다음과 같다. 1.인민해방군은 진정한 무산계급혁명파를 견결히 지지한다. 2.군의 모든 구성원은 반드시 자리를 고수해야 하며 사사로이 자리를 떠나지 못한다. 3.두 가지 부류의 모순을 엄격히 구분해야 하며 적들을 대하는 방법으로 인민내부 모순을 처리하는 것을 허용하지 않는다. 4.군대 학원과 대학, 문화체육단위가 서로 연계를 맺기 위해 외출한 자들은 조속히 돌아와 본 단위의 투쟁, 비판, 개혁을 진행해야 한다. 5.앞으로 군사기관에 대한 충격을 일률적으로 허용하지 않는다. 6.군대 내부의 전쟁 준비 계통과 기밀 계통에 충격을 주지 못하며 그것을 대상으로 연계를 맺는 활동을 진행하지 못한다. 7.군급 이상 기관은 규정에 따라 단계와 차례를 나누어 '문화대혁명'을 진행해야 하며 그 밖의 단위에서는 전면적 교육방침을 견지해야 한다. 8.군대간부, 특히 고위급간부들은 자녀들을 엄격히 단속하고 가르쳐야 한다.

까지 혼란에 빠뜨리려고 하는가! 당신들은 도대체 어찌하려고 이러는가? 그러면서 계속하여 질문을 해댔다. 당신들은 상하이의 권력을 탈취하고 '상하이코뮌'이라고 이름을 바꿨는데 국가의 체제에 관계되는 이 같은 큰 문제를 정치국의 토론도 거치지 않고 마음대로 하다니 어찌하려는 것인가? 혁명을 하는데 당의 영도가 없어서야 되겠는가? 군대가 없어서야 되겠는가? 쉬샹첸은, 군대는 무산계급 독재의 기둥인데 이렇게 군대를 혼란에 빠뜨리려 하니 기둥을 뽑아버릴 작정인가? 하고 말했다. 그러자 녜룽쩐도 말을 꺼냈다. 어른을 거꾸러뜨리기 위해 아이를 끄집어내고 가족들까지 연루시켜서는 안 된다. 노 간부들을 잔혹하게 박해하고 물에 빠진 사람에게 돌을 던지고 있는데 이것은 고약한 심보를 품었음이 틀림이 없다.

 2월 16일에 화이런탕에서 열린 정황교환회의에서 투쟁은 고조에 이르렀다. 원래 그날 회의에서는 "혁명을 틀어쥐고 생산을 하는" 문제를 토론하기로 했었다. 그러나 회의가 시작되자마자 당의 영도가 있어야 하는가 없어야 하는가, 노 간부들을 모조리 타도해야 하는가 하지 말아야 하는가, 군대를 안정시켜야 하는가 하지 말아야 하는가 하는 등 근본적인 문제를 둘러싸고 치열한 논쟁이 벌어졌다. 탄전린이 먼저 격분하여 장춘차오를 꾸짖었다. 당의 영도 없이 종일 대중 자신들이 스스로 해방하며 스스로 교양하며 스스로 혁명한다고 하는데 이것이 도대체 무엇인가? 이것은 형이상학이다! 당신들의 목적은 노 간부들을 쓰러뜨리자는 것이다. 노 간부들을 하나도 남기지 않고 몽땅 쓰러뜨리려 하고 있다. 이번 투쟁은 당의 역사상 가장 잔혹한 투쟁이다. 역사상 그 어떤 투쟁보다도 심하다! 그러면서 그는 나는 나 자신을 위해서가 아니라 모든 노 간부, 전체 당을 위한 것이라고 정중하게 천명했다. 회의에서 천이, 리셴녠, 위추리 등도 날카로운 언어로 '문화대혁명' 이후 일련의 극단적인 작법에 대해 강한 불만을 표명하고 장칭, 천보다, 캉성, 장춘차오 등을 여지없이 적발, 규탄했다.

이것이 바로 유명한 "화이런탕을 들썩인" 사건이다.

2월 16일 저녁에 천이는 귀국 유학생 대표들에게 한 장편 연설에서 중앙문화혁명소조의 비열한 행위를 맹렬하게 규탄했다. 그는 격분에 차서 말했다. "이처럼 위대한 당 가운데 오직 주석, 린 부주석, 저우 총리, 천보다, 캉성, 장칭만 깨끗하다고 한다. 그리고 너그러운 당신들 덕분에 우리 다섯 부총리까지 거기에 속하게 됐다. 이렇게 위대한 당 가운데 만약 오직 이 11명만 깨끗하단 말인가!? 만약 오직 이 11명만 깨끗하다고 한다면 나 천이는 이 같은 '깨끗함'을 사양하겠다! 나를 끌어내어 조리돌림을 해도 좋다! 한 공산당원으로서 이런 때에도 나서서 말할 용기가 없다면 그 값이 동전 한 닢보다도 못한 것이다!"

이때 벌써 처지가 난감해진 저우언라이 역시 덩의 영도 회복을 강력하게 주장하고 노 간부를 무턱대고 타도하는 것을 반대하고 군대를 혼란에 빠뜨리는 것을 반대하는 등 원칙적 문제에서 자신도 항쟁에 나선 노 동지들과 같은 태도라는 것을 여러 장소에서 보여주었다.

두 번째 "화이런탕을 들썩인" 사건이 발생한 날 밤, 장칭의 책동 아래 장춘차오, 야오원위안, 왕리가 '2월 16일 화이런탕 회의' 기록을 정리하여 앞서 마오쩌둥에게 전했다. 2월 19일 새벽에 마오쩌둥은 회의를 소집하고 탄전린, 천이 등을 엄하게 비평하면서 '문화대혁명'을 부정해서는 안 된다고 강조했다. 회의에서는 또 천이, 탄전린, 쉬샹첸에게 "청가를 맡고 검토를 하"도록 했다. 2월 25일부터 3월 18일까지 중앙정치국에서는 '정치생활비평회의'를 연속 일곱 차례나 열고 탄전린 등을 비판했으며 저우언라이도 강박에 못 이겨 검토했다.

동시에 린뱌오, 장칭은 전국적으로 "위에서 아래로 파급되고 있는 복벽 역류를 반격"하는 고조를 일으키면서 '문화대혁명'에 불만을 품거나 '문화대혁명'을 배격하는 각급 지도간부들을 더욱 더 대규모로 타격하고 박해했다. 그리하여 원래 혼란하던 국면이 더 악화되었다. 그 후 이번 정의적 대항은 '2월 역류'로 불리게 되었다. 중앙정치국은 강박에 못 이겨 활동을 중지했고 중앙문화혁명소조가 실제로 중앙정치국 기능을 대체했다.[7]

이번 항쟁 가운데 노 세대 혁명가들이 제기한 문제를 하나로 귀결한다면 바로 당의 영도가 있어야 하는가 없어야 하는가 하는 것이었다. '문화대혁명'은 명목상으로는 직접 대중에 의거한다고 했지만 사실 당의 조직을 이탈했으며 또 광범위한 대중을 이탈했다. '문화대혁명'은 신중국 창건 이후 17년 동안의 당의 기본 정책과 기본 성과를 전면적으로 부정하고 전국 각급 당, 정부 지도기관을 전면적으로 공격했다. 그 결과 불가피하게 일부 투기세력, 야심가, 음모가들에게 기회를 주어 그들 가운데 적지 않은 자가 중요하거나 매우 중요한 지위에 오르게 됐다.

### '3지 2군'과 정세를 안정시키기 위한 기본적 조치

각급 당 조직과 정부는 전면적 권력 탈취로 인해 당연한 권위를 잃어버리면서 정상적으로 사업할 수 없게 되었다. 마오쩌둥은 상황이 통제력을 거의 잃다시피 되리라고는 예상치 못했다. 그는 '1월의 권력 탈취'가 시작된 지 얼마 안 되어 무단 투쟁을 하지 말고 폭력을 행

---

7) 이때 워낙 저우언라이가 사회하던 당, 정부, 군대 실무를 함께서 토론하는 중앙정황교류회의를 중앙문화혁명정황교류회의로 이름을 고치고 여전히 저우언라이가 사회하면서 중앙문화혁명소조 성원, 중공중앙 정치국 성원, 국무원 부총리, 중앙군사위원회 지도자들을 회의에 참석시켰다.

사한 자는 법적으로 처리해야 한다고 거듭 강조했다. 당시의 무정부 상태에서 '천하대란'을 통해 권력 탈취를 이루어내는 한편, 반드시 무단 투쟁을 제지하고 최소한의 생산과 사회생활 질서를 유지시킴으로써 반란파가 '자본주의 길로 나아가는 집권파'의 수중에서 순조롭게 권력을 탈취하도록 보장해주어야 했다. 그리하여 마오쩌둥은 군대를 파견하여 지방사업에 전면적으로 개입하기로 결정했다.

1967년 1월 21일에 마오쩌둥은 안후이성 반란파가 당지에 주둔한 군대에 성당위원회 주요 책임자를 비판, 투쟁하는 것을 지지해줄 것을 요구하는 청구서에 "마땅히 군대를 파견하여 좌파의 광범위한 대중을 지지해주어야 한다."고 회시했다. 1월 23일에 중공중앙, 국무원, 중앙군사위원회, 중앙문화혁명소조에서는 '인민해방군이 혁명적 좌파 대중을 빈틈없이 지지해줄 것에 관한 결정'을 발부하여 좌파의 권력 탈취 투쟁을 적극적으로 지지해줄 것을 군대에 요구했다. 또한 마오쩌둥의 이러한 지시 집행에 대한 8개 조힝의 규정을 구체적으로 작성하여 '중앙군사위원회 명령'으로 반포했다. 2월 19일에 마오쩌둥은 한 회시에서 군대에 단계와 차례를 나누어 대학교, 중학교, 소학교 고급학년 학생들에게 군사훈련을 시행함으로써 "수업을 회복하면서 혁명할 것"을 요구했다. 2월부터 3월 사이에 저우언라이는 광둥성, 윈난성, 장쑤성에서 군사관제를 시행하도록 제의했는데 이 제의는 마오쩌둥의 비준을 받았다. 3월 13일에 저우언라이는 군대의 군급 이상 간부회의에서 한 연설에서 마비, 반마비 상태에 처해 있는 단위, 악질 세력으로부터 영도권을 탈취당한 단위와 변방, 연해, 교통요충지(부두, 철도국, 항구), 독재기구, 기밀요해부문, 국방기업 사업 단위들에서는 마땅히 모두 군사관제를 시행해야 한다고 선포했다. 3월 19일에 중앙군사위원회에서는 또 '힘을 모아 좌파를 지지하며 농업을 지원하며 공업을 지원하며 군사관제를 시행하며 군사훈련을 진행하는 과업을 수행하는 것에 관한 결정'('3지2군'으로 약칭)을 발부했다. 이 결정에 따라 '3지2군'에 투입된 많은 해방군 지휘원과 전투원들은 지방의 '문화대혁명'의 권력 탈취투쟁에 직접 개입한 동시에 지방의 공업, 농업생산을 지원하는 과업을 떠맡았다. 인민해방군은 일부 지역과 부문에 대해서는 심지어 군용 물자와 설비까지 동원하면서 직접 생산에 투입하며 기밀요해부문, 국방 기업과 사업단위, 변방과 연해의 교통 요충지 및 중앙, 당, 정부, 군대의 일부 기관에 대해서도 군사관제를 시행하며 학교에 들어가 군사훈련을 시키는 등 과업을 수행했다.

마오쩌둥의 요구에 따라 '3지2군'의 중심은 '좌파를 지지하는 것', 즉 지방의 '혁명적 좌파'를 지지하는 것이었다. 그러나 '좌파지지'사업에서 누가 '좌파'이며 '좌파'를 확정하는 기준은 무엇인가 하는 문제가 우선으로 나타났다. 당시의 조건에서 이는 매우 판정하기 어려운 문제였다. 해방군 지휘원과 전투원들은 지방의 정황에 익숙하지 못한 데다가 장기간 받은 전통교육 때문에 '문화대혁명' 가운데 벌어지고 있는 여러 가지 극단적 행위를 이해하고 동감하기 어려웠다. '좌파지지'사업 초반에 절대다수의 부대 간부와 전사들은 당원이 많고 오랜 노동자가 많고 간부가 많으며 정책에 주의를 돌리고 있는 군중 조직으로 쏠렸으며 정형이 이와 반대인 조직에 대해서는 냉담하고 소극적인 태도를 보였다. 그들의 이 같은 태도는 또 가끔 중앙문화혁명소조로부터 비판을 받았다. 각종 요소의 영향으로 말미암아 '좌파지지' 사업은 첫 시작부터 심각한 모순에 빠져들었다.

1967년 4월부터 당중앙위원회에서는 안후이, 네이멍구, 산둥, 푸젠, 쓰촨, 간쑤, 광둥, 후난, 장시, 허난, 지린 등 성과 자치구의 '좌파지지'사업에 대해 구체적 의견을 제기하거나 결정을 내리고 중앙군사위원회의 '10개조 명령'[8] 등 문건을 보내 각지 주둔군의 '좌파지지' 사업을 지도했다. 같은 해 9월 이후부터 군대의 '좌파지지'사업은 사실 두 개 파의 군중 조직을 지지하는 것으로 바뀌어 각 지구, 각 부문의 '혁명적 대연합'을 추동하고 촉진했다.

'3지2군'사업은 1972년 8월에 결속되었다. 그사이 무려 280만여 명에 달하는 인민해방군 지휘원과 전투원들이 군대의 일상사업을 이탈하여 지방 사무에 참여했다. 인원수가 많고 지속시간이 길며 범위가 넓고 영향력이 크기로 군대의 역사상 전례가 없었다. '3지2군' 과업의 수행에 파견된 부대, 지휘원과 전투원들은 '문화대혁명'의 가장 혼란스럽고 복잡한 상황에서 필요한 사회 안정을 지켰고 공업, 농업 생산과 인민의 생명재산의 손실을 줄여주어 가능한 범위 내에서 '문화대혁명'으로 초래할 파괴를 줄여주었다. 그러나 '문화대혁명'의 전체 지도사상이 그릇되고 '3지2군' 과업을 수행한 지휘원과 선투원들이 사상준비가 부족하고 지방사업 경험이 부족했기 때문에, 특히 린뱌오, 장칭 집단의 교란, 파괴가 있었기 때문에 이 사업에서 많은 오류가 생겨 부대의 사상, 작풍과 조직 건설에 지장을 주고 군대와 지방 간의 간극을 빚어내는 등 소극적인 결과를 초래했다.

## 3. 전면적 내전과 상황을 통제하기 위한 노력

### 우한 '7 20'사건과 전면적 내전

---

[8] 즉 반란에 나선 각 부류 군중 조직을 보호하는 것에 관한 중앙군사위원회의 명령이다. 그 주요 내용은 다음과 같다. 총을 쏘지 못한다, 마음대로 사람을 체포하지 못한다, 군중 조직을 마음대로 반동 조직이라고 선포하지 못한다. 과거 군사기관에 충격을 입힌 사람들에 대해 일률로 책임을 추궁하지 않는다 등.

마오쩌둥의 추측에 의하면 상하이의 '1월의 권력 탈취'로부터 시작된 전국적 범위에서의 권력 탈취활동은 1967년 2월부터 4월 사이에 기본적인 '윤곽'이 보일 것이었다. 즉 성급 권력 탈취가 대체로 결속된 후 '문화대혁명'이 '수습' 단계에 들어서는 것이었다. 그러나 혼란은 일단 생겨나면서부터 걷잡을 수 없었다. 비록 당중앙위원회는 정세를 안정시키기 위해 일련의 문건을 발부하고 심지어 군대를 파견하여 개입시켰지만 여전히 예상 효과를 보지 못했다. '권력 탈취'의 물결 속에서 각지에는 보편적으로 서로 대립하는 두 개 파벌 또는 더 많은 파벌들이 나타났다. 그들은 비록 정치적 경향에서 여러 차이가 있기는 했지만 총체적으로 모두 극좌적 사조의 영향 아래 활동했다. 각 파벌은 모두 자기 파벌의 관점과 이익을 수호하는 데에서 출발하여 중앙의 지시에 대해서는 각각 구미에 맞는 것만 취하고 제 마음대로 했다. '권력'이란 이 근본적 문제에서 각 파벌은 조금도 양보하지 않고 치열하게 쟁탈했다. 각 파벌 간에는 분쟁과 충돌이 헤아릴 수 없이 많이 발생했고 대규모 무단 투쟁이 벌어졌으며 적지 않은 지방의 무단 투쟁에는 총과 대포까지 동원되었다. 마오쩌둥은 후에 이 같은 사태를 '전면적 내전'이라고 했다. 일부 지방에서 군대는 운동 개입 초기에 파벌 간의 대결을 평정하기는커녕 되레 군대 자신마저 파벌성 투쟁에 말려들어 사태의 복잡성과 엄중성을 가중시켰다. 간부의 결합[9]도 마찬가지였다. 반란파 조직들은 각자 선택한 몇몇 지도간부를 '결합'대상으로 삼고 자기 파벌을 핵심으로 '대연합'을 시행하며 권력을 탈취하고 장악하려 애썼다. 많은 기존 지도간부는 타도된 후 다시 나서기 싫어했거나 나설 수 없었다. 어떤 지도간부는 방금 이

---

9) 마오쩌둥의 요구에 따라 새로 건립한 혁명위원회에서는 '3결합'을 실현하려고 했다. 즉 혁명적 지도간부, 혁명적 대중대표와 해방군대표들을 거기에 참가시키는 것이다.

반란파 조직들에 의해 '결합'되었다가 곧바로 다른 파벌에 의해 타도되기도 했다.

1967년 5월부터 6월 사이에 쓰촨, 저장, 광시, 안후이, 산시, 윈난, 허난 등 성과 자치구들에서 각각 무단 투쟁으로 인한 유혈 사건이 발생했다. 4월 말에는 일부 철도에서 대규모의 무단 투쟁이 벌어져 철도의 하루 평균 적재량이 급격히 떨어졌는데 7월 중순에는 2만 9천여 차량에 불과했고 9월에는 하루 적재량 계획의 46%에 불과한 1만 9천여 차량으로 내려갔다. 헤이룽강성 지시(鷄西)의 여러 탄광에서는 4월 22일부터 무단 투쟁이 발생하여 사상자가 나오면서 하루 평균 석탄 생산량이 4월 상순의 2만 1,300톤에서 5월 상순의 7천 톤으로 급격히 떨어졌고, 11개의 탄광 가운데 세 곳만이 생산을 유지하고 있었다.

7월 한 달 사이에 후베이의 우한에서 중앙대표단 대표에 항의하고 그들을 심도한 사건이 일어나 전국을 들썩였나. 7월 14일에 국무원 부총리 겸 공안부 부장 셰푸즈(謝富治)와 중앙문화혁명소조 성원 왕리(王力)는 중앙의 명령을 받고 '중앙대표단' 구성원의 명의로 우한에 도착했다(당시 마오쩌둥과 저우언라이는 이미 우한에 와 있었다). 그들은 저우언라이의 지시를 어기고 도처에서 활동했다. 그들은 우한문제 해결에 대한 중앙의 방침을 해설, 선전할 때 어느 한 파벌을 명백히 지지한다는 언론을 발표했는데 그러지 않아도 억압당하고 있던 다른 한 파벌조직인 '백만웅사(百萬雄師)'의 강경한 반대를 받았다. 7월 20일에 '백만웅사'의 일부 사람들은 우창 둥후에 있는 셰푸즈와 왕리의 거처에 들어가 그 두 사람과 변론하자고 했다. 격분을 이기지 못한 대중과 그들과 같은 견해를 가진 전사들은 왕리를 구타한 뒤 강제로 붙잡아갔다. 이와 동시에 우한 싼전(三鎭)의 몇십 만 군민은 며칠 연속 셰푸즈와 왕리를 성토하는 시위행진을 벌여 거대한 대중적 항의의 물결을 이루었다. 이것이 이른바 '중앙대표단 거주지를 타격'하고 '중앙대표를 납치'한 우한 '7·20'사건이었다.

'7·20'사건의 발생은 '문화대혁명'이 발동한 후 우한지역 나아가서는 전국적으로 각종 모순이 쌓이고 충돌한 결과였다. 이 사건은 지방과 군대에서 상당수를 차지하는 간부와 군중의 중앙문화혁명소조가 인위적으로 사회 동란을 조작한 것에 대한 강한 불만과 항의를 보여주었다. 사건 자체는 결코 누군가 모의하고 획책한 것이 아니었지만 린뱌오, 장칭 일당은 우한에서 '반혁명 폭동'이 발생했다는 요언을 날조하고는 단짝이 되어 우한과 전국 각지에서 '군대 내의 한줌도 안 되는 자본주의 길로 나아가는 집권파'를 붙잡아내고 타도하는 사건을 조작했다. 7월 22일에 중앙문화혁명소조는 수만 명의 사람을 조직하여 베이징 시쟈오비행장에서 셰푸즈와 왕리가 베이징에 돌아온 것을 환영했다. 25일에 베이징에서 셰푸즈와 왕리의 귀환을 환영하고 우한반란파를 성원하는 대중대회가 열렸다. 린뱌오가 이번 대회에 직접 참석했다. 장칭 등은 우한군구 책임자 천짜이다오(陳再道), 중한화(鍾漢華)를 '병란'이라는 죄명으로 해임하고 비판, 타격했다. 그리고 곧 그 틈을 빌려 전국에서 '천짜이다오식 인물'을 잡아내야 한다고 선동하는가 하면 '7·20'사건의 '검은 막후 지휘자'를 끝까지 조사해내겠다고 하면서 공격의 칼날을 쉬샹첸, 쉬하이둥 등 노 세대 혁명가들과 군대의 지도자들에게 돌렸으며 동시에 사건에 참여한 간부와 군중에게 박해를 가했다.

'7·20'사건 후 중앙문화혁명소조의 몇몇 큰 인물과 이들을 등에 업고 있는 반란파 두목들은 군중 조직 간의 투쟁이 기약 없이 진행되도록 선동하는 데 더욱 열을 올렸다. 7월 22일에 장칭은 허난의 한 군중 조직 파벌을 상대로 한 연설에서 "이론으로 공격하고 무력으로 보위하라."는 구호에 찬성한다고 공개적으로 표시함과 동시에 '좌파'에게 '무기를 놓지 말 것'을 선동했다. 그 뒤로 전국의 무단 투쟁은 급격히 확대되었다. 8월 초에 상하이의 반란파 두목 왕훙원은 중앙문화혁명소조의 지지 아래 상하이디젤유공장을 공격하는 대규모 무단 투쟁 사건을 일으켜 무력으로 다른 한 파벌을 제압했다. 이번 사건에서 수백 명의 사람이 얻어맞아 부상당하거나 구금당했다. 8월 28일에 캉성의 직접적인 선동으로 터진 닝샤(宁夏)칭퉁샤(靑銅峽) 유혈사건에서 230여 명의 사상자가 발생했다. 이를 전후하여 허베이, 허난, 안후이, 저장, 장쑤, 구이저우, 헤이룽강, 후난, 광시 등지의 무단적 유혈 투쟁도 급격히 승격되면서 국가의 물자와 기자재 및 인민들의 생명과 재산에 막대한 손실을 끼쳤다.

7월 말부터 8월 초까지 중앙문화혁명소조의 사주와 지지로 베이징과 외지의 몇 천개의 반란파 조직들은 '추류(샤오치) 화선', 즉 류샤오치를 잡아내는 전선을 벌였다. 그들은 몇십 만 명의 사람을 모아서 중난하이 주변에 진을 치고 앉아 수백 개의 고음확성기를 통해 밤낮으로 류샤오치 등을 타도하자는 구호를 외쳐댔다. 천보다, 캉성, 장칭은 또 "류(샤오치), 덩(샤오핑), 타오(주)에 대해 직접 내놓고 투쟁하지 마라."는 마오쩌둥의 의견을 어기고 공공연하게 중난하이에서 류샤오치, 덩샤오핑, 타오주 부부에 대한 비판, 투쟁을 조직하고 거리낌 없이 모욕하면서 가택수색까지 벌였다.

8월 7일, 셰푸즈는 공안부기관에서 소집한 대회에서 "공안기관, 검찰기관, 사법기관을 철저히 파괴하라."는 구호를 공공연하게 제기하고 각 지방에 전달할 것을 요구했다. 이때부터 전국적으로 공안기관, 검찰기관, 사법기관을 공격하여 파괴하고 서류를 빼앗으며 공안, 검찰, 사법 요원들을 잔혹하게 해치는 사건이 보편적으로 발생했다. 그리하여 전반 공안, 검찰, 사법 계통이 마비 상태에 빠지고 사회치안을 유지하기 어렵게 되었다.

같은 날, 왕리는 외교부의 '혁명적반란연락소' 대표를 접견할 때 저우언라이의 "외교대권은 중앙에 속하며 누구도 빼앗을 수 없다."고 한 지시를 어기고 반란들에게 외교부 지도부를 '건드려보라'고 선동하면서 "천이를 타도하자."라는 구호를 제기하는 것을 지지했다. 그는 외교부에서의 운동에는 걸림돌이 너무 많다. 외교사업을 신비화하지 마라. 홍위병들도 외교를 할 수 있다. 외교부의 3결합 지도부는 "혁명적 반란파를 주체로 해야 한다."고 말했다. 반란파는 즉석에서 '권력 탈취 지휘부'를 성립했다. 그들은 외교부 정치부를 파괴하고 지펑페이(姬鵬飛), 차오관화(喬冠華) 등 외교부 지도자들을 감금했다. 반란파들은 또 사사로이 외교부 감독소조의 명의로 외국주재기구에 호령을 내리기도 했다. 이를 전후하여 한동안 소수의 국가에서 나타난 중국을 반대하고 화교들을 박해하는 사건으로 말미암아, 그리고 또 극좌적 사조의 영향을 받은 외국주재 중국대사관 및 섭외자들의 일부 행위가 주재국의 불만을 야기하면서 몇몇 외국주재 중국대사관이 공격당하거나 유혈사태까지 벌어지는 등의 사건이 발생했다. 이런 정형에서 극좌적 사조의 선동을 받은 일부 대중은 인도, 미얀마와 인도네시아 주재 중국대사관에 대해 보복성 습격을 가해 이 대사관들의 일부 시설들을 파괴했다. 8월 22일에 홍콩-영국 당국이 홍콩 노동자들을 탄압하고 신화사 홍콩지사 기자를 체포하고 홍콩〈문회보〉등 신문을 폐간해버리자 베이징에서 수만 명이 영국대리판사처를 차단, 포위하고 사무 청사를 불태우고 영국대리판사처 직원들을 비판, 투쟁하는 심각한 외교 사건이 발생했다. 그리하여 중국의 국제

적형상이 전례 없는 손해를 입었다.

이 같은 일련의 심각한 사건들은 '천하 대란'과 '전면적 내전'의 국면이 이미 좌지우지할 수 없는 정도에 이르렀음을 말해주었다. 이 같은 정형은 '문화대혁명'의 발기자가 전혀 예상하지 못했던 것이며 이같은 재난성 국면은 또한 '문화대혁명'의 그릇된 이론과 실천의 필연적 결과이기도 했다.

## 장강 남북을 시찰하면서 한 마오쩌둥의 담화

1967년 7월부터 9월까지 마오쩌둥은 베이징을 떠나 남하하여 혼란스러운 중난(中南)지구에 가서 직접 '문화대혁명'의 정황을 파악했다. 그는 화베이, 화둥 지구도 시찰했다. 마오쩌둥은 일련의 연설을 발표하여 '문화대혁명'을 전반적으로 긍정하는 기초 위에서 일부 극단적인 행위를 제한함으로써 국면을 통제하려고 시도했다.

당시의 정세에 대해 마오쩌둥은 한편으로는 전반 무산계급 문화대혁명은 "정세가 대단히 좋다. 자그마치 좋은 게 아니다." "전반 정세는 이전의 그 어느 때보다도 좋다." "정세가 대단히 좋다는 중요한 표현은 인민대중이 충분히 발동되었다는 것이다."라고 지적했다. 그는 "일부 지방은 지난 한동안 매우 혼란스러워보였지만 사실 그것은 적들을 혼란스럽게 만들고 대중을 단련시킨 것"이라고 했다. 동시에 마오쩌둥은 또 노동계급 내부에는 근본적인 이해 충돌이 없으며 공존하지 못할 두 개 큰 파로 분열되지 말아야 한다고 강조하면서 각지 군중 조직들은 모두 혁명적 대연합을 실현해야 한다고 호소했다. 마오쩌둥은 다음과 같이 말했다. "두 파 모두가 혁명적 군중 조직이라면 곧바로 혁명적 원칙에서 혁명적 대연합을 이루어야 한다. 두 파는 남의 결점과 과오를 적게 말하며 그 사람의 결점과 과오는 그 자신이 말하게 하며 각자 자기비판을 많이 하여 원칙적으로는 일치를 추구하고 부차적으로는 서로 다른 의견을 보류해야 한다. 이렇게 해야만 혁명적 대연합에 이롭다." 간부문제를 두고 그는 간부를 정확하게 대할 것을 요구하면서 다음과 같이 지적했다. "절대다수 간부는 모두 좋으며 나쁜 간부는 극소수이다." "당내의 자본주의 길로 나아가는 집권파에 대해서는 다스려야 한다. 그러나 그들은 한 줌도 안 된다." "교육 범위를 넓히고 타격 범위를 줄여야 한다." "간부들이 오류를 범하는 것을 허용해야 하고 간부들이 오류를 시정하도록 허용해야 한다. 오류를 범했다 하여 즉시 타도해서는 안 된다. 오류를 범하는 것이 뭐가 그리 대단한가? 시정하면 되는 것이다. 많은 간부를 해방시켜야 하며 간부들이 나서게 해야 한다." 반란파와 홍위병들에 대해 마오쩌둥은 다음과 같이 말했다. "홍위병들에 대해 교양을 진행하고 학습을 강화해야 한다. 혁명적 반란파의 우두머리들과 홍위병 꼬마맹장들에게 지금이 바로 그들이 오류를 범할 가능성 있는 때라는 것을 알려주어야 한다."

마오쩌둥은 연설 가운데 일부 '좌'적인 구호를 시정하고 '좌'적인 것을 바로잡는 일부 조치를 비준했다. 이를테면 신문 간행물의 선전 가운데 "군대 내의 한 줌도 안 되는 자본주의 길로 나아가는 집권파를 끌어내자."고 한 선동을 제지하고 대외 선전에서 관점을 다른 사람에게 강요하는 온갖 행위를 비판했다. 그는 또 극좌 행위를 선동하는 '검은 손'과 '반혁명'에 대해 경각성을 높이라고 제기했으며 저우언라이가 제기한 국세를 조속히 안정시키는 것에 대한 의견에 동의하고 중앙문화혁명소조 성원인 왕리, 관펑을 격리 심사하기로 결정했다. 이는 전반적인 국면에 영향을 주는 중대한 결단이었다. 어느 한 차례 담화에서 마오쩌둥은 심지어 지금은 '극좌파' 사상을 비판해야 하며 이는 중요한 것이라고 제기했다. 9월에 마오쩌둥은 야오원위안의 글 '타오주의 책 두 권을 평함'을 교열하면서 당시 비밀 방식으로 전단지를 살포하고 대자보를 붙여 저우언라이를 공격한 '수도 5·16홍위병단'[10]은 '반동 조직'이라고 지적했다. 10월 7일, 당중앙위원회는 마오쩌둥이 시찰 기간에 한 담화의 부분적 내용을 이첩했다. 마오쩌둥은 또 다음과 같이 제기했다. 다음해 봄에 "'문화대혁명'이 마무리된 뒤 잇달아 9차 당대회가 열리게 된다. 노동자들을 모두 해방시켜야 한다. 많은 노동자는 모두 당 대표, 중앙위원회 위원으로 당선되어야 한다". 그는 또 덩샤오핑, 우란후, 허룽 등의 이름을 열거했다. 그는 '문화대혁명'은 내년 봄에 끝내고 이제 더 이상 하지 말아야 한다고 재천명했다.[11]

10월 17일, 중공중앙, 국무원, 중앙군사위원회, 중앙문화혁명소조는 '계통별로 혁명적 대연합을 시행할 것에 대한 통지'를 발부하여 전국의 다업종 군중 소식에 대한 승인을 사실상 취소했다. 이를 선후하여 중앙에서는 해방군의 무기와 장비를 강탈하지 못하며 사회치안을 수호하며 국가 물자, 기자재와 인민대중의 생활 질서를 확보하는 것에 관한 일련의 통지와 문건을 연속 발부했으며 또 조치를 내려 외국대사관과 외국 교민들의 안전을 보호하고 강화했다. 동시에 중앙에서는 또 일부 가장 혼란스러운 성, 자치구와 중요한 당, 정부 부문들에 대해 군사관제를 시행하기로 결정하고 각지의 반란파에게 무단투쟁을 중지하고 공개적으로 정풍을 하며 "사적 관념과 투쟁하고 수

---

10) '수도 5·16홍위병단'은 1967년 봄과 여름 사이에 베이징의 몇몇 대학교와 전문학교의 소수 사람이 비밀리에 서로 연락하여 설립한 조직이다. 이 조직은 저우언라이를 공격하는 대자보와 표어, 구호를 공개적으로 나붙였었다.
11) '마오쩌둥이 양청우(楊成武), 장춘차오(張春橋), 왕둥싱(汪東興), 위리진(余立金)과 나눈 담화의 기록', 1967년 9월 19일

정주의를 비판"하며 파벌성을 제거할 것을 요구했다. 중앙의 일부 주요 신문과 간행물들도 이에 발맞추어 글을 발표하고 파벌성의 반동성을 똑똑히 인식해야 한다고 강조하면서 파벌성을 숙청하고 파벌성을 타도하며 일치단결하여 공동으로 적에 대처할 것을 호소했다. 파벌성에 대한 이 같은 거대한 비판은 사실상 각지의 반란파가 보편적으로 오류를 범했다는 것을 승인한 것이고 그들의 '반란', '권력 탈취'를 수긍한다는 전제 아래 그들에 대해 '비평하고 방조'하는 태도를 보인 것이었다.

간부를 교양하고 해방하는 것에 대한 마오쩌둥의 의견에 따라 중앙과 각지에서는 차례를 나누어 단계적으로 간부 학습반을 운영했다. 그리하여 일부 간부가 해방되고 사업을 회복했다. 여론적으로도 간부들을 정확하게 대해야 한다고 선전하고 "모든 것을 의심하고" "모든 것을 타도하자."는 구호를 비판했으며 저우언라이에게 직접 칼날을 돌렸던 '수도 5·16홍위병단'을 공개적으로 적발해 폭로했다. 1968년 1월에 중앙은 중앙문화혁명소조의 다른 한 중요한 성원인 치번위를 격리 심사한다고 선포했다.

이 같은 지시와 조치들은 비록 '문화대혁명'의 지도사상을 건드리지 않았고 또 건드릴 수도 없었지만 당시의 조건하에서 국세를 안정시키는데 있어서는 적극적인 의의가 있었다. 1967년 말부터 1968년 초까지 전국의 정세는 점차 완화되기 시작했고 극좌적 사조와 극좌분자들도 어느 정도 억제되었다.

**'우경번안'과 '반우경번안'**

'전면적 권력 탈취', '천하대란' 및 무단 투쟁, 내전의 국면으로 말미암아 전반 사회가 혼란 속에 빠져들어 정상적인 생활 질서를 유지하기 어려웠을 뿐만 아니라 흔히 어떤 경우에는 인신 안전마저도 보장받기 어려웠다. 이는 인민대중의 강한 불만을 불러일으켰다. 그리하여 일단 극단적 행위와 극좌세력에 대해 비판하거나 단속할 때마다 광범위한 간부와 군중은 반란파와 중앙문화혁명소조 나아가 '문화대혁명'을 의심하고 분개하는 심정을 공개적으로 보여주었다. 1967년 말부터 1968년 초까지 상하이시의 일부 군중 조직은 장칭, 장춘차오에게 의문을 품고 비판을 가하며 반란파의 극단적 행위를 반대하는 대자보들을 잇달아 내걸었다. 1968년 2월 중순에 외교부의 91명의 사급, 국급 간부들이 연명으로 대자보를 내붙여 천이를 타도하자고 선동한 극좌 인물을 적발하고 철저히 비판할 것을 요구한 동시에 천이에게 외교부에 돌아와서 사업하도록 요구했다. 2월 말에 국방과학기술위원회 당위원회 상무위원회에서는 당시 두 개 파가 당위원회의 영도에 대하여 "없애버릴 것인가"와 "보호할 것인가"를 두고 치열한 쟁론을 한 데 비추어 "녜룽쩐 동지를 핵심으로 하는 국방과학기술위원회의 올바른 영도를 옹호한다."고 명확하게 제기했다. 이러한 상황들이 끊임없이 발생하자 중앙문화혁명소조 성원들은 그에게 공포를 느끼는 한편 적개심을 가지게 되었다.

  3월 중순에 장칭은 여러 장소에서 앞에서 전국에서 "한 갈래 우경번안풍이 불고 있다." "우경번안은 주요 위험이다." "그 표현은 바로 2월 역류를 번안하는 것이다."고 떠벌였다. 장춘차오는 상하이에서 "우경적인 것이 나타나고 보수적인 사조가 머리를 쳐들었다."고 말했다. 왕훙원은 "최근 사회적으로 한 갈래 우경번안풍이 불고 있는데 그 뚜렷한 특징은 혁명적 반란파를 부정하고 1월 혁명을 부정하면서 자산계급반동 노선을 번안하는 것이다."고 말했다. 캉성도 "당면한 위험은 우경기회주의와 우경분열주의이다." "한 줌도 안 되는 자들이

2월 역류를 번안하고 있다."고 말했다. 이 같은 상황에서 〈인민일보〉는 또 "무산계급 문화대혁명의 실질은 사회주의 조건에서 무산계급이 자산계급과 모든 착취계급을 반대하는 정치 대혁명이며 중국공산당 및 그 영도 아래에 있는 광범위한 인민대중과 국민당반동파 간의 장기적인 투쟁의 연장이며 무산계급과 자산계급 간의 투쟁의 연장이다."[12]라는 마오쩌둥의 말을 발표했다. 이 논단은 '문화대혁명'의 의의를 한층 더 수용했는데 각지에서는 뒤이어 '우경번안풍'을 반격하는 운동이 일어나게 되었다.

3월 하순에 베이징에서 이른바 양(청우), 위(리진), 푸(충비)[13] 사건이 발생했다. 이는 린뱌오, 장칭 등이 손을 잡고 조작해낸 군대 지도자를 의도적으로 박해한 사건이었다. 린뱌오는 "양청우는 '산두주의, 양면파'적 오류를 범했고 위, 푸 두 사람과 결탁하여 우파셴과 셰푸즈를 타도하려고 했으며 푸충비는 얼마 전에 사람들을 거느리고 중앙문화혁명소조를 무력으로 타격"했다는 등을 떠벌리면서 양청우, 위리진, 푸충비 세 사람의 직무를 해임하며 광저우군구 사령원 황융성(黃永胜)을 해방군 총참모장으로 임명하기를 연구, 결정했노라고 선포했다. 양, 위, 푸 사건 후 원 중앙군사위원회 상무위원회 및 그 산하 기구들은 사업을 중지하고 군사위원회 판사조가 군사위원회의 일상사업을 주관하게 되었다. 황융성은 양청우를 대체하여 중앙군사위원회 판사조 조장직을 맡게 되었다.[14]

---

12) '호부용국 어디나 아침 햇살 찬연하네-후난성혁명위원회의 성립을 열렬히 환호하여', 1968년 4월 10일 자, 〈인민일보〉, 〈해방군보〉 사설.

13) 양청우는 당시 중앙군사위원회 상무위원 겸 부비서장, 해방군 대리총참모장 등 직무를 담임했다. 위리진은 당시 공군정치위원, 공군당위원회 제2서기를 담임했다. 푸충비(傅崇碧)는 당시 베이징군구 부사령원 겸 베이징위수구 사령원을 담임했다.

14) 1967년 9월에 중앙군사위원회 판사조가 성립될 때 저우언라이의 제의를 거쳐 양청우가 군사위원회 판사조에 참가하여 조장직을 맡았었다.

린뱌오, 장칭 등이 서로 짜고 양, 위, 푸 사건을 조작한 것은 자신들의 눈에 거슬리는 사람들을 배척하고 자기 집단의 세력을 강화하는 한편 공격의 칼날을 1967년 2월 항쟁에 참가한 노 세대 혁명가들에게 돌리기 위한 것이었다. 그들의 지시와 사주를 받은 베이징 '3군 무산계급혁명파'는 '양, 위, 푸 막후 지휘자'를 조사하는 활동을 거리낌 없이 벌이면서 칼끝을 직접 천이, 네룽쩐, 예젠잉 등에게 돌렸다.

## 중앙의 강제적 조치로 무단 투쟁을 제지

1968년 봄에 시작된 '우경번안풍'을 반격하는 운동으로 말미암아 일부 성과 도시의 취약하던 '대연합'이 눈 깜짝할 사이에 와해되면서 내전이 다시 일어났다. 각지의 반란파는 다시 사람을 규합해 파를 이루고 대규모 무단 투쟁을 벌였다. 많은 지역에서의 파벌 싸움은 급기야 미리 짜고 조작한 일련의 대규모 파괴 활동으로 번져갔다.

1968년 5월부터 6월 사이에 광시의 류저우, 구이린, 난닝 등지에서 베트남 지원 물자를 강탈하고 철도를 파괴하며 부대 지휘기관을 공격하고 무기와 장비를 빼앗았다. 심지어 해방군 지휘원과 전투원들을 살해하거나 부상을 입히는 엄중한 사건이 연이어 발생했다. 산시의 일부 지방에서는 국가의 은행, 창고, 상점을 강탈하고 국가의 창고와 공공건물을 불태우거나 폭파하고 해방군 지휘원과 전투원들을 살해하거나 부상을 입히는 사건이 발생했다. 광시와 산시 등지에서 이 같은 사건들이 발생함에 따라 7월에 중공중앙, 국무원, 중앙군사위원회, 중앙문화혁명소조에서는 '7.3', '7.24' 포고를 발부하여 즉각 무단 투쟁을 멈추고 전문적인 무단 투쟁조직을 해산하며 과단한 조치를 내려 사건을 저지른 조직의 무기를 강제압수하고 무단 투쟁을 위한 방어공사와 거점들을 허물며 무조건적으로 철도교통을 회복하고 강탈해간 현금, 물자와 무기, 장비들을 반환하고 때리고 부수고 빼앗는 행위를 지휘한 주동자를 체포하며 살인 방화, 교통운수 파괴, 감옥 공격, 국가기밀 절도, 사사로이 방송국을 설치한 등 현행 반혁명적 행위에 대해 증거가 확실할 경우 법에 따라 엄하게 징벌하는 등의 요구를 주장했다. 포고의 취지는 일부 혼란한 지역의 반란파에 엄포를 놓음으로써 국세를 안정시키고 질서를 회복시키려는 것이었다. 그러나 포고 자체에 결함이 존재하고 개별적 지방에서 구체적으로 집행하는 과정에 차질이 빚어지면서 더러 심각한 결과를 남겼다.

1968년 여름에 베이징 등지의 부분적 대학교, 전문학교들의 학생조직 간의 파벌싸움이 갈수록 치열해져 유혈충돌까지 빚어졌다. 4월 하순부터 시작하여 칭화대학의 '징강산병단'은 교정 내에서 연속 무단 투쟁을 도발하여 학생과 종업원 10여 명이 사망한 사건을 빚었다. 7월 27일에 마오쩌둥의 지시에 따라 수도 노동자 마오쩌둥 사상선전대의 몇 만 명 대원이 칭화대학에 들어가 무단 투쟁을 멈추고 무기를 바치고 방어공사를 철거하라고 선전했다. 이에 '징강산병단'은 뜻밖에도 무력으로 저항했는데 적수공권인 노동자선전대 대원 5명이 처참하게 살해당하고 수백 명이 다쳤다.

7월 28일 새벽에 마오쩌둥, 린뱌오, 저우언라이와 중앙문화혁명소조 정황교환회의 성원들은 함께 베이징의 대학교, 전문학교 가운데 명성이 자자한 몇몇 반란파 두목을 접견했다. 담화에서 마오쩌둥은 베이징의 대학교, 전문학교 학생조직들 간 장기적으로 서로 싸우는 정형에 대해 상당한 불만을 표시하고 그들을 엄하게 비평하면서 말했다. 여러분은 지금 투쟁도 하지 않고 있고 비판에도 참가하지 않고 있으며 시정도 하지 않고 있다. 투쟁을 하고 있다고는 하지만 소수 대학교, 전문학교들에서는 무단 투쟁에만 신경을 쓰고 있다. 지금 노동자, 농민, 전사, 주민들이 좋아하지 않고 있으며 대다수 학생들이 좋아하지 않고 있다. 동무들은 노동자, 농민, 전사들을 이탈했고 학생의 대다수를 이탈했다. 마오쩌둥은 반란파가 제기한 이른바 "광시의 포고문은 광시에만 적용되고 산시의 포고문은 산시에만 적용된다."는 법에 대해 다음과 같이 경고했다. 그렇다면 지금 다시 전국을 대상으로 한 포고문을 발부하겠다. 만약 누군가 계속 법을 어기고 해방군을 공격하고 교통을 파괴하고 살인, 방화한다면 그것은 범죄다. 만약 소수의 사람이 권고를 듣지 않고 계속 시정하려 하지 않는다면 그들은 곧 토비이고 국민당이기에 포위해야 한다. 그래도 계속 완고하게 저항한다면 섬멸할 것이다. 8월 25일에 중앙에서는 '노동자선전대를 학교에 진주시키는 것에 관한 통지'를 발부했다. 통지에 따라 노동자선전대와 일부 해방군선전대[15]들이 각 도시의 대학교, 중학교, 소학교들에 보편적으로 진주했으며 일부 '골칫거리' 단위와 군사학원들에도 노동자선선대와 해방군선전대가 파견되었다. 당시 노동자선전대를 학교에 진주시킨 것을 "노동계급이 일체를 영도"하는 것이라고 선전했다. 중앙이 취한 일련의 조치들은 무단 투쟁을 강력하게 평정했으며 혼란을 어느 정도 억제했다. 그때로부터 비록 번복되기는 했지만 전국적으로 정세는 안정을 찾기 시작했으며 사회질서와 생산질서가 점차 회복되기 시작했다.

    1967년에 상하이에서 '1월의 권력 탈취'가 일어난 때부터 1968년 하반기까지는 '문화대혁명'이 발동된 후 당, 국가와 군대가 가장 혼란스럽고 가장 어려운 상태에 처한 시기였다. 이 기간에 중앙으로부터 지방에 이르기까지 많은 지도간부가 직무에서 해임당하거나 기층으

---

15) 즉 노동자 마오쩌둥 사상선전대와 해방군 마오쩌둥 사상선전대 또는 두 선전대를 하나로 합친 노동자해방군 마오쩌둥 사상선전대이다.

로 하방되어 관제를 받거나 감옥에 갇혔다. 중앙의 문건과 신문 간행물에 '피아 모순'으로 이름을 찍힌 성, 직할시, 자치구의 주요 책임자만 해도 무려 60여 명이나 되었다.

  전국에 파급된 '전면적 내전'은 중국의 사회주의사업과 인민대중의 생명 재산에 커다란 손실을 입혔다. 1966년 하반기에 홍위병운동과 전국적인 대연계의 교란으로 말미암아 공업과 교통운수업은 큰 영향을 받았다. 그러나 당시의 동란은 주로 문화교육 부문과 당, 정부 기관에 집중되어 있었고 대부분의 생산지휘 계통은 아직까지 영향을 받지 않았다. 특히 지난 몇 년 동안 국민경제 조정을 하면서 비교적 훌륭한 토대를 닦아놓았기에 1966년의 제반 생산건설사업은 여전히 비교적 좋은 성과를 거두었고 농공업 주요 제품의 생산량도 비교적 큰 폭으로 성장했다. 그러나 1966년 말부터 동란이 공업, 교통 등 분야에까지 확산되면서 경제 건설에 심각한 재난을 안겼다. '전면적 권력 탈취' 운동으로 인해 경제사업의 지휘, 배치 및 관리 계통이 마비 또는 반 마비 상태에 빠지고 국민경제의 운행이 통제력을 잃으면서 사실상 무정부 상태에 빠지게 되었다. 정세가 극도로 혼란했기에 원래 결정한 1967년의 국민경제계획은 수행될 수 없었고 사실상 방치되어버렸다. 1968년에는 연간계획조차 제정하지 못해 그해는 중국에서 계획경제체제를 수립한 이후 유일하게 연간계획이 없는 한 해가 되었다. 불변가격으로 계산할 때 1967년부터 1968년 사이의 공, 농업생산, 더욱이 공업생산은 지속적인 하락세를 보였다. 1967년의 공, 농업 총생산액은 1966년보다 9.6% 하락한 2,306억 위안이었다. 공, 농업 총생산액이 1968년에는 지난해의 하락세를 이어 다시 4.2% 하락했는데 그 수준이 1966년의 86.59%에 불과했다. 1967년의 공업 총생산액은 전해보다 13.8% 하락한 1,382억 위안이었고 1968년에는 전해의 하락세를 이어 다시 5% 하락했는데 그 수준이 1966년의 81.86%에 불과했다. 재정 수입도 대폭 줄어들고 시장 공급이 달리면서 인민들의 생활수준이 떨어졌다. 주민들의 난방용 석탄과 면방직 천의 정량 공급량도 다소 줄었다. 사실이 증명하다시피 '천하대란'은 결코 "적들을 혼란에 빠뜨린" 것이 아니라 사람들의 사상을 혼란스럽게 하고 당과 국가의 정치, 경제 건설을 혼란에 빠뜨렸으며 인민대중의 정상적이고 안정된 생산과 생활 질서를 흩어 놓았다.

## 각 성, 직할시, 자치구에서 혁명위원회 설립

20개월 동안 지속된 '전면적 권력 탈취'의 혼란과 그 반복을 거듭하고 난 1968년 9월에 이르러 전국(타이완성을 제외)의 29개 성, 직할시, 자치구에 혁명위원회가 설립되었다. 이를 전후하여 중앙과 국무원 각 부, 위원회, 각 기층의 당, 정부 기관, 기업과 사업단위, 농촌 인민공사 등에서도 연이어 혁명위원회가 설립되었다. 9월 7일에 〈인민일보〉와 〈해방군보〉는 사설을 발표하여 이는 "무산계급 문화대혁명의 전면적 승리"이며 "중국의 흐루쇼프 및 각 지역에 널려있는 그 대리인들의 무산계급 독재를 자산계급 독재로 전변시키려던 반혁명 음모가 철저히 파괴되었음을 선고했다." "이는 전반 운동이 이미 전국적 범위 내에서 투쟁, 비판, 개혁의 단계에 들어섰음을 의미한다."고 역설했다.

'전면적 권력 탈취'의 기초 위에 건립된 혁명위원회의 설립 과정은 각 파의 군중 조직이 권력을 다투는 과정이었다. 1967년 상반기 이후 연이어 설립된 성급 혁명위원회는 모두 몇몇 반란파 조직이 각자 권력을 다투는 바람에 파벌 간 대결과 내전이라는 고조를 겪었으며 그 후 군사관제위원회와 각 파의 군중 조직들의 거듭되는 협상을 거쳐 최종적으로 중앙의 비준을 받아 설립된 것이었다.

마오쩌둥의 지시에 따라 혁명위원회 내부에서는 '3결합'의 체제를 시행했다. 당시에는 "혁명위원회의 기본 경험으로는 세 가지가 있다. 하나는 혁명적 간부의 대표가 있고, 하나는 군대의 대표가 있고, 하나는 혁명적 대중의 대표가 있다. 이로써 혁명적 3결합을 실현했다."[16]고 인정했다. 설립 초기의 혁명위원회의 구성원은 보통 군대의 간부를 중심으로 했으며 그 산하기구가운데도 군대의 간부가 상당한 비중을 차지했다. 혁명위원회는 또 연령적으로 '노, 중, 청'의 '3결합'을 이루어야 한다고 강조했다. 마오쩌둥은 "혁명위원회는 일원화의 영도를 실행하며 중첩되는 행정기구를 타파하고 기구를 간소화하고 인원을 줄여 대중과 연계하는 혁명화한 지도부로 조직되어야 한다."[17]고 강조했다. 이 지시에 따라 각급 혁명위원회마다 모두 당과 정부의 대권을 한 몸에 집중시킨 고도로 집중된 영도체제를 시행했으며 혁명위원회 내부의 '당의 핵심소조'가 바로 당의 동급 지도 부문이 되어 혁명위원회의 주요한 당원 책임자로 그 성원을 구성했다. 혁명위원회는 원래의 당, 정부 기관 사업가를 대폭 줄였다. 국무원 각 부, 위원회는 기구간소화를 시행한 후 남은 인원수가 가장 많아 원래 인원수의 40%를 조금 넘었으며 가장 적은 것은 원래 인원수의 7.8%에 불과했다. 대다수 성급혁명위원회는 갓 설립될 때 모두 정치사업, 생산, 사업처리 및 보위 4개 큰 소조만 설치했고 전부 사업가도 원래 인원수의 20분의 1 또는 30분의 1인 150명 내지 200명밖에 남기지 않았다.

---

16) '혁명위원회는 좋다', 1968년 3월 30일 자, 〈인민일보〉, 〈붉은기〉, 〈해방군보〉 사설.
17) '혁명위원회는 좋다', 1968년 3월 30일 자, 〈인민일보〉, 〈붉은기〉, 〈해방군보〉 사설.

혁명위원회의 설립은 신중국 창건 이후의 중국의 당, 정부 영도체제를 전반적으로 부정하는 것을 전제로 했으며 "이는 일체를 타도하고 전면적 권력 탈취를 주장"한 기형적 산물이었다. 비록 혁명위원회는 광범위한 대중의 '창조'로 인정되었지만 그것은 결코 대중 대표들의 선거를 거쳐 생겨난 것이 아니었다. 혁명위원회는 계급투쟁을 주도하는 것을 자체의 기본 기능으로 삼았기에 "광범위한 혁명적 대중을 영도하여 계급의 적들을 향해 진공하는 전투 지휘부"로 인정되었다. 혁명위원회는 비록 사회의 경제, 문화, 인민생활 등 면을 관리하는 기능을 맡지 않을 수 없었으나 계급투쟁이란 '기본 고리'를 고수했기에 그런 기능은 그 자체가 마땅히 있어야 할 자리에 놓일 수 없었다.

혁명위원회를 설립하는 과정에 많은 반란파 핵심들이 각급 영도 부문으로 들어갔다. 이런 파벌 세력의 핵심 대다수는 당과 정부 지도사업을 해온 경험과 능력이 없는 네나 인민을 위해 봉사하고 사회를 위해 봉사하는 각오가 없는 반면, 강한 개인적 야심과 파벌의식을 갖고 있어 혁명위원회 내부에서 계속 사단을 일으킴으로써 가장 큰 불안정 요소가 되었다. 혁명위원회는 이같이 체제적인 폐단이 있고 그 성분이 몹시 불순했기에 국가정치생활이 장기적으로 안정을 찾기 어려운 중요한 요소가 되었다.

그러나 당시의 정세를 볼 때 혁명위원회의 설립은 반드시 어느 정도 '문화대혁명' 전단계의 대혼란의 국면을 마무리하고 국가와 지방권력의 진공 또는 반진공 상태를 미봉해주었으며 공, 농업생산을 조직하고 사회생활을 관리하는 책임을 떠맡아 국가의 제반 사업이 점차 회복되고 전개될 수 있게 했다.

## 4. 당의 제9차 전국대표대회

### 확대된 당중앙위원회 제8기 제12차 전원회의와
### 류사오치의 억울한 사건

1956년 9월에 소집된 중국공산당 제8차 전국대표대회에서 채택된 당 규약에서는 당 대회를 5년에 한 번씩 열기로 규정했다. 그에 따라 당의 제9차 전국대표대회는 마땅히 1961년에 소집해야 했다. 그러나 여러 가지 이유로 '문화대혁명' 전까지 9차 당대회는 줄곧 열리지 못했다.

'문화대혁명'이 발동된 후 마오쩌둥은 당중앙위원회 제8기 제11차 전원회의에서 1967년의 '적절한 시기'에 9차 당대회 소집을 제의하고 중공중앙 정치국에 준비사업을 맡겼다. 그러나 당시 당중앙위원회의 실정과 이후에 나타난 동란으로 말미암아 9차 당대회의 소집준비사업을 제대로 진행할 수 없었다. 1967년 가을에 마오쩌둥은 재차 9차 당대회의 소집준비사업과 소집 시간 등의 문제와 관련하여 장춘차오, 야오원위안에게 상하이에 가서 조사하도록 했다. 같은 해 10월 21일에 중공중앙, 중앙문화혁명소조에서는 '9차 당대회 문제에 대한 의견 청취에 관한 통지'를 발부했다. 11월 초에 마오쩌둥은 다음과 같이 지적했다. '문화대혁명'은 곧 당을 정돈하고 공청단을 정돈하며 정부를 정돈하고 군대를 정돈하는 것이다. 당은 '신진대사'를 이루어야 하고 당 강령과 당 규약을 개정해야 한다. 11월 이내에 중앙문화혁명소조에서는 9차 당대회 준비사업에 관한 통보를 작성했는데 그 주요 내용은 다음과 같았다. 사회주의 사회에서의 계급투쟁 이론을 9차 당대회의 당 강령에 써넣어야 한다. 당내의 두 갈래 노선 투쟁사를 작성해야 한다. 린뱌오는 "마오 주석의 친밀한 전우이며 후계자"라는 것을 대대적으로 선전하고 9차 당대회의 보고와 결의에 써넣어야 한다. '문화대혁명' 속에서 용솟음쳐 나온 '신생 역량'을 당의 중앙위원회에 받아들여야 한다. "반역자, 특무, 변절자와 반혁명 수정주의자"들을 "모조리 제거함으로써 우환의 뿌리를 송두리째 뽑아버려야 한다." 통보에서 언급된 다섯 조목은 9차 당대회를 준비하고 당 규약을 개정하는 실제적인 지도사상이 되었다. 12월에 중공중앙, 중앙문화혁명소조에서는 또 '당 조직을 정돈, 회복하고 재건하는 것에 대한 의견과 문제'와 '당 강령과 당 규약 개정사업을 진행하는 것에 관한 통지'를 발표했다. '통지'는 지방마다 상하이시혁명위원회에서 대중적인 당 강령, 당 규약 개정운동을 전개한 경험을 참조하여 당 강령, 당 규약 개정소조를 구성하고 대중적 토론을 조직하여 당 강령, 당 규약 개정에 대한 방안을 마련하도록 요구했다.

이러한 준비사업 외에 9차 당대회에 교부하여 해결해야 할 문제에는 또 류사오치 문제에 대한 죄송적인 결론과 그 문제를 어떻게 처리하는가 하는 문제가 들어 있었다. '문화대혁명'이 발동된 초기에 류사오치에 대해 비록 '자산계급 사령부'를 갖고 있고 '자산계급 반동노선'을 시행하고 있다고 제기했으나 류사오치의 문제는 여전히 당내 문제이며 그는 여전히 중앙정치국 상무위원과 국가주석[18]으로 있었다. 1966년 12월에 중앙에서는 셰푸즈를 조장으로 하고 류사오치를 목표로 한 왕광메이사건 특별수사처리소조를 성립하여 류사오치의 역사를 심사했다. 1967년 1월부터 2월 사이에 마오쩌둥은 일부 장소에서 그래도 9차 당대회에서 류사오치를 제9기 당중앙위원회 위원으로 선거해야 한다고 표명했었다. 3월에 캉성은 군중 조직들이 수

---

18) 1966년 10월 1일, 류사오치는 맨 마지막으로 국가주석의 신분으로 톈안먼 성루에 올라 공개 장소에서 모습을 보였다.

집한, 류사오치를 모함하는 자료를 가지고 특별수사 사건으로 여기고 심사할 것을 건의해 비준을 받았다. 뒤따라 장칭, 캉성, 셰푸즈는 왕광메이사건 특별수사처리소조에 "류사오치가 자수하고 변절한 문제를 단단히 조사하라."고 지시하면서 역사상 "일관적으로 반동적이었다."는 등 죄명을 류사오치에게 억지로 덮어씌워 최종적으로 류사오치를 쓰러뜨리기 위한 증거를 날조하기 시작했다. 그 밖에 또 많은 중국공산당 제8기 중앙위원회 위원, 후보위원과 당, 정부, 군대 계통의 고위급 지도간부들이 '반역자', '특무', '외국과 내통하는 자', '반당분자', '반혁명 수정주의자'로 모함을 받아 타도당하거나 심사를 받거나 감금되었다.

1967년 3월 30일에 치번위가 쓴 '애국주의인가 아니면 매국주의인가?-반동영화 청궁비사를 평함'이라는 글이 마오쩌둥의 교열을 거쳐 〈붉은기〉에 실렸다. 〈인민일보〉는 이 글을 4월 1일자 1면에 전재했다. 전국 신문 간행물의 여론은 대체로 비슷한 논조에 맞춰 류사오치와 그의 '반혁명 수정주의 노선'을 집중적으로 비판하는 물결을 일으켰다. 이 같은 비판들은 류사오치가 민주주의 혁명 시기 및 사회주의 혁명과 건설 시기에 내놓은 일부 중요한 관점들을 제멋대로 왜곡했다. 류사오치가 제기한 "신민주주의제도를 공고히 하기 위해 투쟁하자."란 구호를 "도시와 농촌의 자본주의를 발전시키기 위해 미친 듯이 뛰어다니면서 울부짖는 것"이라고 했다. 류사오치가 자본주의적 상공업에 대한 개조 가운데 "자본주의가 발전하도록 내버려두는 반동정책을 견지"하여 "자본가들로 하여금 기업의 영도대권을 계속 장악하도록 했다."고 인정했다. '3자1포'는 인민공사의 집단 경제를 무너뜨리고 자본주의가 자유롭게 범람하게 했다고 인정했다. 류사오치의 "'경제 방법에 따라 경제를 관리해야 한다.'고 제창한 것"은 "자산계급정치를 통수로 내세운 것이며 그 목적은 자본주의를 회복시키기 위한 것"이라고 인정했다. 류사오치가 "유통이 생산을 결정한다."는 것을 주장하고 계획을 첫자리에 놓고 가격을 그다음에 두는 사회주의 계획경제를 반대한 것은 유통 영역에서 사회주의건설을 파괴하기 위한 것이라고 했다. 류사오치의 '공산당원의 수양을 논함'을 "당의 권력을 탈취하고 정권을 탈취하려는 총강령"이며 "자본주의 회복을 꿈꾸는 선언서"라고 인정했다. 동시에 신중국 창건 이후 당이 정치, 경제, 문화, 교육 등 분야에서 해온 많은 사업에 대해 제멋대로 부정하면서 신중국 창건 이후 17년 동안 '수정주의 교육 노선'을 집행했으며 "무산계급 정치를 이탈하고 노농대중을 이탈하고 생산을 이탈한 '3가지 이탈'의 정신 귀족"들을 양성했다고 인정했다. 지난 17년 동안 반혁명 수정주의자들과 자산계급 학술 '권위'들이 서로 결탁하여 "문화계의 지도권을 탈취"하고 "문화 영역에서 무산계급을 향해 반혁명적인 자산계급 독재를 시행"했다고 인정했다. 이와 같은 '대비판'은 사실을 불문하고 제 구미에 맞게 해석하며 시비를 뒤섞고 흑백을 전도하면서 류사오치를 온갖 방법으로 헐뜯고 '문화대혁명' 이전의 당의 일련의 중요한 방침과 정책들을 부정했다. 이것들은 모두 9차 당대회를 소집하기 위한 정치사상적 준비의 중요한 요소가 되었다.

중국공산당 제9차 전국대표대회의 소집을 준비하기 위해 당중앙위원회 제8기 제12차 전원회의 확대회의가 1968년 10월 13일부터 31일까지 베이징에서 열렸다.[19] 이번 전원회의는 극히 비정상적인 정형에서 진행되었다. 당시 중국공산당 제8기 중앙위원회 위원과 후보위원

---

19) 8차 당대회에서 채택된 당 규약에서는 중앙위원회 전원회의는 해마다 최소 2차례 소집한다고 규정했다. 그러나 1960년대 초부터 시작하여 전원회의 기한은 정상적이지 못했다. 1966년의 당중앙위원회 제8기 제11차 전원회의는 1962년에 당중앙위원회 제8기 제10차 전원회의가 소집된 후 4년이 지나서야 개최되었다. 그리고 당중앙위원회 제8기 제12차 전원회의 확대회의는 2년 뒤에야 개최되었다.

들 가운데 '반역자', '특무', '반당분자', '외국과 내통하는 자'로 모함당한 사람이 전체 위원의 52.7%를 차지했다. 그들은 회의에 참석할 권리를 박탈당했다. 회의 참석을 허락받은 중앙위원회 위원 가운데 많은 사람은 감금되었던 곳에서 방금 풀려나온 사람들이었다.[20] 8차 당대회에서 선출한 중앙위원회 위원은 모두 97명이었는데 당중앙위원회 제8기 제11차 전원회의 이후 사망한 10명을 제외하고 회의에 참석한 사람은 40명으로 반수가 안 되었다. 회의 참석을 허락받은 중앙위원회 후보위원 가운데 10명을 중앙위원회 위원으로 보충할 것을 결정한 후에야 회의에 참석하는 중앙위원회 위원수가 겨우 과반수가 되었다. 중국공산당 제8기 중앙위원회 후보위원 98명 가운데 중앙위원회 위원으로 보궐 선거로 선출된 10명과 사망한 12명을 제외하면 9명밖에 회의에 참석하지 못했다. 그러나 확대된 명단에 들어 이번 회의에 참석한 중앙문화혁명소조 성원들, 군사위원회 판사조 구성원들, 각 성, 직할시, 자치구 혁명위원회와 각 대군구의 주요 책임자 그리고 중앙 직속기관 책임자가 74명에 달해 회의에 참석한 총인원수의 55% 이상을 차지했다.

전원회의의 사회를 한 마오쩌둥은 개막식에서 연설했다. 그는 다음과 같이 제기했다. '문화대혁명'을 해야 하는가 하지 말아야 하는가? 성과가 중요한가 아니면 결함과 오류가 중요한가? 그는 전원회의에서 이 문제를 토론하도록 요구했다.

전원회의 기간에 린뱌오, 캉성, 장칭, 셰푸즈 등은 발언 가운데 이른바 '2월 역류'에 대해 비판하면서 천이, 예젠잉, 쉬샹첸, 녜룽쩐, 리

---

20) 당중앙위원회 제8기 제11차 전원회의에서와 마찬가지로 공개적으로 발표한 당중앙위원회 제8기 제12차 전원회의 확대회의 공보에서는 과거의 관례대로 전원회의에 참석하거나 배석한 중앙위원회 위원, 중앙위원회 후보위원 인원수를 공포하지 않았다.

푸춘, 리셴녠 등[21] 노 세대 혁명가들이 "마오 주석을 반대"하고 "왕밍(王明) 노선을 위해 번안"하고 "반역자, 특무, 자본주의 길로 나아가는 집권파들을 위해 번안"했으며 '2월 역류'는 "자본주의 회복의 시연"이자 "가장 심각한 반당 사건"이었다고 모함했다. 동시에 회의에서는 또 이른바 양, 위, 푸 사건은 "'2월 역류'를 번안하기 위한 사악한 바람"이라고 공격하고 주더, 천윈, 덩쯔후이(鄧子恢), 왕자샹(王稼祥)에 대해서는 '일관적인 우경'이라고 질책했다. 린뱌오는 회의에서 '문화대혁명'을 찬양하는 연설을 발표하면서 "문화대혁명은 성과가 가장 크며 손실이 가장 적었다."고 강조했다. 그는 또 고금중외의 이른바 세계적으로 중대한 영향을 끼친 네 차례 '문화혁명'[22]의 의의에 대해 한바탕 늘어놓으면서 이번 문화혁명은 세계적으로 "가장 큰 혁명이었다."고 말했다.

전원회의는 지극히 비정상적인 정형에서 '중국공산당 제9차 대표대회 대표 산생에 관한 결성'과 '중국공산낭규약(초안)에 관한 결성'을 채택했다. 전원회의는 또 결의를 채택하여 류사오치문제에 관한 '심사'보고, 즉 중앙특별수사처리소조에서 작성한 '반역자이며 내부간첩이며 노동 귀족인 류사오치의 죄행에 대한 심사보고'를 비준했다. 이 보고서는 장칭, 캉성, 셰푸즈의 통제로 "강압적으로 진술을 받아내고 그것으로 죄인을 삼는" 등 온갖 불법적 수단으로 다량의 거짓 증거를 작성하여 억지로 끼워 맞춘 것들이었다. 이와 반대로 조사 과정에서 얻어낸, 류사오치에게 역사적 문제가 없다는 사실을 증명한 자료들은 모조리 없애버린 채 한마디도 언급하지 않았다. 이 심사 보

---

21) '2월의 항쟁'에 참여했던 주요 인물인 탄전린은 전원회의에 참석할 권리를 박탈당했다.
22) 린뱌오가 말한 이른바 '세계 역사상 네 차례의 문화대혁명'이란 그리스, 로마의 고전문화, 이탈리아의 문예부흥운동, 마르크스주의의 산생과 중국의 '문화대혁명'을 가리킨다.

고서를 채택하는 것은 이번 전원회의에서 가장 중요한 의제였다. 당시 상당수의 중앙위원회 위원과 후보 위원들이 회의에 참석할 권리를 박탈당했고 일부 회의에 참석한 중앙위원회 위원들은 여전히 모함과 비판을 받고 있었으며 많은 회의참석자는 전혀 정당한 권리를 행사할 수 없었고 자신의 의사를 충분히 표명할 수 없었다. 이 같은 상황에서 전원회의는 중앙특별수사처리소조에서 교부한, 모함과 거짓으로 조작된 터무니없는 보고서에 따라 류사오치에게 '반역자, 내부간첩, 노동 귀족'이란 죄명을 씌우고 전적으로 그릇된 정치적 결론을 내렸으며 "류사오치를 영원히 탈당시키고 그의 당 내외 모든 직무를 해임시킨다."는 결의를 채택했다. 그 당시 류사오치는 전원회의에 참석할 수 없었을 뿐만 아니라 해명할 권리마저 완전히 박탈당했다. 이 같은 정치적 분위기 속에서 회의에 참가한 중앙위원회 위원 천사오민(陳少敏)[23]은 결의를 채택할 때 동의하는 데 거절했다.

당중앙위원회 제8기 제12차 전원회의 확대회의에서 채택된 공보는 마오쩌둥의 말을 인용하여 "이번 무산계급 문화대혁명은 무산계급 독재를 공고히 하고 자본주의 복벽을 방지하며 사회주의 건설에 전적으로 필요하며 아주 적시적인 것이다."고 했다. 공보는 또 지난 2년 동안의 '문화대혁명'의 실천을 전면적으로 찬성하는 동시에 사실상 장칭이 통제하고 있었던 중앙문화혁명소조가 '문화대혁명'에서 발휘한 '중요한 역할'을 칭찬했다.

전원회의 폐막식에서 마오쩌둥은 연설을 발표하여 9차 당대회에는 마땅히 '2월 역류'의 구성원들을 참가시켜야 하며 당내의 부분적 노동지들에 대해 "첫째는 비판하고 둘째는 보호하며 셋째는 관찰"해야

---

23) 천사오민은 당시 중화전국총공회 부주석, 당조 부서기를 맡고 있었다.

한다고 했다. 그는 계급대열을 청리(聽理)하는 데 강압적으로 진술을 받아내고 그것으로 죄인을 삼는 등의 방법을 취하지 말고 "틀림이 없어야 한다."는 것에 유의하며 학술권위에 대해서는 너무 지나치게 대하지 말고 비판할 것은 비판하고 보호할 것은 보호해주어야 한다고 요구했다. 전원회의 기간에 마오쩌둥은 또 린뱌오, 장칭 등이 덩샤오핑의 당적을 제명하려는 음모를 저지했다.

당중앙위원회 제11기 제3차 전원회의 이후 진지하게 벌인 재조사를 통해 얻은 확실한 증거에 따르면 류사오치에게 억지로 덮어씌운 모든 죄명은 전적으로 린뱌오, 장칭, 캉성 일당이 모함한 것이었다. 당중앙위원회 제8기 제12차 전원회의 확대회의는 '좌'적 사조가 범람하고 당 내외 민주주의가 엄중하게 파괴된 극히 비정상적인 정형에서 소집된 한 차례 당중앙위원회 전원회의였다. 전원회의에서 류사오치에게 내린 정치적 결론과 조직적 처리는 전적으로 그릇된 것이었다. 이는 인민공화국 역사에서 가상 큰 억울한 사건이었다. 1969년 10월, 중병으로 앓고 있던 류사오치는 허난(河南) 카이펑(開封)으로 이송되었고 11월 12일에 카이펑의 감금처에서 한을 품은 채 세상을 떠났다. 류사오치의 억울한 사건에 연루된 오판 사건은 무려 2만 6,000여 건이나 되었고 연루된 사람은 무려 2만 8,000여 명에 달했다. 류사오치의 억울한 사건은 당의 역사상 1930년대에 소비에트 지역에서의 반혁명숙청 확대 사건에 이어 빚어진 가장 침통한 교훈이었다. 전원회의는 많은 노 세대 무산계급 혁명가들을 공격하며 비판했고 '문화대혁명'을 높이 찬양했는데 이는 전적으로 그릇된 것이었다.

**중국공산당 제9차 전국대표대회의 소집과**

## '무산계급 독재에서의 계속 혁명의 이론' 확립

1969년 4월 1일부터 24일까지 중국공산당 제9차 전국대표대회가 베이징에서 열렸다. 대회에 출석한 대표는 총 1,512명이었다. 당시 각 성, 직할시, 자치구 당위원회 나아가 기층 당 조직은 대부분 아직 회복되지 못했으며 전국의 당원 2,200만 명 가운데 절대다수가 아직 조직생활을 회복하지 못하고 있었다. 회의에 참가한 대표 가운데 많은 사람은 정상적인 선거 절차를 거쳐 산생된 것이 아니라 혁명위원회와 여러 반란파 조직 책임자들이 협상을 거쳐 결정했거나 또는 상급 부문에서 직접 지정한 것이었다. 대회예비회의 기간에 마오쩌둥은 경험을 총화하고 정책을 집행하여 전쟁을 치를 준비를 하도록 제기했다.[24] 이 세 마디 말은 9차 당대회의 지도사상이 되었다.

9차 당대회 의제로는 당중앙위원회의 정치보고를 채택하고 당 규약을 개정하고 중앙위원회를 선거하는 등 3가지였다. 마오쩌둥이 개막식을 사회하고 개막사를 올렸다. 그는 9차 당대회가 "단결의 대회, 승리의 대회가 되고, 대회 이후 전국적으로 더욱 큰 승리를 거둘 수 있게 되기"를 희망했다. 회의 전에 준비한 대로 마오쩌둥이 9차 당대회 주석단 주석으로, 린뱌오가 부주석으로, 저우언라이가 비서장으로 당선되었다.

제1차 전체회의에서 린뱌오가 당중앙위원회를 대표하여 정치보고를 읽었다. 보고는 (1) 무산계급 문화대혁명의 준비에 대하여 (2) 무산계급 문화대혁명의 과정에 대하여 (3) 투쟁, 비판, 개혁을 참답

---

24) 1969년 3월 상순과 중순에 소련 변방부대가 두 차례에 걸쳐 중국 헤이룽장성(黑龍江省) 동부의 젠바오섬(珍宝島)지구를 침입했는데 중국 변방부대는 부득이 자위 반격을 했다. 그 뒤로 기타 중소변계 지역의 관계도 긴장 분위기가 조성되기 시작했다. 중소변계 무력 충돌은 당내 고위층으로 하여금 국제 정세의 엄중함을 더 심각하게 추측하게 했으며 또한 9차 당대회에 중요한 영향을 미쳤다.

게 시행하는 것에 대하여 (4) 무산계급 문화대혁명의 정책에 대하여 (5) 우리나라 혁명의 최후 승리에 대하여 (6) 당의 정돈과 건설에 대하여 (7) 우리나라와 외국의 관계에 대하여 (8) 전당, 전국인민은 단결하여 더 큰 승리를 쟁취하자는 8개 부분으로 나뉘어졌다. 이 보고서의 취지는 '문화대혁명'을 위해 이론적, 역사적인 논증을 내리고 '문화대혁명'의 이른바 성과와 경험을 충분히 긍정하는 기초에서 "상부 구조에서의 사회주의 혁명을 끝까지 진행하자."는 과업을 제기하는 것이었다.

정치보고는 '문화대혁명'의 이론과 실천을 충분히 긍정하는 것에서 출발하여 신중국 창건 이후 당의 역사는 마오 주석의 마르크스-레닌주의 노선과 "당내의 우적과 '좌'적 기회주의 노선의 투쟁의 역사"라고 그릇되게 인정했으며 "당내 두 갈래 노선의 대립과 투쟁은 사회계급 모순 및 새로운 사물과 낡은 사물 간 모순이 당내에서 반영된 것"으로 우리 당은 바로 이 두 갈래 노선 투쟁 가운데 "공고, 발전, 장대해졌다."고 인정했다. 여기에서 출발하여 보고는 신중국 창건 이후, 특히 8차 당대회 이후의 당 역사에 대해 많은 부분에서 왜곡된 총화를 끌어냈다. 즉 한편으로는 8차 당대회 이후 당의 지도사상과 실천에서 많은 '좌'적 오류를 정확한 것으로 긍정했고 다른 한편으로는 8차 당대회 이후 중국의 실정에 맞는 사회주의 건설의 길을 모색('좌'적인 것을 시정한 과정도 포함)하는 과정에 제기된 정확하거나 비교적 정확한 대다수의 사상, 정책과 적극적인 성과를 '수정주의'라고 비판했다. 이렇게 신중국 창건 이후의 당과 국가의 역사는 완전히 뒤바뀌었다.

보고는 한 소절의 분량으로 전문 당 정돈과 당 건설을 논술하면서 "무산계급 문화대혁명의 승리는 우리가 무산계급 독재의 조건에서 어떻게 당을 건설할 것인가에 대한 소중한 경험을 마련했다."고 인정했다. 보고는 또 다음과 같이 지적했다. "무산계급 독재에서의 계속 혁명을 떠나서는 당 건설문제와 어떤 당을 건설하고 어떻게 당을 건설해야 하는가 하는 문제를 정확하게 해결할 수 없다.""이번 무산계급 문화대혁명은 우리 당의 역사에서 가장 광범위하고 가장 심각한 당 정돈운동이다." 역사가 이미 증명했다시피 어떤 당을 건설하고 어떻게 당을 건설해야 하는가 하는 문제에 대해 '문화대혁명'의 작법은 전적으로 잘못된 것이며 실패한 것이었다.

정치보고의 핵심 내용은 '문화대혁명'을 지도하는 '무산계급 독재에서의 계속 혁명 이론'의 기본 내용과 위대한 의의를 천명하는 것이었다. 이 이론은 1957년 반우파 투쟁이 심하게 확대된 이후 사회주의 사회의 계급투쟁문제에서 '좌'적인 그릇된 논점에 대해 한층 더 발전한 것이었다. '문화대혁명'이 전면적으로 발동된 후 이 이론은 그 주요 논점이 기본적으로 형성되었다. 1967년 11월 6일 자 〈인민일보〉, 〈붉은기〉, 〈해방군보〉는 '10월 사회주의 혁명이 개척한 길을 따라 전진하자-위대한 10월 사회주의 혁명 50주년을 기념하여'라는 제목으로 편집부의 글을 발표했다. 마오쩌둥이 심열하고 확정한 이 글은 이러한 논점을 6가지로 개괄하고 "무산계급 독재에서의 계속 혁명의 이론"이라고 정식으로 이름 지었다. 글에서는 마오쩌둥의 "무산계급 독재 아래에서의 계속 혁명의 이론"에 관한 요점을 다음과 같이 확인했다. (1) 반드시 마르크스-레닌주의 대립물의 통일과 투쟁의 법칙으로 사회주의 사회를 관찰해야 한다. (2) 사회주의 역사 단계에는 여전히 계급, 계급모순과 계급투쟁이 존재하며 사회주의와 자본주의 두 갈래 길의 투쟁이 존재하며 자본주의 복벽의 위험성이 존재한다. (3) 무산계급은 반드시 모든 문화 분야를 망라한 상부 구조에서 자산계급에 대해 전면적인 독재를 시행해야 한다. (4) 사회상의 두 계급, 두 갈래 길의 투쟁은 필연적으로 당내에 반영되며 당내의 한 줌도 안 되는 자본주의 길로 나아가는 집권파가 바로 당내의 자산계급의 대표인물이다. (5) 무산계급 독재에서의 계속 혁명을 진행하는 데 가장 중요한 것은 무산계급 문화대혁명을 전개하는 것이다. (6) 사상 영역에서 무산계급 문화대혁명의 기본 강령은 "사적 관념과 투쟁하고 수정주의를 비판하는 것"이다. 이 글에서는 또 이 이론은 "마르크스주의가 새로운 단계, 즉 마오쩌둥 사상 단계로 발전한 지극히 중대한 징표"이며 "마르크스주의 발전사에서 세 번째로 위대한 이정표를 수립한 것"으로 "획기적인 의의를 가진다."고 지적했다. 9차 당대회의 정치보고는 이 이론은 중국 사회주의 혁명과 사회주의 건설의 항로를 밝혀주는 '등대'이며 "마르크스-레닌주의의 이론과 실천에 대한 위대한 새 기여"가 된다. 이 이론에 근거하여 발동된 '문화대혁명'은 "전적으로 필요하고 아주 적시적인 것이다."[25]고 한층 더 강조했다. '무산계급 독재에서의 계속 혁명의 이론'은 사회주의 단계의 계급투쟁에 관한 마오쩌둥의 '좌'적인 그릇된 관점이 '문화대혁명' 시기까지 발전한 것에 대한 총체적인 개괄이자 '문화대혁명'의 총체적인 지도사상이기도 했다. 이 이론의 핵심은 무산계급이 권력을 탈취한 후에도 한 계급이 다른 한 계급을 뒤엎는 '대혁명'을 진행해야 한다고 인정한 것에 있다. 역사가 증명해주다시피 이 이론은 마르크스-레닌주의, 마오쩌둥 사상의 기본 원리와 실사구시란 이 정수를 저버렸으며 사회주의적 개조가 완수된 후의 중국 실정을 이탈하고 심지어 왜곡했기에 이론적으로나 실천적으로 모두 그릇된 것이었다.

---

25) '중국공산당 제9차 전국대표대회에서 한 보고'(1969년 4월 1일), 〈중국공산당 제9차 전국대표대회 문헌집〉, 인민출판사 한문판, 1969년, 4쪽, 17쪽.

4월 2일부터 대표들은 소조별로 정치보고와 당 규약 개정 초안에 관해 토론했다. 이 초안은 8차 당대회에서 채택된 당 규약의 일부 정확한 내용을 삭제하고 '무산계급 독재에서의 계속 혁명의 이론'을 총강령에 써넣었지만 생산력을 발전시키는 것과 현대화 건설에 대해서는 전혀 언급하지 않았다. 또 당원의 권리에 관한 규정도 취소했다. 당 규약 개정 초안에는 "린뱌오 동지는 마오쩌둥 동지의 친밀한 전우이자 후계자"[26]라고 눈에 띄게 써넣었다. 토론은 온통 '무산계급 독재에서의 계속 혁명의 이론'과 '문화대혁명'을 높이 칭송하는 분위기로 가득했다. 각 소조에서는 문건의 내용과 결부하여 이른바 "사적 관념과 투쟁하고 수정주의를 비판"한다면서 회의에 참석한 일부 노동지들을 한바탕 비판하고 공격하여 그들이 검토하도록 핍박했다. 4월 14일에 소집된 제2차 전체회의에서는 이러한 두 개 문건을 채택했다.

　회의 기간 마오쩌둥은 중앙문화혁명소조 정황교환회의 구성원들과 각 소조 회의소집자들이 참가한 회의를 여러 차례 소집하고 당의 역사적 경험을 서술하면서 당면한 주요 문제는 한 가지 경향이 다른 한 가지 경향을 덮어 감추는 것, 즉 한편으로 '적'을 끌어내는가 하면 다른 한편으로는 타격 범위가 넓고 확대되는 것을 덮어 감추는 문제라고 강조하고 나서 정책에 주의를 기울이고 단결을 강화하도록 요구했다. 그는 다음과 같이 지적했다. 오류를 범한 간부 가운데 일부는 앞으로 여전히 사업하게 해야 한다. 오류를 범했다고 하더라도 시정할 생각이 있고 인민대중이 양해하면 되는 것이니 해방시켜야 한다. 그는 또 당중앙위원회에 주더, 천윈, 덩쯔후이 등 일부 노 동지들을

---

[26] '중국공산당 제9차 전국대표대회에서 한 보고'(1969년 4월 1일), 〈중국공산당 제9차 전국대표대회 문헌집〉, 인민출판사 한문판, 1969년, 62쪽.

뽑을 것을 제의했다.

4월 15일부터 대표들은 새 임기 중앙위원회 위원, 후보위원을 구성하기 위한 준비사업과 예비선거사업을 시작했다. 대회 주석단 비서처에서 제출한 선거 방법에 따라 중앙위원회 위원과 후보위원 총수는 250명을 초과하지 말아야 했다. 일련의 비정상적 요소들이 존재하고 있었기에 준비와 예비선거 과정은 10일이나 미뤄졌다. 린뱌오, 장칭 두 파벌의 많은 핵심인물과 심복들이 당중앙위원회에 들어간 반면, 장기간의 혁명 투쟁 경험을 한 많은 노 동지와 다년간 당의 양성 과정을 거치고 진정으로 지덕을 겸비한 사람들은 오히려 배척당했다.

4월 24일의 전체회의에서는 무기명 투표를 통해 중앙위원회 위원 170명과 후보위원 109명을 뽑았다. 새로 당선된 중앙위원회 위원과 후보위원 가운데 원 중국공산당 제8기 중앙위원회 위원과 후보위원이 19%를 차지했는데 이는 중국공산당 제8기 중앙위원회 위원수의 29%밖에 안 되었다. 선거에서 어떤 대표들은 원칙을 견지하고 압력에 맞서면서 입후보자가 아닌 왕자샹, 후야오방 등의 이름을 입후보 명단에 써넣었다.

4월 28일에 마오쩌둥의 사회로 당중앙위원회 제9기 제1차 전원회의가 소집되어 새 임기 당중앙위원회 영도기구를 선출했다. 마오쩌둥이 당중앙위원회 주석으로, 린뱌오가 부주석으로 선거되었다. 중공중앙 정치국 상무위원회는 마오쩌둥, 린뱌오, (이하 성의 한자 획수 순) 천보다, 저우언라이, 캉성 5명으로 구성되었다. 중공중앙 정치국 위원으로는 마오쩌둥, 린뱌오, (이하 성의 한자 획수순) 예췬, 예젠잉, 류보청, 장칭, 주더, 쉬스유, 천보다, 천시롄, 리셴녠, 리쭤펑, 우파셴, 장춘차오, 치우후이줘, 저우언라이, 야오원위안, 캉성,

황융성, 둥비우, 셰푸즈 등 21명이었다. 중공중앙 정치국 후보위원으로는 지덩쿠이, 리쉐펑, 리더성, 왕둥싱 4명이었고 서기처를 설치하지 않기로 했다. 새로 선출된 중공정치국위원들 가운데 린뱌오, 장칭 집단의 핵심인물과 심복들이 과반수를 차지했다. 천윈, 리푸춘, 천이, 쉬샹첸, 네룽쩐 등 노 세대 무산계급 혁명가들은 여전히 당중앙위원회 위원으로 선출되었지만 중공중앙 정치국에서는 배제되었다.

마오쩌둥은 당중앙위원회 제9기 제1차 전원회의에서 연설을 했다. 그는 다음과 같이 지적했다. 보아 하니 무산계급 문화대혁명을 하지 않으면 안 될 것 같다. 왜냐하면 우리의 토대가 튼튼하지 못하기 때문이다. 이 혁명에서 어떤 일들을 아직 채 하지 못했기에 계속 해나가야 하겠다. 이를테면 투쟁, 비판, 개혁과 같은 것이다. 몇 년 후에도 아마 또 혁명을 해야 할 것 같다. 어떤 지방에서 사람을 많이 붙잡았는데 그것은 옳지 못하다. 자본주의 길로 나아가는 집권파의 오류를 범한 사람은 더구나 붙잡지 말아야 한다. 나는 과거 오류를 범한 일부 노 동지들을 믿는다. 그는 다음과 같이 호소했다. "무산계급 독재를 공고히 하는 하나의 목표를 위해 단결하자. 이 목표를 모든 공장, 농촌, 기관, 학교에 관철시켜야 한다." 그는 또 다음과 같이 요구했다. "전쟁을 치를 준비를 해야 한다. 우리는 시기를 막론하고 전쟁을 치를 준비를 해야 한다."

같은 날 새로 선출된 중공중앙 정치국은 중공중앙 군사위원회 주석, 부주석, 위원 명단과 중공중앙 군사위원회 판사조 구성원 명단을 채택했다. 마오쩌둥이 중공중앙 군사위원회 주석을 맡고 린뱌오, 류보청, 천이, 쉬샹첸, 네룽쩐, 예젠잉이 중공중앙 군사위원회 부주석을 맡기로 했다. 황융성이 중공중앙 군사위원회 판사조 조장, 우파셴이 부조장, 예췬 등 8명이 위원을 맡기로 했다. 중공중앙 군사위원회 상무위원회는 사실상 린뺘오 등이 통제하고 있는 군사위원회 판사조에 의해 대체되었다. 그 후 중앙문화혁명소조는 사실상 활동을 중지했다.

당의 제9차 전국대표대회는 '문화대혁명'의 이론과 실천을 합법화했고 중앙 최고지도층에서의 린뺘오, 장칭 두 집단의 지위를 강화했다. 이번 대회는 사상적, 정치적, 조직적으로 지도방침이 모두 그릇된 것이었으며 당의 역사에서 아무런 적극적인 역할도 발휘하지 못했다.

마오쩌둥은 '문화대혁명'이 1~2년이 아니면 2~3년 안에 성공적으로 마무리되리라고 여러 번 예상했었다. 그러나 정세의 발전은 마오쩌둥도 좌지우지하기 어려운 감을 느끼게 했고 여러 차례 추측이 모두 무용지물이 되게 했다. 9차 당대회의 소집은 마오쩌둥의 예상대로 이번 '대혁명'을 승리의 자세로 마무리되게 한 것이 아니었다. 그와는 반대로 사상적, 정치적으로 '좌'적 오류가 심해지고 조직의 심각한 불순으로 말미암아 실제보다 심각한 위기가 잠복하게 했고 더욱 복잡하고 첨예한 투쟁이 싹 트게 했다.

9차 당대회의 소집은 '문화대혁명'의 첫 단계가 마무리되었음을 의미한다.

제22장

'투쟁, 비판, 개혁' 운동과 1970년대 초반의 국민경제 중국공산당 제9차 전국대표대회 이후 마오쩌둥의 구상에 따라 '문화대혁명'은 곧바로 "성공적인 성과를 공고히 다지는" 단계에 접어들었다. 이 단계에서 전면적인 '투쟁, 비판, 개혁'을 통해 정책을 하달하고 단합을 강화하며 국가의 정상적인 질서를 회복하고 무산계급 독재를 공고히 하는 임무를 기층에 전달하는 한편, "혁명을 틀어쥐고 생산을" 하는 기본 방침에 따라 생산을 발전시키고 인민들의 생활수준을 향상시키려고 했다. 그러나 '천하대란'으로 말미암은 큰 손실과 남아 있는 모순이 산더미 같았기에 '문화대혁명'을 전면적으로 긍정하는 전제에서는 상황이 안정될 수 없었다. '투쟁, 비판, 개혁' 운동으로 여러 측면에서의 혼란이 계속되고 있었다. 그러나 '천하대란' 때의 상황에 비하면 그래도 사회질서가 점차 호전되는 셈이었다. 2년 연속 하강세를 보이던 국민경제가 1969년에 회복 성장세를 보였고 제3차 5개년 계획이 기본적으로 완수되고 제3선 건설이 급속히 발전했다. 잇달아 새로운 모험적 전진의 바람이 불면서 경제와 생활 가운데 많은 모순이 다시 드러나게 되었다.

## 1. 전쟁 준비 고조와 '투쟁, 비판, 개혁' 운동

### 중국공산당 제9차 전국대표대회 이후의 정치 형세

  9차 당대회 이후 얼마 동안 각지에서 각급 혁명위원회가 계속 설립되고 당 조직이 점차 회복됨에 따라 정책을 시달하고 사태를 안정시키는 등의 사업이 비록 더디기는 했지만 기본적으로나마 전개되었다. 인민대중은 혼란스러운 국면을 마무리 짓고 생산을 발전시키고 생활수준을 향상시킬 것을 간절하게 요구했다. 마오쩌둥은 인민대중의 이런 요구에 주의를 기울였고 저우언라이 등은 누구보다도 이런 요구를 전력으로 지지했으며 각 방면에서 사업을 전개하는 것으로 이러한 요구를 만족시키려 했다.

다른 한편으로 린뱌오 집단과 장칭 집단은 도리어 광범위한 인민대중의 염원에 위배되게 소동을 계속 일으켰고 서로 다툼을 벌였다. 장칭 집단의 일원인 장춘차오는 9차 당대회도 끝났으니 이제 남은 것은 계속 혁명을 해야 하는가 하지 말아야 하는가 하는 문제라고 했다. 그는 당 내부와 인민대중 속에서 '문화대혁명'에 대한 의심, 심지어 불만이 서서히 커지고 있음을 감지했고 강대한 '우경 회복 세력'이 존재한다고 여겼다. 장춘차오는 이 세력은 주로 '2월 역류'를 일으킨 사람들, 즉 노 간부들과 지식인 두 부류가 그 주력이라고 여겼다. 그들은 이런 '회복 세력'을 반대하고 '문화대혁명의 성과를 수호'하기 위해 싸우려 했다. 린뱌오 집단과 장칭 집단의 비호 아래 반란을 통해 출세한 일부는 9차 당대회를 전후하여 혁명위원회에 '결합'하지 못했거니 '친하 대린' 때보다 지위가 내리간 것 등으로 불만이 가득했다. 이들은 '반회복', '반우경' 따위의 기치를 분연히 내들고 "반란파는 천하를 빼앗아야 할 뿐만 아니라 천하를 다스려야 한다."는 요구를 내세우면서 지역과 업종을 벗어난 반란조직 재건을 선동했다. 1969년 봄과 여름 사이에 산시, 산둥, 허난, 쓰촨, 구이저우, 신장 등에서 파벌 싸움으로 인한 대규모 무단 투쟁 사건이 일어났다. 일부 군중 조직에서는 또 전문 무력 투쟁대를 창립하여 혁명위원회와 인민해방군 주둔지를 공격하면서 끊임없이 '때리고 부수고 빼앗고 가두고 수색'하기를 일삼았으며 노동자들을 선동하여 생산을 멈추게 하고 농민들을 선동하여 도시에 들어가 무단 투쟁을 벌이게 했다. 심지어 철도, 도로, 교량을 파괴하고 무력으로 열차를 습격하고 국가 은행, 창고 등을 점거했다.

금방 호전되기 시작한 국면을 안정시키기 위해 중앙에서는 9차 당대회 폐막 후 얼마 안 되어 해당 성, 직할시, 자치구 혁명위원회와 주둔군 책임자들을 각각 베이징으로 불러 회의를 열고 학습반을 운영해 파벌성으로 일어난 갈등을 해결하는 데 나서도록 했다. 1969년 5월 하순, 중앙은 산둥, 후베이 두 성에 각각 지시를 내리고 동시에 두 성에 관련 보고서를 보내면서 '반회복'의 오류를 맹렬하게 비판했다. 7월 23일과 8월 28일에 중앙은 해당 성과 자치구에 각각 포고와 명령을 내려 무단 투쟁을 무조건 중단하고 '파벌' 조직을 해산하며 모든 무기를 반납하고 철도, 도로 교통을 회복하며 군정, 군민 단결을 강화하고 여러 민족 인민들 간의 단결을 강화할 것을 요구했다. 중앙의 이 같은 조치는 광범위한 대중의 옹호를 받았다. 여러 측면으로 공동 노력을 기울인 결과, 9월 이후 전국적 범위에서의 대규모의 무단 투쟁은 대체로 수그러들었다. 이 과정에서 전쟁 준비 강화를 목적으로 하는 지도사상과 긴장 분위기 그리고 단호한 조치도 큰 역할을 했다.

### 신중국 창건 이후 가장 큰 전쟁 준비 고조

1969년 초부터 1970년 초까지 신중국 창건 이후 가장 큰 전국적인 전쟁 준비 고조가 일어났다.

'문화대혁명'이 시작된 후, 군대와 지방의 전쟁 준비사업은 심한 충격을 받았고 심지어 마비, 중단 상태에 빠지게 되었다. 9차 당대회를 전후하여 국제 정세에는 일부 중요한 변화가 나타났다. 미소 패권 쟁탈전에서 한때 소련이 우세를 차지하고 미국이 열세에 처하는 국면이 나타나고 중소 양국 간의 관계가 급격히 악화되어 1968년부터 두 나라 간의 국경 충돌 사건이 늘어났다. 8월에 소련군을 선두로 한 바르샤바조약기구부대는 체코슬로바키아에 대해 대규모 기습을 일으켰고 소련지도자는 '유한주권론'과 '국제독재론'을 연이어 제기했다. 이는 중국 지도자들의 중국에 대한 소련의 대규모 침입의 긴박성과 심각성에 대한 예측을 더욱 심화시켰다. 그리하여 일어날 돌발 사태에 대처하기 위해 전쟁 준비를 강화해야 한다는 의견이 날카롭게 제기되었다.

1969년 3월, 소련군이 우쑤리강 주항다오의 중국 측에 있는 젠바오섬을 침입하여 끔찍한 유혈사태를 일으켰다. 4월 28일에 마오쩌둥은 당중앙위원회 제9기 제1차 전원회의에서 "싸울 준비를 하자."는 호소를 내렸다. 6월과 8월에 신장 위민현의 타쓰티 지역과 터러크티 지역에서 또 소련군의 침입으로 중소 간 무장 충돌이 발생했다. 소련은 중국의 북방과 인접한 지역에 100만 명의 병력을 배치하여 중국에 대한 새로운 전쟁 위협을 조성했을 뿐 아니라 심지어 핵무기로 협박하기까지 했다. 이런 위협에 직면하여 전국적인 전쟁 준비사업은 재빨리 고조되었다.

6월부터 9월까지의 사이에 중공중앙, 국무원, 중앙군사위원회는 일련의 전쟁 준비회의를 소집하고 작전 방안을 연구해 제정했다. 8월 27일에 마오쩌둥의 제의에 따라 저우언라이를 중심으로 한 전국인민방공지도기구를 설립했다. 그 뒤로 각 성, 직할시, 자치구에서도 잇달아 그에 상응한 기구를 설립했고 전국적으로 즉시 방공공사를 세우는 고조가 일어났다. 8월 28일에 중앙에서는 명령을 발포하여 파벌 의식을 극복하고 군민, 군정 단합을 강화하며 반침략전쟁 준비를 빈틈없이 하도록 요구했다. 뒤이어 각 성, 직할시, 자치구에서 각각 수십만 명이 참석한 동원, 선전 대회를 열었고 아울러 사회질서를 정돈하고 사람들을 대피시키고 물자를 이동시키는 등의 작업을 시작했다. 9월에 마오쩌둥은 공화국 창건 20주년에 사용할 구호들을 심의

할 때 원고에 "전 세계 인민들은 단합하여 모든 제국주의, 사회제국주의가 발동하는 침략전쟁을 반대하며 특히 원자탄을 무기로 한 침략전쟁을 반대하자!"라는 구호를 추가했다.

1969년 9월 11일에 소련 측의 요구에 따라 저우언라이 총리는 베트남 노동당 주석 호찌민의 장례식에 참석하기 위해 베이징을 경유하게 된 소련부장회의 주석 코세예친을 베이징공항에서 접견했다. 쌍방은 국경선의 현황을 유지하고 변계문제는 평화적인 협상을 통해 해결하며 무력 충돌을 피하는 것에 동의했다. 비록 정황이 다소 변했지만 중국은 소련이 협상하는 기회를 틈 타 돌연 습격할까 봐 여전히 고도의 경계 태세를 취했다. 10월 7일에 저우언라이가 주관으로 작성한 중국정부 성명서는 다음과 같이 지적했다. "한 줌도 안 되는 전쟁미치광이들이 세계의 비난을 무릅쓰고 감히 중국의 전략적 요충지를 습격한다면 그것은 곧바로 전쟁 행위이며 침략 행위다. 7억 중국 인민은 일어나 저항할 것이며 혁명적 전쟁으로 침략전쟁을 소멸하고야말 것이다." 중소국경협상을 사흘 앞둔 10월 17일에 '긴급전쟁 준비'로 쑤저우로 간 린뱌오는 베이징에 있는 황융성에게 '긴급지시'를 보내 전군이 즉각 전쟁 준비 긴급 상태에 들어갈 것을 요구했다. 이튿날, 황융성 등은 즉각 '린 부주석의 1호 명령'의 형식으로 전군에 이 지시를 하달했다. 그러나 막상 중소국경협상이 시작되고 나서 전쟁 발발 조짐이 줄어들었고 따라서 고도로 긴장해 있던 전국, 전군의 전쟁 준비사업이 다소 완화되기 시작했다.

이번 대규모 전쟁 준비는 국내의 정치생활에 매우 큰 영향을 가져다주었다. 한편으로 긴장 분위기와 전쟁 준비를 강화하기 위한 일련의 단호한 조치가 무력 투쟁을 억제하고 동란 정세를 안정시키는 데 어느 정도 역할을 발휘했다. 다른 한편으로 긴장 분위기는 또 계급투쟁을 확대하는 오류에 부채질을 하여 1970년 상반기 제반 업종에서 진행한 '한 가지 타격 세 가지 반대'[1]와 '5·16'에 대한 철저한 조사 등의 운동에서 대량의 억울한 사건, 날조 사건과 오판 사건을 발생하게 했다. 대전이 곧 닥친다는 인식 역시 이제 갓 회복되기 시작한 경제 사업에 다방면으로 영향을 끼쳤다. 1969년 말, 류사오치, 덩샤오핑, 타오주처럼 이미 '타도'당한 사람들뿐만 아니라 대중에게 지명비판을 받았지만 아직 '타도'당하지 않은 사람들까지 포함하여 기존의 많은 중앙지도자가 모두 외지로 긴급 하방되었으며 이들은 당과 국가의 정치생활에서 완전히 배제되었다.

### '투쟁, 비판, 개혁'운동의 전면적 전개

'투쟁, 비판, 개혁' 임무는 '16개조'에서 먼저 제기되었다. 9차 당대회에 앞서 마오쩌둥은 "공장에서의 투쟁, 비판, 개혁은 대체로 3결합의 혁명위원회를 설립하고 대비판을 진행하고 계급대오를 깨끗이 청리하고 당을 정돈하며 기구를 간소화하고 불합리적인 규정을 개혁하고 과, 실의 사업가를 직장에 내려 보내는 이러한 몇 가지 단계를 거쳐야 한다."[2]고 제기했다. 이에 따라 9차 당대회는 공업, 농업, 상업, 교육, 정당, 정부, 군대, 대중 등 여러 분야와 여러 단위에 '투쟁, 비판, 개혁'에 관한 임무를 제기했다. 9차 당대회부터 1970년의 당중앙위원회 제9기 제2차 전원회의 전까지 모든 정치활동은 거의 모두 '투쟁, 비판, 개혁'이라는 이 총체적 임무에 귀속되었다. 마오쩌둥은 '투쟁, 비판, 개혁'운동을 통해 모든 방면, 모든 업종에 당의 일부 정책

---

[1] '한 가지 타격 세 가지 반대', 즉 반혁명 파괴활동을 타격하고 탐오절도, 투기 및 낭비를 반대한다는 뜻이다.
[2] 야오원위안, '노동계급은 반드시 일체를 영도해야 한다', 〈붉은기〉, 1968년 제2호.

을 시달하고 자산계급, 수정주의의 영향을 제거하며 '사적 관념과 투쟁하고 수정주의를 비판'하고 무산계급의 새로운 기풍과 사상을 수립하고 '문화대혁명'의 성과를 공고히 하고 발전시키며 무산계급 독재의 임무를 기층에 시달하고 '혁명을 틀어쥐고 생산을 하며 사업을 촉진하고 전쟁 준비를 촉진'하는 목표에 도달할 수 있기를 바랐다.

각 전선의 '투쟁, 비판, 개혁'사업을 지도하기 위해 마오쩌둥은 직접 '6개 공장 2개 학교'라는 전형[3]을 구축했다. 1968년 하반기부터 1970년 사이에 '투쟁, 비판, 개혁'운동의 모든 주요 경험은 거의 다 '6개 공장, 2개 학교'에서 제공되었다. 이는 '무산계급 독재에서 계속 혁명의 이론'을 실천하고 보완하기 위해 여러 측면에서 '좌'적 오류를 보급시킨 중요한 행동이었다. 당시 대부분의 각급 지도간부는 '자본주의 길로 나아가는 집권파'로 몰려 타도되었고 수많은 교수, 전문가, 의사, 공정사, 작가, 예술가들은 '반동적 권위'로 몰려 비판 투쟁을 받고 있었다. 각 지방에서는 '계급대열정리'를 하면서 또 인위적으로 한 무리의 '계급투쟁' 대상을 조작해냈고 당을 정돈하는 가운데 심각한 파벌성과 무정부주의가 나타났다. 또한 각 부문, 각 단위에는 생산과 실무를 통제하지 못하는 경향들이 보편적으로 존재했다. 이 같은 배경에서 '6개 공장 2개 학교'의 경험은 '자본주의 길로 나아가는 집권파의 오류를 범한 좋은 사람'이란 개념을 제기하여 간부 '해방'사업을 추동했으며 '먼저 비판하고 후에 등용'하는 정책을 제기하여 '반동적 권위'로 몰리던 전문가들의 처지를 다소 개선했다. 계급대오를

---

3) '6개 공장 2개 학교'란 베이징편직물본공장, 베이징신화인쇄공장, 베이징북교목재공장, 베이징화학공업제3공장, 베이징27기관차차량공장, 베이징남구기관차차량기계공장 등 여섯 개 공장과 베이징대학, 칭화대학 등 두 대학교를 가리킨다. 마오쩌둥은 중앙경위부대인 8341부대를 이런 공장과 학교에 파견하여 진주시켰다. 베이징대학, 칭화대학에는 또 수도에 있는 일부 공장의 노동자들도 진주시켰는데 이들은 중앙경위부대와 함께 노동자해방군마오쩌둥사상선전대를 구성했다. 이들은 이러한 공장, 학교 혁명위원회와 함께 '투쟁, 비판, 개혁'의 제반 임무를 수행했다.

정리하는 데에 '정책에 유의하고' '출로를 주어야 하며' '혁명을 틀어쥐고 생산을' 하는 것을 강조하는 등 극단화 경향을 억제하고 국세를 안정시키며 갈등을 완화하는 역할을 했다. 그러나 '6개 공장, 2개 학교'의 경험은 '문화대혁명'의 그릇된 지도사상을 시정하기 위한 것이 아니라 바로 그것을 사상적 기반과 귀결점으로 하고 있었다. '좌'적인 토대 위에서 일부 극좌적인 작법을 억제시킨 이 같은 이중성은 이러한 경험들의 뚜렷한 특징으로 '투쟁, 비판, 개혁'을 통해 '문화대혁명'을 마무리 지으려는 기본 사상의 내적 모순을 반영했다.

'투쟁, 비판, 개혁' 운동의 내용에는 주로 다음과 같은 몇 가지가 있었다.

'계급대열 정리.' 당시 이렇게 하는 것은 이른바 "무산계급 좌익을 핵심으로 하는 무산계급대열"을 건립함으로써 "정권 건설, 당 건설을 위해 튼튼한 토대를 닦기 위한 것"[4]이라고 여겼다. 정리 초기, 정리 대상은 주로 이른바 '사본주의 실로 나아가는 집권파' 및 반역자, 특무, 지주, 부농, 반혁명, 파괴자, 우경파들이 한 부류였고 군중 조직 내부의 '악한 우두머리', '군중 조직 속에 혼입한 악한 사람'들이 또 한 부류였다. 계급투쟁의 확대화와 '천하대란'의 상황에서, 법적 단속이 없고 당의 해당 정책이 무시당한 상황에서 '계급대열 정리'는 분명한 주관적 임의성을 띠었다. 이 같은 주관적 임의성은 흔히 파벌 싸움을 하고 사적인 원한을 앙갚음하고 반대 세력을 제거하고 타격 보복을 하고 일부 이른바 '역사문제'를 처리하는 그럴듯한 이유가 되었다. 1968년 후반부터 1970년까지 '계급대열 정리'는 전국적 범위에서 고조를 이루었다. 많은 사람이 터무니없는 날조에 모함당하여 '계급

---

4) 베이징시혁명위원회, '계급대열 정리사업에서 나타나는 몇 가지 문제에 관한 통지', 1968년 5월 15일.

의 적'이 되었으며 '군중 독재'의 대상이 된 사람들이 급속하게 늘어났다.

1970년 1월과 2월, 당중앙위원회는 지시와 통지를 각각 전달하고 "한 가지를 타격하고 세 가지를 반대"하는 운동을 대규모로 배치하고 전개했는데 대량의 모함 사건, 날조 사건, 오판 사건을 거듭 빚어냈다. 1970년 3월에 당중앙위원회는 또 '5 16'반혁명 음모 집단을 철저히 조사하는 것에 관한 통지'를 발부하여 1967년 하반기 이후 간간이 진행돼오던 사출사업이 다시 고조에 오르게 했으며 '문화대혁명'이 끝날 때까지 결속을 공식적으로 선포하지 않았다. 여러 해 지속된 이번 사출활동은 매우 큰 임의성을 가지고 있어 지목된 '5 16' 인물 및 그 배후 인물이 계속 바뀌고 늘어났으며 동시에 많은 일가친척까지 연루되었다. 끊임없는 '정리', '타격', '사출' 운동으로 말미암아 '천하대란'을 겪은 사람들은 다시금 계급투쟁을 인위적으로 조성하는 잔혹한 분위기에 빠져들게 되었다.

'당 정돈과 당 건설.' 무산계급 독재의 조건에서 어떻게 당의 자체 건설을 강화하여 광범위한 당원들, 특히 당의 지도간부들로 하여금 군중과 밀접히 연계하고 관료주의와 부패한 작풍의 침식을 방지하며 당으로 하여금 영원히 인민의 이익을 대표하게 할 것인가 하는 것은 신중국이 창건된 후 마오쩌둥이 줄곧 높은 관심을 기울인 중대 문제 가운데 하나였다. '문화대혁명'이 시작된 후 당 정돈을 전개하는 것은 운동의 중요한 내용으로 간주되었다. 그러나 이번 당 정돈은 어디까지나 당의 성격, 임무에 대한 그릇된 인식과 당의 대오에 대한 그릇된 추측에서 비롯된 것이었다.

1967년 10월 이후, 마오쩌둥은 이미 당을 정돈하는 임무를 제기했다. "당 조직은 마땅히 무산계급 선진세력들로 구성해야 하며 마땅히 무산계급과 혁명적 대중을 영도하여 계급의 적들과 싸울 수 있는 활력 있는 선봉대 조직이어야 한다."라고 한 그의 이 말은 당 정돈, 당 건설의 '50자 강령'으로 불렸다. 이 '강령'은 사회주의기본제도가 이미 수립되고 계급투쟁이 일정한 범위에서만 존재하고 있는 조건에서 '계급의 적들과는 싸우는 것'을 당의 우선적 과업으로 삼은 반면, 국가의 경제, 정치 및 문화 건설을 영도하는 것에 대해서는 일언반구도 언급하지 않았다. 당시에 말한 '계급의 적'이란 또 주로 이른바 류사오치를 대표로 하는 '자산계급사령부' 및 각지에 있는 그의 '대리인'을 가리키는 말이었다. 당중앙위원회 제9기 제1차 전원회의에서 마오쩌둥은 심지어 당은 "사실상 재건이 필요하다."면서 "지부마다 모두 대중 속에서 다시 정돈되어야 한다."고 주장했다.

이번의 당 정돈에서의 주요 내용은 '옛것을 버리고 새것을 받아들이는' 것이었다. 마오쩌둥은 1967년 11월에 한 어떤 담화에서 다음과 같이 밀했다. "무산계급의 낭이라노 옛것을 버리고 새것을 받아들여야만 활발해질 수 있다. 노폐물을 제거하지 않고 신선한 혈액을 받아들이지 않는다면 당이 생기를 잃게 된다."[5] 추상적으로 말해서 당이 끊임없이 "옛것을 버리고 새것을 받아들여야 한다."는 것은 틀리지 않았다. 문제는 그것에 '문화대혁명'이라는 특수한 역사적 조건에서의 구체적 함의가 내포되어 있다는 데 있다. 1967년 말부터 1968년 사이에 당 정돈에 관한 지시와 경험에서는 "생기로 차 넘치고 무산계급 혁명의 반란 정신을 갖고 있으며 계급투쟁에서 과감히 선두에 나설 수 있는 무산계급 선진세력을 당에 받아들여야 한다."[6]고 강조했

---

5) 〈인민일보〉, 〈붉은기〉, 〈해방군보〉는 '무산계급 문화대혁명의 전면적 승리를 맞이하자'는 제목으로 1968년 원단 사설을 발표했다.
6) '무산계급의 신선한 혈액을 받아들여야 한다', 〈붉은기〉, 1968년 제4호 사설.

다. 이 같은 지도사상 아래 일부 파벌성이 심각한 단위들에서는 "대량 퇴출하고 대량 흡수하며" "반란을 통해 입당하며" "낯선 사람을 밀어내고 가까운 사람을 받아들이는" 등 문제들이 나타났다. 그 결과, 조건에 맞는 일부 당원이 조직생활을 회복할 수 없게 되거나 그릇되게 당적을 취소당했고 받아들인 새 당원들은 일부가 조건에 맞지 않았다. 1970년 2월 하순부터 4월 중순까지 전군 및 전국 당 정돈, 당 건설 좌담회가 열린 후 당을 정돈하는 사업은 빠른 진척을 보였다. 1971년까지 기층조직이 회복된 토대 위에서 각 성, 직할시, 자치구에서도 당 대표대회를 열고 새로운 성급 당위원회를 구성했다.

　이번 당 정돈 운동은 지도방침 면에서의 오류로 문제가 아주 많았다. '문화대혁명' 가운데 엄중하게 자라난 개인숭배, 무정부주의, 당의 조직 규율을 파괴하고 권력과 이익을 다투고 파벌싸움을 일으키는 등 악랄한 사상 작풍이 당을 잠식하고 당에 손해를 끼치고 있었지만 도무지 해결할 방법이 없었다. 당원들 사이, 당원과 당 조직 사이의 관계가 대부분 비정상적인 상태에 처해 있었다. 그러나 이번 당 정돈을 통해 중앙으로부터 지방까지 각급 당 조직을 새롭게 건립했고 대다수 당원들의 조직생활이 회복되었다. 이는 반란파 세력을 억제하고 사태를 안정시키고 공, 농업생산을 추진하는 데 어느 정도 역할을 발휘했다.

　'교육 혁명.' 마오쩌둥은 '교육 혁명'을 하려면 우선 "반드시 노동계급의 영도가 있어야 하고 반드시 노동대중이 참여해야 한다."고 생각했다. 그리하여 여러 유형의 도시 학교들에서는 보편적으로 노동자(해방군)선전대, 혁명적 사생과 혁명적 지도간부가 결합하는 3결합 지도체제를 시행했고 노동자(해방군)선전대 책임자를 핵심으로 하는 각급 당 조직을 건립했다. 농촌의 중소학교들은 빈하중농관리위원회

(조)를 건립했다. 이런 조치는 학교 수업에서 교장, 교원들이 주도적 역할을 하는 체제를 부정했다.

'문화대혁명'이 시작된 후 대학교들에서는 즉시 학생 모집을 중단하고 4년 넘게 "수업을 중지하고 혁명을 했다." "실천 경험이 있는 노동자, 농민들 속에서 학생을 선발하며 학교에 보내어 몇 년간 배우게 한 뒤 다시 생산 현장에 파견해야 한다."는 마오쩌둥의 지시에 따라 1970년 6월, 당중앙위원회는 일부 대학교에서 시험적으로 학생 모집을 회복하고 명령을 내려 줄곧 통일시험을 치고 우수한 자를 모집하던 지금까지의 학생 모집 방법을 "대중이 추천하고 지도부에서 비준하며 학교에서 재심사하는 방법"으로 바꾸었다. 대학교 학제 역시 2, 3년으로 단축시켰다. 이 같은 '교육혁명'은 정상적인 수업 질서를 교란하는 결과를 초래했고 "계급투쟁을 기본 고리로 삼아야 한다."는 지도사상에 따라 편찬한 교재의 내용이 어수선하고 수준이 낮으며 교수 실이 심하게 떨어지는 결과를 초래했다. 물론 그때 당시 상당히 어려운 조건에서 대다수 교원들은 그래도 직무에 충실했고 많은 학생도 노력을 기울여 어느 정도 좋은 성적을 거두었다. 그러나 총체적으로 볼 때 장기간에 "수업을 중지하고 혁명을 한" 탓으로, 그리고 이 같은 이른바 '교육 혁명' 때문에 한 세대의 청소년들이 교육과 성장의 기회를 놓치게 되었으며 그 피해가 아주 심각했다.

1971년 4월 15일부터 7월 31일까지 국무원은 베이징에서 전국교육사업회의를 개최했다. 8월 13일에 중공중앙은 '전국교육사업회의 요지'를 비준해 이첩했다. 장춘차오, 야오원위안이 수개하고 심사 결정한 '요지'는 이른바 '두 개 평가', 즉 신중국이 창건된 후 17년 동안 "마오 주석의 무산계급 교육 노선이 제대로 관철 집행되지 않았고" "자산계급이 무산계급을 독재"했으며 대다수 교원들과 신중국이 창건된 후 양성해낸 대학생들의 "세계관이 대체로 자산계급적"이라는 두 개 평가를 제기했다. '요지'의 이 '두 개 평가'는 장기간 광범위한 교원들, 나아가 광범위한 지식인들을 무겁게 짓누르는 정신적 속박이 되었다.

지식청년들의 농촌 진출. '문화대혁명'이 시작된 후 대학들에서 학생을 모집하지 않고 공장에서 거의 노동자를 모집하지 않다시피 하고 상업과 서비스업종이 정체 상태에 처하면서 도시의 초중, 고중 졸업생들은 진학할 수도, 사업을 배정 받을 수도 없게 되었다. 1968년만 하여도 학교에 모여 있는 1966년 학번, 1967년 학번, 1968년 학번의 초중과 고중 졸업생 수가 무려 400만여 명에 달했다. 이렇게 많은 졸업생의 배정는 한시도 늦출 수 없는 심각한 사회문제로 발전했다. 1968년 12월, 마오쩌둥은 "지식청년들은 농촌에 내려가 빈하중농의 재교육을 받아야 하며 이는 아주 필요하다."고 호소했다. 그리하여 전국적으로 즉시 지식청년들이 농촌으로 내려가는 고조가 일어났다. 이 운동은 "수정주의를 반대하고 수정주의를 방지하며" "3가지 차별을 축소"하는 중대한 정치적 의의를 갖고 있는 것으로 선전되었다. 각지에서는 가장 짧은 시간 내에 구체적 조건도 고려하지 않고 많은 지식청년을 농촌, 생산건설병단 또는 농장으로 내려보냈다.

지식청년들은 농촌 등지에 내려간 후 농민들로부터 여러 가지 생산지식을 배우고 여러 가지 힘든 농업노동에 참가했으며 문화 지식을 전파하고 생산대 간부 및 소학교 교원, '맨발 의사'[7]와 같은 초급기술 사업을 맡았다. 그들은 광활한 천지에서 큰일을 해낼 수 있기를 바랐다.

---

7) '맨발의사'란 농촌에서 일손을 놓지 않고 '반은 농민 반은 의사'로 일하는 초급위생원을 가리킨다.

그러나 생산노동이 너무 힘들고 분배 수입이 낮고 문화생활이 단조로우며 조직 관리가 부족했기에 일련의 어려움에 봉착했다. 1970년에 대학, 공장들에서 학생과 노동자를 모집하기 시작한 후 많은 부모는 온갖 방식으로 '뒷거래'를 통해 자녀들을 도시에 다시 데려왔으며 학생, 노동자 모집을 주관하는 일부 간부는 권세를 이용해 재물을 강요하기도 했다. 후에 마오쩌둥은 "전국적으로 이 같은 일이 빈번하다."는 사실을 알고 "통일적으로 계획하여 해결하는 것을 허락해야 한다."[8]고 표시했다. 1973년 6월부터 8월까지 열린 '전국 지식청년 농촌진출사업회의'에서는 몇 년 동안의 정황을 교류, 총화하고 지식청년 농촌 진출, 관리, 도시 귀환 등 정책에 대해 약간의 조정을 했다.

1천만이 넘는 지식청년은 농촌과 변강에 내려가 훈련을 받고 생산 현장과 접촉하여 재능을 키웠으며 조국의 낙후한 지역을 개발하고 진흥하는 데 기여했다. 그 후 이들 가운데노 많은 국가 건설 인재가 배출되었다. 그러나 한창 나이에 학교교육을 받을 기회를 놓침으로 하여 인재 성장 구조에 단층이 생겼고 국가의 현대화 건설에 장기적인 위해를 가져다주었다. 이 기간에 국가와 기업, 사업 단위들에서는 지식청년들의 농촌 진출을 안치시키기 위해 무려 300여 억 위안의 비용을 지출했고 이 때문에 천백만 명 되는 지식청년들의 부모와 일부 지역의 농민들의 부담도 증가했다. 농촌 진출 지식청년들이 제대로 안치하지 못해 일부 사회문제도 초래했다.

간부의 기층노동훈련. 1968년 5월 7일에 마오쩌둥의 '5·7 지시'에 따라 헤이룽강성혁명위원회는 칭안현(慶安縣)에 유하 '5·7' 간부

---

8) 중공중앙, 중앙문화혁명소조, '당의 조직을 정돈하고 회복하며 재건할 것에 관한 의견과 문제', 1967년 12월 2일.

학교를 세우고 많은 성 직속기관 간부들을 조직하여 간부학교에 내려가서 노동하게 했다. 마오쩌둥은 이 방법을 아주 높이 평가하면서 "광범위한 간부들이 내려가 노동하는 것은 간부들이 다시 배울 수 있는 아주 좋은 기회이다. 노약자, 환자, 장애인을 제외하고 모두 이렇게 해야 한다. 재직 간부들도 단계와 차례를 나누어 내려가 노동해야 한다."[9]고 지적했다. 9차 당대회 이후 전국 각지에서의 간부의 기층노동훈련은 고조를 이뤘다.

사실 간부의 기층노동훈련은 우선 '문화대혁명' 초반부터 타격을 받고 사업을 정지당한 많은 기관, 사업단위의 간부와 지식인을 안치하고 배치시키기 위한 것이었고 당시 혁명위원회에서 기구 간소화로 남아도는 많은 간부를 시급히 안치하기 위한 것이기도 했으며 동시에 '계급대오 청리' 등 운동에서 "문제가 있다."고 낙인 찍힌 간부들을 처리하기 위한 것이기도 했다. 소수의 대, 중 도시에서 부분적 간부들을 공장에 내려보낸 외에 다수 지역에서는 많은 간부를 농촌에 내려보냈다. 이와 동시에 또 많은 대학교 교원, 의료보건위생사업가과 문예, 체육 사업가들을 농촌 또는 '5·7' 간부학교에 내려 보냈다.

1970년 12월 1일부터 1971년 1월 26일까지 중앙과 국무원 각 부문의 '5·7'간부학교사업회의가 베이징에서 열렸다. 회의에서는 '5·7' 간부학교를 운영하는 것은 기관의 혁명화를 촉진하고 '투쟁, 비판, 개혁'을 촉진하는 심원한 의의가 있으므로 반드시 장기적으로 운영해야 한다고 강조했다.

광범위한 간부(많은 지식인을 포함)들은 농촌 또는 '5·7' 간부학교에 내려가 재교육을 받았는데 주로 육체노동에 종사했다. 그들은 비

---

9) '마오쩌둥이 리칭린에게 보낸 서신', 1973년 4월 25일.

록 단련을 받고 농촌에 대한 이해를 깊이 했다고는 하지만 장기간 제반 실무사업과 과학문화연구에서 배제되다 보니 자신의 전공을 이용하여 본직에서 사회주의 건설에 힘을 이바지하고 더 깊이 연구할 수 있는 소중한 시간을 놓치게 되었다. 이로 말미암아 국가 현대화 건설에 커다란 손실을 초래하게 되었다.

'투쟁, 비판, 개혁' 운동에는 이러한 몇 가지 주요 내용 외에 또 문예 혁명, 의료보건위생 혁명 및 공장관리 혁명, 상업 혁명 등과 같이 상부 구조, 경제 기반과 관련되는 모든 분야, 부문이 있었다. '투쟁, 비판, 개혁' 임무를 제기한 그 자체는 바로 '문화대혁명'의 '좌'적 방침의 표현이며 실제는 '좌'적 오류가 제반 분야에서 구체화된 것으로서 결과적으로는 당내 모순과 사회 모순을 계속 긴장시키고 많은 간부와 군중에게 상처를 입히게 되었다. 마오쩌둥은 원래 '투쟁, 비판, 개혁' 운동을 통해 '문화대혁명'을 성공적으로 결속하려 했지만 사실상 '문화대혁명'은 결코 이번 운동으로 끝나지 않았다. 1971년 9월에 린뱌오 사건이 발생한 후 '투쟁, 비판, 개혁'은 아주 적게 언급되었다.

## 2. 1970년대 초의 국민경제

### 제3차 5개년 계획의 기본적인 완수 및 제4차 5개년 계획의 제정

1969년부터 정세가 상대적으로 안정되면서 전반 사회생산이 비교적 정상적으로 진행될 수 있었다. 몇 년 동안의 동란을 통해 광범위한 노동자, 농민들은 혼란이 마무리되고 생산이 회복, 발전될 수 있기를 절실히 기대했다. 9차 당대회에서 제기한 "혁명을 강하게 주도하고 생산을 대대적으로 촉진하여 국민경제를 발전시키는 계획을 완수 또는 초과 완수하자."는 호소에 따라, 특히 1969년 초에 전국적으로 일고 있던 전쟁 준비 고조로 전쟁 준비를 주요 과업으로 한 제3차 5개년 계획의 건설이 급속하게 회복되고 확대되었다.

1969년 2월부터 3월까지 저우언라이의 지시에 따라 2년 동안 중단되었던 전국계획회의가 전국계획좌담회의 형식으로 베이징에서 열렸다. 회의에서는 1969년 계획사업의 주요임무를 토의할 때 "국방공업, 기초공업과 내지공업 건설을 대대적으로 강화해야 한다."고 강조했고 '문화대혁명'전 제3선 건설에 대한 제3차 5개년 계획 배치를 거듭 천명했다. 회의에서는 '1969년 국민경제계획요강(초고)'을 검토하고 개정함과 동시에 그것을 1969년 계획의 주요문건으로 정하고 각지 대표들에게 주어 돌아간 다음 집행하는 한편 검토하고 보충할 것을 요구했다.

중앙에서 강력한 조치를 취해 생산 질서를 정돈하고 각지의 지도부와 경제계획 부문을 회복하고 강화하고 군대를 주둔시켜 인수관리를 하면서 일부 중지되었던 제3차 5개년 계획 중점공사를 기한 내에 완수하도록 명령하기에 이르자 동란으로 지체되었던 일부 중점공사들이 다시 신속히 가동되었다. 9차 당대회 이후 한 차례 새로운 경제건설 고조가 일어나고 국민경제가 서서히 회복되기 시작했다.

전국 공, 농업생산은 1969년에 와서 1967년부터 1968년까지 2년간 연속 하강세를 보이던 국면[10]을 마무리 짓고 일정한 폭으로 성장했다. 이해 공, 농업생산은 대체로 1966년 수준에 도달했거나 초과했다. 불변가격에 따라 계산하면 공, 농업 총생산액은 2,613억 위안에 달해 전해보다 23.8%, 1966년보다 7.2% 성장했다. 그 가운데 농업 총생산액은 948억 위안에 달해 전해보다 1.1% 성장하고 1966년

---

10) '유하 '5·7'간부학교 기관의 혁명화에 새 경험 제공의 편집자의 말', 1968년 10월 5일 자, 〈인민일보〉 1면.

과 맞먹는 수준이었다. 공업 총생산액은 1,665억 위안으로 전해보다 34.3% 성장하고 1966년보다는 9.9% 성장했으며 수출입무역 총액은 40.3억 달러에 달해 전해와 대체로 비슷했고 1966년의 87.2%에 달했다. 주민 평균 소비 수준은 전해보다 2.7%가 향상하여 1966년보다 2.7% 성장했으며 전 인민적 소유 분야의 종업원의 평균 노임은 실제로 전해보다 1.5% 줄고 1966년보다는 3.3% 줄었다.

'문화대혁명'으로 계획 진도가 정체된 국면을 재빨리 돌려세우기 위해 1970년 2월 15일부터 3월 21일까지 열린 전국계획회의에서는 '1970년 국민경제계획 및 제4차 5개년 국민경제계획요강(초안)'을 토론을 거쳐 제정했다. 새로운 세계대전이 수시로 일어날 수 있다는 인식과 "전쟁 준비를 기본 고리로 하는" 지도사상에 근거하고 경제정세에 대한 지나치게 낙관적인 판단에서 출발하여 회의는 외적의 돌연습격과 대규모 침입에 대처하는 것을 무엇보다도 중요한 중심 과업으로 삼으면서 "계급투쟁을 기본 고리로 삼고 전쟁 준비를 철저히 하며 국민경제의 새로운 도약을 추진하자."란 구호를 제기했으며 역량을 집중하여 대형 제3선 전략적 후방을 건설할 것을 강조했다. 회의에서 제정한 '요강(초안)'은 제4차 5개년 계획 기간에 전쟁 준비를 철저히 주도하고 역량을 집중하여 전략적 후방을 건설한다. 또한 수준이 다르고 각각 특점이 있고 독자적으로 전쟁을 치를 수 있으며 유력하게 협동할 수 있는 경제협동지구를 건립하며 독립적이고 완벽한 중국 공업체계와 국민경제체계를 기본적으로 구축해야 한다는 총체적 요구를 제기했다. 그 주요 내용은 다음과 같다.

1975년에 이르러 철강 생산량을 3,500만 톤 내지 4천만 톤으로, 생산능력을 4천만 톤 이상 도달하게 한다. 각 성, 직할시, 자치구는 모두 중소형 철강제련기업을 두어야 하고 많은 지구, 현들에서도 자체의 소형 광산, 소형 철광, 소형 철강공장을 건설하여 대중소형이 결합되고 사방에 분포된 철강공업 구도를 형성해야 한다. 제4차 5개년계획 기간에 내지를 부문이 비교적 구전(俱全)하고 공, 농업이 균형적으로 발전한 강대한 전략적 후방으로 건설해야 하며 내지의 공업은 큰 범위에서의 분산과 작은 범위에서의 집중을 실현하고 대도시에 건설하지 않는다. 공장은 "산에 의지하고 분산을 시키고 은폐를 시킨다." 전국을 시난, 시베이, 중원, 화난, 화둥, 화베이, 둥베이, 산둥, 민간, 신장 등 10개 경제협동지구로 구획하고 대협동지구마다 모두 계획적으로 순차적으로 야금, 국방, 기계, 연료, 동력, 화학 등 공업을 건설하고 비교적 강대한 농업, 경공업과 발달한 교통운수업을 건설한다. 농업에서는 양곡 생산을 기본 고리로 하고 전면적으로 발전시켜 북방이 남방의 양곡에 의존하는 상황을 신속하게 바로잡아야 하며 1975년에 농업인구 인구당 평균 1무의 안전 다수확 농경지가 보유되도록 하고 기계화 경작 수준을 40%에서 50%로 향상시켜야 한다. 지방의 '5가지 소형'공업[11]을 대대적으로 발전시키고 각 성, 직할시, 자치구마다 모두 소규모의 탄광, 철강공장, 유색금속 공장과 광산, 화학비료공장, 발전소, 시멘트공장, 기계공장 등을 세워 농업을 위해 봉사하는 지방공업 체계를 형성해야 한다. 지역 경제의 자급자족을 실현하기 위해 관리 권한을 전적으로 넘겨주며 각 부 직속기업의 대부분을 지방에 넘겨 관리하도록 해야 한다. 석유, 천연가스와 전력공업의 발전을 촉진시키고 연료 구성을 적극적으로 바꿔 남방이

---

11) 1967년의 성장률(1966년을 100%로 기준 삼았다. 아래도 마찬가지이다)을 볼 때 공, 농업 총생산액은 -9.6%인데 그 가운데 공업 총생산액은 13.8%, 경공업 총생산액은 7.1%, 중공업 총생산액은 20%, 농업 총생산액은 1.6%였다. 1968년의 성장률은 또 1967년보다 한 계단 하락했다. 농공업 총생산액은 -4.2%인데 그 가운데 공업 총생산액은 5%, 경공업 총생산액은 4.8%인데 중공업 총생산액은 5.1%, 농업 총생산액은 -2.5%였다.

북방의 석탄에 의존하는 상황을 돌려세워야 한다. 모두 동원하여 기계공업을 운영하고 제반 업종이 모두 스스로 자신을 정비하도록 해야 한다. 제4차 5개년 계획 기간 자원 제한을 받고 있는 소수의 제품만 국가에서 통일적으로 조달하고 일반 경공업 제품은 모두 해당 지역의 조건에 따라 가능한 한 성, 자치구 범위에서 자급할 수 있도록 해야 한다.

제4차 5개년 계획에는 여전히 조급하게 효과를 보려고 모험적으로 전진하는 경향이 있었다. 일면적으로 높은 축적을 강조하고 중공업을 지나치게 내세우며 생산에서 무턱대고 높은 지표를 추구하면서 경제 효과와 인민들의 생활을 소홀히 했는데 이는 당시의 현실을 심하게 이탈한 것이었다.

제4차 5개년 계획의 총체적 요구에 따라 회의에서는 또 1970년도의 제반 경제사업 지표와 과업을 구체적으로 제기했다. 회의는 다음과 같이 결정했다. 1970년의 공업 총생산액을 전해보다 17% 성장한 2,100억 위안에 이르게 한다. 기본 건설에 228억 위안을 투자하여 전해보다 46% 증가시킨다. 대 중형건설대상 1,113개를 시행하며 그 가운데 대규모의 제3선 전략적 후방 건설대상을 663개로 정한다. 재정 수입을 전해보다 12%가량 늘어난 580억 위안에 이르게 하며 대외 무역 수출액은 20억 6,000만 달러, 수입액은 23억 1,000만 달러를 실현한다. 농공업 주요 제품의 생산량 지표는 양곡 4,500억 근, 목화 50억 근 내지 52억 근, 철강은 1,600만 톤 내지 1,700만 톤, 석탄은 2억 8천만 톤 내지 2억 8,500만 톤, 전력은 1,050억도 내지 1,100억도, 원유는 2,600만 톤으로 성장시킨다.

이러한 임무 수행을 확보하기 위해 1970년의 계획서에서는 다음과 같이 제기했다. 농업을 대대적으로 발전시키고 농업 현대화의 행정을 추진하며 '5가지 소형' 공업을 적극적으로 발전시켜 가능한 한 조속히 각 현에 농기계수리제조공장을 건설하며 경제협동지구를 건립하는 시범사업에 착수하며 기업 관리 권한을 넘겨주는 사업을 벌여 연내에 마무리하도록 해야 한다.

1970년 8월 23일부터 9월 6일까지 소집된 당중앙위원회 제9기 제2차 전원회의에서는 전국계획회의와 1970년 국민경제계획에 관한 국무원의 보고를 비준했다. 1970년의 국민경제계획을 완수하기 위해 당중앙위원회 제9기 제2차 전원회의에서는 또 경제체제 개혁에 대한 요구를 다음과 같이 제기했다. (1) 기업에 관리 권한을 넘겨준다. (2) 물자 도급을 시행하여 지방의 물자 관리 권한을 확대한다. (3) 재정 수입과 지출 도급을 시행하여 지방의 재정 관리 권한을 확대한다. (4) 기본 건설 투자 도급을 시행하여 지방의 기본 건설 배정 권한을 확대한다. (5) '지역 위주의 관리를 주로 하며 수직 관리를 결부'하는 계획 관리 체제를 시행하여 지방의 계획 관리 권한을 확대한다. (6) 세수, 신용 대부와 노동노임 제도를 간소화하여 지방의 관리 권한을 확대한다. (7) 생산 공유화 정도를 높인다는 등이다. 비록 이 같은 계획들은 당시에는 피치 못할 여러 가지 결함이 존재하고 있었지만 이는 반드시 이전 '문화대혁명'에서의 경제가 무계획, 무정부 상태였던 것을 마무리하고 전반 경제 국면을 지도하고 통제하는 역할을 어느 정도 발휘했다.

당중앙위원회와 국무원에서 효과적인 조치를 취하고 전국의 광범위한 당원, 간부들과 인민대중 및 해방군 지휘원과 전투원들의 공동 노력이 있었기에 1969년의 기초 위에서 1970년의 공, 농업생산은 또 큰 폭으로 성장했고 제반 주요 경제 지표에서 대부분이 연간계획과 제3차 5개년 계획을 초과 완수했다. 그 가운데 1970년 농공업

생산 총액은 3,138억 위안에 달해 전해보다 25 7% 성장했고 농업생산 총액은 1,021억 근에 달해 전해보다 5.8% 성장했으며 공업생산 총액은 2,117억 위안에 달해 전해보다 32.6% 성장했다. 양곡 생산량은 4,799억 1천만 근에 이르러 전해보다 13.7% 늘어났고 목화는 45억 5,400만 근으로 전해보다 9.5% 늘어났다. 철강은 1,779만 톤으로 전해보다 33.5% 늘어났으며 원탄은 3억 5,400만 톤으로 전해보다 33.1% 늘어났다. 원유는 3,065만 톤으로 전해보다 41% 늘어났으며 발전량은 1,159억 도로 전해보다 23.3% 늘어났으며 철도화물 운송량은 6억 8,000만 톤으로 계획의 112~116%를 완수하고 전해보다 28.3% 늘어났다. 재정 수입은 662억 9,000만 위안이고 재정지출은 649억 4,000만 위안에 달해 각각 계획의 114%와 112%를 완수하여 전해보다 각각 25.8%와 23.5% 늘어났다. 사회 상품 소매액은 858억 위안으로 전해보다 56억 5천만 위안이 늘어났으며 대외무역 수출입 총액은 45억 9천만 달러로 전해보다 13.9% 늘어났고 전국 주민 인구당 평균 소비는 147위안으로서 전해보다 5위안이 늘어나고 4.0% 성장했다.

1970년은 제3차 5개년 계획의 마지막 해였다. 이 5년 동안 비록 1966년부터 1968년까지 동란의 충격을 심하게 받았지만 1969년, 특히 1970년의 노력을 거쳐 1970년의 중국 경제는 그래도 제3차 5개년 계획에서 정한 당해의 주요 지표를 기본적으로 완수했거나 초과 완수했다. 농공업생산 총액은 제3차 5개년 계획 지표의 16.2~14.1%를 초과 완수했는데 그 가운데 농업생산 총액은 2.3%를 초과하여 최저한계 지표를 완수했고 공업생산 총액은 21.1%를 초과 완수했다. 주요 공, 농업 제품의 생산량이 계획을 완수한 비율은 양곡은 109.1~100%, 목화는 103.5~94.9%, 면사는 125 7%, 면

포는 122%, 철강은 111.2%, 원탄은 122.1%, 원유는 165 7%, 발전량은 105.4%, 철도화물 운송량은 계획의 97.1%, 재정 수입은 계획의 82.9%, 사회상품 공급량과 사회 구매력은 각각 계획의 104.8%와 101.4%를 완수했다. 전인민적 소유 분야 종업원의 평균 노임은 609위안으로 계획의 82.6%, 5년간 기본 건설 투자는 810.5억 위안으로 계획의 95.4%를 완수다.

'문화대혁명' 전 단계의 '천하대란'을 겪고 나서도 경제 건설이 여전히 이 같은 성과를 거둘 수 있었던 것은 한편 1960년대 전 단계의 경제 조정이 여러 측면에 튼튼한 기반을 마련해주었기 때문이고 다른 한편으로 제3차 5개년 계획에서 '대약진' 때 조급히 성과를 거두려고 높은 지표만 추구하던 교훈을 받아들여 계획 지표를 비교적 합리적으로 조정했기 때문이다. 더욱 중요한 것은 저우언라이를 대표로 하는 많은 지도간부와 광범위한 인민대중이 동란을 견제하고 동란과 맞서 싸워 경제에 대한 '문화대혁명'의 파괴를 줄이고 열악한 조건에서 간고한 노력을 거쳐 제3차 5개년 계획을 완수해냈기 때문이다.

### 경제사업에서의 3가지 돌파

1969년부터 1970년까지 국민경제는 비교적 큰 진전을 가져왔지만 이 같은 성장에는 복구 성격이 다소 짙었으며 동란이 경제에 미친 여러 유형, 무형의 파괴를 복구하기까지는 아직도 할 일이 상당했다. 당시의 역사적 조건에서 성장의 이 같은 복구적 성격과 실제 상황에 대해 명석한 인식이 부족했기에 '혁명을 주도하면' 확실히 '혁명을 틀어쥐고 생산을'하여 경제 건설에 '새로운 약진'[12]이 나타나게 할 수 있

---

12) '중국공산당 제9차 전국대표대회에서 한 보고'(1969년 4월 1일), 〈중국공산당 제9차 전국대표대회 문건휘집〉, 인민출판사 한문판, 1969년, 35쪽.

으리라고 인정했으며 1969년의 경제 성장은 바로 '문화대혁명' 승리의 산물로서 '농공업생산의 새로운 고조가 바야흐로 형성'되고 있음을 예시해준다고 인정했다. 그리고 전쟁 준비의 고조 속에서 대전이 눈앞에 닥친 이상 모든 경제사업에는 "제국주의, 수정주의, 반동파들과 시간을 다투고 속도 경쟁을 해야 한다."는 긴박감이 들어 있었다. 이 같은 일련의 요소가 작용함으로써 1970년의 경제에는 급속한 발전과 함께 현실을 이탈한 일부 높은 지표와 과속의 움직임이 또 나타났다.

1970년 2월과 3월 사이에 열린 전국계획회의에서는 '1970년 국민경제계획 및 제4차 5개년 국민경제계획 요강(초안)'을 토론, 제정하고 제4차 5개년 계획 기간의 경제 발전에 대해 실제적이지 못한 높은 지표[13]와 모든 재력과 물력을 투입하여 강대한 전략적 후방을 건설하는 것에 대한 임무를 제출하고 각지에서 '규모가 작지만 구전(俱全)한' 경제체계를 발전시킬 것을 제장했고 관리 권한을 선석으로 시방에 넘겨 지방공업과 '5가지 소형' 공업을 대대적으로 발전시킬 것을 요구했다. 각 지구, 각 부문에서는 또 이를 토론하고 집행하는 과정에 층층이 임무를 가중시켜 경제 건설에서 모험적으로 전진하는 바람이 일게 되었다.

1969년 8월, 수도철강회사는 우한(武漢), 충칭(重慶), 바오터우(包頭) 등 철강회사에 혁명적 경쟁을 벌일 것을 발기했고 이에 제반 업종이 연달아 호응했다. 〈인민일보〉는 이 같은 경쟁을 '대약진의 전주곡', '사회주의 건설 고조가 도래한 신호'라고 선전했다. 1970년 3

---

13) '요강(초안)'에서는 1975년 철강 생산량을 3,500만 톤 내지 4천만 톤으로 늘려 1970년보다 106~135% 성장시키며 생산 능력은 4천만 톤 이상 달성한다고 확정했다. 그러나 1975년 중국의 실제 철강 생산량은 2,390만 톤이었다.

월, 안산(鞍山)강철공사에서 5년 안에 철강 생산량을 두 배로 늘리자는 구호를 먼저 제기했는데 이는 재빨리 전국에 보급되었다. 1970년 초에 각 성, 직할시, 자치구에서 소집한 계획사업회의와 각 부문의 전문회의에서는 각자의 생산량을 단기에 '두 배로 늘리고' 대폭으로 '약진'시키자는 구호가 연이어 제기되었고 각종 '대회전'이 꼬리에 꼬리를 물고 벌어졌다. 장시성에서는 1969년 말부터 시작하여 전체 성 철강대회전을 벌여 15개 소형 철강기업을 건설했고 아울러 '자동차대회전'과 '트랙터대회전'을 계획하고 채택하여 1971년에 이르러서는 1만 대의 '징강산'표 자동차와 10만 대의 '안원-70'형 트랙터를 생산했으며 현마다 트랙터를 제조하고 전구마다 자동차를 생산하는 혼란스러운 국면을 조성했다. '자동차대회전'을 거쳐 1970년 말에 전국 28개 성, 직할시, 자치구에서 모두 이미 자동차를 '대량생산'할 수 있게 되었다고 밝혔다. 대회전의 고조 속에서 전국의 기본 건설규모가 급속히 팽창했는데 각지에서 앞 다투어 건설대상을 올리고 공사를 벌이면서 국가 기본 건설계획을 거듭 돌파했다.

 이 같은 분위기 속에 1970년도 생산지표는 비록 뚜렷하게 높아지기는 했으나 적지 않은 맹목성도 나타나 많은 심각한 결과를 초래했다. 이를테면 철강을 중심으로 하는 중공업생산의 성장이 지나치게 빠르고 기본 건설 규모가 지나치게 커 축적과 소비의 비율관계가 균형을 잃고 투자 효과성이 뚜렷하게 내려갔으며 산업구조에 여러 차례 심각한 불균형 현상이 나타났다. 내지의 건설이 급속하게 확대되면서 대량의 자금이 내지에 투입되고 투자 배치가 분산되고 관리가 혼란하여 전반 경제 발전이 조화를 이루지 못하고 경제 효과가 줄어들었다. 기본 건설투자가 지나치게 많아 농업, 경공업과 비생산성 건설이 밀려났고 이는 향후 경제 발전에 우환을 남겨주었다. 일방적으로 '독립적 체계'의 구축을 강조하는 바람에 각지의 경제적 우세를 발휘할 수 없었다. 제품의 질이 뚜렷하게 떨어지면서 엄청난 낭비와 손실을 초래했다. 종업원 수가 갑자기 늘어나 공업과 기본 건설이 농업과 노동력을 쟁탈하는 정형이 나타났고 국가 재정 지출과 시장공급에 매우 큰 부담을 안겨주었다. 이 밖에 고도로 집중된 경제 체제의 폐단을 근본에서부터 건드리지 않은 채 대규모로 기업의 관리 권한을 넘겼기에 예기의 효과를 거두지 못했을 뿐만 아니라 도리어 기존의 지휘, 조율 체계와 협력관계를 교란시켜 생산에 혼란과 손실을 가져다주었다.

1970년 12월부터 1971년 2월까지 열린 전국계획회의는 1970년도의 경제사업에 존재한 여러 가지 문제와 모순의 심각성을 과소평가했고 1971년도의 국민경제계획에서 여전히 실제를 이탈한 고지표, 고속도를 추구했다. 1971년도의 계획은 다음과 같이 요구했다. 대형 제3선과 국방공업 건설을 강력하게 주진하며 농업을 대대석으로 운영하고 농업기계화 진척을 재촉하며 원자재공업, 특히 철강공업을 강력하게 추진하고 광산개발을 크게 벌이며 과학기술을 발전시키고 힘써 세계 선진 수준을 따라잡거나 능가해야 한다. 1971년도의 계획지표는 다음과 같이 결정했다. 공, 농업 총생산액을 전해보다 12% 성장시킨다. 그 가운데 농업 총생산액을 7% 성장시키고 공업 총생산액은 13% 성장시킨다. 국가 예산 내 기본 건설 투자를 270억 위안까지 달성하여 전해보다 15억 위안을 늘리며 새로 건설하는 건설대상 112개를 포함하여 대중형 건설대상 1,168개를 가동한다는 등이다.

1971년 말, 대부분 경제 지표가 원래 계획대로 완수되었다. 공, 농업 총 생산액은 3,482억 위안에 달해 전해보다 12.2% 성장했다. 그 가운데 농업 총생산액은 1,107억 위안으로 전해보다 3.1% 성장했고 공업 총생산액은 2,375억 위안으로 전해보다 14.9% 성장했다. 양곡 총생산량은 5,020억 8천만 근으로 전해보다 4.2% 늘어나 계획의 104.2~100%를 완수했고 철강 생산량은 2,132만 톤으로 전해보다 19.8% 늘어나 계획의 106.6~101.5%를 완수했다. 이와 동시에 국민경제에 '3가지가 돌파'라는 심각한 국면이 나타났다. 즉 종업원 수가 5천만 명을 넘어섰고 노임 지출이 300억 위안, 양곡 판매량이 800억 근을 초과했다. 이는 예상했던 계획을 훨씬 넘어선 것으로 국민경제 각 분야에 여러 가지 문제를 안겼다. 잇달아 화폐 발행액도 초과했다. 저우언라이는 "화폐 증발은 최고 위험 수준에 이르렀다. 이것은 3가지가 돌파된 것보다 더 위험하다."[14]라고 날카롭게 지적했다.

1972년에도 '3가지 돌파' 문제는 계속 불거졌다. 양곡 판매량이 계획을 초과하면서 초래된 어려움을 해결하기 위해 양곡을 수입하는 외에 국가의 재고식량까지 파먹었다. 국민경제의 일련의 비율관계가 엄중하게 균형을 잃으면서 시장공급이 긴장해지고 물가가 인상되고 인민의 생활수준이 내려갔으며 농업의 기초적 지위가 약화되어 농업, 경공업, 중공업 비율이 한층 더 균형을 잃게 되었다.

이와 동시에 무작정 지방에 권력을 넘기는 것을 중심으로 하는 한 차례의 경제체제 대변동이 일어났다. 1970년 2월부터 3월 사이에 열린 전국계획회의에서는 이른바 '수직적인 독재'를 대거 비판하고 경제체제 개혁의 과업과 방안을 내놓았다. 같은 해 3월 초에 제정한 '국무원 공업교통 분야의 각 부 직속기업을 지방에 넘겨 관리하게 하는 것에 관한 통지(초안)'에서는 다음과 같이 요구했다. 국무원 공업교통 분야의 각 부 직속기업과 사업단위 대부분을 지방에 넘겨 관리하

---

14) 저우언라이, '린뱌오 일당이 빚어낸 경제의 파괴적 결과를 제거해야 한다.'(1973년 2월 26일), 〈저우언라이선집〉 하, 민족출판사 1986년, 573쪽.

게 하며 중앙과 지방의 이중 영도를 받는 소수의 기업과 사업단위는 지방에서의 관리를 위주로 하며 극소수의 대형 또는 기간 기업은 중앙과 지방에서 이중영도를 할 경우 중앙에서의 관리를 위주로 한다. '통지(초안)'는 관리 권한을 넘기는 사업을 1970년 내로 끝내도록 요구했다. 1969년에 이미 랴오닝성(遼宁省)에 넘겨진 안산강철공사를 내놓고 국가경제와 인민생활에 관계되는 대형기간기업, 예컨대 다칭(다칭)유전, 창춘(長春)제1자동차공장, 카이롼탄광, 지린(吉林)화학공업공사 등을 포함한 2,600여 개 중앙 직속 기업 사업단위와 건설 단위가 각자가 소속되어 있는 성, 직할시, 자치구의 산하에 넘겨졌으며 일부는 심지어 전 구, 시, 현에까지 세세하게 넘겨졌다. 1970년 9월 말까지 공업교통 분야의 직속 기업과 사업단위 3,082개에서 이미 지방 관리에 넘어간 기업이 2,237개에 달해 73%를 차지했고 104개의 기업과 사업단위가 철회되었다. 이렇게 짧은 시간 내에 너무 많은 기간기업이 한꺼번에 지방에 넘겨졌기에 기존의 협력관계가 파괴되고 기업관리가 혼란스러워졌으며 따라서 기업의 정상적인 생산 질서를 유지하기 어렵게 되고 경제적 효과가 크게 떨어졌다.

### 제3선 건설의 전면적 전개

제3선 건설을 강화하는 것은 당중앙위원회와 마오쩌둥이 1960년대 중반에 내린 전략적 결책이었다. 이 결책은 당시의 전쟁 준비 수요를 만족시키기 위해 제기된 것이지만 중국 경제 발전의 전략적 구도를 바꾸는 것에도 유리했다. 제3선 건설은 1964년에 시작되었고 1966년에 대규모로 전개되었다. 그리고 얼마 안 되어 일어난 '문화대혁명' 동란에서 매우 큰 타격을 받고 많은 건설대상이 중지 또는 반중지 상태에 빠지고 기타 건설대상들도 간신히 지탱하는 형편에 처하게 되었다.

1969년 후, 국내 정세가 안정을 찾아감에 따라, 특히 전쟁에 대비해야 하는 당시의 준엄한 상황에서 제3선 건설이 다시 대규모로, 고속도로 전개되었다. 1969년 2, 3월 사이에 열린 전국계획좌담회에서는 '1969년 국민경제계획요강(초고)'을 채택하고 국방공업, 기초공업과 대형, 소형 제3선 건설을 대대적으로 강화할 것을 요구했다. 제4차 5개년 계획 초안은 "전쟁에 대처할 준비를 하고 흉년에 대처할 준비를 하고 인민을 위하자.", "싸울 준비를 하자.", "싸우는 견지에서 모든 것을 관찰하고 모든 것을 검사하고 모든 것을 시달하자."를 지도사상으로 삼고 역량을 집중하여 대형 제3선의 전략적 후방을 건설함으로써 1975년에 가서 부문이 비교적 구전하고 공, 농업이 균형적으로 발전한 강대한 전략적 후방을 구축할 것을 요구했다. 제4차 5개년 계획 정신에 따라 제정한 1970년, 1971년의 계획에서도 제3선 건설을 두드러지게 강조했다.

1970년 계획에 들어있는 대형, 중형 건설대상 가운데 제3선 지역에 자리 잡은 건설대상이 60%가량 점유했고 한 해 동안 기본건설 투자 총액 가운데 제3선 지역에 대한 투자가 55.3%를 차지했다. 1971년에 대형 제3선 건설에 사용하기로 계획한 투자액은 전반 예산 내 투자액의 55% 이상을 차지했다. 실제 투자 정황에서 볼 때 1969년의 국방공업 투자는 전해보다 1.36배가 급증했고, 1970년부터 1972년까지의 3년 동안의 국방공업 투자는 91억 2,300만 위안에 달해 같은 시기 공업기본건설 총투자액의 16%가량을 차지했다. 이 3년은 국방공업이 1949년부터 1985년까지의 36년 사이에 완수한 기본건설 투자에서 차지하는 비중이 가장 큰 시기였다.

전쟁 준비를 하는 긴장 분위기 속에서 중국의 제3선 건설에는

1965년에 이어 또 한 차례의 고조가 나타났다. 1969년 3월에 중국의 중난, 시난 지역을 잇는 중요한 철도간선, 즉 후베이성의 샹판에서 충칭으로 가는 양유철도가 착공되었다. 9월에 제2자동차제조공장이 후베이성의 스옌시에서 대규모의 시공을 시작했다. 11월에 허난성의 자오줴에서 후베이성의 즈청까지 가는 쟈오즈 철도가 착공되었다. 1970년 5월에 후베이성의 즈청에서 광시의 류저우까지 가는 즈류철도가 공사를 시작했다. 7월에 중국의 시난지역을 관통하는 교통대동맥인 청두, 쿤밍 사이를 잇는 청쿤철도가 마침내 개통되었다. 1972년 4월에 간쑤성 시베이 알루미늄가공공장이 건설되어 생산에 투입되었고 11월에는 주저우에서 구이양까지 가는 샹금철도가 개통되었다.

1965년부터 1975년까지 제3선 지역에서는 기본건설에 총 1,269억 6,700만 위안을 투자하여 같은 시기 전국 기본건설 총투자액 2,919억 7천만 위안의 43.5%를 차지했다. 이 가운데 국가예산 내 투자가 1,119억 4천만 위안으로 같은 시기 선반 국가예산 내 총투자액 2,489억 위안의 45%를 차지했고 공업기본건설투자가 767억 6천만 위안으로 같은 시기 전반 공업기본건설투자액 1,608억 4천만 위안의 47.7%를 차지했다. 같은 시기에 제3선 지역에서의 중점으로 건설한 8개 성에 대한 투자는 1,112억 9천만 위안으로 제3선 지역 전반 투자의 87.7%를 차지했다. 이 가운데 공업 기본건설 투자가 670억 6,000만 위안으로 제3선 지역 공업기본건설 총투자액의 87.4%를 차지했다.

1967년부터 1975년까지 전국의 인민적 소유제공업 고정자산 총액에서 제3선 지역의 11개 성, 자치구의 전인민적 소유제공업 고정자산 총액이 차지한 비중은 35.3%로 1965년의 32.9%보다 올라갔고 전국 공업 총생산액에서 상기 11개 성, 자치구의 공업 총생산액이 차지한 비중은 25%로 1965년의 22.3%보다 올라갔다. 또한 전국의 1,500개에 가까운 대형기업 40% 이상이 제3선 지역에 분포되었고 제3선 지역 주요 공업 제품의 다수가 생산능력에서 이미 전국의 30% 이상을 차지했다.

제3선 건설에 참가한 수많은 노동자, 간부, 과학기술자, 해방군 지휘관, 전투원들과 민부들은 "고생도 죽음도 두려워하지 않는" 창업정신을 발양하여 열악한 환경 속에서도 동란으로 말미암은 장애를 제거하고 상상할 수조차 없는 난관들을 이겨내면서 철도를 부설하고 공장을 건설하고 광산을 개발하여 짧은 기간 내에 비교적 구전한 공업생산체계를 기본적으로 구축하고 많은 새로운 공업기지와 막강한 생산 능력을 갖추었다. 제3선 건설의 전개는 중국의 공업 분포를 비교적 큰 규모로 발전시켰고 제3선 지역의 비교적 낙후한 국면을 개변시켰으며 이후 동, 서부 경제 발전의 격차를 해소하고 서부 대 개발을 진행하는 데 어느 정도 기반을 닦아놓았다.

당시의 특수한 환경 때문에 제3선 건설에도 많은 문제가 존재했다. 예를 들면 전쟁 준비를 지나치게 강조하고 경제 법칙을 소홀히 한 탓에 제3선 건설의 투자 비율이 균형을 잃고 국민경제 각 부문 간의 비율도 심각하게 균형을 잃게 되었다. "산에 의지하고 분산을 시키고 방공 동굴에 들어가야 한다."는 원칙을 지나치게 강조하여 투자 효과가 줄어들고 낭비가 심해지고 남겨놓은 문제들이 아주 많았다. 그럼에도 제3선 건설은 여전히 중국 경제 건설 사상 전례 없는 오랜 공사였다.

## 농촌 경제와 지방 '5가지 소형'공업, 공사와 생산대 기업의 발전

1967년부터 1968년 사이, '전면적 권력 탈취', '천하대란'과 여러 가지 극좌적 사조의 교란으로 말미암아 중국의 농업생산은 2년 연속 하락하고 답보하는 국면에 처했다. 당시 신문과 간행물들에는 이른바 '3자1포'[15], '4대 자유'[16]와 '공수 제일'을 비판하는 글들이 쉼 없이 실렸다. 사상적 혼란과 정치적 압력을 못 이겨 일부 지역에서는 자류지를 줄이거나 취소화하고 사원들의 가내 부업을 제한하고 농촌의 시장무역을 폐쇄해버렸다. '문화대혁명' 전 집단주의 정신을 발양하여 자력갱생하고 간고하게 창업하여 농업 분야의 선진 전형이 된 다자이(大寨)대대는 동란 가운데 '혁명을 계속하는' 전형을 수립했다. 당시 다자이대대에서 크게 벌인 계급투쟁 확대화, '가난한 과도'와 이른바 '공수 제일', '물질적 자극'에 대한 비판 경험은 전국 농촌에서 반드시 답습해야 하는 본보기가 되었는데 이는 농업생산에 소극적인 영향을 끼쳤다.

1969년 후, 정세가 상대적으로 안정되고 각급 혁명위원회가 잇달아 설립되면서 각급 농업지도관리기구들이 끊임없이 회복되거나 건립되었다. 국무원의 직접적인 지도로 농업과 관련된 일련의 중요한 회의들이 소집되었고 농업 면에서 당의 일부 중요한 정책들이 시행되기 시작했다. 1970년 8월부터 10월까지 국무원은 다자이, 베이징에서 북방지구농업회의를 열었다. 회의에서는 '전국농업발전요강'을 실현할 조치와 당시 각급 간부들을 곤혹스럽게 하고 있던 농촌정책 문제에 관해 토론했다. 회의에서는 "농업은 다자이를 따라 배우자."

---

15) '3자1포'란 자유시장, 자류지, 손익자 부담과 가구별 생산량 도급제를 가리킨다.
16) '4대 자유'란 노동자채용 자유, 무역 자유, 은행대부 자유, 토지임대 자유를 가리킨다.

고 계속 호소했지만 실제로는 당시 유행하던 다자이의 일부 극좌적인 방법을 일정하게 제한하거나 심지어 부정했다. 회의는 '농업 60개조' 등 일찍 비판을 받았거나 폐기되었던 일련의 효과적인 기본 정책은 여전히 적용되는 것으로 반드시 계속 관철 집행되어야 한다고 재언명했다. 회의는 다음과 같이 강조했다. 농촌인민공사의 기존 '3급 소유, 소대를 기초로 하는' 제도와 자류지에 관한 제도는 일반적으로 변경하지 말아야 한다. 운동 가운데 나타난 문제, 특히 소유제와 관련되는 문제에 한해서는 신중하게 대처해야 한다. 집체경제 발전을 보장하고 집체경제가 절대적 우세를 차지하는 조건에서 사원들은 약간의 자류지를 경작하거나 가정부업을 경영할 수 있다. 노동에 따라 분배하는 원칙을 견지하고 평균주의를 반대해야 한다. 국가통일 계획에 복종하는 전제에서 생산대가 자체 실정에 맞게 재배업을 선택하는 것을 허용해야 한다. 적극적으로 농업 선진기술을 보급하고 농업 발전을 촉진하는 것 등을 강조하고 농업 발전에 유리한 일련의 정책과 조치를 명확하게 제기했다. 이런 정책과 규정은 '문화대혁명'이 발동한 후 농촌사업 가운데 나타난 혼란스러운 상태를 기본적으로 바로잡아 놓았고 농촌정책에 대한 극좌적 사조의 충격을 어느 정도 억제시켰다. 그리하여 농촌 간부와 군중의 생산 적극성이 또다시 높아졌다. 이런 회의들은 기타 여러 분야, 여러 부문에서 극좌적 사조를 시정하는 데에도 중요한 시범적 역할을 발휘했다.

각 방면의 노력을 거쳐, 그리고 기후 및 농업생산 조건이 좋아짐으로써 1970년의 전국 농업생산은 비교적 큰 폭으로 늘어났고 국민경제 제3차 5개년 계획에서 정한 제반 지표들도 대체로 완수되었다.

지방의 '5가지 소형'공업과 공사, 생산대 소속 기업의 발전은 '문화대혁명' 기간 사람들의 이목을 끈 하나의 현상이었다. 전쟁 준비를 강화하고 농업 기계화 촉진에 대한 요구에 따라 1970년 2월부터 3월 사이에 열린 전국계획회의와 8월에 열린 북방지구농업회의에서는 모두 각 지방에서 자체의 '5가지 소형'공업, 특히 중소형 철강공장을 세울 것을 강조했고 각 지구(시), 현에서는 자체적인 소형 광산, 소형 철광, 소형 철강공장을 세워 농업을 위해 봉사하는, 규모가 작지만 실속이 있는 공업 체계를 구축하여 농업 기계화 수준을 높일 것을 강조했다. 1970년부터 시작하여 5년 동안 중앙재정에서는 특별 전용자금 80억 위안을 배정하여 지방의 '5가지 소형'공업을 후원했고 동시에 일련의 우대 정책을 내놓았다. 각지의 재정 투자도 점진적으로 늘어났는데 그 총액은 1970년의 100만 위안에서 1973년의 1억 4,800만 위안으로 급속하게 늘어났다. 1970년에 진행한 경제체제 대변동은 또 지방건설로 하여금 비교적 많은 자주권을 가지게 했다. 지방의 '5가지 소형'공업을 지원하기 위해 상하이, 둥베이 등 오랜 공업기지들에서는 전국 지방공업 발전에 대량의 설비를 제공해주었다. 이를테면 1970년, 상하이시에서는 국가계획을 넘쳐 완수한 동시에 각 지방의 소형화학비료공장 건설을 위해 관건적인 설비 100여 세트를 생산했다. 각 성, 직할시 공업 부문 및 각 공업 부문의 대형 기간기업들도 지방 공업생산을 위해 대량의 설비를 생산했다.

  국가의 정책적 지지와 대량의 재력, 물력의 보장 등 일련의 조건들은 지방의 '5가지 소형'공업이 급속히 발전하도록 추동했다. 1970년에 전국적으로 300개에 가까운 현, 시들에서 소형철강공장을 세웠고 90%의 현들이 농기계수리조립공장을 세웠으며 20여 개 성, 직할시, 자치구들이 경운기공장, 동력기계공장과 농기계제조공장을 세웠다. 1970년 상반기, 전국적으로 생산에 투입된 소형화학비료공장은 150개, 시멘트공장은 300개, 화학섬유공장은 65개, 가루비누공장은 24

개, 사탕수수가공공장은 91개, 비닐원자재공장은 35개에 달했고 건설 중인 소형수력발전소가 1만 2천여 개에 달했다. 1970년 지방 소형철강공업의 제철 능력은 1969년보다 1.5배 늘어났고 주철 생산량은 1.8배 늘어났다. 소규모 화학비료공장, 시멘트공장의 생산량은 전국 총생산량의 40%를 차지했고 소형 탄광이 중심인 남방 각 성의 석탄 생산량은 70% 늘어났다. 이 가운데 농업생산을 위해 직접 봉사할 수 있는 소규모의 기계공장, 화학비료공장, 시멘트공장이 가장 빠르게 발전하여 이 시기 지방 '5가지 소형'공업의 골간이 되었다. 1970년부터 1976년까지의 사이에 지방 '5가지 소형'공업은 전례 없는 발전 속도를 보여주었다.

지방 '5가지 소형'공업의 급속한 발전은 지방경제의 발전에 아주 큰 역할을 했으며, 이 시기 공업 발전의 중요한 구성 부분이 되었다. 전반 공업경제에서 차지하는 지방 '5가지 소형'공업의 생산액과 생산량의 비중이 커짐으로 하여 중국의 공업 구조에는 일부 변화가 생겼다. 부분적 지역에서 각 공업 부문의 소형 공업은 발전하는 가운데 서로 추진하고 서로 지지하면서 점차 전력, 광업, 철강을 기초로 하고 화학비료, 시멘트, 기계를 기간으로 하며 여러 업종을 포함한 지방 공업 체계를 구성했다. 이 체계는 당지의 자원 우세를 이용하고 발휘하며, 당지의 공, 농업생산 및 시장 수요를 만족시키는 데 기여했으며 당지의 경제 수준을 높이는 데 이바지했다.

이와 동시에 공사와 생산대의 기업들도 커다란 발전을 가져왔다. 3년간의 곤란한 시기가 지난 후 농촌 인구가 급속히 늘어남으로써 일부 지역, 특히 연해의 인구가 밀집된 성들에서는 많은 사람에 비해 경작지가 적은 모순이 심해지고 인구 증가에 따른 압력이 커졌다. '문화대혁명'의 동란으로 도시의 공업이 파괴되면서 일어난 생산수단과 생활필수품 부족으로 공사와 생산대의 기업은 자신의 제품을 팔 수 있는 기회를 얻게 되었다. 게다가 '문화대혁명' 과정에 농촌은 그래도 도시보다 동란의 영향을 덜 입은 편이었기에 공사와 생산대의 기업들에서는 또 한 차례 발전이 고조되었으며 이 같은 고조는 연해 일부 지역에서 특히 뚜렷하게 나타났다. 1970년의 전국 공사와 생산대의 공업 생산액은 67억 6,000만 위안으로 이는 1965년의 29억 3천만 위안보다 2.3배 늘어난 셈이었다. 적지 않은 공사와 생산대들에서는 기업을 운영해 창출한 이윤으로 농업 투입량을 늘림으로써 농업의 발전을 지원했다.

 이 시기 지방의 '5가지 소형' 공업과 공사, 생산대 기업들은 농촌의 남아도는 노력을 대량으로 받아들여 농민들의 소득을 늘리고 한 세대의 생산경영 인재를 양성하며 농촌의 경제 구조를 기본적으로 바꿈으로써 농촌 경제 발전에 중요한 역할을 발휘했다. 또한 1980년대 이후 지방 기업의 발전을 위한 기반을 닦아놓았다. 그러나 일부 지역에는 조건을 무시한 채 '5가지 소형'공업과 공사, 생산대 기업을 지나치게 많이, 신속하게 발전시켜 소모가 많고, 원가가 높은 데 반해 품질이 낮고, 오염이 심하고, 중복 건설하고, 원자재 공급원이 부족하고, 일부 제품의 판로가 없으며 새로 늘어난 종업원이 너무 많은 등의 문제들이 발생했다.

제23장

린뱌오 반혁명집단의 음모활동과 그들의 멸망

'투쟁, 비판, 개혁' 운동이 전국적으로 진행되고 있을 때 국내외를 들썩인 린뱌오 사건이 발생했다. 린뱌오 반혁명집단은 온갖 음모, 심지어 폭력과 암살 수단까지 동원하여 당과 국가의 최고 권력을 탈취하려고 했다. 음모가 파탄이 난 후 린뱌오 등은 비행기를 타고 외국으로 도망다가 비행기 추락으로 사망하고 말았다. 린뱌오 사건의 발생은 객관적으로 '문화대혁명'의 이론과 실천이 실패했음을 반증했다.

## 1. 당중앙위원회 제9기 제2차 전원회의와 린뱌오, 장칭 두 집단의 모순 격화

### 린뱌오 집단과 장칭 집단의 결탁과 쟁탈

'문화대혁명' 전 단계에 전국이 혼란스러워진 환경 속에서 린뱌오, 장칭 두 집단은 동란에 의거하고 극좌적 사조를 선동하는 것으로써 당과 국가의 많은 권력을 탈취했다. 제9차 당대회 이후, 정형에 일부 변화가 생겼다. '대란'을 통해 '크게 다스리려'던 마오쩌둥의 염원과 전 당, 전국인민이 동란을 다스리기를 바라는 정세 및 중앙에서 취한 해당 조치는 더욱 극심한 동란을 거쳐 더 많은 권력을 장악하려는 린뱌오, 장칭 등의 야심과 첨예하게 모순되었다. 이와 동시에 린뱌오, 장칭 두 집단 사이의 권력 분배로 말미암은 모순도 갈수록 첨예하게 드러났다.

제9차 당대회와 당중앙위원회 제9기 제1차 전원회의를 거쳐 당중앙위원회에서 상당한 권력을 탈취한 린뱌오 집단은 당의 일련의 기본 원칙을 파괴한 '문화대혁명'의 산물이었다. '문화대혁명' 초기에 린뱌오와 예췬(叶群)은 "붉은 기를 높이 치켜들고" "정치를 두드러지게 했으며" 여러 가지 공을 세웠다."는 이유를 들어 당시 타격을 받고 있던 황융성(黃永胜), 우파셴(吳法憲), 리쥐펑(李作鵬), 치우후이쥐(邱會作)을 보호했다. 1967년의 '5.13' 사건[1]이후에는 또 린뱌오가 나서서 그들이 중앙문화대혁명영도소조의 지지를 빌려 반대파를 무너뜨리고 전군의 운동을 주도하도록 했다. 9월 하순에 설립된 중앙군사위원회 판사조에서는 우파셴이 부조장이 되었고 예췬, 치우후이쥐, 리쥐펑이 조원이 되었다. 1968년 3월에 발생한 양청우, 위리진, 푸충비 사건 이후 중앙군사위원회 판사조를 개편하여 황융성을 조장, 우파셴을 부조장, 예췬, 리쥐펑, 치우후이쥐 등을 조원으로 하는 중앙군사위원회 판사조를 새로 설립했다. 판사 조산하에 설치한 정치공작조가 총정치부를 대체했다. 같은 해 9월, 우파셴이 1967년 말에 해방군 부총참모장으로 임명된 뒤를 이어 리쥐펑, 치우후이쥐도 부총참모장으로 임명되었다. 이달에 열린 전쟁 준비사업을 연구하는 한차례 회의에서 린뱌오는 황융성 능에게 군대의 권력을 그들 몇 사람에게 집중시킨다고 선포했다.

'문화대혁명'을 발동하는 가운데 원래 별로 내왕이 없던 린뱌오 일당과 장칭 일당은 한곳에 모이기 시작했다. 제9차 당대회 이후, 이 두 집단은 또 치열한 쟁탈전을 벌였다.

부대문예사업좌담회 요지를 조작하는 일에 처음으로 합작한 린뱌오, 장칭 등은 당과 정부, 군대의 수많은 지도간부를 모함하는 가운데 갈수록 밀접하게 결탁했다. 1966년 8월 14일, 당중앙위원회 제8기 제11차 전원회의가 폐막되기 바쁘게 린뱌오와 예췬은 사람을 시켜 류사오치를 모함하는 자료를 작성한 후 장칭에게 보내 상급에 '알아

---

[1] '5.13' 사건이란 1967년 5월 13일, 베이징 주재 각 군사단위 문예단체의 2개 큰 파벌 간에 발생한 유혈 폭력 사건을 가리킨다.

서 전달'하게 했다. 9월 8일, 린뱌오가 허룽이 "전복활동을 꾸민다."고 모함하자 장칭은 맞장구를 치면서 허룽은 "나쁜 사람이기 때문에 끌어내야 한다."고 떠들어댔다. 11월에 린뱌오는 중앙군사위원회 상무위원회의 토론도 거치지 않은 채 군사위원회의 명의로 명령을 내려 장칭을 '전군 문화사업 고문'으로 초빙했다. 이른바 류사오치의 '죄증 자료'를 정리하는 과정에서 린뱌오는 장칭을 "우리 당 내의 여성 가운데 아주 걸출한 인물이며 이번 문화대혁명기간에 그의 위대한 역할을 알게 되었다."[2]고 떠받들면서 아부했으며 "특별수사처리 사업을 훌륭하게 지도해주고 커다란 업적을 쌓은 장칭 동지에게 경의를 드린다."[3]고 표현했다. 1968년 10월에 장칭은 제9차 당대회의 당 규약을 토론하는 한 차례 회의에서 린뱌오의 '후계자' 지위를 당 규약에 써넣어야 한다고 주장했으며 심지어 "이 조목을 써넣지 않으면 우리는 동의하지 않을 것이다."고 말하기까지 했다.

린뱌오 집단과 장칭 집단은 모두 인위적으로 계급투쟁을 조작하는 환경 속에서, 그리고 당의 민주주의 중앙집권제가 파괴된 조건에서 권력을 탈취하기 위해 발전해왔다. '문화대혁명' 전 단계에서 그들은 상호 결탁과 지지가 필요했다. 린뱌오의 지지가 없었더라면 장칭은 그토록 어마어마한 활동력을 과시할 수 없었을 것이고 장칭의 두둔과 소통이 없었더라면 린뱌오도 '부통수'라든가 '바싹 따른다.'든가 '지시대로 하는' 배역을 감당하기 어려웠을 것이었다. 그러나 야심가와 음모가들의 상호 결탁이나 이용은 언제나 오래가지 못하기 마련이었다. 사실상 '문화대혁명' 초기부터 린뱌오, 장칭 두 집단은 서로

---

2) '린뱌오가 군대간부대회에서 한 연설', 1968년 3월 24일.
3) '린뱌오가 류사오치사건특별수사처리소조에 송부한 류사오치를 모함하는 죄증 자료에 한 회시', 1968년 9월.

간에 아귀다툼과 암투적인 비방을 일삼아왔다.

제9차 당대회 이후, 이 두 집단은 서로 결탁해야 할 필요가 별로 없게 되자 서로 배척하고 다투기에 급급해했다. 1969년 9월, 린뱌오는 장시에서 시찰할 때 중국에서는 소자산계급이 정권을 탈취할 수도 있으므로 소자산계급이 정권을 빼앗지 못하도록 지금부터 주의를 기울여야 한다고 제기했다. 그는 또 한 술 더 떠 내가 보기에는 상하이가 바로 소자산계급이 정권을 장악하고 있는 곳인 것 같다고 말했다. 린뱌오 등은 장춘차오가 '후계자'가 될까 봐 걱정했고 장춘차오 등의 가장 큰 걱정거리는 그들의 수중에 군대가 없는 것이었다. 제9차 당대회전에 장칭 등과의 원한이 쌓인 천보다는 입장을 바꾸어 린뱌오 등에게 붙었다. 제9차 당대회 이후 린뱌오 등과 천보다의 관계는 더욱 밀접해졌다. 당중앙위원회 제9기 제2차 전원회의가 가까워짐에 따라 두 음모 집단 사이의 투쟁은 갈수록 첨예해졌으며 밖으로 드러나기 시작했다.

### 당중앙위원회 제9기 제2차 전원회의에서의 한 차례 투쟁

제9차 당대회 이후 마오쩌둥은 당의 재건사업이 이미 기본적으로 해결되었다고 여기고 이를 토대로 제9차 당대회에서 제기한 '단결', '승리'의 기치 아래 정부의 재건문제를 해결하고 안정 단결의 국면을 한층 더 추진할 수 있기를 희망했다.

1970년 2월, 중앙정치국은 제4기 전국인민대표대회의 소집 준비와 헌법 개정에 관한 문제를 토론할 때 새 헌법에 국가주석에 관한 한 개 장을 추가함과 동시에 마오쩌둥이 국가주석직을 맡아야 한다고 제기했다. 3월 7일, 외지에 있던 마오쩌둥은 "헌법에 국가주석에 관한 장을 넣지 말라. 나는 국가주석직을 맡지 않겠다."고 명확하게 표시했다. 8일에 저우언라이가 책임지고 중앙정치국회의를 열고 이 의견을 전달했는데 회의 참석자들의 모두의 동의를 얻었다. 회의에서는 정치 국내에 헌법개정소조를 설립한다고 결정했는데 그 구성원은 캉성, 장춘차오, 우파셴, 리줘펑 등이었다.

  3월 16일에 헌법개정소조는 헌법개정문제에 관한 지시 요청'을 논의해 채택했다. 17일부터 20일까지 당중앙위원회는 베이징에서 사업회의를 열고 제4차 전국인민대표대회의 소집과 헌법 개정에 관한 문제를 토론했다. 회의에서는 국가주석을 두는가 두지 않는가 하는 문제를 둘러싸고 두 가지 서로 다른 의견이 존재했다. 회의에 참석한 다수는 국가주석을 두지 말아야 한다는 마오쩌둥의 의견에 동의했다. 그러나 일부는 주로 과거의 국가정치 체제 및 현대 대다수 국가의 정치체제를 보더라도 국가주석을 두어야 한다고 주장했다.

  마오쩌둥은 중앙사업회의에서 생긴 분쟁을 이해하고 나서 국가주석을 두지 않으며 자신도 국가주석직을 맡지 않겠다는 의견을 거듭 밝혔다. 4월 11일에 린뱌오는 중앙정치국에 짧은 내용의 서신을 보내 국가주석을 두어야 한다는 의견을 재차 제기했으며 또 마오쩌둥이 국가주석직을 맡을 것을 건의했다. 12일, 중앙정치국의 한 차례 토론에서 다수는 국가주석을 두어야 한다는 데 대해 다시 한 번 찬성했다. 그날, 마오쩌둥은 린뱌오의 의견을 토론하는 것에 관한 중앙정치국의 보고서에 "나는 국가주석직을 맡을 수 없다. 이 건의는 타당하지 않다."고 회시했다. 4월 하순과 7월 중순에 마오쩌둥은 여러 곳에서 여러 차례에 걸쳐 국가주석을 두지 않는다는 의견을 표시했다.

  그러나 린뱌오는 여전히 자기의 의견을 고집했다. 4월 11일에 자신이 중앙정치국에 제출한 의견이 마오쩌둥에 의해 부결당하자 린뱌오는 또 자신의 무리들을 이용해 국가주석을 두어야 한다는 주장을 펴뜨리기 시작했다. 5월 상순에 린뱌오는 황융성에게 우파셴과 리줘펑에게 헌법을 개정할 때 헌법 초안에 국가주석을 둔다는 내용을 써넣을 것을 고집하라는 내용을 전하도록 했다. 5월 중순에 린뱌오는 우파셴과의 담화에서 국가주석을 두지 않는다면 나라는 길잡이가 없는 것이나 다름없다고 강조하면서 그더러 헌법개정소조회의에서 국가주석에 관한 한 개 장을 써넣을 것을 제출하도록 요구했다.

1970년 8월 13일 오후에 캉성이 소집한 헌법사업소조회의에서 린뱌오 집단과 장칭 집단은 '3개 부사'를 둘러싸고 논쟁을 벌였다.

헌법토론고의 서언에는 다음과 같이 서술되어 있다. "우리의 사상을 지도하는 이론적 기초는 마르크스주의, 레닌주의, 마오쩌둥 사상이다. 마오쩌둥 사상은 전국의 모든 사업을 지도하는 방침이다." 토론 가운데 마오쩌둥의 의견을 이미 알고 있던 장춘차오는 앞에 이미 이론적 기초란 구절이 있기에 뒤의 구절은 없어도 된다고 제기했다. 그는 또 마오쩌둥 사상은 '천재적으로, 창발적으로, 전면적으로' 마르크스-레닌주의를 발전시켰다는 구절에서 3개 부사를 삭제해야 한다면서 이는 마오쩌둥 사상에 대한 '풍자'라고 말했다. 오래전부터 장춘차오에게 불만을 품고 있던 우파셴은 당장 그렇게 말하는 것은 당중앙위원회 제8기 제11차 전원회의 공보와 린뱌오가 쓴 〈마오 주석 어록〉의 '재판 서언'을 부정하는 것이라고 거세게 반박했다.[4] 우파셴은 또 "몇몇 사람이 마오 주석의 위대한 겸손을 이용하여 마오쩌둥 사상을 폄하하지 못하도록 해야 한다."고 말했다. 그러자 회의는 순식간

---

4) '3개 부사'는 당중앙위원회 제8기 제11차 전원회의 공보와 린뱌오가 쓴 〈마오 주석 어록〉의 '재판서언'에서 모두 나타난 바 있다. 후에 마오쩌둥은 여러 번이나 관련 문건에서 이 3개 부사를 삭제했다. 1970년 6월 11일, 마오쩌둥은 국빈을 접견한 자리에서 소련공산당 제21차 대표대회 결의에서 흐루쇼프의 보고가 "창발적으로 마르크스-레닌주의를 발전시켰다."고 한 것을 두 번이나 풍자적인 어투로 언급한 바 있다.

에 긴장 분위기가 조성되었다.

8월 14일 저녁에 열린 중앙정치국회의에서 우파셴은 "사람들이 마오 주석의 위대한 겸손을 이용하여 마오쩌둥 사상을 폄하하는 것을 방지해야 한다."고 거듭 제기하면서 캉성과 논쟁을 벌였다. 우파셴의 이러한 계책은 예췬의 지지를 얻었다. 그즈음에 린뱌오와 예췬은 또 신변의 사업가들과 천보다에게 '천재'에 관한 마르크스주의 경전 작가들의 어록을 수집하라고 배치했다.

8월 13일과 14일에 열린 두 차례의 회의에서 생긴 충돌은 당중앙위원회 제9기 제2차 전원회의에서 두 집단이 최종 승부를 겨루게 된 직접적인 도화선이 되었다. 만약 국가주석을 두는 문제로 말미암아 린뱌오 집단과 마오쩌둥 사이의 모순이 격화되었다면 '3개 부사'에 대한 문제는 린뱌오와 장칭 두 집단 사이의 모순을 격화시켰다고 할 수 있다.

1970년 8월 23일부터 9월 6일까지 당중앙위원회 제9기 제2차 전원회의가 장시성 루산에서 열렸다. 회의에는 중앙위원회 위원 155명, 후보위원 100명이 참석했다. 원래의 회의 일정에 따르면 헌법 개정, 국민경제계획 및 전쟁 준비에 대한 문제를 토의하는 것이었다. 8월 22일 오후에 마오쩌둥은 중앙정치국 상무위원회의를 소집하여 당중앙위원회 제9기 제2차 전원전회의 의정을 토론, 확정했다. 토론 가운데 마오쩌둥을 제외한 기타 4명의 상무위원들은 모두 대중의 염원과 요구에 따라 마땅히 형식상 국가주석을 두어야 한다고 표시했다. 그러나 마오쩌둥은 여전히 국가주석을 두지 않으며 자기도 국가주석을 맡지 않겠다는 의견을 견지했다.

8월 23일 오후, 당중앙위원회 제9기 제2차 전원회의가 정식으로 개막했다. 회의에서 사전에 발언할 의사를 밝히지 않고 있던 린뱌오가 갑자기 가장 먼저 발언하겠다고 나섰다. 린뱌오의 연설은 사실상 8월 13일에 있었던 우파셴과 장춘차오 사이의 논쟁을 배경으로 한 것이었다. 그는 다음과 같이 재천명했다. "마오쩌둥 동지는 현시대의 가장 위대한 마르크스-레닌주의자이다. 마오쩌둥 동지는 천재적으로, 창발적으로, 전면적으로 마르크스-레닌주의를 계승하고 수호하고 발전시켰다." 그는 또 헌법 초안은 "위대한 수령이시며 무산계급 독재의 원수이시며 최고 통수이신 마오 주석의 지위를 긍정하고 마오쩌둥 사상을 전국인민의 지도 사상으로, 전국의 모든 사업을 지도하는 방침으로 하는 것을 수긍해야 한다. 이 점은 매우 중요하다."고 말했다. 이어 그는 또 다음과 같이 한층 더 강조했다. "마오 주석은 천재이다. 나는 여전히 이 관점을 견지한다." "이번에 헌법에서 마오 주석의 지도적 지위를 규정하고 마오쩌둥 사상을 지도사상으로 규정해야 한다. 내가 가장 흥미를 갖고 있을 뿐만 아니라 또 가장 중요하다고 생각하는 것이 바로 이 섬이다."

8월 24일 오후에 린뱌오의 연설을 토론하는 조별회의에서는 예췬이 사전에 배치한 대로 천보다, 우파셴, 예췬, 리쭤펑, 치우후이쭤이 '천재'에 관한 마르크스주의 경전 작가들의 어록을 인용하면서 일치된 의견이 담긴 발언을 했다. 천보다는 화베이조에서 다음과 같이 말했다. 이번 헌법에서 마오쩌둥의 '국가원수'로서의 지위를 수긍했는데 이 조목을 써넣기까지는 수많은 투쟁을 거쳐 왔다. 투쟁의 결과라고 말할 수도 있다. 어떤 사람은 마오 주석의 겸손을 이용하여 마오쩌둥 사상을 폄하하려 하고 있다. 예췬은 중난조에서 다음과 같이 말했다. 린뱌오 동지는 많은 회의 때마다 마오 주석은 가장 위대한 천재라고 말했는데 그래 이 말들을 다 받아들여야 한단 말인가? 절대 수용하지 않을 것이다. 목에 칼이 들어온다 해도 받아들이지 않을 것이다. 우파셴, 리줘펑, 치우후이줘도 시난조, 중난조, 시베이조에서 각각 같은 내용의 발언을 했다. 천보다 등은 각 조에서 선동적인 발언을 하여 진상을 모르고 있던 수많은 회의참가자를 미혹시켰다. 그들은 제각각 새 헌법에 국가주석을 두어야 한다는 한 개 장의 내용을 회복할 것을 건의했으며 마오쩌둥이 국가주석직을 맡는 것에 대해 찬성을 표시했다. 예췬, 우파셴 등은 또 사람들을 찾아 담화하고 내막을 알려주면서 사람들 일부를 선동하여 회의에서 발언하도록 했다. 8월 24일 이후에 일부 중앙위원회 위원, 후보위원들이 각각 자기가 소속한 성, 시, 자치구를 대표하여 연명으로 마오쩌둥과 린뱌오에게 서신을 보내 마오쩌둥이 국가주석을 맡는 것을 지지한다고 표시했다.

8월 25일 오전에 천보다 등의 발언이 기록된 전원회의 제6호 속보 즉, '화베이조 제2호 속보'가 발부된 후 각 조에서 즉시 강렬한 반향을 불러일으켰다. 회의참가자들은 분분히 "마오 주석이 국가주석을 맡는 것을 찬성하지 않는" 사람을 "잡아낼 것"을 요구했다. 몇 개 큰 조의 발언 가운데 이미 일부는 직접 장춘차오를 지명했고 화둥조에서도 누군가 지명하지 않은 채 장칭을 비판했다. 회의 전반은 긴장 분위기로 가득 찼다. 린뱌오 등은 자기들의 승리를 확신하면서 장춘차오가 이번에 무사할 수 있을지를 가늠하고 있었다. 이러한 활동들은 모두 마오쩌둥, 저우언라이 몰래 이루어진 것으로 원래 정한 당중앙위원회 제9기 제2차 전원회의의 의정을 완전히 결렬시켰다.

25일 오후에 장칭, 장춘차오, 야오원위안은 마오쩌둥의 거처에 가서 회의 정황과 제6호 속보가 일으킨 반향을 알렸다. 마오쩌둥은 곧 중앙정치국 상무위원회 확대회의를 소집했다. 회의 전에 마오쩌둥은 린뱌오와 저우언라이를 각각 따로 만나 담화를 나누었는데 국가주석을 두지 않으며 자기도 국가주석을 맡지 않을 것임을 재차 명확하게 밝혔다. 이번 중앙정치국 상무위원회 확대회의에서 마오쩌둥은 또 린뱌오에게 "나는 당신도 국가주석을 맡지 말 것을 권하오. 누가 국가주석을 두어야 한다고 고집하면 그에게 맡으라고 하시오."라고 말했다. 회의에서는 린뱌오의 연설에 대한 토론을 즉각 중지하고 제6호 속보를 회수하기로 결정했다.

8월 31일에 마오쩌둥은 '나의 의견'이란 글을 썼는데 이 글에서 천보다 등이 "돌연적인 습격을 들이대고 악을 선동을 하며 천하가 동란에 빠지지 않을까 봐 두려워하며 루산을 폭파하여 평지로 만들고 지구를 돌지 못하게 하려는 기세를 보인다."고 엄하게 비판했으며 "마르크스를 안다고 하지만 실제로 마르크스를 전혀 모르는 그런 사람들의 간계에 빠지지 말아야 한다."고 했다. 마오쩌둥은 린뱌오를 쟁취하고 진정시키기 위해 '나의 의견'이란 글에서 특별히 "나는 린뱌오 동지와 의견을 나누었는데 우리 두 사람의 의견은 일치했다."는 말을 써넣었다. 전원회의에서는 마오쩌둥의 의견에 따라 천보다에 대한 적발과 비판을 전개하기 시작했고 우파셴도 비판을 받았다. 그들은 당황하여 암암리에 견해를 일치시키기에 급급해했다.

9월 6일 오전에 전원회의는 원래의 의정대로 '중화인민공화국 헌법개정초안'을 기본적으로 채택하고 적당한 시기에 제4차 전국인민대표대회를 소집할 것을 전국인민대표대회 상무위원회에 제의하기로 결정했으며 전국계획회의 및 1970년도 국민경제계획에 관한 국무원의 보고를 비준했으며 전쟁 준비사업을 강화하는 것에 관한 중앙군사위원회의 보고를 비준했다. 오후에 전원회의가 폐막되었다. 폐막회의에서 마오쩌둥은 당의 노선교육, 고위급간부들의 학습과 당 내외의 단결 등 문제들을 둘러싸고 연설했으며 모두 철학 서적을 읽도록 요구했다. 마오쩌둥은 이번 회의에서 발생한 투쟁에 대해 언급할 때 "루산은 평지가 되지 않을 것이며 지구는 계속 돌아갈 것이다."라고 말했다. 그는 9차 당대회의 노선을 견지할 것을 거듭 강조하면서 다음과 같이 말했다. "단결을 중요시하지 않는 것은 좋지 않고" "군중도 좋아하지 않을 것이다." 그러나 내가 말하는 단결은 "무원칙적인 단결이 아니다." 중앙에서는 회의에서 천보다에 대하여 심사 진행에 관한 결정을 선포했다.

당중앙위원회 제9기 제2차 전원회의에서의 투쟁은 겉으로 보기에는 천보다, 우파셴과 장춘차오 사이의 국가주석을 두는가 두지 않는가 하는 문제와 '3개 부사' 문제를 둘러싸고 벌어진 것 같지만 사실 이것은 장기간에 걸쳐, 특히 9차 당대회 이후로 린뱌오, 장칭 두 집단 사이에 쌓인 모순의 대발로였다. 마오쩌둥이 쓴 '나의 의견'이란 글의 발표를 계기로 사실상 루산회의에서의 투쟁은 이미 마오쩌둥의 영도 아래 린뱌오 집단과 맞선 한 차례의 투쟁으로 바뀌었다. 린뱌오 집단의 음모활동과 분열활동은 마오쩌둥이 9차 당대회를 토대로 단결을 수호하고 승리를 쟁취하려는 염원에 완전히 위배되었기에 마오쩌둥의 강한 불만과 높은 경각성을 불러일으켰으며 린뱌오 집단의 음모활동을 제약하는 일련의 조치를 취하게 했다.

당중앙위원회 제9기 제2차 전원회의 후 린뱌오 집단의 세력은 약화되었지만 장칭 집단의 세력은 점점 더 커졌다. 장칭 등의 야심은 그들의 '승리'와 더불어 급속히 팽창했고 린뱌오 등은 자기들이 장악하고 있던 우세한 지위를 내놓으려 하지 않았다. 더욱 첨예한 투쟁은 아직도 남아 있었다. 린뱌오의 아들 린리궈(林立果)는 당중앙위원회 제9기 제2차 전원회의가 마무리될 때 자기 심복들에게 다음과 같이 말했다. "이번 투쟁은 장기간 지속될 것 같다." "우리는 군대를 주도하여 싸울 준비를 해야 한다."

국민경제계획문제와 전쟁 준비문제는 모두 당중앙위원회 제9기 제2차 전원회의에서 해결하기로 한 중요한 의제였으나 린뱌오, 장칭 두 집단 사이의 투쟁으로 말미암아 대충 넘어가버렸다.

## '천보다를 비판하고 작풍을 정돈하는' 운동

마오쩌둥이 당중앙위원회 제9기 제2차 전원회의 폐막식에서 고위급간부들에게 철학서적을 읽도록 호소한 것에 따라 중앙에서는 1970년 11월 6일에 '고위급 간부들의 학습문제에 관한 통지'를 발부하여 〈공산당선언〉 등 6권의 마르크스, 엥겔스, 레닌의 저작과 〈실천론〉 등 5권의 마오쩌둥 저작을 학습하도록 했다.[5] 1970년 말부터 시작하여 1971년 상반기에 이르기까지 대규모 철학학습운동, 선험적 관념론 비판운동과 노선교육운동이 시작되었다. 그러나 절대다수의 기층 간부와 군중은 이런 운동의 정치적 배경에 대해 전혀 모르고 있었다.

1970년 11월 16일, 당중앙위원회에서 발부한 '천보다가 당을 반대한 문제를 전달하는 것에 관한 지시'에서는 다음과 같이 지적했다. 당중앙위원회 제9기 제2차 전원회의에서는 "천보다의 당을 반대하고 '제9차 당대회'의 노선을 반대하며 마르크스-레닌주의, 마오쩌둥 사상을 반대한 엄중한 죄행을 폭로했고 그의 가짜 마르크스주의자, 야심가, 음모가의 본모습을 폭로했다". "중앙에서는 마오 주석이 쓴 '나의 의견'이란 글을 여러 동지에게 발부하기로 결정했다." '천보다를 비판하고 작풍을 정돈하는' 운동(대외적으로 '수정주의를 비판하고 작

---

5) 이러한 책으로는 〈공산당 선언〉, 〈고타 강령 비판〉, 〈프랑스 국내 전쟁〉(선독), 〈반듀링론〉(선독), 〈국가와 혁명〉(선독), 〈유물론과 경험 비판론〉(선독), 〈실천론〉, 〈모순론〉, 〈인민 내부의 모순을 정확히 처리할 문제에 관해〉, 〈중국공산당 선전사업회의에서 한 연설〉, 〈인간의 정확한 사상은 어디에서 오는가〉이다.

풍을 정돈하는' 운동이라고 불렀다)은 이렇게 위에서 아래로 차례로 시행되기 시작했다.

1971년 1월 26일에 당중앙위원회에서는 또 '반당분자 천보다의 죄증 자료'를 발부했다. 천보다는 '문화대혁명' 가운데 당과 국가의 수많은 지도자를 모함하는 활동에 직접 참여했고 대량의 극좌적 사조를 선동하는 여론을 날조했으며 간부와 군중을 박해하는 누명 사건을 조작해냈으며 군중 조직 간의 모순과 충돌을 도발하고 격화시킴으로써 당과 인민에게 큰 죄를 지었다. 그러나 당시의 '죄증 자료'에서는 이렇게 폭로하지 않았을 뿐만 아니라 또 폭로할 수도 없었으며 다만 천보다가 "체포된 후에 변절"했고 "왕밍, 류사오치에게 붙어 그들을 추종하면서 마오 주석의 무산계급혁명노선을 반대"한 죄행을 나열했고 그가 "무산계급 문화대혁명을 파괴하고" "공작조를 마구 파견"한 것을 질책했으며 "'5 16'반혁명 음모 집단의 검은 배후 지휘자"이고 "9차 당대회 보고 초안을 작성하는 기회를 빌려 생산력유일론을 고취"한 등의 죄행에 대해 비판했을 뿐이었다.

마오쩌둥의 회시에 따라 1970년 12월 22일부터 1971년 1월 24일까지 베이징군구당위원회 확대회의(화베이회의라고도 한다)가 베이징에서 열렸다. 회의에서는 계속하여 천보다를 적발해 비판하는 한편 또 당시의 베이징군구 사령원과 정치위원[6]도 비판했다. 1971년 1월, 중앙에서는 베이징군구를 개편하고 리더성을 베이징군구 사령원으로, 셰푸즈를 베이징군구 제1정위로, 지덩쿠이를 제2정위로 임명한다고 선포했다. 얼마 후 중앙에서는 또 중앙군사위원회 판사조에

---

6) 당시 베이징군구 사령원과 정치위원으로는 정웨이산(鄭維山)과 리쉐펑(李雪峰)이었다. 1979년 12월 6일에 중공중앙에서는 이른바 '화베이 산두주의 시정에 관한 통지'를 발부하여 1971년에 정웨이산, 리쉐펑 동지에 대한 그릇된 처리를 바로잡아주었다.

사람을 파견함으로써 황융성 등이 군사위원회 판사조를 주도하고 있던 국면을 돌려세웠다. 후에 마오쩌둥은 이러한 조치를 "지반을 허물고" "모래를 섞는" 조치라고 했다.[7] 화베이회의에서는 천보다에 대한 비판을 통해 린뱌오 집단을 약화시켰다. 그러나 이번 회의에서 한 천보다에 대한 적발과 비판 가운데에는 억지로 틀에 맞춘 말들도 있었고 베이징군구의 두 책임자에 대한 처리도 잘못된 것이었다. 이에 앞서 마오쩌둥은 황융성 등이 두 개 보따리를 안고 있는데 하나는 싸움에서 공로가 있다는 것이고 다른 하나는 '문화대혁명' 때 "좌를 지지"하는 것에 공로를 세웠다는 것이라고 비판한 적이 있다. 마오쩌둥은 화베이회의를 통해 군대의 작풍 면에서 나타난 일부 그릇된 기풍들을 얼마간 바로잡을 수 있기를 바랐으며 "두 개 보따리와 교오자만하는 나쁜 작풍과 기풍을 얼마간 바로잡을 수 있기"를 바랐다.[8] 마오쩌둥의 회시는 사실상 부대에서의 정풍운동을 통해 '문화대혁명' 이후 군대와 지방, 군대와 정부의 관계에서 나타난 일부 비정상적인 현상을 조정하기 위한 것이었다. 마오쩌둥은 이를 "돌을 던진" 것이라고 했다.[9]

화베이회의 이후 중앙에서는 1971년 2월에 '반당분자 천보다에 관한 문제의 전달 범위 확대에 관한 통지'를 발부함과 동시에 "천보다를 비판하고 작풍을 정돈하는" 운동에 관한 마오쩌둥의 몇 가지 지시를 전달했다. 전달 범위를 확대한 후에야 사람들은 점차 당중앙위원회 제9기 제2차 전원회의에서의 투쟁에 대해 얼마간 알게 되었다.

우파셴 등은 당중앙위원회 제9기 제2차 전원회의에서 비판과 적발

---

7) '마오쩌둥이 외지에서 순시하는 동안 각 지방의 책임자들과 나눈 담화', 1971년 8월 15일~9월 12일
8) '화베이회의에 관한 저우언라이의 지시요청보고에 대한 마오쩌둥의 회시', 1970년 12월 19일
9) '마오쩌둥이 외지에서 순시하는 동안 각 지방의 책임자들과 나눈 담화', 1971년 8월 15일~9월 12일

을 받은 것에 대해 두려워하고 불만스럽게 생각했다. 그들은 반성할 때 진상을 숨기고 가벼운 것만 말하고 중요한 것은 피하며 책임을 미루고 시간을 끄는 태도를 취했다. 마오쩌둥은 당중앙위원회 제9기 제2차 전원회의에서의 투쟁은 또 한 차례의 심각한 노선 투쟁이라고 하면서 그들에 대해 '틀어쥐고 놓지 않으며' 반복적으로 비판하는 방법을 취했다.

1970년 10월 14일에 마오쩌둥은 우파셴이 쓴 서면 자료에 "몇몇 사람이 반란을 일으키기 위해 200여 명의 중앙위원회 위원을 속이려고 시도하고 있는데 이는 당 창건 이후 지금까지 본 적이 없는 일이다."고 회시함으로써 군사위원회 판사조에 대한 불만을 명확하게 밝히었다. 10월 15일에 마오쩌둥은 예췬이 쓴 자기비판서에 예췬 등은 "제9차 당대회에 대해 말하지 않고 당 규약에 대해 말하지 않으며 나의 말도 듣지 않는다. 그러나 천보다가 허풍을 치기만 하면 옳다고 하는 데 군사위원회 판사조의 많은 동지가 모두 이러하다."고 써 비판했다.

1971년 1월 9일부터 2월 14일까지 중앙군사위원회는 165명이 참석한 좌담회를 열었다. 회의의정은 '천보다를 비판하고 작풍을 정돈'하는 것과 1971년의 사업을 배치하는 것이었다. 마오쩌둥의 요구에 따라 회의대표들은 먼저 화베이회의에 참석하여 '천보다를 비판하고 작풍을 정돈'했다. 당중앙위원회 제9기 제2차 전원회의 후 황용성 등은 줄곧 저촉 정서가 있었다. 그들은 더 이상 '깊이 있게' 천보다를 적발할 수 없었을 뿐만 아니라 또 주동적으로 계속하여 반성하고 싶은 생각도 없었다. 그들의 영향으로 말미암아 회의는 '교만을 반대하고 자만을 극복하는' 작풍 정돈에 중점을 두었으며 천보다에 대한 비판은 깊이 있게 전개되지 못했다. 2월 19일, 마오쩌둥은 한 차례의 회시에서 군사위원회 좌담회를 다음과 같이 엄하게 비판했다. "각 지역의 동지들에게 알려주기 바란다. 천보다를 비판하고 작풍을 정돈하는 것의 중점은 천보다를 비판하는 것이며 작풍을 정돈하는 것은 부차적인 것이다. 군사위원회 좌담회는 회의를 한 달씩이나 하면서도 천보다를 전혀 비판하지 않았는데 그들을 본받지 말아야 한다." 이달에 마오쩌둥은 또 다른 한 회시에서 다음과 같이 밝혔다. "몇몇 동지는 무엇 때문에 천보다를 비판하는 문제에서 언제나 자발적이 못 돼 밀어주지 않으면 움직이지 못하는가? 이 문제에 대하여 잘 생각해보아야 한다. 절차를 강구하여 피동을 주동으로 변화시켜야 한다." 마오쩌둥은 화베이회의와 군사위원회좌담회에서 황융성 등이 자기비판을 하고 잘못을 인정하는 문제를 제대로 해결하지 못했음을 알고 있었기 때문에 줄곧 그들에 대해 '틀어쥐고 놓지 않았던'것이다.

당중앙위원회 제9기 제2차 전원회의 이후 마오쩌둥은 여러 번이나 황융성, 리줘펑, 치우후이줘 등이 반성하기를 바란다고 밝혔다. 그러나 황융성 등은 자기들이 우파센처럼 확연하게 드러나지 않았으리라 생각하고 요행을 바라면서 책임을 떠넘기고 얼버무려 넘기려 했으며 마오쩌둥이 비판해서야 자기비판서를 제출했다. 마오쩌둥은 황융성 등의 자기비판서에 대해 만족스러워하지 않았다. 그뿐만 아니라 당중앙위원회 제9기 제2차 전원회의에서의 충돌 사건에 대해 주요 책임을 져야 할 린뱌오가 반성을 하지 않을 뿐만 아니라 태도 표시도 없으며 심지어 얼굴조차 내밀지 않는 소극적인 태도를 보이는 것에 대해 더욱 못마땅하게 생각했다.

'문화대혁명'이 발동된 후 린뱌오는 개인숭배를 고취하는 것으로 거대한 정치적 자본을 얻었다. 1970년 말부터 1971년 상반기까지 마오쩌둥은 여러 번이나 회시와 담화를 통해 '문화대혁명'이 발동된 후 나타난 열광적인 개인숭배에 대해 비판했다. 1970년 12월 18일에 마오쩌둥은 미국의 우호 인사인 에드가 스노(Edgar Parks Snow)를 접견한 자리에서 '문화대혁명' 초기에 제기된 '4개 위대한'[10]에 대해 "혐오한다."고 했다. 그는 그 당시의 개인숭배에는 진짜와 가짜가 있었으며 지난 몇 년 동안에는 어느 정도 개인숭배가 필요했지만 지금은 그럴 필요가 없기에 그 열기를 식혀야 한다고 했다. 마오쩌둥의 이러한 담화와 회시는 비록 이름을 밝히지 않았지만 사실상 린뱌오를 비판한 것이었다.

1971년 4월 15일부터 29일까지 당중앙위원회는 "천보다를 비판하고 작풍을 정돈하는" 회보회의를 열었다. 중앙 각 부, 각 성, 직할시, 자치구와 군대의 책임자 총 99명이 회의에 참석했다. 회보회의 전반부에서는 주로 중앙군사위원회 판사조의 황융성 등의 반성에 관해 토론했으며 비판과 자기비판을 진행했다. 후반부에서는 주로 천보다의 죄행에 관한 첫 번째 자료들을 열독하고 토론했으며 천보다를 한층 더 적발하고 비판함과 동시에 각지에서 "천보다를 비판하고 작풍을 정돈하는" 운동에서 얻은 경험을 공유했다.

장칭 집단은 당중앙위원회 제9기 제2차 전원회의를 계기로 린뱌오 집단의 세력을 약화시키고 자기들의 세력을 확장하기에 급급했다. 1970년 11월 6일, 당중앙위원회는 '중앙조직선전조 설립에 관한 결정'을 발부하고 중앙조직선전조가 중앙정치국의 영도로 중앙조직부, 중앙당교, 인민일보사, 붉은기잡지사, 신화사본사, 중앙라디오사업국, 광명일보사, 중앙편역국 등 중앙기관의 사업과 공회조직, 청년

---

10) '4개 위대한'이란 린뱌오의 제사(題詞)에서 인용한 "위대한 스승이시며 위대한 수령이시며 위대한 통수이시며 위대한 항해사이신 마오 주석 만세, 만세, 만만세!"라는 글을 두고 말한 것인데 그 당시 가는 곳마다 이 제사를 인쇄하고 베껴 쓰고 새겨놓았다.

단조직, 부녀연합회조직 등 중앙 1급기구와 그 산하의 '5·7'간부학교를 관할한다고 선포했다. 중앙조직선전조의 조장은 캉성이었고 구성원으로는 장칭, 장춘차오, 야오원위안 등이었다. 방대한 권력을 갖고 있는 이 기구는 장칭 집단이 장악하고 있었으며 이는 그들이 중앙에서 공개적으로 활동할 수 있는 중요한 진지가 되었다.

## 2. 린뱌오 반혁명집단의 멸망

### 린뱌오 반혁명집단이 무력정변을 획책한 음모

'천보다를 비판하고 작풍을 정돈하는' 운동이 한창 진행되고 있을 때 린뱌오 집단은 반혁명정변을 서둘러 준비하고 있었다. 이러한 일련의 음모활동 가운데 린뱌오의 아들 린리궈는 아주 나쁜 역할을 했다.

1967년 4월에 린뱌오는 우파셴을 통해 린리궈를 공군에 배치하여 공군사령부당위위원회 판공실 비서직을 맡게 했다. 7월에 우파셴 등은 예췬의 요구에 따라 린리궈를 중국공산당에 가입시켰다. 1969년 10월 17일에 우파셴은 또 린뱌오의 요구대로 린리궈를 공군사령부 판공실 부주임 겸 작전부 부부장으로 임명했다. 다음 날, 우파셴은 작은 범위에서 "공군의 모든 일을 린리궈 동지에게 회보해야 하며 그는 공군의 모든 것을 움직이고 지휘할 수 있다."고 선포했다. 1970년 '8.1'건군절 전야에 린리궈는 공군기관에서 다른 사람이 대필하여 작성한 "마오쩌둥 사상을 학습하고 활용하는 것에 관한 응용방법 해설보고"를 했다. 우파셴은 이 보고는 "정치위성을 쏘아올린 것이나 다름없다."고 치켜세우면서 린리궈는 "천재이고 온전히 발전한 인재이자 대세를 움직일 수 있는 인재"라고 아첨했다. 린뱌오도 이 보고는

"사상이 나와 비슷할 뿐만 아니라 언어도 나와 비슷하다."고 말했다.

린뱌오의 면밀 주도한 부추김으로 부대의 기층 사업 단련을 거친 적도 없고 공중전 실천 경험도 없는 25세의 린리궈는 2년 남짓한 사이에 로켓이 하늘로 날아오르듯이 고속 승진하여 공군의 '태상황(太上皇)'이 되다시피 했다. 린리궈는 린뱌오의 이름을 내걸고 우파셴의 지지를 이유로 공군의 모든 사업에 참여했다.

1969년 10월 28일에 린리궈는 린뱌오의 지지로 우파셴의 비준을 거쳐 공군사령부 판공실에 저우위츠(周宇馳)[11], 류페이펑(劉沛丰)[12], 위신예(于新野)[13] 등으로 구성된 5인 조사연구소조를 설립했으며 자신은 우두머리가 되었다. 얼마 지나지 않아 이 소조는 반혁명 음모활동을 감행하는 핵심 역량이 되었다. 당중앙위원회 제9기 제2차 전원회의가 열리기 전까지 린리궈와 그의 '조사연구소조'는 우파셴 등에 따라 주로 공군직속기관 내부에서 활동했다. 당중앙위원회 제9기 제2차 전원회의 이후 그들의 활동은 뚜렷한 변화가 생겼다. 1970년 11월에 린리궈는 저들의 반혁명조직을 '연합함대'라고 이름 지었다. 린위궈의 요구로 '연합함대'는 활동 범위를 넓혀 각 지역에 내려가 '부대에 깊숙이 들어가 조사'를 진행하고 핵심인물을 물색했으며 심복들을 길러냈다. 그들은 또 베이징, 상하이, 광저우 등지에서 대오를 확대하여 반혁명 음모활동을 진행할 '소조'를 설립했으며 비밀거점을 설치해놓고 연락을 취하면서 총기, 탄약, 무선전송수신기, 도청기를 몰래 마련하고 당과 국가의 기밀 문건을 수집했다.

"천보다를 비판하고 작풍을 정돈하는" 운동이 전개됨과 더불어 린

---

11) 저우위츠, 당시 공군사령부 판공실 부주임으로 있었다.
12) 류페이펑, 당시 공군사령부 판공실 처장으로 있었다.
13) 위신예, 당시 공군사령부 판공실 부처장으로 있었다.

위궈 등은 반혁명 음모활동의 준비를 서둘렀다. 1971년 3월 21일부터 24일까지 린리궈는 '연합함대'의 주요 성원들인 저우위츠, 위신예, 리웨이신(李偉信)14) 등을 상하이의 비밀 거점에 불러들여 음모를 책동했다. 그들은 정세에 대해 분석하며 린뱌오의 권세가 점점 약화되고 '문인 역량'(장춘차오, 야오원위안 등을 가리킨다)이 확대되고 있는데 이대로 나아갈 경우 장춘차오가 린뱌오를 대체할 가능성이 아주 크다고 인정했다. 린뱌오가 '후계자'가 될 수 있는지에 대한 문제를 분석하면서 그들은 다음과 같은 3가지 가능성을 제기했다. 첫째, 린뱌오가 '변고 없이 후계자'가 되는 것, 둘째, 린뱌오가 '다른 사람에게 후계자 자리를 빼앗기'는 것, 셋째, 장춘차오를 없애버리거나 또는 마오쩌둥을 모해하는 방법으로 린뱌오가 '앞당겨 후계자'가 되는 것. 그들은 권력 탈취 시행계획의 요점, 구호와 책략까지 정하고 '평화적 과도'를 쟁취하고 '무장 봉기'를 준비할 것을 제기했다. '연합함대'는 폭파, 암살, 사사고 등 수단을 동원하여 마오쩌둥을 모해하고 반혁명 무력 정변을 발동하여 '전국의 정권을 탈취'하거나 '할거 국면'을 조작하며 동시에 '소련의 힘을 빌려 국내외 각종 역량을 견제'하려고 미친 듯이 시도해나갔다. 그들의 토론 결과에 따라 위신예는 무력정변 준비에 관한 '571공사요지'15)를 작성했다.

 3월 31일에 린리궈는 '571공사요지'에 근거하여 '지휘부'를 세우려

---

14) 리웨이신, 당시 7341부대 정치부 부처장으로 있었다.
15) '571'이란 무장봉기(武裝起義)의 세 개 한자음을 따온 것이다.

고 상하이에서 장텅자오[16], 왕웨이궈[17], 천리윈[18], 저우젠핑[19]을 비밀리에 불러들여 회의를 열었다. 회의에서 그들은 난징에서는 저우젠핑을, 상하이에서는 왕웨이궈를, 저우에서는 천리윈을 '두목'으로 하고 장텅자오는 '총책임'을 맡도록 결정했으며 세 곳에서 서로 연계하고 합하며 협동작전을 벌이기로 했다. 4월에 린리궈는 왕웨이궈를 시켜 상하이에 반혁명정변을 위해 일하는 '교도대'를 설치하고 특수훈련을 시켰다.

4월에 중앙에서는 "천보다를 비판하고 작풍을 정돈하는" 회보회의를 소집했는데 이 기간에 '연합함대'는 회의 동향을 면밀히 주시하는 한편 빈번하게 회의를 열고 곳곳에 연락을 했다. 4월 말에 린리궈와 저우위츠는 그들의 무리들에 다음과 같이 말했다. 제4기 전국인민대표대회가 열리기 전에 중앙에서 또 회의를 하게 되는데 아마 그때 가서 또 싸울 것이다. 문제가 해결되지 않았기에 모두가 준비에 박차를 가하고 있다. 7월 상순에 린리궈는, 또 지금 누군가 주석이 국빈과 나눈 담화[20]가운데 일부 제기방법을 찾아내 주석과 린 부주석을 이간하고 있는데 이는 린 부주석을 겨냥한 것이라고 말했다. '연합함대'의 기타 성원들도 도처에서 지금 린 부주석을 반대하는 바람이 불고 있는데 이 바람이 하도 거세기에 부대를 잘 통제해야 한다며 떠들어댔다. 7월 하순이 지나자 린리궈 등은 광저우, 선전, 사더우자오 등지를 돌아다니며 '지형을 관찰'하기 시작했고 또 베이다이허에 가서 수

---

16) 장텅자오, 원래 난징군구 공군 정치위원이었는데 난징군구에서 동란을 일으켜 1968년 4월에 직위 해제되었다.
17) 왕웨이궈, 당시 공군 제4군 정치위원으로 있었다.
18) 천리윈, 당시 공군 제5군 정치위원으로 있었다.
19) 저우젠핑, 당시 난징군구 공군 부사령원으로 있었다.
20) 1970년 12월에 마오쩌둥이 스노와 나눈 담화를 가리킨다.

로와 육로에서 모두 달릴 수 있는 수륙양용 자동차 운전을 배우기 시작했다. 또 각지에 사람을 보내 연계를 취함으로써 무력정변의 획책을 재촉했다.

## 마오쩌둥의 남방 시찰 시 담화

1971년 8월 15일부터 9월 12일까지 마오쩌둥은 남방의 일부 성을 시찰했다. 이 시찰과정에 마오쩌둥은 후베이, 허난, 후난, 광둥, 광시, 장쑤, 푸젠 등지의 당, 정부, 군대 책임자들과 여러 차례 중요한 담화를 나누었다. 이런 담화 내용으로부터 마오쩌둥이 이번에 남방을 시찰한 목적은 당내에 아래와 같은 내용, 즉 "천보다를 비판하고 작품을 정돈하는" 회보회의가 결코 문제를 해결하지 못했고 회의에서 황융성 등이 범한 오류에 대해서도 충분한 결론을 내리지 못했는데 린뱌오 등을 건드리지 않고 천보다만 비판해서는 문제를 해결할 수 없음을 알리기 위한 것이었음을 알 수 있었다. 마오쩌둥은 각지의 당, 정부, 군대의 책임자들이 당중앙위원회 제9기 제2차 전원회의에서의 투쟁에 대한 인식을 높이고 중앙 내부에서 발생한 심각한 의견 상이에 대해 이해함으로써 내막을 몰라 계속 린뱌오의 뒤를 좇는 일이 생기지 않기를 바랐던 것이다. 이런 담화들은 사실 곧 열리게 될 당중앙위원회 제9기 제3차 전원회의와 제4차 전국인민대표대회를 위한 준비이기도 했다.

마오쩌둥은 담화에서 린뱌오 등의 여러 가지 음모활동에 따라 "수정주의를 범하지 말고 마르크스주의를 견지해야 하며 분열하지 말고 단결해야 하며 음모를 꾸미지 말고 공명정대해야 한다."는 3가지 기본원칙을 여러 차례 강조했다. 그는 다음과 같이 거듭 말했다. 우리 당은 이미 50년의 역사를 갖고 있는데 큰 노선 투쟁만 해도 10차례 겪었다. 이 10차례의 노선 투쟁 가운데 일부 사람이 당을 분열시키려고 시도했지만 모두 실패하고 말았다. 이 문제는 연구할 가치가 있다. 1970년 루산회의 때 그들은 돌연습격이나 지하활동만 하면서 감히 공개적으로 활동하지 못했는데 이는 마음속에 속셈이 있었기 때문일 것이다. 그들은 먼저 속이고 후에 기습했는데 5명의 상무위원 가운데 3명을 속였고 몇몇 대장을 제외한 정치국의 대다수 동지까지 속였다. 그들이 이렇게 하는 데는 뭔가 목적이 있을 것이다. 내가 보기에는 그들의 기습이나 지하활동은 계획적, 조직적이며 강령을 만들어 진행된 것 같다. 그 강령이 바로 국가주석을 두는 것이고 '천재'라고 떠받드는 것이다.

마오쩌둥은 또 다음과 같이 말했다. 누군가 화급히 국가주석이 되려 하고 당을 분열시키고 권력을 탈취하려 서두르고 있다. 그들은 천재를 반대하는 것은 곧바로 나를 반대하는 것이라고 했는데 그 몇 개 부사는 내가 몇 번이나 삭제하라고 하지 않았는가. 린뱌오 동지의 이번 연설은 나와 의논한 적도 없었고 나에게 보인 적도 없었다. 그들은 할 말이 있으면서도 사전에 하지 않는데 아마 자기들이 성공할 수 있다고 믿었던 것 같다. 그러나 우리가 안 된다고 하자 그들은 또 당황하여 어찌할 바를 모르고 있다. 이번 루산회의는 두 사령부 사이에서 벌어진 또 한 차례 투쟁이기도 했다. 이번 투쟁은 전에 있었던 9차례의 투쟁과는 다르다. 지난 9차례의 투쟁에서는 모두 결론을 지었지만 이번은 린 부주석을 보호하기 위해 개인적인 결론은 내리지 않았는데 그도 어느 정도 책임을 져야 한다. 이 사람들을 어떻게 대할 것인가? 그래도 교육하는 방침을 취해야 한다. 즉 "과거를 징계하여 앞으로 삼가게 하며 병을 치료하여 사람을 구하는"것이다. 린뱌오에 대해서는 여전히 보호해야 한다. 베이징에 돌아간 후 또 그들을 찾아 담화를 나눌 생각이다. 그러나 엄중한 원칙적 오류를 범했고 또 노선적, 방향적인 오류를 범했기에 그 선두에 선 자는 고치기 어려울 것이다. 루산에서 생긴 이 일은 아직 끝나지 않았으며 아직도 철저히 해결되지 못했고 아직 총화도 내리지 못했다.

마오쩌둥은 계속하여 다음과 같이 말했다. 무엇을 "크게 수립하고 특별히 수립"한다는 것인가? 말로는 나를 수립한다고 하지만 누구를 수립하자고 그러는 것인지 모르겠다. 솔직히 말한다면 자기 자신을 수립하기 위한 것이다. 노선문제, 원칙문제에 대해 나는 원칙을 고수할 것이다. 루산회의 이후 나는 "돌을 던지"고 "모래를 섞으며" "지반을 허무는" 세 가지 방법을 취했다. 지방당위원회가 이미 설립되었는데 마땅히 지방당위원회로 하여금 일원화 영도를 시행하게 해야 한다. 만일 지방당위원회에서 결정한 일을 또 부대당위원회에 가져가 토론한다면 이는 순서가 뒤바뀐 것이 아닌가? 공업에서 다칭을 따라 배우고 농업에서 다지이를 따라 배우며 전국직으로 인민해방군을 본받아야 한다고 했는데 이것만으로는 부족하다. 해방군은 또 전국인민을 따라 배워야 한다는 구절을 더해야 한다. 또한 신중해야 한다. 첫째로 군대가 신중해야 하고 둘째로 지방에서도 신중해야 한다. 교만해서도 안 된다. 일단 교만해 지면 오류를 범하게 되기 때문이다. 또한 군대는 통일되어야 하고 정돈되어야 한다.

마오쩌둥은 담화에서 또 린뱌오가 군사위원회사업을 주관한 후 제기한 일부 구호와 작법에 대해 비판했다. 예를 들면 "한 가지가 좋으면 세 가지가 모두 좋아진다."고 한 것,[21] 사상사업은 '번개처럼 신속하게' 해야 한다는 것, 군사훈련을 홀시한 것, '마오 주석저작학습 적

---

21) "한 가지가 좋으면 세 가지가 모두 좋아진다."는 말은 "정치사상이 좋"으면 "38작풍도 좋아지고" "군사훈련도 잘하게 되며" "생활관리도 잘하게 된다."는 것을 가리킨다.

극분자대표대회'를 연 것 등에 대하여 비판했고 또 린뱌오가 자기 아내를 자기 판공실 주임에 앉힌 것과 린리궈를 열광적으로 치켜세운 것을 비판했다.

마오쩌둥의 이러한 발언은 당중앙위원회 제9기 제2차 전원회의 이후 린뱌오 집단에 대해 한 가장 호된 비판이었다. 이는 그가 더는 린뱌오를 신임하지 않을 뿐만 아니라 린뱌오문제를 끝까지 해결하려고 결심했음을 보여주었다. 마오쩌둥은 본인이 한 말을 당지의 부분적 책임자들에게만 전달하고 절대 밖으로 새어나가지 않도록 당부했다.

## '9·13' 사건

린뱌오 등은 마오쩌둥이 이번 남행에서 각 지역 책임자들과 한 담화에 대해 극도로 민감한 태도를 보이면서 여러 가지 경로를 통해 담화 내용을 알아내려고 했다.

1971년 9월 5일 저녁, 저우위츠와 위신예는 마오쩌둥이 창사에서 일부 책임자들과 한 담화내용을 알아낸 뒤 6일에 곧바로 담화 기록을 베이다이허에 있는 린뱌오와 예췬에게 갖다 바쳤다. 이날, 우한군구 정치위원 유풍은 마오쩌둥이 우한에서 일부 책임자들과 한 담화 내용을 국빈을 동행하여 우한에 온 리줘펑에게 알려주었고 리줘펑은 그날로 베이징에 돌아가 황융성과 치우후이줘에게 전해주었으며 황융성은 그날밤으로 예췬에게 전화를 걸어 담화 내용을 전했다.

예췬은 각지에서 보내온 소식들을 전해 받은 다음 린뱌오에게 보고하고 동시에 린리궈와 함께 서둘러 음모 책농을 조직했다. 9월 7일에 린리궈는 '연합함대'에 '1급 전쟁 준비'를 할 것을 명령했다. 8일에 린뱌오는 린리궈의 이 행동을 비준한다는 친필 명령을 하달했다. 린위궈, 저우위츠 등은 8일부터 11일까지 상하이와 쑤저우 근처의 징후철도선에 있는 석방교(碩放橋) 등에서 마오쩌둥을 모해하고 베이징에 쳐들어가 장칭, 장춘차오 등이 거주하고 있는 조어대를 공격하며 상하이에서 왕훙원을 사로잡을 구체적인 계획을 짰다. 9일에 린리궈는 '소함대'인 '상하이소조'에 '1급 전쟁 준비'에 돌입하라는 명령을 내림과 동시에 10일에는 따로 중앙을 세우거나 외국으로 도망칠 목적으로 사람을 시켜 공군사령부로부터 비행, 통신과 관련되는 각종 자료들을 요구했다.

남방에서 시찰하고 있던 마오쩌둥은 자신이 시찰과 정에서 한 담화가 밖으로 새어나갈 것이며 이로 말미암아 린뱌오 집단이 심한 공포에 빠질 것이라는 점을 미리 예견하고 있었다. 시찰 도중에 마오쩌둥은 또 평소와는 다른 일부 의심스러운 현상들을 예민하게 감지했다. 8월 말부터 9월 초까지 마오쩌둥은 난창, 항저우 등지에서 린리궈 등의 의심스러운 행적들을 파악한 후 경각성을 높여 과단성 있게 항저우에서의 체류 시간을 줄이고 전용열차의 정착지점을 변경했다. 9월 10일 오후에 마오쩌둥은 항저우에서 갑자기 방향을 바꾸어 상하이로 가도록 명령했으며 상하이에 도착한 다음 전용열차에서 당지의 당, 정부, 군대 책임자들을 접견했다. 11일 오후에 마오쩌둥은 갑자기 전용열차의 출발을 명령했으며 난징에서 잠깐 머물고는 전속을 내여 곧바로 북쪽으로 달려 12일 오후에 베이징에 안전하게 도착했다. 펑타이역에서 마오쩌둥은 리더성, 지덩쿠이, 우더 등을 만나 그들에게 남방 시찰 시에 한 담화의 주요 내용을 이야기해주었다. 그는 또 노선이 정확해야만 모든 것이 정확하며 노선은 기본 고리이기에 이 기본 고리를 잘 확보하기만 하면 모든 문제가 저절로 해결된다고 말했다. 그는 린뱌오 등이 루산회의에서 꾸민 음모를 거듭 비판하고 동시에 "검은 손은 천보다 한 사람뿐이 아니라 또 있다."고 날카롭게 지적했다. 이번 시찰 과정에서 마오쩌둥이 노정을 바꾸었기에 린리궈 등의 음모는 수포로 돌아가고 말았다.

9월 11일 밤, 마오쩌둥을 모해하려고 서두르던 린리궈 등은 마오쩌둥이 이미 상하이를 떠났다는 소식을 듣자 질겁했다. 마오쩌둥을 모해하려던 계획이 물거품으로 돌아가자 그들은 새로운 음모를 감행하기로 했다. 12일 밤에 린리궈는 비밀리에 256호 전용비행기를 타고 베이다이허에 도착한 다음 린뱌오, 예췬과 함께 남쪽으로 도망치기로 결정했다. 그날 저녁, 저우위츠는 베이징에서 '소함대' 핵심들을 불러 회의를 열고 린뱌오 등이 산하이관에서 직접 비행기를 타고 광저우로 도망치도록 사람을 배치하여 보호하고 비행기로 황융성, 우파셴, 리줘펑, 치우후이줘 등을 베이징에서 광저우로 보내기로 했다.

그날 밤 10시 30분에 베이징의 인민대회당에서 제4기 전국인민대표대회 정부사업보고 작성문제에 관한 회의를 사회하고 있던 저우언라이는 린리궈가 비행기를 타고 베이다이허에 도착한 후 여러 가지 수상한 행동들을 하고 있다는 보고를 듣게 되었다. 그때까지 저우언라이는 전반 상황에 대해 모르고 있었지만 곧 경각심을 높이고 마음대로 비행기를 동원하여 산하이관에 간 원인을 조사하라고 명령하면서 비행기를 곧 베이징으로 돌아오게 하라고 명령했다. 린뱌오 등은 자기들의 행동이 이미 여러 사람의 주의를 불러일으켜 남쪽으로 도망치려던 음모를 실현하기 어렵게 되었음을 알아차리고 9월 13일 새벽에 마음을 먹고 비행기를 타고 외국으로 도망쳤다. 그들이 탄 비행기는 몽골인민공화국 언더르 항 부근에서 추락했으며 비행기에 탔던 사람들이 모두 죽었다. 이날 3시, 저우위츠, 위신예, 리웨이신은 절취해두었던 많은 국가기밀 문건과 달러를 가지고 베이징 사허비행장에서 직승 비행기 한 대를 납치해 외국으로 도망치려 했다. 비행기

조종사 천슈원은 비행 도중에 그들의 음모를 간파하고 조치를 취해 베이징시 화이러우현으로 되돌아왔는데 비행기가 착륙할 때 천슈원은 저우위츠에게 살해되었다. 저우위츠 등 '연합함대'의 핵심분자들 가운데 어떤 자들은 죄가 두려워 자살하고 어떤 자들은 체포되었다. 이로써 린뱌오 반혁명집단이 책동한 무력정변 음모는 철저히 파괴되었다.

린뱌오 반혁명집단이 최고 권력을 탈취하려고 음모를 꾸미고 무력정변을 책동한 사건은 '문화대혁명'이 당의 일련의 기본 원칙을 뒤집어엎음으로써 조성된 부정적 결과였다. 이때는 '문화대혁명'이 이미 5년 동안 진행된 때였다. 이 기간에 당의 영도적 역할이 심하게 약화되었으며 당의 조직 규율이 파괴되었고 많은 노 간부가 타도당하거나 배척당했으며 당의 각급 조직이 활동을 정지당했으며 국가의 민주와 법제가 유린되었다. 또한 파벌을 내세워 권력과 이익을 쟁탈하는 현상이 공개적으로 일어나 나라 진반이 엄중한 농란에 빠져들었다. 이는 린뱌오 반혁명집단이 거리낌 없이 횡행하고 대담하게 모험할 수 있는 조건이 되었다. 사람들이 이 놀라운 사건에서 개인숭배를 누구보다 더 고취하던 린뱌오가 상상 외로 당의 주석, 즉 그가 높이 부르짖던 "위대한 스승이시며 위대한 수령이시며 위대한 통수이시며 위대한 길잡이신" 당의 주석을 살해하려고 획책한 사실, 당 규약에 법적으로 정해진 후계자가 상상 밖으로 나라를 배반하고 외국으로 도망친 사실, 새로 선발된 6명의 중앙정치국 위원이 상상 외로 함께 반혁명활동에 가담한 사실 등을 똑똑히 보았다. 아주 큰 첨예함을 띤 이런 사건들은 다음과 같은 문제들을 엄숙하게 고려하도록 했다. '문화대혁명'이 당과 국가에 어떤 결과와 전도를 가져다주었는가? '문화대혁명'은 도대체 필요한 것인가 필요하지 않은 것인가? 합리성이 있는가 없는가? '대란'이 천하를 잘 다스릴 수 있는가 없는가? 중국이 과연 자본주의가 회복할 위험에 직면했는가 하지 않았는가? 무산계급 독재에서 이렇게 '계속 혁명'을 할 필요가 있는가 없는가? '문화대혁명'은 중국인민 가운데 어떤 계층에 어떤 이익을 가져다줄 수 있는가? '문화대혁명'은 5년 동안 어떤 사회역량에 의거했고 그것이 빚어낸 막대한 손실과 재난이 도대체 어떤 의의가 있는가? 이대로 계속한다면 또 어떤 의미가 있는가?

'9·13'사건의 발생은 당과 국가를 분열시키려 시도한 린뱌오 반혁명집단의 죄행에 대한 수많은 당원 간부와 군중의 우한한 적개심을 불러일으켰으며 또 그들로 하여금 린뱌오 반혁명집단이 정변을 일으키려 한 음모를 파탄시키는 과정에서 내린 당중앙위원회와 마오 주석, 저우언라이의 일련의 중요한 결책들을 옹호하게 했다. 그뿐만 아니라 이번 사건의 발생은 더욱 많은 간부와 군중으로 하여금 개인숭배의 열광 속에서 각성하게 했으며 이를 계기로 일부 뚜렷한 '좌'적 오류를 시정하고 당의 정책이 어느 정도 실효성을 갖고 당 내외의 여러 관계가 조정되고 개선될 수 있기를 희망하게 했다. '9·13'사건은 객관적으로 '문화대혁명'의 이론과 실천의 파탄을 선고했다. 이번 사건의 첨예성과 돌발성에 대해 마오쩌둥은 전혀 예상하지 못했었다. 마오쩌둥 자신도 이로 말미암아 매우 큰 고통과 모순에 잠겼다.

제24장

극좌적 사조에 대한 비판 및 당 정책의 관철 시행

마오쩌둥은 린뱌오 사건에서 교훈을 얻고 극좌적 사조에 대해 일부 시정을 진행했으며 여기에 발맞춰 간부정책을 관철 시행하는 것에 박차를 가하기 시작했다. 마오쩌둥의 지지로 저우언라이는 린뱌오 반혁명집단의 죄행을 비판하는 것과 극좌적 사조를 비판하는 것을 연결해 당의 간부정책, 경제정책, 지식인정책, 교육 정책, 과학문화 정책 등을 관철 시행하기 시작했다. 당시의 역사적 조건에서 비록 '문화대혁명'을 전반적으로 부정할 수는 없었지만, 1972년에 저우언라이가 지도한 극좌적 사조에 대한 비판과 당의 각항 정책을 관철 시행하기 위한 노력은 얼마 안 되는 기간에 뚜렷한 효과를 보았다. 이로써 광범위한 간부와 군중의 진심 어린 옹호를 받았다. 마오쩌둥은 저우언라이가 중앙의 일상 사무를 주관하는 것을 지지했지만 '문화대혁명'을 부정하는 것은 용인할 수 없었다. 장칭 집단이 이 틈을 타 "우적 사조의 재기를" 비판하는 운동을 일으키자 저우언라이의 정책을 관철 시행하려고 한 노력은 부득이 중단되고 말았다.

## 1. '린뱌오를 비판하고 작풍을 정돈하는' 운동

### 사태를 안정시키기 위한 조치

'9·13'사건이 발생한 후 마오쩌둥, 저우언라이는 전당을 인솔하여 가능한 한 이번 사건이 남겨놓은 일부 긴박하고 중대한 문제들을 처리하려 했다.

린뱌오 사건이 발생한 후의 처음 한동안 간부와 군중은 그 경위를 잘 몰라 의견이 분분했고 사회적으로 풍문들이 널리 퍼졌다. 마오쩌둥의 지시에 따라 중앙에서는 잇달아 린뱌오 집단의 반혁명 정변 음모를 적발하는 일련의 중요한 문건[1]들을 위에서부터 아래로 각급에 전달했다. 전달 범위가 점차 확대되면서 사건 자체에 대한 대중의 추측은 점차 사라져갔지만 '문화대혁명'에 대한 의문점과 의논은 뚜렷하게 늘어났다.

    1971년 9월 18일, 중공중앙은 당내 고위급간부들에게 '린뱌오가 나라를 배반하고 외국에 도주한 것에 관한 통지'를 발부했다. '통지'는 "9월 13일에 린뱌오는 황급히 도망 길에 올랐다가 궁지에 빠져 적에게 붙어 당과 나라를 배반하고 멸망을 자초했다."고 선포했다. 9월 29일, 중앙에서는 "황융성, 우파셴, 리줘펑, 치우후이줘이 린뱌오, 천보다 반당집단의 종파활동에 깊숙이 빠져 들어가 더 이상 현 사업을 계속 할 수 없게 된 점에 비추어 이미 그들에게 이직, 반성하고 철저히 털어놓도록 명령했다."고 선포했다. 9월 하순부터 10월 초까지 중앙에서는 예젠잉이 주관하는 중앙군사위원회판공회의를 설립하고 중앙군사위원회의 시노로 군사위원회의 일상 사무를 책임지노록 하며 린뱌오, 천보다 반당집단의 문제를 철저하게 심사하기 위해 저우언라이를 중심으로 하는 중앙특별수사처리소조를 세우고 관련 문제들을 집중적으로 처리한다고 결정했다. 10월 6일, 중공중앙은 통지를 발부하여 린뱌오가 당을 배반하고 나라를 배반한 사건과 관련하여 전달 범위를 확대하기로 했다. 통지는 각급 당위원회에 린뱌오, 천보다 반당집단의 죄행을 전달하고 토론하며 적발하는 사업을 현 시기의 첫째가는 대사로 삼고 주도하는 동시에 10월 하순에 전체 공산당원, 해방군 지휘원과 전투원, 광범위한 노동자, 빈하중농들에게

---

[1] 이런 문건에는 주로 다음 같은 것들이 있다. '린뱌오, 천보다 반당집단의 반혁명정변을 분쇄한 투쟁'(자료 1부터 3까지), 1971년 8, 9월간 외지 시찰 시에 한 마오쩌둥의 중요한 담화, '국민당반공산당분자, 트로츠키파, 반역자, 특무, 수정주의자 천보다의 반혁명 역사 죄행에 관한 심사보고' 등이다.

까지 전달하도록 준비할 것을 요구했다.

9월 26일부터 10월 15일까지 리푸춘의 주관으로 당중앙위원회는 일부 노 동지를 불러 9차례의 좌담회를 소집했다. 천이, 네룽쩐, 쉬샹쳰, 차이창, 덩잉차오, 덩쯔후이, 장원이, 장딩청, 쩡산, 왕전 등 노 동지들이 회의에서 발언했다. 그들은 린뱌오 집단이 조작한 '571 공사요지', 반혁명무장정변책동 등 죄행에 대해 격분하여 규탄하고 린뱌오의 역사적 오류와 그가 역사를 뜯어고친 행위를 적발해 비판했으며 린뱌오 반혁명집단이 퍼뜨린 여러 가지 황당무계한 논조를 비판했다. 이 기간에 덩샤오핑을 포함한 많은 노 동지는 당중앙위원회와 마오쩌둥에게 서신을 써서 린뱌오 반혁명집단을 처리하는 데 중앙의 정확한 결책을 강력히 옹호한다고 입장을 표시했다.

중앙에서는 또 조치를 취해 린뱌오 반혁명집단의 활동에 아주 깊숙이 휘말려든 사람이나 단위들을 신중하고 타당하게 심사하고 낱낱이 조사했으며 전문가를 조직하여 일부 중요한 사건을 조사하는 한편 공군, 해군, 총참모부, 총후근부 등 단위의 지도부에 대해 알맞게 조정을 했다.

린뱌오 반혁명집단을 적발하고 조사 처리하는 과정에서 일부 원 반란파 조직의 소수가 혼란스러운 틈을 타 서로 적극적으로 연락하고 종파를 움직여 과거의 복수를 하려 했다. 일부 지도 간부들이 또다시 비판을 받고 타격을 받게 되었으며 일부 단위의 지도부 내에서는 군 대간부와 지방간부, 새 간부와 노 간부 사이의 갈등이 격화되었고 일부 공장들에서는 사업과 생산이 중지되었으며 일부 지구에서는 또다시 혼란스러운 국면이 나타났다. 이런 문제들을 해결하기 위해 1971년 11월부터 1973년 상반기 사이에 당중앙위원회는 베이징에서 각각 우한, 청두, 산시, 신장, 저장, 쓰촨, 구이저우, 장시, 후난, 허난, 산둥, 간쑤, 닝샤, 칭하이 등 성, 직할시, 자치구 책임자들과 란저우 군구, 광저우 군구, 해군 등 대군구, 군병종 책임자들이 참가한 좌담회, 회보회를 소집하거나 각 지구에서 당지의 사업회의를 소집하여 간부들의 인식을 통일하고 지도부를 조정함으로써 이런 지방들의 정세를 점차 안정시켰다.

### "린뱌오를 비판하고 작풍을 정돈하는" 운동의 내적 모순

1971년 10월 이후에 린뱌오 반혁명집단의 범죄 자료들이 잇달아 발부되고 기층으로 전달됨과 더불어 마오쩌둥의 배치에 따라 전국적 범위에서 "린뱌오를 비판하고 작풍을 정돈하는" 운동이 시작되었다.

린뱌오 사건은 전당, 전국을 크게 뒤흔들어놓았고 사람들의 '문화대혁명'의 일련의 기본이론에 대한 견해를 동요시켰다. 린뱌오 반혁명집단은 극좌적인 모습으로 나타나 음모활동을 벌였기 때문에 린뱌오 반혁명집단에 대한 적발과 비판도 자연히 극좌적 사조를 비판하는 것으로 집중되었다. 이는 객관적으로 '문화대혁명'의 오류를 시정하는 데 도움이 되었다. 마오쩌둥의 지지로 저우언라이는 중앙의 사업을 주관하는 과정에서 극좌적 사조를 비교적 체계적으로 시정하고 간부정책을 관철 시행하여 정상적인 질서를 회복함으로써 각 분야의 사업에 전환의 계기가 나타나게 했다. 그러나 마오쩌둥은 '문화대혁명'의 일부 오류를 시인하고 시정하면서도 '문화대혁명'의 그릇된 지도사상을 계속 견지하고 이 운동을 앞으로도 여러 차례 더 진행해야 한다고 잘못 생각하고 있었다. 특히 극좌적 사조를 계속 견지하는 장칭 등이 여전히 마오쩌둥의 신임과 중용을 받았다. 이런 정형은 극좌적 사조를 시정하려는 노력을 끝까지 진행할 수 없게 했을 뿐만 아니라 정치 정세에서 또다시 큰 반복이 나타날 수 있게 했다.

광범위한 간부와 군중은 린뱌오 반혁명집단의 정변음모활동에 대해 몹시 증오하고 '문화대혁명' 가운데 그들이 보여준 모든 행위에 대해 상당히 분개해하면서도 린뱌오의 황당무계한 논조를 심도 있고 투철하게 비판하는 일이 결코 쉬운 일만은 아님을 보편적으로 느끼고 있었다. 일부 지방에서는 간부와 군중에게 나타난 주요한 사상적 장애는 바로 비판하기 어렵고 과감히 나서서 비판하지 못하며 "자칫 잘못 비판하여 정확한 사상을 비판하면 큰코 다칠 수도 있"으니 상급의 입장 표명을 기다리길 희망하는 것이라고 했다. 1972년 상반기 중앙에서 발부한 린뱌오를 비판하는 문건에서는 린뱌오를 비판하는 것과 실제와 연계하는 것을 정풍운동과 결부해야 한다고 강조했다. 다시 말해서 사상과 정치 노선 면의 교양과 결부해야 하고 본 지구, 본 부문의 구체적인 문제를 해결하는 것과 결부해야 한다고 강조했다. 그러나 린뱌오 사건의 본질에 대해 회피하는 태도를 취한 데다 장기간 보편적으로 존재해온 계급투쟁 확대화의 분위기 때문에 이번의 "린뱌오를 비판하고 작품을 정돈하는" 운동도 역시 확대되는 결과를 가져왔다. 일부 지방에서는 실제와 연계하여 린뱌오를 비판하는 과정에서 당지의 문제를 모두 이와 연계시키는 형태가 나타났다. 일부 지방에서는 지도부가운데 파벌투쟁이 나타나거나 대중이 지도자들의 '맹목적 지휘'를 비판하고 지도자들은 도리어 대중의 '무정부주의'를 비판하는 현상이 나타났다. 일부 지방에서는 "좌파를 지지"하는 군대 간부들에 대해 거세게 비판하기도 했다. "린뱌오를 비판하고 작품을 정돈하는" 운동의 초기에는 그 당시 각종 문건에서 제한하는 범위와 '문화대혁명'의 근본적 오류를 건드리지 않는 전제에서만 린뱌오를 비판했기에 요령 없는 형식주의에 그치면서 정풍운동이 심도 있게 전개되지 못했다.

1972년 5월 21일부터 6월 23일까지 당중앙위원회는 베이징에서 '린뱌오를 비판하고 작풍을 정돈하는' 운동과 관련한 회보회의를 소집했다. 중앙 각 부문, 각 성, 직할시, 자치구 및 각 대 군구, 군병종의 책임자 312명이 회의에 참석했다. 회의에서 발부한 문건에는 처음으로 마오쩌둥이 1966년 7월 8일에 장칭에게 보낸 한 통의 서신이 공포되었다. 서신에서 마오쩌둥은 1966년 5월 18일에 린뱌오가 일으킨 정변과 개인숭배에 관한 연설에 대해 불만과 불안감을 밝혔다. 서신에는 다음과 같이 씌어 있었다. "그는 전문적으로 정변 문제만 말한다." "이 문제에 있어서 그와 같은 이러한 견해는 아직까지 없었다." "그의 일부 제기법에 대해 나는 항상 불안함을 느낀다. 나는 예전부터 내가 쓴 책 몇 권이 그렇게 신통하다고 믿은 적이 없다. 지금 그가 한바탕 불자 전당, 전국도 모두 불고 있다." "나는 그들의 핍박에 못 이겨 양산에 오른 느낌이다. 그들의 의견에 동의하지 않고서는 안 될 것 같다." "나는 그들의 본의를 알 것 같다. 종괴의 힘을 빌려 역신을 몰아내기 위해서이다. 나는 1960년대에 공산당의 종괴가 돼 버렸다." 장칭은 회의에서 이 서신을 이번 회의에서 공개한 것은 마오쩌둥이 린뱌오 등에 대하여 이미 눈치채고 있었음을 설명하기 위한 것이라고 말했다. 7월 상순부터 8월 상순까지 각 성, 직할시, 자치구에서도 잇달아 "린뱌오를 비판하고 작풍을 정돈하는" 운동과 관련한 회의를 열고 "린뱌오를 비판하고 작풍을 정돈하는" 운동을 '가장 중요한 대사'로 삼되 중점은 린뱌오를 비판하는데 두고 이 기초 위에서 작풍을 잘 정돈하고 당의 일원화 영도를 강화하여 파벌주의, 종파주의 등을 반대할 것을 요구했다. 그러나 이런 회의들은 모두 린뱌오에 대한 비판을 어떻게 깊이 있게 전개할 것인가 하는 문제를 해결하지 못했다.

당시 일부 지구와 부문들에서는 문건에서 규정한 어조에 따르지 않고 자기들의 경험과 판단에 근거하여 "린뱌오가 선동한 극좌적 사조라는 죄행에 대해 올바로 비판하고 현 시기에는 주로 극좌적 사조의 방해를 극복하는 것"이라고 명확하게 제기했다. 저우언라이의 지도와 지지로 대중의 염원을 진정으로 반영한 이 같은 목소리는 "린뱌오를 비판하고 작풍을 정돈하는" 운동을 원래 정한 틀에서 벗어나게 했다.

## 2. 당의 각항 정책을 관철 시행

### 마오쩌둥과 저우언라이가 극좌적 사조를 비판

린뱌오 사건의 발생은 갈수록 많은 간부와 군중으로 하여금 '문화대혁명'에 대해 의심을 품게 하고 더욱 깊은 사고를 하게 했는데 이는 객관적으로 극좌적 사조를 비판하는 데 유리한 조건을 마련해주었다. 이러한 조건에는 마오쩌둥의 인식에서 일부 중요한 변화도 포함되었다. 그때 마오쩌둥은 비록 '문화대혁명'의 오류를 전반적으로 인식하고 시정할 수는 없었지만 확실히 린뱌오 사건으로부터 매우 큰 충격을 받았고 이번 운동에 대해 새롭게 생각하기 시작했다. 이런 생각은 그로 하여금 일정한 정도에서 몇 년 전의 '문화대혁명'에 대한 찬양과 긍정을 포기하게 했고 이번 운동이 초래한 일부 심각한 문제를 인식하게 했으며 극좌적 사조와 작법에 대한 불만이 더욱 깊어지게 했다. 특히 '문화대혁명'을 린뱌오 반혁명집단의 파괴와 연계하게 했고 본인이 필요하다고 인정하는 범위 내에서 일부 오류를 시정하고 일부 정책을 조정하는 데 착수하도록 했다.

1971년 10월 4일, 마오쩌둥은 중앙군사위원회판공회의 성원들을 접견할 때 린뱌오가 군사위원회의 사업을 주관하면서 취한 형식주의에 대하여 비판하면서 다음과 같이 말했다. "'네 가지가 좋은' 운동은 형식주의를 시행하면서 부대의 작풍을 나쁘게 변질시켰는데 반드시 이를 바꿔야 한다." "지금 내용이 텅 빈 것들을 시행하는 경우가 많아졌다." "군대훈련에서도 형식주의가 존재하고 있다. 군대는 어디까지나 엄격하게 훈련하고 엄격하게 요구해야만 전투에서 승리할 수 있다." 비록 당시 당내의 문건들에서는 여전히 린뱌오 반혁명집단의 멸망을 '문화대혁명'의 또 하나의 '위대한 승리'라고 여겼지만 마오쩌둥 자신은 이에 대해 파악하고 있었다. 11월 20일, 그는 한 차례 담화에서 린뱌오의 경호사업을 맡았던 부대가 얼굴을 들고 다닐 면목이 없다고 하는 데 대해 "면목이 없는 것으로 치자면 중앙도 그렇고 전체 당도 면목 없는 것이다. 이 어찌 일부 사람들만이 그러하겠는가?"고 말했다. 1972년 6월 28일, 마오쩌둥은 국빈을 접견한 자리에서 다음과 같이 말했다. "우리의 '좌파'는 도대체 어떤 사람들인가? 바로 영국대리판사처에 불을 지른 사람들이다. 오늘은 총리를 타도하고 내일은 천이를 타도하고 모레는 예젠잉을 타도하려는 사람들이었는데 그들은 지금 모두 감옥살이를 하고 있다." "이런 '좌'파들은 사실 반혁명들"이고 그들의 총배후조종자는 바로 "린뱌오라고 한다."[2] 마오쩌둥의 이 같은 말은 그가 '문화대혁명' 전 단계의 일부 작법에 대해 불만스러워하고 뉘우치면서 비교적 구체적인 사업에 눈을 돌리기 시작했음을 어느 정도로 보여주었다. 이 변화는 기본적인 것이었으나 뚜렷했다. 마오쩌둥의 이런 변화는 중앙 지도층 내에서 '문화대혁명'의 오류를 견제하는 역량이 한층 더 발전하도록 했고 장칭 등과의 투

---

[2] '마오쩌둥이 스리랑카 총리 반다라나이케를 접견한 자리에서 한 담화', 1972년 6월 28일.

쟁에서도 한때 유리한 위치에 서게 함으로써 극좌적 사조를 비판하고 일부 '좌'적 오류를 시정하는 투쟁을 힘차게 추진했다.

'문화대혁명'이 시작되면서부터 저우언라이는 줄곧 가능한 한 극좌적 사조의 범람을 억제하고 '문화대혁명'이 조성한 손실을 줄이기 위해 노력했다. 1967년에 권력을 탈취하는 고조 가운데 저우언라이는 마오쩌둥의 지시에 따라 '문화대혁명' 초기에 거의 안하무인격이었던 왕리, 관펑, 치번위에 대해 단호한 조치를 취함으로써 극좌 세력의 기고만장한 기세를 꺾어버리고 극좌적 사조를 일정하게 억제했다. 당중앙위원회 제9기 제2차 전원회의 이후 '린뱌오를 비판하고 작풍을 정돈하는' 운동은 사실상 극좌적 사조를 비판하는 또 하나의 중요한 계기를 가져다주었다. 1971년 상반기에 저우언라이는 일련의 전문 회의 때마다 극좌적 사조를 반대해야 한다고 강조하면서 일부 부문들에서 극좌적 사조를 철저하게 비판하지 않고 있는데 극좌적 사조를 숙청하지 않고서야 어찌 정확한 정책을 펼칠 수 있겠는가[3]고 엄숙하게 비판했다. 저우언라이의 이런 노력들은 많은 간부와 군중의 충심 어린 옹호를 받았다.

'9·13' 사건이 발생한 후 저우언라이는 마오쩌둥의 결책에 근거하여 정세의 발전 추세에 따라 유리하게 이끌어가면서 더 큰 범위에서 극좌적 사조에 대한 비판을 전개했다. 이를 기초로 각 지구, 각 부문의 일련의 사업에 대해 조정과 정돈을 진행했다.

**간부정책의 관철 시행**

저우언라이는 극좌적 사조에 대한 비판을 지도하는 데 우선 마오

---

[3] '저우언라이가 중앙사업회의에서 한 연설', 1971년 6월 4일.

쩌둥의 지지로 당 간부정책의 관철 시행에 매진했다. 즉 "절대다수의 간부는 모두 좋은 간부들이다."라는 예측에 따라 많은 간부에게 덮어씌운 모함을 벗겨주고 타도 당하고 독재를 받고 있는 그들의 상태를 해방시켜 주었으며 대우를 원래 수준으로 회복시켜주거나 심지어 일정한 사업에 배치해주었다.

  1968년 하반기 이후에 간부정책이 비록 계속 관철 시행되고 있었지만 린뱌오, 장칭 등의 방해와 교란으로 진행에 매우 큰 어려움을 겪었다. 린뱌오 사건이 발생한 후 마오쩌둥은 어느 정도에서 당내 많은 노 동지들에 대한 견해를 바꾸었고 일부 고위급간부에 대한 정책 관철 시행사업을 직접 묻기도 했다. 1971년 11월 14일, 마오쩌둥은 청두지구좌담회에 참석한 동지들을 접견할 때 일찍이 자신을 '크게 화나게' 했던 '2월 역류'에 대해 대체로 긍정하는 태도를 취하면서 아래와 같이 말했다. "'2월 역류'란 어떤 성격의 사건인가? 그것은 이분(천이, 예젠잉 능 노 농지늘—편집자 수)들이 린뱌오, 천보다, 왕리, 관펑, 치번위에게 대처한 사건이다." "그들은 당의 회의에서 공개적으로 화이런탕을 크게 뒤흔들어놓았다. 결점은 있다. 동무들이 말다툼을 하여도 괜찮지만 나에게 말을 했더라면 더 좋았을 것이다. 그때는 우리도 무슨 영문인지 자세히 알지 못했다. 왕리, 관펑, 치번위가 아직 폭로되지 않았기 때문이다. 어떤 문제는 몇 년이 지나서야 똑똑히 알 수 있다." 이런 말들은 사실 잘못 처리되었던 '2월 역류'를 시정해 준 것이다. 1972년 1월 6일, 마오쩌둥은 저우언라이, 예젠잉과 담화를 하면서 지금은 '2월 역류'가 전혀 존재하지 않았음이 증명되었으니 앞으로 다시는 '2월 역류'라고 하지 말아야 한다면서 이를 천이에게도 전해줄 것을 부탁했다. 예젠잉은 즉시 병원으로 가서 이미 병이 위독한 천이에게 마오쩌둥의 의견을 전달했다. 몇 시간 뒤 천이는 세상을 떠났다. 8일, 마오쩌둥은 천이의 추도회에 관한 문건을 심사할 때 추도사에 있는 "공로도 있고 오류도 있다."란 구절을 빼버렸다. 10일, 마오쩌둥은 병든 몸으로 바바오산(八宝山)에 가서 천이의 추도회에 참석하기로 임시로 결정했다. 그는 천이의 부인 장첸(張茜)에게 다음과 같이 말했다. "천이 동지는 좋은 사람이고 훌륭한 동지이다." "그는 중국 혁명과 세계 혁명에 기여하고 큰 공을 세웠다." 저우언라이는 즉시 천이의 가족들에게 이 소식을 일부 노 간부들에게 전해줄 것을 부탁했다. 이튿날 〈인민일보〉 등의 신문들에서는 제1면에 전단 표제로 "수도에서 천이 동지 추도대회를 엄숙히 거행, 위대한 수령 마오 주석께서 추도회에 참석"이란 기사를 실었다. 이는 '문화대혁명' 가운데 여러 가지 타격을 받은 노 간부들에게 해탈될 수 있다는 희망을 가져다주었다. 그들은 마오쩌둥, 저우언라이에게 서신을 보내어 그들이 받은 불공정한 대우를 반영하고 나서서 사업할 수 있게 해주거나 심사를 마무리 짓고 가족과 한자리에 모이게 해줄 것을 요구했다. 마오쩌둥은 일부 서신에 대하여 회시하고 관심과 지지를 표시했다.

1972년 8월 14일, 마오쩌둥은 같은 달 3일에 덩샤오핑이 보내온 서신에 중요한 회시를 했다. 그는 덩샤오핑이 "범한 오류는 엄중하지만" "류사오치와는 구별해야 한다."고 했다. 그는 덩샤오핑이 한 역사상의 기여를 열거하고 "나는 이러한 사실을 지난날에도 여러 번 말한 바 있지만 지금 다시 한 번 강조한다."고 말했다. 이에 앞서 마오쩌둥은 또 천윈이 중앙에 "힘에 알맞은 사업"을 배치하도록 요구한 것에 대해서도 동의한다고 회시했다. 12월에 마오쩌둥은 전 철도부 책임자였던 류젠장(劉建章) 가족이 보내온 서신에도 "파쇼식의 심사

방식"을 일괄적으로 폐지해야 한다고 회시했다.⁴⁾ 1973년 12월 21일, 그는 중앙군사위원회의에 참석한 동지들과 담화할 때 일부 지도자가 당한 억울한 사건에 대해 책임지겠다고 표명하고 허룽, "양청우, 위리진, 푸충비"와 뤄루이칭의 명예 회복을 제기하면서⁵⁾ 자신이 린뱌오의 한쪽 말만 듣고 오류를 범했기에 자기비판을 해야 한다고 말했다.

마오쩌둥의 지지로 저우언라이는 기회를 잡고 정성껏 조치하여 간부정책의 관철 시행을 추진했다. 1971년 10월, 저우언라이는 감옥의 정황에 대해 한 차례 전면적인 조사를 진행하라고 공안부에 지시하고 '좌'적 오류를 범할지라도 우적 오류는 범하지 말아야 한다는 등의 관리자들에게 나타난 그릇된 인식을 엄숙하게 비판함으로써 한동안 해방되지 못하고 계속 감금되어 있는 많은 노 간부가 학대받고 있는 정황을 다소 개선했다. 마오쩌둥의 참여로 저우언라이는 또 온갖 방법을 다해 일부 노 동지들에 대한 감금을 해제했다. 그리고 관련 부문에 그들을 세대에 치료하고 석설하게 배지하라고 지시했다. 농시에 타도 받은 일부 노 간부들을 공개석상에 모습을 보이도록 의도적으로 조치함으로써 영향력을 확대하고 전국의 간부정책 관철 시행사업을 추진했다. 1972년 4월에 저우언라이는 일부 노 동지들이 병에 걸렸지만 제대로 치료받지 못하여 사망한 데 대해 애통해하면서 위

---

4) 류젠장 가족의 서신에는 류젠장이 1968년 2월 이후로 줄곧 구류되어 심사를 받아왔고 감옥의 생활조건이 너무 열악하여 건강이 심하게 나빠졌다면서 이런 심사방식을 바꾸고 가족들이 자주 면회를 할 수 있게 하거나 류젠장이 귀가하여 심사결론을 대기하면서 병 치료를 받게 해달라고 청탁한 내용이 적혀 있었다.

5) 1974년 7월, 중앙에서는 양청우, 위리진, 푸충비의 명예를 회복시켜주고 사업을 배분해 주었다. 그러나 '4인방'의 교란으로 말미암아 중앙의 이 결정은 장기간 광범위한 간부와 군중에게 공개되지 못해 연좌를 당한 많은 사람이 즉시에 억울한 누명을 벗을 수 없게 되었다. 1979년 3월, 중앙에서는 '양청우, 위리진, 푸충비 사건'에 대해 공개적으로 억울한 누명을 벗겨주고 현실적이지 못한 모든 모함을 없애주고 연좌당한 사람들의 명예를 회복시켜주고 정책을 관철 시행하기로 결정했다. 1974년 9월, 중앙에서는 허룽의 억울한 누명을 벗겨주고 명예를 회복시켜주었다.

생부에 노 간부들의 의료문제를 조속히 해결하도록 요구하고 〈인민일보〉에 '과거를 징계하여 금후를 삼가게 하며 병을 고쳐 사람을 구해야 한다'는 제목으로 사설을 발표하도록 지시했다. 사론은 당시 간부정책을 관철 시행하는 가운데 존재하는 문제에 비추어 마오쩌둥이 예전부터 제창해온 "교육 측면을 넓히고 타격 범위를 줄여야 하며" "오류를 시정하도록 허용하며" "사람에 대한 처리에서는 신중한 태도를 취해야" 한다는 등의 정책을 천명했다. 사론은 "피아 모순과 인민 내부 모순 이 두 가지 다른 성격의 모순을 엄격하게 구분해야 한다. 혁명대열 속에 섞여 들어온 극소수 계급의 적들과 몇 번이나 교육해도 오류를 시정하지 않고 고칠 수 없는 지경에 이른 자들을 제외한 노 간부, 새 간부, 당내 동지, 당 외 동지를 막론하고 오류를 범한 모든 동지에 대해 모두 '단결-비평-단결'의 공식에 따라 교육을 중심으로 하는 방침을 취해야 한다."고 지적했다. 사론은 장기적인 혁명투쟁의 훈련을 거친 노 간부들은 당의 귀중한 재부라고 강조하면서 교란을 물리치고 간부사업에 관한 중앙의 지시를 적극적으로 관철 시행해야 한다고 요구했다.

이런 조치들은 전국적으로 폭넓은 영향을 일으켰다. 많은 성에서는 전문적으로 회의를 열고 당지 실정과 결부하여 간부정책과 지식인정책을 관철 시행했다. 푸젠성에서는 1972년 5월 중순까지 성에서 관리하는 3,060명 간부들 가운데 88.6%를 차지하는 2,710명을 해방시켰는데 그 가운데 지도부에 속한 간부가 2,044명이 되어 이미 해방된 간부의 75.4%를 차지했다. 1972년에 후난성에서는 농촌, 공장, 광산 및 '5 7' 간부학교에 내려가 훈련하는 약 8만 명에 달하는 간부 가운데 90%의 간부에게 사업을 배분해 주었고 원래 성에서 관리하던 간부의 91.8%를 해방시켜주었는데 그 가운데 각급 지도부에 속한 간부가 83.8%를 차지했다. 산시성에서는 1973년 상반기까지 성, 지구 두 개 급에서 관리하던 간부의 97%를 해방시켰고 그 가운데 이미 사업을 맡은 간부가 98%를 차지했다. 전 성의 4만 6,796명 공정기술자 가운데 이미 사업을 맡아 일하는 간부가 4만 5,351명에 달했는데 그 가운데 96.2%가 전문기술직에 복귀했다.

간부정책의 관철 시행을 통해 타도됐던 많은 당, 정부, 군대의 지도간부들이 다시 중요한 지도 직위에 오르면서 '문화대혁명'의 오류를 견제하고 시정하는 당내의 역량이 강화되었다. 그럼으로써 하나의 중요한 측면에서 '문화대혁명'을 최종적으로 마무리 짓기 위한 조건을 마련해주었다.

**국민경제를 조정, 정돈**

극좌적 사조를 비판하고 정책을 관철 시행하는 또 하나의 중요한 내용은 국민경제에 대한 조정과 정돈이었다. 1970년에 국민경제가 갓 복구되기 시작했지만 적지 않은 기업들에서 무정부주의적 사조가 여전히 매우 심각했고 규율이 문란했으며 관리가 혼란하고 생산설비가 오랫동안 수리되지 않고 방치되어 있었으며 지식인들이 기시당하고 있었고 각급 지도자들이 생산을 주도하는 것에 대해 우려하고 있었다. 이런 문제들은 이미 1970년에 나타난 경제 건설고조에서 심각한 장애로 드러났다. 바로 이런 이유 때문에 저우언라이 등은 이 단계의 극좌적 사조를 비판하는 투쟁에서 우선 당의 경제정책과 간부정책을 집중적으로 관철 시행했을 뿐만 아니라 첫 시작부터 국민경제에 대한 정돈과 긴밀히 연관시켰던 것이다.

1969년 말부터 1971년 초까지 규율을 정돈하고 질서를 회복하며 극좌적 사조를 비판함과 더불어 생산을 동원하기 위해 저우언라이의 사회로 국무원 및 그 산하 각 부와 위원회에서는 일련의 전문회의를 열었다. 짧디짧은 일 년 남짓한 기간에 신중국 건설사상 보기 드물 정도로 국무원의 각종 전문회의가 집중적으로 자주 열렸다. 이런 회의들은 각각 다른 정도에서 '문화대혁명' 제1단계 때 날뛰던 극좌적 사조와 무정부주의를 비판했고 정책을 관철 시행하고 생산을 회복, 발전시킬 것을 강조했으며 단기 또는 중기의 생산과 사업계획을 제출했고 일부 업종들에서 생산이 연속으로 줄어드는 국면을 전환시켜 1972년의 정돈의 서막을 열었다.

'9 13' 사건이 발생한 후 1971년 12월부터 1972년 2월까지 열린 전국계획회의에서 저우언라이는, 현 시기 우리 기업들은 상당히 혼란스러워 이를 정돈해야 한다고 지적하면서 처음으로 정돈 임무를 제기했다. 회의 요지는 통일적 계획을 강화하고 기업에 대한 관리를 강화하며 간부, 노동자, 기술자에 대한 당의 정책을 관철 시행하고 무정부주의를 반대하며 제품의 질을 첫자리에 놓아야 한다고 강조했다. 기업에 대한 관리에서는 직무책임, 출퇴근, 기술조작절차, 질 검사, 설비관리와 보수, 안전생산, 경제채산 등 7가지 제도를 회복하고 건전히 하며 생산량, 품종, 질, 원자재와 연료 및 동력의 소모, 노동생산 능률, 원가, 이윤 등 7가지 지표를 장악할 것을 명확히 규정했다. 이 문건은 생산을 회복하고 발전시키며 극좌적 사조와 무정부주의를 시정할 것을 절박하게 요구하는 광범위한 간부와 군중의 강렬한 염원을 반영했다. 회의 요지는 저우언라이의 사회로 토론돼 확정되었지만 장춘차오는 도리어 "문건이 너무 길어 발부하기가 어렵다."고 말했다. 장춘차오는 또 '유명무실한 정치'를 비판하는 것을 반대하면서 '유명무실한 정치'를 비판하는 것은 곧 '문화대혁명'을 비판하는 것이라고 주장했다. 요지는 장춘차오의 반대로 회의에서 채택되지 못했지만 그 기본 정신은 회의에 참석한 대표들에 의해 전파되면서 생산을 회복하고 발전시키는 추동 작용을 했다.

1972년 5월, 〈인민일보〉는 글을 발표하여 사회주의 기업 관리에는 합리적인 규정제도가 필요하다고 제기했다. 다수의 성과 직할시의 기업에서는 무정부주의를 반대하고 기업 관리를 강화하는 것과 긴밀히 연관되는 사회주의 노동경쟁 활동을 벌였다. 노동경쟁은 당시 '큰 지표'로 불리던 정치학습, 규율, 작풍 등을 제기한 외에도 생산 분야에서 생산량, 질, 출근, 안전, 소모를 비교하는 등 '작은 지표'를 규정하고 이를 어느 정도의 물질적 장려와 연계시켰다.

기업 관리에 대한 극좌적 사조의 파괴와 부정으로 말미암아 제품의 질이 심하게 떨어진 것에 따라 저우언라이는 제품의 질 향상에서 시작하여 당시 기업들에 보편적으로 존재하고 있던 책임질 사람이 없고 준수해야 할 규정제도도 없던 혼란스러운 국면을 해결했으며 극좌적 사조에 대해 날카롭게 비판했다. 1971년 12월 15일에 서우언라이는 대외원조 비행기의 질이 떨어진 것에 대해 '경각심을 높이라'고 지시했다.[6] 12월 26일에 저우언라이는 예젠잉, 리셴녠 등과 함께 항공공업 제품의 질 문제에 관한 회보를 청취할 때 질 문제는 노선문제이기 때문에 합리적인 제도를 회복하고 무정부주의와 극좌적 사조를 비판해야 한다고 명확하게 제기했다. 1972년 1월 21일, 저우언라이는 대외원조 자동차의 질 문제와 관련하여 아래와 같이 지시했다. "질이 이렇게 떨어져서야 어떻게 대외원조를 할 수 있으며 전쟁 준비를 할 수 있겠는가? 이것은 노선문제이므로 이달 안으로 의사일정에

---

6) 저우언라이, '질 문제를 의사일정에 놓고 해결해야 한다.'(1971년 12월 15일, 1972년 1월 21일), 〈저우언라이선집〉(하), 민족출판사 1986년, 570쪽.

올려놓고 해결해야 한다."[7] 4, 5월 사이에 저우언라이는 또 잇달아 수출용 통조림, 와이셔츠, 카메라 등 일용공업제품과 광저우수출입상품교역회[8] 전시품의 질 문제를 논의했다. 그는 "현재 우리나라는 수출량이 적은 데다 질까지 이렇게 떨어지고 있으니 되겠는가?"라고 지적하고 나서 제품의 질 문제에 대해 "생산이 불안정한 것은 곧 규정제도가 잘 집행되지 않았기 때문이다. 좋은 규정제도와 좋은 공예 절차를 지켜야 한다. 지금 대담하게 관리하지 못하고 있고 무정부주의가 범람하고 있으며 지도 기관들도 감히 말을 못하고 있다."[9]고 문제의 상황을 한층 더 분석하고 지적해냈다. 저우언라이 등의 지시에 따라 국무원은 관련 제품의 질 문제에 대해 전문 통보를 발부하고 관련 인력을 소집하여 존재하는 문제의 원인을 조사하고 연구하고 분석했다. 대대적인 정돈을 거쳐 일부 제품의 질이 뚜렷하게 제고되었다.

저우언라이의 지시에 따라 1972년 10월부터 11월까지 국무원 관련 부문은 경제채산을 강화하고 기업의 결손을 메우는 것에 관한 회의를 소집하고 "정치는 모든 것을 타격할 수 있다.", "경제장부는 따지지 않고 정치장부만 따진다."는 등 황당무계한 논조에 따라 기업에 대한 관리를 확실하게 강화할 것을 제기했다. 이번 회의에서는 또 국영 기업들에서 계획 지표를 완수한 후 이윤에서 일정한 비율로 장려기금을 떼어 종업원의 집단복리에 사용하고 선진생산종사자들에게 물질적 장려를 주도록 허용할 것을 제기했다. 회의 후 국가계획위원

---

7) 저우언라이, '질 문제를 의사일정에 놓고 해결해야 한다.'(1971년 12월 15일, 1972년 1월 21일), 〈저우언라이선집〉(하), 민족출판사 1986년, 571쪽.
8) 광저우수출입상품교역회, 즉 광저우에서 거행되는 중국수출입상품교역회.
9) '저우언라이가 광저우에서 광저우수출입상품교역회의 각 관련 부문 책임자들을 접견할 때 한 담화 기록', 1972년 4월 9일.

회에서는 또 '통일적 계획을 견지하며 경제 관리를 강화하는 것에 대한 규정'초안을 작성했다. 이 규정은 저우언라이의 비준을 거쳐 1973년 1월에 소집된 전국계획회의에 회부되어 토론에 부쳐졌다. '규정'은 경제 관리에 대한 많은 중요한 사상을 다음과 같이 제기했다. 나라의 통일적 계획을 강화하고 종합적 균형을 잘 잡으며 지방에서 제멋대로 하는 것을 반대한다. 기본건설 규모를 엄격하게 통제하고 건설대상을 마음대로 늘리는 것을 허용하지 않는다. 종업원 총수, 노임 총액, 주요 제품의 물가 등에 대한 관리권을 중앙에 집중시키고 각 지구, 각 부문은 독단적으로 결정하지 못한다. 중앙에서 넘겨준 대중형 기업들은 성, 자치구, 직할시 및 소수의 성자치구 관할 시에서 관리하고 더 아래로는 내려보내지 못한다. 기업들은 당위원회에서 영도하는 공장장 책임제를 시행하고 강력한 생산지휘 체계를 구축한다. 노동에 따라 분배하는 사회주의 분배 원칙을 견지하고 시간당 노임 및 장려제도를 널리 보급하며 소수의 강도가 높은 육체노동에 내해서는 도급 노임을 시행할 수 있다.

 금융계통에 대해서도 기본적이고 효과적인 조정을 했다. 1972년 9월, 저우언라이의 관심과 지지 아래 중국인민은행은 전국은행사업회의를 열었다. 회의 기간에 리셴녠, 리푸춘, 위추리, 화궈펑은 회보를 청취하면서 다음과 같이 강조했다. 극좌적 사조를 비판하고 은행의 기능 역할을 정확하게 인식하며 신중국이 창건된 지난 20여 년 동안에 은행이 거둔 성과에 대하여 충분하게 평가해야 한다. 은행사업의 독립성을 강화하고 전국적으로 신용자금을 통일적으로 조달시켜야 한다. 전국적으로 통일적으로 결제하고 금, 은, 외화에 대하여 통일적으로 관리해야 한다. 그들은 계속하여 다음과 같이 강조했다. 현재 은행관리가 느슨한데 마구 관리하지 말고 분류하여 관리해야 한다.

그렇지 않을 경우 꼭 화폐를 많이 발행하게 될 것이다. 회의는 '문화대혁명' 초기 금융사업에서 나타난 일부 혼란을 기본적으로 밝혔고, 은행의 기능을 향상시키는 것과 관련하여 반드시 전면적으로 "경제를 발전시키고 공급을 보장해야 한다."는 방침을 이해하고 집행할 것을 제기했다. 회의는 또 농촌금융사업을 잘하고 공상신용관리, 외화관리, 현금과 노임, 기금 관리를 강화하며 개인 저축활동을 적극적으로 전개하고 은행 내부의 사업을 정돈, 개진하며 '중앙금고조례'를 엄격히 집행하고 경제활동에 대한 분석과 종합적 반영사업을 잘하며 은행기구를 건전히 하고 인원대열 건설을 강화하는 일련의 문제에 관한 구체적인 의견을 제기했다.[10]

1972년부터 1973년 사이에 저우언라이의 지시에 따라 국무원은 또 과감한 조치를 취하여 국민경제에서의 기본관계에 대해 약간의 조정을 했다. '세 가지 돌파'에 대해 국무원은 다음과 같이 요구했다. 기본건설 규모를 대폭 줄이고 종업원 수를 줄이며 노동 노임에 대한 전반적 통제를 강화하며 양곡의 통일적 판매사업을 정돈하고 불합리적인 공급을 줄이며 농업, 경공업, 중공업의 비율관계를 조정하고 철강생산량 등에서 정한 높은 지표를 낮춘다. 또한 국방건설과 경제 건설의 관계를 조정하고 국방건설비용을 알맞게 낮추며 제4차 5개년 계획에서 지나치게 높게 정해졌던 각종 경제 지표들을 낮추며 경제사업의 중앙집권적 통일 영도를 강화하고 통일적으로 계획하고 규율을 준수할 것을 강조한다. 조정을 거쳐 국민경제 내부의 불균형이 어느 정도 완화되었다.

공업에서 정돈을 진행하고 동시에 농촌에서도 일부 '좌'적 경제정

---

10) 〈당대 중국〉총서 편찬위원회, '당대 중국의 금융사업', 중국사회과학출판사 한문판, 1989년, 170~171쪽 참조.

책을 시정하기 시작했다. 1970년에 열린 북방농업회의에 이어 국무원에서는 또 농업, 농촌과 관련한 회의를 여러 차례 열었다. 이런 회의는 광범위한 간부, 농민들의 요구와 저우언라이의 여러 차례의 연설 정신에 따라 농촌사업에 나타난 극좌적 사조와 '좌'적 오류에 대해 확고하게 비판했다. 이 시기에 비록 "농업에서는 다자이를 따라 배워야 한다."와 같은 구호가 여전히 자주 여러 신문들에 등장했지만 그 실제 내용에는 이미 일부 변화가 나타났다. 그 밖에 나라에서는 또 부분적 농산물의 수매가격을 높이고 농업을 지원하는 제품의 공장출하 가격과 판매가격을 낮추고 양곡징수수매가격을 5년 동안 변화시키지 않는다는 등 정책을 시행하여 농민들이 생산을 발전시키고 생활을 향상시키도록 고무해주었다. 이런 정책들은 극좌적 사조의 범람을 억제하고 농민들의 적극성을 불러일으키며 농업 생산력을 보호하고 발전시키는 중요한 역할을 발휘했다.

이를 기초로 하여 1971년 12월 26일에 당중앙위원회는 '농촌인민공사 분배문제에 관한 지시'를 발부했다. 당시 농촌에서 존재하는 '남김없이 모조리 나누고 몽땅 먹어치우는 현상', 집단은 증산했지만 개인 소득은 늘어나지 않는 현상, 현금으로 분배하지 않는 것과 노동에 따른 보수 계산에서의 평균주의 현상 등에 대해 '지시'는 다음과 같이 강조하여 지적했다. 생산을 발전시키는 기초 위에서 축적을 점차 늘리고 공동 축적은 한꺼번에 너무 많이 늘리지 말고 농민들이 생산을 늘리는 기초 위에서 개인 소득을 증가시킬 수 있도록 해야 한다. 식량 분배에서는 대다수 사원들의 적극성을 불러일으키는 데 이롭도록 해야 한다. 농촌인민공사의 분배에서는 반드시 나라, 집단, 개인 3자의 이익을 골고루 돌보고 각자가 능력에 따라 일하며 노동에 따라 분배하는 원칙을 견지해야 한다. 다자이대대의 노동관리 방법과 분배

방법을 그대로 옮기지 말고 실제에서 출발하여 당지의 경험을 총화하는 데 중점을 두며 대중이 자체로 창조하고 접수할 수 있는 편하고 쉬운 방법을 취해야 한다. 당의 정책이 허용하는 여러 가지 경영을 자본주의로 간주하여 비판하지 말고 농업의 전면적 발전에 주의를 기울여야 한다. '지시'는 북방지역농업화의 기초 위에서 또 다소 진전을 가져왔는데 극좌적 사조에 대해 부정했을 뿐만 아니라 장기간 농업 면에서 나타났던 일부분 '좌'적 오류에 대해서도 제한하여 여러 면에서 작지 않은 파문을 일으켰다. '지시'가 발표된 후 각 성, 자치구에서는 모두 전문회의를 열고 본 지구의 구체 정황과 결부시켜 이를 연구하고 관철 시행했다. 1972년 한 해 동안, 〈인민일보〉 등에서는 '지시' 정신에 따라 농업 면에서 나타난 극좌적 사조의 표현을 비판하고 농촌정책을 관철 시행하는 것에 관한 사설과 글을 실어 그 당시에 큰 영향을 일으켰다.

당의 농촌정책을 관철 시행하는 것도 큰 장애에 부딪쳤다. 예컨대 1972년 1월에 열린 중국공산당 산시성위원회 제2차 전원(확대)회의에서 채택된 요지에서는 농촌에 존재하는 극좌적 사조에 대해 일률로 회피하는 태도를 취했다. 그럼에도 극좌적 사조를 비판하는 성세에서 당의 농촌정책을 관철 시행하려는 노력은 비교적 큰 진전을 가져왔다. 그해 하반기에 장쑤, 안후이, 산둥, 장시 등 많은 성에서 농촌경제정책을 관철 시행하는 여러 가지 회의를 열고 소유제, 공사와 생산대 규모, 노동관리, 자류지, 분배제도, 다종경영 등과 같은 일련의 문제에서 일부 '좌'적 오류를 확실하게 시정했다.

조정을 거쳐 1970년에 경제에서 모험적 전진으로 빚어진 위해성이 1973년 하반기에 들어서서 비교적 크게 완화되었고 '세 가지 돌파'의 심각한 국면도 기본적으로 개선되었다. 또한 경제 정세가 뚜렷하게 호전되고 1973년 국민경제계획의 주요 지표를 모두 완수하거나 초과 완수했다. 전국의 농공업 총생산액은 3,967억 위안으로 불변가격으로 계산하면 그 전해보다 9.2% 성장했다. 국민소득은 2,318억 위안에 달해 그 전해보다 8.3% 성장했으며 재정수입은 809억 7천만 위안으로 그 전해보다 5.6% 성장함으로써 수입과 지출의 균형을 실현했다. 그리하여 1973년은 그 몇 해 가운데 중국의 국민경제 정세가 가장 좋은 한 해가 되었다.

### 대외경제무역사업에서 새로운 돌파를 이룩하다

1972년을 전후하여 저우언라이 등은 또 장칭 집단의 이른바 '외국 숭배'론과 '파행주의'의 압력을 무릅쓰고 '좌'적 오류의 교란을 이겨내면서 대외경제기술교류를 발전시키기 위해 끊임없이 노력했다.

1960년대 초기에 중소관계가 긴장해지기 시작한 후 마오쩌둥은 일찍이 자본주의 국가와의 경제 교류를 확대하고 선진기술과 설비를 도입하는 것에 대해 고려한 적이 있었다. 마오쩌둥은 심지어 시기가 알맞을 때 일본인들이 중국에 와서 공장을 운영하고 광산을 개발하게 하여 그들에게서 기술을 배울 수 있다고 제안하기도 했다.[11] 그러나 국제 정세의 지속적인 긴장과 국내 계급투쟁의 극대화 오류의 발전으로, 특히 '문화대혁명'이 발생하면서 이 구상은 줄곧 실현되지 못했다.

'문화대혁명'이 시작된 후 극좌적 사조가 만연하는 정세에서 대외경제사업은 타격의 중점이 되었다. 수출입사업은 '외국 숭배' 아니면 '봉건주의, 자본주의, 수정주의를 위해 복무하는 것'이라고 지적당했

---

11) '마오쩌둥이 사업교류회의의 정황회보를 청취할 때 한 연설', 1964년 1월 7일.

다. 수출 제품에 자주 품질 문제가 나타나 국가에 심한 손실을 가져다주었고 수입 제품의 수량이 급격히 줄어들어 대외무역액이 급격하게 위축되었다.

1972년에 극좌적 사조를 비판하는 가운데 중국의 대외경제사업에는 중요한 전환의 계기가 나타났다. 1960년대 말부터 1970년대 초까지 선진 서방국가들과 개발도상국들 간의 경제 내왕이 갈수록 늘어났다. 이와 동시에 중미관계가 완화되고 중국이 유엔에 복귀하고 일부 서방국가가 중국과 수교하면서 중국에 대한 국제 적대세력들의 장기간에 걸친 봉쇄가 크게 약화되었다. 이런 유리한 요소들은 1970년대 초에 저우언라이의 극좌적 사조에 대한 비판, 당의 정책의 관철 시행와 함께 중국의 대외경제교류를 확대하는 유리한 조건을 마련해주었다.

1970년부터 국내 정세가 조금 안정되자 저우언라이는 중국의 대외무역 복구사업을 위해 노력하기 시작했다. 1970년 3월 17일, 그는 전국계획회의대표들을 접견할 때 대외무역사업에 대해 다음과 같이 말했다. 여러분은 수입제품에 대해 "첫째는 비판하고, 둘째는 사용하고, 셋째는 개조해야 한다."고 제기했는데 이는 옳지 못하다. 사용하기 위해 수입하는 것이지 사용하지 않으려면 왜 수입하겠는가? 반드시 "첫째는 사용하고, 둘째는 비판하고, 셋째는 개조하는 것"으로 고쳐야 한다. 만일 비판하기 위해 물건을 수입한다면 얼마나 수입해야 하겠는가?[12] 9월 18일에 저우언라이는 외사 부문 관련 책임자들과 담화할 때 중국만이 할 수 있다고 생각하고 안하무인이 되어서는 안 되며 외사 부문에서는 끊임없이 계속 극좌적 사조를 비판해야 한다

---

12) 중공중앙 문헌연구실 편, 〈저우언라이 연보(1949~1976)〉 하, 중앙문헌출판사 한문판, 1997년, 355쪽.

고 말했다. 10월 12일에 저우언라이는 대외무역 부문의 보고서를 심사할 때 선전에서 존재하는 일부 극좌적인 제기법에 대해 상인은 어디까지나 상인이고 무역은 어디까지나 무역일 뿐이지 자본가들이 어찌 우리의 '정신'을 가져다가 물질로 바꿀 수 있겠는가?![13]라고 지적하고 나서 현재 이런 사람들을 끼어들게 하여 장사를 하게 하면 그들이 돈을 벌게 되지만 중국도 강대해져 이익을 보게 된다고 말했다.

1970년대 초에 중미관계의 새로운 국면을 열기 위해 마오쩌둥은 전략적 결책 가운데 대외경제관계의 새로운 국면을 개척하는 내용도 포함시켰다. 1972년 2월, 마오쩌둥은 닉슨과 담화하면서 다음과 같이 말했다. "당신들은 사람 왕래 같은 일을 하거나 소규모로 장사를 하려 했지만 우리는 이에 끝까지 동의하지 않았습니다." "그러나 나중에야 그래도 당신이 옳았음을 알게 되었고 그래서 탁구 경기도 하게 되었습니다." 이후의 중미상하이연합공보에서 쌍방은 점차로 두 나라 사이의 무역을 발전시키는 데 편리를 도모하기로 합의했다. 마오쩌둥의 전략적 구상에 따라 1972년 초부터 저우언라이는 대외경제사업에서 극좌적 사조의 비판 강도를 높였다. 그는 리셴녠, 위추리와 잇달아 사업을 회복한 천윈, 덩샤오핑과 함께 극좌 세력으로부터 밀려오는 온갖 압력을 무릅쓰고 대외경제사업의 새로운 국면을 열기 위해 일련의 탁월하고 효과적인 사업을 추진했다.

1972년 1월, 저우언라이의 지시에 따라 리셴녠은 위추리가 국가계획위원회 및 관련 부, 위원회 책임자들을 소집하여 연구를 진행한 것에 대한 회보를 청취하고 나서 서방 자본주의 국가들이 경제 위기에 처해 수출에 급급해하고 있는 유리한 시기를 포착하고 국내의 수요

---

13) 중공중앙 문헌연구실 편, 〈저우언라이 연보(1949~1976)〉 하, 중앙문헌출판사 한문판, 1997년, 400쪽.

에 따라 화학섬유, 화학비료 기술설비를 수입하기로 결정했다. 1월 22일에 리셴녠, 화궈펑, 위추리는 저우언라이에게 국가계획위원회의 '화학섬유, 화학비료 기술 일식설비를 수입하는 것에 관한 보고'를 올려 보내 중국에서 시급히 필요한 약 4억 달러에 상당한 화학섬유신기술 일식설비 4조, 화학비료설비 2조 및 일부분 관건적 설비와 자료를 수입하도록 건의했다. 2월 5일, 저우언라이는 이 보고에 동의하고 마오쩌둥에게 회보했다. 마오쩌둥도 즉시 보고를 심열하고 비준했다.

이를 돌파구로 하여 중앙은 당시의 유리한 조건에서 대외로부터의 수입 규모를 한층 더 확대했다. 5월 5일, 야금부에서 서방 선진국가로부터 국내철강공업에서 장기간 절박히 소요되고 있던 1.7미터짜리 대형강판압연기를 수입할 것을 건의했다. '문화대혁명'의 타격으로 말미암아 국내적으로 이런 설비에 대한 시험생산이 중단되었고 극좌적 사조의 영향 및 '자력갱생'을 내세우면서 수입을 거절한 이유로 중국의 철강공업이 영향을 입게 되었다. 리셴녠은 이 건의에 찬성한다고 회시했다. 이에 따라 국가계획위원회에서는 '1.7미터짜리 연속식 압연기를 수입할 것에 관한 보고'를 정식으로 제기했다. 8월 21일, 저우언라이는 리셴녠에게 이 보고와 관련된 내용을 즉각 시행하라고 비준함과 아울러 마오쩌둥에게 보고하여 동의를 얻었다. 11월 7일, 국가계획위원회에서는 재차 '화학공업일식설비를 수입할 것에 관한 지시 요청 보고'를 제기하여 6억 달러에 상당한 화학공업일식설비 23조를 수입할 것을 건의했다. 30일, 저우언라이는 이 보고를 비준함과 동시에 더욱 큰 규모의 도입계획을 취할 준비를 했다.

1972년에 일련의 대상설비를 순조롭게 도입한 기초에서 1973년 1월 2일, 국가계획위원회는 국무원에 '설비 수입을 증가하고 경제교류를 확대하는 것에 관한 지시 요청 보고'를 제출했다. '보고'는 전 단계의 대외 도입에 대해 총화한 기초에서 서방국가들이 경제 위기에 처해 있기에 설비 도입이 우리에게 유리한 시기를 이용하여 앞으로 3, 5년 사이에 43억 달러에 상당한 일식설비를 수입해올 것을 건의했다. 이 가운데는 대형화학비료설비 13조, 대형화학섬유설비 4조, 석유화학공업설비 3조, 알킬벤졸공장 1개소, 종합채탄기일식설비 43조, 대형발전기 3개, 우한강철공사에 세울 1.7미터짜리 압연기 및 원심식압축기, 가스터빈, 공업터빈공장 등 대상이 포함되어 있었다. 이것이 바로 후에 '43방안'이라고 불린 '문화대혁명' 기간의 최대 도입 공정이자 제1차 5개년 계획 후에 두 번째로 외국의 선진기술설비들을 도입하는 데 규모가 가장 크고, 종류가 가장 많은 방안이었다. 이번 대규모의 도입은 '문화대혁명'이란 이처럼 특정적인 배경에서 서방 자본주의 국가와 진행한 대규모 경제 교류였다. 이 방안은 극좌적 사조를 비판하고 당의 정책을 관철 시행한 산물이자 대외 경제기술 교류에서 이루어낸 큰 성과였다.

 그 후 이 방안을 기초로 하여 또 일련의 대상들을 잇달아 추가했고 계획한 총수입액은 무려 51억 4,000만 달러에 달했다. 이러한 설비 이용 외에도 국내에서 자력갱생을 통해 설비를 생산하고 개조하여 대형공업대상 총 26개 건설했는데 총투자액이 약 214억 위안에 달했다. 1982년에 이르러 이 건설대상들은 모두 생산에 투입되었다. 비록 도입 과정에 일부 결함들이 나타났지만 이번 대규모의 도입이 중국에서 1970년대 중기에 초기 공업화를 완수하는 데 어느 정도 토대를 닦아주었고 또 그 후 중국의 경제 발전과 기술진보에 대해서도 중요한 촉진 역할을 발휘했음은 결코 부인할 수 없다.

 '4·3방안'의 비준과 시행은 중국 대외 도입사업이 전면적으로 전개되도록 이끌어주었다. 저우언라이가 지도한 정돈이 고조에 이르렀던 1972년에 중국의 대외무역, 금융 및 이와 관련한 기타 경제 분야에서는 대외 기술을 도입하고 경제 교류를 전개하는 데에서 신중국 창건 후의 두 번째 고조가 나타났다. 외국의 선진 기술과 설비를 도입하는 면에서 '4·3방안'의 주요 대상을 제외한 이외에 기타 중요한 대상으로 또 미국으로부터 도입한 천연색수상관일식생산기술대상, 외화 대부금으로 신·구 선박을 구매하여 원양선팀을 구성한 것, 영국으로부터 트라이덴트 기종 비행기를 구매하여 민항운수능력을 증강시킨 것 등이 포함된다. 저우언라이의 지지로 1972년 9월, 국가계획위원회는 기술설비수입지도소조를 세우고 수입설비점검, 종합균형 및 장기계획의 조합사업을 책임지도록 했다. 계획위원회는 또 관련부, 위원회를 조직하여 여러 개의 고찰소조를 외국에 파견하여 수입설비들을 고찰하게 했다. 동시에 국내에서는 기술무역전람회를 다시 회복하고 해외의 선진과학기술을 소개하여 폐쇄되고 금지된 장벽을 뛰어넘었다.

이런 면에서의 정돈은 갓 사업에 복귀한 천윈, 덩샤오핑의 전폭적인 지지를 얻었다. 천윈은 다음과 같이 말했다. 설비를 구매할 때 고찰에 유의하고 "사전에 부품을 잘 준비해야 한다". 구중국의 난징융리 화학공장, 산시성 옌시산의 타이위안 강철공장, 산시의 협궤철도 등은 대외설비 도입에서 실패한 경험들을 참조해야 했다. 이것은 모두 구중국이 대외설비를 도입하는 데 실패한 사례들이다. 덩샤오핑은 우한강철공사의 1.7미터짜리 압연기 공정에 큰 관심을 돌리면서 부총리직에 복귀하자마자 우한강철공사를 시찰했다. 그는 철강공업은 "어디까지나 과학적으로 조직하고 합리적으로 시공해야 한다."고 주장하면서 "건설하자면 곧 속도가 따라가야 한다. 생산은 억세게 추진해야만 올라갈 수 있다."고 말했다. 우한강철공사에서 생산한 철강이 질이 합격을 받지 못하여 일련의 문제에 봉착하자 덩샤오핑은 직접 난관 공략 대열을 움직여 문제를 해결하도록 지시했다.

  외자를 이용하는 중대한 결책을 연구하고 제정하는 과정에서 당시 저우언라이를 협조하여 대외무역사업을 연구하고 지도했던 천윈이 중요한 역할을 했다. 1973년 5월 5일, 천윈은 대외무역부 책임자들의 대외무역계획 및 가격 방면에 관한 정황회보를 청취할 때 자본주의 경제위기 법칙에 대한 연구에 주의를 기울여야 한다고 지적했다. 그는 "우리는 자본주의 경제위기 속의 여러 가지 요소들, 이를테면 차수, 주기 변화에 대해 모두 진지하게 연구해봐야 한다. 이는 우리의 대외무역, 특히 수입과 상당히 큰 관계가 있다."[14]고 말했다. 1973년 6월 7일에 그는 중국인민은행 책임자들과 담화할 때 "자본주의와의 거래는 이미 결정된 대세이다." "자본주의에 대해 아주 진지하게 연구해야 한다."는 등 일련의 중요한 사상을 제기하면서 다음과 같이 지적했다. 지난날 우리의 대외무역은 소련과 동유럽 국가들과의 무역이 75%를 차지하고 자본주의 국가들과의 무역은 25%를 차지했다. 그러나 지금은 자본주의 국가와의 대외무역이 75%로, 소련, 동유럽과의 대외무역이 25%를 차지했다. 중국 대외무역이 주로 자본주의 국가를 대상으로 하는 이 추세는 "내가 보기에는 이미 결정되었다." 그러므로 "자본주의를 연구하지 않고서는 우리가 손해를 보게 된다. 자본주의를 연구하지 않고서는 세계시장에서 우리가 마땅히 서야 할 자리에 설 생각을 하지 말아야 한다." 그는 중국인민은행에 대외무역금융연구기구를 회복하고 서방자본주의 경제수단을 진지하게 연구할 것을 요구하면서 닉슨의 국정교서를 포함한 그와 같은 것들을 연구

---

14) 중공중앙 문헌연구실 편, 〈천윈연보(1905~1995)〉 하, 중앙문헌출판사 한문판, 2000년, 174쪽.

해야 한다고 말했다. 그는 또 직접 세계 경제 상황을 알아볼 수 있는 10개의 중요한 문제를 제정하고 관련 부문에서 자료를 수집하여 연구하도록 요구했다. 대량의 외화는 확보할 수 있지만 자력갱생 방침에 어긋나지나 않을까 하는 은행 책임자들의 우려에 대해 천윈은 다음과 같이 말했다. 일부 경계에 대해서는 분명히 구분해야 한다. 이를테면 자력갱생 방침을 시행하는 것과 자본주의 신용대부를 대립시키지 말아야 하며 좋은 일이라고 승인만 한다면 이유는 얼마든지 찾아낼 수 있다. 대의를 똑똑히 밝혀야 한다. 우리는 사업을 하면서 그런 낡은 틀에 구속되지 말아야 한다.[15] 저우언라이, 천윈의 지지와 지도로 중국인민은행은 많은 조사와 연구를 벌이고, 외화를 마련하며 외자를 이용하는 사업을 적극적으로 전개했다. 1973년에 모금한 외화자금은 10억여 달러에 달해 대외 도입의 절박한 수요를 만족시켜주었다.

　1973년 10월, 천윈은 대외무역부를 대신하여 작성한, 국무원에 제출하는 지시요청보고에서 또 외국의 현대 금융과 관리 수단을 대담하게 이용하고 참조하며 자본주의 국가의 상품교역소와 선물거래시장을 이용해야 한다고 지적했다. 그는 다음과 같이 말했다. "자본주의 시장의 상품교역소는 이중성을 띠고 있다." "상품교역소에 대해 우리는 소극적으로 회피하기만 하지 말고 마땅히 이를 연구하고 이용해야 한다."[16] 그의 사상에 따라 중국의 대외무역 부문에서는 국내에서 수요되는 물자를 구매할 때 선물수단을 지혜롭게 적용하여 대

---

15) 천윈, '현 시대 자본주의를 연구해야 한다.'(1973년 6월 7일), 〈천윈선문집〉 제3권, 인민출판사 한문판, 1995년, 219쪽.
16) 천윈, '도입사업에서 상품교역소를 이용할 것에 관한 문제'(1973년 10월 10일), 〈천윈선문집〉 제3권, 인민출판사 한문판, 1995년, 222쪽.

외교역시장활동에 적극적으로 참여했으며 구매 임무를 완수한 동시에 나라를 위해 외화도 벌어들였다.

1973년 1월 4일, 리셴녠은 전국대외무역사업회의에서 한 연설에서 다음과 같이 말했다. 대외무역은 마땅히 더욱 큰 발전을 가져와야 한다. 우리는 일부 자본주의 국가들과 늘 먼저 무역을 한 후 수교를 했다. 국내의 건설을 보아도 외국과의 경제기술 교류를 확대하여 중국의 경제 발전을 촉진시키는 것이 필요하다. 우리는 외국인들과 거래할 때 그들의 정치경제 정황을 익숙하게 잘 알아야 하고 국제시장 동태도 수시로 관리하여 그 정황을 잘 파악해야 한다. 리셴녠은 계속하여 다음과 같이 강조했다. 국제시장은 공급과 수요 관계의 지휘를 받고 가치법칙의 지배를 받고 있다. 우리는 자본가들과 거래할 때 이 법칙을 적용하는 방법을 배움으로써 무역이 나라의 건설에 이롭도록 해야 한다.

1973년 2월, 저우언라이는 한 차례의 담화에서 외국의 장점을 배워야 한다고 강조하면서 다음과 같이 엄숙하게 비판했다. "어떤 사람들은 모르면서도 남에게 함부로 감투를 씌우고 있다." 그리하여 일부 과학자들은 출국했다가 돌아온 후 감히 보고서마저 써내지 못하고 있다. 그들은 "남의 장점을 감히 말할 수 없었고 우리의 단점도 감히 말할 수 없었으며" "감히 보고마저 써내지 못했다".[17]

저우언라이, 천윈 등 중앙지도자들은 8차 당대회를 전후하여 세계의 조류와 중국의 발전대세에 대한 당의 분석을 계승하고 그 이후 당이 경제 건설을 지도해온 경험과 교훈을 습득하면서 중국이 외국의 장점을 될수록 많이 배워야만 사회주의 건설의 발걸음을 더 빠르게

---

17) 저우언라이, '외국의 장점을 따라 배워야 한다.'(1973년 2월 26일), 〈저우언라이선집〉 (하), 민족출판사 1986년, 584쪽.

할 수 있다고 굳게 믿었다. 그리하여 1973년 초에 장칭 등이 또 '반우경'이란 틀에 박힌 말을 들고 점점 거세게 나올 때에도 그들은 여전히 대외무역사업을 단호히 추진할 수 있었다.

1972년을 전후하여 대외경제사업에 나타난 이런 새로운 기상, 새로운 모색, 새로운 성과들은 '문화대혁명'의 배경에서 당내의 정확한 역량이 인민을 영도하여 극좌적 사조를 비판하고 국민경제를 발전시키면서 거둔 중요한 성과였다. 이는 그 후 개혁 개방 시기의 성공적인 모색을 위해 조건을 마련해주었다.

### 당의 과학교육, 문화, 민족, 통일전선 등에 관한 정책을 관철 시행

저우언라이 등은 당의 간부정책과 경제정책을 중점적으로 관철 시행하는 한편, 교육, 과학기술, 문화 등 '피해가 극심한 재해구'에서도 극좌적 사조를 비판하고 당의 정책을 관철 시행하는 어려운 사업을 전개했다. 그리하여 이런 분야들에서도 다른 업종과 마찬가지로 한때 새로운 기상이 나타났다.

1972년 5월 10일부터 6월 20일까지 국무원 과학교육조[18]는 종합대학 및 외국어학원 교육혁명좌담회를 열었다. 회의에는 베이징대학, 푸단대학, 상하이외국어학원 등 15개 학교와 베이징, 상하이, 랴오닝 등 지역의 교육 부문 대표들이 참석했다. 회의에서는 다음과 같이 지적했다. 린뱌오 반당집단이 마오 주석의 혁명 노선을 우적인 면과 극좌적인 면에서 파괴한 죄행을 비판해야 한다. 간부정책을 서둘러 관철 시행하고 원래 있던 간부들에게 사업을 적당하게 배분해 주어야 한다. 지식인정책을 전면적으로 관철 시행하고 교사들의 실무특장을

---

[18] 1970년 6월, 중앙의 지시에 따라 국무원 과학교육조를 설립하여 원 교육부와 국가과학위원회의 사업을 주관하도록 했다.

발휘시키며 그들에게 사업을 합리적으로 배분해 주고 교사들이 혁명을 위해 과학기술을 힘써 깊이 연구하고 교육할 때 학생들에게 엄격히 요구하도록 고무 격려하며 정치적으로 표현이 좋고 실무능력이 뛰어난 교사가 과학연구 및 교육사업을 지도하도록 한다. 회의는 계속하여 다음과 같이 요구했다. 질을 한층 더 높이는 데 깊은 주의를 돌리고 기초이론 교육을 강화해야 한다. 이과의 기초과목은 일반적으로 단독으로 수업하고 체계적으로 학습해야 하며 지식을 넓히고 교육시간을 보장해야 한다. 문과에서는 학생들이 실천을 기초로 하여 중점적으로 이론학습을 하도록 해야 한다. 외국어학원에서는 기초지식과 기능훈련을 강화해야 한다. 과학연구를 전개하기 위해 노력하고 과학연구 인재의 양성과 기초과학의 발전을 중요시해야 한다. 이과 분야에서는 기초이론 연구를 강화하고 실험실, 연구실을 조속히 개조하고 건설해야 한다. 좌담회에서 제기된 이런 문제들은 뚜렷한 목적성을 갖고 있었다. 이는 '교육혁명'에서의 '좌'적 오류와 극좌적 사조에 대한 비평과 시정이었다.

1972년 7월, 저우언라이는 미국적 화교 과학자 양전닝(楊振宁)을 접견하면서 다음과 같이 말했다. 양 선생은 우리의 이론이 너무나 빈약하고 또 남들과 교류도 하지 않고 있다고 말했는데 그 말이 일리 있는 것 같다. 당신은 우리의 약점을 잘 보았다. 좋은 의견이 있으면 우리는 마땅히 들어야 한다. 얼마 뒤에 저우언라이는 베이징대학 부교장 저우페이위안(周培源)에게 교수와 과학연구사업 가운데 극좌적 사조를 잘 정돈하고 기초이론 수준을 높이며 종합대학의 이과를 잘 이끌어나가도록 제기했다. 그는 어떤 장애든 제거해버리고 어떤 난관이든 극복해야 한다고 특별히 강조했다. 그는 또 저우페이위안이 서신을 보내 운동 때마다 제일 먼저 타격을 받는 것이 기초이론 연구

분야이기에 교사들이 보편적으로 사상적 우려가 있다고 반영한 것과 관련하여 국무원 과학교육조와 중국과학원 책임자들에게 저우페이위안의 서신을 근거로 하여 이 문제를 "과학교육조와 과학원에서 올바르게 토론하고 아울러 진지하게 시행해야 한다. 지나가는 구름처럼 흘려보내지 말고 잘 토의한 다음 착실하게 시행해야 한다."[19]고 강조했다.

저우언라이의 제의에 따라 8월에 전국과학기술사업회의가 열렸다. 이는 '문화대혁명'이 시작된 후 처음으로 열린 전국적인 과학기술사업토론회의였다. 회의 기간에 일부 저명한 과학자들은 '문화대혁명'이 시작된 후 많은 지방의 과학기술사업에는 계획이 없고 관리가 없고 심사가 없으며 적지 않은 연구 단위에서는 대부분 시간에 운동을 벌이고 노동을 하며 기타 사회활동을 하고 있어 연구사업 시간이 근본적으로 보장받지 못하고 있다. 게다가 과학연구자들은 '세 가지 이탈'[20]의 모자를 쓸까 두려워 과학실험과 이론연구를 섣불리 진행하지 못하고 있으며 국내외 학술교류활동이 너무 적어 보편적으로 폐쇄된 느낌이 든다고 했다. 그들은 과학연구에 대해 협애하고 실용적인 시야로만 이론연구사업을 보지 말고 서로 다른 의견 간에도 논쟁하도록 제창해줄 것을 희망했다. 그들의 의견은 저우언라이를 비롯한 지도자들의 지지를 얻었다.

9월 11일, 저우언라이는 장원위(張文裕)[21]와 저우광야(朱光亞)[22]에게 보내는 서신에서 제2기계공업부 401소의 18명 과학자가 서신에

---

19) 저우언라이, '저우페이위안이 보내온 서신에 대한 회시'(1972년 7월 23일), 중앙교육과학연구소 편, 〈저우언라이교육문선〉, 교육과학출판사 한문판, 1984년, 236쪽.
20) '세 가지 이탈'이라 함은 생산노동을 이탈하고 인민대중을 이탈하고 실제를 이탈한 것을 가리킨다.
21) 장원위, 당시 제2기계공업부 401소 부소장으로 있었다.
22) 저우광야, 당시 국방과학기술위원회 부주임으로 있었다.

서 제기한 고에너지물리연구를 발전시킬 것에 관한 건의에 대해 매우 기쁘게 생각한다고 했다. 그는 다음과 같이 제기했다. 이 일을 더는 지연시킬 수 없다. "과학원에서는 기초과학과 이론연구를 확립해야 하는 동시에 이론연구와 과학실험을 결부시켜야 한다. 고에너지물리연구와 고에너지가속기장치의 시험제작에 대한 연구는 과학원에서 성취해야 할 주요 대상의 하나가 되어야 한다."[23]

10월 6일, 저우언라이의 여러 차례의 지시 정신에 따라 저우페이위안은 〈광명일보〉에 '종합대학 이과교육 혁명에 대한 일부 견해'란 글을 발표하여 일련의 문제에서 교육, 과학기술 분야에서의 극좌적 사조를 반박했다.

극좌적 사조에 대한 비판은 중소학교들에서도 적극적인 반응을 얻었다. 10월 14일, 저우언라이는 미국적 화교 과학자 리정다오(李政道)를 접견할 때 당시의 '교육혁명'에서 중학생들이 직접 대학에 진학하지 못하게 하는 방법에 대해 본인의 견해를 제기했다. 그는 다음과 같이 말했다. "사회과학 이론 학습에서 또는 자연과학 이론 학습에서 전망 있는 청년은 중학교를 졸업한 후 2년간 전문노동을 하지 않고 직접 대학에 가서 학습하면서 노동할 수 있다."[24] 10월 29일, 〈인민일보〉는 허베이성 화이라이현 사청 중학교의 글을 실어 중학교 교수에서는 응당 "교실수업과 서책 지식에 대한 학습을 위주로 해야 한다."고 제기하여 당시 '교육혁명'에서의 민감한 문제에 대해 공개적으로 같지 않은 의견을 밝혔다. 이 두 편의 글은 사회적으로, 특히 교

---

23) 저우언라이, '기초과학과 이론연구를 중시해야 한다.'(1972년 9월 11일), 〈저우언라이 서신선집〉, 중앙문헌출판사 한문판, 1988년, 617쪽.
24) 저우언라이, '중학교 졸업생들이 직접 대학에 갈 수 있다.'(1972년 10월 14일), 〈저우언라이 선집〉 (하), 민족출판사 1986년, 583~584쪽.

육, 과학기술 분야에서 상당히 큰 반향을 불러일으켰다.

지식인을 대하는 문제에서 마오쩌둥은 일부 지식인들의 처지에 대해 관심을 보였다. 1973년초, 줄곧 "정치를 불문하고 실무만 파고드는 전형"으로 몰려왔던 중국과학원 수학연구소 연구조수 천징룬(陳景潤)은 병이 위중하게 되었다. 이 정황이 마오쩌둥에게 반영되자 그는 즉시 천징룬에 대하여 전면 검진을 하고 치료해주라고 지시했다. 이 사건은 과학원 계통 등 일부 지식인들이 집중되어있는 일부 지방에서 매우 큰 영향을 일으켰다.

1972년 한 해 사이에 저우언라이는 또 문화, 보건위생, 체육 등 계통의 극좌적 사조에 대한 비판투쟁을 지도했다. 그는 과거에 린뱌오는 극좌적 사조와 형식주의를 만들어내고 실무는 하지 않고 '정치를 두드러지게 내세우는' 데만 열중했지만 지금은 혁명을 위한 실무기술 연구에 정력을 집중하여 질을 높이고 난제를 대담하게 공략하는 것을 제창해야 한다고 여러 차례 강조했다. 문예계에서 모두 침묵을 지키면서 의견을 말하지 않는 정형에 대해 그는 "극좌적 사조를 숙청하지 않고서는 예술의 질을 높일 수 없다. 지금은 마오쩌둥 사상의 인도로 '백화제방'을 제창해야 한다."고 지적했다. 같은 해 4월, 베이징시 신화서점에서는 〈홍루몽〉, 〈수호전〉, 〈삼국연의〉, 〈서유기〉 등 중국 고전문학 명작들을 발행하기 시작하여 '문화대혁명'이 시작된 후 고전문학작품, 근대문학작품의 출판이 중지되었던 정형을 바꿨다. 베이징시 각 서점에 사람들이 길게 줄지어 서서 책을 사는 광경이 나타났다. 체육사업에서는 10월에 난징에서 '문화대혁명'이 시작된 후의 첫 전국육상운동회가 열렸다.

저우언라이의 지도로 민족 및 통일 전선의 사업도 효과적으로 일부 조정했다. 1972년 1월 24일부터 2월 12일까지 저우언라이의 지시에 따라 당중앙위원회, 국무원은 베이징에서 닝샤 구위안(固原)지구사업좌담회를 소집했다. 회의는 구위안지구에서 민족정책을 집행하는 것에 대한 문제와 반란을 평정하고 우경을 반대하는 등의 문제를 연구했다.[25] 회의는 다음과 같이 제기했다. 당의 민족정책을 올바르게 관철 시행하고 모든 사업에서 민족평등과 민족단결을 견지해야 한다. 민족정책을 아는 동지를 선발하여 소수민족지구에 가서 사업하도록 해야 한다. 소수민족의 종교 신앙과 생활습관을 존중하고 소수민족간부를 적극적으로 양성하며 여러 소수민족이 발전하고 진보하도록 열정적으로 도와주어야 한다.

3월 2일, 당중앙위원회는 민족정책을 관철한 정황을 검사하라고 지시했다. 중앙의 지시에 따라 공안부, 농림부는 연합 조사조에게 닝샤(宁夏) 룽더현(隆德縣)에 가서 조사를 했다. 조사조는 당지의 당 및 정부 기관과 함께 당의 민족정책, 농촌정책을 관철 시행하여 당지의 봄갈이혁명을 틀어쥐고 생산을 했다. 그달에 서우언라이의 건의에 따라 또 농림부 학습소조의 명의로 내몽골, 신장, 티베트, 윈난 등지의 소수민족지구에 4개 조사조를 각각 파견하여 민족정책을 관철 시행한 정황 및 당지 대중의 생활과 생산에 존재하고 있는 문제를 조사했다.

같은 해 7월 2일, 중공중앙은 고원지구사업좌담회 보고와 공안부, 농림부 연합조사조의 보고 전달에 관한 통지에서 다음과 같이 제기했다. 최근 몇 년간 일부 동지 가운데 극좌적 사조의 영향을 받아 당의 민족정책에 대한 관념이 점차 사라져가는 정형이 나타나고 있다.

---

25) 좌담회 보고에서는 다음과 같이 지적했다. 1950년, 1952년 사이에 국민당 잔여 세력 및 종교 상층 반대세력들이 닝샤의 구위안지구에서 무장폭동을 책동하고 1958년부터 1969년 사이에 여러 차례의 폭동을 획책했다. 닝샤 구위안지구 정부는 반란평정 투쟁을 조직했다. 그러나 폭동 사건을 처리하는 과정에서 성질이 다른 두 가지 모순을 혼동하는 문제가 나타났고 오류를 확대하는 오류가 나타났다.

심지어 당의 민족정책을 위반하는 정형까지 나타나고 있기 때문에 민족정책을 관철 시행한 정황에 대해 한차례 검사를 진행해야 한다. 통지는 다음과 같이 지적했다. 당의 민족정책을 관철 시행하는 것은 사회주의 혁명과 사회주의 건설에 극히 중요한 것이다. 당의 민족정책을 올바르게 학습하고 견결히 관철해야 한다. 소수민족지구에서 사업하는 이들은 이점에 특히 주의를 기울여야 한다. 8월, 저우언라이는 농림부의 전문인원을 칭하이에 파견하여 칭하이성의 농업, 목축업 생산이 낙후한 문제를 조사, 파악하라고 지시했다. 10월, 민족정책을 관철 시행한 정황을 검사하는 것에 관한 전보문에 따라 광시쫭족자치구 당위원회는 통지를 발부하고 공작조를 파견하여 기층에 깊이 들어가 민족정책을 관철 시행한 정황을 검사하게 했다. 1972년 한 해 동안에 일련의 심도 있고 효과적인 사업을 거쳐 당의 민족정책은 어느 정도 회복되었고 일부 그릇된 사건들이 시정되었으며 '문화대혁명' 가운데 심하게 파괴되었던 민족관계가 기본적으로 개선되었다.

   저우언라이가 지도하는 정돈 과정에서 정치협상회의 전국위원회의 사업도 일정하게 회복되었다. '문화대혁명'이 시작된 후 많은 민주당파 인사들이 박해를 받았고 정치협상회의 전국위원회의 사업도 부득이 중지되었다. 1972년 10월, 저우언라이의 관여로 정치협상회의 전국위원회는 각 민주당파 및 무소속 인사 학습지도소조를 구성했다. 12월, 정치협상회의 전국위원회는 임시지도소조를 세우고 기관의 일부 사업을 회복했다. 광둥성, 광저우시는 1972년에 각각 성당위원회 책임자가 참석한 애국인사좌담회를 4차례 열고 회의참석자들의 의견과 요구를 널리 청취했다. 원 성참사실 부주임은 회의 끝에 "회의 통지에서 우리를 '동지'라고 부르는 것을 보았다. 이것은 '문화대혁명'이 시작된 후 처음 있는 일이다. 이는 당이 그래도 우리를 필요로 하고 하찮게 보지 않는다는 사실을 설명해주고 있다."라고 격앙되어 말했다.

극좌적 사조에 대한 비판은 1972년 하반기에 고조에 이르렀다. 8월 초에 저우언라이는 한차례 연설에서 다음과 같이 말했다. "극좌적 사조는 세계적인 것이다. 중국에도 극좌적 사조가 있다. 바로 우리 코앞에도 있지 않는가?" "사실 각 단위의 극좌적 사조는 모두 린뱌오가 방임했기 때문이다." 극좌적 사조는 바로 "실속 없고 극단적이고 형식주의적인 것이며 무산계급 정치를 통수로 한다는 빈 구호만 부르짖는 것이다". 그는 또 짚이는 바가 있게 "운동은 곧 정책과 실무에서 관철 시행되어야 한다. 무산계급 정치를 통수로 해야 한다는 것은 무슨 말인가? 바로 실무에서 통수가 되어야 한다는 것이다."[26]고 말했다. 한때 〈인민일보〉의 사업은 저우언라이가 직접 지도했다. 저우언라이의 이러한 지시 정신의 영향을 받아 10월 14일에 〈인민일보〉는 한 면에 극좌적 노선과 무정부주의를 비판하는 3편의 글을 발표했다. 글은 명백한 입장, 예리한 언어로 '문화대혁명' 가운데 성행했던 "일체를 타도"하고 "일체를 철저히 쳐부수며" "군중운동은 자연적으로 합리적이다."라는 등 황당한 논조를 적발, 폭로하고 사람들에게 극좌적 사조의 '재출현'에 대한 경각심을 높이라고 특별히 경고했다. 이 3편의 글은 전국적으로 큰 영향을 일으켰고 많은 간부, 지식인, 노농 대중의 환영을 받았다.

---

26) 중공중앙 문헌연구실 편, 〈저우언라이 연보(1949~1976)〉 하, 중앙문헌출판사 한문판, 1997년, 541~542쪽. 이는 저우언라이가 '문화대혁명' 속에서 정치와 실무의 관계를 두고 불어닥친 극좌적 사조에 비추어 말한 것이다.

## 3. 극좌적 사조에 대한 비판의 중단 및 10차 당대회의 소집

### 장칭 집단이 '우경 번안풍'을 비판

'9·13' 사건이 발생한 후 린뱌오 반혁명집단과 서로 결탁도 하고 쟁탈도 했던 장칭 등은 한때 매우 피동적인 위치에 처하게 되었다. 극좌적 사조를 비판하는 초기에 그들은 비록 다소 수그러들었지만 점차 이 비판이 본인들에 대해서는 물론 '문화대혁명'에 대해서도 부정적 의의를 가지고 있다는 점을 명확하게 알게 되었다. 1972년 하반기에 극좌적 사조를 비판하는 투쟁이 심화됨에 따라 그들은 있는 힘을 다해 반격을 가하기 시작했다.

기초과학 이론연구와 교수를 강화하는 것에 관한 저우페이위안(周培源)의 글이 발표된 후 장춘차오, 야오원위안 등은 저우페이위안의 배경이 어떠하든 모두 뒷조사를 하여 반격해야 한다고 공공연히 떠벌였다. 장춘차오, 야오원위안의 사주로 〈문회보〉는 연속 글을 발표하여 저우페이위안을 공격하기 시작했는데 실제로는 칼끝을 저우언라이에게 돌린 것이었다. 〈인민일보〉에 발표된 무정부주의를 비판하는 몇 편의 글은 더욱이 장칭 등의 급소를 건드렸다. 그들은 "지금 경계해야 할 것은 우경 사상이 대두하는 것"이라고 인정하면서 "1972년 하반기에 다시 살아나고 있는 수정주의를 저지시키는 데" 큰 힘을 불어넣기로 결심했다. 10월부터 11월 사이에 장춘차오는 상하이시당 위원회 상무위원회에서 지금 한 갈래 '우경 번안풍'이 불고 있고 '문화대혁명'을 부정하는 사조가 살아나고 있는데 "사방팔방에서 어떤 바람이 불어오든 상하이는 이를 버텨내야 한다."고 말했다. 그리하여 극좌 비판과 극좌 비판을 반대하는 문제를 놓고 저우언라이를 대표로 하는 광범위한 간부, 군중과 장칭 집단 사이의 투쟁이 불가피하게 첨예화되었다.

11월 30일, 저우언라이는 극좌적 사조와 무정부주의를 철저하게 비판할 것을 요구하는 중앙대외연락부, 외교부의 보고서에 "동의하려고 한다."는 회시를 내렸다. 이튿날 장춘차오는 보고서를 '총리재심의'에 송부하라고 지시하고 보고서에 "당면한 주요 문제는 여전히 극좌적 사조인가, 아니면 극좌적 사조가 아닌가? 린뱌오를 비판하는 것이 곧 극좌와 무정부주의를 비판하는 것인가? 나는 지금 이 문제를 고려하고 있다."고 회시했다. 12월 2일, 장칭은 한 걸음 더 나아가 회시에서 린뱌오 매국 역적의 '극우'를 비판하는 "동시에 또 무산계급 문화대혁명의 승리도 중점적으로 강조해야 하며" 극좌적 사조에 대한 비판을 반대하면서 나타날 수 있는 '문화대혁명'에 대한 그 어떤 의심도 반대해야 한다고 제기했다.

마오쩌둥은 비록 린뱌오 사건으로부터 일부 교훈을 받아들이고 극좌에 대한 비판을 제기하고 지지했시만 '문화대혁명'의 전반적 오류에 대해서는 인식하지 못하고 있었다. 극좌적 사조에 대한 비판이 심화되면서 점점 더 많이 '문화대혁명' 자체를 건드리게 되었는데 이는 마오쩌둥이 용인하는 한도와 범위를 초과했다.

1972년 12월 17일, 마오쩌둥은 중앙정치국 성원들과의 담화에서 극좌적 사조를 철저하게 비판할 것을 요구하는 저우언라이의 정신을 관철할 것을 주장하고 장춘차오와 야오원위안이 극좌에 대한 비판을 반대하고 있다고 반영한 한 통의 서신에 대해 다음과 같이 말했다. "극좌적 사조에 대해 적게 비판하라.""내가 보기에 그 서신은 옳지 않다. 극좌인가? 아니다. 극우이다. 수정주의를 하고 분열을 진행하고 음모를 꾸미고 당을 배반하고 나라를 배반했다." 이번 담화 이후 극좌적 사조를 비판하는 정확한 방향에는 전환이 나타났고 '린뱌오를 비판하고 작풍을 정돈하는' 운동의 중점도 따라서 바뀌게 되었다.

1973년의 "두 신문(인민일보, 해방군보) 한 잡지(붉은기)"의 원단 사론은 극좌적 사조에 대한 비판을 한 글자도 언급하지 않았다. 3월, 야오원위안이 주관하는 〈붉은기〉는 제3호에서 한 걸음 더 나아가 "만일 표면적인 현상(즉 린뱌오의 극좌)만 본다면 급소를 명중할 수 없고 시비 경계를 똑바로 가를 수 없을 뿐만 아니라 투쟁의 총체적 방향에서 벗어날 수 있다."고 지적했다. 이런 명확한 변화는 즉시 사람들의 보편적인 우려와 불안을 불러일으켰다. 일부 기업에서는 더는 감히 노동 경쟁을 제기하지 못했고 일부 학교에서는 더 이상 '학습 중심'을 제기하지 못했으며 일부 농촌지구에서도 더 이상 '농업60개조'와 노동에 따른 분배, 자류지 등을 강조하지 못했다. 일부 지구와 부문의 책임자들은 곧 운동 방향을 '반우경' 쪽으로 돌렸다.

비록 '린뱌오를 비판하고 작풍을 정돈하는' 운동의 방향에 변화가 나타났지만 극좌적 사조를 비판하는 투쟁은 그것이 이룩한 성과와 갈수록 많은 간부와 군중의 지지로 말미암아 여전히 일정 기간 지속되었다. 저우언라이 등도 가능한 조건에서 이 험난한 투쟁을 계속 견지했다.

1973년 2월, 저우언라이는 국가계획위원회의 회보를 청취할 때 기업에서의 무정부주의의 여러 가지 표현을 하나하나 열거하면서 다음과 같이 지적했다. "경제에 대한 린뱌오 일당의 파괴로 빚어진 심각한 결과가 드러났다." "국민경제는 균형의 그림자도 없다." 계획사업도 "정말 무법천지가 되었다." 극좌적 사조에 대해 "꼭 철저하게 비판함으로써 파괴적 결과를 제거해야 한다". 동시에 그는 '정돈 방침'을 명확히 써넣고 노동에 따라 분배하는 제도와 장려제도를 시행해야 한다고 강조했다.[27] 저우언라이의 지시에 따라 국가계획위원회에서 작성하고 1973년 초에 열리는 전국계획회의 토론에 교부할 '통일적 계획을 견지하며 경제 관리를 강화하는 것에 관한 규정'에서는 여전히 1972년 전국계획회의 요지에서 지적한 극좌적 사조를 시정할 데 관한 기본관점을 견지하고 다소 발전시켰다. '규정'은 상하이시를 제외한 28개 성, 직할시, 자치구 대표들의 찬성을 얻었다. 장춘차오는 이에 대해 매우 격분하면서 이것은 "다수로써 우리를 압제하는 것이니 나는 견결히 반대한다. 우리는 영광스럽게 고립되었다."고 공공연히 말하고 강압적으로 명령을 내려 '규정'을 회수하도록 했다.

  1973년 3월 4일, 저우언라이는 외사 부문의 일부 책임자들을 불러 담화를 하면서 적지 않은 단위에 여전히 존재하고 있는 해외 전문가를 배척하는 잘못된 경향을 비판하고 "해외 전문가들에게 공개적으로 책임을 지겠다고 표명하여 영향을 만회해야 한다. 이러면 또 우경적 오류를 범할까 두려워하지 말아야 한다."고 지적했다. 3월 8일, 저우언라이는 해외 전문가와 그 가족들을 초청하여 참석시킨 국제노동부녀절경축초대회에서 린뱌오, 천보다, 왕리 등이 '문화대혁명' 가운데 외교사업을 교란시키고 파괴한 것을 엄하게 비판하고 잘못된 비판과 박해로 부득이 중국을 떠난 해외 전문가들에게 유감의 뜻을 표시했다. 그는 이 책임은 우리가 져야 하고 정부의 책임자로 자기가 더 큰 책임을 져야 한다고 했다. 그는 또 당과 정부를 대표하여 그들을 잘 보살펴주지 못한 잘못에 대한 보상으로 이미 귀국한 전문가들이 중국에 돌아와 사업하는 것을 환영한다고 선포했다. 그의 연설은 그 자리에 참석한 해외 전문가들과 가족들에게 깊은 감동을 주었다.

---

27) 저우언라이, '린뱌오 일당이 빚어낸 경제의 파괴적 결과를 제거해야 한다.'(1973년 2월 26일), 〈저우언라이선집〉(하), 민족출판사 1986년, 571~573쪽.

간부들을 해방하고 억울한 사건, 꾸며낸 사건, 잘못 처리된 사건을 시정하는 면에서 저우언라이는 여전히 끊임없는 노력을 경주했고 또한 마오쩌둥의 지지를 받았다. 1972년 12월 18일, 저우언라이는 마오쩌둥이 12월 17일에 한 담화가운데 "탄전린(譚震林)이 나서야 한다."는 의견에 따라 탄전린은 좋은 동지이기에 마땅히 돌아오게 해야 한다고 제기했다. 같은 날에 그는 또 마오쩌둥에게 왕자샹이 외사 조사연구사업을 맡도록 주장했는데 이는 마오쩌둥의 동의를 얻었다. 그는 또 이미 해방된 노 간부들이 지도부에 참여하여 제 역할을 발휘하게 해야 한다고 했다. 1973년 3월 9일, 그는 마오쩌둥에게 서신을 보내 덩샤오핑의 국무원 부총리 직무를 회복시킬 것에 관한 문제를 제기했는데 또 마오쩌둥의 동의를 받았다. 3월 10일, 당중앙위원회는 문건을 발부하여 덩샤오핑의 당 조직생활과 국무원 부총리 직무를 회복시키기로 결정했다. 같은 날, 저우언라이는 마오쩌둥에게 서신을 보내 간부들을 해방시켜주고 억울한 사건과 날조 사건, 잘못 처리된 사건을 시정해주는 사업을 추진할 것을 건의하고 먼저 쉬운 것부터 처리하고 나중에 어려운 것을 처리하는 방안을 중앙정치국에 보내 토론하도록 했다. 마오쩌둥은 "나는 이토록 많은 노 동지가 시달리고 있을 줄을 몰랐다. 나는 단지 관료주의에 불을 지를 목적이었지 결코 태워버리자고 한 것은 아니었다."고 하면서 저우언라이에게 간부정책을 관철 시행하라고 지시했다. 중앙조직부에서 300여 명의 명단을 제출한 후 저우언라이는 정치국회의를 사회하여 이를 일일이 연구하고 통과시켰다. 1973년 10차 당대회를 전후하여 그는 또 많은 성급, 부급 간부에 대한 감시를 해제시키고 또 둥비우, 주더, 천윈, 덩샤오핑, 리푸춘, 쉬샹첸, 네룽쩐 등 노 동지들을 여러 차례 공개 장소에 나오도록 했다. 덩샤오핑을 대표로 하는 수많은 노 간부가 다시 나와 직무를 맡은 것은 중앙지도층에서 장칭 집단이 제멋대로 악행을 일삼는 행위를 억제시키고 이후의 역사적 전환의 조건을 마련하는 중요한 의의를 가졌다.

그러나 마오쩌둥이 '문화대혁명'을 전면적으로 부정하게 되지 않을까 하고 걱정하는 바람에 린뱌오를 비판하는 정확한 방향에 변화가 나타났다. 이것은 장칭 집단에 기회를 주게 되었다. 그들은 이 기회를 타 더 거리낌 없이 '극우'를 비판하고 '우경번안풍'을 반격하는 데 열을 올렸다. 그리하여 저우언라이 등 사람들의 노력은 갈수록 어려움에 처해 계속할 수 없게 되었다.

1973년 5월 20일부터 31일까지 중공중앙은 베이징에서 사업회의를 열었다. 회의는 중앙정치국 위원과 후보위원, 중앙위원회 위원과 후보위원 및 각 성, 직할시, 자치구 당위원회 책임자들을 망라해 총 246명이 참석했다. 회의 의정은 10차 당대회 소집에 관한 준비, '린뱌오를 비판하고 삭풍을 성돈하는' 운동에 관한 토론, 당해 연도 국민경제계획에 관한 토론 등 세 가지였다. 회의 기간에 마오쩌둥의 "생산에만 주의하고 상부구조, 노선에 주의하지 않는 것은 옳지 않다.", "청년간부를 양성하는 데 주의를 기울여야 한다."는 일련의 지시를 전달했다. 이는 분명히 극좌적 사조를 비판하고 경제 질서를 회복시키는 노력과 관련해 내린 지시였다. 이때 극좌적 사조에 대한 비판이 이미 거의 금지되었기에 회의에서 '린뱌오를 비판하고 작풍을 정돈하는' 운동에 관해 토론할 때 린뱌오의 극우 실질에 대해서만 명확히 태도를 표시했을 뿐 나머지는 모두 내용이 텅 빈 말이었다. 어떤 책임자는 발언 가운데 이미 본 지구에서 린뱌오를 극좌로 삼아 비판한 '오류'를 검토하기 시작했다.

마오쩌둥의 의견에 따라 회의에서는 탄전린, 리징취안, 우란후 등

13명 노 간부를 해방시키기로 선포한 동시에 왕훙원[28], 화궈펑[29], 우더[30]을 중앙정치국위원회의에 배석시키고 중앙정치국사업에 참가시키기로 결정했다. 회의는 또 장춘차오 등으로 구성된 당 규약 개정 소조를 내와 중앙정치국의 지도로 '중국공산당규약(초안)'과 10차 당대회의 정치보고를 작성하기로 결정했다. 이번 회의는 당시 당내 두 갈래 역량 간의 투쟁 추세와 특징을 뚜렷하게 보여주었다. 한편으로는 저우언라이가 지도한 극좌적 사조를 비판한 투쟁의 일부 주요한 성과들이 여전히 보존되고 계속 그 역할을 발휘하고 있었고 덩샤오핑 등 노 동지들이 회의에 참석하고 또 10차 당대회에 참석하게 됨으로써 당중앙위원회 지도층의 건강한 역량이 일정한 정도로 강화되었다. 다른 한편으로는 이번 회의는 극좌적 사조를 비판하는 정확한 방향을 한층 더 뒤틀어버렸다. 왕훙원이 중앙정치국사업에 참가하고 장춘차오가 10차 당대회 문건기초사업을 주관하게 된 것은 장칭 집단의 세력이 한층 더 확장되었음을 표징한다.

7월 4일, 마오쩌둥은 왕훙원, 장춘차오와의 담화 가운데 외교부에서 올려 보낸 미수관계 동향을 분석한 내부 간행물에 대해 첨예하게 비판하면서 다음과 같이 말했다. "결론은 단 네 마디이다. 큰일은 토론하지 않고 작은 일만 매일 올려 보낸다. 이러한 흐름을 바꾸지 않으면 수정주의로 나아가게 될 것이다." "앞으로 수정주의가 나타나도 사전에 내가 귀띔하지 않았다고 말하지 마라." 이는 사실상 외교사업

---

28) 왕훙원, 당시 중국공산당 제9기 중앙위원회 위원, 중국공산당 상하이시위원회 부서기, 상하이시혁명위원회 부주임으로 있었다.
29) 화궈펑, 당시 중국공산당 제9기 중앙위원회 위원, 국무원 업무조 성원, 중국공산당 후난성위원회 제1서기, 후난성혁명위원회 주임, 광저우군구 정치위원으로 있었다.
30) 우더, 당시 중국공산당 제9기 중앙위원회 위원, 국무원 문화조 조장, 중국공산당 베이징시위원회 제1서기, 베이징시혁명위원회 주임으로 있었다.

을 주관하고 있는 저우언라이를 재차 비판한 것이었다.

'린뱌오를 비판하고 작풍을 정돈하는' 운동 가운데 저우언라이는 린뱌오 반혁명집단의 죄행을 비판하는 것, 극좌적 사조를 비판하는 것과 당의 간부정책을 관철 시행하는 것을 결부시켰다. 이것은 1967년 2월을 전후하여 많은 중앙지도자가 '문화대혁명' 가운데의 극단적인 방법을 시정할 것을 요구한 올바른 주장의 연속이었다. 이번 투쟁은 비록 좌절을 당하고 후에는 '린뱌오를 비판하고 공자를 비판하는' 운동 가운데 부득이 중단되었지만 많은 간부와 군중의 진심 어린 옹호를 받았고 그 후의 정치, 경제 발전의 많은 측면에서 심원한 영향을 끼쳤다.

## 중국공산당 제10차 전국대표대회

1973년 8월 24일부터 28일까지 중국공산당 제10차 전국대표대회가 베이징에서 열렸다. 대회에 참석한 대표는 총 1,249명이었는데 당시 전국에는 2,800만 명의 당원이 있었다. 대회의 의정은 3가지였는데 저우언라이가 당중앙위원회를 대표하여 정치보고를 하고 왕훙원이 당중앙위원회를 대표하여 당 규약 개정에 관해 보고했다. 아울러 대회에 '중국공산당 규약(초안)'을 제출하며 중국공산당 제10기 중앙위원회를 선거하는 것이었다.

10차 당대회는 린뱌오 사건으로 말미암아 앞당겨 소집된 것이었다. 10차 당대회의 준비사업은 당중앙위원회 전체회의의 토론을 거치지 않았으며 다만 1973년 5월의 중앙사업회의에서 당 규약의 개정 원칙과 방법 및 10차 당대회의 대표 선출방법을 확정했다. 10차 당대회 대표는 성급 당 대표대회나 대표회의에서 뽑아 산생된 것이 아니라 '협상'을 통해 당위원회 확대회의에서 뽑아 산생되었다. 이는 장칭 집단의 핵심세력과 파벌체계 핵심들이 정치 투기를 하는 데 유리한 조건을 제공했다. 10차 당대회의소집을 준비하기 위해 중앙특별수사처리소조는 7월 10일에 '린뱌오 반당집단의 반혁명 죄행에 대한 심사보고'를 당중앙위원회에 올려 보내 린뱌오, 천보다 등의 당적을 영원히 취소할 것을 건의했다. 8월 20일, 당중앙위원회는 '심사보고'를 비준했다.

 8월 24일, 마오쩌둥이 10차 당대회 제1차 전원회의를 소집하고 사회했다. 저우언라이가 대회에서 읽은 정치보고는 장춘차오가 책임지고 작성한 것이었다. 보고는 9차 당대회의 노선을 계속 긍정하고 무산계급 '문화대혁명'을 긍정했으며 "무산계급 독재에서의 계속 혁명을 견지"하는 이론을 긍정했다. 린뱌오 집단에 대한 보고는 "자산계급 야심가이며 음모가이며 양면파인 린뱌오는 우리 당내에서 10여 년이 아니라 수십 년간 둥지를 틀고 획책해왔다. 이는 발전의 과정과 폭로의 과정이 있으며 우리도 이에 대해 인식하는 과정이 있었다."고 인정하면서 "린뱌오 반당집단의 몰락은 결코 당내 두 갈래 노선 투쟁의 결과"가 아니며 이런 투쟁은 "아직도 10차례, 20차례, 30차례 나타나게 될 것이다."고 예언했다. 국내 임무에 대해서는 "무산계급 독재에서의 계속 혁명을 견지하고 단결할 수 있는 모든 역량을 단결하여 우리나라를 강대한 사회주의 국가로 건설하는 데 힘써야 한다.", "린뱌오를 비판하고 작풍을 정돈하는 운동을 계속 잘 추진해야 한다.", "여러 문화를 포함한 상부구조 범위에서의 계급투쟁을 중요시해야 한다."고 주장했다. 보고는 린뱌오 사건의 발생 원인에 대하여 정확하게 분석하지 않았고 필요한 교훈을 총화하지 않았으며 오히려 린뱌오의 '극우의 실질'에 대한 비판을 우선적 과업으로 내세웠다. 이런 그릇된 '좌'적 오류의 지도 방침은 '문화대혁명'을 더 오래 끌게 할 뿐이고 파괴적인 결과를 점점 더 확대시킬 뿐이었다.

왕훙원은 대회에서 당 규약 개정에 대해 보고하면서 당 규약 "개정 초안은 9차 당대회 규약에 비해 주로 두 갈래 노선 투쟁에 관한 경험을 보강했다."고 말하면서 "전당 동지는 모두 노선문제에 특별히 중시를 돌리고 무산계급 독재에서의 계속 혁명을 견지해야 한다."고 강조했다. 당 규약 개정에 관한 보고는 또 "천하는 대란을 거쳐야 잘 다스려질 수 있다. 7~8년이 지나면 또 한 번 일어나게 될 것이다."라는 명제를 '객관적 법칙'으로 인정했다. 당 규약 개정 초안은 '문화대혁명'은 "앞으로도 또 여러 차례 진행해야 한다."는 내용을 추가했다. 이 당 규약 개정초안의 기본 정신은 9차 당대회에서 채택된 당 규약과 일치하는데 모두 '좌'적 지도사상의 산물이었다.

8월 28일, 대회는 제2차 전원회의를 소집하여 중앙위원회의 정치보고와 당 규약 개정에 관한 보고를 채택하고 '중국공산당 규약'을 채택했으며 중앙위원회 위원 195명, 후보위원 124명을 선거하여 제10기 중앙위원회를 열었다. 8월 30일에 당중앙위원회 제10기 제1차 전원회의를 소집하고 중앙 지도기구를 뽑았다. 선거결과 마오쩌둥이 중앙위원회 주석으로 당선되고 저우언라이, 왕훙원, 캉성, 예젠잉, 리더성이 중앙위원회 부주석으로 당선되었다. 마오쩌둥, 왕훙원, 웨이궈칭, 예젠잉, 류보청, 장칭, 주더, 쉬스유, 화궈펑, 지덩쿠이, 우더, 왕둥싱, 천융구이, 천시롄, 리셴녠, 리더성, 장춘차오, 저우언라이, 야오원위안, 캉성, 둥비우 등이 중앙정치국 위원으로 뽑혔고 우구이셴, 쑤전화, 니즈푸, 싸이피딘이 중앙정치국 후보위원으로 선출되었다. 중앙정치국 상무위원에는 중앙위원회 주석, 부주석 자리에 주더, 장춘차오, 둥비우가 뽑혔다.

10차 당대회의 선거 결과는 지난 2년 동안 극좌적 사조를 비판하고 간부정책을 관철 시행한 적극적인 성과를 어느 정도 반영했다. 오랜 시련을 겪어왔지만 '문화대혁명'이 시작되면서 타격받고 배척당했던 노 간부들, 이를테면 덩샤오핑, 왕자샹, 탄전린, 우란후, 리징취안, 리바오화, 랴오청즈 등이 중앙위원회에 들어갔다. 그러나 이때까지도 당은 여전히 린뱌오 사건으로부터 더욱 심각한 교훈을 얻지 못하고 있었고 린뱌오 반혁명집단은 계급투쟁 확대화의 지도사상과 고도로 집중된 정치체제의 결과이며 '문화대혁명'의 산물이라는 사실을 근본적으로 인식하지 못하고 있었다. 노동자, 농민들 가운데 사람들을 선발하여 중앙지도부에 채용해야 한다는 마오쩌둥의 지시에 따라 왕훙원, 천융구이, 우구이셴 등이 중앙정치국에 들어가게 되었으며 그 가운데 반란을 통해 출세한 왕훙원은 중앙위원회 부주석으로 선출되면서 지위가 저우언라이 버금갔다. 장칭 집단의 중요한 구성원들은 모두 중앙정치국에 들어갔다. 이때로부터 장칭은 왕훙원, 장춘차오, 야오원위안과 함께 '4인방'란 종파 집단을 결성했다. 이 시기 저우언라이가 암에 걸렸다는 사실이 밝혀졌다. 저우언라이가 위독한 상태에 있는 동안 중앙의 일상 사무는 한때 왕훙원이 주관했다.

요컨대 극좌적 사조가 또다시 대두하는 배경에서 10차 당대회는 사상노선, 정치노선은 물론 조직노선에서도 모두 9차 당대회의 '좌'적 오류를 이어나갔다.

제25장

외교 전략의 전환 및 대외관계에서의 새로운 국면

1960년대 말부터 70년대 초에 이르는 기간에 중국이 직면한 국제 정세에는 중대한 변화가 나타났으며 중국이 외교 전략을 전환하는 기회를 제공해주었다. 비록 '문화대혁명' 초기에 외교사업도 기타 다른 분야와 마찬가지로 엄중한 교란과 충격을 받았지만 이런 국면은 비교적 빨리 호전되었다. 그 후 당중앙위원회는 국제 정세의 변화를 신중하고도 면밀하게 분석한 후 중미관계의 정상화 진척을 추진시킬 결책을 내렸다. 중국 외교는 이에 따라 중요한 발전 단계에 들어섰다. 중국의 외교 전략의 전환 및 대외관계에서 나타난 새로운 국면은 중국의 발전에 광범하고 심각하며 거대한 영향을 미쳤다.

## 1. 외교사업에서 받은 충격 및 대외관계의 기본적인 회복

'문화대혁명'이 시작된 후 국제 정세에 대한 당의 판단에는 더욱 심한 편차가 나타났다. 1966년 8월에 열린 당중앙위원회 제8기 제11차 전원회의에서는 "현재 우리는 세계 혁명에서의 새로운 시대에 처해 있다."고 하면서 국제 정세의 총체적 발전 추세는 "제국주의가 전면 붕괴되어가고 사회주의가 전 세계적인 승리로 나아가고 있다."[1]고 제기했다. 그 후 "제국주의를 타도하고 현대수정주의를 타도하며 각국 반동파를 타도하자."라는 구호와 "제국주의가 없고 자본주의가 없으며 착취제도가 없는 세계"를 이룩하자는 등 일부 실제를 완전히 거리가 먼 구호가 공개적으로 제기되었다.

'좌'적 사상의 지도로 외교사업에는 일부 비정상적인 현상들이 나타났다. 9월, 모든 외국주재 기관들에서도 "혁명을 해야 하지 그렇지

---

1) '중국공산당 제8기 중앙위원회 제11차 전원회의 공보'(1966년 8월 12일 채택), 1966년 8월 14일 자, 〈인민일보〉 1면.

않으면 상당히 위험하다."[2]고 한 마오쩌둥의 지시를 관철하기 위해 외교부에서는 해외에 파견한 대사, 참사관과 기타 일부 외교관들을 끊임없이 국내로 소환하여 운동에 참가시켰다. 그리하여 외국주재 대사관과 영사관의 실무를 정상적으로 진행할 수 없게 되었다. 10월, 중공중앙은 마오쩌둥 사상과 '문화대혁명'에 대한 선전을 외국주재 대사관과 영사관의 우선적 과업으로 삼는 것에 대해 비준했다.[3] 이때부터 대외 선전에서 다른 사람에게 강요하는 경향이 생기기 시작했다. 그 후로 장칭, 캉성 등은 수중에 장악하고 있는 권력을 이용하여 극좌적 사조를 선동하는 동시에 외교사업에 끼어들기 시작했다. 그들은 "세계는 이미 마오쩌둥 사상의 새 시대에 들어섰다.", "세계 혁명의 중심은 이미 중국으로 옮겨갔다."는 등 일부 구호를 구실로 신중국이 창건된 이후의 모든 외교사업을 전반적으로 부정했고 지난 17년 동안 집행해온 노선은 이른바 "세 가지에 투항하고 한 가지를 박멸하는"[4]것이라고 모함했다. 또한 외교사업은 하위 계층과 외국의 인민대중을 대상으로 해야지 각국의 집권파들을 대상으로 해서는 안 된다고 제기했다. 결과 많은 외국주재 대사관과 영사관 종사자, 외국지원 전문가와 유학생들은 대상도 고려하지 않고 주재국의 규정도 불문한 채 〈마오 주석 어록〉과 마오쩌둥 휘장 등 선전물을 강제로 발부했다. 또 대사관의 신문공보나 보도사진 전시창을 이용하여 국내에서 '문화대혁명'을 선전한 글과 사진 등을 옮겨 게재하거나 전시하여 주재국의 우려와 불만을 자아내면서 일련의 외교 분쟁을 유발했

---

2) '외국주재 기관에서 "혁명을 실행해야 한다."는 것에 관한 마오쩌둥의 지시', 1966년 9월 9일.
3) 왕타이핑 주필, 〈중화인민공화국 외교사〉 제2권, 세계지식출판사 한문판, 1998년, 11쪽.
4) "세 가지에 투항하고 한 가지를 박멸하다."는 "제국주의에 투항하고 수정주의에 투항하고 각국 반동파에 투항하며 인민혁명을 박멸하는 것"을 가리킨다.

다. 극좌적 사조가 신속하게 번지고 반란파가 정권탈취활동을 전개하면서부터 외교 관련 부문들과 외교사업은 바로 혼란 속에 빠졌다.

'문화대혁명'이 시작되고 1년 남짓한 사이에 중국의 대외관계는 심하게 퇴보했고 대외 정치, 경제, 문화 교류 및 협력도 기본적으로 중지되었다. 중국과 기타 국가들 사이의 수반이거나 정부 수뇌자급의 상호 방문이 급격히 줄어들었다. 사실 거의 모든 국제 조직에서 퇴출했거나 국제회의에 참가하지 않았다. 대외무역 수출입이 대폭 줄었고 해외 파견 유학생들도 전부 국내로 소환했으며 외국 유학생을 접수하는 사업도 중단했다. 더욱 심각한 것은 이 기간에 중국은 이미 수교했거나 반 수교상태에 있던 40여 개 국가 가운데 거의 30개에 달하는 국가와 외교 분쟁이 벌어졌고 몇몇 국가에 주재하는 대사관이 충격을 받았으며 일부 국가와의 외교관계는 심지어 격하되거나 단절되는 등 심각한 지경에 이르렀다. 이와 동시에 중국은 대다수 나라의 공산당을 수정주의로 여기고 더 이상 왕래하지 않았고 마르크스주의라고 간주되는 정당이나 조직들과만 연계를 유지했다. 1967년 여름, 외교사업에 대한 극좌적 사조의 충격은 극치에 이르렀다. 베이징에서는 중국주재 외국기구들을 대상으로 "3개국의 대사관을 부수고 1개국 대리판사처에 불을 지르는"5) 사건이 발생했다. 중앙은 한동안 외교대권에 대한 장악을 상실했는데 이는 신중국 역사상 전에 없는 일이었다.

외교사업에서 극좌적 행동을 제지하고 극좌적 사조의 교란을 배격하는 것은 더 이상 한시도 지체할 수 없는 지경에 이르렀다. 마오쩌둥의 지지로 저우언라이는 일련의 조치를 취해 극좌적 행동을 제지

---

5) 중국주재 인도대사관, 미얀마대사관, 인도네시아대사관을 부수고 영국대리판사처에 불을 지른 사건을 가리킨다.

했다. 8월 23일 새벽, 영국대리판사처에 일어난 화재를 진압하고 두 시간 후 저우언라이는 외교 관련 부문들의 각 반란파 조직의 대표들을 긴급소환하고 당중앙위원회와 국무원을 대표하여 그들에게 외교부의 '외교대권 탈취'는 불법이며 당중앙위원회에서는 외교, 국방, 재정 등 대권은 중앙에서 장악하는 것으로 절대 탈취하려 들어서는 안 된다고 거듭 천명했다고 선포했다. 마오쩌둥은 외교부에서 '외교대권 탈취'를 선동한 왕리의 발언은 '대독초'라고 비판했다. 며칠 후 왕리, 관펑에 대해 격리심사를 하면서 외교부에 손을 뻗치려던 중앙문화혁명지도소조 성원인 장칭 등의 시도는 큰 타격을 받았다. 1968년 1월, 저우언라이는 정책적 측면에서 출발하여 극좌적 사조를 식별하고 비판해야 한다고 명확히 제기하고 외교관들이 규율성을 강화하도록 요구했다. 그 후로 마오쩌둥은 거듭 지시를 내려 대외 선전에서 "자기 생각이나 요구를 남에게 강요하지 말고" "외국인을 상대로 자화자찬하지 말 것"을 요구했으며 "세계 혁명의 숭심—베이징"이라는 표현은 "'자기중심적인' 잘못된 사상"의 표현이라고 비평했다.[6] 그는 또 "큰 도적의 두목을 앞에 두고 왜 하필 좀도둑을 잡겠다고 그러느냐"고 하면서 국제 투쟁에서는 주요한 것과 부차적인 것을 구분해야 하며 일률적으로 투쟁해서는 안 된다고 지적했다. 1년 남짓한 시간의 노력을 거쳐 외교 분야에 존재하던 극히 비정상적이던 정형은 점차 해소되었다.

   1969년에 접어들면서 마오쩌둥은 외교사업을 한층 더 중시했다. 중국공산당 제9차 전국대표대회 전야에 마오쩌둥은 "현재 우리는 고

---

[6] '대외선전 및 외사사업에 대한 마오쩌둥의 지시문', 1967년 3월~1971년 3월.

립되어 그 누구도 우리를 아랑곳하지 않는다."[7]는 점을 깊이 느꼈다. 이런 국면을 돌려세우기 위해 같은 해 '5.1'국제노동절에 마오쩌둥은 톈안먼 성루에서 중국에 주재하는 일부 외국사절들을 접견하고 중국은 세계 각국과의 관계를 개선하고 발전시키기를 바란다는 의사를 전달했다. 그 후 중국은 많은 외교사절을 끊임없이 파견하여 외국주재 대사관의 사업을 원상 복귀시켰다. 그사이 양국관계에 손해를 끼친 사건에 대해 중국 측도 공개적이거나 또는 내부 접촉을 통해 주동적으로 책임을 지고 상대국과의 관계를 회복했다. 마오쩌둥과 저우언라이는 일부 외국대사와 중국을 방문한 외국 지도자들에게 1967년 7월과 8월에 나타난 극히 비정상적인 정형은 외교부에 대한 중앙의 '권력 상실'과 중국 내부에서 일부가 '대국 배타주의'를 제창하면서 극좌적으로 나갔기 때문이라고 여러 차례 해석했다.

    요컨대 외교 부문들은 다른 부문보다 '문화대혁명'운동의 충격을 받은 시간이 짧았다. 외교사업은 비교적 이른 시일 안에 '문화대혁명'의 교란과 파괴에서 벗어나 점차 비교적 정상적인 질서를 회복함으로써 중국이 국제 정세의 변화에 대응하고 대외관계의 새로운 국면을 개척하는 조건을 마련해주었다.

## 2. 외교 전략에 대한 중대한 조절

### 국제 정세 및 외교 전략에 대한 재사고

    1960년대 말부터 1970년대 초까지 점점 새로운 국제 구도가 형성되기 시작했다. 첫째, 국제무대에서 중국은 그 어느 대국이거나 집단

---

7) '마오쩌둥이 중앙문화대혁명모임회에서 한 담화', 1969년 3월 22일.

과도 동맹을 결성하지 않은 독립적인 정치 역량이 되었다. 둘째, 미국과 소련 간의 군사역량 대비에 중요한 변화가 나타났다. 과거 미국이 소련에 비해 뚜렷한 우세를 차지하던 것에서 1960년대 말에 와서는 쌍방의 세력이 균형을 이루게 되었다. 셋째, 서유럽과 일본의 부흥과 더불어 서방국가연맹에서의 미국의 지배적 지위가 다소 약화되었고 동유럽 국가들이 소련으로부터 점점 멀어져가고 있었다. 넷째, 중국을 제외한 기타 아시아, 아프리카, 라틴아메리카 국가들의 힘과 영향력도 더욱 커졌다.

그리하여 미국과 소련은 더 이상 제2차 세계대전이 금방 끝났을 때처럼 세계를 통제할 수 없게 되었다.

급속하게 변화하는 세계정세에서 두 강대국 중 미국이 먼저 대외정책을 조정할 필요성을 느꼈다. 당시 미국이 직면한 가장 큰 어려움은 베트남전쟁의 수렁에 깊이 빠져 있었고 따라서 소련과의 패권 쟁탈에서 한때 수세에 저한 것이었다. 1969년 초에 닉슨이 미국 대통령으로 당선되었다. 그의 임기 안에 미국은 외교정책에서 제2차 세계대전 후 가장 중대한 조정을 겪었다. 닉슨이 실현하려는 외교 구상에서 중국과 교류하는 길을 어떻게 열 것인가가 관건적인 고리가 되었다.

이와 동시에 중국도 대외정책을 조정해야 하는 임무에 봉착했다. '문화대혁명'은 중국의 외교로 하여금 곤경에 빠지게 했는데 특히 중소관계를 전례 없는 긴장상태에 빠뜨려놓았다. 이는 마오쩌둥을 비롯한 당과 국가의 지도자들이 국제 정세를 다시 한 번 잘 살펴보고 중국의 외교 전략에 대해 다시 한 번 생각해보게 했다.

1967년 가을, 미국 대통령 선거를 준비하고 있던 닉슨이 미국 〈외교계간〉에 발표한 한 편의 글이 마오쩌둥의 주의를 불러일으켰다. 닉슨은 이 글에서 "장구한 견지에서 볼 때 우리가 중국을 영원히 국제적으로 고립돼 홀로 지내게 한다는 것은 거의 불가능하다. …… 이 작디작은 지구에서 가장 재능이 있는 10억 인민들을 분노에 찬 고립 속에서 살아가게 할 수는 없는 것이다."고 의미심장하게 썼다. 이로부터 만일 닉슨이 대통령으로 당선될 경우 미국의 대중국정책에 변화가 나타날 가능성이 있음을 알 수 있었다. 마오쩌둥은 저우언라이 등에게도 이 글을 읽어 보게 했다.[8]

   1968년 11월, 닉슨이 대통령 선거에서 승리했다. 이 기회를 빌려 중국은 미국 측에 이듬해 2월 하순에 바르샤바 중미대사급회담을 회복할 것을 제의하고 외교부 신문사 대변인을 통해 중미대사급회담에서 일관적으로 견지해온 중국정부의 두 가지 원칙을 재천명했다. 첫째, 미국정부는 중국영토인 타이완성과 타이완해협지구로부터 모든 무장력을 철수할 것을 보장해야 한다. 둘째, 미국정부는 중미 양국 간에 평화적 공존 5개 원칙에 관한 협정을 체결하는 데 동의해야 한다. 대변인은 또 만일 미국 측에서 기존의 방법을 바꾸지 않는다면 미국에서 어느 정부가 정권을 잡더라도 중미대사급회담은 절대 어떠한 결과도 가져오지 못할 것이라고 표명했다.[9] 이것은 곧 정권을 잡게 될 닉슨정부에 전달한 중미관계 개선에 관한 의향이었다. 1969년 1월 20일, 닉슨은 대통령 취임 연설에서 재차 대 중국정책을 개변할 의사를 비쳤다. 마오쩌둥의 의견에 따라 1월 28일 자 〈인민일보〉는 닉슨의 이 연설문 전문을 파격적으로 게재했다. 그 후 한동안 중미관

---

8) 저우언라이는 1974년 12월 12일에 미국상원 민주당 당수 마이클 맨스필드와 그의 부인을 접견할 때 다음과 같이 말했다. "중미관계의 타개는 마오 주석의 결정입니다. 그는 일찍이 닉슨이 1968년에 대통령으로 당선되기 전에 쓴 한 편의 논문을 읽었습니다. 당시 우리는 모두 읽어보지 못했습니다. 마오 주석만이 주의를 기울이고 있었습니다. 그가 우리에게 알려줘서야 우리도 읽게 되었습니다."
9) '우리나라 외교부 신문사 대변인이 제135차 중미대사급회의 및 회의 기간 문제와 관련하여 발표한 담화', 1968년 11월 27일 자, 〈인민일보〉 5면.

계는 표면적으로는 전혀 완화되지 않고 때로는 심지어 더 긴장한 듯 보였으나 중미 두 나라의 최고지도자들은 각각 극비에 중미관계의 새로운 길을 열기 위한 준비에 착수하고 있었다.

중미관계에 아직 변화가 발생하지 않았을 때 중소관계는 오히려 악화된 것에서 적대적인 방향으로 발전하고 있었다. 1968년 여름, 소련군이 체코슬로바키아를 침입하는 사건이 발생한 후 중국은 소련이 이미 '사회 제국주의'로 전락했다고 인정하고 그때로부터 소련의 확장과 침략에 대해 경각성을 더욱 높였다. 1969년 3월, 젠바오섬 사건의 발생은 이미 긴장할 대로 긴장된 중소관계를 더욱 악화시켰다. 그후 소련 측은 또 '아시아집단안전체계'를 구축해야 한다고 고취했다. 중국과 소련이 공개적인 적대 상태에 처해 있는 상황에서 중국의 외교 전략 조절 임무는 더 긴박해졌다.

국제 정세를 어떻게 판단할 것인가? 외교 전략을 어떻게 조절할 것인가? 이는 진반 국면에 영향을 줄 수 있는 큰 문제였기에 반느시 심사숙고하고 전략을 짠 뒤 행동해야 했다. 마오쩌둥은 예젠잉, 천이, 쉬샹첸, 네룽쩐 등 네 명 원수에게 위탁하여 국제 정세와 전략적 문제를 연구하게 했다. 저우언라이는 그들에게 마오 주석은 국제 정세에 대해 계속 연구할 필요가 있고 객관적 현실이 끊임없이 발전하고 변함에 따라 주관적 인식도 마땅히 발전하고 변해야 하며 원래의 견해와 결론에 대해 제때에 부분 또는 전체를 수정해야 한다고 전하면서 틀에 얽매이지 말고 원수의 전략적인 안목으로 주석을 협조하여 전략적 동태를 파악하고 중앙에 건의를 제출해줄 것을 당부했다.[10] 이 기간을 전후하여 저우언라이는 또 외교 부문에 미국의 정책 동향

---

10) 슝샹후이(熊向輝), 〈나의 정보와 외교생애〉, 중공당사출판사 한문판, 2006년, 179쪽.

에 관한 연구를 강화하고 미국의 전략적 의도를 파악하며 미국과 접촉할 수 있는 가능성을 알아보라고 지시했다. 마오쩌둥과 저우언라이의 배치에 따라 6월 상순부터 9월 중순까지 천이 등 네 명의 원수는 10여 차례의 토론을 거쳐 2부의 서면보고서를 작성했고 또 구두로 중앙에 중요한 건의도 제출했다.

첫 번째 보고서인 '전쟁 정세에 대한 기본적인 예측'이 7월 11일에 중앙에 올라갔다. 이 보고서는 전략적인 높이에서 당시의 국제 정세, 특히 중국, 미국, 소련의 투쟁 태세에 대해 비교적 전면적으로 분석했다. 보고서에서는 다음과 같이 지적했다. 당면한 국제상의 대결은 중국, 미국, 소련 3대 역량 간의 투쟁에서 집중적으로 표현되고 있다. 미소 양국을 놓고 보면 현실적이고 진정한 모순은 역시 그 두 나라 사이에 있으며 그들 사이에는 경상적이고 날카로운 투쟁이 존재한다. 미소 양국 간의 상호결탁과 상호투쟁은 종종 반 중국이란 허울 뒤에 진행되고 있지만 양국 사이의 모순은 그것으로써 완화되기는커녕 오히려 더욱 적대적으로 번져가고 있다. 미국은 중국을 현실적인 위협으로 여기지 않고 '잠재적인 적국'으로 간주하고 있다. 중국과 미국은 태평양을 사이 두고 있고 미국으로서는 한국침략전쟁과 베트남침략전쟁에서 두 차례 실패한 교훈을 갖고 있으며 전략적 중점도 서방에 두고 있다. 이런 원인으로 미국은 쉽사리 반 중국전쟁을 일으키거나 반 중국전쟁에 참여하지 못할 것이다. 소련은 중국을 주요한 적으로 간주하고 있고 중국의 안전에 대한 위협도 미국보다 더 크다. 그러나 소련이 중국과 크게 싸우려 해도 상당한 우려와 어려움에 봉착하게 될 것인데 그것은 주로 동, 서 2개 전선이 이루어지면서 작전을 속결할 수 없는 데다 소련도 전략적 중심을 유럽에 두고 있기 때문이다. 보고서에서는 또 미국과 소련의 갑작스러운 핵 습격에 대해 충분한 준비를 해야 하지만 핵무기는 결코 쉽게 사용할 수 없을 것이라고 지적했다.

이 보고서의 중요한 역할은 두 개의 전략적 의의를 갖고 있는 판단을 내린 데 있다. 하나는 당시 유행하던 조만간 대규모의 중국침략전쟁이 발발할 것이라는 견해에 대해 "예견할 수 있는 기간 내에 미제국주의나 소련수정주의는 단독으로 또는 연합으로 대규모 반 중국 전쟁을 일으킬 가능성이 그다지 크지 않다."고 명확하게 밝힌 것이다. 또 다른 하나는 투철한 논증을 거쳐 미소 양국 가운데 소련이 중국 안전에 주요한 위협이 되고 있다고 제기한 것이다. 이 두 가지 판단은 중국의 외교 전략 조정에 기본적인 근거를 제공해주었다. 네 명 원수가 중, 미, 소 '대삼각'관계에서 중국은 마땅히 어떤 전략과 책략을 취해야 할지에 대해 한층 더 모색하려 할 무렵에 중소 양국 간에 일부 새로운 정황이 나타났다.

7월 26일, 소련 외교부는 중국 국무원에 서신을 보내와 중소고위급회담을 갖고 양국 간의 긴장관계를 전면적으로 완화시키는 방법에 관한 의견 교환을 제의했다. 그러나 8월 13일에 대량의 소련군이 중국의 신장에 있는 위민현 터러크티지구를 돌연 침입하여 중국 변방 사람들을 습격함으로써 또다시 심각한 유혈사태를 만들어냈다. 그 후 소련이 중국의 핵시설에 대하여 선제 타격을 가할 것이라는 외신 보도가 끊임없이 전해왔다. 중소관계가 더욱 긴장해지고 있을 무렵 소련부장회의 코세예친 주석이 베트남을 방문 중에 중국 측에 귀국하는 길에 베이징을 방문하여 중국 지도자와 회담을 가질 수 있기를 바란다고 제안해왔고 중국은 이에 동의했다. 당시 중소관계가 더 긴장 방향으로 발전할 것인지 아니면 완화될 것인지에 대해 전 세계가 주목하고 있었다.

9월 11일, 저우언라이는 베이징공항에서 코세예친과 3시간 남짓 회담을 가졌다. 쌍방은 양국관계에서의 긴박한 문제, 특히 변계문제를 토론했다. 저우언라이는 회담에서 이론 및 원칙에 대한 논쟁이 양국 간의 관계에 영향을 미쳐서는 안 된다며 양국 간의 문제는 차분하게 처리하다 보면 언젠가는 꼭 해결책을 찾아낼 수 있을 것이라고 지적했다. 저우언라이는 변계충돌문제에서 중국은 수세적인 위치임을 강조했다. 그는, 우리는 현재 국내 일을 처리하기도 바쁘다. 왜 전쟁을 하려고 하겠는가 라고 말하면서 당신들이 중국의 핵 기지를 선제공격 수단으로 없애버리겠다고 하는데 정말 그렇게 한다면 우리는 이것을 전쟁, 침략으로 선포하고 끝까지 저항할 것이라고 경고했다. 가장 긴박한 변계충돌문제를 어떻게 해결할 것인가에 대해 저우언라이는 다음과 같이 제기했다. 중소변계 협상은 어떤 위협도 받지 않는 정형에서 진행되어야 하며 이러기 위해서는 쌍방이 우선 변계의 현상태를 유지하며 무력 충돌을 피하며 분쟁 지역에서 쌍방의 무장력이 접촉하지 않도록 하는 등 세 가지 임시 조치에 관한 협정을 체결해야 한다고 제기했다. 이에 코세예친도 전적으로 동의했고 한 가지 조치를 보충했다. 즉 쌍방에 분쟁이 일어났을 경우 변방 부문에서 서로 연계하여 해결해야 한다는 것이다. 이 밖에 저우언라이와 코세예친은 두 나라 고위층 지도자들 간의 전화 연계를 회복하고 양국 간에 서로 대사를 파견하며 양국 간의 무역을 회복하는 등과 관련하여 합의를 보았다. 쌍방은 각각 당중앙위원회 정치국의 동의를 얻는 대로 바로 실행에 옮길 것을 약속했다. 그러나 그 후 쌍방이 서로 확인서를 교환할 때 소련 측 확인서에는 중소 변계분쟁지역 및 쌍방 무장부대가 분쟁 지역에서 접촉하지 않을 것에 관한 문제가 언급되지 않았다.¹¹⁾ 소련이 변계 협상을 구실로 중국에 돌연 습격을 발동할 수도 있다는 우려 때문에 국내의 전쟁 준비 분위기는 양국 지도자들의 회담으로 말미암아 완화되기는커녕 반대로 한동안 더 긴장되었다.

잇달아 발생한 중요한 정형에 따라 천이 등 네 명의 원수는 올바른 관찰하고 신중한 분석으로 새로 나타난 정형으로 볼 때 당분간 대규모 중국침략전쟁이 발생하지 않을 것이라는 추측이 기본적으로 정확하다는 것을 모두 인정했다. 동시에 그들은 당시 중, 미, 소 3자 사이의 투쟁이 복잡하게 얽혀 있는 정세에서 "미국은 중소 간의 모순을 이용하려 하고 소련은 중미 간의 모순을 이용하려 하는데 우리도 마땅히 미소 간의 모순을 의식적으로 이용할 필요가 있다."는 것을 느꼈다. 예젠잉은 역사 이야기를 인용하여 "위, 촉, 오 3국이 대치하고 있을 때 제갈량의 전략 방침은 '동으로는 손권의 오나라와 연합하고 북으로는 조조의 위나라에 저항하는 것'이었는데 이 전략 방침을 참고할 필요가 있다."고 말했다. 이런 구상에 근거하여 중소 양국 간의 총리회담 후 네 명의 원수는 긴급 토론을 거쳐 두 번째 보고서인 '현정세에 대한 견해'를 작성하여 9월 17일에 중앙에 올려 보냈다. 이 보고서에서 원수들은 한 걸음 더 나아가 다음과 같이 제기했다. 소련은 중국침략전쟁을 발동하여 속전속결하려는 속셈이지만 정치적으로 결단을 내리지 못하고 있다. 그것은 주로 중미가 연합할 가능성에 대한 걱정이 중국에 대한 대거 진공의 우려를 더해주고 있기 때문이다. "우리가 미제국주의, 소련수정주의를 계속 타도하고 있는데도 코세예친이 직접 베이징에 와서 화해하려 하고 닉슨도 우리와 대화하려고 서두르고 있다." 이것은 "중, 미, 소 3대 세력 간의 투쟁에서 미

---

11) 왕타이핑 주필, 〈중화인민공화국 외교사〉 제2권, 세계지식출판사 한문판, 1998년, 275쪽.

국은 중소, 소련은 중미 간의 관계를 활용하면서 자신들의 전략적 이익을 극대화하려 하고 있음"을 보여준다. 우리가 "미국, 소련과 진행하는 첨예한 투쟁에는 담판형식으로 진행하는 투쟁도 포함되어야 한다. 그렇지만 원칙상으로는 견정(堅貞)하고 책략상으로는 영활(靈活)해야 한다". "소련수정주의의 변계회담 요구에 우리는 이미 동의했는데 미제국주의가 대사급회담의 회복을 요구할 경우에도 우리는 유리한 시기를 선택하여 답해줄 수 있다. 이런 전술적인 행동은 전략적인 효과를 거둘 수도 있다."

이 보고서가 마무리된 후 천이는 중미관계를 타개할 일부 구상을 한층 더 주장했다. 그는 다음과 같이 인정했다. 전략적으로 미소 간의 모순을 이용하자면 중미관계를 타개해야 할 필요가 있고 그러자면 반드시 상응한 책략을 취해야 한다. 바르샤바회담을 회복할 때 우리는 주동적으로 중미 부장급 또는 더 고위급의 회담을 요구하여 중미 사이의 근본적 문제와 관련 문제들을 협상, 해결해야 하며 우리는 회담의 급별과 토론 제목만 제출하고 미국이 우리의 주장을 접수하는 것을 전제로 하지 말아야 한다. 이에 미국은 흔쾌히 응할 것으로 예측된다. 고위급회담이 이루어지기만 한다면 그 자체가 곧 전략적 행동이다. 천이는 이 생각을 저우언라이에게 구두로 회보하기로 했다.[12]

국제 정세에 대한 심도 있는 분석과 연구를 거쳐 마오쩌둥, 저우언라이 등 중국 지도자들은 외교 전략을 조정할 명확한 방향이 형성되었고 중미관계를 타개할 결정을 내리는 데 믿음직한 근거를 마련하게 되었다.

---

12) 웅향휘, 〈나의 정보와 외교생애〉, 중공당사출판사 한문판, 2006년, 199~201쪽.

## 중미관계 정상화 진척의 기본적 가동

1969년 하반기, 중, 미, 소 3국 관계는 상당히 복잡하면서도 미묘한 단계에 처해 있었다. 중국지도자들은 새로운 전략적 구상을 가다듬는 한편 미국과 소련의 동향을 주의 깊게 관찰하고 있었다. 미국의 닉슨 정부는 중국 쪽으로 다가설 생각은 하고 있었지만 어떻게 착수해야 할지 모르고 있었다. 당시 미소 양국은 고위급회담을 한창 준비하고 있었다. 그러나 쌍방은 전략무기에 대한 제한과 유럽 안전에 관한 문제 등에서 의견 차이가 생기면서 원칙적 협의를 달성하지 못하고 있었다. 이때 소련은 한창 준비단계에 있는 중미 양국 간의 접근에 상당히 민감한 반응을 보였는데 특히 미국이 중소 모순을 이용하여 소미 간의 전략적 균형을 깨뜨릴까 봐 걱정하고 있었다.

저우언라이와 코세예친이 베이징회담에서 달성한 협정에 따라 10월 20일에 중소 두 나라의 외교부 부부장들이 베이징에서 변계담판을 재개했고 두 나라의 신임 대사들도 각각 부임했다. 소련은 비록 중국에 압력을 가하는 정책을 근본적으로 바꿀 생각이 없었지만 젠바오섬 사건 이후 극도로 긴장된 중소관계는 그래도 다소 완화되었다. 이는 미국에 엄청난 압력을 가져다주었으며 닉슨 정부도 바로 대중국정책 조정에 박차를 가했다. 바로 그달에 미국은 파키스탄을 통해 구축함을 타이완해협에 파견하여 순찰하는 작업을 중단하겠다고 중국에 통지했다. 12월 3일, 폴란드 주재 미국대사는 바르샤바에서 유고슬라비아 복장전시회에 참가했을 때 폴란드 주재 중국대사관 외교관에게 중국외교대표와 만나고 싶다면서 닉슨은 중국과 "중대하면서도 구체적인 회담"을 하려 한다고 말했다. 그날 저녁, 저우언라이는 폴란드 주재 중국대사관에서 온 전보를 받았다. 그는 즉시 마오쩌

등에게 이를 보고하면서 "방법이 생겼습니다. 회담을 준비해도 되겠습니다."라고 말했다.[13]

몇 달간의 모색을 거쳐 중미 쌍방은 양국관계 개선 의사를 점점 더 명확히 밝혔다. 이런 정형에서 1970년 1월 20일과 2월 20일에 중, 미 두 나라 대표는 바르샤바에서 제135차 및 제136차 대사급회담을 가졌고 중요한 진척을 이루었다. 회담에서 미국 측 대표는 다음과 같이 표명했다. 미국정부는 중화인민공화국과의 관계 개선을 원하며 미국은 "중국을 겨냥하여 소련과 함께 세계를 제패하는 계획에 참여하지 않을 것"이며 '브레주네프주의'도 지지하지 않는다. 타이완 문제에 대해 미국은 타이완과 펑후(澎湖)열도를 협조하여 보호해줄 의무가 있지만 중국과 협의를 달성한 그 어떤 평화적 해결방법도 방해하지 않을 것이며 아시아의 평화와 안정이 증가함에 따라 미국은 현재 타이완에 있는 군사시설을 줄여갈 것이라고 밝혔다. 미국정부는 또 중미 양국 간의 모든 문제에 대해 논의하기를 원하며 공동선언의 작성을 논의해 양국 정부의 평화적 공존 5개 원칙의 준수를 긍정하려 한다고 했으며 미국정부에서 베이징에 대표를 파견하여 직접 협상할 수도 있고 워싱턴에서 중국대표를 접견할 수도 있다고 밝혔다. 중국 측 대표는 타이완 문제에 관한 중국의 일관된 입장을 재천명하는 한편 미국 측이 평화적 공존 5개 원칙에 따라 제기한, 중미 양국 간의 긴장 국면을 완화시킬 수 있고 양국관계를 근본적으로 개선하는 데 도움이 되는 의견과 건의에 대해 토론할 수도 있다고 표명했다. 또한 만일 미국정부가 부장급 대표 또는 대통령 특사를 베이징에 파견하여 중미관계에서의 근본원칙에 관한 문제를 한층 더 논의하려 한다

---

13) 중화인민공화국 외교부 외교사편집실 편, 〈저우언라이 연구—외교 사상과 실천〉, 세계지식출판사 한문판, 1989년, 15쪽.

면 중국정부는 환영한다고 표시했다.[14] 3월 21일, 중국은 파키스탄의 지도자를 통해 닉슨이 "백악관에서 베이징으로 통하는 직접 통로를 열려 한다."는 미국 측의 전갈을 받았다. 저우언라이는 이 소식을 접한 후 "닉슨은 파리협상의 방식을 생각하고 있으며 키신저가 비밀접촉에 나설 것이다."고 회시했다.[15]

그러나 바로 이때 중미 양국이 접근하던 정세는 미군이 캄보디아를 침입하면서 좌절을 겪게 되었다. 침략 확장을 반대한다는 일관적인 입장에 따라 마오쩌둥은 5월 20일에 톈안먼 광장에서 열린 대형 군중집회에서 성명을 발표하여 미국의 침략행위를 강력히 질책했으며 "전 세계 인민들은 단결하여 미국 침략자와 그 앞잡이들을 물리치자."고 호소했다. 같은 해 6월 말에 미군이 캄보디아에서 철수하면서 중미 간의 접촉도 다시 가동되었다.

1970년 7월 10일, 미국 매체는 닉슨이 취재 자리에서 외교적으로 중국을 승인하는 데 찬성한다고 밝혔다고 보도했다. 10월 1일, 마오쩌둥은 톈안먼 성루에서 미국기자 에드가 스노를 접견하고 옆에 나란히 서서 함께 국경절 경축시위 대열을 사열하게 했다. 12월 18일, 마오쩌둥은 스노와의 담화에서 "만일 닉슨이 중국방문을 원한다면 나도 그를 만날 의향이 있다. 얘기가 잘되든 안 되든 다 괜찮다."고 말했다.[16] 마오쩌둥이 스노와 담화하기 얼마 전부터 중미 쌍방은 이미 기타 경로를 통해 서로 가까워지는 데 박차를 가하고 있었다. 10

---

14) 이 두 차례 회담에 관한 내용은 주로 1971년 5월 29일에 열린 중미회담에 관한 중앙정치국의 보고를 참조했으며 기타 문헌에 근거하여 보충하고 귀납했다.
15) 중공중앙 문헌연구실 편, 〈저우언라이연보(1949~1976)〉 하, 중앙문헌출판사 한문판, 1997년, 356쪽.
16) 마오쩌둥, '만일 닉슨이 중국 방문을 원한다면 나도 그를 만날 의향이 있다.'(1970년 12월 18일),〈마오쩌둥문집〉 제8권, 인민출판사 한문판, 1999년, 436~437쪽.

월 하순, 닉슨은 파키스탄 대통령 야히아 칸과 루마니아 대통령 차우셰스쿠를 통해 중국에 비밀리에 특사를 파견하고 싶다고 전해왔다. 11월 중순에 저우언라이는 미국 특사가 중국에 와서 양국 간의 관건적 문제인 타이완 문제에 관해 협상하는 데 동의한다고 답했다.

1971년 3월 말부터 4월 초까지 일본의 나고야에서 개최된 제31회 세계탁구선수권대회는 중미 양국이 한창 준비하고 있던 두 나라의 관계 돌파에 뜻밖의 기회를 가져다주었다. 대회기간에 미국선수단은 세계탁구선수권대회가 폐막된 후 중국을 방문하고 싶다고 거듭 표시했다. 이 소식이 국내에 전해지자 마오쩌둥은 심사숙고한 끝에 세계탁구선수권대회 마지막 날에 중미 두 나라 국민들 간의 교류를 양국 정부 간의 공식적인 관계를 여는 서막으로 삼기 위해 미국탁구팀을 중국에 초청한다는 뛰어난 결정을 내렸다. 소식이 전해지자 즉각 엄청난 파문을 일으켰다. 4월 10일, 미국 탁구대표단이 베이징에 도착했다. 이것이 바로 당시 사람들로부터 "작은 공이 큰 공을 굴린다."라고 불린 '탁구외교'였다. '탁구외교'는 예상 밖의 방식으로 중미관계의 발전과 세계정세의 변화를 촉진했다.

4월 21일, 저우언라이는 파키스탄 대통령 야히아 칸(Agha Muhammad Yahya Khan)을 통해 다음과 같은 전갈을 보냈다. "중미관계를 근본적으로 개선하려면 반드시 중국의 타이완과 타이완해협지역에서 미국의 모든 무장력을 철수해야 한다. 이 중차대한 문제는 고위급지도자들이 직접 만나 의논해야만 해결될 수 있다. 그러므로 중국정부는 키신저 박사와 같은 미국 대통령 특사나 미국 국무장관 또는 미국 대통령이 직접 베이징을 방문한다면 공개적으로 접대할 의

사가 있다."[17] 5월 중순, 닉슨은 본인이 직접 베이징에서 중화인민공화국 여러 지도자와 회담을 나눌 준비가 되어 있고 쌍방은 모두 각자의 관심 문제를 자유롭게 제기할 수도 있다는 답장을 보내왔다. 닉슨은 또 키신저 박사가 저우언라이 총리 또는 다른 한 명의 적합한 중국 고위급 관리를 만나 비밀리에 한 차례의 예비회의를 열 것을 건의했다.

## 중미관계 처리 원칙의 확정 및 키신저의 중국 방문

1971년 5월 26일, 중공중앙 정치국은 회의를 열고 중미 예비 비밀회담에 관한 문제를 토론했다. 회의 후 정치국에서는 토론 정황을 보고서로 작성하여 마오쩌둥에게 심사 비준하도록 보고했다.

이 보고서에서는 중미관계, 특히 타이완 문제 및 인도차이나 등에 관한 문제 처리에 대해 다음과 같은 원칙을 제기했다. (1) 미국의 무장력과 전용군사시설은 규정한 기한 안에 중국의 타이완과 타이완해협지역에서 모조리 철수해야 한다. 이는 중미 양국 관계를 회복하는 관건적 문제이다. 이 조항에 대해 사전에 원칙적인 협상이 이루어지지 못할 경우 닉슨의 방문은 연기될 수도 있다. (2) 타이완은 중국의 영토로서 타이완을 해방하는 것은 중국의 내정이기에 외부에서 관여하지 못한다. 또한 일본군국주의가 타이완에서 활동하지 못하도록 분명히 방지해야 한다. (3) 우리는 타이완에 대한 평화적 해방에 주력할 것이며 타이완에 대한 사업을 진지하게 진행할 것이다. (4) '두 개 중국' 또는 '한 개 중국, 한 개 타이완'을 시도하는 활동을 견결히 반대한다. 만일 아메리카합중국이 중화인민공화국과 수교하려 한

---

17) 중공중앙 문헌연구실 편, 〈저우언라이 연보(1949~1976)〉 하, 중앙문헌출판사 한문판, 1997년, 452~453쪽.

다면 반드시 중화인민공화국이 중국을 대표하는 유일한 합법적 정부임을 승인해야 한다. (5) 만일 1조, 2조, 4조 이 3개 조항이 완전히 실현되지 못할 경우 중국과 미국은 수교할 수 없고 다만 상대방의 수도에 연락기구를 설립할 수 있다. (6) 우리 측은 먼저 유엔문제를 제기하지 않았다. 만일 미국이 유엔문제를 제기한다면 우리는 절대 '두 개 중국' 또는 '한 개 중국, 한 개 타이완'의 배치를 수용할 수 없음을 분명히 밝힌다. (7) 우리 측은 먼저 중미 무역문제를 제기하지 않는다. 만일 미국 측이 이 문제를 제기한다면 미군이 타이완에서 철수하는 원칙을 확정하고 나서 다시 협상할 수 있다. (8) 중국정부는 미국의 무장력이 인도차이나 3국, 한국, 일본 및 동남아시아 각국에서 철수함으로써 극동지역의 평화를 보장해야 한다고 주장한다.[18]

이러한 8개 원칙은 이런 문제에 대한 중국의 일관된 입장을 재천명한 외에도 주목해야 할 세 가지 변화가 있었다. 첫째, 미국에 타이완으로부터 철수할 것을 요구한 동시에 더 이상 미국이 타이완과의 '외교관계'를 단절하는 것을 중미 양국 정부가 교류하는 선결 조건으로 삼지 않았다. 둘째, 타이완을 해방하는 것은 중국의 내정이라는 점을 지속적으로 강조한 동시에 타이완 문제를 평화적으로 해결하고 타이완에 대한 사업을 진지하게 진행할 것도 강조했다. 셋째, 상대국 수도에 연락기구를 설립하는 것에 관한 구상을 기본적으로 제기했다. 이 세 가지 변화는 중미관계 개선문제에서 중국 측의 성의와 책략 운용에서의 영활성을 구현했으며 매우 건설적이었다.

전당으로 하여금 대미정책의 중대한 변화에 하루빨리 적응하도록 하기 위해 당중앙위원회는 5월 31일, 그 전해 12월에 한 마오쩌둥과

---

18) '중미회담에 관한 중앙정치국의 보고서', 1971년 5월 29일.

스노와의 담화 내용을 전당에 발송하고 관련 내용을 세세하게 기층지부에까지 전달할 것을 요구했다. 6월 4일부터 18일까지 중공중앙은 베이징에서 여러 분야의 책임자들이 참석한 중앙사업회의를 열어 중미관계문제를 전면적으로 토론했으며 중미관계 타개의 중요성에 대한 이해를 심화시켰다.

1971년 7월 9일부터 11일까지 미국대통령 특사 키신저가 비밀리에 베이징을 방문했다. 저우언라이는 키신저가 도착한 그날로 그와 회담을 가졌다.

회담에서 키신저는 우선 자신은 두 가지 임무를 가지고 베이징에 왔다고 하면서 하나는 닉슨의 중국방문 일정 및 준비사업에 대해 의논하는 것이고, 다른 하나는 닉슨을 위한 예비회담이라고 했다. 타이완 문제에 관해 그는 미국정부를 대표하여 다음과 같이 전달했다. 미국은 타이완이 중국에 속한다는 것을 승인하고 '타이완 독립'을 지지하지 않거니와 또 '두 개 중국' 또는 '힌 개 중국, 한 개 타이완'노 지지하지 않지만 타이완 문제가 평화적으로 해결되기를 바란다. 미국은 인도차이나전쟁이 끝난 후 타이완에 주둔하고 있는 미군의 3분의 2를 철수할 예정이며 중미관계의 개선과 더불어 타이완에 주둔하고 있는 미군을 더 줄일 예정이다. 미국과 타이완의 '공동방어조약'에 관해 미국은 역사가 해결해줄 것이라고 보는데 기한이 만료되면 더 이상 연장하지 않을 것이다. 미국은 더 이상 중국을 질책하거나 고립시키지 않고 유엔에서의 중국의 합법적 지위의 회복을 지지하지만 장제스 집단의 대표를 축출하는 것은 찬성하지 않는다. 키신저의 이러한 담화는 비록 중국 측의 주장과 요구와는 작지 않은 차이가 있었지만 분명 일부 문제를 해결함으로써 중미관계 개선을 약속했으며 이는 닉슨 정부가 앞으로 한 걸음 더 내디뎠음을 보여주었다. 인도차이나 문제에 관해 키신저는 미국은 협상을 통해 전쟁을 마무리 지을 것이라고 보장했다. 그는 미국정부는 베트남과 인도차이나에서 무장력을 철수할 시간표를 작성하려 준비하고 있는데 본인들의 체면과 자존심을 유지할 수 있는 해결방법을 얻을 수 있기를 희망한다고 말했다.

키신저가 제기한 문제에 비추어 저우언라이는 중미 쌍방은 일련의 국제문제에서 서로 다른 견해를 갖고 있지만 이런 분쟁은 양국이 평등하고 친선적으로 지낼 수 있는 경로를 모색하는데 결코 방해가 되지 않는다고 솔직하게 밝혔다. 저우언라이는 중국정부를 대표하여 타이완은 예부터 중국의 영토이고 타이완 문제는 중국의 내정이므로 외부의 간섭을 허용하지 않으며 미국은 타이완이 중국의 한 개 성이라는 것을 반드시 승인해야 하고 반드시 기한 내에 타이완에 주둔하고 있는 군대를 철수하며 미국과 장제스의 '공동방어조약'을 반드시 폐지해야 한다고 재천명했다. 인도차이나 문제에 관해 언급할 때 저우언라이는 미국 벗들은 언제나 미국의 체면과 존엄을 강조하기를 좋아하는데 당신들이 자국의 군사력을 한 명도 남김없이 모두 철수하는 것이야말로 최대의 영예이자 영광이라고 특별히 지적했다.[19] 이튿날, 쌍방은 닉슨 대통령의 중국 방문 사안과 관련한 협의를 달성했다.

7월 16일, 중미 쌍방은 동시에 공고를 발표했다. 공고에서는 저우언라이 총리와 닉슨 대통령의 국가안전사무조리인 키신저 박사가 베이징에서 회담을 가졌으며 닉슨은 1972년 5월전의 적절한 시간에 중국을 방문하게 된다고 선포했다. 또 중미 양국 지도자의 회동은 양국

---

19) 〈당대 중국〉총서 편찬위원회, 〈당대 중국 외교〉, 중국사회과학출판사 한문판, 1987년, 221~222쪽; 왕타이핑 주필, 〈중화인민공화국 외교사〉 제3권, 세계지식출판사 한문판, 1999년, 354~355쪽.

관계의 정상화를 도모하고 쌍방의 관심 문제에 대해 의견을 교환하기 위한 것이라고 밝혔다. 이 공고 발표는 전 세계를 놀라게 했다.

그 후 닉슨의 중국 방문을 실현하기 위해 중미 쌍방은 모두 주도면밀하게 준비사업을 진행했다. 1971년 10월, 키신저는 재차 중국을 방문했다. 쌍방은 타이완 문제와 닉슨의 중국 방문 기간에 발표할 중미 연합공보 초안에 관해 집중적으로 토론했다.

## 3. 대외관계에서 새로운 국면이 출현

### 유엔에서의 중화인민공화국의 합법적 지위 회복

중미관계의 변화는 국제사회에 큰 충격을 가져다주었다. 첫 번째 중대한 반향은 제26회 유엔총회에서 미국의 방해에도 불구하고 마침내 유엔에서의 중화인민공화국의 모든 합법적 지위 회복에 관한 결의를 내린 것이었다.

중국은 1945년에 설립된 유엔의 창시회원국이자 또 유엔안보리이사회의 5개 상임이사국의 하나였다. 국제적으로 공인되는 원칙에 따라 중화인민공화국이 창건된 후 응당 신중국정부에서 대표를 파견하여 유엔총회 및 관련 기구의 사업에 참가해야 하며 이미 중국인민을 대표할 수 없는 이른바 '중화민국' 대표를 유엔에서 축출해야 했다. 그러나 주로 미국정부의 반대 때문에 유엔에서의 중국의 합법적 지위는 줄곧 타이완 국민당 당국이 차지하고 있었다. 신중국이 창건되면서부터 중국정부와 중국인민들은 유엔에서의 중국의 합법적 지위 문제를 둘러싸고 끊임없이 투쟁해왔다. 이 투쟁은 갈수록 많은 나라로부터 지지를 얻었고 이는 점차 유엔 안에서 정의를 추구하는 나라들의 공통투쟁이 되었다.

1950년부터 미국은 투표가결을 조종하여 각종 구실로 유엔 제5회 총회부터 제15회 총회까지 중국의 대표권 문제에 관한 토론을 방해했다. 그러나 국제 정세의 발전과 중국의 국제적 지위의 향상 및 유엔 내부에 아시아, 아프리카, 라틴아메리카의 회원국들이 늘어남에 따라 1960년에 이르러서는 중국의 대표권 문제에 관한 토론을 거부하는 것에 관한 미국의 제안은 가결 시 미약한 우세밖에 얻지 못했다. 이에 1961년에 열린 제16회 유엔총회부터 미국은 또 새로운 장애를 설치하여 중국의 대표권 회복문제는 반드시 3분의 2의 다수결로 채택되어야만 해결될 수 있다는 이른바 '중요한 문제'에 귀속시켰다. 1970년 제25회 유엔총회 투표 결과 타이완 국민당 당국 '대표'의 축출을 지지하는 찬성표가 51표였고 반대표가 47표였다. 이는 유엔총회에서 한 중국의 합법적 지위 회복문제에 관한 투표에서 처음으로 찬성표가 반대표를 초과한 것으로서 미국이 유엔에서의 중국의 합법적 지위의 회복을 방해할 수 있는 날이 얼마 남지 않았음을 예고했다.

1971년에 제26회 유엔총회가 열리기 전에 미국의 닉슨 정부는 이미 중국을 유엔 대문 밖으로 밀어내는 일이 상당히 어려워졌다는 점을 인식하고 일본의 사토 정부와 결탁하여 또 한 번 '중요 문제'에 관한 제안을 들고 나왔다. 그 내용은 유엔에서의 '중화민국'의 '대표권'을 박탈하려는 그 어떤 제안이든 모두 중요 문제라는 것이었다. 동시에 또 이른바 '이중대표권' 제안, 즉 중화인민공화국의 대표를 유엔에 받아들이지만 '중화민국의 대표권을 박탈하지 말 것'을 제의했다. 중국 외교부는 미국이 유엔에서 공공연하게 '두 개 중국'을 만들어내려 시도하고 있다는 소식을 접한 후 즉시 8월 20일에 성명을 발표하여 유엔에서 중화인민공화국의 합법적 지위를 회복하는 것과 타이완 국민당 당국의 '대표'를 유엔에서 축출하는 것은 하나의 문제 속의 갈라놓을 수 없는 두 개 측면이기에 중국은 유엔에 '두 개 중국' 또는 '한 개 중국, 한 개 타이완'의 국면이 출현하는 것에 대해 절대 용납할 수 없다고 밝혔다.

제26회 유엔총회가 개막된 후 10월 18일부터 유엔에서의 중국의 합법적 지위문제를 둘러싸고 치열한 변론을 벌였다. 10월 25일에 대회는 토론에 교부하게 될 유엔에서의 중국의 합법적 지위에 관한 3개 제안을 놓고 가결을 진행했다. 결과 59표 반대, 55표 찬성, 15표 기권으로 우선 미국, 일본 등 22개국이 제기한 이른바 '중요 문제' 제안이 부결되었다. 투표 결과가 전자게시판에 나타나자 사람들로 꽉 찬 회의대청에서는 오랫동안 박수소리가 터져 나왔다. 적지 않은 아시아, 아프리카, 라틴아메리카 국가의 대표들은 목청껏 노래하고 환호하면서 서로를 부둥켜안고 축하했다. 타이완 국민당당국이 파견한 이른바 '외교부장'은 대세가 이미 기울어졌음을 느끼고 부득이 '중화민국' 대표단은 더 이상 유엔총회의 그 어떤 의정에도 참가하지 않을 것이라고 선포한 후 부랴부랴 회의장을 떠났다. 그 후 대회는 알바니아, 알제리 등 23개국이 제기한 유엔에서의 중화인민공화국의 모든 합법적 권리를 회복하고 즉각 타이완 국민당 당국의 '대표'를 유엔 및 유엔 소속의 모든 기구로부터 축출할 것을 요구하는 제안을 가결에 부쳤다. 이 제안은 76표 찬성, 35표 반대, 17표 기권이란 압도적인 우세로 가결되었다. 회의대청에서는 또 한 번 열렬한 환호가 터져 나왔다. 이런 정형에서 '이중 대표권' 제안은 토론에 부쳐지지도 못한 채 무산되고 말았다.

1971년 11월 15일, 외교부 부부장 차오관화(喬冠華)를 단장으로 하고 황화를 부단장으로 하는 중국대표단은 전국인민의 중요한 당부를 짊어지고 처음으로 유엔총회에 등장하여 대다수 국가 대표의 열렬한 환영을 받았다. 차오관화는 중국정부를 대표하여 유엔에서의 중국의 합법적 지위를 회복하기 위해 꾸준히 노력해준 수많은 우호적 국가들에 충심 어린 감사를 표시함과 동시에 일련의 중대한 문제에 대해 중국정부의 원칙과 입장을 전면적으로 천명했다. 유엔에서의 중국의 합법적 지위의 회복은 중국 외교사업에서의 한 차례 중대한 돌파이며 평화를 사랑하고 정의를 주장하는 전 세계 모든 국가가 공동으로 노력한 결과로서 지극히 심원한 의의를 가졌다.

## 닉슨의 중국 방문 및 중미연합공보의 발표

1972년 2월 21일, 미국 대통령 리처드 닉슨이 베이징에 도착해 중국에 대한 방문을 시작했다. 이는 중미관계의 정상화 진척이 정식으로 가동되었음을 보여주었다.

그날 오후, 마오쩌둥은 닉슨, 키신저 등 미국 국빈들을 접견했다. 손님과 주인은 뜻 깊으면서도 유쾌한 담화를 나누면서 중미관계 및 국제적 문제들에 관해 진지하고도 솔직하게 의견을 나누었다. 마오쩌둥은 철학적 문제에서 시작하여 중미관계의 역사와 최근 2년간 중미 양국이 접근한 과정을 회고했다. 닉슨이 중국은 미국, 소련 중 어느 쪽으로부터 오는 침략에 봉착했는가 하고 질문하자 마오쩌둥은 "현재 우리 두 나라 사이에는 서로 싸우는 문제가 존재하지 않습니다. 당신들이 부분적으로 군대를 철수하여 귀국시켜도 우리는 군대를 외국에 파견하지 않을 것입니다."고 말했다. 중미회담의 배경에 대해 말할 때 마오쩌둥은 다음과 같이 말했다. "지난 22년간 줄곧 대화가 원활하게 진행되지 않았습니다. …… 그리하여 결국 탁구를 치게 되었습니다." "트루먼에서 존슨에 이르기까지 우리는 모두 그리

달가워하지 않았습니다. 이 기간에 8년간은 공화당이 집권했는데 그 때는 당신들도 썩 내켜하지 않았잖습니까?" "대개 나 같은 사람은 허풍을 치는 때가 많지요. 단결하여 제국주의, 수정주의와 반동파를 타도하고 사회주의를 건립해야 한다는 따위의 말들 말입니다." 키신저는 이 기간에 세계정세에 극적인 변화가 발생하면서 자신들도 중국의 혁명 발전은 다른 일부 사회주의 국가의 혁명 발전과는 다르다는 것을 알게 되었다고 했다. 닉슨은 다음과 같이 말했다. "역사가 우리를 한곳으로 이끌었습니다." "우리는 한 가지를 돌파할 수 있는데 이런 돌파는 중미 양국에 이로울 뿐만 아니라 향후 전 세계에 이로울 것입니다. 나는 바로 이런 목적을 가지고 왔습니다."[20]

2월 22일부터 저우언라이는 닉슨 등과 회담을 가졌다. 쌍방은 국제 정세와 중미관계 등 문제와 관련하여 의견을 나누었다. 닉슨은 키신저가 미국을 대표하여 타이완 문제와 관련하여 내린 승낙, 즉 하나의 중국만 있고 타이완은 중국의 일부분이라는 것을 승인한다고 재천명한 동시에 그는 여전히 미국은 아직은 중화인민공화국정부가 중국의 유일한 합법적 정부라고 승인할 수 없으며 타이완을 버릴 수 없다고 강조하면서 두 번째 임기 내에 중미관계를 정상화할 수 있기를 바란다고 했다. 저우언라이는 즉시 당신들은 '오랜 벗'을 잃지 않으려고 하는데 사실 이미 '오랜 벗'을 수많이 잃었다고 지적했다. 닉슨은 또 미국은 최종적으로 타이완으로부터 자국의 군사역량과 군사시설을 철수하는 데 동의하지만 그 전제 조건은 중국이 반드시 평화적 방식으로 타이완문제를 해결할 것을 보장해야 하는 것이라고 표명했다. 저우언라이는 이에 중국이 어떤 방식으로 자신의 통일을 실현하

---

20) '마오쩌둥과 닉슨의 담화 기록', 1972년 2월 21일.

든 이는 완전히 중국의 내정이며 절대 그 어떤 기타 국가들의 간섭도 허용하지 않는다고 명확히 밝혔다.

중미 쌍방은 거듭되는 협상을 거쳐 드디어 협의를 달성했다. 2월 28일, 중미 양국은 상하이에서 '연합공보'를 발표했다. '연합공보'에서 쌍방은 솔직하고 현실적인 태도로 중대한 국제문제에 대한 각자의 다른 관점을 열거했고 양국의 사회제도와 대외정책에 본질적인 구별이 있다는 점을 수긍했다. '연합공보'에서 쌍방은 평화적 공존 5개 원칙으로 양국 간의 관계를 처리할 것을 강조했다. 쌍방은 중미 양국 관계가 정상화로 나아가는 것은 모든 국가의 이익에 부합되며 쌍방은 모두 국제적인 군사충돌이 발생할 위험성이 줄어들기를 희망할 뿐만 아니라 어느 측도 아시아태평양지구에서의 패권을 도모하지 말아야 하며 양측은 모두 그 어떤 기타 국가 또는 국가 집단들이 이런 패권을 수립하려는 시도에 반대해야 한다고 정중하게 성명했다. 타이완 문제에서 중국 측은 자국의 입장을 재천명하면서 타이완 문제는 중미 양국 관계 정상화를 방해하는 관건적인 문제라고 지적했다. 이에 미국 측은 타이완해협 양안의 모든 중국 사람들이 모두 중국은 하나이며 타이완은 중국의 일부분이라고 인정한다는 것을 인식하고 있으며 미국정부는 이에 대해 이의가 없다고 표시했다. 미국은 중국 사람들이 자체적으로 타이완 문제를 평화적으로 해결하려는 것에 대한 자기 측의 관심을 재천명한 동시에 타이완으로부터 미국의 모든 무장력과 군사시설을 철수하겠다는 최종 목표를 확인했다. '연합공보'는 또 쌍방은 중미무역을 점차 전개하고 과학기술과 문화 등 분야에서의 교류를 한층 더 발전시키는 데 편리를 도모하며 비정기적으로 미국의 고위급대표를 베이징에 파견하는 등 다양한 경로를 통해 접촉을 유지함으로써 양국관계 정상화를 위한 구체적인 협상의 진행을 촉진하는 동시에 공동으로 되는 관심사에 관해 지속적으로 의견을 교환해야 한다고 규정했다.

중미 상하이 '연합공보'의 발표는 중미관계 역사의 이정표가 되었다. 이는 지난날 장기간 첨예하게 대립하던 중미 양국이 이때부터 관계 정상화의 실현을 위한 길에 들어섰음을 의미한다. '연합공보'에서 구현된 공통점을 찾고 차이점은 뒤로 미루는 정신, 쌍방이 토론에서 보여준 원칙성과 영활성은 이후의 중미관계의 발전을 위해 유익한 역사적 계발을 남겨주었다. 그러나 분명한 것은 타이완 문제에 대한 중미 쌍방의 입장에는 큰 차이가 있었다. 닉슨 정부가 아직 중화인민공화국이 중국의 유일한 합법적 정부임을 승인하지 않았고 타이완으로부터 군대를 철수할 시간도 정하지 않았기에 중미관계 정상화의 실현까지는 아직도 힘난한 여정이 남아 있었다. 3월 7일, 중공중앙은 '중미연합공보에 관한 통지'를 발부하여 우선 당내에서 닉슨의 중국 방문과 '연합공보'에 관한 몇 가지 문제에 대해 정책적으로 해석했으며 전당은 인식을 통일하고 또 당 조직을 통해 인민대중으로 하여금 중미관계의 대문이 열린 것에 대한 중요한 의의도 보게 해야 하고 중미 양국이 화해한 제한성과 장래에 또 있게 될 곡절과 발전도 알게 해야 한다고 강조했다.

### 중국 대외관계에서의 새로운 발전

중화인민공화국이 유엔에서의 합법적 지위를 회복하고 중미관계 정상화의 진척이 시작되면서 중국의 외교는 새로운 활력과 드넓은 활동 공간을 얻게 되었고 세계 각 대륙의 많은 나라가 중국과 외교관계를 맺는 분위기가 나타났다.

1960년대 말까지 중국과 수교한 선진자본주의 국가는 서유럽의 프랑스 등 6개 나라뿐이었다. 1970년대 초, 미국을 제외한 기타 선진 자본주의 국가들과 중국의 관계가 전면적으로 발전했다. 1970년 10월과 11월, 중국은 캐나다, 이탈리아와 수교했고 1971년 5월에는 또 오스트리아와도 수교했다. 이는 1964년에 프랑스와 수교한 이후 중국이 주요한 자본주의 국가와의 관계발전에서 거둔 새로운 돌파이며 중국과 선진국들 간의 보편적인 수교행정이 이미 시작되었음을 상징한다. 그 후 중미 양국 간의 긴장 국면이 완화됨에 따라 중국은 또 벨기에, 일본, 동일연방, 오스트레일리아, 뉴질랜드 등 많은 나라와도 수교했다. 중국과 영국, 중국과 네덜란드의 외교관계는 대리급으로부터 대사급으로 승격했다. 1973년 말에 이르러 중국은 이미 미국을 제외한 기타 자본주의 선진국들과 거의 다 수교했다.

중일 수교는 특수하게 중요한 의의를 갖고 있다. 중일 양국은 가까운 이웃이며 또 훌륭한 민간외교 기초도 갖고 있었다. 그러나 일본정부가 오랫동안 미국을 추종하여 중국을 적대시하는 정책을 취해왔기에 양국 간의 국교 정상화가 줄곧 지연되었다. 미국의 닉슨 정부가 새로운 대 중국정책을 취한 것은 일본정계에 엄청난 영향을 갖다 주었다. 일본의 여야 각계는 일본이 정치, 경제 면에서 여러 나라와 경쟁하는 데 유리한 지위를 차지하기 위해 조속히 중국과 외교관계를 맺을 것을 강력히 요구했다. 중국과 친선을 도모하고 있는 일본의 많은 정당, 사회단체와 인사들의 전폭적인 추동으로 1972년 9월 25일에 일본의 신임 수상 다나카 가쿠에이가 중국을 방문했다. 마오쩌둥 주석이 일본 국빈들을 접견했고 저우언라이 총리가 다나카 수상과 회담을 가졌다. 중일 쌍방은 9월 29일에 외교관계 수립에 관한 공동성명에 조인함으로써 중일 간의 비정상 상태가 결속되었음을 선포했다. 성명에서 일본정부는 중화인민공화국정부가 중국의 유일한 합법적 정부임을 승인했다. 중국정부는 타이완은 중화인민공화국 영토의 갈라놓을 수 없는 일부분이며 일본정부가 중국정부의 이 입장을 충분히 이해하고 존중하며 포츠담선언 제8조의 입장을 준수할 것을 요구하는 주장을 재천명했다. 성명은 또 "일본은 지난날 전쟁으로 하여 중국인민에게 중대한 손실을 가져다준 책임을 뼈저리게 느끼면서 심각하게 반성할 것을 표시한다."고 했다. 중국정부는 중일 양국 인민들의 친선을 위해 일본에 대한 전쟁배상 요구를 포기한다고 선포했다. 중일연합성명이 체결된 후 일본은 타이완 당국과 '외교관계'를 단절했다. 그 후 중일 양국은 무역, 항공, 해상운수, 과학기술, 문화 등 분야에서 일련의 협정을 잇달아 체결했고 1975년부터 평화우호조약을 체결하기 위한 협상을 시작했다. 중일수교는 두 나라가 장기적으로 서로 적대시하던 역사를 종말 지었고 화목하게 친선적으로 지내는 새로운 장을 열었다.

1970년대 상반기, 중국은 또 터키, 이린, 말레이시아, 필리핀, 타이, 에티오피아, 페루, 아르헨티나, 멕시코, 브라질 등 40여 개의 아시아, 아프리카, 라틴아메리카 국가들과 외교관계를 맺었다. 중국과 이미 전에 수교한 절대다수 국가, 특히 동유럽 각국과의 관계도 회복, 개선되고 발전했다.

### '3개 세계' 분획의 전략적 사상 제기

국제 정세와 중국의 대외관계의 급속한 발전과 더불어 당은 국제구도에 대해 새로운 인식을 가지게 되었다.

1973년 2월, 마오쩌둥은 네 번째로 중국을 방문한 미국 국무장관 키신저와 담화할 때 우선 '한 갈래 선', '대면적'에 관한 전략적 구상, 즉 일본으로부터 유럽을 거쳐 미국에까지 이르는 통일전선을 건립하여 당시 패권주의 야심이 날로 팽창하고 있는 소련에 맞설 구상을 제기했다. 유럽 각국 지도자들과의 담화에서 마오쩌둥은 유럽이 강대해지고 단결할 것을 희망한다고 여러 차례 표명했다. 그는 이는 서방과 동방의 안전을 보장하는 데 모두 유리하다고 보았다.

한동안의 관찰과 사고를 거쳐 마오쩌둥은 1974년 2월, 잠비아 대통령 카운다와 회담할 때 처음으로 '3개 세계' 분획에 관한 전략적 사상을 제기했다.[21] 이 사상의 기본 관점은 다음과 같다. 미국, 소련은 제1세계이고 아시아, 아프리카, 라틴아메리카와 기타 지역의 개발도상국은 제3세계이며 그사이에 있는 선진국들은 제2세계이다. 이 3개 세계는 서로 연계되면서도 서로 모순된다. 미국과 소련 두 강대국은 여러 가지 방법으로 개발도상국들을 그들의 통제 아래에 두려 하는 동시에 실력이 자기들보다 약한 선진국들을 괴롭히려 하고 있다. 강대국과 개발도상국 사이에 끼어 있는 일부 선진국은 제3세계 국들과 각종 다양한 형태의 식민주의관계를 유지하고 있으면서도 또 강대국으로부터 정도부동하게 여러 가지 통제, 위협과 괴롭힘을 받고 있다. 광범위한 개발도상국은 모두 예전의 식민지 또는 반식민지였다. 이들은 독립한 후에 모두 식민주의 잔여 세력을 숙청하고 민족경제를 발전시키며 민족독립을 공고히 해야 하는 역사적 과업을 짊어지고 있었다. 이 분획에 따라 중국은 제3세계의 일원으로서 광범위한 제3세계 국가들과의 단결을 강화하고 제2세계 국가들을 쟁취하여 함께 강대국의 통제와 억압을 반대해야 하며 제1세계인 미, 소 두 강대국의 패권주의와 투쟁할 때 위협이 비교적 적은 쪽과 손잡고 역량을 집중하여 더욱 위험한 소련 패권주의를 반대하는 데 주의해야 한다.

---

21) 중화인민공화국 외교부, 중공중앙 문헌연구실 편, 《마오쩌둥외교문선》, 중앙문헌출판사, 세계지식출판사 한문판, 1994년, 600쪽.

1974년 4월 6일, 덩샤오핑은 중국대표단을 인솔하고 뉴욕에 도착하여 유엔총회 제6회 특별회의에 참석했다. 이는 중화인민공화국의 지도자가 처음으로 유엔회의에 참석하는 것이었기에 전 세계의 보편적인 관심을 받았다. 덩샤오핑을 단장으로 내세운 것은 마오쩌둥이 제의한 것이었다. 이번 특별회의는 원료와 발전 문제를 연구하기 위해 열린 것이며 유엔이 창립된 이후 처음으로 국제경제관계 개조에 관한 중대한 문제를 전문적으로 토론한 것이었다. 10일, 덩샤오핑은 대회에서 한 발언에서 마오쩌둥의 '3개 세계' 사상과 중국의 대외정책을 전면적으로 천명했다. 그는 중국정부와 중국인민은 제3세계 국가들이 현재의 불평등한 국제경제관계를 개변할 것을 요구하는 주장과 합리적인 개혁과 건의를 찬성하고 지지한다고 표시했다. 마지막으로 그는 중국은 하나의 사회주의 국가이자 또 개발도상국으로서 제3세계에 속하며 중국정부와 중국인민은 모든 억압받고 있는 인민들과 억압받고 있는 민족들이 민족독립을 쟁취하고 수호하며 민족경제를 발전시키고 식민주의, 제국주의, 패권주의를 반대하는 투쟁을 강력히 지지하며 중국은 현재는 물론 장래에도 강대국이 되지 않을 것이라고 강조했다.

마오쩌둥의 '3개 세계' 분획에 관한 전략적 사상은 '문화대혁명' 후기 중국 대외정책의 안정을 보장해주었다. 당시의 역사적 조건에서 이런 사상은 중국 외교사업을 지도하고 강대국의 패권주의와 전쟁위협을 반대하며 제3세계 국가들과 기타 부류의 국가들과의 친선협력관계를 힘써 구축하고 발전시키며 중미 양국 관계의 정상화를 지속적으로 추동하는 데에도 모두 중요한 역할을 했다.

1970년대 상반기는 중국의 외교사업이 대발전을 이룩한 시기였다. 이 대발전의 달성은 국제 정세의 변화와도 관련 있지만 더욱 중요한 원인은 마오쩌둥, 저우언라이 등 당과 국가의 지도자들이 정세의 변화에 따라 외교정책에 대하여 중대한 조정을 했기 때문이었다. 이 시기 중국 외교가 거둔 성과는 심원한 역사적 의의를 갖고 있다. 이는 중국의 안보환경을 대폭 개선했고 중국의 외교활동 무대를 넓혀주었을 뿐만 아니라 '문화대혁명'이 끝난 후 중국의 개혁개방과 국제사무 참여를 위해 전제 조건을 마련했고 토대를 다져놓았다.

제26장

1975년의 전면적인 정돈사업

대외관계가 회복되고 확대됨에 따라 국내 건설은 유리한 외부 환경을 맞게 되었다. 1972년의 전국적으로 벌어진 극좌적 사조에 대한 비판을 겪고 난 광범위한 간부와 군중은 사회 안정, 경제 발전, 일정한 생활개선을 더욱 간절히 바라고 있었다. 1974년의 '린뱌오를 비판하고 공자를 비판하는' 운동으로 동란이 재차 일어나자 마오쩌둥도 장기간 지속된 사회 동란을 끝내고 국가가 점차 정상 질서를 회복하면서 사회 안정과 경제 발전을 가져올 수 있기를 바랐다. 마오쩌둥은 저우언라이의 병세가 위중했으므로 전반적 국면을 통괄하며 국가를 다스리는 중임을 덩샤오핑에게 점차 넘겨주었다. 1975년 초에 덩샤오핑은 마오쩌둥과 저우언라이의 지지로 국무원의 사업을 주관하기 시작했고 뒤이어 당중앙위원회의 일상사무도 주관하게 되었다. 덩샤오핑이 각 방면의 사업을 전면적으로 정돈함으로써 정세에는 다시 뚜렷한 변화가 생기게 되었다. 그러나 덩샤오핑이 실제 사업에 존재하는 여러 가지 오류를 과감하게 시정하고 있을 때 '문화대혁명'의 운명에 각별히 관심을 두고 있던 마오쩌둥은 '문화대혁명'이 비판받을까 봐 우려하면서 정돈사업에 대한 태도를 달리하기 시작했다. '4인방'은 이 기회를 이용하여 계속 사고를 일으키면서 정돈사업을 적극적으로 방해하기에 나섰고 더 많은 영도권을 탈취하기 위해 갖가지 음모활동을 벌였다. 그리하여 정돈사업과 반 정돈사업을 둘러싸고 당내에서는 더욱 치열한 투쟁이 벌어졌다.

## 1. '린뱌오를 비판하고 공자를 비판하는' 운동과 마오쩌둥의 '4인방'에 대한 비평

극좌적 사조를 비판하기 위한 저우언라이의 노력이 좌절되고 여러 분야가 극좌적 사조를 비판하는 과정에서 취한 '좌'적 오류를 시정하는 조치와 그 성과들이 '문화대혁명'에 대한 총체적인 평가와 직접 관련되자 이를 우려한 마오쩌둥은 공자를 비판하는 문제를 제기했다.

린뱌오 사건이 터진 후 마오쩌둥은 갈수록 많은 사람이 '문화대혁명'을 의심하고 있음을 느끼게 되었다. 많은 나이로 건강상태가 점점 안 좋아지자 그는 장래에 사람들이 '문화대혁명'을 어떻게 평가할지에 대해 커다란 관심을 두고 있었다. 그는 시종 '문화대혁명'은 전적으로 필요하고 수정주의를 반대하고 방지하며 사회주의제도를 공고히 하는 데 중요하고도 심원한 의의가 있다고 인정하고 있었다. 그는 '문화대혁명'을 발동한 것을 자신이 일생에서 이룬 두 가지 대업 가운데 하나로 간주하고 있었다. 1972년부터 그는 여러 번 그런 뜻을 비쳤다. 그는 자신이 평생 두 가지 일을 해놓았는데 하나는 장제스를 그 작은 섬으로 쫓아낸 것이고 다른 하나는 문화대혁명을 발동한 것이라고 말했다. 그가 '문화대혁명'을 발동한 것을 장세스를 뒤엎은 것과 견줄 수 있는 대사로 간주한 만큼 '문화대혁명'이 그의 마음속에 얼마나 중요한 자리를 차지하고 있었는가를 알 수 있었다. 린뱌오 사건이 터진 후 사회적으로 "문화대혁명이 실패했다."는 말이 떠돌자 그는 1973년 5월 25일에 열린 정치국회의에서 이를 반박하여 나섰다. 어찌 그렇게 말할 수 있는가. 문화대혁명이 있었기에 류사오치 집단을 잡아내지 않았는가. 또 린뱌오 집단도 잡아내지 않았는가. 이 자체가 바로 위대한 승리이다. 만약 이번 대혁명이 아니었다면 류사오치와 린뱌오를 어떻게 잡아내고 거꾸러뜨릴 수 있었겠는가? 그리하여 마오쩌둥은 '문화대혁명'으로 빚어진 많은 혼란 현상을 해결하는 데에 착수하는 한편, 어디까지나 '문화대혁명'이 만족할 만한 방식으로 원만하게 결론짓기를 기대하고 있었다.

마오쩌둥은 린뱌오 반혁명집단을 철저히 적발, 비판하는 과정에 중국 춘추전국 시대의 사상가이며 교육가인 공자와 철학사 연구와 관련한 유가와 법가의 논쟁에 대해 견해를 발표하고 공자를 비판할 문제를 제기하면서 이로써 린뱌오 집단이 극우적이라는 것을 논증했다. 1973년 7월 4일에 마오쩌둥은 장춘차오와 왕훙원을 불러 담화할 때 진시황을 부정하는 데 찬성하지 않는다면서 그 이유는 린뱌오가 국민당과 마찬가지로 모두 '공자를 숭상하고 법가를 배척'했기 때문이라고 말했다. 7월 17일에 마오쩌둥은 미국적 중국인 과학자 양전닝(楊振宁)을 접견할 때 재차 유가와 법가의 투쟁에 관해 언급했다. 그는 다음과 같이 말했다. "우리 곽선생(궈모뤄(郭沫若)―인용자 주)의 역사 단계 구분에 대해 저는 그의 관점에 찬성합니다. 그러나 '10비판서'[1]에서 보여준 그의 입장과 관점은 유가를 숭상하고 법가를 배척하는 것이었습니다." "법가의 도리는 오늘의 것을 중시하고 옛것을 경시하며 사회가 앞으로 발전할 것을 주장하고 퇴보의 노선을 반대하며 전진해야 한다고 주장하는 것입니다." 8월 5일에 마오쩌둥은 장칭에게 중국 역사상 유가와 법가의 투쟁에 관해 이야기할 때 역대로 능력이 있고 업적을 이룩한 정치가들은 모두 법가사상가로서 그들은 모두 법치를 주장하며 오늘의 것을 중시하고 옛것을 경시했지만 유가는 항상 인의도덕을 부르짖으면서 오늘의 것보다 옛것에 대한 중시를 주장하고 역사의 수레바퀴를 되돌리려 했다고 말했다. 그 후 얼마 지나지 않아 마오쩌둥의 비준을 받고 8월 7일 자 〈인민일보〉는 '공자―노예제도를 완고하게 수호한 사상가'라는 글을 실었다.

---

1) 10비판서는 궈모뤄가 중국 고대사회 구조 및 그 전환 과정에서의 의식형태의 반영을 연구한 논문집으로 1943년부터 1944년 사이에 집필했다. 이 책에는 '고대 연구에 대한 자기비판', '공자, 묵자에 대한 비판', '한비자에 대한 비판', '여불위(呂不韋)와 진왕정에 대한 비판' 등 10편의 글이 포함되었다.

중국공산당 제10차 전국대표대회가 폐막된 지 얼마 안 되는 9월 23일에 마오쩌둥은 이집트 부통령 샤페이를 접견할 때 또 다음과 같이 말했다. 진시황은 중국 봉건사회에서 유명한 첫 황제이다. 중국은 예로부터 두 개 파, 즉 진시황을 긍정하는 파와 진시황을 부정하는 파로 나뉘었는데 나는 진시황을 찬성하고 공자를 찬성하지 않는다. 마오쩌둥은 '린뱌오를 비판하는' 것을 '공자를 비판하는' 것과 '옛것을 중시하고 오늘의 것을 경시하는' 것을 주장하고 역사의 수레바퀴를 역전시키려는 유가와 연계시키면서 '린뱌오를 비판하는' 운동을 '우경 재발'을 방지하고 '복원으로 퇴보'하는 것을 반대하는 방향으로 돌려놓았다.

1973년 11월에 중앙정치국 내부에서는 저우언라이를 겨냥한 사건이 생겼다. 11월 하순에 마오쩌둥은 사실과 다른 회보를 듣고 저우언라이와 예젠잉이 그달 중순에 있었던 중미회담에서 나약한 태도를 보이면서 '우경적 오류'를 범했다고 인정했다. 중앙정치국은 마오쩌둥의 의견에 따라 11월 21일부터 12월 초까지 몇 차례 회의를 열고 저우언라이와 예젠잉을 비판했다. 회의에서 장칭과 야오원위안 등은 기회를 빌려 저우언라이와 예젠잉을 공격하면서 이번 중미회담은 "주권을 상실하고 나라를 욕되게 한" 회담이며 "투항주의"적인 회담이라고 터무니없이 거세게 비난했다. 장칭과 야오원위안은 기세를 몰아 이를 '제11차 노선 투쟁'이라고 하면서 저우언라이는 "그릇된 노선 투쟁의 우두머리"이며 마오쩌둥을 대체하려고 "서두르고 있다."고 모함했다. 회의가 끝난 뒤 장칭은 또 마오쩌둥에게 그녀와 야오원위안을 중앙정치국 상무위원으로 보궐선거해줄 것을 요구했다. 마오쩌둥은 정치국회의의 정황을 파악한 뒤 저우언라이, 왕훙원 등과 담화를 했다. 그는 "제11차 노선 투쟁"이라는 장칭의 제기법을 비평하면서 "그 자신(저우언라이-인용자 주)이 서두르고 있는 것이 아니라 그녀(장칭-인용자 주)가 오히려 조급하게 서두르고 있다."고 말했다. 그리고 정치국 상무위원으로 보궐선거해줄 것을 요구한 장칭의 의견에 대해 마오쩌둥은 "안 된다."고 명확하게 태도를 표시했다.

 1973년 말에 당내와 군대 내에서는 중요한 조직적 인사변동이 있었다. 같은 해 12월 12일에 마오쩌둥은 중앙정치국회의를 소집했다. 회의에서 마오쩌둥은 예젠잉의 의견을 찬성하여 대군구의 사령원들을 상호 교체할 것을 제의했다. 그는 다음과 같이 말했다. "한 사람이 한 지역에서 오래 근무하면 안 된다. 오래 근무하다 보면 술수를 부리기 마련이다." "몇몇 대 군구에서는 정치위원들이 역할을 못하고 사령원이 독단적으로 일을 처리하고 있다." 그는 '3대 규율과 8항주의' 노래를 부를 것을 제의하면서 "보조가 일치해야 하며 일치하지 않으면 안 된다."라고 말했다. 마오쩌둥은 또 억울하게 타도 당했다가 반년 전에 국무원 부총리 직무를 회복한 덩샤오핑을 중국공산당 중앙군사위원회 위원, 중앙정치국 위원으로 임명할 것을 제의했다. 그는 또 "정치국은 정무를 의론해야 한다. 군사위원회는 군무를 의론해야 하며 군무뿐만 아니라 정무도 의론해야 한다. 군사위원회가 군무를 의론하지 않고 정치국이 정무를 의론하지 않는다면 앞으로 다른 것으로 바꿔버리는 게 낫지 않겠는가!"라고 말했다. 21일에 마오쩌둥은 중앙군사위원회 회의에 참가한 성원들을 접견했다. 미오쩌둥은 그들과 담화할 때 또 "만약 중국에 수정주의가 나타난다면 모두 주의를 돌려야 한다!"고 말했다. 이는 린뱌오 반혁명집단이 폭로, 파멸되어 2년 남짓이 지난 뒤 마오쩌둥이 중국에 '수정주의'가 나타나는 문제에 주의를 돌릴 것을 재차 언급한 것이었다. 마오쩌둥의 의견에 따라 12월 22일에 중공중앙은 덩샤오핑이 중앙정치국 위원, 중앙군사위원회 위원을 맡으며 중앙과 군사위원회의 지도사업에 참여한다는 통지를 발부했으며 중앙군사위원회는 8대 군구 사령원들이 상호 교체하는 인사발령[2]을 내렸다.

장칭 집단은 마오쩌둥의 비판에도 공자에 대한 비판을 이용하여 계속 농간을 부렸다. 중국공산당 제10차 전국대표대회가 끝난 뒤 그들은 칭화대학, 베이징대학에서 대비판조를 구성하고 〈린뱌오와 공맹지도〉라는 자료를 편찬했다. 그들은 린뱌오가 공자의 "자신의 욕심을 버리고 예의를 따르라."는 말을 여러 차례 족자로 썼다는 데 커다란 관심을 가지면서 "자신의 욕심을 버리고 예의를 따르게 하는" 것을 비판하여 린뱌오에 대한 비판과 공자에 대한 비판을 연관시키려고 시도했다. 그들의 조종하고 있는 집필조는 '공자를 비판하고' '유가를 비판하는' 글을 연속 발표하여 옛것을 빙자하여 현재를 꼬집으면서 공격의 칼날을 점차 저우언라이에게 돌렸다.

1974년 양력설에 장칭 등이 동세하는 〈인민일보〉, 〈해방군보〉와 〈붉은기〉는 공동사설을 발표하여 "공자를 숭상하고 법가를 배척하는 사상을 계속 비판해야 하며" "공자를 비판하는 것은 린뱌오를 비판하는 일부분이다."고 제기했다. 1월 12일에 왕훙원과 장칭은 연명으로 마오쩌둥에게 서신을 보내 베이징대학, 칭화대학 대비판조가 편찬한 〈린뱌오와 공맹지도〉(자료 1)를 전국적으로 발부할 것을 건의했다. 18일에 중공중앙은 1호 문건으로 이 자료를 발부하면서 이 자료는 계속 린뱌오 노선의 극우적 실질을 깊이 있게 비판하고 계속 공자를 숭상하고 법가를 배척하는 사상을 비판하며 사상 및 정치노선 교양을

---

[2] 즉 선양군구 사령원 천시롄(陳錫聯)과 베이징군구 사령원 리더성(李德生), 지난(濟南)군구 사령원 양더즈(楊得志)와 우한군구 사령원 쩡쓰위(曾思玉), 난징군구 사령원 쉬스유(許世友)와 광저우군구 사령원 딩성(丁盛), 푸저우(福州)군구 사령원 한셴추(韓先楚)와 란저우군구 사령원 피딩쥔(皮定均)이 서로 교차 전근되었다.

강화하는 것에 대해 아주 큰 도움이 될 것이라는 시달지시를 달았다. 당시 중앙에서 이 자료를 비준, 발부한 것은 린뱌오가 암암리에 공맹지도를 존중했기에 공자를 비판함으로써 사상 근원적으로 린뱌오 집단을 비판하자는 데 있을 뿐만 아니라 더욱 중요하게는 역사적으로 법가는 변혁을 주장하고 유가는 변혁을 반대했다는 것을 선양하여 '문화대혁명'을 수호하려는 데 그 목적이 있었다.

중앙1호 문건이 발부된 후 장칭은 개인 명의로 해방군 마오 부대의 화생방련, 해군기관, 국무원 문화조와 중국공산당 베이징시위원회 등 단위들에 사람을 보내어 "린뱌오를 비판하고 공자를 비판"하는 것과 관련한 서신과 자료들을 보냈다. 1월 24일과 25일에 장칭은 또 중앙군사위원회 기관과 베이징주둔부대, 중앙과 국가 직속기관이 소집한 "린뱌오를 비판하고 공자를 비판하는" 동원대회에서 연설했다. 장칭은 자기 일당의 핵심이며 칭화대학과 베이징대학 대비판조의 조직원인 츠췬(遲群)[3], 셰징이(謝靜宜)[4]가 대회에서 연설하도록 했다. 25일의 대회에서 츠췬 등은 회의에 참석한 저우언라이, 예젠잉 등을 의도적으로 비난의 상대로 몰아붙였다. 그들은 〈린뱌오와 공맹지도〉 자료를 선전, 설명하는 기회를 빌려 이른바 '반 복원'문제를 크게 떠들어대면서 "당면의 주요한 위험은 여전히 수정주의"라고 했다. 그뿐만 아니라 중앙과 지방 그리고 군대의 일부 간부가 '대사'는 제쳐놓고 '사소한 일'에만 몰두하는데 이제 곧 "수정주의로 변하게 될 것"이라고 공격하는 한편 '뒷거래'[5]는 실제로는 "마르크스–레닌주의에 대한

---

[3] 츠췬, 당시 국무원 과학교육소조 부조장, 중국공산당 칭화대학위원회 서기, 칭화대학 혁명위원회 주임으로 있었다.

[4] 셰징이, 당시 국무원 과학교육소조 성원, 중국공산당 베이징시위원회 서기, 베이징시혁명위원회 부주임으로 있었다.

[5] '뒷거래'는 '문화대혁명' 가운데 대학생 모집, 군 입대, 노동자 모집 등 문제에서 원칙에 따라 처리하

배신"이므로 "린뱌오를 비판하고 공자를 비판하는" 것을 '뒷거래' 문제와 연계해야 한다고 했다. 연로다병한 몸으로 회의에 참석한 궈모뤄도 장칭에 의해 그 자리에서 지명됐다. 장칭의 두 차례 만인대회에서의 선동에 많은 간부와 군중은 당혹스러워했고 우려하게 되었다.

장칭 등이 "린뱌오를 비판하고 공자를 비판하는" 대회에서 한 연설을 알게 된 마오쩌둥은 이들을 제지하고 나섰다. 그는 2월 15일에 쓴 서신에서 "지금 형이상학이 창궐하고 편향적이다. 린뱌오를 비판하고 공자를 비판하는 운동에 뒷거래까지 곁들이면 린뱌오와 공자에 대한 비판이 약화될 수가 있다. 셰징이와 츠췬의 연설은 결함이 있기에 하달하는 것이 적합하지 않다."라고 지적했다. 16일에 저우언라이는 츠췬, 셰징이를 찾아가 그들에게 마오 주석의 "형이상학이 창궐한다."는 지적은 장칭을 비판한 것이라고 알려주었다. 20일에 중공중앙은 통지를 내려보내 '뒷거래' 문제는 조사연구를 통해 관련 정책을 제정해야 하므로 운동 후기에 적당히 배치하여 처리해야 한다고 제기했다. 장칭은 압력에 못 이겨 어쩔 수 없이 마오쩌둥에게 검토서를 써 바쳤다.

비록 장칭 등이 두 차례의 대회에서 한 연설 녹음은 하달되지는 못했다. 하지만 "린뱌오를 비판하고 공자를 비판하는" 운동을 이용해 저우언라이 등을 공격하려는 그들의 시도는 여전히 계속되었다. 같은 해 3월에 중앙정치국에서 소집한 한 차례 회의에서 왕훙원은 1972년의 극좌적 사조에 대한 비판은 사실상 '문화대혁명에 대한 비판'이라고 하면서 지명하지 않고 저우언라이를 공격했다. 베이징대학, 칭화대학 대비판조는 장칭의 뜻에 따라 '공자 그 사람' 등의 글

---

지 않고 친족이나 친분이 깊은 사람을 돌보는 부정기풍을 두고 하는 말이다. 장칭 등이 이때에 '뒷거래' 반대를 들고 나온 목적은 이 문제를 이용하여 일부 노 간부들을 공격하기 위한 것이었다.

을 써서 빗대어 저우언라이를 공격함으로써 장칭 등에게 칭찬을 받았다. 장칭은 '현대 유가'를 비판해야 한다고 떠들어댔다. 그는 지금의 글들은 현대 유가를 별로 언급하지 않고 있는데 바로 지금 아주 큰 유가가 있다, 유가와 법가의 투쟁은 오늘날까지 영향을 주고 있으며 오늘날까지 계속되고 있다, 아직도 그 누군가가 복원을 시도하고 있으며 복원하기 위해서는 유가를 들고 나오게 된다[6]고 말하면서 '큰 유가'가 바로 저우언라이임을 암시했다. 장칭은 또 톈진의 일부 공장, 농촌과 부대에 내려가 "유가와 법가의 투쟁이 오늘날까지 계속되고 있다."는 여론을 퍼뜨리고 "현대의 큰 유가를 잡아내고" "당내의 큰 유가를 비판해야 한다."고 선동했다.

　장칭 등의 조종으로 "린뱌오를 비판하고 공자를 비판하는" 운동은 한 걸음 더 나아가 "법가를 논하고 유가를 비판하는" 활동으로 번져 갔다. 역사적으로 일어난 유가와 법가의 논쟁에 대한 다른 견해는 원래 역사학의 학술적 문제였지만 당시에 와서는 장칭 등에 의해 저우언라이 등을 빗대고 공격하는 어처구니없는 수단이 되었다. 중국 역사는 '유가와 법가 두 갈래 노선의 투쟁사'로 왜곡되었고 모든 역사 인물에 대한 공적은 모두 '유가와 법가의 투쟁'이라는 틀에 맞춰 다시 '선을 긋고 줄을 세우는' 식으로 재평가되었으며 무릇 법가라 하면 모두 애국적이고 진보적인 것으로 평가되고 무릇 유가라 하면 다 매국적이고 반동적인 것으로 평가되었다. 장칭 등이 통제하고 있는 집필조는 신문, 잡지에다 많은 글을 발표하여 자신들의 속내를 드러내면서 공자의 "자신의 욕심을 버리고 예의를 따르라.", "멸망된 옛 노예제 국가를 되살리고 세습적 지위가 끊어진 귀족 세가를 이어가며 몰

---

6) '인민대회당에서 한 장칭의 연설', 1974년 6월 14일; '톈진역에서 노동자들에게 유가와 법가의 투쟁 역사를 설명하는 대회에서 한 장칭의 연설', 1974년 6월 19일.

락한 낡은 귀족 인사를 등용한다."를 비판한다는 명의로 저우언라이가 1972년을 전후하여 '문화대혁명' 전의 일부 정확한 정책, 조치들을 회복하고 많은 노 간부들에게 사업을 배치하며 경제를 발전시킨 것을 빗대어 공격했다.

장칭 등은 가는 곳마다 '대란은 아주 좋은 일'이라고 고취하면서 재차 기층에서부터 '불을 놓아' '자본주의 길로 나아가는 집권파를 불사르'려고 시도했다. 그들은 사람을 군대에 파견하여 '선정적인 공격을 선동'했을 뿐만 아니라 '전반적인 공격을 선동'하면서 기층에서부터 지도기관에 이르기까지 '권력을 탈취할 것'을 선동했으며 또 "군대가 제일 골칫거리"이므로 "군대를 정돈해야 한다."고 떠들어댔다. 장춘차오는 또 군대의 한 회의에서 "파벌성을 두려워하지 말아야 한다. 내전이 일어나도 괜찮다. 어떤 문제는 내전이 있어야만 해결할 수 있다."라고 말했다. 그들은 1974년 1월 17일부 〈해방군보〉에 발표된 '비판을 해야 하지만 양해도 해야 한다'는 제목의 짧은 글을 트집 잡아 공격했다. 이 글은 저우언라이와 예젠잉이 공군당위원회의 한 차례 회의에서 한 연설 정신에 따라 쓴 것이었다. 3월에 장칭, 장춘차오 등은 이것을 이유로 중앙정치국 명의로 〈해방군보〉에 명령을 내려 자체 집필원고 발표를 정지하고 신화통신사의 소식과 〈인민일보〉의 원고만 전재하게 함으로써 〈해방군보〉는 178일간 변칙적인 휴간을 당하게 되었다.

장칭 등은 또 교육과 문화 분야에서도 소란을 일으키면서 이른바 '복원의 재발'을 대대적으로 반대했다. 1973년에 장칭 등은 '복원의 재발'을 반격할 문제를 제기했다. 같은 해 5월 21일에 츠췬이 장악하고 있던 국무원 과학교육소조는 중공중앙과 국무원에 보고서를 제출하여 반년 남짓한 동안 과학기술과 교육 전선에서는 린뱌오 노선의 실제 성격이 '좌'적인가 아니면 우적인가, 당면의 정세가 좋은가 아니면 나쁜가, 지식인에 대한 개조가 지나친가 아니면 부족한가 하는 세 가지 기본 문제를 둘러싸고 한 차례 '대변론'을 전개했다고 했다. 보고서는 '변론' 과정에서 나온 정확하거나 비교적 정확한 의견에 대해 모두 "인식이 모호하고" "사상이 혼란스러운 것"이라고 결론지으면서 린뱌오 수정주의 노선의 극우적 성격을 계속 비판하고 지식인에 대한 개조를 계속 강화하도록 제기했다. 같은 해 10월 중순부터 1974년 1월까지 츠췬은 칭화대학에서 위로는 '자산계급 회복 세력의 대표자'를 잡아내고 아래로는 '회복 세력의 사회적 기반'을 쓸어버리는 '우경사조의 재발을 반대'하는 운동을 전개하고 광범위한 교직원들의 '문화대혁명'에 대한 불만과 '교육 혁명', '두 개 평가'에 대한 배척을 모두 '교육계에 나타난 번안풍조'로 밀어붙이면서 지식인 대열에 "한 줌도 안 되는 우파가 드러났으니" "추호의 사정도 두지 말고 적발, 비판해야 한다."고 했다.

장칭 등은 '복원의 재발'을 반격하는 과정에 교육계통과 문화계통에서 전국을 들썩이게 한 사건들을 무수히 조작해냈다. 그 가운데 장톄성(張鐵生) 사건은 당시 중국공산당 랴오닝성위원회 서기, 랴오닝성혁명위원회 부주임이고 선양군구 정치위원이며 장칭과 가까웠던 마오위안신(毛遠新)이 대학교 입학시험을 반격하기 위해 내던진 하나의 '돌덩이'였다. 1973년 7월 19일 자 〈랴오닝일보〉는 '깊은 사색을 불러일으키는 답안지'라는 제목으로 랴오닝성 싱청현(興城縣)의 지식청년이며 농촌생산대 대장인 장톄성이 대학시험에서 백지 답안지를 내면서 쓴 서신[7]를 발표했다. 이 신문은 편집자의 말에서 장톄성

---

7) 1973년의 대학교입학시험에서 장톄성은 물리화학시험에 6점을 맞았다. 그는 시험지 뒷면에 서신을 써서 대학교에 가고 싶은 자신의 염원을 토로하고 문화지식 시험을 통해 학생을 모집하는 방법을 비판

은 "물리, 화학 과목시험에서 거의 '백지 답안지'를 냈지만 전반 대학교 학생모집 노선문제에 대해서 높은 견해가 있고 깊은 사색을 불러일으키는 답안지를 냈다."면서 "학생을 뽑는 주요 기준이 3대 혁명운동 실천의 일관적인 표현에 따라야 하는가? 아니면 문화시험의 점수에 따라야 하는가?"라는 질문을 제기했다. 8월 10일 자 〈인민일보〉는 장톄성의 서신과 〈랴오닝일보〉 편집자의 말을 전재하면서 본지 편집자의 말을 달아 "교육 전선에서의 두 갈래 노선, 두 가지 사상 투쟁의 중요한 문제를 제기한 이 서신은 확실히 깊은 사색을 불러일으키고 있다."고 지적했다. 그 후 각지 신문들이 이 서신을 분분히 전재하고 글을 발표하여 대학교 학생모집에서 문화시험을 치르는 것은 "무산계급을 향한 자산계급의 반격"이고 '복원의 재발'이라고 비난했다. 이로써 백지 답안지를 낸 장톄성은 대학교에 들어갔을 뿐만 아니라 랴오닝성철령농학원의 지도부성원이 되었고 중국공산당에 가입했다. ㄱ 후 또한 제4기 전국인민대표대회 상무위원회 위원으로 낭선되었으며 한때 유명한 '조류 대항 영웅'과 '소란을 부릴수록 유명해져 출세한' 전형이 되었다.

7월 28일에 장칭, 장춘차오 등은 또 후난지방극을 영화로 만든 〈원예사의 노래〉를 검열하는 기회를 이용해 인민교사를 열정적으로 구가한 이 영화를 마구 비난하면서 "원예사는 공산당이어야지 어떻게 교원을 원예사라고 할 수 있는가?"라고 말했다. "문화가 없이 어떻게 혁명의 중임을 떠맡을 수 있는가?"라는 대사에 대해 장칭은 "그야말로 반격적인 역청산"이라고 말했다.

'린뱌오를 비판하고 공자를 비판하는' 운동을 전후하여 장칭 등은

---

하고 "몇 시간의 서면 고시로 저의 입학자격이 취소될 수도 있다."고 원망하면서 "각급 지도자들이 이번 입학시험에서 보잘것없는 이 생산대 대장을 봐주기를 바란다."고 했다.

또 마전푸(馬振撫)공사 중학교 사건과 '한 소학생의 서신과 일기'를 조작하여 비판을 더욱 고조시켰다. 1973년 7월에 허난성 탕허현 마전푸공사 중학교의 한 여학생이 영어시험에서 백지 답안지를 바쳐 학교 측의 책망을 들은 후 자결하고 말았다. 이 사건은 이미 타당하게 처리되었으나 장칭 등은 이 사건을 파고들었다. 1974년 1월에 장칭은 츠췬과 셰징이를 파견하여 이 사건을 조사하게 했다. 중앙은 츠췬, 셰징이가 조사한 보고서를 보내고 이 사건은 "수정주의 교육노선의 복원으로 빚어진 크게 잘못된 결과"라고 결론지었다. 1973년 12월에 장칭 등은 또 '한 소학생의 서신과 일기'[8]를 이용하여 전국적인 신문, 잡지를 통해 '사도 존엄'과 '지육 제일'을 비판하는 바람을 일으켰다. 전국의 많은 학교에서는 또다시 수정주의 노선의 '복원과 재발'을 적발, 비판하면서 많은 교원과 학교 지도간부들을 박해했다.

문예 분야에서 그들은 계속 후난지방극을 영화로 만든 〈원예사의 노래〉를 비판한 뒤 1974년 1월에는 또 산시지방극 〈도봉에 세 번 가다(三上桃峰)〉를 비판했는데 근거 없이 〈도봉에 세 번 가다〉에서 나오는 '도봉'을 류사오치 부인인 왕광메이가 '4청'운동 때 현장체험지

---

8) 츠췬, 셰징이는 베이징의 한 소학생이 교원으로부터 비판을 받고 나서 교원에 대한 불만을 일기로 썼다는 사실을 파악한 뒤 그 소학생에게 네가 내놓은 문제는 너와 선생님 간의 문제가 아니라 두 계급, 두 갈래 노선이 투쟁하는 문제라고 말했다. 1973년 12월 12일 자 〈베이징일보〉는 이 소학생의 일기를 싣고 편집자의 말을 달았으며 뒤이어 글을 발표하여 비판의 열풍을 일으켰다. 이에 대해 내몽골생산건설병단의 청년 3명이 왕야줘(王亞卓)라는 필명으로 일기를 쓴 베이징의 소학생에게 서신을 보내 신문에서 선양한 '조류 대항' 전형에 대해 날카롭게 비판했다. 글들은 "지금 많은 학교에서 학생들이 걸핏하면 대자보를 써 붙이며 '조류에 대항한다.'고 하는데 사실 이것이야말로 아주 나쁜 조류"라고 지적했다. 그들은 "교원과 처지를 바꾸어 생각해보라. 그들은 몇 년을 하루와 같이 당의 교육사업에 충성하면서 혁명의 후대를 길러내기 위해 애써 사업하고 있지 않은가."라고 호소하고 나서 이와 같이 학생들이 '교원을 적으로 간주'하는 '조류 대항 정신'에 대해서는 "정말 공감할 수 없다.", "이것은 지나치게 남을 억압"하고 있는 것이라고 했다. 이 서신은 '4인방'에 의해 '혁명의 신생사물'을 '제멋대로 비난'한 것으로서 "교육 전선의 두 갈래 노선, 두 가지 사상의 투쟁이 여전히 아주 첨예한" 표현이라는 호된 비판을 받았다.

로 삼았던 도원대대[9]라고 우겼다. 그러면서 이 영화는 류사오치를 대신해 억울함을 호소하는 '독초'이므로 이른바 '반혁명 수정주의 문예 검은 노선의 재발'에 반격을 가해야 한다고 했다.

'우경사조의 재발'을 반격하고 '린뱌오를 비판하고 공자를 비판하는' 운동을 일으켜 1972년을 전후하여 저우언라이의 영도로 간고한 노력을 통해 금방 안정을 되찾기 시작하던 정세가 또다시 혼란에 빠졌다. 장칭 등의 사주로 그 일당은 또다시 각지에서 지도간부를 비판, 투쟁하고 일부 단위들에서 교원과 문예가들을 비판하며 "그릇된 노선을 위한 생산을 하지 말자", "조류에 대항하자."는 등 헛소문을 퍼뜨리면서 휴업을 선동했다. 사회적으로 다업종 연락소, 신소단, 강연단 따위의 기구가 또 나타나고 일부 지역에서는 무단 투쟁이 빚어지기도 했다. 그들은 또 이 기회를 이용해 기습적으로 입당시키고 돌격적으로 간부를 발탁함으로써 야심을 품은 '조류 대항' 세력들이 당내와 간부대열에 많이 끼어들게 했다.

"린뱌오를 비판하고 공자를 비판하는" 운동의 충격으로 전국의 경제가 심한 내리막길을 걸었다. 1974년 1월부터 5월까지의 집계에 따르면 석탄 생산량, 철도화물 수송량, 철강 생산량, 화학비료 생산량이 전해보다 각각 6.2%, 2.5%, 9.4%, 3.7%씩 내려갔다. 1974년의 전년 공, 농업 총생산액은 1973년보다 1.4%밖에 성장하지 못했고 그 가운데 공업 총생산액은 0.3%밖에 성장하지 못하여 생산발전 속도가 뚜렷이 떨어졌으며 재정 수입은 전년보다 5억 위안이 줄어들고 지출은 25억 위안이 늘어났다. 인민생활이 심각한 영향을 받았고 대도시와 중등도시들에서 상품 공급이 달리고 부식물, 무명천, 과자류,

---

9) 1963년 11월부터 1964년 4월까지 왕광메이는 허베이성 탕산전구 푸닝현 루왕좡공사 타오위안대대를 시범으로 하여 진행한 '4청'운동에 참가했다.

심지어 성냥 공급량마저 줄어들었다. 물산이 풍부한 저장성에서는 적지 않은 상품이 동나기 시작하여 물고기와 쌀이 많이 나는 고장의 구제를 통해 살아가야 하는 상황이 벌어졌다.[10]

　마오쩌둥은 비록 "린뱌오를 비판하고 공자를 비판하는" 운동을 지지했지만 장칭 등이 이 기회에 전국을 혼란에 빠뜨리려는 의도를 간파한 뒤 과단하게 제지하고 그들을 호되게 비판했다. 마오쩌둥의 의견에 따라 당중앙위원회는 1974년 4, 5월 사이에 통지를 발부하여 "린뱌오를 비판하고 공자를 비판하는" 운동은 당위원회의 통일적인 영도 아래 진행하며 전투대와 같은 군중 조직을 구성하지 말고 여러 업종, 여러 지역을 망라한 상호연락 등을 하지 말며 "조사 범위는 린뱌오 반당 집단의 음모 책동과 관련된 문제에 국한하고 더 이상 확대하지 말아야 한다."고 규정했다. 이와 같은 요구는 사회적 혼란을 제어하는 데 일정한 작용을 했다. 7월 17일에 마오쩌둥은 중앙정치국회의를 소집했다. 이번 회의에서 그는 장칭과 왕훙원, 장춘차오, 야오원위안을 엄숙하게 비판했다. 그는 "장칭 동지, 당신은 주의해야 한다! 남들이 동무에게 의견이 있어도 직접 말하기 어려워하기에 동무는 모르고 있다. 두 공장, 즉 강철공장과 감투공장을 차려놓고 걸핏하면 남에게 큰 감투를 뒤집어씌워서는 안 된다. 그렇게 해서는 좋지 않으니 주의해야 한다."라고 말하고 나서 또 "동무는 왜 그리 고치기 힘들어하는지 모르겠다."고 덧붙였다. 그는 장칭을 가리키면서 자리에 있는 정치국 성원들에게 "저 사람은 상하이파에 속한다고 할 수 있는데 동무(장칭, 왕훙원, 장춘차오, 야오원위안 4명 -인용자 주)들은

---

10) 당시 중국공산당 저장성위원회 서기였던 톄잉(鐵瑛)의 회고에 의하면 저장성은 1960년대의 어려웠던 3년 동안에 전국적으로 기근이 들어도 저장성만은 어디 가서 밥을 먹어도 양표(糧票)를 받는 일이 없었으나 "린뱌오를 비판하고 공자를 비판하는" 운동 때에 와서는 도리어 북방에서 고구마 말랭이와 밀을 조달 운송하여 재해구제를 받아야 했다.

주의해야겠다. 네 사람이 짜고들어 종파를 움직여서는 안 된다!"고 말했다. 마오쩌둥은 또 두 번이나 회의에서 "저 사람은 자신을 대표할 뿐 결코 나를 대표하지 않으며" "총체적으로 말해서 저 사람은 자신만을 대표할 뿐"이라고 선포했다. 이는 마오쩌둥이 처음으로 중앙정치국회의에서 이름을 찍어 장칭을 비판하고 당의 최고 지도층에서 '4인방'의 문제를 지적한 것이었다. 이는 당시로 말하면 범상치 않은 일로서 당중앙위원회가 2년 후 이 집단을 해체시키는 데 유리한 조건을 마련해주었다.

 마오쩌둥은 '4인방'을 비판함과 동시에 사회 안정을 이루어야 한다는 의사를 여러 번 밝혔다. 1974년 8월에 마오쩌둥은 '4인방'이 '린뱌오를 비판하고 공자를 비판하는' 운동 가운데 정리한 군대의 많은 지도간부와 린뱌오의 관련 자료에 대비하여 각 대 군구 사령원과 정치위원들이 참석한 회의를 소집할 것을 제의했다. 그는 "'과거를 징계히어 앞으로 삼가게 하고 병을 치료하어 사람을 구하는' 방침을 시행해야 한다. 단번에 때려눕히면 좋지 않다. 다른 사람이 잘못을 시정하도록 허용하고 기회를 주어야 한다."고 말했다. 그는 또 "무산계급 문화대혁명을 진행한 지 8년이 되므로 이제는 안정하는 것이 좋다. 전당, 전군이 단결해야 한다."고 특별히 강조했다. 이는 전당에 중요한 정보를 전달했다. 그 후 그는 또 '제11차 노선 오류'라는 명의로 저우언라이를 공격하고 린뱌오와 공자를 비판하는 것을 이용해 '뒷거래'를 호되게 비판하는 장칭 등의 작법에 대해 불만을 표시하면서 "린뱌오를 비판하고 공자를 비판하는 것을 제2차 문화대혁명이라고 말하는 것은 옳지 않다."고 지적했다. 그는 장칭이 마땅히 자기비판을 하고 왕훙원은 반성문을 써야 한다고 했다.

 마오쩌둥의 지시에 따라 1974년 9월 29일에 중공중앙은 '허룽 동지의 명예를 회복시킬 데 대한 통지'를 내어 린뱌오 등이 허룽에게 억지로 뒤집어씌운 '죄명'을 부정해버렸다. 이해는 국경 25주년이 되는 해였는데 마오쩌둥은 국경초대연참석자들의 명단 확정을 통해 노 간부와 사회 각계 인사들에 대한 정책관철사업을 한 걸음 더 추진시켰다. 성대한 국경초대연에 참가한 당, 정부, 군대 고위급 간부 가운데는 최근 몇 년간 나타나지 않았다가 다시 신문에 이름이 오른 사람이 40여 명에 달했다.

마오쩌둥은 또 국민경제를 발전시킬 염원을 분명히 밝혔다. 11월 6일, 마오쩌둥은 창사에서 국빈을 접견한 뒤 국민경제 정황에 관한 리셴녠의 회보를 청취할 때 "국민경제를 일으켜 세워야 한다."고 제기했고 리셴녠은 중앙정치국회의에서 이 지시를 전달했다. 안정 단결과 국민경제 발전에 관한 마오쩌둥의 지시로 '4인방'이 전국을 혼란에 빠뜨리려는 시도는 제어되었으며 곧 소집될 전국인민대표대회 제4기 제1차 회의에서 '4개 현대화' 목표를 재차 제기하기 위한 중요한 의거를 제공해주었다.

## 2. 장칭 집단의 '내각 구성' 음모를 분쇄한 투쟁

**장칭 집단의 '내각 구성' 음모의 분쇄**

1974년 10월 11일, 중공중앙은 통지를 내려 "최근 기간에 제4기 전국인민대표대회를 개최한다."고 선포했다. 문건은 또 '문화대혁명'을 8년간 진행했으니 이제는 안정 단결해야 한다는 마오쩌둥의 의견을 전달했다.

이 문건은 마오쩌둥이 10월 4일에 심사한 후 발부한 것이었다. 마오쩌둥은 이 문건을 심사한 그날에 또 덩샤오핑을 국무원 제1부총리로 임명할 것을 제의했다. 억울하게 타도된 후 추방되었던 덩샤오핑은 1973년 2월에 장시성 신젠(新建)에서 베이징으로 돌아와 국무원 부총리 직무를 회복하고 중앙정치국 위원, 중앙군사위원회 위원 직무를 맡고 있었다. 1974년 4월에 덩샤오핑은 중국대표단을 거느리고 유엔특별회의에 참석했으므로 외신에서는 그를 '중국에서 가장 영향력 있는 인물의 한 사람'이라고 평가했다. 제4기 전국인민대표대회 소집을 준비할 때 마오쩌둥이 덩샤오핑의 제1부총리 임명을 건의한 것은 덩샤오핑에 대한 두터운 신임을 잘 보여주었다. 저우언라이의 병세가 위중한 상황에서 마오쩌둥의 심사숙고를 거친 이 제의는 더욱 특별한 의의를 지니고 있었는데 사실은 덩샤오핑에게 저우언라이를 대신하여 국무원의 사업을 주관하도록 하려는 것이었다.

제4기 전국인민대표대회 '내각 구성' 명단을 준비하는 과정에 장칭이 일으킨 '풍경호 선박 사건'이 발생했다. 10월 14일, 장칭은 신화사에서 편찬해 인쇄한 내부 간행물에서 중국이 자제로 설계하고 건조한 만 톤급 원양화물선 '풍경'호가 시험 항행에 성공했다는 보도를 읽게 되었다. 이는 10월 12일 야오원위안의 비준을 거쳐 신화사에 보내 실은 기사로서 이 기사를 낸 것은 "선박을 건조하는 것이 사는 것보다 못하고 선박을 사는 것이 임차하는 것보다 못하다."는 이른바 '맹목적인 양노사상'을 비판하기 위해서였다. 장칭은 즉시 긴 평어를 달아 외국 선박을 많이 사들여 운송력을 증강시키는 것에 관한 국무원과 교통부의 결정은 '외국의 것을 맹목적으로 숭배하는' 것이며 '양노사상', '추종주의'이며 '매판자산계급사상을 가진 사람들이 우리를 독재'한 것이라면서 칼날을 저우언라이와 덩샤오핑에게 돌렸다. 왕훙원, 장춘차오, 야오원위안, 캉성 등도 장칭의 회시에 전적으로 동의한다면서 '풍경호 선박 사건'을 계기로 '수정주의 노선'을 강력히 비판하고 '교통부를 철저히 검사, 정돈'할 것을 요구했다. 10월 17일 저녁, 중앙정치국회의에서 장칭은 갑자기 자신의 평어와 주해를 단 '풍경호' 선박에 관한 회람자료를 꺼내놓고 그들이 인정한 이른바 '매국주의 노선'에 대해 태도를 표시할 것을 회의참가자들에게 강요했다. 장칭은 도발적인 언어로 덩샤오핑에게 당신은 이를 지지하는가, 반대하는가, 아니면 중립을 지키는가 하고 물었다. 이에 덩샤오핑은 이것은 억지이니 꼭 조사해보겠다고 대답했다. 그러자 장춘차오가 자리에서 갑자기 일어나 당신이 뛰쳐나올 줄 벌써 짐작하고 있었는데 오늘 과연 뛰쳐나왔군 하고 말했다. 그러자 덩샤오핑은 화를 내며 회의장을 떠남으로써 항의를 표시했다. 회의는 결과 없이 끝났다. 그날 밤 장칭은 왕훙원, 장춘차오, 야오원위안을 불러 비밀리에 모의하고 왕훙원이 이튿날 창사에 가서 마오쩌둥에게 저우언라이, 덩샤오핑을 모함하는 회보를 하기로 획책했다.

 10월 18일, 왕훙원은 중앙정치국의 다수 성원들 몰래 창사로 날아갔다. 그는 마오쩌둥에게 지금 베이징은 루산회의[11] 분위기가 짙은데 자신은 위험을 무릅쓰고 창사에 왔다고 했다. 그는 저우 총리가 비록 중병을 앓고 있지만 밤낮 사람들을 불러 담화하고 있으며 덩샤오핑, 예젠잉, 리셴녠 등이 총리에게 자주 찾아간다고 말했다. 그는 또 이들이 지금 이때 빈번하게 내왕하는 것은 제4기 전국인민대표대회의 인사 배치 때문이라고 말했다. 왕훙원은 또 장칭, 장춘차오, 야오원위안을 치켜세웠는데 그 목적은 덩샤오핑이 제1부총리가 되지 못하게 하고 저우언라이를 한쪽으로 밀어낸 다음 자기들로 내각을 구성하려는 데 있었다. 마오쩌둥은 즉석에서 왕훙원을 나무랐다. 의견

---

11) 1970년에 장시성 루산에서 소집된 당중앙위원회 제9기 제2차 전원회의를 가리킨다.

이 있으면 직접 앞에서 말해야지 이렇게 하는 것은 옳지 않다! 샤오핑 동지와 잘 단결해야 한다. 마오쩌둥은 또 돌아가서 총리와 예젠잉 동지를 많이 찾아가 교류하며 장칭과 어울리지 말고 장칭을 경계해야 한다고 말했다. 퇴박을 맞은 왕훙원은 그날 저녁 베이징에 돌아왔다.

10월 20일, 마오쩌둥은 또 저우언라이와 왕훙원에게 사람을 보내 총리는 어디까지나 총리이므로 제4기 전국인민대표대회 준비사업과 인사배치는 총리와 왕훙원이 함께 주관하고 각 측과 상론하여 처리하라는 뜻을 전달하고 덩샤오핑을 국무원 제1부총리 겸 중국인민해방군 총참모장으로 임명할 것을 건의했다. 그는 "왕훙원이 찾아왔을 때에는 이같이 명확하게 말하지는 않았으니 지금 재차 분명히 말하는 것이다."라고 했다. 마오쩌둥은 또 사람을 시켜 왕훙원, 장춘차오, 야오원위안에게 장칭의 꽁무니를 따라다니면서 문건들에 서명하지 말라는 뜻을 전달했다.

마오쩌둥의 의견에 따라 제4기 전국인민대표대회 제반 준비사업과 구체적인 인사배치는 주로 저우언라이가 책임지고 저우언라이가 국무원총리를, 덩샤오핑이 국무원 제1부총리 겸 중국인민해방군 총참모장을 각각 맡아야 한다는 것을 명확히 결정함으로써 장칭 등의 '내각 구성' 음모가 실현되지 못하게 되었다.

비록 왕훙원의 창사 행은 마오쩌둥의 비판을 받았으나 장칭 등은 여기에서 손을 뗄 생각을 하지 않았다. 11월에 장칭은 여러 차례 마오쩌둥에게 서신을 써서 당, 정부 지도자 인사 배치에 대한 자신의 의견을 제기했다. 11월 12일에 마오쩌둥은 장칭의 서신에 이렇게 회답했다. "자주 앞에 나서지 말고 문건에 회시하지 말며 동무가 나서서 내각을 구성해서는 안 된다(배후조종자가 되어서는 안 된다). 동무는 남들과 원수를 진 일이 많은데 다수와 단결해야 한다. 간곡하게 당부한다." "사람은 자기 자신을 잘 아는 것이 중요하다." 19일, 장칭은 또 마오쩌둥에게 서신을 써서 "9차 당대회 이후부터 저에게 사업을 맡기지 않아 저는 한가한 사람이나 다름없습니다. 지금은 더욱 그러합니다. 노선 투쟁이 치열할 때 저는 주동적으로 일부 사업을 찾아 했습니다."라고 했다. 이튿날 마오쩌둥은 그의 서신에 "동무의 직무는 국내외 동태를 연구하는 것인데 그것만으로도 벅찬 과업이라고 내가 여러 번 말하지 않았는가. 할 일이 없다는 말을 하지 말라. 부탁한다."라고 회시했다. 장칭은 또 왕훙원을 전국인민대표대회 상무위원회 부위원장으로 제청하려는 자신의 뜻을 다른 사람을 통해 마오쩌둥에게 전달했다. 마오쩌둥은 "장칭은 야심이 있다. 그는 왕훙원을 위원장으로 시키고 자신이 당의 주석이 되려고 하고 있다."고 한마디로 정곡을 찔렀다. 마오쩌둥은 또 저우언라이에게 사람을 보내 이미 예정된 전국인민대표대회 상무위원회 주요 지도자 주더와 둥비우 다음에 쑹칭링을 넣고 덩샤오핑, 장춘차오, 리셴녠 등은 국무원 부총리를 맡도록 하며 기타 인사 배치는 저우언라이가 주관해 결정하라는 자신의 뜻을 전달했다.

12월 23일, 저우언라이는 앓는 몸으로 창사로 날아갔다. 왕훙원도 다른 비행기 편으로 창사에 갔다. 창사에 도착한 뒤 저우언라이와 왕훙원은 마오쩌둥에게 사업을 회보했다. 저우언라이는 모두가 덩샤오핑 동지를 군사위원회 부주석, 제1부총리 겸 총참모장으로 임명하는 것에 대한 주석의 의견에 찬성하고 있다고 말했다. 마오쩌둥은 그 자리에서 또 덩샤오핑에게 중공중앙 부주석을 맡길 것을 제의했다. 23일부터 27일까지 마오쩌둥은 저우언라이와 왕훙원과 여러 차례 담화를 했다. 담화 가운데 마오쩌둥은 "'4인방' 같은 것을 만들지 말아야 한다. 중앙에 사람들이 얼마 되지 않는데 단결해야 한다." "종파를 만들지 말아야 한다. 종파를 조성하다가는 엎어지게 된다."고 재차 말했다. 이것은 마오쩌둥이 처음으로 '4인방'라는 개념을 제기한 것이었다. 그는 또 "장칭은 야심이 있다. 당신들이 보기에는 어떤가? 내가 보기에는 야심이 있다. 내가 여러분보다 장칭을 더 잘 알고 있다. 그런지가 벌써 몇십 년이나 된다."라고 말했다. 그러면서 마오쩌둥은 자신도 "장칭 동지를 설득하고 있는데 그에게 '세 가지를 하지 말도록' 권고하고 있다. 즉 첫째로 문건에 마구 회시하지 말며 둘째로 두각을 나타내지 말며 셋째로 정부를 구성(내각을 구성)하는 데 참여하지 말라는 것이다."라고 말했다. 마오쩌둥은 '4인방'을 비판함과 동시에 덩샤오핑을 높이 평가하면서 "정치사상성이 강한 드문 인재"라고 칭찬했으며 또 곧 소집될 당중앙위원회 제10기 제2차 전원회의에서 덩샤오핑을 중공중앙 정치국 상무위원, 중공중앙 부주석으로 보궐 선서할 것을 제의했다. 작별할 무렵에 왕훙원이 장칭의 임직문제를 또 꺼내자 마오쩌둥은 "장칭의 사업은 국제를 연구하고 〈참고〉(신화사에서 편찬, 인쇄한 <참고 자료>-인용자 주)를 읽는 두 가지뿐이다. 나 역시 마찬가지이다."고 대답했다.

마오쩌둥은 장칭 등을 여러 번 비판하면서 저우언라이에게 당중앙위원회와 국무원의 일상사업을 주관하도록 한다고 재언명하고 덩샤오핑에게 다시 중임을 맡김으로써 장칭의 '내각구성' 음모를 저지, 무산시켰으며 전국인민대표대회 제4기 제1차 회의가 순조롭게 열리도록 했다.

마오쩌둥의 건의에 따라 중공중앙은 1975년 1월 5일에 덩샤오핑을 중앙군사위원회 부주석 겸 중국인민해방군 총참모장으로 임명하고 동시에 장춘차오를 중국인민해방군 총정치부 주임으로 임명했다.

## 당중앙위원회 제10기 제2차 전원회의와 전국인민대표대회 제4기 제1차 회의

　당중앙위원회 제10기 제2차 전원회의가 1975년 1월 8일부터 10일까지 베이징에서 열렸다. 회의는 전국인민대표대회 제4기 제1차 회의 준비사업을 토의했다. 당내의 절대다수 동지가 기뻐하고 또 고무를 받게 된 것은 이번 회의에서 덩샤오핑을 중앙정치국 위원으로 추대하고 중공중앙 정치국 상무위원, 중공중앙 부주석으로 뽑은 것이었다. 회의 기간에 마오쩌둥은 "어디까지나 안정 단결하는 것이 좋다."는 것을 재차 강조했다.

　전국인민대표대회 제4기 제1차 회의가 1월 13일부터 17일까지 베이징에서 거행되었다. 대회의 의정은 헌법을 개정하고 '정부사업보고'를 토의하며 국가기관 지도부 성원을 선거하고 임명하는 것이었다. 주더가 대회를 사회했다. 저우언라이가 정부사업보고를 하고 장춘차오가 '헌법을 개정할 것에 관한 보고'를 했다.

　전국인민대표대회 제4기 제1차 회의의 '정부사업보고'는 저우언라이와 덩샤오핑의 주관으로 초안이 작성되었다. 1974년 11월에 덩샤오핑은 초안 작성사업을 지도할 때 문자를 되도록 간결하게 하고 전체 보고가 마지막 부분에 단결하여 현대화를 실현하기 위해 노력하는 것으로 귀결하도록 해야 한다고 강조했다. 보고의 초안을 작성하고 있던 12월 17일에 덩샤오핑은 마오쩌둥과 한 차례 중요한 담화를 했다. 담화에서 대외 합작과 무역에 대해 언급할 때 덩샤오핑은 다음과 같이 말했다. "우리는 가만히 있어도 발전할 수는 있지만 속도가 느린 것이 문제입니다. 지금 국제적으로 그 어느 나라도 국제적 범위를 벗어날 수 없으므로 미국을 망라한 모든 나라가 서로 상대방의 장점으로 자신의 단점을 보완하고 있습니다." "앞으로 국제환경을 5년간 더 쟁취할 수 있을 것입니다.'' "우리는 이 시기를 놓치지 말고 이 5년이라는 시간을 잘 이용해야 합니다." "결국에는 주석께서 말씀하신 바와 같이 안정 단결을 도모해야 합니다. 건설하려면 안정적인 환경 없이는 안 됩니다. 안정되고 위엄과 신망이 있는 성당위원회가 있어 명령과 지시를 내릴 수 있는 것이 무엇보다 중요하다고 저는 생각합니다. …… 이토록 큰 나라가 너나없이 중앙에만 의거해서는 안 된다고 생각합니다." 그는 또 현재 기층에서 의견이 다양한 무단결근 현상이 개별적인 것이거나 소수의 것이 아니라 상당히 보편적으로 존재하고 있다면서 이는 "아마도 혁명과 생산의 위치를 어떻게 놓아야 하는가가 문제인 것 같습니다. 안정적인 환경 없이는 생산을 제대로 할 수 없습니다."[12]고 주장했다. 마오쩌둥은 앞으로의 사업에 대한 덩샤오핑의 총체적 사유와 당면 문제점에 대한 관점을 수긍하고 나서 그를 지지하는 입장을 밝혔다. 이는 정부사업 보고서의 기조를 정해주었다.

이와 같은 사상을 지침으로 전국인민대표대회 제4기 제1차 회의 '정부사업보고'는 제3기 전국인민대표대회 이후의 정부사업을 회고, 총화할 때 비록 '문화대혁명'과 '린뱌오를 비판하고 공자를 비판하는' 운동을 수긍했지만 앞으로의 과업을 제시할 때 국민경제의 발전과 현대화 건설의 목표를 비교적 두드러진 위치에 놓았다. 보고서는 1964년 12월에 열린 전국인민대표대회 제3기 제1차 회의에서 제시한 농업, 공업, 국방 및 과학기술의 '4개 현대화'를 전면적으로 실현하는 거대한 목표를 재차 명확히 하고 중국의 국민경제를 두 단계로 나누어 발전시킬 것에 대한 구상을 내놓았다. 즉 "제1단계는 1980년 전까

---

12) 팡셴즈(逄先知), 진충지(金冲及) 주필, 〈마오쩌둥전(1949~1976)〉 하, 중앙문헌출판사 한문판, 2003년, 1709~1710쪽.

지의 15년 동안으로 이 단계에는 독립적이고 비교적 완벽한 공업체계와 국민경제체계를 구축하며 제2단계는 현세기 말까지로서 이 단계에는 농업, 공업, 국방 및 과학기술의 현대화를 전면적으로 실현하여 중국의 국민경제를 세계의 전열에 들어서도록 한다."는 것이었다. 보고는 다음과 같이 지적했다. "우리는 1975년에 제4차 5개년 계획을 완수하거나 넘쳐 완수해야 한다. 그렇게 되면 1980년까지의 이러한 제1단계 구상을 실현하기 위한 더욱 튼튼한 토대를 닦을 수 있다. 국내, 국제 정세를 놓고 볼 때 앞으로의 10년은 이러한 두 단계의 구상을 실현하는 데 관건이 되는 10년이다. 이 기간에 우리는 독립적이고 비교적 완벽한 공업체계와 국민경제체계를 구축해야 할 뿐만 아니라 제2단계의 구상을 실현하기 위한 웅대한 목표를 향하여 전진해야 한다." 보고는 다음과 같이 제시했다. "국무원은 이 목표에 비추어 10년 전망 계획, 5개년 계획 및 연간 계획을 작성할 것이다. 국무원 산하 각 부, 위원회와 지방의 각급 혁명위원회로부터 공장, 광산 기업과 생산대 등 기층단위에 이르기까지 모두 대중을 발동하여 충분한 토론을 거친 후 각자의 계획을 세움으로써 우리의 웅대한 목표를 앞당겨 실현하기 위해 힘써야 한다." 보고는 전국인민에게 분발하여 부강을 도모하며 "20여 년간의 시간을 더 들여" "현세기 안으로 우리나라를 현대화한 사회주의 강국으로 건설할 것"을 호소했다. 제4기 전국인민대표대회에서 '4개 현대화' 실현의 웅대한 목표를 다시 제시한 것은 전국 여러 민족 인민의 주의력을 재차 경제 발전과 국가진흥사업에 돌리게 하기 위한 것이었다. 대회는 '정부사업보고'를 비준했다.

대회는 '헌법을 개정할 것에 관한 보고'와 개정한 뒤의 〈중화인민공화국 헌법〉을 채택했다. 1975년의 헌법은 국가와 정치제도의 사회주의 성격을 확정하는 면에서 1954년 헌법의 국가 성격, 정권조직 형태 등에서의 기본 규정과 기본 원칙을 그대로 받아들였다. 이를테면 "중화인민공화국은 노동계급이 영도하고, 노농연맹을 기초로 하는 무산계급 독재의 사회주의 국가이다." "중국공산당은 전 중국인민의 영도적 핵심이다." "중화인민공화국의 모든 권력은 인민에게 있다." "인민이 권력을 행사하는 기관은 각급 인민대표대회이다." "각급 인민대표대회와 기타 국가기관은 일률적으로 민주주의 중앙집권제를 시행한다." 등이 그러했다. 그러나 1975년 헌법은 매우 정상적이지 못한 정세에서 제정된 것이므로 지도사상과 일부 구체적 규정에서 그릇되고 사회주의 민주와 사회주의 법제에 위배되는 원칙과 내용이 많이 들어갔다. 그것은 주로 다음과 같은 데서 나타났다. 마오쩌둥의 사회주의 역사 단계에 관한 기본 노선 관점을 헌법의 지도사상으로 삼으면서 '계급투쟁을 기본 고리'로 하는 기본 노선과 '무산계급 독재에서의 계속 혁명의 이론'을 완전히 수긍했다. 그러면서 사회주의의 역사 단계에서 "계급, 계급 갈등과 계급투쟁이 시종 존재하고 사회주의와 자본주의 두 갈래 노선 간의 투쟁이 존재하며 자본주의 복벽의 위험이 존재한다." "이와 같은 모순들은 무산계급 독재에서의 계속 혁명의 이론과 실천에 의해 해결할 수밖에 없다." "무산계급은 반드시 여러 문화 분야를 망라한 상부 구조에서 자산계급에 대해 전면적인 독재를 시행해야 한다."고 했다. 새 헌법은 또 사실상 사회적 혼란만 조성하는 대명, 대방, 대변론, 대자보를 '인민대중이 창조한 사회주의 혁명의 새로운 방식'이라고 하면서 인민대중은 '대명, 대방, 대변론, 대자보'를 활용할 권리를 가진다고 규정했다. 국가기구에 관해 새 헌법은 1954년 헌법의 내용을 약간 개정하여 "전국인민대표대회는 중국공산당이 영도하는 국가 최고권력 기관이다."라고 규정했다. 1954

년 헌법에서의 국가주석 관련 조항을 취소했기에 또 "중국공산당 중앙위원회 주석이 전국의 무장력을 통솔한다."고 규정했다. 재판기관과 검찰기관에 관해 "최고인민법원, 지방 각급 인민법원과 특별인민법원은 재판권을 행사한다." "검찰기관의 직권은 각급 공안기관에서 행사한다."고 규정했다. 이는 사실 검찰기관을 취소함으로써 검찰기관이 '문화대혁명'에서 철저히 파괴된 사실을 근본 대법의 방식으로 수긍한 것이었다. 1975년의 헌법은 비록 사회주의제도의 기본 성격은 보류했으나 사회주의 제도를 파괴한 '문화대혁명'에 대해 이론 및 실천적으로 전면 수긍했는데 이는 아주 그릇된 것이었다.

  대회는 주더를 전국인민대표대회 상무위원회 위원장으로, 둥비우, 쑹칭링 등 22명을 부위원장으로 선거했다. 대회는 저우언라이를 국무원총리로, 덩샤오핑, 장춘차오, 리셴녠, 천시롄, 지덩쿠이, 화궈펑 등 12명을 부총리로 결정했다.

  전국인민대표대회 제4기 제1차 회의는 비록 '문화대혁명'을 긍정하고 '린뱌오를 비판하고 공자를 비판하는' 운동을 긍정하는 전제 아래 소집되었지만 대회에서는 '4개 현대화'의 웅장하고 훌륭한 목표를 재천명하고 저우언라이, 덩샤오핑을 핵심으로 하는 국무원의 지도자 인선을 확정함으로써 덩샤오핑이 국무원사업을 주관할 수 있도록 조직적 기반을 마련해주었다. 이는 마오쩌둥이 '문화대혁명'을 발동한 지 9년 만에 국가 정치생활을 점차 정상적인 궤도에 올려놓기 위해 취한 중요한 조치였으며 이로부터 거듭되는 내란 속에서 갈팡질팡하던 광범위한 간부와 군중은 당과 국가의 희망을 다시 보게 되었다.

**마오쩌둥의 무산계급 독재 이론문제에 관한 담화**

마오쩌둥은 1974년 하반기에 제4기 전국인민대표대회와 국무원 지도자 인선을 고려하고 확정함과 동시에 일부 담화에서 사회주의와 무산계급 독재에 관한 약간의 이론문제를 제기하면서 여전히 사회주의 경제 토대와 사회제도 자체에서 '자산계급 산생'의 근원을 찾아냄으로써 당과 국가적으로 수정주의가 나타나는 것을 막으려고 애썼다.

1974년 10월 20일에 마오쩌둥은 덴마크 총리 폴 하틀링을 접견할 때 "총체적으로 말해 중국은 사회주의 국가에 속한다. 해방 전에는 자본주의와 비슷했다. 지금도 8급 노임제를 시행하고 노동에 따라 분배하며 화폐에 의한 교환을 진행하고 있는데 이러한 것들은 낡은 사회와 별로 차이가 없다. 다른 것이라면 소유제가 변한 그것뿐이다."고 말했다.

12월 26일, 마오쩌둥은 제4기 전국인민대표대회 준비 정황을 회보하려고 창사에 온 저우언라이의 단독으로 긴 시간 면담을 했는데 제4기 전국인민대표대회 소집과 그 인사 배치 문제를 내놓고도 전문 이론문제에 대해 언급했다. 그는 다음과 같이 말했다. "레닌이 무엇 때문에 자산계급에 대해 독재를 시행해야 한다고 했는가에 대한 글을 써야 한다. 레닌의 저서에는 여러 곳에서 이 문제를 언급했는데 장춘차오, 야오원위안에게 그 대목들을 찾아내라고 하라." "다들 먼저 읽고 난 뒤 글을 쓰도록 하라. 장춘차오더러 이 글을 쓰게 하라. 이 문제를 똑똑히 밝히지 않으면 수정주의로 변하게 된다는 것을 전국이 다 알도록 해야 한다." "우리나라에서는 지금 상품제도를 시행하고 있으며 노임제도도 평등하지 못하고 8급 노임제를 시행하는 것 등은 오직 무산계급 독재 아래에서만 제한할 수 있다." 그는 또 다음과 같이 말했다. 레닌은 "소생산은 끊임없이, 날마다 시간마다 자연발생적으로 또 대량적으로 자본주의와 자산계급을 낳고 있다."고 말했는데 노동계급의 일부분, 당원의 일부분 가운데도 이와 같은 정형이 존재하며 무산계급과 기관사업자들 가운데도 자산계급 생활 태도가 나타나고 있다. "그리하여 린뱌오 따위가 집권한다면 아주 쉽게 자본주의 제도를 시행할 수 있게 된다. 그러므로 마르크스-레닌주의 책을 많이 읽어야 한다."[13] 마오쩌둥의 이러한 담화는 그 당시 무산계급 독재이론문제에 관한 중요한 지시로 개괄되었다.

마오쩌둥의 무산계급 독재이론문제에 관한 담화는 "무산계급 독재에서의 계속 혁명의 이론"의 구성 부분이었다. 장기간 마오쩌둥은 마르크스, 엥겔스가 19세기에 제시한 미래사회에 대한 일부 구상에 따라 줄곧 상품경제와 노동에 따른 분배, 8급 노임제는 자본주의와 밀접한 연계가 있는 불평등한 '자산계급 성격의 법정 권리'라고 생각해왔다. 1958년에 인민공사화를 시행할 때 그는 '자산계급 성격의 법정 권리'를 비판한 적이 있었다. 그 후 '공산풍'을 시정할 때 그는 상품과 화폐의 폐지를 시도하는 주장을 비판하고 사회주의 조건에서의 상품 생산과 상품 교환이 긍정적인 역할도 일으키고 있다는 것을 인정했으나 상품 경제의 성격에 대한 인식을 바꾸지 않았다. '문화대혁명'이 진전됨에 따라 마오쩌둥은 상품 경제를 "수정주의로 전변시키고" "자산계급을 산생시키는" 데 연계시키고 "혹시 린뱌오 따위가 정권을 쥐면 어떻게 할 것인가" 하는 우려와 연계시켰다. 그리하여 등급 제도를 제한하고 특권사상을 없애며 빈부격차로 사회적인 양극분화가 생기는 것을 피하는 것이 줄곧 그가 해결하기 위해 주력해온 중요한 문제였다. '문화대혁명'을 발동한 초기와 다른 점이 있다면 수정주의 산

---

13) '이론문제에 관한 마오쩌둥의 담화 요점', 1974년 12월.

생 위험에 대한 그의 관심이 이미 당내 상층에서 사회 기층으로 옮겨지고 당내의 '자본주의 길로 나아가는 집권파'에서 당 내외에 새로 생겨나는 '자산계급 세력'으로 확대된 것이었다. 마오쩌둥의 이론문제에 관한 담화는 사회주의에 대한 그의 더욱 깊은 사고를 보여주었다. 그러나 그는 분명히 '자산계급 성격의 법정 권리'에 관한 마르크스의 논술을 오해했거나 교조주의적으로 이해했다. 바로 여기에서 그 자신마저 사회주의란 어떠한 것이며 사회주의와 자본주의의 본질적 구별이 무엇인가에 대해 적지 않은 모호한 인식을 갖고 있었음을 보여주었다. 이는 그가 만년에 과오를 범하게 된 하나의 중요한 원인이었다.

1975년 2월 9일, 〈인민일보〉는 '무산계급 독재의 이론을 진지하게 학습하자'란 제목으로 사설을 발표하면서 이번에 한 마오쩌둥의 담화 내용을 일부 공개했다. 사설은 "우리의 임무는 수정주의가 자라날 수 있는 토양을 끊임없이 제거하며" "새롭게 생겨나는 자산계급 세력들과 투쟁하며" "자산계급이 존재하지 못하고 다시 생성되지 못하게 하는 조건을 마련하는 것이다."라고 했다. 2월 22일 자 〈인민일보〉는 장춘차오와 야오원위안의 주관으로 선별해 편찬한 '마르크스, 엥겔스, 레닌 무산계급 독재를 논함'이라는 33개 조목의 어록을 발표했고 뒤이어 '무산계급 독재이론학습' 운동이 전국적인 범위에서 일어났다.

3월 1일 자 〈인민일보〉는 〈붉은기〉 제3호에 실린 야오원위안의 글 '린뱌오 반당 집단의 사회적 토대'를 실었다. 이 글은 중공중앙 정치국의 토론을 거쳐 발표된 것이었다. 글은 린뱌오 집단의 출현은 우연한 현상이 아니라 '심각한 사회계급적 토대'를 갖고 있다고 제기했다. 글은 린뱌오 집단의 출현에서 자산계급 성격의 법정 권리의 존재를 연계시키고 나서 자산계급 성격의 법정 권리의 존재는 새로운 자산계급 세력이 생겨나는 중요한 경제적 토대라고 하면서 자산계급 성격의 법정 권리에 의해 "생겨난 그 부분의 불평등"은 "필연코 양극분화를 초래하게 될 것이며" 그 결과 "당원, 노동자, 부유한 농민, 기관 사업자들 속에서 무산계급과 노동인민을 완전히 배신한 소수의 새로운 자산계급 세력, 벼락부자가 생겨나게 될 것"이라고 주장했다. 글은 자본주의를 최종적으로 소멸할 때까지 자본주의가 생성될 수 있는 토양과 조건을 점차 줄이려면 반드시 무산계급 독재에서의 계속혁명을 견지해야 한다고 썼다. 글은 전면적인 독재라는 관점을 특별히 내놓았다. 즉 반드시 전 인민적 소유제와 집단적 소유제를 공고히 하고 발전시키며 "소유제 면에서 이미 취소된 자산계급 성격의 법정 권리의 복원을 방지하며 계속하여 긴 시간 내에 점차 소유제 개조 면에서 아직 완수되지 않은 부분의 임무를 완수하고 아울러 생산관계의 기타 두 가지 측면, 즉 인간과 인간 사이의 상호관계와 분배관계 면에서의 자산계급 성격의 법정 권리를 제한하고 자산계급 성격의 법정 권리 사상을 비판하며 자산계급이 생성할 수 있는 토대를 끊임없이 약화시켜야 하며" 자산계급에 대한 무산계급의 전면적인 독재를 실현해야 한다는 것이었다. '전면적인 독재론'을 제기한 것은 이 글의 핵심 사상이었다. 물론 야오원위안은 글에서 린뱌오 집단이 생겨난 사회적 원인을 밝혀내려는 의도도 있었다. 하지만 더욱 중요한 것은 글의 결말 부분에 마오쩌둥이 1959년에 한 "지금의 주된 위험은 경험주의"라는 말을 인용하여 당시의 주요 위험이 경험주의임을 강조함으로써 저우언라이와 덩샤오핑을 겨냥하여 저우언라이, 덩샤오핑을 대표로 하는 당과 국가 지도자들을 공격하기 위한 여론을 조성하려는 데 있었다.

야오원위안의 글이 발표된 그날, 장춘차오는 전군 여러 큰 단위의 정치부 주임좌담회에서 연설했다. 그는 이윤, 상금, 물질 자극은 수정주의를 초래할 뿐이라고 크게 떠들면서 "만약 이론적으로 똑똑히 해명하지 않는다면" "류사오치의 길을 걷게 될 것"이라고 말했다. 그는 또 공격의 칼날을 저우언라이와 덩샤오핑에게 돌리면서 제4기 전국인민대표대회에서 아주 웅대한 목표를 제시했는데 기껏 "양곡 몇 천억 근, 철강 몇 천만 톤을 생산한다는 것뿐이었다. 그러나 우리가 이론문제를 똑똑히 해명하지 않는다면 스탈린의 오류를 되풀이하게 될 것이다." "위성이 하늘에 올라갔지만" "붉은 기가 땅에 떨어지게 될 것"이라고 말했다. 그는 '무산계급 독재이론' 학습을 제반 사업의 '핵심'으로 내세워야 한다고 했다.

한 달이 지난 뒤 4월 1일 자 〈인민일보〉는 장춘차오의 '자산계급에 대한 전면적인 독재를 논함'이라는 제목으로 중앙정치국의 토론을 거친 글을 발표했다. 장춘차오는 이 글에서 중국의 소유제 변경 상황을 분석히고 니시 다음과 같은 결론을 얻었다. 우리의 경제 토대가 아직 튼튼하지 못하고 '자산계급 성격의 법정 권리'가 소유제 측면에서 아직 완전히 취소되지 않은 채 사람들의 상호관계에서 아직 엄중하게 존재하고 있으며 분배 면에서도 지배적 지위를 차지하고 있다. 상부구조의 여러 영역에서 볼 때 일부는 사실상 여전히 자산계급이 좌우하고 있을 뿐만 아니라 자산계급이 아직도 우세를 차지하고 있다. 도시와 농촌의 자본주의적 요소가 발전됨에 따라 새로운 자산계급 세력들이 끊임없이 생겨나고 있어 무산계급과 자산계급 간의 계급투쟁은 여전히 장기적이고 굴곡적이며 때로는 심지어 아주 치열하다. 린뱌오와 같은 사람이 권력을 잡고 자산계급이 회복할 가능성이 여전히 존재하고 있다. 글은 "무산계급이 자산계급을 전승하며 중국이 수정주의로 변하지 않도록 방지하려면 관건은 우리가 모든 분야에서,

혁명 발전의 모든 단계에서 시종 자산계급에 대한 전면적인 독재를 시행하는가 시행하지 못하는가에 달렸다."고 주장했다. 글은 '전면적인 독재'를 토지혁명전쟁에서 반동적인 지주 무장이 둥지를 틀고 있는 '토성'을 쳐부수는 것에 비유하면서 "지금 자산계급의 토성이 아직도 매우 많으며 쳐부수면 또 생겨나고 있기에" "자산계급의 모든 토성을 전부 쳐부수어야 한다."고 했다.

장춘차오와 야오원위안의 두 편의 글의 공통된 사상은 '전면적인 독재론'을 선양한 것이었다. 이 그릇된 논단은 경제와 문화가 장기적으로 뒤떨어져 있는 중국의 사회현상을 무시하고 비록 사회주의제도를 수립했지만 중국이 아직도 발달하지 못한 사회단계에 처해 있다는 객관 현실을 무시하면서 이른바 여러 분야에서 자산계급에 대해 전면적인 독재를 시행해야 한다는 것을 당의 우선적인 중요한 과업으로 내세웠다. '전면적인 독재론'은 무산계급 독재의 과업에 관한 마르크스주의의 풍부한 내용을 말살했으며 생산력 발전에 대해 전혀 언급하지 않고 사회주의 사회에서 두 가지 다른 성격의 모순을 정확히 구분하고 처리하는 것에 대해 언급하지 않았으며 과학문화 발전과 민주정치 건설 등 일련의 중대한 문제에 대해 언급하지 않았다. '전면적인 독재론'의 제기는 '4인방'이 정치, 사상문화와 경제 분야에서 끊임없이 '계급투쟁'을 조작하도록 이론적 근거를 제공해주었다.

'무산계급 독재이론학습'운동이 전국적으로 퍼지면서 경제생활의 많은 분야에서 '자산계급 성격의 법정 권리'를 제한하고 '소생산'을 제한하며 자본주의 생성의 '토양'을 제거하는 여러 가지 조치가 취해졌다. 원래 많이 제한되어 있던 상품유통 범위와 시장조정 역할이 더욱 제한을 받게 되었다. 공급판매합작사가 국영상업에 합병되고 공업부문의 자체 판매상점은 개별적인 것을 제외하고 일률적으로 상업 부문에 맡겨 경영되었으며 도시 정기시장에서의 거래가 엄격히 제한되었다. 많은 소상인과 수공업자들이 단속되었거나 집단으로 집체생산노동에 참가하도록 강요당했으며 상품 생산과 교환을 주요 경제활동으로 삼던 적지 않은 지역의 크고 작은 도시들이 점점 쇠락해졌다. 농촌의 많은 지방에서 또다시 '자본주의 꼬리를 자르는' 바람이 불어쳐 농민들의 자류지, 택지, 가정부업 등이 모두 '자본주의 꼬리'로 취급되어 단속, 금지되었다. 농민들의 자류지가 줄어들고 가정수공업 생산과 경영 항목이 엄격히 제한되었다. 이 영향을 받아 시장의 농산물과 부업생산물이 엄청나게 부족해지고 도시의 육류, 가금류, 유제품류, 알류 공급이 갈수록 부족했다. 일용소비품의 상품권에 의한 제한적 공급 범위가 날마다 늘어났으며 어떤 지역에서는 제한적 공급 물품의 수가 최고 50여 가지에 달했다. 그리하여 인민들의 생활이 심각한 영향을 받았다.

## 3. 덩샤오핑 주관으로 진행한 전면적인 정돈사업

**정돈사업의 발단과 돌파구**

전국인민대표대회 제4기 제1차 회의가 폐막된 후 저우언라이의 병세는 더욱 위중해졌다. 1975년 2월 1일, 저우언라이는 부총리 전원이 참석하고 예젠잉, 궈모뤄가 열석한 국무원 상무회의를 소집하고 덩샤오핑이 그를 대신하여 국무원회의를 주관하며 주요 문건을 상급에 보고하여 결재를 받도록 확정했다. 2월 2일, 저우언라이는 국무원 부총리들의 사업 분담 정황을 마오쩌둥에게 서신으로 회보했다. 마오쩌둥은 이 서신을 회시했고 덩샤오핑은 국무원사업을 주관하게 되었다. 광범위한 간부와 군중은 이 결책을 진심으로 옹호했다.

덩샤오핑은 어려운 시기에 중임을 떠맡았다. 그는 안정 단결하여 국민경제를 일으켜 세워야 한다는 마오쩌둥의 지시에 따라 여러 분야의 회의를 주최하여 전면적으로 정돈할 것에 대한 요구를 명확히 하면서도 확고부동하게 주장했다. 마오쩌둥, 저우언라이의 지지와 예젠잉, 리셴녠 등의 협조로 덩샤오핑은 혼란에 빠진 여러 분야를 과단성 있게 정돈했으며 동란에서 벗어나고 경제 복구와 발전을 추진하는 것에 관한 일련의 조치를 내놓으며 당시 조건에서 혼란 상태를 바로잡고 질서를 회복하기 위해 힘썼다.

덩샤오핑은 마오쩌둥의 "군대를 정돈해야 한다."는 지시에 따라 먼저 군대를 정돈할 것을 제기했다. 군대를 정돈할 것에 대한 요구는 원래 1971년에 린뱌오 사건이 발생한 뒤 마오쩌둥이 예젠잉에게 중앙군사위원회 사업을 주관하도록 맡길 때 이미 제기한 것이었다. 예젠잉은 중앙군사위원회 사업을 주관한 뒤 린뱌오가 시행한 "정치를 두드러지게 내세우는" 등 형식주의에 대해 비판했으며 군사훈련을 전면적으로 회복하고 취소되었던 사관학원을 재건하여 군대사업을 정상적인 궤도에 올려놓기 시작했다. 그러나 '린뱌오를 비판하고 공자를 비판하는' 운동이 일어난 뒤 '4인방'이 한사코 군대사업에 개입하여 군대가 반란을 일으켜 권력을 탈취하도록 선동한 데서 군대 건설이 또다시 타격을 받고 파괴당했다. 그리하여 덩샤오핑이 "군대를 정돈해야 한다."는 마오쩌둥의 지시를 재언명한 것은 군대 정돈을 본격적으로 추진할 수 있는 의거가 되었으며 전국적인 사업을 정돈할 수 있는 발단이 되었다.

1975년 1월 19일, 중앙군사위원회 부주석 겸 총참모장이 된 지 얼마 안 된 덩샤오핑은 여러 대 군구책임자좌담회에서 군사위원회는 두 가지 사업만 준비하면 되는데 하나는 군사위원회 확대회의를 소집하는 것으로 확대회의의 중요한 과제의 하나는 바로 군대를 정돈하는 것이며 다른 하나는 전쟁을 준비하는 것으로 전쟁에 대처하려면 전략적 방침과 장비 등의 문제를 해결해야 한다고 제기했다.[14] 그는 연간 군대사업의 중점을 제시하고 군대정돈사업에 대해 배치했다. 1월 25일, 덩샤오핑은 총참모부 기관의 퇀급 이상 간부회의에서 '군대를 정돈해야 한다.'는 제목으로 연설했다. 그는 다음과 같이 말했다. 우리 군대는 훌륭한 전통을 갖고 있다. 징강산 때부터 마오쩌둥 동지는 우리 군대를 위해 매우 훌륭한 제도와 좋은 작풍을 수립했다. 그러나 1959년에 린뱌오가 군대사업을 주관하면서부터, 특히 그가 군대를 주관하던 후기에 군대상황이 대단히 혼란해졌다. 그리하여 지금 많은 훌륭한 전통들이 없어졌고 군대는 지나치게 방대해졌다. 군대의 인원이 많이 늘어나 정예화되지 못하므로 일단 전쟁이 일어나면 제대로 싸울 수 없다. 그러므로 마오쩌둥 동지는 군대를 정돈해야 한다고 했다. 군대의 총인원수를 줄이고 편제 이외의 간부가 너무 많은 문제를 해결하며 훌륭한 전통을 회복해야 한다. 그는 또 다음과 같이 말했다. 지난 몇 해 동안에 우리 군대에 새로운 큰 문제가 나타났다. 그것은, 즉 파벌활동을 하는 것인데 어떤 단위는 이런 파벌성이 매우 심하다. 이렇게 된 원인은 주로 간부들에게 있다. 안정단결을 실현하자면 반드시 파벌성을 없애고 당성을 강화해야 한다. 원래 파벌활동을 하기 좋아하던 사람들은 각성하여 그것을 시정해야 한다. 앞으로 군대에서 간부를 등용하고 발탁할 때에는 파벌성이 엄중한 사람과 파벌성을 고집하면서 고치려 하지 않는 사람을 절대로 임용하지 않음을 하나의 중요한 원칙으로 삼아야 한다. 다른 하나의

---

14) 중공중앙 문헌연구실 편, 〈덩샤오핑 연보(1975~1997)〉 상, 중앙문헌출판사 한문판, 2004년, 8쪽.

문제는 군대 규율이 해이하다는 것이다. 지금 규율 강화를 강조하는데 우선 우리 베이징에 있는 기관과 부대의 규율부터 강화해야 한다. 이 밖에 정책을 관철하는 문제를 비롯한 다른 일부 문제들도 해결해야 한다. 마지막으로 그는 지금 문제들이 많이 쌓여 있으므로 우리는 당성을 강화하고 파벌성을 제거하며 규율성을 강화하고 사업 능률을 높여야 한다고 강조했다.[15] 이번 연설은 덩샤오핑이 군대 정돈을 위해 발표한 첫 중요한 연설이었다.

2월 5일, 당중앙위원회는 통지를 내려 1971년 10월에 설립된 중앙군사위원회 사무회의를 취소하고 중앙군사위원회 상무위원회를 내오며 예젠잉이 상무위원회 사업을 주관한다고 통지했다. 그리하여 군대를 전면적으로 정돈하는 사업이 막을 열었다.

뒤이어 덩샤오핑은 철도 부문을 힘써 정돈했는데 이는 경제 분야를 정돈하고 경제 분야의 혼란스러운 국면을 돌려세우는 돌파구였다.

'문화대혁명'이 발동된 후, 특히 전면적인 권력 탈취운동 후 철도계통에는 두 개 파벌로부터 여러 파벌이 장기적으로 서로 대립하고 있는 국면이 형성되어 파벌 간의 싸움이 잦았고 끝까지 멈추지 않아 정상적인 수송 질서가 파괴되었다. "린뱌오를 비판하고 공자를 비판하는" 운동이 시작되자 일부 지방에서는 무단 투쟁이 다시 일어나 철도분국 기관차사무소를 강점하고 화물차량을 저지하며 공공재물을 강탈하는 등의 현상이 나타나 철도수송이 심하게 지체되었다. 1974년에 전국 철도화물 수송량은 계획량의 92%밖에 완수하지 못해 1973년보다 화물 4,339만 톤을 적게 수송했다. 많은 철도국이 거의 마비상태에 빠져 있었다. 열차운행은 철도가 막히면서 자주 연착되곤 했

---

15) 덩샤오핑, 〈군대를 정돈해야 한다〉(1975년 1월 25일), 〈덩샤오핑 선문집〉 제2권, 민족출판사 1995년, 1~4쪽.

으며 1975년에 와서는 이런 상태가 더욱 심해졌다. 1월의 여객열차와 화물열차의 정시 운행률은 68.6%와 70%밖에 안 되었다. 선로 체증으로 열차가 정상 운행을 하지 못하다 보니 석탄과 전력 공급이 제대로 안 되었을 뿐만 아니라 강철과 화학비료 등 공업 부문의 생산도 영향을 입게 되었으며 많은 생산부문에서는 철도운수가 따라가지 못해 잇달아 긴급지원을 요청했다. 상하이, 난징, 항저우 등 도시의 석탄 공급이 매우 부족해 상하이시는 석탄 재고량이 늘 겨우 일주일 동안 유통할 수 있는 정도였다. 그리하여 많은 기업에서 조업이 정지되었다. 철도수송이 원활하지 못한 정형은 인민대중의 생활과 시장 공급에도 영향을 주었다.

전국인민대표대회 제4기 제1차 회의 후 그들의 '내각 구성' 음모가 무산되자 '4인방'은 '무산계급 독재이론학습'운동을 이용하여 계속 내란을 일으켰다. 그들의 지방에 있는 파벌세력들은 계속하여 종피를 만들고 무던 투쟁을 벌였으며 군내의 무기를 빼앗고 당과 정부의 지도기관에 들이쳤다. 1975년 1월, 쉬저우의 파벌 핵심인물들은 사람들을 모아 중국공산당 쉬저우시위원회 사무 청사를 강점하고 나서 "쉬저우시당위원회라는 이 완고한 거북의 등을 끝까지 쳐부술 것이다!"라고 공공연하게 떠들어댔다. 그 바람에 징후선과 룽하이선 두 간선철도 교차점에 위치한 쉬저우철도분국은 무려 연속 20개월 동안 수송 임무를 완수하지 못했다.

덩샤오핑은 정세를 파악하고 나서 혼란 국면을 바로잡는 돌파구를 철도계통을 정돈하는데 두기로 작정했다. 덩샤오핑은 철도부 부장에 임명된 지 20일도 채 안 되는 완리를 1월 28일, 2월 6일, 2월 11일에 만나 정황회보를 듣는 한편, 철도문제를 해결할 방책을 연구했다. 덩샤오핑은 당시 철도문제가 심각하여 적잖은 단위들이 마비 또는 반

마비 상태에 빠져 있다는 회보를 듣고 나서 다음과 같이 말했다. 보아 하니 몇 가지 문제를 해결하지 않으면 안 될 것 같다. 첫째는 체제 문제이다. 철도 수송에 대해서는 집중통일 영도를 시행하여 권력을 중앙에 집중시키고 철도부는 중앙의 직접적인 영도 아래에서 사업하도록 해야 한다. 둘째는 간부를 관리하는 문제이다. 간부관리는 지방에서 하지 말고 철도부에서 통일적으로 해야 한다. 셋째는 수송생산 문제이다. 이 문제에서는 규정제도를 세우고 건전히 하며 조직규율을 강화하여 운행안전과 정시 운행을 보장해야 한다. 덩샤오핑은 당장 파벌성문제가 아주 심각하기에 조사 연구한 다음 가능한 한 반년 안에 철도문제를 해결하려 한다는 회보를 듣고 나서 다음과 같이 강조했다. 반년은 안 된다. 시간을 지체해서는 안 되며 그렇게 오래 기다릴 수도 없다. 가장 빠른 속도와 가장 단호한 조치로 정세를 조속히 돌려세우고 면모를 바꿔야 한다. 그는 또 철도부가 철도문제 해결에 관한 문건을 작성하여 중앙에 올려 보낼 것을 요구하면서 문건의 주요 내용을 구두로 알려주었다.[16)]

  2월 10일, 중공중앙은 '1975년 국민경제계획 이첩에 관한 통지'를 발부하여 각 지방, 각 부문에서 마오쩌둥의 '무산계급 독재이론' 학습과 "어디까지나 안정 단결하는 것이 좋다."는 지시를 제대로 관철 집행하고 당중앙위원회 제10기 제2차 전원회의와 제4기 전국인민대표대회에서 제기한 제반 임무를 시달하며 단결할 수 있는 모든 사람을 단결하고 모든 적극적인 요소를 동원하며 혁명을 틀어쥐고 생산을 다그치며 사업을 촉진하고 전쟁 준비를 서두르는 방침을 견지하고 국민경제를 일으켜 세우며 현 시기에는 교통운수와 석탄, 강철 생

---

16) 중공중앙 문헌연구실 편, 〈덩샤오핑 연보(1975~1997)〉 상, 중앙문헌출판사 한문판, 2004년, 12쪽.

산을 중점적으로 늘릴 것을 요구했다. 이 문건에서는 처음으로 "국민경제를 일으켜 세워야 한다."는 마오쩌둥의 말을 인용했다.

당중앙위원회는 덩샤오핑의 결정에 따라 철도수송문제를 해결하기 위한 전국 성, 직할시, 자치구 당위원회의 공업주관서기 회의를 2월 25일부터 3월 8일까지 소집했다. 3월 5일, 덩샤오핑은 회의에 참석할 때 뜻밖에도 회의참가자들과 악수를 하지 않고 지금까지 공업 상황이 좋지 않으므로 악수를 하지 않겠다고 말했다. 덩샤오핑은 공업전선의 지도간부들을 앞에 두고 단도직입적으로 다음과 같이 제기했다. "전당은 지금 하나의 전반적 국면에 주의력을 많이 돌려야 한다." 그것은 바로 "우리나라를 현대적인 농업과 현대적인 공업, 현대적인 국방과 현대적인 과학기술을 소유한 사회주의 강국으로 건설하는 것이다". "전당, 전국은 모두 이 위대한 목표를 실현하기 위해 투쟁해야 한다. 이것이 바로 전체적 국면이다." 그는 어떤 동지들은 혁명만 틀어쥐고 생산은 김히 틀어쥐지 못하며 "혁명을 틀어쥐면 안전하나 생산을 틀어쥐면 위태롭다."는 사상을 갖고 있다고 비평하고 나서 "이것은 완전히 잘못된 것이다."라고 지적했다. 그는 다음과 같이 말했다. 지금 공업생산 형편에 대해서는 각별히 큰 주의를 돌릴 필요가 있다. 지난 한 해에 공업생산 형편은 좋지 못했다. 금년은 제4차 5개년 계획의 마지막 해인데 전처럼 생산을 잘하지 않는다면 반드시 제5차 5개년 계획의 실행에 영향을 끼치게 될 것이다. 우리는 이러한 정세를 예견하고 이 문제를 착실하게 해결하지 않으면 안 된다. 그는 어떻게 하면 국민경제를 일으켜 세울 수 있는가 하는 문제에 대해 "지금 약한 고리는 철도이다. 철도수송문제가 해결되지 않는다면 생산 배치가 모조리 혼란에 빠지고 계획 전체가 수포로 돌아가고 말 것이다."라고 지적했다. 철도문제를 해결하는 방법과 관련하여 그는 중앙집권적 통일영도를 강화하고 필요한 규정제도를 세우며 조직성과 규율을 강화해야 한다고 제기했다. 덩샤오핑은 파벌성 반대에 대해 더욱 확실하게 언급했다. "지금 파벌활동은 우리의 전체적 국면을 엄중하게 방해하고 있다. 이것은 원칙적인 시비문제라는 것을 전체 종업원들의 앞에 내놓고 똑똑히 말해주어야 한다. 이 문제를 해결하지 않고 단지 구체적 문제만 해결해서는 안 된다. 파벌활동을 하는 사람들에 대해서는 재교양을 해야 하고 파벌활동의 우두머리들을 반대해야 한다." 그는 "당면 존재하고 있는 문제에 대해서는 명확한 정책이 있어야 한다. 전체적 국면에서 출발하여 문제를 지체 없이 해결해야 한다."라고 강조했다.[17] 그는 또 다음과 같이 지적했다. 마오 주석의 이론문제에 관한 지시를 학습하고 자산계급 성격의 법정 권리를 제한하는 것도 물질적 기반이 있어야 한다. 물질적 기반 없이 어떻게 공산주의로 과도할 수 있겠는가? 각자가 수요에 따라 취득하려면 물질적 기반이 튼실해야 하지 않겠는가? 이것은 '생산력유일론'과는 별개의 문제이다.[18]

3월 5일, 당중앙위원회는 '철도사업 강화에 대한 결정'을 1975년의 제9호 문건으로 발부했다. 덩샤오핑은 문건을 심사할 때 "자산계급 파벌성이 심하고 비평과 교양을 해도 여전히 고치지 않는 소수의 지도간부와 대표는 제때에 원 단위에서 전근시켜야지 결단을 내리지 못하고 시간을 끌어 전반 국면을 방해하도록 해서는 안 된다."고 썼다. 이 문건은 다음과 같은 요구를 제기했다. 전국의 철도 부문은 철

---

[17] 덩샤오핑, '전당적으로 전반적 국면을 돌보며 국민경제를 발전시키자'(1975년 3월 5일), 〈덩샤오핑 선문집〉 제2권, 민족출판사 1995년, 5~10쪽.
[18] 중공중앙 문헌연구실 편, 〈덩샤오핑 연보(1975~1997)〉 상, 중앙문헌출판사 한문판, 2004년, 25쪽.

도부의 영도를 위주로 하는 관리체제를 시행하고 철도의 관리, 수송의 지휘, 종업원의 배치, 정치사업은 모두 철도부에서 통일적으로 관리하며 규정제도를 세우고 건전히 하며 조직 규율성을 강화하여 수송의 안전과 정시 운행을 확보해야 한다. 철도정돈사업에서의 강령성 문건이 된 '철도사업 강화에 대한 결정'은 또한 기타 분야의 정돈사업에 대해서도 지도적 작용을 했다.

완리는 철도정돈사업에 "안전 정시를 확보하고 거침없이 운행하며 사통발달하고 선행 작용을 잘 해야 한다."는 요구를 제기했다. 공업서기회의가 끝난 뒤 완리는 장쑤성당위원회 책임자와 함께 먼저 쉬저우시에 내려갔다. 이어 쉬저우시의 거리와 골목들에는 장쑤성혁명위원회 통고가 나붙었다. 통고는 쉬저우시에서 마구 때리고 부수고 빼앗은 자들은 2일 이내에 강점하고 있는 모든 공용주택에서 철수하고 빼앗아간 차량과 기타 공공재물을 반환하며 상기 파괴활동을 획책하고 지휘힌 우두머리들은 반드시 즉각 공안기관을 찾아가 사신의 불법 범죄행위를 자백할 것을 정식으로 통고했다. 뒤이어 때리고 부수고 빼앗는 행위를 획책한 파벌의 핵심인물들에 대해 조치를 취했다.

뒤이어 완리와 장쑤성 및 쉬저우시 책임자들은 전국에서 '혼란'스럽기로 유명한 쉬저우철도분국에 가서 철도분국당위원회회의, 전체 종업원대회, 가족대회와 여러 가지 좌담회를 열고 중앙 9호 문건과 공업서기회의의 정신을 떳떳하게 전달했다. 당시 "회의 참가자가 많고 질서가 정연하고 영향력이 크기로는 그야말로 몇 년 동안 보기 드물었다".[19] 그리하여 철도문제를 정돈하려는 중앙의 결심은 신속히

---

19) '중앙 9호 문건 시달 정황에 관한 중국공산당 산동성위원회의 보고', 1975년 4월 5일.

대중 속에 널리 알려졌고 쉬저우철도분국과 쉬저우시에서 중앙 9호 문건을 관철하는 국면이 형성되었다. 쉬저우철도분국은 제반 규정제도를 세우고 건전히 함으로써 철도수송의 안전과 정시 운행을 효과적으로 보장했다. 보름 만에 쉬저우철도분국의 생산이 호전되기 시작하여 4월에는 사흘 앞당겨 수송 임무를 완수했다. 쉬저우지역의 철도문제 해결은 전국적인 철도정돈사업에 좋은 경험을 제공해주었다.

쉬저우지역 철도정돈사업이 기본적인 성과를 거둔 뒤 철도부는 또 정돈사업의 중점을 난창철도분국, 쿤밍철도분국, 정저우 철도분국 등에 두었다. 철도가 엄중하게 막히던 몇 개 철도국 관할 구간이 4월 말까지 전부 소통되고 전국 20개 철도국 가운데 19개 철도국이 계획을 초과 완수했으며 전국의 철도 적재량은 매일 평균 5만 3,700여 차량에 이르러 2월보다 매일 1만여 차량이 늘어났으며 석탄 적재량은 매일 1만 7,800여 차량에 달해 5년 만에 처음으로 생산계획을 완수했다.

**계속해서 추진된 정돈사업**

철도 부문을 정돈하는 과정에서 덩샤오핑은 전체 공업교통 부문의 면모를 바꾸는 것에 관해 주목하고 계획했다.

철도정돈사업이 기본적인 성과를 이룩한 상황에서 3월 25일에 덩샤오핑은 국무원 전체회의를 소집해 철도부와 쉬저우철도분국의 정황에 관한 완리의 회보를 청취하고 어떻게 쉬저우의 경험을 활용하여 전반 공업교통 부문의 정돈사업을 추동할 것인가에 대해 토의했다. 덩샤오핑은 회의총화 발언에서 다음과 같이 지적했다. 중앙 9호 문건이 하달된 뒤 철도수송이 신속히 호전되면서 기타 업종에 아주 큰 영향과 추동력을 발휘했다. 철도 부문의 주요한 경험은 군중을 대담하게 동원하고 파벌성과 단호히 투쟁한다면 생산을 일으켜 세울 수 있다는 것이다. 그는 계속하여 다음과 같이 말했다. 철도수송이 원활해지자 야금업과 전력업 등 여러 업종에서 문제들이 나타나고 있다. 각 부에서는 어떻게 사업해야 하고 어떻게 장기간 해결되지 않고 있는 난제들을 해결할 것인가를 자체적으로 잘 계획해야 한다. 다음 단계의 정돈 중심은 철강업에 존재하는 문제를 해결하는 것이다.[20] 이번 회의에서는 철도정돈사업의 경험을 긍정함과 동시에 여러 공업부문의 정돈사업에 대해 지도적 건의를 제기했으며 중앙 9호 문건의 정신은 체제 문제에 적용되지 않을 뿐 철도사업은 물론 모든 공업 부문에 적용된다고 강조했다.

철도정돈사업의 추동으로 기타 부문에서의 정돈사업도 연이어 시작되었다. 공업 부문에서는 중앙 9호 문건 정신을 관철한 후 생산에서 서로 앞장을 다투고 나날이 발전하는 추세가 나타났다. 성과가 비교적 뚜렷한 것은 경제 측면에서의 박약한 고리의 하나인 석탄공업 부문이었다. 1974년 전국 석탄 생산량은 계획보다 1,700만 톤이나 적게 채굴했다. 전국인민대표대회 제4기 제1차 회의를 전후하여 국무원 지도자는 '4개 현대화'를 실현하자면 석탄을 더 많이 생산해야 하기에 석탄공업 건설을 강화하는 것은 아주 긴박한 문제로 나타나고 있다는 점을 감안하여 1970년에 이미 취소되었던 석탄공업부를 회복하고 쉬진창을 새로 설립한 석탄공업부의 부장으로 임명하기로 결정했다. 정돈사업이 시작된 뒤 석탄공업은 정돈사업을 확보하고 파벌성을 비판하며 2개 성 4개 탄광의 문제(산둥성의 짜오좡탄광,

---

20) 중공중앙 문헌연구실 편, 〈덩샤오핑 연보(1975~1997)〉 상, 중앙문헌출판사 한문판, 2004년, 28~29쪽.

페이청탄광, 신원탄광과 장쑤성의 쉬저우탄광)를 중점적으로 해결함으로써 석탄 채굴 '붉은기' 단위들이 용솟음쳐 나왔으며 생산 정세가 갈수록 호전되었다. 4월 석탄 생산량은 날이 갈수록 상승세를 보였다. 전국적으로 세정탄의 하루 생산량은 평균 12만 500톤에 달해 사상 최고 수준을 기록했다. 국가가 배정한 석탄의 하루 생산량은 평균 75만 4,000톤에 달해 계획보다 1만 9,000톤을 초과 생산했다. 석탄부 지도자는 생산 '면모의 일신'에 대해 자신감을 갖고 있었으며 그해의 계획을 완수할 뿐만 아니라 그 전해에 미달한 생산량까지 합쳐 완수할 것을 다짐했다.

기타 공업부문보다 철강 생산은 여전히 뒤떨어져 있었다. 1975년 1월부터 4월까지 전국적으로 철강 생산임무를 완수하지 못해 195만 톤이나 미달했는데 바오터우, 우한, 안산, 타이위안 등 강철공사의 생산량 미달 상황이 심각했다. 철강 생산 상황을 돌려세우기 위해 5월 8일부터 29일까지 중앙은 전국철강공업좌담회를 열었다. 10대 철강기업[21]의 책임자들과 12개 성, 직할시, 자치구 책임자 그리고 야금부 등 국무원 관련 부, 위원회 책임자들이 회의에 참석했다. 5월 21일, 덩샤오핑은 국무원 사무회의를 사회하고 철강 부문을 정돈하는 것에 대한 문건을 토의했다. 그는 다음과 같이 말했다. 철강생산업을 두고 나는 문제를 해결할 때가 되었고 문제 해결 조건도 무르익었다고 본다. 여러 업종에서도 모두 이를 지지하고 나서야 한다. 지금의 문제는 여러분이 중앙의 지지를 받아들일 용기가 있는가, 중앙의 이번 회시 요구에 따라 문제를 해결할 용기가 있는가 하는 것이다. 당적 원칙을 과감히 견지하고 타도당하는 것을 겁내지 않으며 과감히

---

[21] 즉 안산강철공사, 우한강철공사, 바오터우강철공사, 타이위안강철공사, 판즈화강철공사, 수도강철공사, 번시강철공사, 당산강철공사, 샹탄강철공사, 마안산강철공사를 가리킨다.

책임지고 과감히 투쟁할 수 있는 사람들을 물색하여 지도부에 등용해야 한다. 그러면서 그는 자신을 머리숱이 많은 위구르족 처녀에 비유하면서 손만 뻗치면 한 움큼 가득 잡을 수 있다고 했다. 뒤이어 그는 대담해야 한다면서 사회주의를 건설하려면 생산을 확보하지 않으면 안 되며 과학기술을 제고하지 않으면 안 되며 우리가 생산성을 강조하고 과학기술을 강조하라고 해서 '생산력유일론'[22]이라고 해서는 안 된다고 말했다.

 5월 29일, 덩샤오핑은 철강공업좌담회에 참석했다. 그는 연설에서 다음과 같이 제기했다. 철강업문제를 해결하는 데 아래와 같은 네 가지 문제를 중점적으로 해결해야 한다. 첫째, 강력한 지도부를 조직해야 한다. 타도당하는 것을 겁내지 않는 사람들을 물색하여 지도부에 등용해야 한다. 그렇게 함으로써 지도부가 강하고 부지런하며 단합되어 호소력을 가지며 무엇이나 지휘하고 영도해낼 수 있도록 해야 한다. 둘째, 파벌성과 단호히 투쟁해야 한다. 대담하게 나서서 파벌을 고집하는 자에 대해 전근시킬 것은 전근시키고 비판할 것은 비판하고 투쟁할 것은 투쟁해야 하며 추호도 양보하지 말고 기세 높게 투쟁해야 한다. 셋째, 정책을 올바르게 집행해야 한다. 죄명을 쓴 사람들의 문제를 해결해야 할 뿐만 아니라 그들 주위 연루자들의 문제도 해결해야 한다. 오랜 노동자, 핵심 기술자, 오랜 노력 모범들에게 각별히 중시를 돌려 그들의 적극성을 동원시켜야 한다. 넷째, 필요한 규정제도를 내와야 한다. 규정제도는 엄하게 집행해야 하며 엄하게 집행하지 않으면 질서를 확립할 수 없다.[23] 덩샤오핑이 제기한 네 가

---

22) 중공중앙 문헌연구실 편, 〈덩샤오핑 연보(1975~1997)〉 상, 중앙문헌출판사 한문판, 2004년, 47~48쪽.
23) 덩샤오핑, '당면한 철강공업에서 반드시 해결해야 할 몇 가지 문제'(1975년 5월 29일), 〈덩샤오핑

지 조치는 철강공업에 대한 요구일 뿐만 아니라 정돈사업을 시작한 뒤 줄곧 단단히 주도하여 기본적인 성과를 거둔 네 가지 관건적인 문제였다.

이번 회의에서 덩샤오핑은 또 하나의 중요한 관점을 내놓았다. '4인방'이 마오쩌둥의 이론문제에 관한 지시만 강조하고 마오쩌둥의 안정 단결과 국민경제 발전에 관한 두 가지 지시를 언급하지 않는 정형에 따라 그는 처음으로 "세 가지 지시를 기본 고리로 삼아야 한다."는 관점을 제기했다. 그는 "이 세 가지 중요 지시는 우리가 앞으로 한 시기 제반 사업을 진행하는 데서의 기본 고리이다. 이 세 가지는 서로 연계되어 갈라놓을 수 없으며 한 가지라도 잊어서는 안 된다."고 말했다. 그는 그 후 '세 가지 지시를 기본 고리로 삼는' 사상을 여러 차례 강조했다. 덩샤오핑은 4개 현대화 실현을 전당이 모두 복종해야 할 전반적 국면의 수준으로 올려놓은 것과 마찬가지로 이러한 마오쩌둥의 세 가지 지시를 서로 연관시키고 특히 뒤의 두 가지 지시를 '기본 고리'의 자리에 올려놓음으로써 '문화대혁명'이 발동된 후 그동안 있어 본 적이 없는 경제 발전에 대한 중시를 보여주었다. 이는 덩샤오핑의 정돈사업을 지도하는 강력한 무기가 되었다.

6월 4일, 중공중앙은 '금년도 철강생산계획을 힘써 완수하는 것에 관한 회시'를 내려보내고 중국공산당 야금공업부 핵심소조의 '철강공업을 조속히 일으켜 세울 것에 관한 보고'를 비준해 발부했다. 중앙의 회시는 "철강공업이 크게 발전하지 않고서는 농업, 공업, 국방과 과학기술의 현대화를 실현할 수 없으며 전쟁 준비에 심각한 영향을 끼치고 무산계급 독재를 공고히 하고 강화하는 데 불리하다."고 지적했

---

선문집〉 제2권, 민족출판사 1995년, 11~15쪽.

다. 중앙은 각 성, 직할시, 자치구 당위원회에 철강공업에 대한 영도를 강화하고 문제가 많은 단위에 대해 조사연구를 하고 유력한 조치를 함으로써 문제를 철저히 해결해야 하며 결단을 내리지 못하고 시간을 끌다가 전반적 국면에 영향을 주는 일이 없게 하도록 요구했다.

중앙은 철강공업을 효과적으로 일으켜 세우기 위해 중앙에서 기층에 이르기까지 모두 철강 부문에 대한 영도를 강화했고 야금부 지도부와 문제가 많은 일부 대형철강기업의 지도부를 조정, 보완했으며 파벌성이 심하고 비판, 교육을 해도 고치려 하지 않는 지도간부와 우두머리들을 가차없이 갈아치웠다. 정돈 후 안산강철공사, 우한강철공사, 타이위안강철공사 등 중점기업의 생산 정세가 호전되기 시작했다. 6월에는 전국적으로 강철 생산량이 하루 7만 2,400톤에 달해 연간계획 2,600만 톤을 목표로 한 하루 생산 수준을 초과했으며 생산량 미달 부분을 보충 생산하기 시작했다. 기타 공업 부문들에서도 정돈사업을 시작하여 경제 정세가 뚜렷이 호전되었다.

공업교통 분야에서의 정돈사업과 때를 같이하여 재정경제 분야에서도 정돈사업이 가동되기 시작했다. 이는 철도정돈사업과 철강정돈사업에 배합하는 작용을 함으로써 경제 상황을 총체적으로 돌려세우는 중요한 일익이 되었다. 전국인민대표대회 제4기 제1차 회의가 끝나자 신임 재정부 부장 장징푸가 재정 부문의 정돈사업에 착수했다. 재정부 핵심소조는 '4인방'의 교란을 무릅쓰고 재정부 산하의 각급 기구를 회복하고 강화했다. 즉 재정부 군사관제위원회를 취소하고 '문화대혁명' 가운데 취소되었던 원 재정부와 인민은행 총행 산하의 사, 국 기구를 전부 회복했다. 재정부 소속 세무국을 정돈, 강화하여 세무총국을 다시 내옴으로써 전국 세수에 대한 영도를 강화했다. 재정부는 또 '5·7'간부학교로부터 많은 간부를 소환하여 재정 관리를 강화하는 핵심이 되게 했다.

　재정사업이 혼란스러운 정형에 대비하여 재정부는 재정 경제 규율을 재언명하고 재정사업 질서를 정돈했다. 1월 19일, 국무원은 '재정사업을 한층 더 강화하고 1974년도의 재정 수입을 엄격히 심사하는 것에 대한 통지'를 발부하여 재정 수입과 지출이 비정상적인 정형을 돌려세우고 재정 경제 규율을 위반하는 현상을 시정하도록 요구했다. 재정부와 중국인민은행은 2월 하순과 3월 상순에 각각 베이징, 상하이에서 재정은행사업 회동회의를 갖고 재정은행 부문의 지도간부들에게 반드시 국민경제를 일으켜 세우는 목표를 명확히 하고 떳떳하게 사회주의적 축적을 확보하며 수입과 지출의 균형을 유지하고 어느 정도 흑자를 거둘 수 있도록 할 것을 요구했다. 4월 7일부터 19일까지 재정부는 전국세무사업회의를 소집하여 세수 역할을 발휘하고 세수 관리를 강화하며 납세 규율을 엄명히 하고 세수에서의 허점들을 단호히 막음으로써 국가 재정 수입을 수호할 것을 강조했다. 같은 해 8월, 재정부와 중국인민은행은 국무원의 요구에 따라 '재정금융 정돈에 관한 의견'('재정10개조'라고도 한다) 초안을 작성하기 시작했다. '4인방' 등이 축적 증가를 '이윤 제일주의'라고 비판한 것에 따라 '재정10개조'에서는 사회주의적 축적과 '이윤 제일주의'의 경계를 똑똑히 가르고 국가에 축적을 창출하고 제공하며 공, 농업생산을 힘써 발전시키고 경제감독사업을 책임감 있게 잘 완수하며 경제채산제를 구축해야 한다고 강조했으며 기한 안에 결손 국면을 전환시켜 이윤을 보지 못하는 기업들에 대해서는 재정에서 보조하지 않고 은행에서 대부해주지 않는다고 규정했으며 신용대부에 대한 관리를 강화하고 화폐 발행을 통제하며 재정 경제 규율을 엄격히 하도록 요구했다.

재정 부문을 정돈함으로써 공업 부문과 상업 부문에서는 사회주의는 축적을 확보하고 기업은 경제적 효과를 추구해야 한다는 관념을 재차 수립하여 기업들은 관리를 강화하고 결손 국면을 조속히 전환시켜 이윤을 보게 되었다.

　몇 달간의 정돈사업을 거쳐 경제 정세가 뚜렷이 호전되었다. 7월 17일, 당중앙위원회는 국무원의 '금년도 상반기 공업생산 정황에 관한 보고'를 보내면서 다음과 같이 지적했다. 3월부터 "공업 생산과 교통운수는 달마다 나아졌다." 5월과 6월에 원유, 원탄, 발전량, 화학비료, 시멘트, 내연기관, 종이와 판지, 철도화물 수송량 등의 월간 생산량은 사상 최고 수준을 기록했다.

　국방과학기술에 대한 정돈사업도 동시에 진행되었다. 덩샤오핑은 1975년 초부터 국무원과 중앙군사위원회 사업을 주관하면서 무기장비의 발전목표와 연구제작계획을 조정할 것이라고 명확히 제기했다. 같은 해 3월, 중앙에서는 장이이핑을 국방과학기술위원회 주임으로 임명하고 국방과학기술 영도 역량을 강화했으며 국가계획위원회와 국방과학기술위원회 등 단위들의 '우리나라 위성통신공정을 발전시키는 것에 관련한 보고'를 비준했다. 장아이핑은 국방과학기술 전선에서의 정돈사업을 확고부동하게 전개했다. 그는 간부와 군중에게 지금 어려운 시기에 처해 있으며 사람마다 선뜻 나서서 책임을 짊어지고 모든 방해를 물리치면서 국면을 돌려세워야 한다고 말했다. 그의 주관으로 단결을 강화하고 파벌성을 극복하며 과학기술연구와 혁명을 틀어쥐고 생산을 하는 것에 관한 마오쩌둥의 어록을 선별 편찬하고 널리 인쇄 배포하여 파벌 세력을 강력하게 억제했다. 그는 국방과학기술위원회의 기층 단위와 시범 부문들이 자주 내려가서 '시간을 다투어' 그동안 놓쳐버린 시간을 되찾아오며 국방첨단무기의 연구

제작을 완수하기 위해 분투하도록 격려해주었다. 5월 19일에 덩샤오핑은 중앙군사위원회 제13차 상무위원회 회의에 참석하여 국방과학기술위원회와 제7기계공업부의 사업회보를 청취했다. 제7기계공업부의 파벌성문제에 대해 덩샤오핑은 더 이상 '파벌 싸움'을 해서는 안 되며 무릇 '파벌 싸움'을 하는 자들은 중앙 9호 문건에 따라 단호히 처리해야 하며 직위가 얼마나 높던 가차 없이 처리해야 한다고 말했다. 그는 국방과학기술위원회와 제7기계공업부 지도부에 대담하게 나서서 사업해야 하며 틀린 말을 할까 봐 두려워하지 말아야 한다고 격려했다. 그는 또 다음과 같이 지적했다. 동무들이 대담하게 나서서 사업한다면 틀리는 한이 있더라도 우리가 책임질 것이다. 대자보가 만 장이 나붙어도 두려울 것 없다. 무릇 계속 파벌성을 부리는 자들은 단호히 갈아치워야 한다. 그는 또 제7기계공업부 각급 지도부를 조정할 때 젊고 발전 전망이 있는 과학기술자들을 많이 양성하는 데 특히 중시를 돌려 그들을 적당한 영도 부문에 배치하고 그들을 잘 보호, 등용하며 주동적으로 과학기술자들에게 훌륭한 사업 조건과 생활 조건을 마련해주어야 한다고 제기했다.[24] 중앙과 군사위원회의 지지로 국방과학기술위원회는 정돈사업과정에 각종 파벌조직을 과단성 있게 제거하고 '문화대혁명' 가운데 생겨난 '지휘부', '운동 판공실', '협조독촉판공실' 등 임시 기구들을 취소했으며 당의 각급 사업기구를 회복했다. 그리하여 8년 동안 줄곧 극심한 혼란에 빠져 있었던 국방과학기술위원회는 몇 달 만에 과학기술 연구와 생산이 정상 궤도에 들어서게 되었다.

1975년 하반기에 국방첨단무기 연구 제작에서 잇달아 성과를 거뒀

---

24) 중공중앙 문헌연구실 편, 〈덩샤오핑 연보(1975~1997년)〉 상, 중앙문헌출판사 한문판, 2004년, 46~47쪽.

다. 7월 26일에 중국은 첫 인공위성을 성공적으로 발사했고 10월 27일에는 제17차 지하 핵실험 폭발에 성공했으며 11월 26일에는 회수식원격탐지 인공위성을 성공적으로 발사함으로써 미국과 소련에 이어 세 번째로 회수식 위성기술을 보유한 국가가 되었으며 12월 16일에 또다시 인공위성을 성공적으로 발사했다. 이처럼 1년 사이에 인공위성 3개를 성공적으로 발사했는데 이는 중국의 우주비행 역사에서 전례가 없는 것이었다.

　중앙군사위원회는 또 부대 장비를 제고하고 개선하기 위해 국방공업을 정돈하기 시작했다. 덩샤오핑은 4월 2일부터 14일까지의 사이에 반나절씩 다섯 차례 시간을 내어 중앙군사위원회 상무위원회 회의에 참석했고 회의에서 국방공업 중점기업들의 사업회보를 청취했다. 이번 회의는 다음과 같이 강조했다. 군대는 인원을 줄이고 편제를 축소했으나 부대의 전투력이 약화되어서는 안 되므로 이를 위해 징비문제를 해결해야 한다. 군사위원회는 지금 편세를 장악하는 한편 장비를 장악하고 있는데 이 두 가지는 모두 작은 일이 아니라 큰 일이다. 군대장비에 문제가 아주 많은데 품질이 표준 수준에 이르지 못하고 성능이 떨어지며 장비 수량이 편제 규정에 이르지 못하고 서로 배합되지 못하며 오랫동안 보수 정비되지 못한 것 등이 그러하다. 전선을 단축하고 병종을 정예화하며 재래식 무기를 발전시키는 것을 잘 계획하고 집중적으로 통일 관리를 강화하며 과학연구를 강하게 주도해야 한다. 국방공업의 일부 '문제' 기업에 존재하는 파벌문제가 아직도 해결되지 않았다는 회보를 듣고 덩샤오핑은 다음과 같이 지적했다. 문제의 관건은 우리가 어떻게 처리하는가에 달려 있다. 어떤 간부는 갈아치우고 어떤 간부는 직위에서 물러나게 해야 한다. 어떤 '파벌'이든 모두 그릇된 것이며 모든 '파벌'은 다 단호히 제거해야 한다. 군사장비 보수에 존재하는 문제에 대한 회보를 듣고 덩샤오핑은 다음과 같이 강조했다. 무기장비와 생산만 중시하고 보수정비를 중시하지 않는 문제에 대한 해결을 더 이상 미룰 수 없으므로 이 자리에서 아래와 같이 결정한다. 첫째, 보수정비를 중시하고 좀 적게 생산하더라도 보수정비문제를 잘 해결해야 한다. 둘째, 보수정비계획을 제정하여 해군, 공군, 장갑부대를 통일적으로 고려하고 통일적으로 해결해야 한다. 셋째, 일정한 비례에 따라 보수 정비용 예비부품을 생산해야 하고 예비부품을 갖춰놓지 못했을 경우에는 생산계획을 완수한 것으로 인정해서는 안 된다. 군사공업에 관한 과학연구도 반드시 전망계획을 세워야 한다.[25] 국방공업에 대한 정돈사업 과정에 관련 부문과 400여 개 중점기업의 지도부를 조정하고 제품의 질을 전면적으로 검사하여 과학기술연구와 생산 질서가 어느 정도 호전되었다.

  철도 부문의 정돈, 철강 부문의 정돈, 재정경제 부문의 정돈, 국방과학기술 부문의 정돈을 거쳐 이러한 부문들의 혼란스러운 정형을 바로세우고 정돈사업의 지도사상을 한층 더 명확히 했으며 정돈사업의 조치를 다양하게 했다. 과감히 투쟁하는 많은 간부와 군중은 파벌성을 반대하고 무정부주의 사조를 극복하는 전열에 나서서 대담히 생산을 확보하고 업무를 주도해나감으로써 효과적인 제도와 조치가 회복되고 생산과 경제에 훌륭한 발전 추세가 나타나게 되었다.

---

25) 중공중앙 문헌연구실 편, 〈덩샤오핑 연보(1975~1997년)〉 상, 중앙문헌출판사 한문판, 2004년, 32쪽.

## 중앙정치국회의에서 '4인방'을 비판

전면적인 정돈사업을 진행하여 성과가 뚜렷해지자 광범위한 간부와 군중은 희망을 보게 되었다. 그러나 '4인방'은 정돈사업을 강력히 방해했다. 그들은 저들이 통제하고 있는 여론수단을 이용하여 '무산계급 독재이론'을 학습하는 운동 가운데 제반 정돈과 조치들을 '경험주의'라고 모함하고 중앙의 철도정돈사업에 관한 결정을 '회복하기 위한 강령'이라고 비난했다. 3월부터 장칭, 장춘차오 등은 다른 장소에서 "지금 우리의 주요한 위험은 교조주의가 아니라 경험주의이다." "경험주의는 수정주의의 공범자이며 현 시기 가장 위험한 적이다."라고 여러 차례 강조했다. 4월 중순에 장칭은 정식으로 중앙정치국회의에서 '경험주의' 반대에 대해 토론할 것을 요구하면서 이 문제를 가지고 사상적 '논쟁'을 진행할 것을 주장했다. '4인방'의 지휘로 각 지방의 신문, 잡지들은 '경험주의' 반대에 대한 글들을 적잖게 발표했다. 그리하여 한동안 "위싱이 하늘로 날아올렸으나 붉은 기가 땅에 떨어졌다." "당과 국가를 망하게 하는 위험" 등 무시무시한 말들이 퍼지기 시작했다.

4월 18일, 덩샤오핑은 마오쩌둥에게 한 달 남짓한 동안 장칭, 장춘차오 등이 '경험주의'를 대대적으로 반대한 정황을 반영하고 자신은 "경험주의가 현 시기 주요한 위험"이라는 설법에 동의하지 않는다고 명확히 표시했다. 마오쩌둥은 덩샤오핑의 의견에 찬동했다. 4월 23일에 마오쩌둥은 한 보고서에 회시를 하면서 "제기 법에서는 수정주의를 반대한다고 해야 할 것 같다. 그 속에는 경험주의와 교조주의를 반대하는 것이 포함되는데 경험주의와 교조주의는 모두 마르크스주의를 수정하는 것이므로 하나를 제기하고 다른 하나를 빼놓아서는 안 된다."고 지적했다. 그는 또 "우리 당내에는 마르크스-레닌주의를 제대로 아는 사람이 얼마 안 된다. 어떤 사람들은 마르크스-레닌주의를 안다고 자처하지만 사실은 별로 알지 못하고 있다. 그들은 자기 견해가 옳다고 고집하면서 걸핏하면 남을 훈계하는데 이 역시 마르크스-레닌주의를 모르고 하는 표현이다."고 지적했다. 이는 분명히 장칭을 두고 한 말이었다.

마오쩌둥의 의견에 따라 중앙정치국은 4월 27일에 회의를 열고 이러한 회시를 전달했다. 덩샤오핑, 예젠잉 등은 회의에서 발언하여 장칭 등이 1973년 이후 여러 차례 기회를 엿보아 저우언라이를 빗대고 몰아세운 행위를 사실을 들어가며 적발, 비판했다. '4인방'이 일으킨 '경험주의'를 반대하는 소동에 대해 덩샤오핑은 이는 계획적이고 조직적인 총리 반대 행동임이 분명하다고 지적했다. 이번 회의가 끝난 뒤 장칭 등은 이번 회의는 그들에 대한 '돌연적인 습격'과 '포위 공격'이라고 공격했다. 왕훙원은 또 마오쩌둥에게 서신을 써 덩샤오핑, 예젠잉 등이 늘 정세를 암흑천지처럼 말하고 있다면서 이번 쟁론은 "사실상 총리가 말하고 싶지만 말하기 어려워하는 말을 예젠잉과 덩샤오핑이 대신했다."느니 하면서 공격했다.

장칭 등이 '경험주의'를 대대적으로 반대하는 행위에 대비하여 5월 3일에 마오쩌둥은 베이징에 있는 중앙정치국 위원들을 불러 담화를 했다. 그는 "세 가지를 하지 말고 세 가지를 해야 한다.", 즉 수정주의를 하지 말고 마르크스주의를 해야 하며 분열하지 말고 단결해야 하며 음모 잔꾀를 꾸미지 말고 공명정대해야 함을 거듭 강조했다. 그는 장칭 등이 '경험주의를 반대하고 종파활동을 하는 것에 대해 "내가 보기에는 경험주의를 비판하는 사람들이 바로 경험주의자인 것 같다."고 비평했다. 그는 장칭 등에게 다음과 같이 말했다. '4인방'을 만들지 말아야 한다. 만들지 말라고 했는데 왜 계속 하고 있는가? 어째서 200여 명 중앙위원회 위원들과 단결하지 않는가? 예부터 몇 사람이 싸고돌아서는 좋은 결과를 얻지 못했다. 그는 또 다음과 같이 장칭을 비평했다. 제멋대로 하지 마라. 규율을 지키고 신중해야 하며 개인 마음대로 결정하지 말고 정치국과 토론하라. 의견이 있으면 정치국에서 토론해야 하며 문건으로 인쇄하여 발부할 경우에는 개인의 이름으로 하지 말고 중앙의 명의로 발부해야 한다. 이를테면 나의 이름으로도 하지 말아야 한다. 나는 지금까지 그 어떤 자료도 내려 보내지 않았다.

마오쩌둥의 의견에 따라 5월 27일과 6월 3일에 덩샤오핑은 중앙정치국회의를 두 번 소집하여 '4인방'이 '린뱌오를 비판하고 공자를 비판하는' 운동 전후에 범한 오류를 비판했다. 장칭 등이 4월 27일 회의에서 한 비난에 대해 덩샤오핑은 어떤 사람들은 이번 회의에서의 연설이 "지나쳤다."고 말하고 또 어떤 사람들은 "돌연적인 습격"이고 "포위 공격"이라고 말하고 있는데 사실 이러한 평가는 40%도 맞추지 못했고 20% 정도 맞췄다고 보기도 어렵다고 지적했다. 장칭 등이 1973년 11월의 중미회담에서 저우언라이, 예젠잉이 한 어떤 말을 이른바 '제11차 노선 투쟁'이라 했고 1974년의 "린뱌오를 비판하고 공자를 비판하는" 운동에서 제멋대로 뒷거래 비판에 대해 제기했으며 1975년에는 또 갑자기 '경험주의'를 반대하는 운동을 일으킨 세 가지 사건에 따라 덩샤오핑은 장칭 등에게 질문을 들이댔다. 어째서 이 세 가지 사건이 불거져 나오게 되었는가? 도대체 무엇 때문인지 한번 묻고 싶다. 그는 다음과 같이 말했다. 마오 주석이 제기한 "세 가지를 하지 말고 세 가지를 해야 한다."는 이론은 역사적 경험을 총괄한 것이다. 예부터 동아리를 만드는 것은 좋지 않은 것이고 파벌을 제거하지 않으면 안 되며 '4인방'에 대해 경각성을 높일 필요가 있다. 우더,

리셴녠, 천시롄, 예젠잉도 발언하여 '4인방'을 비판했다. 중앙정치국에서 연속 회의를 열고 장칭 등을 비판하기는 '문화대혁명'이 발동되어서 9년 만에 이번이 처음이었다. 장칭 등이 비판을 '잠자코' 듣고만 있는 것도 이번이 처음이었다. 물론 이것은 그들이 마오쩌둥의 호된 비판을 들은 후 부득이 취한 당분간의 처세였을 뿐이었다.

그 후 한 달이 채 못 되어 장칭은 마오쩌둥과 중앙정치국에 반성문을 바쳐 1년 남짓한 동안 '4인방'이 해온 세 가지 사건, 즉 이른바 '제11차 노선 투쟁'의 문제, 린뱌오를 비판하고 공자를 비판하고 뒷거래를 비판한 문제, 현 시기 주요한 위험은 경험주의라는 문제에 대해 하나하나 반성했다. 그는 "'4인방'은 객관적으로 존재하고 있으며" "당중앙위원회를 분열시키는 종파주의로 발전할 가능성이 있다."고 승인했다.

이번 회의 후 왕훙원은 더 이상 중앙의 사업을 맡지 않았다. 마오쩌둥의 의견에 따라 왕훙원은 6월 하순에 저장, 상하이에 파견되어 당지 "사업을 협조했다". 마오쩌둥의 동의를 거쳐 1975년 7월부터 중앙의 일상사업은 덩샤오핑이 책임지고 진행했다. 마오쩌둥의 지지로 덩샤오핑은 국무원의 일상사업을 맡던 데에서 당중앙위원회와 국무원의 사업을 전반적으로 책임지게 되어 '4인방'의 기세를 누르고 전국적인 범위에서 정돈사업을 진행하는 데 더욱 유리하게 되었다.

### 정돈사업의 전면적인 전개

장칭 등은 당중앙위원회와 마오쩌둥에게 반성문을 쓴 뒤 한동안 잠잠했다. 덩샤오핑은 당중앙위원회와 국무원의 사업을 전면적으로 맡아보게 되었고 이로부터 여러 전선에서 대중의 정서가 분발되었으며 정돈사업이 당의 간부사업, 당의 조직 건설과 과학기술, 교육, 문화 등 분야로 폭넓게 전개되기 시작했다.

간부정책을 효과적으로 시행하여 타도된 노 간부들이 조속히 사업 터에 다시 나설 수 있게 한 것은 1975년 당중앙위원회가 조직사업에서 취한 비교적 큰 거동이었다. 같은 해 4월에 특별수사처리사건의 심사를 조속히 끝내고 사람을 석방하는 것에 관한 마오쩌둥의 의견에 따라 저우언라이, 덩샤오핑 등의 추동으로 중앙은 린뱌오 집단과 관계되는 심사대상과 기타 극소수를 제외하고 기타, 수감되어 심사를 받고 있던 절대다수 사람을 석방하기로 결정했다. 이 결정에 따라 장기적으로 수감되어 있던 고위급간부 350명이 풀려났다. 그뿐만 아니라 '문화대혁명'이 발동한 후 수감되었던 수백 명 간부가 거의 모두 풀려나고 많은 사람이 사업을 배치받았거나 입원치료를 받게 되었다. 이 기간에 덩샤오핑은 또 노 홍군 허청(賀誠)[26]의 딸이 아버지에게 사업을 배정해줄 것을 요구하는 서신을 때에 맞춰 마오쩌둥에게 전해주었다. 5월 17일에 마오쩌둥은 허청과 푸롄장(傅連暲)[27]의 문제에 대해 "허청은 죄가 없기에 당연히 사업을 배치해주어야 한다. 지난날 모함했거나 사실과 어긋나는 결론은 모두 뒤엎어야 한다." "푸롄장은 박해를 받아 사망했기에 시급히 누명을 벗겨주어야 한다."고 각각 회시했다. 그 뒤 마오쩌둥은 또 "러룽 봉안식"을 치르는 것에 관한 저우언라이의 건의에 회시했고 또 타오주(陶鑄), 루딩이(陸定一), 천피셴(陳丕顯), 왕언마오(王恩茂), 리웨이한(李維漢) 등의 자료에 대해 회시하여 관련 부처에서 간부정책을 서둘러 시달하도록 촉구했다. 기타 '문화대혁명' 가운데 심사대상이 된, 예를 들면 전 린

---

26) 허청, 당시 중국인민해방군 총후근부 부부장, 군사의학과학원 원장으로 있었다.
27) 푸롄장, 당시 위생부 부부장, 중국인민해방군 총후근부 위생부 제1부부장으로 있었다.

뱌오사무실의 사무원, 수감 중인 전 국민당 성급, 장성급의 당기관, 정부, 군대, 특수부문 종사자 등에 대해서도 마오쩌둥은 조속히 석방하고 방법을 구해 그들에게 사업을 배분해줄 것을 주장했다.

전국의 정치 형세가 유리해지자 덩샤오핑은 당 조직 정돈에 대해 제기했다. 7월 4일 그는 중앙독서반 제4기 학원들에게 한 연설에서 다음과 같이 지적했다. "안정 단결을 실현하고 사회주의 경제를 발전시키려면 당의 영도를 강화하고 우리 당의 훌륭한 작풍을 계속 발양해야 한다. 이것은 매우 중요한 문제이다. 마오쩌둥 동지는 군대를 정돈해야 한다고 말했는데 전체 당에도 정돈해야 하는 문제가 나타난다. 특히 당의 영도와 당 작풍을 정돈해야 한다." 지금 적지 않은 곳에는 당의 영도가 확립되지 못했고 당의 영도가 약화되었다. 이 문제를 해결하기 위해 성당위원회급의 지도부를 확립하는 것이 무엇보다 중요하다. 그는 "성당위원회 지도를 확립하여 성당위원회의 권위가 서도록 하며 성당위원회가 영도할 수 있게 되기를" 바란다고 하면서 이렇게 된다면 지구당위원회, 현당위원회를 도와줄 수 있고 우리 당은 자체적으로 영도를 실현할 수 있게 된다고 말했다. 그는 또 당 작풍에 대해 언급하면서 "파벌을 반대하고 당성을 강화하는 것은 매우 중요한 원칙이다." "지금 각 지구, 각 부문의 문제를 해결할 때에도 파벌을 반대하고 당성을 강화하는 것부터 착수해야 한다."[28]고 했다.

일부 지구들에 파벌이 심하게 존재하는 문제를 해결하기 위해 당 중앙위원회는 저장, 허난 등의 성에서 당 정돈사업을 시범적으로 진행하기로 결정했다. 7월 15일 저녁에 덩샤오핑의 사회로 중앙정치국

---

28) 덩샤오핑, '당의 영도를 강화하고 당의 작풍을 바로잡자'(1975년 7월 4일), 〈덩샤오핑 선문집〉 제2권, 민족출판사 1995년, 17~20쪽.

회의에서는 중국공산당 저장성위원회의 '갑작스럽게 발전시킨 당원과 급히 등용한 간부들을 정확히 처리하는 것에 관한 지시 요청 보고'를 토의했다. 17일에 당중앙위원회는 중국공산당 저장성위원회의 '지시 요청 보고'를 보내면서 "갑작스레 발전시킨 당원과 급급히 발탁시킨 간부"들에 대한 교육을 단단히 틀어쥐고 당내에 끼어든 불순세력들을 단호하게 몰아내고 그들이 차지한 권력을 되찾아올 것을 제기했다. 당중앙위원회의 회시는 또 당 조직을 정돈하는 과정에 두 가지 경계, 즉 적아 간의 경계와 무산계급선진분자와 일반적인 '반조류', '반란파' 간의 경계를 똑똑히 그어야 하며 잠입한 개별적 불순세력을 반드시 단호히 몰아내고 무릇 '두 개 파'가 있는 지방에서는 당원 발전과 간부 발탁을 잠시 늦춰야 하며 모든 공산당원이 그 어떤 파벌 활동에 참가하는 것을 절대 허용하지 않는다고 지적했다. 덩샤오핑은 당중앙위원회의 회시에다 전국적 범위에서 "당 조직을 사상적, 조직적으로 한 사례 정돈하는 것은 아주 필요하다."는 한마디를 첨가했다.

당 정돈사업을 시범적으로 진행하고 그 경험을 일반화한 것은 전국적으로 당 정돈사업을 전개하기 위한 준비 작업이었다. 각 방면의 사업을 정돈하는 과정에 덩샤오핑은 "정돈에서 핵심은 당을 정돈하는 것이다. 당 정돈이라는 이 중심 고리를 확보하기만 하면 제반 분야의 정돈은 어렵지 않다." "당 정돈사업에서 각급 지도부를 중점적으로 정돈해야 한다."고 더욱 명확하게 제기했다. 중앙의 의견에 따라 중앙조직부는 9월 중순에 윈난, 푸젠, 쓰촨, 후베이 등 6개 성의 조직부 책임자 회의를 소집했고 동시에 세 개 소조를 구이저우, 지린, 닝샤에 각각 파견하여 조사연구를 진행했다. 이 기초 위에서 중앙조직부는 '당 정돈에 관한 회보제강'과 '당 정돈 참고자료' 초안을 작성하고 중앙을 대신하여 당 정돈문건 작성에 착수했다.

제반 분야의 정돈 가운데 아주 중요한 군대 정돈사업이 같은 해 초부터 시작되었다. 덩샤오핑의 배치에 따라 6월 24일부터 7월 15일까지 중앙군사위원회는 확대회의를 소집했다. 6월 24일 오후, 덩샤오핑과 예젠잉은 이 회의를 사회했다. 이번 회의가 지도사상 면에서 이룩한 중요한 돌파는 국제 정세를 분석한 것이었다. 회의는 국제 정세를 보면 혁명과 전쟁의 요소가 모두 늘어나고 있으며 한편으로 전쟁은 피할 수 없고 제국주의는 여전히 전쟁의 발원지이며 다른 한편으로는 전쟁이 3~5년 내에 꼭 일어나는 것이 아니라 뒤로 미뤄질 수 있다고 인정했다. 국제 정세에 대한 이러한 인식은 세계전쟁이 눈앞에 닥쳤으므로 군대는 "일찍이 전쟁을 치르고 대규모 전쟁을 하며 핵전쟁을 하는 데 입각해야 한다."던 관점을 확실하게 바꿨다. 7월 14일에 덩샤오핑은 회의에 참석하여 연설했다. 그는 이번 회의에서는 주로 군대편제문제를 해결하고 편제를 초과한 간부들의 배치문제를 상응하게 연구하며 군대 건설에 존재하는 기타 문제들은 후에 따로 토론, 해결할 것이라고 밝혔다. 그는 군대는 "방대하고 해이하고 교만하고 사치하고 나태한" 문제를 해결해야 하며 편제와 장비를 확보해야 하거니와 전략적인 문제도 해결해야 한다고 지적했다. 군사훈련이 엄중하게 약화된 정형에 따라 그는 "훈련을 전략문제의 중요한 위치에 놓아야 한다."고 제기했다. 15일에 예젠잉이 총화 연설을 했다. 그는 군대는 고도의 집중적으로 통일이 필요하며 파벌성이 존재하는 것을 절대 허용하지 않는다고 강조하고 나서 동무들은 지금 몇몇 사람이 사방에 책과 자료를 보내고 서신을 쓰면서 부대의 사상을 혼란에 빠뜨리고 있는 것에 대해 주의해야 하며 앞으로 군사위원회의 동의가 없이는 누구도 그렇게 해서는 안 되며 그 어떤 야심가든 군대 사무를 간섭하고 음모활동을 감행하는 것을 허용하지 않는다고 일깨워주었다. 회의 기간에 예젠잉은 또 개별담화 방식으로 회의에 참석한 대다수 고위급간부에게 모두 지휘에 복종하고 정세에 주의를 기울이며 입장을 튼튼히 하고 방향을 똑바로 분별할 것을 요구했다. 회의 후 예젠잉은 군대의 25개 대단위 지도부에 대해 조정과 배치를 진행한 동시에 베이징시와 그 주변의 전략적 요충지에 주둔하고 있는 부대를 정돈하고 이동시키는 사업을 책임지고 진행했다. 이러한 조치들은 군대의 안정을 유력하게 보장했으며 '4인방'의 군대영도권 탈취 음모를 저지하는 중요한 역할을 했다.

공업교통 상황이 호전됨에 따라 덩샤오핑은 경제 발전문제를 일괄적으로 연구해야 한다고 제기했다. 6월에 그는 장기계획토론회를 소집하고 경제 발전문제를 일괄적으로 연구할 것을 제기했다. 그는 전한 단계에 철도문제와 철강문제를 해결할 때에는 하나하나씩 해결했는데 이렇게만 해서는 안 되며 일괄적으로 연구해야 한다고 했다. 이른바 일괄적으로 연구한다는 것은 공업발전의 장구한 계획을 염두에 두고 방침정책으로부터 착수하여 공업의 현 상태를 전반적으로 바로 세워야 한다는 것이다. 같은 해 6월 16일부터 8월 11일까지 국무원은 계획사업토론회를 소집했다. 회의는 현 시기 경제사업에서의 혼란스럽고 분산된 것이 주요한 문제이므로 반드시 정돈을 억세게 틀어쥐고 집중을 강조해야 한다고 인정했다. 회의참가자들은 또 공업문제에 관한 문건을 작성하여 철도, 철강 부문의 정돈사업경험을 참답게 총화하고 토론회의 성과를 개괄하며 전반 공업에 존재하는 문제에 대하여 시행가능한 해결책을 내놓고 필요한 규정들을 내와야 한다고 제기했다. 전반 공업 분야에 분산적이고 혼란스러운 문제가 존재함에 따라 7월 중순에 국무원은 국가계획위원회에 위탁하여 '공업 발전을 추진하는 것에 관한 약간의 문제'(이하 '공업20개조'[29]) 초안을 작성하게 했다. 8월 18일, 국무원에서 국가계획위원회가 작성한 '공업20개조'를 토론할 때 덩샤오핑은 이 문건의 개정에 대하여 7가지 지도적 의견을 제기했다. (1) 농업을 토대로 하고 농업을 위해 복무하는 사상을 확립해야 한다. 농업을 지원하고 농업의 현대화를 추진하는 것은 공업의 중대한 과업이다. 공업이 발전할수록 농업을 더욱 첫자리에 놓아야 한다. (2) 새로운 기술과 새로운 설비를 도입하고 수출입을 늘려야 한다. 이것은 중대한 정책문제이다. 되도록 수출물량을 좀 많이 늘려서 수준 높고 정밀하고 첨단적인 기술과 설비를 들여와 공업의 기술적 개조를 추진하고 노동생산능률을 높여야 한다. (3) 기업의 과학연구사업을 강화해야 한다. 이것은 많이, 빨리, 좋게, 절약하면서 공업을 발전시키는 중요한 방책이다. 공업이 발전됨에 따라 기업의 과학기술자의 수효가 점점 많아져야 하며 전체 종업원 가운데 과학기술자가 차지하는 비율이 점점 커져야 한다. (4) 기업의 관리질서를 정돈해야 한다. 기업에서 관리질서가 문란한 것은 보편성을 띤 문제이다. 기업의 관리사업은 중대한 사업이므로 책임 있게 잘해야 한다. (5) 제품의 질을 높여야 한다. 제품의 질을 높이는 것은 가장 큰 절약이 된다. 국제시장에서 경쟁력을 갖추자면 제품의 품질 제고에 큰 힘을 쏟아야 한다. (6) 규정제도를 회복, 건전히 해야 한다. 여기에서 책임제를 세우는 것이 무엇보다 중요하다. 규정제도는 더욱 엄하게 집행해야 한다. 비판받을까 두려워하지 말고 오류를 범할까 두려워하지 말아야 한다. (7) 노동에 따라 분배하는 원칙을 견지해야 한다. 이것은 사회주의 건설에서 시종 중대한 문제가

---

[29] '공업20개조'는 1975년 11월 3일에 최종 원고가 완성되었으나 후에 덩샤오핑이 영도하는 정돈사업이 중단되는 바람에 정식으로 발부되지 못했다.

되고 있다. 만일 공헌한 바가 크거나 작거나, 기능 수준이 높거나 낮거나, 능력이 강하거나 약하거나, 노동 강도가 가볍거나 무겁거나를 가리지 않고 노임을 모두 40~50위안으로 정한다면 겉으로 보기에는 모두가 평등한 것 같지만 실제는 노동에 따라 분배하는 원칙에 맞지 않다. 이렇게 해서 어떻게 사람들의 적극성을 동원할 수 있겠는가?[30] 덩샤오핑의 의견에 따라 '공업20개조'는 4개 현대화의 실현을 전편 통솔하는 '기본 고리'로 삼았으며 "공업의 발전 속도문제는 중대하고도 첨예한 정치문제이고" "혁명의 통솔로 생산을 확보하는 것을 절대로 '생산력유일론' 또는 '실무우선주의'로 여겨 비판해서는 안 된다."고 제기했다. 문건 원고는 또 '반란', '반조류'에 대해 분석해야 하며 "소수의 불순세력들이 '반란'과 '반조류'의 간판을 내들고 파괴활동을 하는 것에 대해 특별히 경각심을 높여야 한다."고 지적했다. 문건은 또 기업을 정돈하여 독립적으로 사업할 수 있는 강력한 생산관리 지휘체계를 구축하고 책임제를 핵심으로 하는 생산관리 세도를 수립하고 건전히 한다. 또한 해외 선진기술을 도입하여 국민경제의 발전을 추친해야 하며 자산계급 성격의 법정 권리를 제한할 때에도 절대로 현 단계의 물질적 조건과 정신적 조건을 떠나 평균주의를 시행해서는 안 된다는 등의 내용을 제기했다. 이러한 조례는 비록 공식적으로 발부되지 못했으나 그 주요 정신은 정돈사업 가운데 점차 관철집행되어 공업의 정돈과 발전에 적극적인 영향을 일으켰다.

경제 정세가 호전되면서 과학기술사업이 조속히 정상적인 발전궤도에 오르지 않으면 안 되었다. 7월에 당중앙위원회는 중국과학원 정돈에 관한 국무원의 보고를 비준하고 후야오방을 파견하여 과학원사

---

30) 덩샤오핑, '공업의 발전과 관련한 몇 가지 의견'(1975년 8월 18일), 〈덩샤오핑 선문집〉 제2권, 민족출판사 1995년, 44~48쪽.

업을 책임지도록 했다. 이에 앞서 덩샤오핑은 또 사람을 파견하여 중국과학원 철학사회과학학부의 회복정돈사업에 착수시켰다. 후야오방 등은 중국과학원에 내려간 후 각종 좌담회를 열고 과학기술정책과 지식인정책의 시달하기 시작했다. 후야오방은 '4개 현대화의 실현'은 "우리의 위대한 새 장정이다.""과학원은 과학을 연구해야 하며""실무를 연찬하는 돌풍을 일으켜야 한다.""8급 태풍보다 더 거센 12급 태풍을 일으켜야 한다."고 제기했다. 후야오방 등은 조사연구에 기초하여 '과학기술사업에 관한 몇 가지 문제(회보제강)'(후에 '과학원사업회보제강'으로 고쳤다)의 초고를 작성했다. '회보제강'은 신중국 창건 이후 과학기술전선에서는 성적이 중요한 위치를 차지하고 절대다수 과학기술자는 좋거나 비교적 좋으며 방대한 일을 해왔다고 명확히 긍정했으며 "과학기술도 생산력이다. 과학연구가 선행하여 생산 발전을 추동해야 한다."고 지적했다. '회보제강'은 또 외국에서 선진적인 기술과 시설을 들여오고 자연과학에 대한 이론적 연구를 강화해야 한다고 강조했다. 덩샤오핑은 9월 26일의 국무원회의에서 후야오방 등의 회보를 청취하고 '회보제강'에서 제기된 관점과 과학연구사업 강화에 관한 제반 조치들에 찬성했다. 그는 다음과 같이 말했다. 과학연구는 하나의 대사이다. "과학기술을 생산력이라고 하는 이상 과학기술자는 다름 아닌 근로자이다!" 이에 앞서 덩샤오핑은 또 매우 중요한 이 문건은 과학 분야에만 관계되는 것이 아니라 문화교육 등 여러 분야에도 모두 관계된다고 말했다.

문예정책도 조정했다. '문화대혁명'이 발생한 후 장칭 등의 통제로 문예 분야는 백화가 시들어 한산하기 그지없었다. 인민대중은 '8억 인민에 8편의 연극'이라는 말로 '본보기극'만 공연될 뿐 희곡이 드문 현실을 풍자했다. 1975년 7월 2일, 마오쩌둥은 '저우양(周揚) 사건'[31]에 대하여 "관대하게 처리하여 사업을 배정해줄 수 있으며 앓으면 휴양시키고 병을 치료해 주어야 한다. 오래 가두어두는 것은 방법이 아니다."라고 회시했다. 7월 중순에 저우양 사건에 연루되어 수감되었거나 감시를 받고 있던 사람들이 전부 석방되었거나 감시에서 풀려났다. 7월 초에 마오쩌둥은 덩샤오핑과의 담화에서 "본보기극만으로는 너무 적은데 다른 작품은 조금만 흠이 있어도 비판을 받아 백화제방이 없어졌다. 남들이 의견을 말하지 못하고 있는데 이것은 좋은 일이 아니다."라고 지적했다. 지금 문예가 활기를 띠지 못하고 있다는 덩샤오핑의 말을 듣고 마오쩌둥은 글을 쓰기 두려워하고 극본을 쓰기 두려워하므로 소설이 나오지 못하고 시가도 창작되지 못하고 있다고 했다. 7월 14일에 마오쩌둥은 또 직접 장칭을 찾아 담화하면서 "당의 문예정책을 조정하여 1, 2년이나 3년 안으로 점차 문예종목을 늘려야겠다. 시금은 시가가 적고 소설이 적고 산문이 적고 문예평론이 적다."고 지적했다.

마오쩌둥의 여러 차례 담화는 덩샤오핑이 기회를 잡아 문예사업 정돈을 다그치도록 조건을 마련해주었다. 덩샤오핑은 문예는 "한 가지 꽃만 피게 해서는 안 돼"며 "백화가 만발"하게 해야 한다고 제기했다. 그는 또 다음과 같이 지적했다. "백화가 일제히 피는 것" 말고도 "백가가 쟁명 하는" 문제가 있다. 문학과 예술이 정체되는 것을 방지해야 한다. 지금의 글들은 다 천편일률적이다. '백화제방, 백가쟁명'

---

31) '문화대혁명'이 시작된 후 중앙선전부 부부장 저우양 등은 "문예계에서의 검은 선" 대표자로 몰려 비판, 심사를 받고 감금당했다. 저우양 사건에 연루되어 감금당하고 심사를 받은 사람은 1930년대의 좌익문예사업 종사자, 신중국 창건후의 문화사업 지도 간부와 유명한 작가, 예술가를 포함해 76명에 달했다. 1975년 3월부터 7월까지 수감자 가운데 병으로 사망한 12명을 제외하고 나머지는 잇달아 석방되었다. 1979년 4월, 중공중앙은 정식으로 저우양 사건으로 심사, 비판을 받고 연루되었던 사람들의 누명을 벗겨주었다.

방침이 관철 집행되지 않는다면 문학과 예술이 더욱 활기를 띠고 번영할 수 없다. 그의 지지로 7월 5일에 설립되었던 국무원 정치연구실은 사람들을 조직하여 문예계의 정황을 조사했고 문예계인사들의 서신과 자료들을 마오쩌둥에게 전달했다. 이 자료들은 '4인 무리'들이 영화 〈창업〉[32], 〈해하〉를[33] 통제하고 루쉰(魯迅) 저작[34]의 출판을 저애한 등 문제 그리고 '4인방'이 장장 6년 동안 마오쩌둥의 문예사업 방침을 인용할 때마다 "옛것을 오늘에 복무시키고 외국의 것을 중국에 복무시킨다." "낡은 것을 밀어내고 새것을 창출한다."는 것만 강조하고 "백화제방"을 아예 언급하지 않은 정황을 반영했다. 7월 25일, 마오쩌둥은 영화 〈창업〉의 시나리오 작가의 서신에 회답하여 "이 영화는 큰 착오가 없으니 발행시킬 것을 건의한다. 완전무결을 강요하지 말아야 하며 게다가 10가지 죄명을 뒤집어씌운 것은 너무 지나치다. 이렇게 하는 것은 당의 문예정책을 조정하는 데 불리하다."고 지시했다. 마오쩌둥의 회시에 고무를 받아 장기간 압제, 타격을 받아

---

[32] 1975년 2월, 중국 석유 노동자들의 간고한 창업 과정을 반영한 영화 〈창업〉이 베이징 등의 도시들에서 방영되어 관중의 열렬한 반향을 불러일으켰다. '4인방'은 오히려 영화가 "정치, 예술적으로 엄중한 착오가 있다."고 비난하면서 문화부를 사주하여 영화 〈창업〉에 이른바 '10대 죄명'을 뒤집어씌워 발행과 방영을 중지하도록 했다.

[33] 1975년 음력설을 앞두고 바다섬 여성 민병들을 주제로 한 영화 〈해하(海霞)〉가 제작, 완성되었다. 저우언라이는 이 영화에 긍정과 찬사를 표했으며 주더, 예젠잉과 기타 몇몇 원수도 영화 〈해하〉를 관람했다. 그러나 장칭은 도리어 〈해하〉의 "기본 바탕이 아주 나쁘다."면서 "좋은 영화가 아니다."라고 말했다. 장춘차오는 〈해하〉에 대해 엄격히 조사 처리할 것을 회시했다. 그들은 문화부에 있는 측근을 시켜 〈해하〉는 "검은 선 재기의 대표작이고" "노선문제가 엄중하며" "본보기극의 틀을 벗어났다."고 모함하면서 제작조에 창작사상을 검사하고 비판을 진행할 것을 지시하도록 했다. 같은 해 6월 15일에 수정을 거친 이 영화를 다시 문화부에 올려 심사하도록 했으나 여전히 통과되지 못했다.

[34] '문화대혁명'이 발동된 뒤 장칭 등은 여러 가지 구실을 대면서 루쉰 서한집과 루쉰 저작을 출판하지 못하게 했으며 루쉰에 대한 연구사업도 정상적으로 전개하지 못하게 했다. 문예정책 조정의 고무로 루쉰의 아들 저우하이잉(周海嬰)과 그의 숙부 저우젠린(周建人) 등은 후차오무(胡喬木)의 지지로 1975년 10월 28일에 마오쩌둥에게 서신을 보내 루쉰 서한과 저작 출판 그리고 루쉰 연구 등에서 시급히 해결해야 할 문제들을 반영했다. 11월 1일에 마오쩌둥은 저우하이잉의 서신에 회답했다. 그리하여 '4인 무리'는 더는 루쉰 서한집의 출판을 저애할 수 없게 되었으며 〈루쉰 전집〉의 정리사업은 지난날 "줄곧 관심하는 사람이 없었던" 상황을 개변했다.

온 문예사업 종사자들은 너무나도 기뻐하며 서로 이 소식을 알렸다. 예술학원과 예술학교에는 장칭의 뜻을 충실히 집행해온 문화부 책임자를 공개적으로 비난하는 대자보가 나붙었다. 중앙정치국의 비준을 거쳐 '창고'에 처박혀 있던 많은 영화들이 연달아 빛을 보게 되었다. 홍군의 장정을 반영한 연극 〈만수천산〉과 연작가곡 〈홍군은 원정의 고난을 겁내지 않는다네〉가 재차 무대에 올랐고 녜얼(聶耳), 셴싱하이(洗星海) 기념음악회가 성황리에 거행되었으며 〈루쉰 서한집〉이 출판되었다. 그리하여 다년간 한산하던 문화 분야는 또다시 생기를 띠게 되었다.

교육 전선에서의 정돈사업도 준비 단계에 들어갔다. 공업, 과학기술에 대한 정돈 과정에 덩샤오핑은 여러 차례 지식인과 교육 문제를 언급했다. 8월 3일, 덩샤오핑은 국방공업 중점기업회의 대표들을 접견할 때 많은 군수공업기업 기술자들이 중시를 받지 못하고 있는 등 분제에 대하여 다음과 같이 지적했다. 과학기술자들을 뒷전에 밀어놓지 말고 그들의 적극성을 동원해야 하며 '3결합'을 시행해야 한다. 과학기술자들을 '아홉째'라고 부르고 있지 않는가? 마오 주석은 "아홉째가 가서는 안 된다."35)고 말했다. 이것은 과학기술자들이 마땅히 중시를 받아야 한다는 것을 말한다. 그들에게 비교적 좋은 조건을 마련해줌으로써 그들이 정력을 연구사업에 쏟아부을 수 있도록 해야 한다. 이것은 우리의 사업을 발전시키는 데 커다란 의의를 가지게 될 것이다. 9월 26일에 덩샤오핑은 국무원회의를 주재하며 '과학원사업 회보제강'을 토론할 때 다음과 같이 말했다. "후계자가 있어야 한다

---

35) '문화대혁명' 기간에 '4인방'은 지식인을 지주, 부농, 반혁명, 나쁜 분자, 우파분자, 변절자, 특무, '자본주의 길로 나아가는 집권파' 다음에 놓고 '고린내 나는 아홉째'라고 모독했다. 1975년 5월 3일, 마오쩌둥은 혁명적인 현대 경극 〈위호산을 지혜롭게 탈취〉에 나오는 '아홉째가 가서는 안 된다.'라는 대사를 인용하여 지식인에 대한 당의 정책을 시달해야 함을 표시했다.

는 것은 교육 부문에 제기한 문제이다. 대학은 과연 어떤 역할을 해야 하며 어떤 사람을 양성해야 하는가? 어떤 대학의 수준은 겨우 중등기술학교 정도밖에 안 되는데 하필 대학으로 운영할 필요가 있겠는가? 과학원에서는 과학기술대학을 잘 운영하되 수학, 물리, 화학 과목 성적이 높은 고중졸업생을 골라 입학시켜야 한다. …… 이렇게 하는 것은 과거로 되돌아가는 것이 아니다! 외국어를 모르고 수학, 물리, 화학 지식이 전혀 없고서야 어떻게 정상에 오를 수 있겠는가? 중간 봉우리에도 오르지 못하며 낮은 봉우리에 오르기도 힘들 것이다." 그는 "우리에게 위기가 생긴다면 그것은 교육 부문에서 위기가 생겨 전반 현대화 수준을 저하시킬 위험성이 있는 것이다."라고 지적했다. 그는 또 "교원들의 지위문제를 해결해야 한다. 몇 백만 교원들이 욕만 먹어서야 어떻게 그들의 적극성을 불러일으킬 수 있겠는가?" "교육 전선에서도 교원들의 적극성을 불러일으켜야 한다."[36]고 말했다. 덩샤오핑의 이와 같은 연설들은 교육 부문의 정돈이 전개되도록 추동했다.

새로 부임된 교육부 부장 저우룽신(周榮鑫)은 저우언라이가 2년 전 극좌적 사조에 대한 비판을 영도할 때 교육사업을 두고 한 의견을 다시 제기하면서 이른바 17년 교육 노선의 '요해처'는 '자산계급이 무산계급을 독재'한 것이라는 제기법을 명확히 부인하고 나서 17년 동안 양성해낸 학생들을 모두 사회주의 담벼락을 파헤치는 자산계급 지식인이라고 말하는 것은 그릇된 것이라고 지적했다. 그는 또 "문화를 배척하고서야 어떻게 사회주의 각오가 있는 근로자를 양성해낼 수 있겠는가?" "우리의 교육혁명은 일면성과 형이상학적 경향이 아

---

36) 덩샤오핑, '과학연구사업을 선행해야 한다.'(1975년 9월 26일), 〈덩샤오핑 선문집〉 제2권, 민족출판사 1995년, 53~54쪽.

주 엄중하며 이로 인해 꼭 일이 터지고야 말 것이다."라고 말했다. 덩샤오핑의 담화 정신에 따라 교육부 기관간행물들은 연속 글을 발표하여 청소년들을 과학문화 지식을 배우는 것으로 인도하지 않다가는 '반드시 4개 현대화의 발목을 잡게 될 것'이라는 중심사상을 한층 더 명확히 밝혔다. 교육계를 정돈하는 과정에서 저우룽신 등은 또 작은 범위에서 '교육사업회보제강' 초안을 준비해 작성했다. 이 문건은 정세의 발전은 교육을 잘 정돈할 것을 절박하게 요구하고 있다. 현재 상당히 많은 학교들에서 학업을 위주로 하지 않고 노동과 여러 가지 활동을 너무 많이 진행하고 있는데 이론과 독서를 경시하는 경향을 방지하고 시정하는 데 주의를 기울여야 하며 '사도 존엄'과 학생을 올바로 교육하고 관리하는 것과의 경계를 똑똑히 구분해야 한다는 등 내용을 제기했다.

농업 정돈의 임무도 제기되었다. 9월 15일부터 10월 19일까지 국무원은 진국직으로 농업에서 나사이를 따라 배우는 대규모 회의를 소집했다. 회의 개막식은 산시성 시향현(昔陽縣)에서 거행되었다. 덩샤오핑은 중공중앙과 국무원을 대표하여 대회에 축사를 하고 나서 연설을 발표했다. 그는 다음과 같이 말했다. 저우 총리는 제4기 전국인민대표대회의 연설에서 마오 주석이 제기한 국민경제 발전 임무는 바로 현세기 말에 이르러 농업, 공업, 국방 및 과학기술의 현대화를 전면적으로 실현함으로써 중국 국민경제가 세계의 선진 행렬에 들어서게 하는 것이라고 말했다. 내년부터 25년 동안 우리는 이 위대한 사업을 수행한다고 맹세했는데 이것이야말로 웅대한 포부와 자랑스러운 뜻이라고 할 수 있다. 4개 현대화에서 상대적으로 힘든 것은 농업의 현대화이다. 만약 농업을 잘하지 못한다면 중국 건설의 뒷다리를 잡아당길 수 있다. 그는 또 이번 회의에서 취급되는 문제들은 비록 1962년의 7천명 대회처럼 전면적이지 못하지만 25년 동안에 달성해야 할 목표를 놓고 보면 이번 회의의 중요성은 7천명 대회에 버금가거나 그와 맞먹는다고 말했다. 그는 우리는 허풍을 치지 말아야 한다면서 전국적으로 아직도 일부 현과 지구에서는 양곡 생산량이 해방 초기만도 못하다[37]고 말했다. 그러자 장칭이 즉석에서 끼어들어 그렇게 말할 수 없다, 그것은 개별적인 정황일 뿐이라고 했다. 덩샤오핑은 설령 개별적인 정황이라 하더라도 이에 각별한 주의를 기울일 필요가 있다고 했다. 덩샤오핑은 사실을 하나하나 들면서 이와 같은 정황에 우리가 만족할 수 있는가 하고 반문하고 나서 총체적으로 정세는 우리가 좀 더 빠르게 나아갈 것을 요구하고 있다고 말했다. 이번 회의에서 덩샤오핑은 또 농업정돈사업을 망라한 전면적인 정돈 과업을 제시했다. 그는 다음과 같이 말했다. 지금 전국적으로 여러 분야를 정돈해야 할 문제가 나타나도 있다. 마오 주석은 군대를 정돈하고 지방을 정돈해야 한다고 말한 적이 있다. 지방 정돈에는 또 많은 분야가 포함되는데 공업도 정돈해야 하고 농업도 정돈해야 하며 상업도 정돈해야 하고 문화교육도 정돈해야 하며 과학기술대오도 정돈해야 한다. 문예에 대해 마오 주석은 조정해야 한다고 말했는데 조정도 결국은 정돈이다.[38]

    9월 23일부터 10월 21일까지 당중앙위원회는 농촌사업좌담회를 소집했다. 9월 27일에 덩샤오핑은 회의에 참석하여 다음과 같이 말

---

[37] 국가농림부의 1973년도 통계에 따르면 72개 현의 양곡 생산량은 해방 초기의 수준에 머물러 있었으며 약 100만 개 생산대(전국 생산대 총수의 약 20%를 차지한다) 인구당 연평균소득이 40위안 이하였으며 이런 생산대는 현금 분배를 거의 하지 못했고 일부 생산대는 심지어 간단한 재생산도 유지하기 어려웠다.
[38] 중공중앙 문헌연구실 편, 〈덩샤오핑 연보(1975~1997)〉 상, 중앙문헌출판사 한문판, 2004년, 98쪽.

했다. 지금 여러 분야에 다 정돈하는 문제가 나타나고 있다. 정돈사업을 통해 농촌의 문제, 공장의 문제, 과학기술 분야 문제 등 여러 분야의 문제들을 해결해야 한다. 지금 해결해야 할 문제들이 대단히 많다. 이런 문제들을 해결하자면 패기가 있어야 하며 마음을 단단히 먹고 대담하게 해야 한다.[39] 이번 좌담회는 원래 국무원 농업주관 부총리가 작성한 인민공사의 기본채산단위인 생산대를 생산대대로 시급히 넘기며 다자이의 '정치공수'를 보급하여 '농촌의 현재 차별'을 단축시키는 등에 관한 건의를 토론하기로 했으나 농업 부문과 지방의 적잖은 동지가 이러한 건의를 찬성하지 않아 회의는 이에 대하여 결정을 내리지 않았으며 사실상 이러한 건의들을 잠시 보류하게 되었다.

   정돈사업을 전면적으로 전개하는 과정에 덩샤오핑이 직접 지도하여 7월 5일에 국무원 정치연구실을 설치했다. 국무원 정치연구실은 설립되자 즉각 전면적인 정돈사업에 투입하여 사상이론 면에서 여러 분야의 정돈사업을 유력하게 협력해주있다. 딩사오핑의 지시에 따라 정치연구실은 설립 초기에 조사연구를 하여 문화, 과학기술, 교육, 출판 분야의 상황을 수집하는 것 외에도 정돈사업을 협조하여 중요한 문건들을 작성하고 글을 썼다. 그 가운데 정치연구실에서 쓴 '전당 전국 제반 사업의 총체적 요강을 논함'(이하 '총체적 요강을 논함')은 바로 '4인방'의 '무산계급 독재이론 학습'만 강조하고 마오쩌둥의 안정 단결 및 국민경제를 일으켜 세울 것에 관한 두 가지 지시를 언급하지 않은 것에 대비하여 쓴 글이었다. '총체적 요강을 논함'은 가짜 마르크스주의의 정치 사기꾼들을 꿰뚫어보아야 하며 "그들은 수정주의를 반대한다는 기치를 들고 수정주의를 시행하고 있으며 복

---

[39] 중공중앙 문헌연구실 편, 〈덩샤오핑 연보(1975~1997)〉 상, 중앙문헌출판사 한문판, 2004년, 105쪽.

벽을 반대한다는 기치를 들고 당의 훌륭한 간부와 선진 모범인물들을 쓰러뜨리고 일부 지방과 단위의 영도권을 탈취하고 있으며" 종파를 뭇고 파벌 싸움을 하는 데 열중하고 있으며 장기적으로 이른바 이 파벌과 저 파벌 사이의 투쟁에 빠져 있다고 지적했다. '총체적 요강을 논함'은 '반란'에 대해서는 그들이 어느 계급의 반란을 일으키는가 보아야 하고 어느 계급을 대표하여 '반란'을 일으키는가를 보아야 하며 '반조류'에 대해서는 어떤 성격의 '조류'를 반대하는가, 즉 정확한 조류를 반대하는가 아니면 그릇된 조류를 반대하는가를 보아야 하며 "'대명, 대방, 대자보, 대변론' 자체는 계급성이 없으므로 무산계급도 이 무기를 이용하여 자산계급을 반대할 수 있고 자산계급도 이것을 이용하여 무산계급을 반대할 수 있다."고 지적했다. '총체적 요강을 논함'은 또 마오쩌둥의 국민경제를 일으켜 세워야 한다는 지시를 논술하면서 "우리의 일부 동지는 지금까지도 형이상학적으로 정치와 경제, 혁명과 생산의 관계를 이해하고 있으며" "정치만 강조하고 경제를 강조하지 않고 혁명만 강조하고 생산을 강조하지 않고 있으며 생산을 확보하고 경제 건설을 잘해야 한다는 말만 들으면 '생산력유일론'이라는 감투를 뒤집어씌우고 수정주의를 시행한다고 비난하고 있다. 이런 관점은 도무지 성립하지 않는다."고 지적했다. '총체적 요강을 논함'은 "혁명은 곧 생산력을 해방시키는 것이고 혁명은 곧 생산력을 발전시키는 것이다. 우리 중국 공산주의자들은 혁명에 대하여 책임져야 할 뿐 아니라 생산에 대해서도 책임져야 한다."고 제기했다.

정돈사업을 깊이 있게 전개하는 과정에 덩샤오핑은 '4인방'이 여론 수단을 통제하여 마오쩌둥 사상을 분리시켰다고 여러 차례 비판했다. 10월 4일에 소집된 농촌사업좌담회에서 그는 '4인방'이 마오쩌둥의 문예방침 등을 분리시킨 사례를 들면서 다음과 같이 지적했다. "마오쩌둥 사상을 어떻게 선전하는가 하는 것이 지금 중대한 문제로 나타나고 있다고 나는 생각 한다." "마오쩌둥 사상을 비속화하는 린뱌오의 작법은 …… 마오쩌둥 사상을 분리시킨 것이다." "지금까지도 마오쩌둥 사상을 분리시킨 문제가 해결되지 못하고 있다." "마오쩌둥 사상을 전면적으로 학습하고 선전하며 관철하는 문제가 상당히 많은 영역에 다 존재하고 있는 것 같다. 마오쩌둥 사상은 여러 영역의 실천과 긴밀히 연계되어 있고 여러 방면 사업의 방침, 정책 및 방법과 긴밀히 연계되어있으므로 우리는 반드시 마오쩌둥 사상을 전면적으로 학습하고 선전하고 실천해야 하며 무슨 말을 듣기 무섭게 결론부터 내려서는 안 된다."40) 이것은 '4인방'이 마오쩌둥 사상을 분리시키고 마오쩌둥의 지시를 제멋대로 해석하고 왜곡한 데 대한 비평이었다. 그뿐만 아니라 어떤 태도로 마오쩌둥의 구체적인 지시를 대해야 하는가를 말함으로써 '문화대혁명' 가운데 마오쩌둥이 내놓은 그릇된 사상을 우회적인 방법으로 피하여 가능한 한 마오쩌둥 사상 원 자체의 과학적인 궤도로 돌려세우기 위해서였다.

  덩샤오핑이 당중앙위원회와 국무원의 일상사업을 주관하면서 한 일련의 연설과 그의 지도로 작성, 발부된 문건 그리고 아직 완성되지 않은, 널리 의견을 청취하고 있는 가운데 영향력을 일으킨 문건 초고들은 '문화대혁명'의 본질적인 문제를 직접 취급하지 않았고 또 취급할 수도 없었지만 당이 '문화대혁명' 전에 쌓은 정확하거나 비교적 정확한 사상적 성과를 승계했고 또 일부 중요한 문제에서 '문화대혁명' 과정에 왜곡되었던 사상이론과 시비를 분명히 밝히려 시도함으로

---

40) 덩샤오핑, '각 분야에서 다 정돈해야 한다.'(1975년 9월 27일, 10월 4일), 〈덩샤오핑 선문집〉 제2권, 민족출판사 1995년, 57~59쪽.

써 당시 조건에서 제한적이나마 혼란한 상태를 바로잡고 새로운 구상을 무르익혔다. 이와 같은 구상은 훗날에 "계급투쟁을 기본 고리로 한다."는 지도사상을 배격하고 당의 사업 중점을 사회주의 현대화 건설의 궤도로 옮겨놓기 위한 일부 사상적 준비를 해놓았다. 덩샤오핑이 후에 말한 것과 같이 "혼란 상태를 바로잡기 위한 사업은 1975년부터 시작되었고"[41] "개혁에 대해서는 사실 1974년부터 1975년까지의 기간에 우리가 일부를 시험해 본 적이 있으며" "그때의 개혁은 정돈한다는 명목으로 진행되었는데 우선 생산 질서를 회복하여 경제를 일으켜 세울 것을 강조했다."[42]

### 정돈사업의 성과와 제4차 5개년 계획의 완수

마오쩌둥이 '4인방'을 어느 정도 제어하고 저우언라이, 덩샤오핑, 예젠잉 등을 지지했기에 덩샤오핑이 주관하는 전면적인 정돈사업은 뚜렷한 성과를 거두었다. 정돈사업은 극좌적 사조에 힘 있는 충격을 주고 당내에서 '4인방'과 투쟁하는 역량을 강화함으로써 중앙지도층과 군대에서의 '4인방'의 영향력이 억제, 약화되게 했다. 정돈사업은 제한적이나마 혼란 상태를 바로잡고 질서를 회복하기 시작했으며 인민대중의 사상적 각성을 한층 더 고양시켜 인민대중이 당과 나라의 희망을 더 똑똑히 보게 했다. 그리하여 정돈사업의 제반 정책과 조치들이 적극적으로 관철되고 규정제도가 수립, 보완되었으며 정상적인 생산과 사회질서가 회복되고 생산정세가 점차 호전되었다. 또한

---

41) 덩샤오핑, '우리는 개혁을 혁명으로 간주한다.'(1984년 10월 10일), 〈덩샤오핑 선문집〉 제3권, 민족출판사 1994년, 113쪽.
42) 덩샤오핑, '우리가 하는 사업은 완전히 새로운 사업이다.'(1987년 10월 13일), 〈덩샤오핑 선문집〉 제3권, 민족출판사 1994년, 361쪽.

과학기술과 교육이 중시를 받게 되었으며 문예에 대한 속박이 풀리기 시작했다. 1975년에 일부 지역들에서는 무단 투쟁이 점차 줄어들기 시작했고 대부분 지역들에서는 사회질서가 안정되었다. 지난 침체 상태에 처해 있거나 하강선을 긋고 있던 국민경제는 급속히 상승세로 돌아섰다.

1975년에 전국의 농공업 총생산액은 4,467억 위안으로 불변가격으로 계산하여 전해보다 11.9% 성장했다. 그 가운데 공업 총생산액은 3,207억 위안으로 15.5% 성장했고 농업생산총액은 1,260억 위안으로 3.1% 성장했다. 농공업 제품의 생산량 면에서 양곡생산량은 전해보다 3.36% 늘어난 5,690억 근에 달해 역사상 최고 수준을 기록했으며 강철 생산량은 2,390만 톤으로 13.16% 늘어났다. 석탄은 4억 8,200만 톤으로 16.71% 늘어났으며 원유는 7,706만 톤으로 18.83% 늘어났고 발전량은 1,958억 킬로와트로 17.39% 늘어났으며 철도화물 수송량은 8억 9천만 톤으로 12.9% 늘어났다. 재정 수입은 1974년보다 32억 5천만 위안이 늘어난 815억 6천만 위안에 달했다. 1975년에 비록 기본 건설을 너무 많이 벌이고 축적률이 지나치게 높아지고 재정 수입과 지출에 5억 3천만 위안의 적자가 발생하며 종업원 수가 지나치게 빨리 늘어나는 등 문제가 존재했지만 총체적으로 보아 1975년은 '문화대혁명' 기간에서 경제 발전이 비교적 빠른 해가 되었다.

1975년은 제4차 5개년 계획을 완수하는 마지막 해였다. 이 한 해에 농업 총생산액, 공업총생산액과 대다수 제품의 생산량 지표가 계획한 대로 완수되었다. 농공업 총생산액은 계획의 101.7%를 완수했으며 그 가운데 농업 총생산액은 제4차 5개년 계획에서 확정한 1975년도의 생산량 1,230억 근을 초과하여 실제로는 1,260억 근에 도달함으로써 104.5% 완수했다. 그리하여 1970년보다 18.1% 늘어나 연평균 3.4% 늘어났다. 네 가지 주요 농산물 가운데 양곡은 지표를 초과하여 103.5% 완수했고 연평균 891만 톤 늘어났으며 돼지, 수산물은 지표를 완수했다. 목화 생산량은 250만 톤을 계획했는데 1973년에 벌써 256만 2천 톤에 도달해 제4차 5개년 계획지표를 앞당겨 완수했으나 1975년에는 재해로 말미암아 생산량이 줄어드는 바람에 95.2% 완수했다. 공업 총생산액은 100.6% 완수했는데 계획 지표 3,200억 위안을 약간 초과하여 1970년보다 5년 동안에 56% 늘어나 연평균 9.3%씩 성장했다. 주요 공업제품 면에서 석탄은 109.5% 완수했고 원유는 110.1% 완수했으며 발전량은 103.1% 완수했고 면사는 96.8% 완수했다. 강철 생산량은 3천만 톤으로 계획했는데 79.7%를 완수했다. 철도화물 수송량은 98.7% 완수했다. 예산 내의 기본 건설 투자는 하한액수의 101.6%를 완수했고 재정 수입은 98%를 완수했다. 제4차 5개년 계획 기간에 착공한 대, 중형 건설 대상이 총 2,579개였는데 그 가운데 전부 준공되어 생산에 투입된 것이 700여 개였다. 여기에는 전체 길이가 820킬로미터인 주저우-구이양철도, 전체 길이가 753킬로미터인 자오쥐-의도[본래의 즈청(枝城)]철도, 중국 첫 전기화철도인 바오지-청두철도전기화공사, 다강유전, 류자샤수력발전소 등이 망라되었다. 이와 같은 시공 대상의 완수는 생산능력을 대폭 늘리고 생산구도를 한층 더 개변시켰다. 농업과학에서 막강한 우세를 가진 선형잡교벼를 길러내어 남방 13개 성, 직할시, 자치구에서 시범적으로 재배했다. 해외로부터 일식설비와 단일설비 도입을 목적으로 한 '4.3'방안(중국이 1970년대 초에 미국 등 서방 국가들로부터 43억 달러의 공업일식설비와 단일설비를 수입하기로 한 방안-역자 주)이 시행되기 시작했고 금산석유화학공업본공장, 우한

강철공사의 1.7미터 압연기 등 많은 중점 공사가 착공되었다.

경제 건설이 이러한 성과를 이룩하고 제4차 5개년 계획이 완수될 수 있었던 것은 1972년에 저우언라이가 극좌적 사조에 대한 비판을 영도하고, 특히 1975년에 덩샤오핑이 정돈사업을 주관한 것과 밀접히 연관되었다. 1972년 전후로 저우언라이가 주관해 경제를 조정했으므로 계획지표를 너무 높게 정하여 빚어진 '세 가지 돌파'의 엄중한 후과가 기본상 해소되었다. 1975년에 덩샤오핑이 정돈사업을 주관했기에 "린뱌오를 비판하고 공자를 비판하는" 운동으로 말미암아 파괴된 사회, 경제 질서가 효과적으로 회복할 수 있었다.

제4차 5개년 계획을 수행하면서 여러 곡절을 겪었지만 최종적으로 완수할 수 있었던 것은 광범위한 간부, 당원과 군중이 내란을 배격하고 생산과 사업을 견지했기 때문이었다. 1972년과 1975년에 두 차례에 거쳐 진행된 '좌'적 오류 시정, 정돈사업의 성과와 제4차 5개년 계획의 완수는 광범위한 간부와 군중으로 하여금 사회 안정을 유지하고 생산을 견지하는 중요성을 더욱 깊이 인식하게 했다. 그리하여 '문화대혁명'의 '좌'적 오류를 시정하고 '4인방'을 대표로 하는 극좌적 사조를 비판할 것을 요구하는 목소리가 전사회적으로 더 높아졌다.

## 4. 그릇되게 덩샤오핑을 비판하여 빚어진 정돈사업의 중단

1975년에 정돈사업을 전면적으로 진행하는 가운데의 안정 단결을 실현해야 하는가 하지 말아야 하는가, 국민경제를 발전시켜야 하는가 하지 말아야 하는가, 당의 정책을 시달해야 하는가 하지 말아야 하는가 하는 문제를 둘러싸고 투쟁이 치열했다. 투쟁의 실질은 '문화대혁명'의 오류를 계속 고집하는가 아니면 정돈하여 당과 나라의 사업을 다소나마 전환시키고 진척시키는가 하는 것이었다. 마오쩌둥은 덩샤오핑이 당과 나라의 사업을 주관하고 전국의 사업을 정돈하는 것에 지지했는데 이것은 어디까지나 덩샤오핑이 '문화대혁명'을 긍정하는 전제에서 안정 단결을 실현하고 국민경제를 일으켜 세우기를 기대했기 때문이었다. 그러나 여러 분야의 정돈사업을 진행하다 보면 필연적으로 '문화대혁명'의 '좌'적 오류를 건드리게 되고 점차 이러한 오류를 체계적으로 시정하는 방향으로 나아가게 되므로 '문화대혁명'을 부정하는 추세가 나타나기 마련이었다. 이와 같은 발전추세에 대해 '4인방'이 일제히 반대하고 나섰을 뿐만 아니라 마오쩌둥도 그냥 두고 볼 수만은 없었다.

마오쩌둥과 중앙정치국에서 '4인방'을 호되게 비판한 후 장칭 등의 권력 탈취를 꾀하는 활동은 한때 주춤했으나 그들은 여전히 기회만 있으면 저우언라이, 덩샤오핑 등 지도자들을 공격했고 정돈사업에 걸림돌을 설치했다.

1975년 8월 14일, 마오쩌둥은 그에게 옛 시와 산문을 낭독해주는 신변 종사자가 청구하자 중국고전 소설 〈수호전〉에 대한 견해를 말했다. "〈수호전〉에서 투항을 다룬 것은 잘된 것이었다. 이 책을 반면 선생으로 삼아 인민들로 하여금 투항파가 어떠한 것인지를 알게 해야 한다. 〈수호전〉은 탐관만 반대하고 황제는 반대하지 않았으며 조개(晁盖)를 108명 밖으로 밀어냈다. 송강(宋江)은 투항주의를 시행했고 수정주의를 시행했으며 조개의 취의청(聚義廳)을 충의당(忠義堂)으로 고쳤고 귀순을 받아들였다." 야오원위안은 그 소식을 들은 뒤 그날로 마오쩌둥에게 서신을 써서 〈수호전〉에 대한 논평의 의의를 잔뜩 늘어놓았다. 그는 〈수호전〉에 관한 논평은 "중국 공산주의자, 중국 무산계급, 빈하중농과 모든 혁명대중이 현재나 미래에, 현세기나 차세기에 마르크스주의를 견지하고 수정주의를 반대하며 마오 주석의 혁명 노선을 계속 견지하는 것에 대해 모두 중대하고 심각한 의의를 가지고 있다." "마땅히 이 '반면선생'의 작용을 남김없이 발휘시켜야 한다."고 말했다.

그는 마오쩌둥의 담화와 자신의 서신을 인쇄, 발부하고 〈수호전〉에 대한 평론을 조직할 것을 건의했다. 마오쩌둥이 회시로 이에 동의한 후 당중앙위원회는 마오쩌둥의 〈수호전〉 논평담화와 야오원위안의 서신을 이첩했다.

그 뒤 '4인 무리'는 그들이 통제하고 있던 언론수단을 이용하여 전국의 신문과 간행물에 〈수호전〉을 평론하고 '투항파'를 비판하는 글들을 연속 발표했다. 〈인민일보〉는 글을 발표하여 "사회주의 역사 단계에서 수정주의를 반대하고 방지하며 무산계급 독재에서의 계속 혁명을 견지하려면 반드시 투항파를 알고 투항파를 식별하며 투항파를 반대해야 한다."[43]고 했다. 8월 하순에 장칭은 측근들을 불러 회의를 열고 "〈수호전〉에 대한 주석의 회시는 현실적 의의를 갖고 있으며 〈수호전〉의 요해처는 조개를 배척하여 실권이 없는 인물로 묘사한 데 있으며 지금 당내에서 어떤 사람들은 마오 주석을 허공에 올려놓으려 하고 있다."라고 했다. 9월 12일에 장칭은 다자이의 군중대회에서 한 연설에서 〈수호전〉에 대한 평론은 "실제와 연결시켜야 한다."고 강조하면서 다음과 같이 말했다. "〈수호전〉에 대한 평론을 단지 문예평론으로만 보지 말아야 한다." "단순한 문예평론이 아닐 뿐만 아니라 단순히 역사에 대한 평론도 아니다. 이에 대한 평론은 오늘날에도 현실적 의의가 있다. 그것은 우리 당내에 노선 착오가 10차례나

---

43) '수호전을 평함', 1975년 8월 31일 자, 〈인민일보〉 2면.

있었기 때문이다. 이러한 노선 착오는 오늘날에도 있을 수 있다. 적들은 정체를 감추고 우리 당내에 숨어 있을 수도 있기 때문이다."

9월 15일, 전 농업에서 다자이를 따라 배우는 전국회의가 개막 된 후 장칭은 대회의 토론주제가 농업발전문제임에도 불구하고 17일에 다자이에서 문예계와 언론계 종사자 100여 명을 불러 담화할 때 또 〈수호전〉의 요해처는 조개를 배척하고 투항주의를 시행한 것이라면서 송강은 한 무리의 토호열신과 탐관오리들을 끌어 모아 여러 중요한 부문을 차지하고 조개를 이름뿐 실권이 없게 했다고 말했다. 장칭은 또 "조개를 허공에 올려놓았다."는 것을 여러 번 강조하면서 '문화대혁명' 과정에서 유행한 암시 수법을 이용하여 저우언라이와 덩샤오핑이 "마오 주석을 허공에 올려놓으려고 한다."고 모함했다. 그는 전국인민대표대회 제4기 제1차 회의 후 저우언라이와 덩샤오핑이 마오쩌둥의 동의를 거쳐 일부 노 간부들을 당과 나라의 중요한 부문에 배치하여 사업하게 한 것을 "토호열신을 끌어 모아 중요한 부문을 차지했다."고 모함했다. 장칭은 또 농업에서 다자이를 따라 배우는 전국회의에서 그의 연설 녹음을 방송하고 그의 연설 기록을 인쇄해 발부하도록 요구했다. 이러한 작법은 마오쩌둥의 지지를 받지 못했다. 마오쩌둥은 장칭의 연설 기록고에 "헛소리를 한다! 농업학습회의에서 〈수호전〉을 비판하다니 주제를 떠났다."고 회시했다. 마오쩌둥은 "원고를 발부하지 말고 녹음을 방송하지 말며 연설원고를 인쇄하지 말라."고 명확히 지시하여 덩샤오핑이 주관하는 정돈사업에 대한 지지를 표시했다.

1975년 하반기 이후 마오쩌둥은 비록 병세가 악화되어 몸을 움직이는 것은 물론 말하기도 어려웠으나 여전히 당과 국가 대사를 최종적으로 결정했다. 그러나 그와 접촉하는 사람이 점점 줄어들어 그는 실제 정황에 대해 아는 것이 점점 줄었다. 중앙정치국 위원들과는 단지 소식통과 기타 비교적 친근한 사람을 통해서 어느 정도 연계하고 있어 당중앙위원회 부주석마저 그를 만나기가 어려웠다. 10월부터 마오쩌둥의 조카 마오위안신(毛遠新)이 마오쩌둥과 중앙정치국 사이의 비공식 소식통이 되었다. 마오쩌둥의 의견은 소식통이 전달했고 중앙정치국의 회의 정황도 소식통이 마오쩌둥에게 회보했다. 이런 정형에서 마오쩌둥이 정황을 전면적으로 파악한다는 것은 불가능했고 그가 내린 결정은 주관성과 일면성을 띠지 않을 수 없었다. 마오위안신은 장칭 등과 정치적인 편향이나 사상 관점 면에서 일치했다. 당시 마오쩌둥은 장칭을 만나기 싫어했지만 마오위안신은 늘 마오쩌둥을 만날 수 있었다. 이 무렵 일부 사실을 왜곡한 이간적인 정황들이 반영되어 마오쩌둥의 판단과 결책에 커다란 영향을 끼쳤다.

9월 27일과 11월 2일, 마오위안신은 두 번이나 마오쩌둥에게 "저는 지금 사회적으로 한 갈래 바람이 불고 있다는 느낌이 듭니다. 그것은 바로 문화대혁명을 어떻게 보느냐 하는 것입니다. 긍정하느냐? 부정하느냐? 성적을 일곱 손가락으로 꼽느냐? 아니면 오류를 일곱 손가락으로 꼽느냐? 하는 문제에서 분쟁이 있습니다."라고 회보했다. 그는 이 바람은 "1972년 극좌적 사조를 비판할 때보다도 더 세차게 불고 있습니다." "저는 샤오핑 동지의 연설에 각별한 주의를 기울이고 있는데 그는 문화대혁명의 성과를 별로 언급하지 않고 류사오치의 수정주의 노선을 비판하는 것에 대하여 별로 말하지 않고 있는데 이것이 문제라고 봅니다." "중앙에 반복이 생길까 두렵습니다."[44]라고 강조하여 말했다. 이러한 말은 '문화대혁명'이 부정당할까 봐 줄곧 걱

---

44) '마오위안 신필기', 1975년 9월부터 11월까지.

정하고 있던 마오쩌둥에게 커다란 영향을 끼쳐 덩샤오핑에 대한 그의 신임을 점차 흔들어놓았다. 마오쩌둥은 마오위안신의 회보를 듣고 나서 "지금 두 가지 태도가 있는데 하나는 문화대혁명에 대해 불만을 가지는 것이고 다른 하나는 청산, 즉 문화대혁명을 청산하려는 것이다."고 말했다. 그날 저녁 마오위안신은 마오쩌둥의 지시에 따라 소집된 덩샤오핑, 왕둥싱, 천시롄이 참가한 담화회의에서 이 말에 양념을 쳐가며 덩샤오핑이 사업을 주관하던 기간의 전국 정세를 공격했다.

 덩샤오핑은 도리를 따져가면서 다음과 같이 반박했다. 그 말대로 하면 중앙위원회가 수정주의 노선을 집행했다는 말이 되지 않는가? 마오 주석을 수반으로 하는 중앙위원회가 수정주의 노선을 시행했다니, 그렇게 말할 수 있는가? 나는 지난 3월의 9호 문건을 내려 보내면서부터 사업을 주도하기 시작했고 7월부터 중앙의 사업을 주관했다. 9호 문건 이후 전국의 정세가 좋아졌는가 아니면 나빠졌는가를 생각해보면 알 수 있지 않는가? 좋아졌는가 나빠졌는가는 사실이 증명해줄 것이다.

 이에 앞서 8월부터 10월까지 사이에 칭화대학 당위원회 부서기이자 부교장이었던 류빙(劉冰) 등은 두 번이나 마오쩌둥에게 서신을 써서 칭화대학 당위원회 서기 츠췬(遲群), 부서기 셰징이(謝靜宜)의 사업 작풍과 군중관계에 존재하는 문제들을 반영하면서 중앙에서 공작조를 파견하여 조사, 해결해줄 것을 요구했다. 서신은 덩샤오핑의 손을 거쳐 전달되었다. 공산당원이 정당한 조직 절차를 거쳐 상급당 조직, 나아가서는 당중앙위원회 주석에게 본 단위의 문제를 반영하는 것은 당 규약의 규정에 부합되는 것이었다.

 그러나 마오쩌둥은 오히려 이 두통의 서신을 쓴 것은 츠췬과 셰징이를 타도하기 위한 것이라면서 동기가 불순하다고 비난했으며 "이들은 서신에서 칼날을 나에게 돌렸고" "샤오핑은 유빙을 두둔하고 있다."고 말했다. 11월 3일에 소집된 칭화대학 당위원회확대회의에서 중앙정치국 위원이며 베이징시 당위원회 제1서기인 우더(吳德)가 마오쩌둥의 이러한 담화를 전달했다. 그 후 '우경번안풍을 반격'하는 운동이 시작되었다. 11월 중순부터 칭화대학, 베이징대학에는 대자보가 가득 나붙었고 공개적으로 유빙과 저우룽신(周榮鑫)의 이름을 지적하면서 비판했다. 일부 학교들에서는 잇달아 '교육혁명대변론'을 전개했다. 이로부터 정돈사업은 저조기에 들어섰다.

11월 15일, 덩샤오핑은 마오쩌둥에게 서신을 써서 그 자신은 왕훙원이 베이징을 떠난 정형에서 중앙의 일상사업을 주관했을 따름이며 이제는 왕훙원이 베이징에 돌아온 만큼 이전과 마찬가지로 그가 중앙의 일상사업을 주관하도록 하는 것이 좋겠다고 제기했다. 그에 마오쩌둥은 "당분간은 샤오핑 동지가 중앙의 일상사업을 계속 주관하고 어느 정도 지난 뒤 중앙사업을 주관하는 문제를 다시 결정한다."고 회시했다. 당시 '덩샤오핑에 대한 비판'이 이미 시작되었으나 마오쩌둥은 여전히 권력을 '4인방'에게 넘겨주지 않고 계속 덩샤오핑이 중앙사업을 주관하게 했다.

11월 20일, 중앙정치국은 마오쩌둥의 의견에 따라 회의를 열고 '문화대혁명문제'를 토론한다는 명목으로 덩샤오핑을 그릇되게 비판했다. 마오위안신은 마오쩌둥의 뜻을 전달하면서 마오쩌둥은 '문화대혁명'문제에서 인식을 통일하고 덩샤오핑이 책임지고 '문화대혁명'을 긍정하는 결의를 내리며 문화대혁명에 대한 총체적인 평가는 '오류와 성과를 3대7로 하되 성과가 7이고 오류를 3으로 할 것'을 희망하고 있다고 했다. 덩샤오핑은 다시 사업 현장에 나선 노 간부들을 '도화원 속의 사람'으로 비유한 마오쩌둥의 말을 인용하여 "내가 책임지고 이 결의를 작성하는 것은 적합하지 않다. 나는 도화원 속의 사람이어서 '한나라가 있었다는 것조차 모르고 있는데 위나라와 진나라에 대해서는 더 더욱 모르고 있다.'"고 대답했다.45) 그 후 덩샤오핑은 대부분 사업을 정지당했으며 마오쩌둥은 그에게 '전적으로 외사업무를 책임'지게 했다.

당 내외 대다수 간부와 군중은 덩샤오핑이 주관한 정돈사업을 지지하고 있었으므로 당중앙위원회는 광범위한 간부의 사상을 전변시키기 위해 마오쩌둥의 의견에 따라 11월 하순에 베이징에서 당, 정부, 군대 지도간부들 130여 명이 참가한 예고회의를 열고 마오쩌둥의 심사 비준을 거친 문건인 '예고연설 요점'을 먼저 읽었다. 이 문건에서는 "칭화대학에서 나타난 문제는 결코 고립적인 것이 아니라 당장 진행되고 있는 두 계급, 두 갈래 길, 두 갈래 노선 간의 투쟁을 보여주고 있다. 이것은 우경번안풍조이다." "일부 사람은 늘 이번 문화대혁명에 불만을 품고 있으면서 수시로 문화대혁명을 청산하려 하며 언제나 번안하려 꾀하고 있다." "그러므로 일부 동지에게 미리 알려 그들이 새로운 오류를 범하지 않도록 해야 한다."고 했다. 그 후 이른바 '우경번안풍을 반격하는' 운동이 베이징에서부터 점차 전국으로 번져 나갔다.

이로부터 덩샤오핑이 주관하던 전면적인 정돈사업은 중단되었다. 그러나 9개월간 진행해온 정돈사업은 사회적 영향을 폭넓게 일으켜

---

45) 1975년에 마오쩌둥은 "일부 노 동지는 7~8년 동안 사업하지 않아 많은 일을 모르고 있어 도화원 속의 사람처럼 위, 진은커녕 한나라가 있었다는 것조차 모르고 있다."고 말했다. 이 마지막 구절은 도연명(陶◯明)의 〈도화원기〉에서 나왔는데 원문은 다음과 같다. "그들이 스스로 말하기를 조상이 진나라 때 난을 피해 처자와 마을 사람들을 데리고 세상과 동떨어진 이곳으로 온 후 더 이상 밖으로 나가지 않아서 바깥세상 사람들과 멀어지게 되었다고 했다. 지금이 어떤 세상인가고 물었는데 위나라와 진나라는커녕 한나라가 있었다는 것조차도 모르고 있었다."

'문화대혁명'에 대한 인민대중의 의심과 저촉 정서가 재빨리 확대되었으며 전국의 정세가 또다시 반복되면서 새로운 투쟁이 잉태되고 있었다.

제27장

장칭 반혁명집단을 분쇄한 승리

덩샤오핑이 주관하던 정돈사업이 중단되고 "덩샤오핑을 비판하고 우경번안풍을 반격하는" 운동이 전개됨으로써 전국의 정세가 역전되었다. 1976년 초에 저우언라이가 서거했다. '4인방'이 인민대중의 추모활동을 압제하고 저애한 것에 대해 광범위한 대중의 더없는 분노를 초래했으며 전국적으로 톈안먼 사건을 중심으로 하여 저우언라이를 추모하고 '4인방'을 반대하며 덩샤오핑을 대표자로 하는 당의 정확한 영도를 지지하는 항의운동이 세차게 일어났다. 이번의 항의운동은 비록 진압되었으나 훗날 장칭 반혁명집단을 분쇄하기 위한 대중적 기반을 닦아놓았다. 7월과 9월에 주더, 마오쩌둥이 서거했다. 그러자 장칭 등은 당과 국가의 영도권을 탈취하는 활동을 서둘러 중국의 정치 형세는 더욱 긴박해졌다. 화궈펑, 예젠잉, 리셴녠 등을 대표자로 하는 중앙정치국은 단호히 행동을 취해 장칭 반혁명집단을 일거에 분쇄하고 '문화대혁명'의 재난을 종말 지었다.

## 1. '우경번안풍을 반격하는' 운동

'우경번안풍을 반격'하는 운동이 시작된 후 전국의 정세는 급격히 악화되었다. 사회가 또다시 혼란에 빠졌을 때 광범위한 간부와 군중의 크나큰 비통을 부른 사건이 발생했다. 1976년 1월 8일에 당과 국가의 주요 지도자의 한 사람이며 중국인민해방군의 주요 창건자의 한 사람인 저우언라이가 서거했다. 저우언라이는 위대한 마르크스주의자이며 위대한 무산계급 혁명가, 정치가, 군사가이자 외교가이며 중화인민공화국의 개국공신이며 마오쩌둥을 핵심으로 하는 당의 제1세대 중앙지도집단의 중요한 성원이었다. 신중국이 창건된 후 저우언라이는 26년간 정부총리직을 맡았다. 그는 '문화대혁명' 기간에 지극히 어려운 처지에 있었으나 전반 국면을 돌보고 고생을 무릅쓰고 원망하지 않으면서 당과 국가의 정상적인 사업을 유지하고 '문화대혁명'으로 빚어진 손실을 가능한 한 줄이며 당 내외의 많은 간부를 보호하기 위해 꾸준히 노력하고 온갖 심혈을 기울였다. 그는 나라와 인민에게 재앙을 뒤집어씌운 린뱌오 반혁명집단과 '4인방'의 행위와 다양한 형태로 투쟁했다. 그는 중화민족과 세계진보사업에 걸출한 기여를 하여 세인의 존중을 받았으며 더욱이 '생의 마지막 순간까지 일심전력 인민을 위하는' 고상한 품성으로 만민의 사랑과 존경을 받았다. 그의 서거로 말미암아 전국 여러 민족 인민이 크나큰 비통에 잠겼고 나라의 전도를 더욱 근심하게 되었다.

중공중앙과 국무원의 결정에 따라 1월 10일과 11일은 저우언라이의 시신과 영별하는 날이었다. 12일, 13일, 14일에는 조문식을 거행했다. 저우언라이를 추모하는 기간에 세계 각국, 각계 인사들의 조문 선보가 눈꽃처럼 날아들었고 톈안먼 광장에는 그를 추모하러 밤낮으로 대중이 모여들었다. 저우언라이가 쓴 비문이 새겨진 인민영웅기념비 아래에는 화환이 겹겹이 놓여 있었고 사시사철 푸른 송백에는 흰 꽃송이들이 가득 매달려 있었다. 11일 오후 저우언라이 영구를 발인할 때 노인을 부축하고 어린아이를 데리고 온 백만 대중은 살을 매우 찬바람에도 이를 무릅쓰고 10리에 달하는 장안가 양 편에 오랫동안 서서 떠날 생각을 하지 않았다. 15일 당과 국가 지도자와 수도 각계 대표 5천여 명이 인민대회당에서 저우언라이추도대회를 성대하게 거행했으며 당시 당중앙위원회 부주석, 국무원 부총리직을 맡고 있던 덩샤오핑이 추도사를 낭독했다. 그는 저우언라이의 탁월한 공훈을 개괄하고 나서 전당과 전국인민이 그의 혁명 정신과 숭고한 품성을 따라 배울 것을 호소했다. 이는 '우경번안풍을 반격'하기 시작한 후 덩샤오핑이 공개 장소에 마지막으로 모습을 보인 것이었다.

1월 20일, 덩샤오핑은 재차 마오쩌둥에게 서신을 보내 "제가 맡고 있는 중앙의 일상사업을 주관하는 책임을 해제할 것"을 제기했다. 마오쩌둥은 "샤오핑의 사업문제는 훗날 다시 의논하기로 한다. 나의 뜻은 사업을 줄일 수는 있지만 사업에서 손을 떼지 않는다는 것이다. 다시 말해서 한방에 때려눕히지 말아야 한다."고 회시했다. 그 후로 덩샤오핑은 더 이상 중앙의 사업을 주관하지 않았다.

1월 28일, 마오쩌둥은 화궈펑이 중앙의 일상사업을 주관할 것을 제의했다. 2월 2일 당중앙위원회는 화궈펑을 국무원 대리총리로 임명하는 결정을 통지로 내려보냈다. 이때로부터 화궈펑은 당중앙위원회와 국무원의 일상사업을 동시에 주관하게 되었다. 화궈펑은 '문화대혁명'전과 '문화대혁명'이 시작된 후 줄곧 후난성에서 지방사업을 해오다가 1971년에 국무원으로 전근되어 사업했으며 중국공산당 중앙위원회의 제9기, 제10기 위원과 중앙정치국 제10기 위원이며 1975년 전국인민대표대회 제4기 제1차 회의에서 국무원 부총리로 임명되었다. 중앙위원회는 또 "예젠잉 동지가 병환에 있는 기간에 천시롄 동지가 중앙군사위원회 사업을 책임진다."고 결정했다. 사실상 당시 예젠잉의 건강 상태는 그다지 문제가 없었다. 이러한 결정은 마오쩌둥이 덩샤오핑, 예젠잉과 같은 노 동지들에 대해 시름을 놓치는 못하면서 또 당, 정부, 군대 대권을 '4인방'에게 넘겨주기 싫어하는 모순적인 심리를 보여주었다.

장칭 등은 마오쩌둥이 화궈펑에게 중앙의 일상사업을 주관하도록 한 것에 대해 큰 불만을 가졌다. 그들은 덩샤오핑을 타도한 후 왕훙원이 다시금 중앙의 일상사업을 주관하고 장춘차오가 국무원의 사업을 주관하도록 하기 위한 준비를 하고 있었다. 저우언라이가 서거한 후 얼마 안 되어 그들이 통제하고 있는 상하이에서 장춘차오가 총리를 맡을 것을 '요구'하는 큰 표어가 나붙어 마오쩌둥의 비판을 받았다. 1월 하순에 왕훙원은 또 사사로이 중앙예고회의에서 발언할 연설 원고를 준비하여 중앙일상사업 주관자의 신분으로 대회에서 보고할 작정이었으나 역시 마오쩌둥의 1월 28일 제의로 수포로 돌아가고 말았다. 마오쩌둥은 당과 국가의 전도에 관계되는 관건적인 시각에 최고 영도권을 '4인방'에게 넘겨주지 않았으므로 최고영도권을 탈취하려는 '4인방'의 야심이 재차 큰 제한과 심한 타격을 받게 되었다. 이는 훗날 당이 '4인방'을 순조롭게 분쇄하고 '문화대혁명'을 종결짓는 데 매우 중요한 역할을 했다.

마오쩌둥의 비준을 거쳐 2월 하순부터 중공중앙은 각 성, 직할시, 자치구와 각 대군구 책임자 회의를 열고 "여전히 미리 주의를 주었다". 회의는 '우경번안풍을 반격하는' 지도적 문건인 '마오 주석의 중요 시시'를 선날하고 각 지방, 각 부분의 운동을 배치했다. '마오 주석의 중요 지시'는 1975년 10월부터 1976년 1월까지 마오쩌둥의 여러 차례 담화 요점을 모은 것이었다. 이 담화에서 마오쩌둥은 또다시 "계급투쟁은 기본고리이고 그 외의 것은 모두 거기에 따르는 것"이라고 재천명하고 나서 "문화대혁명은 무엇을 하는 것인가? 계급투쟁을 하는 것이다." "낡은 자산계급이 아직도 존재하고 있지 않은가? 소자산계급도 다들 많이 보아오지 않았는가? 아직 개조되지 않은 지식인들도 많이 남아 있지 않은가? 소생산의 영향과 탐오부화, 투기모리가 가는 곳마다에 존재하고 있지 않는가? 류사오치, 린뱌오 등 반당집단이 우리를 몸서리치게 하지 않았는가?"고 말했다. 그는 일부 노간부들이 '문화대혁명'에 불만을 품고 있는데 이것은 "사상이 아직도 자산계급 민주주의 혁명 단계에 머물러 있어 사회주의 혁명을 이해하지 못한 데서 배척하고 심지어 반대"하고 있기 때문이며 "높은 관직에 올랐기에 고위관리들의 이익을 보호하게 되었다. 그들은 좋은 집과 승용차가 있고 노임이 높고 또 도우미까지 있어 자본가들보다도 낫다. 그런데 사회주의 혁명의 칼날이 자기들에게 돌아오고 ······ 자산계급 성격의 법정 권리를 비판하자 반감을 갖게 된 것이다."고 인정했다. 그는 또 "사회주의 혁명을 하면서 자산계급이 어디에 있는지 모르고 있다. 자산계급은 바로 공산당 내부에 있는데 당내의 자본주의 노선으로 나아가는 집권파가 곧 자산계급이다. 자본주의 길로 나아가는 집권파는 지금도 그길로 나아가고 있다."고 말했다. '문화대혁명'에 대한 총체적인 견해를 말할 때 마오쩌둥은 3대7로 나누어야 하는데 "오류가 3"이라고 하는 것은 "일체를 타도"하고 "전면적인 내전"을 했기 때문이라고 인정했다. 그는 또 덩샤오핑이라는 사람은 계급투쟁을 주도하지 않고 여태껏 이 기본 고리를 언급한 적이 없으며 그냥 "흰 고양이니, 검은 고양이니" 하면서 제국주의든 마르크스주의든 상관하지 않는다고 말했다. 이와 동시에 마오쩌둥은 "그의 문제는 어찌되었든 인민 내부 모순에 속하므로 대항하는 쪽으로 넘어가지 않을 수 있다."고 인정했다. 이러한 담화는 '당내의 자본주의 길로 나아가는 집권파'에 대한 관점을 한층 더 발전시켰으며 '문화대혁명'의 그릇된 이론과 실천을 계속 수호하면서 덩샤오핑과 그를 대표자로 하는 많은 노 동지를 그릇되게 비판했다. 마오쩌둥의 지시에 따라 화궈펑은 회의에서 당면에는 "덩샤오핑을 비판해야 하는데" 주로 덩샤오핑 동지가 시행한 수정주의의 그릇된 노선을 제대로 비판해야 한다고 선포했고 동시에 "각 지방에 있는 덩샤오핑의 대리인을 샅샅이 잡아내지 말 것"을 요구했으며 "마오 주석이 교시한 대로 '과거를 징계하여 앞으로 삼가게 하며 병을 치료하여 사람을 구하는' 방침을 시행하며' "한사코 붙잡고 놓지 않거나 한방에 때려눕혀서는 안 된다."는 것을 강조했다. 그러나 정치운동을 끝도 없이 전개하는 관점은 더는 광범위한 간부와 군중에게 먹혀들지 않았다. 대다수 지역과 단위에서는 '덩샤오핑을 비판'하는 것에 대해 냉담한 반응을 했으며 뚜렷한 반감과 저촉 정서를 보여주었다.

'각 성 지도자들의 사상 전환'에 도움을 주기 위해 3월 3일에 중앙은 '덩샤오핑을 비판하고 우경번안풍을 반격'하는 것에 관한 마오쩌둥의 담화를 인쇄, 발부함과 동시에 중앙에서 소집한 각 성, 직할시, 자치구와 각 대 군구 책임자 회의에서 한 화궈펑의 연설을 이첩했다. 이로부터 '덩샤오핑을 비판하고 우경번안풍을 반격하는' 운동이 전국적으로 강행되었다.

'4인방'은 '덩샤오핑을 비판하고 우경번안풍을 반격하는' 운동의 선동자이자 적극적인 지지자였다. 1975년 11월 하순의 예고회의부터 그들이 직접 통제하고 있는 집필조는 신문 산행물에 많은 글을 발표하여 1975년의 정돈사업을 전면적으로 공격하고 부정했다. 같은 해 12월 1일, 〈붉은기〉 제12호는 베이징대학, 칭화대학 대비판조가 쓴 '교육 혁명의 방향을 왜곡해서는 안 된다'를 발표했다. 뒤이어 또 '과학기술계의 우경번안풍을 반격하자', '문예혁명을 견지하고 우경번안풍을 반격하자' 등 글을 발표했다. 그들은 1975년의 정돈사업은 "자본주의를 전면적으로 회복하고" "반혁명적인 수정주의 노선과 생산력유일론을 시행하기 위한 것"이라고 공격했다.[1] 그들은 "문화가 없는 근로자가 필요할지언정 문화가 있는 착취자, 정신귀족은 필요하

---

1) '자본주의 복벽의 총직인 "전당 전국 제반 사업의 총체적 요강을 논함"을 분석', 〈붉은기〉 한문판, 1976년 제4호.

지 않다."고 주장했다.[2] 1976년 3월 2일에 장칭은 마음대로 12개 성, 자치구의 책임자들을 불러 회의를 열었다. 회의에서 그는 인쇄, 발부한 이른바 '풍경호' 선박문제에 관한 자료를 이용하여 덩샤오핑을 "대한간(漢奸)"이고 "매판자산계급과 지주자산 계급을 대표하고 있으며" "국제자본주의의 대리인"이라고 공격했다. 장춘차오도 여러 차례 덩샤오핑을 "독점 자산계급", "매판자산계급", "대내적으로 수정주의를 시행하고 대외적으로 투항주의를 시행했다."고 모독했다. '4인방'의 이러한 언론은 그들의 사회의 혼란, 경제의 침체, 국가의 빈궁을 요구할지언정 인민들이 간절히 바라고 있는 사회의 안정, 경제의 발전, 국가의 부강을 무시하는 추악한 본질을 남김없이 폭로했다.

　장칭 등이 덩샤오핑을 전면적으로 부정한 행위는 마오쩌둥의 불만을 일으켰다. 그는 장칭이 3월 2일에 한 연설에 대해 "장칭이 사사로이 12개 성의 책임자를 불러 연설을 하다니 간섭을 너무 많이 한다."고 회시했다. 장칭의 연설이 타당하지 못하다고 인정한 마오쩌둥은 장칭의 '풍경호' 선박문제 관련 자료를 인쇄, 발부하는 것에 대한 요구를 들어주지 않았다.

　'4인방'이 '우경번안풍을 반격'할 것을 대대적으로 고취한 데는 그들이 당과 국가의 최고 영도권을 탈취하려는 야심이 숨어 있었다. 장칭은 12개 성, 자치구의 책임자 회의에서 다음과 같이 말했다. "누군가 린뱌오에게 서신을 써서 나를 무측천이라고 말했고 또 누군가는 여후(呂后)라고 했는데 나는 이것을 아주 자랑스럽게 여기고 있다." "무측천을 비방하고 여후를 비방하고 나를 비방한 목적은 주석을 비방하기 위해서이다."

---

2) '장춘차오가 교육부에서 저우룽신과 한 담화', 1975년 11월 8일.

장칭, 장춘차오 등은 자기들이 최고 영도권을 탈취하는 데 노 간부가 장애라고 여겨 "노 간부는 '민주파'이고 '민주파'는 곧 '자본주의 길로 나아가는 집권파'이다."라는 터무니없는 공식을 제기했고 "자산계급이 바로 당내에 있다."라는 것을 전력을 다해 선전했다. 그들은 신문 간행물에 '당내에 확실히 자산계급이 있다', '자본주의 길로 나아가는 집권파가 바로 당내의 자산계급이다' 등 글을 발표하고 여러 장소에서 "당내의 자산계급은 당내에서 하나의 정치 세력을 형성했는데 횡적으로 보면 몇 사람이 아니라 그 수가 많으며" "종적으로 보면 중앙에서 지방에 이르기까지, 막 앞에서 막 뒤에 이르기까지 모두 존재하고 있다."고 공공연하게 퍼뜨렸다. 장칭은 노 간부의 75%가 민주파이며 민주파가 자본주의 길로 나아가는 집권파로 발전하는 것은 객관적이고 필연적인 법칙이라고 했다. 장춘차오는 상하이의 파벌 핵심인물에게 사회주의 혁명의 성격, 대상, 임무를 연구하고 현재의 계급관계를 연구하며 정권을 뒤엎는 것은 낡은 자산계급이 아니라 "당내의 자본주의 길로 나아가는 집권파"라는 문제를 연구할 것을 제기했다.

　"덩샤오핑을 비판하고 우경번안풍을 반격하는" 운동이 고조되고 있을 때 많은 간부와 군중이 여전히 확고부동하게 덩샤오핑 등을 옹호함으로 하여 "덩샤오핑을 비판하고 우경번안풍을 반격하는" 운동이 폭넓은 저지를 당했다. 1976년 1월부터 3월까지 푸저우, 우한, 타이위안, 정저우, 창사, 항저우 등 도시들에서 '4인방'을 비판하는 전단과 대자보가 나타났고 이 소식은 사회에 재빨리 퍼져나갔다. 이런 전단과 대자보들은 '4인방'의 죄상을 낱낱이 열거하고 나서 "장칭을 반대"하고 "장춘차오를 반대"하고 "야오원위안을 반대"할 것을 제기하면서 그들을 "한 줌도 안 되는 가짜 마르크스주의자"라고 지적하고

"전국인민은 긴급히 행동하여 실제 행동으로 반역자, 야심가, 음모가들인 장춘차오, 장칭, 야오원위안 일당과 단호히 투쟁"할 것을 호소했다. 그리고 대자보는 또 '4인방'이 4개 현대화 실현을 '수정주의 강령', '자본주의화'라고 모독한 황당무계한 논조에 대해 지금 "우리나라는 바야흐로 중요한 역사적 발전 시기에 처해 있으며" "우리나라를 융성 번영하는 현대화한 사회주의 강국으로 건설"하는 것은 "중국인민의 최대 이익과 가장 근본적인 이익"이라고 힘 있게 피력했다. '덩샤오핑을 비판하고 우경번안풍을 반격하는' 운동 속에서 터져 나온 이와 같은 목소리는 당 내외적으로 '문화대혁명'에 대한 의심과 불만이 점점 더 깊어지고 있음을 보여주었고 덩샤오핑이 영도한 정돈사업에 대한 지지를 집중적으로 구현했다. 그러므로 일단 시기가 성숙되면 억눌려 있던 이러한 의지는 강대한 대중적 힘으로 바뀌어 급속하고도 강력하게 표현되기 마련이었다.

## 2. 톈안먼 사건을 중심으로 한 전국적인 항의운동

'문화대혁명'의 파괴로 인한 결과가 끊임없이 드러나면서 당 내외적으로 '좌'적 오류를 배격하고 장칭 집단을 반대하는 역량이 끊임없이 확대, 발전했다. 1976년의 청명절을 전후하여 '문화대혁명'과 '4인방'에 대한 인민대중의 강렬한 불만은 저우언라이를 추모하고 '4인방'을 반대하며 덩샤오핑을 대표자로 하는 당의 정확한 영도를 지지하는 거세찬 항의운동을 통해 확연히 드러났다.

1976년 1월에 인민대중이 비통한 마음으로 저우언라이의 서거를 추모하고 있을 때 '4인방' 등은 장례식을 간소화한다는 명목으로 여러 가지 규정을 제정해 인민대중의 추모활동을 압제하고 저애했다.

그들은 자발적인 추모활동을 금지했을 뿐만 아니라 여론 수단을 통제하여 인민대중의 추모활동을 보도하지 못하게 한[3] 동시에 '우경번안풍을 반격'하는 것에 대한 선전에 열을 올렸다.

저우언라이추도대회를 거행하기 하루 전인 1월 14일에 〈인민일보〉는 제1면에 '대변론은 대변화를 가져 온다'는 특별보도를 싣고 첫머리에 "최근 전국인민은 모두 칭화대학의 교육혁명에 관한 대 변론에 관심을 두고 있다."고 쓰고 나서 "칭화대학의 이번 투쟁은 전국인민의 폭넓은 지지를 받았다."고 덧붙였다. 이 글의 발표는 인민대중의 의사를 공공연히 짓밟고 추모의 분위기를 파괴하여 대중의 강렬한 의분을 초래했다. 그리하여 일부 독자는 신문을 갈기갈기 찢어버렸고 질문, 항의하는 전화와 전보가 빗발치듯 신문사로 날아들었다.

2월 13일, '4인 무리'의 집필조는 또 〈광명일보〉에 '공구의 우려'라는 글을 발표하여 "낡은 제도의 '초상집 조객'들이 공구의 해골을 부둥켜안고 근심 걱정으로 애산상을 태우며 하늘땅을 치면서 통탄하게 하라."고 써 공격의 칼날을 직접 저우언라이를 추모하는 광범위한 대중에게 돌렸다. 이에 대해 인민대중은 분노를 참을 수가 없었다. 3월 5일, 일부 대중은 상하이의 〈문회보〉가 레이펑(雷鋒)을 따라 배우는 것에 관한 신화사 기사를 실을 때 원고 가운데 있는 레이펑을 따라 배우는 것에 관한 저우언라이의 제사(諸事)를 삭제한 것을 발견했고 이로 말미암아 〈문회보〉 신문사에는 항의 전화가 끊임없이 걸려왔다. 대중은 〈문회보〉가 3월 25일 자 제1면에 발표한 글에서 "당내의 자본주의 길로 나아가는 그 집권파는 이미 타도되어 지금까지도

---

3) '4인방'의 통제로 신화사는 1월 9일부터 15일까지 추도대회가 열리기 전의 6일 동안 당과 국가 지도자, 수도 각계 대표들이 저우언라이를 조문한 소식을 두 편밖에 발표하지 않았으나 전 세계 신문 간행물들은 저우언라이를 추모하고 찬송하는 많은 글들을 연속 게재했다.

회개하려 하지 않는, 자본주의 길로 나아가는 집권파를 영도 직위에 올려놓으려고 시도하고 있다."는 구절을 발견했다. 분노한 대중은 '4인 무리'의 통제를 받고 있는 〈문회보〉가 공격의 칼날을 재차 저우언라이에게 돌리고 고의적으로 저우언라이와 덩샤오핑을 반대하고 있다고 인정했다.

잇달아 발생한 이러한 사건들은 사람들의 가슴속에 오래도록 쌓여왔던 사랑과 원한을 끝내 화산의 용암처럼 분출하게 했다. 3월 28일, 난징대학의 400여 명 교사와 학생들은 저우언라이의 영정과 화환을 들고 저우언라이가 일찍이 거주한 적이 있는 메이위안신춘(梅園新村)에 가서 추모활동을 가졌다. 뒤이어 공장, 기관, 학교들에서 온 수만 명의 대중이 화환을 들고 메이위안신춘과 위화타이(雨花台)로 향했다. 인민대중은 자발적으로 연속 며칠간 저우언라이를 추모하는 시위행진을 하고 집회를 가지면서 "누군가 저우 총리를 반대하면 그를 타도할 것이다." "〈문회보〉의 3월 5일과 25일 자 기사는 저우언라이를 악독하게 공격한 사건을 철저히 조사할 것을 강력히 요구한다." "대야심가, 대음모가 장춘차오를 타도하자."는 등 대형의 표어를 내붙였으며 동시에 북행열차들에 표어를 붙여 난징 인민들이 이미 공개적인 투쟁에 나섰다는 소식을 각 지방에 알렸다.

난징 대중의 항의는 '4인방'에게 경각심과 불안감을 불러일으켰다. 3월 30일, 왕훙원은 그들의 파벌 핵심인물에게 "난징 사건의 성격은 칼날을 중앙에 돌린 것이고" "대자보를 붙인 자들은 반혁명 복원을 위해 여론을 조성한 것이다."라고 말했다. 야오원위안은 "난징 사건이 곧바로 베이징에 파급될 수 있으니 베이징의 정황에 주의를 돌리라."고 말했다.

난징 대중의 항의운동은 강제로 진압당했다. 그러나 사람들은 결코 굴복하지 않았다. 난징거리에는 또다시 "백기를 들고 저우 총리를 반대하는 자들과 목숨 걸고 끝까지 싸우자!"는 등 대형 표어가 또다시 나붙었다. 3월 하순부터 베이징, 항저우, 정저우, 시안, 타이위안 등 도시의 대중도 '4인방'의 방해를 물리치고 청명절의 제사풍속을 이용하여 저우언라이 추모활동을 폭넓게 진행했다.

베이징에서 수도 대중은 '4인방'의 행실에 대해 오래전부터 분노에 차 있었다. 3월 말부터 인민영웅기념비 주변에는 화환과 꽃바구니가 가득 놓여 졌고 수없이 많은 시문, 추도문과 전단이 나붙었으며 수만 명의 사람이 사방팔방에서 톈안먼 광장에 모여들어 기세 드높은 추모활동을 거행했다. 장엄하고 숙연한 분위기 속에서 사람들은 〈국제가〉를 높이 부르고 시문을 높은 소리로 낭송하고 연설을 발표했다. 이런 시문의 작가들은 절대다수가 일반 노동자, 농민, 병사, 간부와 학생들이었다. 그들은 평소 서로 모르는 사이었고 통일적인 조직도 없었으나 그들은 뚜렷한 애증과 경이적인 선투 성신을 함께 보여 주었다.

청명절을 앞두고 인민대중이 자발적으로 벌인 저우언라이 추모활동은 '4인방'의 두려움과 증오심을 자아냈다. 그들은 언론을 이용하여 사실을 극력 왜곡하고 대중의 저우언라이 추모활동을 막아 나섰다. 4월 1일 중앙정치국은 회의를 소집하여 난징에서 일부 사람들이 구실을 대고 사단을 일으키면서 "덩샤오핑을 비판하고 우경번안풍을 반격"하는 큰 방향을 교란시키고 있다고 했다. 같은 날, 중공중앙은 "난징에서 예봉(銳鋒)을 중앙지도자에게 돌린 대자보, 대표어가 나타났는데 이는 마오 주석을 중심으로 하는 당중앙위원회를 분열시키고 덩샤오핑을 비판하는 대 방향을 이전시키는 정치 사건"이라고 전화로 각지에 통지했다. 통지는 각 지방 지도기관에 "흑심을 가진 자들이 기회를 타서 사태를 확대하고 교란과 파괴를 진행하는 것에 대해 경각심을 높이고" "이번 정치 사건의 배후 획책자를 철저히 조사"하도록 요구했다. 동시에 베이징시 각 단위에서는 보편적으로 야오원위안의 말을 전달하면서 "청명절은 위령절이고" "화환을 보내는 것은 낡은 사상, 낡은 문화, 낡은 풍속과 낡은 습관"이라고 하면서 대중이 톈안먼 광장에 가서 저우언라이를 추모하지 못하게 했다.

대중의 정의로운 행동을 억누르는 이러한 조치들은 인민대중의 배척을 받았다. 4월 4일 청명절에 톈안먼 광장의 추모활동은 고조에 이르렀다. 베이징과 외지에서 온 대중은 거듭 언명한 금지령을 도외시하고 연인원 200만여 명이 톈안먼 광장에 모여들었다. "병신년 청명날 눈물이 비가 되어 내리고 슬픈 바람이 몰아치누나. 수천수만 명 대중 영웅기념비 앞에 운집했노라."[4] 화환을 바치는 대열이 꼬리에 꼬리를 물었고 그 기세 또한 드높았다. 온 광장은 공화국 역사에서 이제껏 볼 수 없었던 '화환의 산과 시의 바다'를 이루었다. 사람들은 여러 가지 형태의 추모활동에서 격앙된 어조로 심정을 표현했다. "우리는 슬퍼하는데 요마는 부르짖고 우리는 통곡하는데 늑대는 웃는구나. 뜨거운 눈물 뿌려 영걸을 추모하고 더더욱 분노하여 검을 빼드노라."[5] 대표성을 띤 이 시는 예봉을 직접 장칭, 장춘차오 등에게 돌렸다. 사람들은 "야심가, 음모가를 타도하자."는 등 구호를 소리높이 외쳤으며 한 사람이 팔을 내들고 구호를 부르면 만 사람이 따라 외쳐 천지를 뒤흔드는 장면이 펼쳐졌다.

인민대중은 비통한 마음으로 저우언라이를 추모하고 '4인방'을 맹

---

4) 퉁화이저우(童怀周) 편, 〈톈안먼시초〉, 인민문학출판사 한문판, 1978년, 6쪽.
5) 퉁화이저우 편, 〈톈안먼시초〉, 인민문학출판사 한문판, 1978년, 11쪽.

렬하게 비판한 동시에 또 '4개 현대화'를 실현하자는 시대의 가장 우렁찬 목소리를 외쳤다. 톈안먼 광장에 붙은 한 수의 시는 "중국은 이미 지난날의 중국이 아니며 인민도 이제는 어리석은 인민이 아니다." "우리는 마르크스-레닌주의를 신앙한다. 마르크스-레닌주의를 거세한 선비들은 모두 물러나라!" "우리는 총리의 유지를 따를 것이며 '4개 현대화'가 실현되는 날에 꼭 술상을 차려 다시 제사를 올릴 것이다."라고 썼다.[6] 이 격문은 중국을 현대화 강국으로 건설하고 사회주의 민주를 실현하며 '4인방'이 시행하는 봉건 전제주의 멍에에서 사상을 해방시키려는 인민대중의 마음을 장엄하게 전달했다. '문화대혁명'이 10년 가까이 지속되어온 이때에 울린 목소리는 새로운 역사적 시대가 곧 도래할 것임을 예고했다.

4월 4일, 난징의 메이위안신춘과 위화타이, 정저우의 '2.7'기념탑, 항저우의 서후 거리, 천년고도 시안의 종루 아래를 비롯하여 곳곳에서 진행된 대중의 자발적인 저우 총리 추모활동은 고소를 이루었다. 이처럼 각지 대중은 인민의 훌륭한 총리를 추모하고 극악한 '4인방'을 성토하는 공동의 마음과 목소리를 표달했다.

4월 4일 저녁에 화궈펑의 사회로 열린 중앙정치국회의(덩샤오핑, 예젠잉, 리셴녠은 참석하지 않았다)에서는 연일의 톈안먼 사태 발전을 토의했다. 장칭 등의 조종한 이번 중앙정치국회의는 톈안먼 광장에서 발생한 사태를 반혁명 사건으로 결정하고 이 사태가 당시 운동의 대 방향을 교란했다고 인정했다. 회의는 청명절이 이미 지나갔기에 그날 저녁부터 톈안먼 광장의 화환과 표어들을 깨끗이 정리하고 민병과 공안들을 배치하여 인민영웅기념비를 에워싸 대중이 더는 화환

---

6) 퉁화이저우 편, 〈톈안먼시초〉, 인민문학출판사 한문판, 1978년, 282~283쪽.

을 가져다 놓지 못하도록 막으며 수비부대를 이동하여 '수시로 출동할 수 있도록 제2선에서 대기'시키기로 결정했다. 마오위안신은 중앙정치국회의에서 토의한 정황과 결정을 서면 보고서로 작성했으며 마오쩌둥은 이 보고서를 보고 나서 작재했다.

4월 5일 이른 새벽에 광범위한 대중은 계속 톈안먼 광장에 몰려들었다. 그러나 톈안먼 광장의 모든 화환, 시와 가사, 애도 대련들이 종적을 감추었고 자발적으로 온 밤 화환을 지키던 대중 일부가 연행되었으며 인민영웅기념비 주변에는 봉쇄선이 세 겹으로 쳐 있었고 경비가 삼엄했다. 이 광경을 본 사람들은 몹시 분개했다. 오전에 수만 명 대중이 인민대회당 동문 밖에 모여 "우리의 화환을 돌려 달라, 우리 전우를 돌려 달라!" "누군가 저우 총리를 반대하면 그를 타도할 것이다!"라는 구호를 소리높이 외쳤다. 일부는 민병, 경찰, 부대 전사들과 심한 충돌이 발생했다. 오후 톈안먼 광장 동남쪽 모서리에 있는 '노동자민병지휘부'의 작은 건물에 불이 났고 대중과 민병, 경찰 들에서 부상자가 속출했다. 이날 저녁 6시 25분에 톈안먼 광장의 고주파 확성기에서 중국공산당 베이징시위원회 제1서기이며 시혁명위원회 주임인 우더의 라디오 연설을 방송하여 "톈안먼 광장에서 불순한 자들이 파괴와 소동을 일으키고 반혁명적인 파괴활동을 벌이고 있다."면서 "혁명적 대중은 즉각 광장을 떠날"것을 요구했다. 이 연설은 톈안먼 광장에서 반복적으로 방송되었고 다수 대중이 점차 광장을 떠났다. 저녁 9시 30분에 명령을 받은 1만여 명 민병과 경찰들이 손에 몽둥이를 들고 광장에 달려들어 광장에 남은 대중을 내쫓고 체포했다. 그리하여 3월 말부터 4월 5일까지 베이징 톈안먼 광장에서 발생한, 인민대중이 대규모로 저우언라이를 추모하고 '4인방'을 반대하며 덩샤오핑을 지지한 사건을 톈안먼 사건이라고 했다. 이 시기 전국 각지에서 발생한, 인민대중이 저우언라이를 추모하고 '4인방'을 반대하며 덩샤오핑을 지지하는 활동은 통칭 '4.5'운동이라고 했다.

4월 1일부터 6일까지, '4인방'은 인민일보사에 있는 그들의 심복을 통해 앞뒤를 잘라버리고 필요한 부분만 취하며 사실의 진상을 왜곡하는 등의 수법으로 정황 반영 자료를 작성하여 온갖 방법을 동원해 톈안먼 사건을 반혁명 사건으로 몰았다. 4월 6일 새벽에 부분적 중앙정치국 위원들은 베이징시당위원회의 종합보고를 청취한 뒤 톈안먼 사건을 "반혁명폭란의 성격"을 띠였다고 인정하고 공안부문에서 "사령부를 잡아낼 것"을 지시했다. 4월 7일에 마오위안신은 두 차례나 마오쩌둥에게 정황을 종합하여 보고했다. 이 기간 마오쩌둥의 병세가 더욱 심해졌다. 마오위안신의 회보를 들은 마오쩌둥은 톈안먼 사건에 관한 〈인민일보〉 기자의 이른바 '현장보도'를 공개적으로 발표하는 데 동의했다. 야오원위안이 조직하여 작성한 이 '현장보도'는 광범위한 대중이 지우언라이를 추모한 활동은 '반혁명활동'이며 톈안먼 광장에서 발생한 사건은 '반혁명 정치사건'으로 "현 시기 덩샤오핑을 비판하고 우경번안풍을 반격하는 큰 방향을 돌려세우려고 망령되게 시도했다."고 모독했다. 마오쩌둥은 이에 근거하여 덩샤오핑의 모든 직무를 취소하고 당적을 보류하고 회개 표현을 관찰하며 이를 당 중앙위원회 제10기 제3차 전원회의에서 심의 비준할 것을 제의했다. 톈안먼 사건의 성격을 단정한 것과 덩샤오핑의 직무를 취소하기로 결정한 것은 전적으로 그릇된 것이었다. 그러나 덩샤오핑의 직무를 취소할 때 마오쩌둥은 덩샤오핑의 당적을 보류한 동시에 조치를 취해 덩샤오핑을 보호할 것을 왕둥싱에게 부탁했다.

4월 7일 저녁, 중앙정치국은 회의를 소집하여 두 가지 결의를 채택했다. 그 하나는 화궈펑이 중국공산당 중앙위원회 제1부주석, 국무원총리를 담임하는 것이고 다른 하나는 "덩샤오핑문제의 성격은 이미 대항적 갈등으로 변했기에" 덩샤오핑의 당 내외 모든 직무를 취소하기로 결정하는 것이었다. 이튿날, 중공중앙은 각 성, 직할시, 자치구에 즉각 군중대회를 소집하고 중앙의 결정을 낭독하고 '덩샤오핑을 비판하고 우경번안풍을 반격하는' 운동을 더욱 유력하게 전개할 것을 전화로 통지했다.

텐안먼 사건을 중심으로 하는 항의운동은 인민대중이 시대의 흐름을 거스르는 '4인방'을 반대한 것을 집중적으로 보여주었다. 그 실제에서 덩샤오핑을 대표자로 하는 당의 정확한 영도를 옹호하는 것이었다. 이번 항의운동에서 인민대중이 '문화대혁명'을 배척하고 저우언라이와 덩샤오핑을 옹호하며 "덩샤오핑을 비판하고 우경번안풍을 반격하는" 것에 대해 증오하는 심정이 집중적으로 폭발했다. 텐안먼 사건을 중심으로 하여 일어난 전국적인 항의운동은 민심의 흐름을 뚜렷하게 보여주었다. 비록 당시의 신문 간행물과 방송들에서 "우경번안풍을 반격할" 것을 적극적으로 선전했으나 사람들은 그러한 선전을 거들떠보지도 않았을 뿐만 아니라 오히려 이런 여론들을 날카롭게 비난했다.

이번 항의운동에 가담한 많은 열성자는 청년지식인, 노동자, 시민, 농촌에 내려간 지식청년들이었는데 그 가운데 적지 않은 사람은 '문화대혁명' 초기에 홍위병조직에 참가했었다. 그들은 약 10년간의 사회 현실을 통해 교육을 받음으로써 많은 중대 정치문제의 옳고 그름을 판단하는 안목을 어느 정도 가지기 시작해 당과 국가의 전도를 '4개 현대화'를 실현하는 웅대한 목표와 연계시키면서 '문화대혁명'을 마무리 짓고 경제를 발전시키며 나라를 건설할 것을 희망하는 강렬한 염원을 보여주었다. 이번 항의운동은 비록 압제 당했지만 훗날 장칭 반혁명집단을 분쇄할 수 있는 위대한 대중적 기반을 닦아놓았다.

## 3. 당이 관건적인 시각에 위급한 국면을 전환

### '덩샤오핑을 비판하고 우경번안풍을 반격하는' 운동의 승격

톈안먼 사건 후 '4인방'은 마오쩌둥의 병세가 위중하여 외부 정황을 매우 적게 알고 있는 상황을 이용해 '덩샤오핑을 비판하고 우경번안풍을 반격하는' 운동을 한층 더 승격시켜 더욱 큰 규모와 세력으로 전국적인 범위에서 이를 강행했다.

1976년 4월 28일, 〈인민일보〉는 '덩샤오핑과 톈안먼 광장 반혁명 사건'이라는 '량샤오'[7]의 글을 발표하여 톈안먼 사건은 "현 시기 두 계급, 두 갈래 길, 두 갈래 노선의 첨예한 투쟁을 뚜렷이 보여주고 있으며 당내의 자산계급 반혁명의 흉악한 몰골을 여지없이 폭로한 것"이리고 지적했다. 글은 공개적으로 덩샤오핑의 이름을 밝히면서 덩샤오핑은 "당내의 가장 큰, 회개하려 하지 않는 자본주의 길로 나아가는 집권파"로서 "이미 자산계급의 거물급 인물이 되었으며" "무산계급 독재를 뒤엎고 자본주의를 복벽하는 주요 역량이 되었다."고 썼다. 그 뒤 신문 간행물들에서는 '덩샤오핑을 비판'하는 글들을 장황하게 발표했고 "자산계급이 공산당 내부에 있다."는 것을 거듭 선전했다. 장칭 등은 이 관점을 선전하면서 "노 간부는 '민주파'이고 '민주파'는 바로 '자본주의 길로 나아가는 집권파'"라고 특별히 강조했다. 그들은 "자본주의 길로 나아가는 집권파가 계속 자본주의 길로 나아가는"것은 장기적인 역사적 현상이며 "군복을 입고 모표와 금장을 단

---

7) 량샤오(梁效), 즉 베이징대학, 칭화대학의 합동대비판조의 필명이다.

자본주의 길로 나아가는 집권파도 있으며" "그들은 중앙급 고위관리이며" "자본주의 길로 나아가는 집권파들은 몇 사람인 것이 아니라 한 무리이다."라고 거듭 떠벌렸다. 왕훙원은 지도층은 자본주의로 나아가는 집권파를 퇴출해야 하며 잡을 것은 잡고 비판할 것은 비판하고 투쟁할 것은 투쟁해야 하며 "이 기회를 이용해 기사회생전을 펼쳐야 하며" "고위급관리를 잡아내고 상급 관련자를 잡아내야 한다."고 공개적으로 선동했다.[8]

장칭 등이 '자본주의 길로 나아가는 집권파'를 층층이 잡아내는 과정에서 1년 전 정돈사업을 영도했던, 중앙에서 지방에 이르는 많은 당, 정부, 군대지도간부가 또다시 비판을 받았다. 완리, 장아이핑, 후야오방, 저우룽신은 덩샤오핑의 "4대금강(四大金剛)", "덩샤오핑을 추종하는 핵심 인물"로 몰려 '4인방'이 각 단위에서 "위와 아래에 연계시켜" 비판하는 중점인물이 되었다. 저우룽신은 50여 차례 비판투쟁을 받았는데 연속 비판 투쟁을 당하는 바람에 심장 발작으로 비판투쟁 현장에서 세상을 떠났다. 각 부문, 각 지역에서 정돈 정신을 적극적으로 관철한 지도자 가운데 일부는 감금당하거나 비판투쟁을 받았으며 일부는 직위가 해제되어 노임이 삭감되고 일부는 당적을 취소당했다. 정돈사업 가운데 직위 해제되었던 반란파 우두머리들이 재차 중용되었다. 그들 가운데 일부는 베이징에 불려가 '4인방'의 접견을 받았다. 이들은 지방에 돌아간 뒤 또다시 권력 탈취를 공공연히 선동했고 반란파들을 조직하여 시위행진을 했으며 지도기관을 타격하고 지도자를 비판, 투쟁했으며 기관 도장과 무기장비를 탈취하여 일부 지역에서 파벌 투쟁이 다시 일어나게 되었다.

---

[8] '왕훙원이 국방과학기술위원회, 제7기계공업부 책임자들과 한 담화', 1976년 5월 3일, 6월 23일.

"덩샤오핑을 비판하며 우경번안풍을 반격하는" 운동을 추진하기 위해 4월에 장칭 등은 1975년에 덩샤오핑이 한 연설 여러 편과 이른바 '세 가지 대 독초', 즉 '공업발전을 추진하는 것에 관한 약간의 문제', '과학기술사업에 관한 몇 가지 문제'와 '전당 전국 제반 사업의 총체적 요강을 논함'을 "덩샤오핑 수정주의 강령의 산물"이라고 하면서 기층단위에 발부하여 대중이 비판하도록 했다. 8월에 그들은 세 소책자를 몇 천만 부 인쇄, 발부했으나 결과는 그들의 기대와는 정반대였다. 소책자가 발부되면서 덩샤오핑의 전면 정돈에 관한 올바른 주장은 간부와 군중 속에서 더욱 널리 전파되었고 사람들은 국가와 인민의 이익을 위해 정돈을 견지하고 '두 번째로 타도당하는 것을 두려워하지 않는' 덩샤오핑의 당성과 인격을 더 잘 알게 되었으며 덩샤오핑을 더욱 신임하게 되었다. 광범위한 간부와 군중은 '문화대혁명'을 더욱 혐오했고 나라와 인민에게 재앙을 들씌우는 '4인방'의 진면목을 더욱 똑똑히 간파하게 되었나. '덩샤오핑을 비판하고 우경번안풍을 반격하는' 운동은 '문화대혁명'의 종말을 앞당겼다.

'덩샤오핑을 비판하고 우경번안풍을 반격하는' 운동의 충격으로 많은 지역에서는 교통이 막혔고 대량의 공장, 광산 기업은 생산 질서가 또다시 혼란에 빠져 계획 지표를 완수할 수 없게 되었다. 1976년 1월부터 5월까지, 전국의 철강 생산량은 계획보다 123만 톤이나 적게 생산했고 화학비료, 면사 등 기타 주요 공업 제품들도 생산계획보다 훨씬 미달했으며 시장에는 14억 위안어치의 공급 상품이 줄어들었고 재정 수입은 20억 위안 감소되었다. 한 해 동안에 철강 생산량은 겨우 계획의 79%인 2,046만 톤밖에 완수하지 못해 1971년의 수준보다도 낮았다. 이로써 1974년부터 1976년까지 연속 3년간 2,600만 톤의 철강을 생산하려던 지표를 세 번째로 완수하지 못하게 되었다. 전국의 공업과 교통운수, 상업 기업의 결손액은 113억 위안에 달했고 양곡 결손액은 50억 위안에 달했으며 같은 해 재정 수입은 776억 6천만 위안에 불과했다. 국가의 중요한 공업기지인 상하이시는 1976년의 공업설비 완비율이 겨우 60% 정도밖에 안 되었고 국민경제의 명맥인 철도운수에서는 10여 갈래의 간선이 경상적으로 막혀 1976년에는 계획보다 4,600여만 톤의 물자를 적게 운송했다. 정저우철도국만 해도 1년 동안에 전반적인 체증이 12건 발생하여 베이징~광저우 철도선이 반마비상태에 빠졌으며 한 해에 약 1,100만 톤의 석탄을 적게 수송했다. 이로 말미암아 12개 성, 시들에서 석탄, 전력 공급이 부족했고 많은 공장들은 조업을 중지했는데 그 영향이 절반 중국으로 확대되었다. 농촌의 정황도 아주 심각했다. 1976년까지 줄곧 상품양곡을 비교적 많이 공급해왔던 쓰촨, 헤이룽강, 지린, 광둥, 장시 등 성의 양곡 생산량이 대폭 줄어들어 어떤 성에서는 양곡을 반출할 수 없게 되었다. '천혜의 고장'으로 유명한 대규모 양곡 생산지인 쓰촨성에서도 도리어 국가의 양곡을 사들여야 할 지경이었다. 1976년의 전국 인구당 양곡 소비량은 겨우 380.56근밖에 안 되어 1952년의 395.34근의 수준보다도 낮았다. 이는 "덩샤오핑을 비판하고 우경번안풍을 반격하는" 운동으로 극좌적 사조가 범람하여 국민경제가 또다시 바닥으로 떨어졌음을 보여주었다.

**전국적으로 마오쩌둥을 추모**

1976년 하반기에 "덩샤오핑을 비판하고 우경번안풍을 반격하는" 운동이 한창 진행되고 있을 때 몇 가지 큰 사건이 잇달아 터져 전국의 불안을 한층 더 격화시켰다.

7월 6일, 중국인민해방군의 주요 창건자의 한 사람이며 당과 국가의 탁월한 지도자의 한 사람인 주더가 서거했다. 주더는 위대한 마르크스주의자이며 위대한 무산계급 혁명가, 정치가, 군사가이며 중화인민공화국의 개국공신이며 마오쩌둥을 핵심으로 하는 당의 제1세대 중앙지도집단의 중요 성원이었다. 그의 서거는 또 한 번 전국인민을 크나큰 비통과 사무치는 그리움에 잠기게 했다. 9일과 10일에 수도 베이징에서 주더를 위한 조문식을 거행하고 11일에 인민대회당에서 추도대회를 성대히 거행했다. 당 및 국가의 지도자들과 수도 각계 대중대표 5천여 명이 추도대회에 참가했다. 중공중앙 제1부주석이며 국무원 총리인 화궈펑이 추도사를 읽었다.

 7월 28일, 허베이성 탕산과 펑난 지역에서 리히터 규모 7.8급의 강진이 발생했는데 진앙지의 열도는 11도에 달했다. 이번 지진으로 100만 명 인구를 가진 화베이의 주요 공업도시인 탕산이 순식간에 평지가 되었다. 지진은 톈진, 베이징에 파급되었고 14개 성, 직할시, 자치구에 미쳤다. 지진으로 24만 2천여 명이 사망하고 16만 4천여 명이 중상을 입어 인민의 생명과 재산이 역사적으로 보기 드문 막대한 손실을 입었다. 당중앙위원회, 국무원과 중앙군사위원회의 지도로 10여 만 명의 해방군 지휘원, 전투원들과 2만 여 명의 의료진 그리고 수만 명의 여러 분야 지원자들이 신속히 구조대, 의료대, 건축대 등을 조직하여 사방팔방에서 밤낮 없이 재해지구로 달려왔다. 강진이 지난 뒤 여진이 잇달아 발생했다. 인민자제병, 의료진과 간부, 민공들은 폭우를 무릅쓰고 필사적으로 위험을 제거하고 사람을 구해냈으며 물자를 수송했다. 8월 4일, 당중앙위원회는 화궈펑을 단장으로 하는 중앙위문단을 재해지구에 파견하여 피해를 입은 대중을 위문했다. 재해지구 인민들은 용감하게 노력하여 생산을 복구하고 삶의 터전을 다시 일구어놓았다. 20여 일 간의 노력으로 파묻힌 사람들을 많이 구해냈고 피해를 입은 몇 십만 대중을 안치했으며 생산과 운수를 기본적으로 회복했다. 100년에 한 번 만나기도 힘든 극심한 재난을 눈앞에 두고 '4인방'은 공공연히 "탕산 하나쯤이 없어지는 것은 아무것도 아니"라면서 지진대처와 재해구조 사업을 벌이는 것은 '재해구조로써 혁명을 제압'하고 '덩샤오핑 비판을 제압'하는 것이라고 공격했다. 8월 11일 자 〈인민일보〉는 야오원위안의 지시로 '덩샤오핑을 깊이 있게 비판하며 지진에 대처하고 재해를 구조하자'는 제목으로 사설을 발표했다. 사설은 해방 이후의 역사적 사실이 증명해주다시피 매번 심한 자연재해가 발생한 시기는 또한 두 계급, 두 갈래 길, 두 갈래 노선의 투쟁이 치열한 시기였다. 당내 기회주의 노선의 대표들은 언제나 자연재해로 빚어진 당분간의 어려움을 이용하여 혁명의 방향을 돌려세우고 자본주의를 복원하려고 망령되게 시도했다고 썼다.

1976년에 들어서 마오쩌둥은 위중한 병으로 시달림을 받았다. 4월 30일에 그는 화궈펑이 사업을 회보할 때 "'급하게 하지 말고 천천히 하라.' '지난날 방침대로 해야 한다.' '당신이 일을 처리한다면 나는 안심할 수 있다.'"는 세 마디 말을 적어 일부 문제에 대한 그의 견해를 밝혔다. 같은 해 5월부터 마오쩌둥의 병세가 계속 악화되면서 신체가 극도로 허약해졌다. 비록 그는 당 내외적으로 '문화대혁명'운동을 옹호하는 사람이 많지 않고 반대하는 사람이 적지 않다는 것을 알고 있었으나 여전히 '문화대혁명'을 긍정하고 이런 견해를 견지하면서 이 '대사'를 결론지을 수 있기를 바랐다.

1976년 9월 9일, 중국공산당, 중국인민해방군, 중화인민공화국의 주요 창건자이며 중국 여러 민족 인민의 위대한 수령인 마오쩌둥이 서거했다.

마오쩌둥은 위대한 마르크스주의자이며 위대한 무산계급 혁명가, 전략가와 이론가였다. 중국인민들이 보기에는 한평생을 중국인민에게 바친 마오쩌둥은 근대 이후 중국의 위대한 애국자와 민족영웅이며 중국인민을 영도하여 자신의 운명과 나라의 면모를 철저히 개변시킨 한 시대의 위인이었다. 그는 중국공산당과 중국인민해방군을 창건하고 발전시키기 위해, 중국 여러 민족 인민의 해방사업의 승리를 위해, 중화인민공화국을 창건하고 중국 사회주의사업을 발전시키기 위해 청사에 길이 빛날 기여를 했다. 그는 세계 피압박 민족의 해방과 인류의 진보사업을 위해 중대한 기여를 했다. 그는 후반생에서 당과 인민을 영도하여 해외로부터 오는 위협과 압력을 막아냈고 나라의 독립을 수호했으며 중국에서 사회주의 기본제도를 수립하고 중국 사회주의 건설의 길을 모색했다. 이와 같은 위대한 역사적 공적과 모색의 창조적 정신은 충분히 긍정해야 한다. 그가 중국 사회주의 건설의 길을 모색하는 과정에서 나타난 오류, 특히 '문화대혁명'과 같은 엄중한 오류는 중국의 사회주의사업이 크게 굽은 길을 걷게 했는데 이것은 침통한 교훈으로 삼아야 할 것이다. 마오쩌둥의 일생을 전체적으로 평가한다면 공적이 첫자리를 차지하는데 이는 지울 수 없는 것이다. 전당, 전국인민은 마오쩌둥을 핵심으로 하는 당의 제1세대 중앙지도집단이 마오쩌둥 사상을 창립하고 전당, 전국 여러 민족 인민을 이끌어 신중국을 창건했으며 사회주의 혁명과 건설에서 위대한 성과를 이룩하고 사회주의 건설의 법칙을 어렵게 모색하여 귀중한 경험들을 창출해냄으로써 현시대 중국의 모든 발전과 진보를 위해 근본적인 정치적 선결 조건과 제도적 토대를 마련해주었음을 영원히 잊지 않을 것이다.

　마오쩌둥이 서거한 날, 중공중앙, 전국인민대표대회 상무위원회,

국무원, 중앙군사위원회는 연합으로 '전당, 전군, 전국 여러 민족 인민에게 알리는 글'을 발표하여 "마오쩌둥 주석은 현시대의 가장 위대한 마르크스주의자이다. 반세기 남짓 동안 그는 마르크스-레닌주의의 보편적 진리와 중국 혁명의 구체적인 실천을 서로 결부시키는 원칙에 따라 국내외, 당 내외 계급의 적들과 장기적으로 투쟁하면서 마르크스-레닌주의를 계승, 수호하고 발전시켜 무산계급혁명운동의 역사에서 그야말로 빛나는 한 페이지를 남겨놓았다." "중국인민을 위해, 국제 무산계급과 전 세계 혁명인민을 위해 이룩한 그의 위대한 공적은 영원히 남을 것이다."라고 지적했다. 마오쩌둥의 서거를 추모하는 기간에 전국은 조기를 게양하며 애도를 표시했다. 9월 11일부터 17일까지 인민대회당에서 조문 활동을 거행했고 전국 여러 기관, 부대, 공장, 광산 기업, 상점, 농촌, 학교, 가두 등 모든 기층 단위에서도 조문 활동을 거행했다. 전국인민은 크나큰 비통에 잠겨 있었다.

9월 18일, 수도의 노동자, 농민, 병사 각계 대중 100만 명이 참가한 추도대회가 베이징 톈안먼 광장에서 성대히 거행되었다. 당, 정부, 군대 기관 간부와 군중이 톈안먼 광장과 동서 10리 장안거리에 질서정연하게 서 있었고 가라앉은 비감한 추도곡 소리, 길게 울리는 기적 소리가 조국 대지에 울려 퍼졌다. 사람들은 눈물을 비 오듯 흘리면서 통곡했으며 동시에 저우언라이, 주더, 마오쩌둥이 잇달아 서거한 이후 나라의 전도에 대해 깊이 우려했다. 중공중앙 제1부주석이며 국무원 총리인 화궈펑이 추도사를 낭독하여 마오쩌둥이 반세기 남짓한 동안 혁명 생애에서 쌓은 위대한 업적을 기리고 칭송했다. 그는 다음과 같이 말했다. 마오 주석이 평생해온 사업은 광범위한 인민 대중과 혈연적인 연계를 갖고 있었다. 장기적으로 억압과 착취를 당하던 중국인민은 마오 주석의 영도로 나라의 주인이 되었다. 심한 재난을 입은 중화민족은 마오 주석의 영도로 일어섰다. 중국인민은 마오쩌둥을 영원히 잊지 않을 것이다.

200여 개 국가, 정당, 조직과 그 지도자들이 중국의 당과 정부에 조문 전보, 조문 서한을 보내 깊은 애도를 표시했다. 북한, 알바니아, 캄보디아 등 30여 개 나라에서는 추도활동을 거행했다. 많은 나라의 라디오방송, 텔레비전방송과 신문들은 마오쩌둥의 혁명 활동과 관련한 편집물, 사진과 기록 영화를 대량 보도했다. 9월 21일에 유엔 제31차 총회 개막식에서 회의에 참석한 140여 개 국가의 대표들이 마오쩌둥을 추모하기 위해 숙연히 서서 묵도를 드렸다.

### '4인방'을 일거에 분쇄

마오쩌둥이 서거한 후 '4인방'은 당과 국가의 최고 영도권을 탈취하기 위한 음모활동을 서둘렀다. 마오쩌둥의 병세가 위중하던 8월 하순에 상하이에 있는 '4인방'은 갑작스레 무기를 발급하여 상하이민병들을 무장시켰는데 합계 총 7만 4,220자루, 대포 300문, 여러 가지 탄알 1천여 발을 발급했다. 그들은 상하이를 그들이 최고 권력을 탈취하는 근거지로 삼으려고 망령되게 시도했다. 마오쩌둥이 서거한 후 그들은 더욱 거리낌 없이 음모활동을 진행했다. 9월 11일에 왕훙원은 중앙판공청의 당직실을 제쳐놓고 중난하이에 따로 당직실을 설치한 다음 중대한 문제를 제때에 당직실을 통해 저들에게 지시요청, 보고하라고 각 성, 직할시, 자치구 당위원회에 통지함으로써 당중앙위원회와 각지의 연계를 끊어버리고 그들이 전국을 지휘하려고 시도했다. 장칭은 마오쩌둥이 보존하고 있던 문건과 자료들을 온갖 수단으로 차지하려 했다. '4인방'은 또 화궈펑의 행동을 감시했다. 그들은 몰래 상하이의 심복들에게 여러 가지 배치를 했다. '4인방'은 칭화대학, 베이징대학, 신화사 등 단위의 몇몇 사람을 조종하여 장칭에게 '충성의 서신', '등극을 요청하는 서신'을 쓰게 했다. 어떤 사람은 서신에서 장칭이 "중공중앙 주석과 군사위원회 주석을 맡"고 "이 중임을 떠맡을 것"을 공공연히 제기했다. 왕훙원은 전국적으로 걸게 될 표준 초상화까지 만들어놓고 문예계에 〈성대한 명절〉 등 영화를 제작할 것을 명령했다.

당중앙위원회 제1부주석으로서 중앙의 사업을 주관하고 있던 화궈펑은 '4인방'이 당과 국가의 권력을 탈취하려는 심각한 위험을 간파하고 시급히 대책을 마련하여 당과 국가를 해치는 이런 '등창'을 제거해버려야 한다고 생각했다. 9월 11일에 화궈펑은 리셴녠의 거처를 찾아가 '4인방'과의 투쟁은 불가피한 것이고 이제는 해결할 때가 되었다고 말했다. 화궈펑은 또 리셴녠에게 자신을 대표하여 예젠잉을 만나 어떤 방식으로 언제 '4인방' 문제를 해결해야 할 것인지에 대해 예젠잉의 의견을 들어볼 것을 부탁했다. 9월 14일에 리셴녠은 예젠잉의 거처를 찾아가 화궈펑의 의사를 전달하고 그와 함께 이 일을 연구했다.[9] 화궈펑은 예젠잉, 리셴녠, 왕둥싱 등과 함께 거듭 연구한 뒤 '4인방'과의 투쟁은 공존할 수 없는 생사를 판가름하는 싸움으로서 이미 정상적인 당내 모순과 당내 투쟁의 범위를 벗어났기에 마땅히 과단성 있는 조치를 취해 해결해야 하지만 또한 큰 사회 동란이 생기지 않도록 해야 한다고 인정했다.

'4인방'은 당과 국가의 권력을 탈취하기 위해 여론을 조성하면서 "이미 정해진 방침대로 해야 한다."는 이른바 마오 주석의 임종 시 '당부'를 위조했다. 9월 16일 자 〈인민일보〉, 〈붉은기〉, 〈해방군보〉는

---

9) 〈리셴녠전〉편집조 편, 〈리셴녠(1949~1992)〉 하, 중앙문헌출판사 한문판, 2009년, 899~900쪽.

사설을 발표하여 "마오 주석은 우리에게 '이미 정해진 방침대로 해야 한다.'고 당부했다." "이미 정해진 방침대로 해야 한다는 것은 바로 마오 주석의 무산계급 혁명노선과 제반 정책을 그대로 집행해야 한다는 것이다."고 했다. 그들은 "이미 정해진 방침대로 해야 한다."는 것을 당시의 선전 중점으로 삼고 신문 간행물의 주요 지면에 실어 여러 차례 선전하면서 자기들을 내세우고 화궈펑 등을 타격했다.

'4인방'이 마오쩌둥의 임종 시 '당부'를 위조한 것은 화궈펑으로 하여금 경각심을 더욱 높이게 했다. 4개월 이전에 마오쩌둥이 그에게 적어준 세 마디의 말과 대조한 뒤 10월 2일에 화궈펑은 '유엔총회 제31차 회의에서 중국대표단 단장의 발언원고'를 심사할 때 이 제기법을 시정함과 아울러 내가 마오 주석이 친필로 쓴 것과 대조해본 결과 임종 시 그들이 내놓은 '당부'는 세 글자가 틀렸다. 마오 주석이 쓴 것과 내가 정치국에서 전달한 것은 모두 "지난날의 방침대로 해야 한다."는 것이었는데 앞으로 또 잘못 전달되는 것을 막기 위해 내가 이 부분을 삭제했다고 회시했다. 그러나 장춘차오는 오히려 이 문건에 "전달하지 않을 것을 건의한다."는 회시를 했고 장칭은 장춘차오의 의견에 동의했다. '4인방'은 화궈펑의 회시가 아래에 전달되지 못하게 막음으로써 마오쩌둥의 임종 시 '당부'를 위조한 사기극이 들통 나지 않도록 하는 한편 그들의 집필조를 시켜 격조가 더 높은 "이미 정해진 방침대로 해야 한다."는 글을 내놓게 했다. 10월 4일 자 〈광명일보〉는 제1면에 "량샤오"의 '영원히 마오 주석이 이미 정해놓은 방침대로 해야 한다'는 글을 실었다. 글에서는 "마오 주석의 이미 정해놓은 방침을 뜯어고치는 것은 마르크스주의를 배신하는 것이며 사회주의를 배신하는 것이고 무산계급 독재에서의 계속 혁명의 위대한 학설을 배신하는 것이다." "그 어떤 수정주의 우두머리라도 감히 마오 주석이 이미 정해놓은 방침을 뜯어고친다면 절대로 좋은 결말을 보지 못할 것이다."라고 하여 예봉을 직접 중앙사업을 주관하고 있는 화궈펑 등 지도자들에게 돌렸다.

이를 전후하여 '4인방'은 더욱 노골적으로 권력을 탈취하기 위한 활동을 추진했다. 10월 1일에 장칭은 칭화대학에서 연설하여 "아직도 어떤 사람은 그(덩샤오핑—인용자 주)를 위해 번안하려 하"는데 모두가 이에 경각심을 가져야 한다고 하면서 "나도 꼭 체력을 잘 단련하여 그들과 투쟁할 것을 이 자리에 있는 젊은이들에게 맹세한다. 계급 투쟁, 노선 투쟁은 아직도 오랫동안 진행해야 한다."고 말했다. 10월 3일에 왕훙원은 베이징시 핑구현에서 연설할 때 다음과 같이 말했다. "중앙에 수정주의가 나타났는데 당신들은 어떻게 할 것인가? 타도해야 한다!" "앞으로 또 당샤오핑, 왕샤오핑과 같은 자들이 나타날 수 있으니 경각심을 높여야 한다!" "눈을 크게 뜨고 수정주의를 간파해야 한다."

'4인방'의 당과 국가의 권력을 탈취하는 활동은 예젠잉, 리셴녠 등 많은 노 세대 혁명가들의 깊은 우려를 자아냈다. 그들은 대개 어려운 처지에 있었지만 여전히 여러 가지 경로, 여러 가지 형태로 서로 소식을 전하면서 위험한 국면을 돌려세울 것을 언급했고 '4인방' 문제를 해결하는 방법을 토론했다. 화궈펑, 예젠잉, 리셴녠, 왕둥싱 등은 신중하게 고려하고 반복적으로 상의한 다음 중앙정치국의 다수 동지의 동의를 얻고 나서 '4인방'을 격리해 심사하는 조치를 취하기로 결정했다.

10월 6일 저녁 8시, 화궈펑과 예젠잉은 중난하이(中南海) 화이런탕(怀仁堂)에서 중앙정치국 상무위원회의를 소집하면서 야오원위안에게 방청으로 참석하라고 통지했다. 장춘차오, 왕훙원, 야오원위안이 회의실에 도착했을 때 그들을 격리, 심사한다고 각각 선포함과 동시에 중난하이에 있는 장칭의 거처에 사람을 파견하여 역시 격리심사 결정을 집행한다고 선포했다. 드디어 횡포만을 일삼아 오던 '4인방'이 일거에 분쇄되었다. 이와 때를 같이 하여 당중앙위원회는 사람을 파견하여 '4인방'이 통제하고 있던 신화사, 중앙인민라디오방송국과 인민일보사 등 중앙 선전기구를 인수했다. 이날 저녁 10시에 중공중앙은 정치국긴급회의를 열고 '4인방'을 분쇄한 뒤의 당과 국가의 중대한 문제를 결정했고 화궈펑이 중공중앙 주석, 중앙군사위원회 주석을 맡는(당중앙위원회 제10기 제3차 전원회의에서 인가하도록 했다) 것에 대한 결정에 만장일치로 통과시켰다.

10월 7일부터 14일까지 중앙정치국은 베이징에서 중앙 당, 정부, 군대 기관, 각 성, 자치구, 직할시, 각 대 군구 책임자들이 참가한 예고회의를 각각 소집하고 '4인방'에 대해 취한 과단성 있는 조치와 화궈펑을 중공중앙 수석, 중앙군사위원회 주석으로 임명하는 것에 대한 당중앙위원회의 결의를 통보했다. 회의는 당과 국가의 권력을 탈취하려는 '4인방'의 음모와 죄행을 폭로하고 '4인방'을 분쇄한 뒤의 당과 국가의 중요한 사업을 배치했으며 문제를 해결하고 정세도 안정시키는 방침을 확정했다. 10월 8일에 중공중앙은 두 가지 결정을 내렸다. 하나는 수도 베이징에 마오쩌둥 주석의 기념관을 세우고 마오쩌둥의 시신을 안치한 수정관을 기념관으로 옮겨 광범위한 대중이 그의 모습을 바라볼 수 있게 하는 것이고 다른 하나는 〈마오쩌둥 선집〉 제5권을 조속히 출판하고 〈마오쩌둥 전집〉의 출판을 준비하는 것이었다.

상하이에 있는 '4인방' 심복과 핵심인물들은 장칭 등이 격리심사를 받고 있다는 소식을 탐지한 후 즉각 긴급 동원하여 무장반란을 일으키려고 망령되게 시도했다. 그들은 지휘부를 조직하고 민병들을 집결시켰으며 여러 가지 총포, 차량을 동원하고 물자와 식품을 대량 집중시켰으며 무장반란의 구체적인 절차를 배치하여 장칭 반혁명집단을 구원하기 위한 최후의 발악을 했다. 그들은 또 전시, 전국인민들에게 알리는 글을 발표할 준비를 하면서 "우리 장칭을 돌려 달라, 우리 장춘차오를 돌려 달라, 우리 야오원위안을 돌려 달라, 우리 왕훙원을 돌려 달라!"는 등 구호를 내놓았다. 당중앙위원회는 상하이에서 일이 생길 줄을 미리 예상했기에 제때에 강력한 조치를 통해 상하이의 사태를 통제했다. 그리하여 무장정변을 발동하려고 망령되게 시도했던 장칭 반혁명집단의 음모가 순식간에 소멸되었다. 장칭 반혁명집단이 상하이에서 무장정변을 책동한 음모가 무산되자 '4인방'을 성토하는 상하이 인민의 분노의 물결이 전 시를 휩쓸었다.

10월 18일에 중공중앙은 '왕훙원, 장춘차오, 장칭, 야오원위안 반당집단 사건에 관한 통지'를 현급 당 조직에 발부하여 '4인방'의 죄행과 마오쩌둥이 1974년 2월 이후 그들을 비판한 내용을 통보했으며 전당이 긴밀히 단결하여 '4인방'을 적발해 비판하는 투쟁을 전개할 것을 호소했고 아울러 '4인방'을 추종하여 엄중한 오류를 범한 동지들이 재빨리 각성할 것을 희망했다. '통지'는 또 투쟁 과정에서 정책에 주의해 타격 범위를 줄이고 교양 범위를 넓히며 오류를 범한 사람들을 구별하여 대해야 하며 '4인방'을 반대하는 투쟁은 일괄적으로 당위원회의 영도로 진행하며 강력한 조치를 취해 파벌을 없애야 한다고 강조했다.

'4인방'을 분쇄한 소식이 공개되자 전국 여러 민족 인민들은 너무도 기뻐했고 온 나라가 기쁨으로 들끓었다. 10월 21일부터 30일까지 전국 29개 성, 직할시, 자치구와 인민해방군 각 부대에서는 성대한 집회와 시위행진을 하여 당중앙위원회가 '4인방'을 분쇄한 과단성 있는 조치를 옹호하고 '4인방'을 분쇄한 중대한 승리를 경축했다. 노동자, 농민, 해방군과 학생 대표들은 분분히 발언하여 '4인방'을 분쇄한 것은 당을 위해 변절자를 제거한 것이고 나라를 위해 해를 없앤 것이며 인민을 위해 분노를 풀어준 것이라고 칭송했다. 21일에 수도 베이징의 군대와 시민 150만 명이 기세 드높이 경축시위행진을 했다. 이른 새벽부터 수많은 각계 대중이 붉은 기를 세워들고 꽹과리와 북을 치면서 열을 지어 사방팔방에서부터 톈안먼 광장에 모여들었다. 톈안먼 광장은 붉은 기가 숲을 이루고 노래 소리, 꽹과리 소리, 북 소리, 폭죽 소리, 구호 소리가 한데 어울려 기쁨의 도가니를 이루었다. 사람들은 기쁨에 겨워 노래를 부르고 춤을 추었으며 마음껏 술을 마셨다. 많은 대도시와 중등도시에서는 꽃불 폭죽이 바닥났고 크고 작은 상점의 술 매대 앞은 장사진을 이루었다. 30여 개 나라와 지역의 텔레비전방송국에서 수도의 100만 대중이 톈안먼 광장에서 거행한 경축대회 실황을 녹화하여 방송했다. 홍콩과 마카오의 각계 애국 동포들도 경축집회를 가졌다. 조국의 운명에 관심을 기울이던 해외 화교들은 "마음을 짓누르던 돌덩어리가 없어졌다."며 기쁨에 넘쳐 말했다.

   장칭 반혁명집단을 분쇄한 것은 중앙정치국이 당과 인민의 의지에 따라 비상적인 정세에서 특수한 방식으로 진행한 한 차례의 투쟁이었으며 전당, 전군과 전국 여러 민족 인민들이 장기적으로 투쟁하여 이룩한 위대한 승리였다. 장칭 반혁명집단을 분쇄하는 투쟁 가운데 화궈펑, 예젠잉, 리셴녠 등이 중요한 역할을 했다. 장칭 반혁명집단을 분쇄한 것은 당과 인민의 한결같은 염원을 실현한 것이고 위험 속에서 당을 구하고 나라를 구하고 중국의 사회주의사업을 구한 것으로 당의 위대한 역사적 전환을 실현하기 위한 전제를 마련해주었다.

장칭 등이 '문화대혁명' 가운데 '좌'적 오류를 극단적으로 시행하여 저지른 죄행은 이루다 헤아릴 수가 없었다. 1980년 11월부터 1981년 1월까지 최고인민검찰원 특별검찰청의 기소와 최고인민법원 특별법정의 공개적인 심판을 거쳐 '문화대혁명' 가운데 중국과 중화민족에게 재난을 뒤집어씌운 린뱌오 반혁명집단과 장칭 반혁명집단이 법적 제재를 받았다. 린뱌오 반혁명집단과 장칭 반혁명집단을 법에 의해 심판한 것은 당과 나라의 정치생활이 법제 궤도에 들어서는 중요한 의의를 가졌으며 이 심판을 통해 중국은 사법제도를 회복, 재건하는 역사적인 전환을 이룩했다.

제28장

# '문화대혁명'의 10년에 대한 기본적인 분석

당의 역사에서 '문화대혁명'은 '좌'적 오류의 지도사상이 당중앙위원회에서 주도적 지위를 차지하며 지속한 가장 긴 시기였으며 이번 '대혁명'은 당, 나라와 전국 여러 민족 인민들에게 막심한 재난을 가져다주었고 지극히 침통한 교훈을 남겼다. 그러나 이 10년 동안에 마오쩌둥이 극좌적 사조를 어느 정도 제한하고 당과 인민이 '문화대혁명'과 린뱌오, 장칭 두 반혁명집단을 배격하고 계속 맞서 싸웠으므로 '문화대혁명'의 파괴가 어느 정도 제한되었으며 중국 국민경제는 어떤 분야에서는 여전히 진전을 가져왔다. '문화대혁명'의 10년을 전면적으로 분석하고 '문화대혁명'의 교훈을 과학적으로 총화하는 것은 우리가 중국에서 사회주의를 건설하는 올바른 길을 찾는 것에서 역사적 참고가 될 뿐 아니라 우리가 새로운 역사적 조건에서 집권당 건설을 꾸준히 강화하는 것에 대해서도 중요한 의의를 가진다.

## 1. '문화대혁명' 내란의 심각한 위해

'문화대혁명'은 우리 당, 나라와 민족에 전체적으로 막대한 피해를 입히고 정치, 사상, 문화, 경제, 당 건설 등에서 모두 재난적인 결과를 초래했다.

정치면에서 극좌적 사조의 영향과 린뱌오, 장칭 두 반혁명집단의 나라와 인민을 해치는 죄악적인 활동으로 당과 나라의 정치가 심하게 파괴되었고 당 조직과 정권기구가 전에 없던 재난과 손실을 입었다. 당과 나라의 많은 지도간부가 타도당하고 박해를 받았다. 린뱌오, 장칭 두 반혁명집단을 대상으로 한 기소문에서 모함을 당한 명단을 집계한 것에 따르면 '문화대혁명'가운데 당과 나라의 지도자 가운데 모함당한 사람은 38명이고 기타 중앙 당, 정부, 군대 지도간부,

민주당파 책임자, 각계 지명인사 가운데 모함당한 사람은 382명이었다. 또 중앙조직부의 통계에 의하면 '문화대혁명' 가운데 전국적으로 입건되어 '심사'를 받은 간부가 총 230만 명으로 '문화대혁명' 전 1,200만 명 간부의 19.2%를 차지했다. 비록 입건되어 '심사'는 받지 않았으나 그릇되게 비판과 투쟁을 받고 수감당한 간부와 연루된 사람들의 수는 더욱 많았다. 그 가운데 중앙기관과 국가기관 부부장급 이상, 지방의 부성장급 이상 간부로 입건되어 '심사'를 받은 사람은 동급 간부 총수의 약 75%를 차지했고 6만여 명의 간부가 박해를 당해 숨졌으며 집단적인 억울한 사건, 꾸며낸 사건, 잘못 처리된 사건이 거의 2만 건에 달하고 연관된 간부가 몇십 만 명에 달했다. 대량의 억울한 사건, 꾸며낸 사건, 잘못 처리된 사건으로 말미암아 모함당하고 박해를 받고 연루된 사람은 이루 헤아릴 수 없었다. 당과 정부의 각급 기구들은 장기간 마비 또는 비정상적인 상태에 빠졌고 전국인민대표대회는 9년 남짓한 동안 활동을 중단했으며 중국인민정치협상회의는 10년 동안 아예 소집되지 않았다. 장기간의 동란 속에서, 특히 동란이 가장 심할 때 인민민주주의 독재의 초석인 인민해방군은 심한 타격을 받았고 공안, 검찰, 법원 등 기관은 '철저히 부서'졌으며 본래부터 완벽하지 못했던 민주와 법제가 더욱 심하게 파괴되었고 난폭하게 비판 투쟁하고 법정을 사사로이 세우며 고문으로 진술을 강요하고 강제로 체포하며 비법적으로 감금하고 마음대로 가택을 수색하는 현상이 극히 보편적이었다. 당 조직, 국가정권, 민주와 법제가 극히 약화된 정형에서 규율 단속과 규정제도는 더구나 유명무실해졌다. 각종 투기자, 야심가, 음모자들이 제멋대로 판치고 파벌싸움이 그칠 새 없었으며 때리고 부수고 빼앗는 행위가 성행하여 인민들의 생명과 재산의 안전이 보장받지 못했다. 전반 사회생활이 지속적인 동란에 빠져 있었다. 그렇기 때문에 '문화대혁명'은 사실상 지도자가 잘못 행사하고 반혁명집단에 이용되어 당, 나라와 여러 민족 인민에게 극심한 재난을 가져다준 내란이었다.

    사상 면에서 '좌'적인 그릇된 이론의 영향으로 말미암아 사람들의 사상이 극히 혼란해져 적아와 시비를 심하게 혼동했다. '문화대혁명'은 일찍이 '사람들의 영혼에 미치는' 사상혁명으로 선전되었고 '사적 관념과 투쟁하고 수정주의 사상을 비판'하는 것을 이번 '혁명'의 사상 '강령'으로 내세웠으며 '무산계급 독재에서의 계속 혁명의 이론'은 '혁명'의 지도사상으로 떠받들어졌다. 그러나 '문화대혁명'이 의거로 삼은 이러한 이론들은 현실에 부합되지 않았을 뿐만 아니라 또 많은 면에서 마르크스-레닌주의의 원칙에 위배되었다. '문화대혁명' 기간에 그릇되고 심지어 황당무계한 이론적 선전들이 많이 범람하면서 사람들의 사상이 전에 없이 혼란에 빠지는 해를 끼쳤다. '문화대혁명'에서처럼 시비를 뒤섞고 적아를 혼동하며 무턱대고 원칙적 수준으로 올려놓고 함부로 비판, 투쟁하며 인격을 모독하는 등은 마르크스-레닌주의가 주장하는 사상교육사업과는 전혀 어울리지 않는 것이었다. 10년 내란을 거쳐 우리 당의 작풍이 파괴되었고 사회기풍이 지난 시기보다 명확하게 떨어졌으며 도덕 수준이 내려갔고 극좌적 사조, 무정부주의, 극단적 개인주의, 개인 미신과 각종 그릇된 사상 행위가 범람하여 중국사회의 발전에 대단히 큰 부정적 작용을 했다.

    문화면에서 '문화대혁명'은 중국 과학문화사업과 민족전통문화를 심하게 파괴했으며 문화사업에 막대한 퇴보를 가져왔다. 10년의 역사가 증명해주다시피 이번 '대혁명'은 결코 마르크스주의가 주장하는 본래 의미에서의 문화혁명이 아니라 중국문화에 대한 한 차례 큰 재난이었다. '문화대혁명'은 '좌'적인 그릇된 사상으로 과학문화사업을

'비판'하고 철저히 바꾼 데에서 과학문화사업에 심한 손상을 입혔다. 보도사업이 심한 좌절을 당했다. 신중국 창건 후 전 17년 동안에 제작된 650여 편의 예술영화가 '독초'로 몰려 발행과 상영을 금지당했다. 교육사상이 엄중하게 왜곡되고 조국의 수많은 우수한 문화서적이 불태워졌다. 교육, 과학, 문화 등 분야의 많은 지식인이 '잡귀신'으로 몰려 심한 충격과 박해를 받았다. 민족전통문화와 각종 문화유산이 극심한 파괴를 당했다. 조예가 깊은 많은 전문가, 학자들이 인신 모욕을 당하고 '외양간'에 갇히거나 하방되어 '개조'를 받았다. 한동안 학교가 문을 닫고 학생들이 수업을 중단했으며 교정이 황폐해지고 과학연구기구가 대량으로 폐쇄되었다. 10년간 대학교와 중등전문학교에서는 전문 인재 수백만 명을 적게 양성했고 중국 지식인 대오 건설에 장기간 공백이 나타났으며 세계 선진국들과의 과학기술 수준 격차가 더욱 커졌다. 1982년의 인구조사통계에 따르면 전국적으로 문맹자와 반문맹자가 2억 3천만 냉을 웃돌아 당시 전국 총인구의 거의 4분의 1을 차지했다. 이와 같은 정형은 전체 중화민족의 과학문화 자질을 높이고 사회주의 현대화사업을 발전시키는 데 심각한 영향을 끼쳤다.

경제 측면에서 '문화대혁명'운동의 영향으로 말미암아 경제 발전은 큰 손실을 입었다. 장기간 동란의 충격으로 정상적인 생산 질서와 경영 활동이 유지되기 어려웠다. '좌'적인 그릇된 사상의 지도로 생산력을 발전시키고 상품 경제를 발전시키며 노동에 따라 분배하는 원칙을 시행하고 외국의 선진 기술을 도입하는 것 등과 같은 사회주의 건설의 올바른 원칙들이 모두 수정주의와 자본주의로 취급당해 비판을 받았다. 생산관계에서는 개인 경제의 존재와 발전을 허용하지 않았고 이른바 '자본주의를 대대적으로 비판하고 사회주의를 대대적으로 건설하며 '자본주의의 꼬리를 자르는' 데 집중했으며 분배제도에서는 물질적 이익을 경시하고 평균주의가 범람했다. 대외경제관계에서는 이른바 '양노철학'과 '추종주의'를 비판한 데서 외국의 선진기술을 도입하는 사업이 커다란 압력을 받게 되었다. 사람마다 불안해하는 정치적 압력과 경직된 경제 체제 속에서, '4인방'이 고취한 '수정주의 노선을 위한 생산을 하지 말고' '사회주의의 풀을 요구할지언정 자본주의의 싹은 요구하지 않으며' '생산력 유일론을 비판'하는 등 관점의 영향을 받아 사람들의 생산 열정이 떨어지고 과학기술 진보가 둔화되었으며 경제적 효과가 보편적으로 대폭 내려갔다.[1]

국민경제가 심하게 흔들리고 발전이 더딘 데다 계획출산사업까지 영향을 받아 인구가 급격히 늘어났다. 그리하여 1976년의 전국 총인구는 9억 3,700만 명에 달했는데 이는 1966년의 7억 4,500만 명보다 거의 1억 9,200만 명이 늘어났다. '문화대혁명'의 10년 동안 인민 생활수준은 기본적으로 제고되지 않았고 어떤 면에서는 심지어 다소 내려가기까지 했다. 식량 측면을 보면 양곡의 인구당 소비량은 1976년에 380.56근으로 1966년의 379.14근보다 겨우 1.42근밖에 늘어나지 않았으며(과거 최고 수준이었던 1956년의 408.58근보다 28.02근 줄어들었다) 식용식물류의 인구당 소비량은 1976년에 3.19근으로 1966년의 3.52근보다 낮았다(지난 시기 최고 수준이었던 1956년의 5.13근보다 1.94근 줄어들었다). 의류를 볼 때 각종 원단의 인구당

---

[1] 관련 통계에 따르면 100위안당 축적, 증가한 국민소득은 제1차 5개년 계획(1953~1957년) 기간에 32위안이었으나 제3차 5개년 계획(1966~1970년), 제4차 5개년 계획(1971~1975년) 기간에 각각 26위안, 16위안으로 내려갔다. 공업 분야에서 100위안당 자금이 실현한 이윤 세금은 1966년에 34.5위안이던 것이 1976년에는 20.4위안으로 내려갔다. 상업 분야에서 100위안당 자금이 실현한 이윤은 1957년에 20위안이던 것이 1976년에는 9.7위안으로 내려갔다. 기본 건설 분야에서 고정자산의 사용 교부율은 제1차 5개년 계획 기간에는 83.6%였는데 제3차 5개년 계획 기간과 제4차 5개년 계획 기간에는 59.4%와 61.4%로 내려갔다.

소비량은 1976년에 23.55자로 1966년의 19.89자보다 조금 늘어났다 (그러나 지난 시기 최고 수준이었던 1959년의 29.17자보다 5.62자 줄어들었다). 그 가운데 1968년에 발급한 원단 구매표는 인구당 15.52자밖에 안 되었다. 주택을 볼 때 제1차 5개년 계획 기간에는 주택 건설투자가 비생산성 투자의 9.1%를 차지했는데 '문화대혁명' 첫 5년간이었던 제3차 5개년 계획 기간에는 겨우 4%밖에 차지하지 못했고 마지막 5년간이었던 제4차 5개년 계획 기간에도 겨우 5.7%밖에 차지하지 못했다. 인구가 너무 급속도로 늘어난 데다 주택 건설투자 비중이 내려가 도시 주민들은 매우 좁은 공간에서 살아야 했다. '문화대혁명' 10년 동안에 전 인민적 소유제의 각 부문에 있던 종업원들의 노임은 1971년에 한 번 조정되었을 뿐이어서 전 인민적 소유제 단위 종업원들의 평균 실제 노임은 해마다 마이너스 성장을 했고 그 가운데 제3차 5개년 계획 시기에는 −1.2%, 제4차 5개년 계획 시기에는 0.1%를 기록했다. 1966년부터 1976년까지 전인민적 소유세난위에 있는 종업원들의 몇 년간 평균 화폐 노임과 실제 노임지수는 모두 제1차 5개년 계획 시기 말이었던 1957년과 제2차 5개년 계획 시기 말이었던 1965년보다 낮았다. 농촌 경제는 인구당 수준으로 볼 때 성장이 더디었다.[2] 1960~1970년대는 많은 나라의 경제가 바야흐로 급성장했거나 지속적으로 발전해온 시기였다. 중국 주변의 많은 나라와 지역들은 바로 이 시기를 전후하여 국민경제가 급속히 발전함으로써 일약 신흥공업화 국가 또는 지역으로 부상했다. 그런데 중국은 오

---

[2] 1976년, 전국적으로 농업 노역당 창조한 농업 순생산액은 평균 319위안으로 1965년보다 겨우 7.4% 밖에 늘어나지 않아 1952년의 323위안 수준보다도 낮았으며 농업 노역당 생산한 양곡은 972킬로그램으로 1965년보다 15.4%밖에 늘어나지 않아 역시 1957년의 1,031킬로그램 수준보다 낮았으며 농민 인구당 연평균 순소득은 113위안으로 1965년보다 겨우 6위안이 늘어났고 연평균 0.55위안밖에 늘지 않았다.

히려 내란 속에 빠져 소중한 역사적 기회를 놓쳐버렸다. 덩샤오핑이 지적하다시피 "1960년대 초기에 중국은 세계와 격차가 있기는 했지만 그리 크지 않았다. 1960년대 말부터 1970년대까지의 이 11~12년 사이에 우리와 세계와의 격차는 대단히 커졌다".[3] 중국은 "1950년대에는 기술 측면에서 일본과 차이가 그리 크지 않았다". 그러나 "일본은 그동안 경제대국으로 변했다".[4] 다른 일부 국가와 비교해 보면 세계적으로 과학기술과 경제가 끊임없이 발전하고 있을 때 우리나라는 오히려 발전에 큰 좌절을 겪어 "농민과 노동자들의 수입은 아주 적게 늘어났고 생활수준은 매우 낮았으며 생산력도 그다지 큰 발전을 거두지 못했다".[5] 이것은 우리가 깊이 반성해야 하는 역사적 교훈이다.

당 건설에서 '문화대혁명'은 중국공산당의 역사상 "가장 광범위하고 가장 심각하게 진행된 한차례 당 정돈운동"으로 선전되었으나 실제 상황은 이와 정반대로 당 조직의 건설에 극심한 파괴와 손실을 입혔다. "린뱌오와 '4인방'이 우리 당에 끼친 손실은 대단히 컸다".[6] '문화대혁명'이 시작되자 제일 먼저 문화교육, 과학기술 등 분야와 당, 정부기관의 각급 기층당 조직이 충격을 받았고 몇 달 후에는 "당위원회를 차버리고 혁명하자."는 따위의 구호가 나타나면서 광범위한 당원, 특히 당의 각급 지도기관과 지도간부가 보편적으로 심한 충격을 받았다. 동란 속에서 많은 당과 국가의 지도자들과 각급 당 간부들이

---

3) 덩샤오핑, '사회주의도 시장경제를 시행할 수 있다'(1979년 11월 26일), 〈덩샤오핑 선문집〉 제2권, 민족출판사 1995년, 343쪽.
4) 덩샤오핑, '과학기술은 제1생산력이다'(1988년 9월 5일), 〈덩샤오핑 선문집〉 제3권, 민족출판사 1994년, 387~388쪽.
5) 덩샤오핑, '정치에서 민주주의를 발전시키고 경제에서 개혁을 진행해야 한다'(1985년 4월 15일), 〈덩샤오핑 선문집〉 제3권, 민족출판사 1994년, 164쪽.
6) 덩샤오핑, '현 정세와 과업'(1980년 1월 16일), 〈덩샤오핑 선문집〉 제2권, 민족출판사 1995년, 396쪽.

"자본주의 길로 나아가는 집권파"로 몰려 타도당하고 온갖 박해를 받았으며 절대다수의 당 조직은 한때 조직생활이 중단되기까지 했다. 우리의 당 작풍과 혁명전통이 무참히 파괴되었고 당의 위신과 마르크스주의 명성이 크게 실추되었다. 린뱌오와 '4인방'은 당내에서 단체를 조직하고 요언을 날조하여 모함하고 잔혹하게 투쟁하고 반대파를 제거했다. 많은 반란파가 당내에 들어와 당 조직의 순수성을 심하게 파괴했다. 계급투쟁을 보편적으로 심하게 확대한 분위기 속에서 거짓말, 빈말, 상투적인 말들이 성행하여 하나의 풍조를 이루었고 형식주의가 성행했으며 무정부주의, 자유주의, 극단적개인주의, 권모술수 등 온갖 악한 습성과 그릇된 기풍이 창궐했다. '문화대혁명'은 당 건설에 긍정적인 영향을 가져다주기는커녕 당의 지도사상을 혼란스럽게 만들었고 민주주의 중앙집권제를 무참하게 짓밟았으며 당 작풍을 어지럽혔고 당 규율을 파괴했으며 당의 위신과 응집력을 떨어뜨렸다.

  실천은 '문화대혁명'이라는 이 내란이 마르크스–레닌주의, 사회주의와 중국공산당의 숭고한 명예를 극도로 실추시키고 인민민주주의 독재를 어지럽혔으며 사회주의 건설사업 행정에 심각한 영향을 끼쳤으므로 '문화대혁명'을 반드시 철저히 부정해야 한다는 것을 증명해 주었다.

## 2. '문화대혁명' 시기 사회주의 건설사업의 진전

  '문화대혁명'의 이론과 실천은 완전히 그릇된 것이었다. 그러나 이 10년 동안 중국은 경제 분야에서 어느 정도 진전을 이룩했고 국방과 학기술과 외교사업에서 결정적인 진전을 가져왔다.

이 10년 동안에 마오쩌둥은 비록 전반 국면에서는 '문화대혁명'의 오류를 줄곧 두둔하고 견지했지만 이 운동의 발전 과정에 린뱌오 집단과 장칭 집단이 기회를 타서 혼란을 조성한 것과 극좌적 사조의 위해성에 대해서는 어느 정도 인식하게 되었다. 그는 구체적인 오류를 부분적으로 제지하고 시정했으며 일부 당의 지도간부들과 당 외의 저명한 인사들을 보호했고 일부 간부들을 다시 중요한 영도 직무로 돌아오게 했다. 그는 린뱌오 등을 믿고 의지했지만 린뱌오 반혁명집단을 분쇄하는 투쟁도 영도했다. 그는 '천하 대란'을 주장했지만 후에는 또 안정 단결을 거듭 호소했고 "국민경제를 일으켜 세울"것을 요구했다. 그는 비록 '문화대혁명'의 오류를 근본적으로 시정하는 것을 허용하지 않았지만 저우언라이와 덩샤오핑의 정돈사업을 제한적으로 지지했다. 그는 장칭 등을 신임했지만 후에는 또 그들을 날카롭게 비판, 적발했고 그들의 최고 영도권을 탈취하려는 야망이 달성되지 못하게 했다. 하나의 총체적 역량인 우리 당은 분쇄되지 않았고 분열되지 않았으며 국무원과 인민해방군은 계속 많은 필요한 사업을 진행할 수 있었다. 중국 사회주의 제도의 기본 바탕은 그대로 남아 있었고 우리의 이 다민족 국가는 여전히 통일을 유지했으며 중국 외교의 새로운 국면을 여는 중대한 전략적 조정이 실현되었다. 인민해방군은 여전히 조국의 안전을 용감하게 보위했다. 이 모든 것은 다 중국 사회주의 건설이 계속 진행되도록 보장했다.

'문화대혁명' 초기에 비록 당중앙위원회가 결의를 채택하여 이번 운동을 발동했지만 이 10년간 당 내외 광범위한 간부와 군중은 '좌'적 오류와 린뱌오 반혁명집단, 장칭 반혁명집단에 대해 투쟁을 계속해 왔다. '문화대혁명'의 준엄한 시련을 거쳐 제8기 당중앙위원회와 거기에서 선출된 정치국, 정치국 상무위원회, 서기처의 성원들은 절대다수가 투쟁 가운데 정확하거나 비교적 정확한 측면에 서 있었음이 증명되었다. '문화대혁명'에서 박해를 받아 불행하게 세상을 뜬 류사오치, 펑더화이, 허룽, 장원톈, 타오주 등 당과 국가의 지도자들을 우리는 영원히 잊지 않을 것이다. 저우언라이, 예젠잉, 리셴녠 등 지도자들은 극히 어려운 상황에서 전반 국면을 돌보고 치욕을 참아가면서 힘 닿는 데까지 당을 위해 유익한 일들을 대거 완수했다. 당의 각급 간부들은 잘못 타도된 간부이거나 줄곧 사업해온 간부이거나 다시 사업 현장에 나선 간부이거나를 막론하고 그 절대다수가 당과 인민에 충직했고 사회주의 위업에 대해 확고한 신념을 가지고 있었다. '문화대혁명' 가운데 박해를 받아 불행히 세상을 뜬 당과 국가의 지도자들, 당의 간부들에 대해 중국인민은 그들이 혁명과 건설사업에서 쌓은 위대한 업적, 그리고 당과 사회주의 위업에 무한히 충성하고 자신의 모든 것을 바친 그들의 고매한 지조를 두고두고 잊지 않을 것이다.

비록 '문화대혁명' 가운데 지속적인 정치운동으로 각 계층 대중이 타격을 받고 상처를 입었지만 당의 각급 지도간부, 광범위한 노동자, 농민, 해방군 지휘자와 전투원, 지식인, 애국적 민주인사, 애국적 화교 및 여러 민족 각 계층의 대중은 그 절대다수가 조국을 사랑하고 당과 사회주의를 옹호하는 입장을 확고히 지켜왔다. 그들 가운데 많은 사람은 '문화대혁명'의 실천을 통해 실제로 발생한 정황이 그들의 운동 초기 소망과는 너무나도 다르다는 것을 점차 느끼게 되었다. 그들이 다른 길을 통해 점차 이를 깨닫게 되자 '문화대혁명'에 대해 소극적으로 관망하고 배척하고 반대하는 태도를 보였다. 그들이 각자의 일터에서 사업과 생산을 견지하면서 다른 방식으로 '문화대혁명'을 배격하고 항거함으로써 이번 운동으로 인한 파괴가 어느 정도 제한되었다.

　다름 아닌 마오쩌둥이 '문화대혁명'에서 이러한 역할을 했고 노 세대 혁명가들이 이 내란을 배격하고 항거했으며 각급 간부들과 인민대중이 끊임없이 각성하고 함께 노력했기에 이 10년 동안의 사회주의 건설은 일부 중요 분야에서 여전히 일정한 진전을 가져왔다. 제3차 5개년 계획, 제4차 5개년 계획이 기본적으로 완수되었고 전국의 주요 공업 제품 생산량이 비교적 빨리 늘어났으며 대외경제사업이 비교적 큰 진전을 가져왔다. 제3선 건설에서 비록 전쟁의 위험성을 과대 추측하여 인력, 물력, 재력 면에서 큰 낭비를 초래한 것 등 문제가 나타났으나 여러 방면의 건설에서 성과를 이룩함으로써 중국 공업 구도를 개변시키고 내륙 경제와 사회 발전을 촉진하는 데 중요하고도 장구한 영향을 끼쳤다.

　이 10년 동안에 농업생산 조건이 일정하게 개선되었고 농업에 대한 국가의 자금, 물력 투입이 계속 늘어났다. 1976년에 국가 재정의 농업지원 자금과 농업 대부 연말 잔고는 총 200억 9천만 위안으로 1965년보다 50.8% 늘어났으며 농업기계의 총출력이 8,629만 6천 킬로와트로 6.9배 늘어났는데 그 가운데 대중형 트랙터가 39만 7천 대로 4.5배 늘어났고 배수동력기계와 관개동력기계가 3984만 킬로와트로 4.97배 늘어나 원래의 인력, 축력, 풍력을 이용한 간이양수도구가 기본적으로 동력전기펌프로 대체되었다. 화학비료의 총사용량은 582만 8천 톤에 달해 2배 늘어났고 농약 생산량과 수입량은 43만 6천 톤에 달해 90.6% 늘어났으며 농촌 전기사용량은 204억 8천만 킬로와트에 달해 4.5배 늘어났다. 농토 기본 건설이 계속 강화되었고 양곡생산과 농업생산이 기본적으로 안정적인 성장을 유지했다. 총생산량을 보면 1976년에 전국 농업 총생산액은 1,258억 위안에 달해 불변가격으로 계산하면 1965년보다 35.3% 성장했으며 전국 양곡 총생산량은 5,726억 2천만 근에 달해 1965년보다 47.2% 늘어났다. 지방의 소규모 강철공장, 탄광, 기계공장, 화학비료공장, 시멘트공장과 농촌의 공사, 생산대 기업이 비교적 크게 발전하여 훗날 중국 향진기업이 진흥할 수 있는 토대를 닦아놓았다. 소수민족지역에 있는 농촌 소학교의 5년 교육 보급사업이 일정하게 중요시되었다.

석유, 화학공업, 야금, 기계 업종이 모두 비교적 크게 발전했다. 1960년대 초에 건설되어 생산에 투입된 다칭유전은 이미 연간 원유 5천만 톤을 생산하는 대형기업이 되었다. 산둥승이유전, 톈진다강유전도 기본적인 규모를 갖추었다. 1976년에 중국 원유 생산량은 8,716만 톤에 달해 1965년의 생산량인 1,131만 톤의 7.7배에 상당했다. 이러한 대 유전들을 제외하고 이미 건설되었거나 건설 중인 대형 기업으로는 또 구이저우의 류판산, 쓰촨의 바오딩산과 푸룽산, 산둥의 옌저우 등 대형 탄광들, 간쑤의 류자사, 후베이의 딘징커우와 서저우바, 구이저우의 우장강 등 대중형수력발전소들, 쓰촨판즈화 강철공장, 간쑤주취안 강철공장, 청두 인발강관공장, 구이저우알루미늄공장, 쓰촨더양 제2중형기계공장, 산시푸핑 압연공장, 후베이 제2자동차공장, 쓰촨다쭈 자동차공장 등이 있었다. 1973년부터 중국은 또 해외에서 선진 일식설비와 단일기계를 많이 도입하기 시작했다.

일련의 교통운수선, 송유관선과 체신통신시설이 잇달아 건설되었다. 1959년에 착공하여 1968년에 준공된 난징장강대교는 당시 중국에서 자체적으로 설계하고 부설한 가장 큰 철도와 도로의 양용 다리로서 철도 구간의 길이가 6,772미터, 도로 구간의 길이가 4,588미터였다. 전체 길이가 1,091킬로미터인 청쿤철도[쓰촨 청두~윈난 쿤밍]는 1970년에 전 노선이 개통되었다. 전체 길이가 820킬로미터인 상금철도[후난 주저우 톈신~구이저우 구이딩], 전체 길이가 753킬로미터인 자오즈철도[허난 자오줘~후베이 즈청 그리고 또 구이쿤철도[구이저우 구이양~윈난 쿤밍], 징위안철도[베이징~산시 위안핑), 한단철도[후베이 한커우시~후베이 단장커우], 녕동철도[장쑤 난징~안후이 퉁링], 퉁랑철도[내몽골 퉁랴오~헤이룽강 다칭 랑후루] 등도 부설되었다. 1975년 7월 1일에는 또 기술 개조를 통해 중국 첫 전기화철도인 바오청철도(산시 바오지~쓰촨 청두)를 부설했다. 도로 건설에서도 일정한 진전을 가져왔다. 이 밖에 1974년에 우리나라는 다칭에서 진황다오(秦皇島)에 이르는 첫 장거리송유관선과 진황다오에서 베이징, 산둥 림읍에서 난징에 이르는 등 송유관선을 부설했다. 1976년에 중국은 또 8개 성, 시를 종단하는 전체 길이 1,700여 킬로미터의 중형동심케이블 1,800회로 반송파통신간선과 전국 20여 개 성, 시를 연결하는 마이크로파통신간선을 건설했다. 베이징, 상하이에서는 또 각각 위성지면모니터제어소를 건설했다. 이와 같은 성과들은 중국 교통운수 능력, 원유수송 능력과 체신통신 능력을 크게 보강시켰다.

  과학기술에서도 약간의 중요한 성과를 거두었다. 1966년 10월에 중국은 첫 미사일 핵무기 발사 시험에 성공했고 1967년 6월에는 첫 수소탄 폭발에 성공했으며 1969년 9월에는 첫 지하 핵 시험에 성공했고 1971년 9월에는 첫 핵 잠수정을 제조하여 시험 항행에 성공했다. 국방첨단기술연구에서 성과를 가져와 중국의 국방전략방어 능력을 보강시켰다. 1970년 4월에 중국은 첫 인공위성 발사에 성공했고 이듬해 3월에 또 과학실험 위성 '실천1호'를 발사했다. 1971년 9월, 대륙간로케트의 첫 비행 시험에 기본적으로 성공했다. 1975년 11월, 중국의 첫 회수식 원격탐지 인공위성이 발사에 성공했다. 생물기술에서도 혁신을 가져왔다. 장기적인 간고한 난관을 돌파하며 1973년에 중국은 세계적으로 막강한 우세를 지니고 있는 첫 선형교잡벼의 육종에 성공했다. 전자 기술도 동시에 진보를 가져와 중국 자체로 위성지면모니터제어소, 컬러텔레비전 발사설비, 제3세대 전자계산기 연구제작에 성공했고 또 레이자적외선기술을 발전시켰으며 자체로 소형 동심케블 300회로 반송파통신설비 연구제작에 성공했다. 1971년 전국 텔레비전망이 기본적으로 형성되었다. 반도체, 집적회로의 연구 제작과 생산에서도 일정한 진척을 가져왔다.

환경보호사업이 가동되기 시작했다. '문화대혁명'의 혼란스러운 상황에서 대다수 사람이 환경보호문제를 잘 모르고 있을 때 저우언라이는 환경보호문제를 제때에 제기하고 추진하기 시작했다. 그는 다음과 같이 강조했다. 경제 건설에서의 '3가지 폐기물'(폐수, 폐기가스, 고체폐기물) 문제를 해결하지 않으면 공해가 될 수 있다. 선진자본주의 국가에서는 공해가 아주 심한데 우리는 경제 발전에서 환경보호문제에 부딪힐 수 있음을 알아야 하며 또한 제때에 조치를 취해 이 문제를 해결해야 한다. 우리는 경제 건설을 하는 동시에 이 문제를 서둘러 해결해야 하며 절대로 후손에게 해가 되는 일을 하지 말아야 한다. 저우언라이는 1970년부터 1974년까지 수십 차례나 환경보호에 대해 연설하고 회시하여 관련 부문에서 환경오염을 줄이고 종합적 이용을 잘하며 환경을 보전하도록 요구했으며 동시에 환경보호에서 예방을 중심으로 하고 오염 정비에서는 '해로운 것을 이롭게 만들고 폐기물을 보물로 만드는 데' 중시를 돌리는 원칙을 정했다. 1972년에 저우언라이는 관청 저수지의 수원 오염을 조사하도록 지시했다. 국무원은 각 관련 부문과 지역들에서 적극적으로 나서 상간허(桑干河)의 오염을 근본적으로 다스리고 중도에서 그만두지 말고 끝까지 관리하도록 요구했다. 10여 년의 정비를 거쳐 관청저수지의 오염이 마침내 통제되었다. 이는 신중국 역사에서 성공적으로 다스린 첫 오염정비공사로서 그 후의 환경 정비를 위한 중요한 경험을 제공했다. 1973년 8월에 국무원은 저우언라이의 지도 아래 처음으로 전국 환경보호회의를 소집했다. 회의에서는 환경보호 관련 방침, 정책을 연구하고 국무원 환경보호지도소조판공실을 설립했으며 '환경을 보호하고 개선하는 것에 관한 몇 가지 규정(시행 초안)'을 제정했다. 이는 신중국의 첫 환경보호 관련 종합적 법규였다. 이로부터 환경보호는 당과 국가사업의 의사일정에 올랐다.

모든 성과는 광범위한 당원, 당의 각급 지도간부와 인민대중이 극히 어려운 조건에서 잦은 정치운동의 심한 교란을 극복하면서 이룩한 것이었다. 이러한 성과들은 결코 '문화대혁명'의 성과가 아니라 정반대로 '문화대혁명'의 교란을 물리치고 이룩한 성과였다. 동란의 파괴를 비교적 적게 받은 농촌의 대다수 농민은 여전히 말없이 농업에 종사했다. 노동자들은 많은 공장과 공사장에서 생산을 견지했다. 과학기술자 가운데 많은 사람은 비록 타격과 박해를 받아 정상적인 사업 조건이 갖추어지지 않았으나 여전히 될 수 있는 한 사업에 진력했다. 핵물리학자 덩자셴(鄧稼先)을 비롯한 많은 과학자는 해외의 안정된 조건을 포기하고 귀국한 뒤 장기간 이름을 감추고 어려운 조건에서 묵묵히 핵무기의 설계와 연구제작에 종사했다. 그들은 개인과 가정에 대한 동란의 충격을 무릅쓰고 과학기술자 속에서 파벌성으로 빚어진 분열과 혼란을 온갖 노력으로 극복하며 밤낮으로 중국 국방 첨단무기 연구제작사업의 걸출한 기초자가 되었다. 바로 이러한 많은 과학자, 지도간부와 공정기술자들이 극히 어려운 환경 속에서 헌신적으로 일했기에 우리나라의 첫 수소탄이 마침내 '천하 대란' 시기에 공중 폭발에 성공했다. 1968년 12월 5일에 중국의 저명한 역학가이며 핵무기연구소 부소장인 궈융화이(郭永怀)는 첫 열핵탄두의 시험 준비 작업을 끝내고 베이징으로 돌아오다가 비행기 사고로 불행하게 조난당했다. 사람들이 사고비행기 잔해 속에서 궈융화이를 찾아냈을 때 그는 호위병과 서로 꼭 끌어안고 있었는데 그가 조난당하면서 가슴에 꼭 껴안아 보호한 것은 뜻밖에도 손상 없이 보존된, 극비실험자료를 넣은 서류가방이었다. 훗날 세계의 저명한 수학가가 된 천징룬(陳景潤)은 '문화대혁명'의 동란 속에서도 여전히 연구에 몰두했다. 그는 6평방미터 되는 작은 방에서 석유 등잔불을 켜놓고 침대깔판에 엎드려 연산했고 초고지 몇 마대를 소모한 뒤 수학 영역의 '골드바하의 추측'을 연구, 해명하여 세계의 으뜸을 차지했다. '문화대혁명'이 금방 일어났을 때까지만 하여도 훗날 '교잡벼의 아버지'로 세계에 이름을 날린 위안룽핑(袁隆平)의 과학연구사업은 초기 단계에 있었다. 그는 반란파들이 시험을 여러 번 심하게 빙해했지만 이를 완강하게 극복하고 거의 비밀적인 상황에서 완강하게 과학연구사업을 진행하여 거듭되는 난관을 돌파하고 마침내 선형교잡벼 연구에 결정적 성과를 이룩했다. 1975년 겨울에 국무원은 교잡벼의 시험 재배를 조속히 확대하고 대량으로 보급하기로 했다. 많은 기업의 지도간부들과 기층 사업간부들은 비록 동란 속에서 '비판 투쟁'을 당했으나 여전히 직무에 충실했고 사업을 견지했으며 어떤 사람들은 금방 '외양간'에서 풀려나자마자 즉시 사업 현장으로 달려갔다. 허난성 린현(林縣)의 인민들은 1966년 홍기거(紅旗渠) 총간선수로를 준공하여 물을 통과시킨 뒤 1967년에 또 홍기거 지선수로 종합공사를 추진했다. 그들은 압력을 이겨내고 동란의 교란을 물리치면서 1969년 7월 말까지 크고 작은 돌로 쌓은 수로 총 595갈래를 건설했는데 전체 길이가 1,500킬로미터에 달했다. 그들은 또 총간선수로 제방을 높이고 보강하며 종합적으로 보수하는 작업을 하여 1974년 8월까지 홍기거를 전부 준공했다. 홍기거가 건설되자 린현은 산비탈에서 제전(梯田)까지, 구릉지대에서 분지까지 비교적 완전한 수리관개망을 갖추게 되었다.

이 모든 것은 중국인민의 애국주의, 사회주의 기치 아래 응집된 거대한 역량, 총명과 재능을 충분히 보여주었다. 이러한 성과들을 긍정하는 것은 전혀 '문화대혁명'에 그 어떤 수긍할 만한 것이 있다는 것을 말해주기 위해서가 전혀 아니고 또 그렇게 말할 수도 없다. 다만 '문화대혁명'의 그릇된 이론과 실천을 이 10년 동안의 전반 역사와 완전히 동등시할 수 없으며 더구나 이 기간 전 당, 전국인민들이 사회안정을 수호하기 위해 진행한 사업, 경주한 노력과 완전히 동등시할 수 없음을 설명하기 위해서였다. 만일 '문화대혁명'이라는 내란과 파괴가 없었더라면 당과 국가의 사업은 틀림없이 더욱더 큰 성과를 이룩했을 것이다.

## 3. '문화대혁명'의 역사적 교훈

'문화대혁명'은 여러 측면에서 역사적 교훈을 남겨놓았다. 중국이 사회주의 건설을 장기간 진행해온 만큼 우리는 다방면에서 진지한 반성과 총화를 끊임없이 할 필요가 있다.

(1) 반드시 마르크스-레닌주의를 과학적으로 대하고 중국의 기본 국정을 올바르게 파악하며 실제에서 출발하여 중국 자체의 사회주의 건설의 길을 모색해야 한다. '문화대혁명'은 우리 당이 중국 사회주의 길을 모색하는 과정에서 나타난 중대한 실착이었다. 중국에서

사회주의기본제도가 수립된 후 중국처럼 생산력이 낙후하고 경제 기반이 박약한 동방대국에서 사회주의를 건설한다는 것은 그야말로 간고하고도 복잡한 역사적 과제이므로 실천 가운데 진지하게 모색해야 한다. 이에 대해 우리 당은 유익하고도 성공적인 모색을 했으나 객관적인 역사 조건의 제한과 주관 인식상, 이론상의 오류로 말미암아 한 시기 동안 사회주의의 장기성, 복잡성에 대한 인식이 부족했고 무엇이 사회주의이고 사회주의를 어떻게 건설해야 하는가에 대해 제대로 알지 못했다. 그리하여 생산력 발전을 떠나 추상적으로 사회주의를 논하는 사상과 작법을 '사회주의 원칙'으로 삼아 고수했고 사회주의 조건에서 생산력 발전에 유리한 일부 인식과 작법을 '수정주의' 또는 '자본주의'로 여기며 반대했으며 이미 계급투쟁에 속하지 않는 문제들을 여전히 계급투쟁으로 간주하고 대규모 폭풍우식 대중 투쟁을 진행하는 낡은 방법과 경험을 그대로 답습하여 계급투쟁을 엄중하게 확대했다. 현실을 떠난 이 같은 주관주의적 사상과 작법들은 마르크스, 엥겔스, 레닌, 스탈린 저작 가운데 언급된 일부 구상과 논점을 오해했거나 교조화했기에 도리어 '이론적 근거'가 있는 것처럼 보였다.

'문화대혁명'은 마르크스-레닌주의의 순수성을 수호한다는 구호를 내걸고 발생했다. 마오쩌둥은 '문화대혁명' 가운데 엄중한 오류를 범하고 있으면서도 전당에 마르크스, 엥겔스, 레닌의 저작을 진지하게 학습할 것을 여러 차례 요구했으며 시종 자기의 이론과 실천이 마르크스주의적이고 무산계급 독재를 공고히 하는 데 꼭 필요한 것이라고 인정했다. 그러나 '문화대혁명'의 역사는 '문화대혁명'을 '수정주의 노선' 또는 '자본주의 노선'과의 투쟁으로 말한 것은 전혀 사실적 근거가 없으며 일련의 중대한 문제에서 시비와 적아를 뒤섞었다는 것을 보여주었다. '문화대혁명'에서 타도한 '자본주의 길로 나아가는 집권파'들은 당과 국가 각급 조직의 지도간부들이었고 사회주의 건설의 기간 역량이었다. '문화대혁명'에서 '수정주의' 또는 '자본주의'로 몰려 비판받은 많은 것은 사실상 바로 생산력 발전에 유리한 사회주의 원칙이었으며 그 가운데 아주 많은 것은 마오쩌둥 자신이 지난 시기 제기했거나 지지했던 것이었다. '문화대혁명'은 신중국이 창건된 후 17년 동안 시행한 많은 정확한 방침, 정책과 성과를 부정했는데 사실 이것은 당이 중국 국정에 맞는 사회주의 길을 모색하는 올바르거나 비교적 올바른 인식들을 적지 않게 부정했다.

'문화대혁명'은 마르크스-레닌주의가 중국 사회주의 위업에 방향을 제시했으나 우리가 중국 사회주의 행정에서 나타난 구체적 문제를 사고하고 해결하는 것, 그리고 당이 중국 자체의 사회주의 길을 모색하는 데 오직 중국 기본 국정을 올바로 파악하고 경제, 문화가 뒤떨어져 있는 실제에서 출발하여 사회주의의 장기성과 복잡성을 명확히 인식하고 사회주의 실천에 대해 새로운, 과학적인 이론적 개괄을 끊임없이 진행하며 과학적 사회주의에 대한 재인식을 심화해야만 사회주의 건설 법칙을 점차로 인식하고 사회주의 건설의 정확한 길을 찾을 수 있다는 것을 다른 각도에서 알려주었다.

(2) 반드시 사회주의 사회의 주요 모순과 당의 주요 임무를 정확히 인식하고 '계급투쟁을 기본 고리'로 할 것이 아니라 힘을 모아 생산력을 발전시켜야 한다. '문화대혁명'이 일어나게 된 것은 이론적으로 사회주의를 잘못 인식하여 나타난 결과일 뿐만 아니라 계급투쟁의 정세 및 당과 국가 정치 상황을 잘못 판단하여 나타난 산물이며 그릇된 이론의 지도로 수행된 그릇된 실천이었다. '문화대혁명'의 지도사상인 '무산계급 독재에서의 계속 혁명'의 이론은 10년 내란에서 반복적으로 선전되었을 뿐만 아니라 9차 당대회, 10차 당대회에서 채택된

정치보고와 당 규약에 기재되었으며 전국인민대표대회 제4기 제1차 회의에서 헌법에 들어갔다. 이 이론의 근본적인 오류는 사회주의 제도가 수립된 후 전반 사회 범위에서 계급적 대항이 계속 존재한다고 인정했을 뿐 아니라 그것을 사회의 주요 모순으로 간주했기에 한 계급이 다른 한 계급을 뒤엎는 혁명을 계속해야 하며 게다가 뒤엎어야 할 이 '자산계급'이 바로 '당내에 있다.'는 것이었다. '문화대혁명'을 발동하고 시종 투쟁의 예봉을 이른바 '자본주의 길로 나아가는 집권파'에게 돌린 것은 바로 '혁명'을 계속하는 가장 중요한 방식이었다. 10년 내란의 역사는 이미 무산계급이 정권을 탈취하고 사회주의제도를 수립한 조건에서 또 '문화대혁명'이라는 정치 대혁명을 일으킨 것은 경제적 기반이 없을 뿐만 아니라 정치적 기반도 없으므로 오로지 극심한 혼란과 파괴를 빚어내고 퇴보를 가져올 뿐이라는 것을 뚜렷이 밝혀주었다.

중국과 같이 경제, 문화가 아주 뒤떨어진 나라에서 경제를 발전시키고 인민들의 물질문화와 생활수준을 향상시키는 것은 사회주의 제도의 우월성을 구현하는 중요한 측면이며 정권의 공고화를 결정하는 가장 중요한 토대이다. 인민민주주의 독재의 국가 정권이 수립된 후, 특히 사회주의적 개조가 기본적으로 완수되고 착취계급이 계급으로서 이미 소멸된 후 생산력을 발전시키고 경제 건설을 정확히 영도하는 것은 사회주의 건설 시기 당의 중심 과업이다. 마오쩌둥이 제거하기를 바라던 '어두운 면'을 포함하여 사회주의 사회에 존재하는 이러저러한 모순들은 오직 사회 생산력을 끊임없이 발전시키는 과정에서만 점차 해결될 수 있다. 집권당은 주요 정력을 계급투쟁에 쏟아부을 것이 아니라 반드시 사회주의 조건에서 생산력과 생산관계, 경제 토대와 상부 구조라는 이 사회적 기본 모순을 정확하게 처리하고 역량을 집중하여 생산력을 발전시켜야 한다. 경제가 발전하지 않고 생산력 발전을 토대로 한 튼실한 물질적 기반 없이는 국가의 번영과 부강을 실현할 수 없고 인민들의 물질문화를 개선, 제고할 수 없으며 사회주의 제도의 우월성을 충분히 과시할 수 없다. 물론 국내의 요소와 국외의 영향으로 말미암아 계급투쟁이 여전히 일정한 범위 내에서 장기적으로 존재하고 어떤 조건에서는 격화될 수도 있으나 이 경우의 계급투쟁은 그 존재 범위, 표현 형태 및 투쟁 방법이 지난 시기와 근본적으로 달라졌다. 각종 적대 세력이 여러 면에서 감행하는 적대 활동을 타격하는 것은 어디까지나 당의 영도 아래 주로 국가 법률에 의거하여 진행되어야 하며 이와 같은 투쟁을 단순하게 전국적 범위의 계급투쟁과 동등하게 여겨서는 안 되며 이것을 한 계급이 다른 한 계급을 뒤엎는 전면적인 정권 탈취 투쟁으로 확대시켜 대규모 정치운동을 벌여서는 더욱 더 안 된다. 경제 건설이라는 이 근본 임무에 동요하거나 이탈하여 '계급투쟁을 기본 고리로 하는' 것과 군중운동을 하는 방법으로 상부 구조의 '혁명'을 한다면 당과 국가에 재난적 결과를 가져다줄 수밖에 없다.

(3) 반드시 당과 나라의 영도제도를 개혁하고 완벽히 하며 민주주의 중앙집권제와 집체적 영도 원칙을 건전히 하며 그 어떤 형태의 개인숭배와 개인 독단도 반대해야 한다. '문화대혁명'이라는 이 전반적 성격을 띤 엄중한 오류에 대해 당과 나라의 주요 지도자였던 마오쩌둥이 주된 책임을 지지 않을 수 없다. 당의 권력이 지나치게 개인에게 집중되어 마오쩌둥의 '좌'적 오류의 개인 영도가 사실상 당중앙위원회의 집체적 영도를 대체했고 그에 대한 개인숭배가 열광적인 정도로 고취되었는데 이는 당과 나라가 '문화대혁명'의 발동과 발전을 방지하고 제지하기 어렵게 했다. 그러나 '문화대혁명'이 일어나 10년

동안 지속될 수 있었은 것을 전적으로 개인 요소에 귀결시킬 수는 없다. '문화대혁명'이 발동될 때 일부 노 혁명가, 당의 고급, 중급 지도 간부, 노 공산당원들을 망라한 당 내외 대다수 사람이 비록 운동에 대해 "도무지 이해가 안 되고 전혀 마음이 내키지 않아 마지못해 따르기는 했지만" 당시의 정치 환경에서 어쨌든 자신을 검사하고 마오쩌둥의 '위대한 전략적 배치'를 따르기 위해 힘쓰겠다고 거듭 표시한 것만은 사실이다. 민주주의 중앙집권제와 집체적 영도 원칙이 약화되고 개인숭배가 열광적인 정형에서 린뱌오, 장칭 등이 "높이 치켜들고" "바싹 따른다."는 간판을 내걸고 선동하며 온갖 악행을 저질렀으므로 수령 개인의 결단에서의 중대한 실책이 전반적인 대재난을 초래하게 되었다.

당내에 개인숭배와 개인 독단 현상이 형성된 것은 복잡한 사회적 원인과 역사적 원인을 가지고 있었다. 중국은 봉건 역사가 아주 오랜 국가였고 우리 당은 봉건주의, 특히 봉건토지세도와 시수계급에 대해 가장 단호하고 철저하게 투쟁해왔다. 그러나 정치사상 면에 남아 있는 장기적인 봉건 전제주의의 유독은 쉽사리 숙청되지 않았다. 우리 당은 봉건 유독을 숙청하는데 충분한 중시를 기울이지 못했기에 이와 같은 유독이 당내에 장기적으로 존재하면서 여러 측면에서 당 조직을 부식시켰다. 동시에 국제 공산주의운동 가운데 수령과 당의 관계를 올바로 해결하지 못하여 나타난 일부 엄중한 편차도 우리 당에 부정적인 영향을 끼쳤다. 여러 가지 역사적 원인으로 말미암아 당과 나라의 민주주의 중앙집권제 영도 체제, 조직 제도가 아주 건전하지 못해 당의 권력이 지나치게 한 사람에게 집중되었다. 그리하여 계급투쟁을 확대하는 오류가 심각해지고 있었음에도 당은 '문화대혁명'이 일어나고 지속되는 것을 막기가 매우 어려웠다. '문화대혁명'과 같은 역사적 비극이 또다시 생기지 않도록 하기 위해서는 반드시 정치체제 개혁을 확고부동하게 추진하고 조직과 제도 면에서 조치를 강구하여 어떠한 형태의 개인 독단도 금지시키고 민주주의 중앙집권제와 집체적 영도 원칙을 견지해야 한다.

(4) 반드시 사회주의 민주를 발전시키고 사회주의 법제를 강화해야 하며 '대민주'와 '반란에도 도리가 있다.'는 것을 시행해서는 안 된다. '문화대혁명'은 침통한 교훈으로 우리에게 중국에서 4개 현대화를 실현하려면 반드시 사회주의 민주를 발전시키고 사회주의 법제를 건전히 하며 안정 단결의 정치적 국면을 수호해야 한다는 것을 알려 주었다. 신중국이 창건된 후 우리 당은 인민을 영도하여 인민이 나라의 주인이 된 신형의 국가정권을 수립했고 사회주의 민주정치 건설을 적극적으로 추진했다. 그러나 날이 갈수록 많아지는 제반 건설에서 사회주의 민주와 법제 건설이 끊임없이 중단되어 '문화대혁명' 기간에 이르러서는 본래부터 비교적 박약하던 국가의 민주주의 법제 건설이 여지없이 파괴당했다. '반란에도 도리가 있다.'는 것을 제창하고 이른바 '대민주'를 시행했기에 전국적으로 제멋대로 비판하고 투쟁하며 체벌을 가하고 때리고 부수는 혼란스러운 현상이 나타났다. 헌법과 제반 법률, 법령은 지상 공문이 되어버렸고 사법기관과 집법기관은 '검은 기관'으로 몰려 파괴당했으며 각급 당, 정부의 지도간부, 심지어 국가주석마저 투쟁당하고 감금당하고 박해를 받았으므로 공민의 기본 권리와 인신 안전이 보장받지 못했다. 온 나라가 '무법천지'가 된 혼란 속에서 많은 간부와 군중은 점차 개인 독단과 '대 민주'가 사회에 끼치는 파괴 작용을 인식하게 되었다. 그들은 사회주의 민주와 법제의 실현을 요구하는 강력한 목소리를 다양한 방식으로 표달했다. 비록 이러한 목소리가 당시의 역사적 환경 속에서는 실현되

기 어려웠으나 이러한 목소리는 현대사회 발전의 필연적인 법칙과 요구를 선명하게 대표하고 있었다.

'문화대혁명'의 내란은 민주가 없으면 사회주의가 있을 수 없고 사회주의 현대화가 있을 수 없음을 보여주었다. 집권당으로서는 반드시 민주정치 건설을 강화하여 민주를 제도화하고 법적으로 고착해야 한다. 국가의 경제, 정치, 문화, 사회생활의 법제화, 규범화를 꾸준히 추진하는 것은 우리 당이 사회주의를 건설하는 중요한 과업이다. 사회주의민주는 사회주의 법제의 전제와 토대이며 사회주의 법제는 사회주의 민주의 구현과 보장이다. 사회주의 민주정치 건설에서 반드시 국가의 헌법과 법률이 불가침의 신성한 권위를 갖게 함으로써 전체 공민의 민주권리가 실제적으로 보장되게 해야 하며 당은 반드시 헌법과 법률의 범위 내에서 활동해야 하며 그 어느 급별의 당 조직과 지도자도 모두 법률의 지배를 벗어난 권력을 가져서는 안 된다. 중국 현대화 건실 행정에서 사회주의 민주 선설이 반드시 사회수의 법치 건설과 긴밀히 결부되어야 만이 사회주의 민주가 제도화, 법률화될 수 있고 현대화 건설과 서로 균형을 이루고 전면적으로 발전할 수 있다.

(5) 반드시 정확한 당 건설 방침과 정책을 제정하고 집권당 건설을 끊임없이 강화해야 하며 계급투쟁을 당 건설을 강화하는 주요 내용과 주요 방법으로 해서는 안 된다. '문화대혁명' 가운데 당 조직을 정돈하고 '재건'하는 것이 이번 운동의 목표의 하나였으며 당과 국가 동체에 존재하는 암흑을 극복하고 일부 간부들 속에 존재하는 관료주의와 군중 이탈 현상을 극복하는 것도 '문화대혁명'에서 강조된 내용이었다. 당과 국가 동체에 확실히 존재하는 암흑과 당원간부대열에 존재하는 문제에 대해서는 알맞게 평가한 다음 당 건설을 강화하고

당 규율을 엄명히 하며 헌법과 법률에 부합하는 정확한 조치를 취하여 해결해야 한다. 그러나 문제를 해결할 때 먼저 당내 정황과 당내 모순을 실사구시적으로 분석, 평가하고 당의 중심 과업을 둘러싸고 당 조직 건설을 강화하는 정확한 방침, 정책을 제정해야 하며 당 조직에 존재하는 이러한 문제들을 단순하게 당내에서 반영된 계급투쟁으로 간주하지 말아야 하며 더욱이 계급투쟁의 방법으로 당 조직을 '재건'하고 '천하 대란'의 수단으로 당과 국가 정권을 타격해서는 안 된다. 그런데 '문화대혁명'에서는 '무산계급과 혁명적 대중을 영도하여 계급의 적들과 투쟁할 수 있어야'하는 것을 '당 정돈과 당 건설의 정치방향'으로 삼았기에 많은 반란파와 야심을 품은 파벌세력을 '무산계급 선진분자'로 취급하여 당내에 받아들였고 오히려 많은 간부와 당원들에게는 이러저러한 감투를 씌워 그릇되게 당에서 제명까지 했다. 그리하여 당은 정치, 사상, 조직이 심각하게 파괴당했고 당 조직은 매우 순수하지 못하게 되었다.

'문화대혁명'의 실천은 우리에게 사회주의 조건에서 어떻게 집권당 건설을 강화하고 어떻게 공산당의 선진성을 유지하며 어떻게 당 간부와 당원들이 인민대중을 이탈하지 않고 당과 인민대중 간의 혈연적 연계를 시종 유지할 것인가 하는 문제를 해결하자면 당이 새로운 역사적 조건에 따라 당 건설을 강화하는 정확한 방침, 정책을 제정해야 한다는 것을 알려주었다. 사회주의 조건에서도 '계급의 적들과 투쟁'하는 것을 계속 당 창건의 취지로 삼고 당 건설을 강화하는 주요 내용과 주요 방법으로 내세운다면 당 조직에 존재하는 문제를 해결하지 못하고 관료주의와 사회의 어두운 면을 제거하지 못할 뿐만 아니라 반대로 집권당의 건설 목표가 시대 발전과 사회 변화의 요구에 크게 어긋나 일부 야심가와 파벌분자들이 기회를 이용해 당내에 들어오게 하는 동시에 수많은 심각한 사회 모순을 조성하고 격화시켜 큰 혼란과 심대한 파괴를 초래할 것이다.

실천이 증명하다시피 '문화대혁명'은 어떠한 의미에서 보나 혁명 또는 사회적 진보가 아니며 또 그렇게 될 수도 없었다. '문화대혁명'은 전혀 '적을 혼란에 빠뜨린 것'이 아니라 자체를 혼란에 빠뜨렸을 뿐이며 이로 하여 '천하가 큰 혼란에 빠진 것'을 시종 다스리지 못했으며 또 다스릴 수도 없었다. "20년 동안의 경험, 특히 '문화대혁명'의 교훈은 개혁을 하지 않으면 안 되고 새로운 정치적, 경제적, 사회적 정책을 세우지 않으면 안 된다는 것을 우리에게 알려주었다."[7] '문화대혁명'은 '좌'적인 사상 이론과 극좌적인 사상 이론으로 인해 생겨난 산물이며 이러한 사상 이론은 황당무계하다는 것이 '문화대혁명'이라는 극단적인 상태에서 여지없이 폭로되었다. 우리 당은 일련의 우여곡절과 심한 좌절을 겪은 후 결국 자체의 힘으로 이번 내란을 종말 지었으며 긍정적인 경험과 부정적인 교훈을 총화한 토대 위에서 서슴없이 사회주의 개혁의 길에 들어섰다. 역사는 중국공산당이야말로 위대한 당이며 인민에 대하여 책임지는 당이며 오직 중국공산당의 영도로 실천 가운데 마르크스주의를 견지하고 발전시키며 정확한 노선과 정책을 시행하고 사회주의의 자기 완성을 꾸준히 추진해야만이 국가가 시종 사회주의 길을 따라 전진하도록 보장할 수 있고 당과 국가의 장기적인 안정을 실현할 수 있다는 것을 증명해주었으며 또 계속 증명해줄 것이다.

덩샤오핑은 다음과 같이 말했다. "지난 시기의 성공은 우리의 재부이고 지난 시기의 오류도 우리의 재부이다. 우리는 '문화대혁명'을 근

---

7) 덩샤오핑, '국제상의 경험을 습득해야 한다'(1988년 6월 3일), 〈덩샤오핑 선문집〉 제3권, 민족출판사 1994년, 376쪽.

본적으로 부정하지만 '문화대혁명'도 부정적 교훈을 주었다는 점에서는 '공로'가 있는 것이다. '문화대혁명'의 교훈이 없었더라면 당중앙위원회 제11기 제3차 전원회의 이래의 사상, 정치, 조직 노선과 일련의 정책을 세울 수 없었을 것이다."[8] 그러므로 '문화대혁명'의 심각한 교훈을 올바로 총화한다면 그것 역시 중국 역사의 전진을 추동하는 소중한 정신적 부가 될 수 있다.

---

8) 덩샤오핑, '역사를 총화하는 것은 미래를 개척하기 위한 것이다'(1988년 9월 5일), 〈덩샤오핑 선문집〉 제3권, 민족출판사 1994년, 384~385쪽.

제 4 편

# 배회하면서의 전진과 위대한 역사적 전환의 실현

1976년 10월에 '4인방'을 분쇄하여서부터 1978년 말 당중앙위원회 제11기 제3차 전원회의가 소집되기까지는 당과 국가에서 '문화대혁명'에 의해 빚어진 혼란스러운 국면을 점차 돌려세우고 역사적인 전환을 실현하며 사회주의 사업 발전의 새 시기를 개척하는 중요한 단계였다. 이 2년 남짓한 기간에 각급 당 조직은 당중앙위원회의 배치에 따라 '4인방'을 적발, 비판하는 투쟁을 적극적으로 전개하고 '4인방'의 파벌 체계를 철저히 조사했으며 '문화대혁명'으로 초래된 혼란 상태를 바로잡고 경제 건설과 제반 건설사업이 점차 정상적인 궤도에 들어서도록 추동하여 아주 큰 성과를 거두었으며 역사적인 전환을 실현하는 데 필요한 조건을 마련했다. 역사적인 전환을 실현하는 데 관건적인 문제는 어떻게 정확하면서도 완전한 마오쩌둥 사상으로 전당, 전군과 전국인민을 영도하는가와 마오쩌둥의 만년의 '좌'적 오류를 포함하여 '문화대혁명'을 계속 수호해야 하는가 아니면 '좌'적 오류를 단호히 시정해야 하는가에 있었다. 이 두 가지 문제는 중국의 사회주의사업의 성패에 관계되며 당과 국가의 전도와 운명에 관계되었다. 이 두 가지 관건적 문제를 잘 처리하려면 마르크스주의의 탁월한 원견성과 풍부한 정치적 경험이 필요했고 광범위한 당원, 간부와 인민대중의 지지가 필요했다. '문화대혁명'과 오랫동안 지속된 '좌'적 오류에 의해 빚어진 정치 및 사상 면에서의 혼란을 단시일 내에 제거할 수 없었기에 지도사상 면에서의 '좌'적 오류가 한동안 여전히 지속되면서 당과 국가의 여러 사업에는 배회하면서 전진하는 국면이 나타났다. 이런 국면을 돌려세우기 위해 덩샤오핑을 대표로 하는 노 세대 혁명가와 광범위한 간부와 군중은 꾸준한 노력을 경주했으며 마침내 중국이 어디로 가야 하는가는 문제에 부딪친 중대한 역사적 고비에 1978년 말에 소집된 중앙사업회의와 당중앙위원회 제11기 제3

차 전원회의를 통해 지도사상 면에서의 '좌'적 오류를 근원으로부터 시정하기 시작하고 배회하면서 전진하던 국면을 마무리 지음으로써 신중국 창건 이후 당과 국가의 역사에서 심원한 의의가 있는 위대한 전환을 실현했다.

제29장

'문화대혁명'의 결속과 '좌'적 지도방침의 지속

'4인방'을 분쇄한 승리는 비록 '문화대혁명'의 내란을 결속 지었지만 10년에 걸친 '문화대혁명'으로 많은 정치적 문제와 사회적 문제가 쌓여왔기에 당과 국가에 끼친 심각한 결과와 영향은 여전히 존재했다. 당은 '4인방'을 분쇄한 후 매우 어려운 과업에 직면하게 되었다. 당 조직의 정상적인 질서를 다시 확립하고 당의 훌륭한 전통과 작풍을 회복시키며 국가생활에서의 정상적인 질서를 다시 회복시켜 각급 정권기관들이 정상적으로 돌아가게 하고 엄중하게 파괴된 제반 사업이 다시 활기를 띠게 하려면 많은 절박한 과제를 수행해야 했다. '4인방'을 분쇄한 후 당중앙위원회는 즉시 조치를 취해 정세를 안정시키고 '4인방'의 잔여 세력을 없애버리고 철저히 조사해냈으며 '4인방'를 적발, 비판하는 운동을 일으켰다. 당과 국가의 조직기구를 정돈하고 누명 사건과 날조 사건, 오판 사건을 시정하는 사업이 부분적으로 시작되었다. 농공업 생산이 비교적 빠르게 복구되었으며 교육, 과학, 문화 사업도 정상적으로 움직이기 시작했다. 덩샤오핑이 1975년에 정돈사업을 영도하면서 시작했다가 그 후 '우경번안풍을 반격'하면서 부득이 중단되었던, '문화대혁명'의 혼란 상태를 바로잡는 사업이 또다시 국부적으로 시작되었다. 당과 인민은 나라가 곤경을 박차고 일어서는 데 커다란 기대를 줌으로써 지극히 높은 열정으로 제반 사업에 뛰어들었다. 그런가 하면 '문화대혁명'의 오류 시정을 요구하는 당과 인민의 목소리가 갈수록 높아졌다. 그러나 혼란 상태를 바로잡는 데는 과정이 필요했다. '두 개의 범시(兩個凡是)'라는 그릇된 방침이 제기되고 시행된 까닭에 인민대중의 요구가 이루어지지 못했고 혼란 상태를 바로잡는 사업은 저애를 받게 되었다.

# 1. '4인방'을 적발, 비판하는 운동의 전개와 '두 개의 범시'라는 그릇된 방침의 제기

## 전국 정세를 안정시킨 정책

'4인방'은 다년간 당내에서 그들의 목적을 이루기 위해 계획 있게 활동하면서 뿌리 깊은 파벌 집단을 형성했다. '4인방'이 분쇄된 후 일부 당 조직과 국가기관의 권력은 여전히 '4인방' 파벌 세력이 장악하고 있었다. 일부 지방은 파벌 세력들이 기반을 잡고 엉켜 있었으며 어떤 지역에서는 그때까지 동란이 계속되고 있었다. 이에 따라 당중앙위원회는 '4인방'을 단호하게 조처한 후 곧 정세를 안정시키는 일련의 조치를 취했다.

중공중앙 정치국은 '4인방'의 잔여 세력을 조속히 제거하고 전국 정세를 안정시키기 위해 1976년 10월 12일에 장춘차오, 야오원위안, 왕훙원이 상하이시에서 맡았던 당 내외의 모든 직무를 해임하고 중앙공작조를 상하이에 파견하여 상하이시의 지도부 개편에 대한 결정을 내렸다. 동시에 중앙군사위원회는 상하이 등지에 군대를 배치하여 '4인방' 잔당들의 파괴활동 시도를 효과적으로 방지했다. 상하이에 있는 '4인방'의 핵심인물들이 무력 폭동을 책동하려던 음모가 와해된 후 새로 구성된 상하이시당위원회는 중앙의 지시에 따라 대중을 광범위하게 발동하고 중앙의 정신을 거듭 선전했다. 10월 27일, 중국공산당 상하이시위원회는 전시간부대회를 열고 '4인방'의 잔당들이 무력 폭동을 발동하려고 꾀한 음모를 공포한 동시에 상하이시를 전국, 중앙과 긴밀히 연계시키고 상하이시의 광범위한 간부와 인민을 '4인방'과 엄격히 구분하고 산업 노동자를 주체로 한 상하이 민병을 무장 반란을 일으키려고 음모를 꾸민 '4인방'의 잔당들과 엄격히 구별하도록 강조했다. 이 정책으로 일찍이 '4인방'의 속임수에 빠져 그들의 파벌활동에 참여했던 절대다수의 사람들이 해방되었다. 회의 후 중앙공작조와 상하이시당위원회는 '4인방'의 죄행을 적발하는 데 착수하여 '4인방'의 파벌 체계를 철저히 조사했다. 동시에 과단한 조치를 취해 '4인방'을 추종한 핵심인물들을 감시하고 심사했으며 때리고 부수고 빼앗기를 일삼은 자들을 징벌하고 처리했으며 한때 '4인방'에 의해 좌지우지되었던 공안기관과 민병조직을 정돈하고 대중적 치안보위조직을 회복시켜 상하이의 사회질서가 급속히 안정을 되찾게 했다.

중앙은 허베이성 바오딩(保定)지역에서 장기간 무단 투쟁이 그치지 않고 있는 상황에 따라 전문 공작조를 파견하여 이를 제지했다. 11월 9일, 중공중앙, 국무원, 중앙군사위원회는 각 파의 군중 조직들이 무단 투쟁을 무조건적으로 즉시 중지할 것을 요구하는 포고를 연명으로 내렸다. 16일부터 중앙공작조의 영도로 당, 정부, 군대, 인민은 서로 협력하면서 바오딩의 23개 현, 시의 도시와 농촌에서 중앙의 포고 내용을 폭넓게 선전하여 당중앙위원회의 목소리를 집마다 전달했다. 동시에 과단한 조치를 취해 무단적 투쟁을 제지하고 무단 투쟁의 거점 192개를 허물어버렸으며 때리고 부수고 빼앗기를 일삼아 인민의 분노가 큰 주모자 21명을 체포함으로써 장기간 총소리가 멎지 않고 무단 투쟁이 끊이지 않던 바오딩지구가 마침내 안정된 사회질서를 되찾게 되었다. 12월 3일, 중공중앙은 바오딩지구에서 무단 투쟁문제를 해결한 정황을 각지에 통보함으로써 사회 안정을 학수고대하는 인민대중을 격려했고 여전히 '파벌 싸움'을 고집하는 사람들이 두려움을 느끼게 했으며 전국적 범위에서 사회질서의 안정을 힘 있게 추진했다.

당중앙위원회는 상하이, 바오딩의 문제를 해결한 후 그때까지도 계속 동란 상태에 처해 있던 기타 지역에도 공작조를 파견하는 등의 조치를 취해 영도를 강화하고 '파벌 싸움'을 제지하고 무단 투쟁을 평정했으며 생산 질서와 생활 질서를 정상으로 회복시켰다. 이와 동시에 각지에서는 중앙의 배치에 따라 '4인방'의 파벌체계 및 당과 국가의 권력을 탈취하기 위한 그들의 음모와 관련이 있는 사람과 사건들을 전면적으로 퇴출하고 처리했으며 확실한 증거가 있는 '4인방'의 잔당과 엄중한 죄를 범한 파벌 핵심인물에 대해서는 공안부에서 체포하여 사건을 판결 지었으며 비록 '4인방'과 관련이 있고 잘못을 저질렀지만 당과 국가의 권력을 탈취하는 음모에 가담하지 않은 사람은 비평교양을 했다. 1977년 1월부터 중앙은 '4인방'의 여독이 비교적 깊게 배어 있고 문제가 비교적 많은 윈난, 랴오닝, 간쑤, 안후이 등 성과 정저우, 란저우 철도국 등 부문의 지도부를 연달아 개편하고 10여 개 성, 자치구, 직할시 당위원회의 지도부를 조정하고 강화했다.

당중앙위원회는 일부 당, 정부, 군대의 중요한 지도기구 및 주요 책임자에 대해서도 조정했다. 1976년 10월 8일, 당중앙위원회는 겅바오를 책임자로 한 중앙선전분야지도소조를 설립하고 중앙에 협조하여 전국의 선전사업기구(성, 자치구, 직할시의 선전 부문과는 직접적인 지도관계가 없었다)로 삼았다. 1977년 3월 3일, 중공중앙 정치국은 후야오방이 중앙당학교 부교장을 맡고 일상사업을 주관하도록 결정했다. 3월 7일, 중앙은 통지를 발부하여 예젠잉이 다시 중앙군사위원회사업을 주관한다고 선포했다.

당중앙위원회는 일련의 조치를 취해 '4인방'의 파벌 세력을 제거하고 그들에 의해 탈취되었던 그 부분의 영도권을 되찾아옴으로써 많은 지역에서 장기간 지속된 사회 동란이 평정되고 인민대중이 오매

불망 기다리던 안정된 사회적 국면이 나타나게 했다. 동시에 당, 정부, 군대 기구의 지도부에 대한 조절과 성원 배치는 어느 정도에서 중공중앙, 국무원 각 부 및 위원회, 국과 각 성, 직할시, 자치구의 지도 역량을 강화하여 정세를 안정시키고 '4인방'을 적발, 비판하는 투쟁을 한층 더 전개하는 보장 역할을 했다.

### '4인방'을 적발, 비판하는 운동과 그 역사적 제한성

'4인방'을 분쇄한 후 중공중앙 정치국은 즉시 '4인방'을 적발, 비판하는 투쟁을 배치했다. 1976년 11월 15일부터 19일까지 중공중앙은 베이징에서 전국선전사업좌담회를 소집하고 '4인방'의 죄행을 적발, 비판하고 그들의 모든 황당무계한 논조를 수집하여 일일이 깊이 있고 투철하게 비판하도록 제기했다. 12월 10일, 중공중앙은 '왕훙원, 장춘차오, 장칭, 야오원위안 반당집단의 죄증(자료 1)'을 전당에 전달함으로써 '4인방'이 당과 국가의 권력을 탈취하려 한 음모와 죄행을 체계적으로 공포했다.

12월 25일, 화궈펑은 농업에서 다자이를 따라 배우는 것에 대한 제2차 전국회의에서 연설을 발표하여 '4인방'을 적발, 비판하는 투쟁에서 '3개 전역', 즉 당과 국가의 권력을 탈취하려 한 '4인방'의 음모를 적발, 비판하고 '4인방'의 반혁명적 몰골과 죄악의 역사를 적발, 비판하며 '4인방'의 '반혁명 수정주의 노선의 극우적 실질 및 그것이 여러 분야에 반영된 상황'을 적발, 비판하는 전역을 치러야 한다고 선포했다. 이러한 배치에 따라 중앙과 지방의 신문 간행물은 대량의 글을 실어 '4인방'의 죄행을 성토하고 규탄했다. 잇달아 '4인방'의 죄증 자료 2, 즉 '4인 방의 반혁명적 몰골 및 그 죄악의 역사'와 자료 3, 즉 '4인방이 제반 분야에 퍼뜨린 황당무계한 반동적 논조'도 하달되었다. 광범위한 간부와 군중은 '4인방'을 적발, 비판하는 투쟁에 적극적으로 뛰어들었으며 전국적으로 대중적인 비판고조가 급속히 형성되었다. 많은 지역과 부문에서는 '4인방'을 적발, 비판하는 과정에 린뱌오의 죄행도 곁들여 한층 더 비판했다.

1977년 3월 24일, 중앙군사위원회에서는 좌담회를 소집했다. 예젠잉은 연설에서 린뱌오, '4인방'이 군대 건설을 파괴한 죄행에 초점을 맞춰 군대에 대한 당의 절대적 영도를 견지해야 하는가 하지 말아야 하는가, 우리 당과 우리 군의 우수한 전통을 계승하고 발양해야 하는가 하지 말아야 하는가, 군대를 정돈해야 하는가 하지 말아야 하는가, 혁명적 규율과 규정제도를 엄격히 준수해야 하는가 하지 말아야 하는가, 군대의 안정을 강조해야 하는가 하지 말아야 하는가 등의 반드시 분명하게 밝혀야 할 10가지 시비문제를 제기하면서 군대에 조직 정돈을 먼저 잘 완수하도록 요구했다. 그 후 전 군은 10가지 '해야 하는가 하지 말아야 하는가'에 관한 교양을 보편적으로 전개했다. 〈해방군보〉는 논평원의 글 10편을 연이어 발표하여 '4인방'에 의해 불거진 노선 시비를 바로잡을 것을 제기했다.

'4인방'을 적발, 비판하는 운동이 전개된 후 광범위한 간부와 군중은 '문화대혁명'이 가져다준 심각한 결과를 하루빨리 제거하여 심하게 파괴된 국민경제를 급속히 복구함과 동시에 '문화대혁명' 가운데 빚어진 억울한 사건, 꾸며낸 사건, 잘못 처리된 사건을 시정할 것을 보편적으로 요구했다. 당시 억울한 사건, 꾸며낸 사건, 잘못 처리된 사건을 시정하는 것은 우선 두 다지 문제에 집중해 있었다. 하나는 "덩샤오핑을 비판하고 우경번안풍을 반격하는" 운동의 시비를 분명하게 밝히고 덩샤오핑의 직무를 회복시키라는 요구였고, 다른 하나는 1976년의 톈안먼 사건에 대한 그릇된 결론을 시정해 달라는 요구였다.

　인민대중의 이러한 염원에 대해 당내의 일부 노 동지는 '4인방'을 금방 분쇄했을 때 벌써 중앙에 명확한 태도를 표명했었다. 1976년 10월 12일, 후야오방은 다른 사람을 통해 예젠잉과 화궈펑에게 다음과 같은 말을 전했다. 지금 우리의 사업은 나라를 다시 진흥시켜야 하는 문제에 직면했는데 나라를 다시 진흥시키는 위대한 사업에서 가장 중요한 것은 민심이다. 민심이란 무엇이겠는가? 덩샤오핑에 대한 비판을 멈추면 민심이 뭉칠 것이고 억울한 사건을 해명하면 민심이 편안해질 것이며 생산을 드세게 확보하면 민심에 웃음꽃이 필 것이다. 10월 18일, 천윈은 앞으로의 제반 사업에 대한 자신의 몇 가지 의견을 리셴녠을 통해 당중앙위원회에 전달하고 그것을 서면 자료로 작성해놓았다. 자료에서는 "당의 훌륭한 작풍을 회복시켜야 한다. 마오 주석이 창도한 당의 많은 훌륭한 작풍이 '4인방'에 의해 파괴되고 교란당했다." "금년 4월에 일어난 톈안먼 사건의 진상을 다시 조사해야 한다. 당시 대다수 사람은 저우 총리를 추모하기 위해 모였다. 그들은 누가 후계자가 되는가 하는 것에 특별히 관심을 돌리고 있었다. 군중 속에 끼어든 나쁜 사람은 극소수였다. '4인방'이 이 사건에서 술책을 꾸미지 않았는지 조사해보아야 한다."[1]고 제기했다. '4인방'을 분쇄한 후 예젠잉, 리셴녠 등 노 세대 혁명가들은 여러 장소에서 덩샤오핑의 직무를 하루빨리 회복시켜줄 것을 호소했다. 그리고 인민일보사의 관계자는 야오원위안이 사람을 시켜 사실을 왜곡하고 톈안먼 사건에 대한 거짓 보도를 꾸며낸 경과를 재빨리 자료로 정리하여 12월 10일에 중앙에 올려 사건의 진상을 설명했다.

---

[1] '당면한 사업에 대한 의견과 마땅히 주의해야 할 사항, 천윈이 리셴녠에게 보내는 서신에 동봉한 내용', 1976년 10월 18일.

그러나 이런 중대한 문제를 해결하자면 마오쩌둥의 만년의 오류가 언급되지 않을 수 없고 '문화대혁명'에 대한 견해가 언급되지 않을 수 없었다. 장기간에 걸쳐 형성된 사상 측면에서의 극심한 속박 때문에 이런 중대한 문제는 한시기 건드리기가 어려운 금지 영역이 되었다.

'4인방'을 분쇄한 초기, 중앙에서 소집한 예고회의에서 화귀펑은 사람마다 "'문화대혁명'을 긍정적으로 보고 '문화대혁명'을 정확하게 보고 군중을 정확하게 보고 자신을 정확하게 볼" 것을 요구했으며 또 "계속 덩샤오핑을 비판하고 우경번안풍을 반격"할 것을 요구하면서 이는 "마오 주석께서 직접 발동한 것"이라고 강조했다. 1976년 10월 26일, 화귀펑은 중앙선전 부문 책임자에게 힘을 모아 '4인방'을 적발, 비판하되 '덩샤오핑을 비판하는 것'까지 포함시켜야 하며 톈안먼 사건을 회피하고 무릇 마오 주석께서 말씀한 것과 동의한 것에 대하여 일절 비판하지 말라고 지시했다. 이 지시에 따라 〈인민일보〉는 '4인방'을 분쇄한 후에도 '덩사오핑을 비판'하는 글을 네 차례나 한 면에 실었다. 11월 중순에 소집된 전국선전사업좌담회에서도 '계속 덩샤오핑을 비판'해야 하며 톈안먼 사건에 대한 결론을 시정하려 해서는 안 된다고 제기함과 동시에 당면 선전사업의 주요 과업은 '4인방'을 비판하고 화귀펑을 집중적으로 선전함으로써 대중의 주의력을 그쪽으로 이끄는 것이라고 규정했다. '4인방' 비판사업을 배정할 때에는 "린뱌오를 비판하고 정풍을 진행하는" 운동 후기에 린뱌오 노선을 극좌가 아닌 '극우'로 인정했던 설법을 답습하여 린뱌오, '4인방'의 '극우적 실질' 비판에 대해서만 강조하고 극좌를 비판할 데 대해서는 언급하지 않았으며 설사 언급한다 하더라도 '형태는 좌이지만 실질은 우'적인 것만 비판하도록 제한했다. 한동안 신문 간행물에 실리는 비판 문장은 여전히 '문화대혁명' 시기의 어투, 예를 들면 '4인방'은 "당내의 자산계급의 전형적인 대표"라든가 '4인방'을 분쇄한 것은 "무산계급 '문화대혁명'의 위대한 승리"[2]라는 등 어구를 사용했다.

그러나 '4인방'을 적발, 비판하는 운동이 전개되고 '4인방'의 죄행이 점차 적발, 폭로됨에 따라 '문화대혁명'의 극좌적 오류를 건드리지 않으려야 않을 수 없게 되었다. 1977년 1월, 이론계에서는 장춘차오가 쓴 글 '자산계급에 대한 전면적인 독재를 논함'과 야오원위안이 쓴 글 '린뱌오 반당집단의 사회적 토대를 논함'을 지명하여 비판했다. 이 두 글의 핵심은 '문화대혁명'의 필요성과 '무산계급 독재에서의 계속 혁명의 이론'을 논증하는 것이었다. '문화대혁명' 후기에 '좌'적 이론 관점에 대해 체계적으로 진술한 대표작으로서 그 영향이 극히 나빴다. 그러나 두 편 모두 마오쩌둥의 심사를 거쳐 발표된 글이기에 한동안 누구도 가타부타를 논할 엄두를 못 내고 있는 판국이었다.

지도 사상적으로 아직 '좌'적 오류의 영향에서 벗어나지 못한 정형에서 '4인방'에 대한 적발, 비판은 '문화대혁명'과 마오쩌둥의 만년의 이론, 실천을 모두 수긍하는 범위 내에서 진행해야 했고 인민대중이 제기한 많은 합리적인 요구도 해결하기 어려웠다.

### '두 개의 범시' 방침의 시행과 그 방침에 대한 배격

1977년 1월, 저우언라이 서거 1주년을 전후하여 전국인민은 자발적으로 또 한 차례 여러 가지 형식의 기념활동을 가지고 더불어 톈안먼 사건에 대한 그릇된 결론을 시정하며 덩샤오핑을 복직시킬 것을 강력히 요구했다. 베이징 등 일부 대도시에서는 이러한 요구를 반영한 커다란 표어들이 나붙었다. 어떤 단위에서는 1976년의 '4.5'운동

---

2) '4인방을 철저히 적발, 비판하자', 1976년 11월 28일 자, 〈인민일보〉 사설.

때 전해졌던 시사들을 수집하여 책으로 편찬하여 널리 배포했다.

당중앙위원회는 광범위한 대중의 요구에 주의를 돌렸고 톈안먼 사건과 덩샤오핑의 직무를 회복시키는 문제의 해결에 착수하기 시작했다. 동시에 정세를 안정시키고 마오쩌둥의 기치를 수호해야 한다고 두드러지게 강조했다. 1976년 11월부터 1977년 7월까지 베이징시는 이미 톈안먼 사건에 연루되어 구류되고 체포된 300여 명을 전부 석방했지만 이 사건에 대한 그릇된 결론은 시정하지 않았다. '4인방'을 분쇄할 때 당중앙위원회도 덩샤오핑의 문제를 마땅히 올바르게 해결해야 했지만 마오 주석의 위대한 기치를 수호해야 한다는 이 근본적인 입장을 떠날 수 없다고 인정했기에 덩샤오핑의 처지를 개선해주고 동시에 계속해서 '덩샤오핑을 비판'하는 구호를 제기했다. 그러나 이러한 방법은 광범위한 간부와 군중의 요구를 만족시키지 못했다. 톈안먼 사건에 대한 그릇된 결론을 시정하고 덩샤오핑의 직무를 회복시킬 것을 요구하는 인민대중의 목소리는 갈수록 높아져갔다.

1977년 2월 7일, 〈인민일보〉, 〈붉은기〉와 〈해방군보〉는 '문건을 잘 학습하여 기본 고리를 확보하자'라는 사설을 발표했다. 이 사설은 '4인방'을 적발, 비판하는 것은 "당면의 기본 고리"로서 "기본 고리를 틀어쥐고 나라를 다스려야 한다."고 강조함과 동시에 "무릇 마오 주석이 결책한 것이라면 모두 견결히 옹호해야 하며 무릇 마오 주석이 지시한 것이라면 모두 시종일관 준행해야 한다."는 방침(후에 '두 개의 범시(凡是)'로 불렸다. 범시는 '무릇'이라는 뜻이다-편집자 주)을 공개적으로 제기했다. 이 방침이 당시 당중앙위원회의 목소리를 전달하는 권위적 방식으로 공포되었기에 널리 선전할 수 있게 되었다. 이 방침이 시행되면서 '4인방'을 적발, 비판하는 운동이 제한을 받게 되었을 뿐만 아니라 톈안먼 사건에 대한 그릇된 결론을 시정하고 덩샤오핑의 직무를 회복시키는 문제를 해결하는 데 방해를 받게 되었다.

3월 10일부터 22일까지 중공중앙은 사업회의를 소집했다. 회의가 시작될 무렵 화궈펑은 모두의 발언에서 덩샤오핑의 직무 회복, 톈안먼 사건과 같은 민감한 문제가 언급되지 않기를 바란다고 각 조의 회의소집자들에게 미리 귀띔했다. 그러나 이 두 문제는 당시 사람들에게 가장 관심 있는 문제였으며 또 일부 노 동지들이 제기하려고 한 문제였다. 3월 13일, 천윈은 서면 발언에서 톈안먼 사건에 대한 자신의 견해를 언급함과 동시에 "듣자니 중앙의 일부 동지들이 중국혁명과 중국공산당의 요구에 부응하기 위해 덩샤오핑 동지를 다시 당중앙위원회의 영도사업에 참가시키자고 제의했다는데 이것은 전적으로 정당하고 필요한 것이다. 나는 그 의견을 전적으로 지지한다."[3]고 표시했다. 왕전도 회의에서 덩샤오핑의 사업을 회복시키고 톈안먼 사건에 대한 그릇된 결론을 시정할 것을 호소했다. 그들의 발언은 많은 사람의 찬성을 받았다. 그러나 '두 개의 범시'의 방침에 저촉되었기에 결과적으로는 회의 속보에 기재되지 못했다.

3월 14일, 화궈펑은 회의 연설에서 마오쩌둥 사상을 수호하고 마오 주석의 위대한 기치를 높이 치켜세우는 것에 대해 집중적으로 강조하면서 다음과 같이 말했다. "'4인방'을 적발, 비판하는 투쟁에서 무릇 마오 주석이 결책한 것이라면 모두 강력히 옹호해야 하며 무릇 마오 주석의 형상에 먹칠하는 언행에 대해서는 모두 강력히 제지해야 한다는 데 반드시 주의를 기울여야 한다." 이 지도사상을 근거로 그는 계속 강조했다. "덩샤오핑을 비판하며 우경번안풍을 반격하

---

[3] 천윈, '4인방을 분쇄한 후에 직면한 두 가지 대사'(1977년 3월 13일), 〈천윈 문선〉(1956~1985), 민족출판사 1988년, 259쪽.

는 것은 위대한 수령 마오 주석이 결정한 것이므로 그 비판은 필요한 것이다. '4인방'은 덩샤오핑에 대한 비판을 이용하여 다른 일을 꾸몄다. 덩샤오핑 동지를 타격하고 모함한 것은 당과 국가의 권력을 탈취하기 위한 음모의 중요한 요소였다." "덩샤오핑 동지에 대한 '4인방'의 모든 비방적인 언사들은 마땅히 뒤엎어버려야 한다." 동시에 그는 또 다음과 같이 제기했다. "우리의 방침은 마오 주석의 위대한 기치를 높이 치켜세우고 사업을 더 많이 하면서 적당한 시기에 가서 덩샤오핑 동지에게 나와 사업하도록 하는 것이다." "그러나 이러한 일에는 절차가 있어야 하고 일정한 과정이 필요하다." "조건이 성숙되기를 기다려야 한다." "중공중앙 정치국의 의견은 당중앙위원회 제10기 제3차 전원회의와 중국공산당 제11차 전국대표대회를 거쳐 덩샤오핑 동지의 직무 회복에 관한 결정을 정식으로 내리는 것인데 이렇게 하는 것이 비교적 적절하다." 그는 톈안먼 사건에 대해서 여전히 "소수의 반혁명 세력이 조작한 반혁명 사건"이라고 말함과 동시에 또 "'4인방'이 경애하는 저우 총리를 박해했고 또 대중의 추모활동을 압제한 상황에서 대중이 청명일에 톈안먼 광장에 가서 저우언라이 총리에 대한 자신들의 추모의 정을 표시한 것은 정당한 일이다."라고 말했으며 톈안먼 사건과 관련되는 "실질적 문제는 이미 해결"되었으니 "더 이상 톈안먼 사건과 같은 문제를 갖고 논쟁하지 말 것"을 바랐다.

4월 15일, 〈마오쩌둥 선집〉 제5권이 출판, 발행되었다. 제5권에는 신중국의 창건부터 1957년까지의 마오쩌둥의 저작이 수록되었는데 그 가운데에는 정확한 사상과 비교적 정확한 사상을 천명한 중요한 글이 있는 반면 사실에 부합되지 않고 '좌'적 오류의 내용이 들어 있는 글도 적지 않게 있었다. 화궈펑은 5월 1일에 발표한 '무산계급 독재에서의 계속 혁명을 끝까지 진행하자-〈마오쩌둥 선집〉 제5권을 학습하고'라는 글에서 '무산계급 독재에서의 계속 혁명의 이론'을 〈마오쩌둥 선집〉 제5권에 일관된 근본적인 지도사상이라고 말했다. 중앙에서도 4월 7일에 발부한 〈마오쩌둥 선집〉 제5권의 학습에 관한 결정에서 "사회주의 혁명과 사회주의 건설 시기에 마오 주석께서는 무산계급 독재에서 계속 혁명해야 한다는 위대한 이론을 창시하여 마르크스주의 이론에 가장 위대한 기여를 했다."고 강조했다. 그리하여 '문화대혁명'을 발동한 이 그릇된 이론이 〈마오쩌둥 선집〉 제5권을 학습하고 선전하는 중점 내용으로 규정되었다.

'두 개의 범시' 방침이 제기되자 당내와 전국인민 속에서 이를 두고 의견이 분분했다. 사람들은 도대체 어떤 태도로 마오쩌둥 사상을 대하고 마오쩌둥의 결책과 지시를 대해야 하는가 하는 문제를 생각하지 않을 수 없었다. 많은 사람은 '두 개의 범시'를 찬성할 수 없다고 했다. 덩샤오핑도 일부 동지에게 자신의 견해를 밝혔다. 그는 같은 해 2월과 4월에 방문한 일부 중앙책임자들과 담화할 때 다음과 같이 명확히 지적했다. "'두 개의 범시'는 그릇된 것이다." 그것은 "마르크스주의가 아니며 마오쩌둥 사상이 아니다". 4월 10일, 덩샤오핑은 화궈펑, 예젠잉 및 당중앙위원회에 전하는 서신에서 "우리는 반드시 대대손손 정확하고 완전한 마오쩌둥 사상으로 우리 전 당, 전 군, 전국인민을 지도해야 한다."고 제기했다. 5월 3일, 당중앙위원회에서 이 서신을 이첩한 후 "정확하고 완전한 마오쩌둥 사상"이라는 제기법은 재빨리 당내 많은 간부에게서 지지를 받았고 이는 '두 개의 범시'를 완곡하게 배격하는 사상적 무기가 되었다.

5월 24일, 덩샤오핑은 중앙의 두 동지와 담화할 때 또 한 번 '두 개의 범시'를 비판했다. 그는 3월에 소집된 중앙사업회의에서 한 화궈펑의 연설 가운데 "덩샤오핑을 비판하는 것은 필요한 것"이라고 긍정하면서도 또 덩샤오핑의 직무를 회복시켜주는 것을 동의한다고 한 것, 톈안먼 사건은 '반혁명 사건'이라고 인정하고서도 또 광범위한 대중이 톈안먼 광장에 가 추모활동을 한 것은 "정당한 일"이라고 한 모순된 상태에 대해 다음과 같이 지적했다. "'두 개의 범시'대로 한다면 나의 명예를 회복시켜준 문제를 해석하기 어려우며 1976년에 톈안먼 광장에서 일어난 광범위한 대중의 활동을 '합리적'이라고 긍정한 문제도 해석하기 어려울 것이다." "마오쩌둥 동지는 자기 자신도 오류를 범한 적이 있었다고 말했다. 누구의 말이든 다 옳을 수가 없고 누구든 절대적으로 옳을 수 없다고 말했다." "마오쩌둥 사상은 하나의 사상체계"이며 "우리가 기치를 높이 치켜세워야 한다는 것은 바로 이 사상체계를 학습하고 적용해야 한다는 것이다".

덩샤오핑은 "정확하고 완전한 마오쩌둥 사상"을 제기함으로써 많은 간부와 이론사업가들을 한층 더 고무했으며 일부 주요한 '좌'적 이론 관점을 비교적 직접 비판할 수 있게 해주었다. 경제이론계에서 1977년 2월부터 전개한 노동에 따른 분배와 '자산계급 성격의 법정' 등 문제에 관한 토론은 4월 이후 점차 규모가 확대되어 노동에 따른 분배와 '자산계급 성격의 법정', 정치와 경제, 혁명과 생산 등 문제까지 집중적으로 토론했다. 10월 말부터 11월 초까지 열린 노동에 따른 분배문제 토론회에 전국 20여 개 성, 직할시, 자치구의 800여 명이 참가했다. 토론회에서는 100여 명이 발언했는데 노동에 따른 분배를 "자산계급 성격의 법정을 낳는 경제적 토대"라고 말하고 생산을 발전시키는 것을 이른바 '생산력유일론'이라고 말하는 등 황당무계한 논조들에 대해 집중적으로 비판했다. 〈인민일보〉, 〈광명일보〉 등 신문, 간행물들은 토론 문장을 간혹 실어 토론을 사회적 차원으로 끌어올렸다.

덩샤오핑과 화궈펑은 이번 토론을 지지한다고 명확히 표시했다. 8월 3일, 덩샤오핑은 국무원 정치연구실 책임자와 한 담화에서 그들이 조직하여 편찬한 '생산력 유일론에 대한 4인방의 비판을 평함'이란 책을 긍정해주면서 "대체로 잘 썼다. 일리가 있다."라고 인정했다. 그는 노동에 따른 분배문제에 대해 이야기할 때 다음과 같이 말했다. "마땅히 적당한 물질적 보상이 있어야 한다. 적게 일하면 적게 얻고 많이 일하면 많이 얻게 해야 한다." "노동에 따른 분배가 자산계급을 낳게 한다고 말하는데 이는 전혀 말이 안 된다." 화궈펑의 태도도 아주 긍정적이었다. 그는 11월 9일에 야금부의 회보를 청취할 때 "사회주의 역사 단계에서 노동에 따라 분배하는 것은 옳은 것이다." "전쟁 시기에 우리는 각오에 따랐다. 그러나 이를 근거로 하여 노동에 따라 분배하는 원칙을 부정하고 평균주의 분배 방법을 취해서는 안 된다." 라고 말했다.

이에 앞서 1977년 3월 3일부터 16일까지 국무원에서 소집한 전국계획회의에서는 또 1975년에 덩샤오핑이 전면적인 정돈사업 주관 기간에 관련 부문에서 작성한 '공업 발전을 추진하는 것에 관한 약간의 문제'와 '과학기술사업에 관한 몇 가지 문제', '전당, 전국 제반 사업의 총체적 요강을 논함'은 세 편의 좋은 공문이라고 명확히 긍정함과 동시에 '4인방'이 이 세 편의 공문을 '세 그루의 대 독초'라고 모함한 음모를 폭로했다.[4] 6월부터 7월까지, 중국과학원 이론조, 국무원 정치연구실, 국가계획위원회는 연이어 글을 발표하여 상기 세 편의 공문이 1976년에 "덩샤오핑을 비판하고 우경번안풍을 반격"할 때 모함당한 것에 대해 일일이 반박했다.

---

4) 국가계획위원회, '1977년 국민경제계획의 몇 가지 문제에 관한 회보제강', 1977년 3월 8일.

1977년 9월을 전후하여 일부 노 혁명가들은 마오쩌둥 서거 1주년을 기념하여 일제히 연설을 발표하거나 기념문장을 써 마오쩌둥이 창도한 당의 훌륭한 전통과 마오쩌둥 사상의 정신적 본질을 선전했다. 천원의 '실사구시의 혁명작풍을 견지하자', 쉬샹첸의 '당이 총을 지휘하는 원칙을 영원히 견지하자', 녜룽쩐의 '당의 훌륭한 전통을 회복시키고 발양하자' 등 글은 모두 실사구시를 견지해야 하는 필요성을 중점적으로 논술하고 당의 훌륭한 전통을 회복할 것을 호소했다.

　중앙당학교에서는 후야오방이 사업을 주관하면서부터 일부 기본적인 이론문제에 대해 과감하게 연구 토론하는 풍기가 나타났다. 후야오방은 린뱌오, '4인방'에 의해 잘못된 사상, 이론, 노선 면의 시비를 다시 되돌려놓을 것을 명확히 제기했다. 1977년 7월, 후야오방의 심혈을 기울인 지도로 성, 군급 이상 지도간부와 이론사업 부문에서 참고로 열독하도록 제공하는 내부 간행물 〈이론동태〉가 창간되었다. 간행물 창간호는 '계속 혁명 문제에 대한 연구 토론'이라는 제목으로 글을 실어 아직까지도 의심할 여지가 없는 것으로 간주되고 있는 '무산계급 독재에서의 계속 혁명의 이론'에 대해 여러 의견을 제기했다. 그 후 〈이론동태〉는 계속하여 일부 중대한 문제와 관련한 문장을 조직하여 다년간 내려온 이론 측면에서의 혼란을 일소하고 활약할 수 있는 진지를 새로 개척했다.

　사상이론계에서의 이러한 노력은 '두 개의 범시' 방침을 정도부동하게 배격했다. 지도사상 면에서의 혼란 상태를 바로잡는 사업은 비록 엄중한 방해를 받기도 했지만 마침내 전진의 걸음마를 내디디게 되었다.

## 2. 국민경제의 복구와 급급히 성공하려고 서두르는 경향의 출현

**생산 질서를 정돈하고 국민경제를 기본적으로 복구**

'4인방'을 분쇄한 후 인민대중의 억눌렸던 생산력 확대가 마침내 다시 시작됐다. 4개 현대화를 실현하기 위해 생산에 힘을 기울이는 것이 또다시 사람들에게 당당한 행동이 되었고 작업이 중단됐던 많은 기업이 급속히 생산을 회복했다. 당중앙위원회는 '4인방'의 죄행을 적발, 비판하고 전국의 정세를 안정시키는 사업을 배치함과 동시에 공, 농업생산을 정돈하고 복구하는 사업에 바로 착수했다. 아울러 사회주의 현대화 강국을 건설하기 위해 노력하자는 호소를 다시 내렸다.

'문화대혁명'이 결속될 때 경제가 곤란한 국면에 비추어 당중앙위원회와 국무원은 지출과 투자를 줄이며 자금과 물자의 압력을 덜고 제한된 자금을 생산 건설에 투입하는 등 조치를 취했다. 1976년 10월 27일, 국가계획위원회, 국가건설위원회, 재정부는 '4인방'의 교란과 탕산 대지진 등의 재해로 말미암아 공업생산, 교통운수와 재정수입 모두가 큰 영향을 받았고 국가재정 상황이 지극히 어려워졌기에 1976년의 기본 건설 투자를 줄이기로 결정했다는 국무원의 통지를 연명으로 발부했다. 1977년 3월 28일, 국무원은 사회단체 구매력을 견결히 줄이고 엄격히 통제하는 것에 관한 국가계획위원회 등 부문의 지시 요청 보고를 이첩했다. 그 후 또 관련 부문에서 자금 유통을 줄이고 통제하기 위해 취한 기타 조치들을 잇달아 비준했다. 이런 조치들은 재정 분야의 혼란한 국면을 돌려세우고 생산 건설의 회복을 촉진하는 역할을 발휘했다.

'4인방'의 교란과 파괴로 경제 분야에 심각한 결과가 초래된 것에 따라 당중앙위원회 및 전당은 경제 건설을 대규모로 일으키고 생산력을 조속히 발전시켜야 한다는 등에 대해 견해를 같이하고 있었다. 1976년 12월과 1977년 4월부터 5월까지 중앙은 농업에서 다자이를 따라 배우는 것에 대한 제2차 전국회의와 공업에서 다칭을 따라 배우는 것에 관한 전국회의를 소집하고 전국 인민에게 '혁명을 기치로 생산을 촉진'하는 고조를 일으켜 국민경제를 힘써 일으켜 세울 것을 호소했다. 화궈펑은 상기 두 대회에서 한 연설에서 모두 "혁명은 곧 생산력을 해방시키는 것이다." "사회주의 경제를 힘써 발전시키는 것은 무산계급 독재의 기본과업의 하나이다." "국민경제를 힘써 일으켜 세워야 한다."고 강조했다. 1976년 12월 26일, 〈인민일보〉는 마오쩌둥의 '10대 관계에 대하여'를 발표했다. 마오쩌둥이 1956년에 한 이 중요한 연설은 국무원 정치연구실에서 1975년에 다시 정리하고 마오쩌둥이 심열을 하여 완성한 것이었디. 이 문징을 공개직으로 발표하고 광범위하게 학습하도록 한 것은 경제관계를 조정하고 경제 질서를 정돈하며 광범위한 대중을 동원하여 생산을 힘써 잘하고 현대화를 실현하는 목표를 위해 분투하도록 하는 선동 역할을 했다.

국민경제 복구사업 가운데 당중앙위원회는 우선 전반적 국면에 영향을 주는 철도와 석탄운수를 정돈하는 것부터 착수했다. '우경번안풍을 반격하는' 운동으로 말미암아 철도운수가 막히고 발전소의 석탄 수송이 단절되는 등 국민경제의 정상적인 운행이 심각한 영향을 받고 있는 국면에 따라 1976년 11월, 국무원은 1977년의 생산계획을 실행할 때 과단한 조치를 취해 정저우, 난주, 청두, 난창, 타이위안, 쿤밍 등 철도 중추의 교통마비문제를 해결하도록 특별히 제기했다. 1977년 2월 2일부터 15일까지 국무원은 전국철도사업회의를 소집하고 1975년의 중공중앙에서 내린 '철도사업 강화에 관한 결정'은 정확한 것으로서 계속 관철 집행해야 한다고 명확히 지적했다. 회의는 반드시 사회주의적 기업을 잘 관리하는 과학적인 규정제도를 세우고 철도 치안질서를 대대적으로 정돈하여 철도운수에서 안전하고 제시간에 도착하며 운행이 거침이 없도록 실속 있게 보장해야 한다고 강조함과 동시에 당해의 철도운수 임무를 하달했다. 회의 후 국무원은 철도부와 각 철도중추의 지도부를 조정했다. 3월 1일부터 13일까지 공안부, 철도부는 전국철도치안사업회의를 열고 철도 질서를 정돈하는 조치에 관해 토론했다. 정돈사업을 통해 철도에서의 혼란스러운 상황은 점차 개선되었다. 하루 평균 적재량은 1월의 3만 8천 대[5]에서 달마다 늘어나 4월에 와서는 5만 5,100대에 도달해 역사상 최고 수준을 초과했고 6월에 와서는 5만 7천 대에 도달했으며 하루 평균 화물하차량과 석탄운수량도 가장 높은 수준에 도달했다.[6]

당시 경제 분야에 사상 혼란이 존재함에 따라 1977년 3월에 소집된 전국계획회의는 국민경제를 복구, 발전시키자면 반드시 '4인 무리'의 죄행을 적발, 비판하고 '4인방'에 의해 엉망이 된 사상적인 경계선을 분명하게 밝히며 국민경제 가운데 주요 모순을 분석하고 아울러 강력한 조치를 취해 이런 모순을 해결해야 한다고 제기했다. 국가계획위원회가 회의에서 제출한 '1977년 국민경제계획의 몇 가지 문제에 관한 회보 제강'은 당시 경제 분야에 사상 혼란이 존재하는 데 따라 생산을 잘 확보하는 것이 필요한가 필요하지 않은가, 규정제도가 필요한가 필요하지 않은가, 사회주의 축적을 해야 하는가 하지 말

---

[5] 〈당대 중국〉총서 편찬위원회, 〈당대 중국의 철도사업〉 상, 중국사회과학출판사 한문판, 1990년, 87쪽.
[6] '금년 상반기 공업생산 정황에 관한 국무원의 보고', 1977년 7월 30일.

아야 하는가, 각자 능력에 따라 일하고 노동에 따라 분배하는 원칙을 시행해야 하는가 하지 말아야 하는가, 새 기술을 도입해야 하는가 하지 말아야 하는가 등의 분명히 밝혀야 할 10개 문제를 제기했다. 회의에 참가한 사람들은 이러한 문제들을 가지고 열렬한 토론을 벌였고 일부 인식 면에서의 혼란을 바로잡았다. 회의에서는 다음과 같이 제기했다. 우리는 지극히 큰 노력을 들여 국민경제의 발전 속도를 높이는 데 박차를 가함으로써 본 세기 내에 중국을 사회주의 현대화 강국으로 건설해야 한다. 1977년에 주로 해결해야 할 문제는 아래와 같다. 첫째, 농업과 경공업이 생산 건설과 인민생활의 수요에 부응하지 못하는 문제, 둘째, 공업에서의 연료, 동력과 원자재가 부족한 문제, 셋째, 기본 건설규모가 당면의 재력과 물력의 감당 능력을 초과한 문제이다. 이 같은 문제들을 해결하자면 먼저 기업당위원회의 지도부를 잘 정돈하고 잘 건설해야 했다.

그 후 국무원은 언이이 일련의 경제부문 전문회의를 소집하고 공, 농업생산 복구에 관한 사업을 배치했으며 기업 정돈을 확립하고 합리적인 규정제도를 회복하며 각급 지도부를 건전히 하고 강화하며 파벌의식을 반대하고 종업원대오의 단결을 강화함으로써 생산계획의 완수를 확보해야 한다고 강조했다. 4월에 국무원은 전국기본건설회의 요지를 보내면서 지난 몇 년간 기본 건설의 전선이 길어지고 인력, 물력, 재력 사용이 분산적이고 혼란해졌기에 반드시 정돈을 통해 계획을 정확하게 짜고 기본 건설을 통일계획에 넣어야 한다고 지적했다. 같은 달, 국무원은 전국야금사업회의 요지를 보내면서 기업의 질서를 정돈하여 직무책임제, 출퇴근제도, 기술조작 규정, 품질 검사 등 제도를 건전히 함으로써 반드시 철강공업을 일으켜 세워야 한다고 제기했다.

4월 20일부터 5월 13일까지 당중앙위원회는 7천명이 참가한 공업에서 다칭을 따라 배우는 것에 대한 전국회의를 소집했다. 화궈펑은 4월 18일에 열린 예비회의에서 다음과 같이 말했다. 우리 당의 역사에서 이같이 큰 규모의 공업회의를 열기는 처음이다. 중앙은 결심을 내렸는바 우리의 공업을 기어이 일으켜 세워 현세기 내에 4개 현대화를 실현할 것이다. 5월 9일, 화궈펑은 대회에서 발표한 연설에서 전국의 공업 전선은 모두 다칭 노동자들과 같이 목숨을 내걸고 혁명하는 정신이 있어야 하며 일단 일을 시작하면 끝을 보고야 마는 끈질김이 있어야 하며 그 어떤 곤란 앞에서도 흔들리지 않는 의지가 있어야 한다고 제기했다. 중앙은 모든 기업이 다칭을 착실하게 따라 배워 제5차 5개년 계획 기간에 적어도 전국의 3분의 1 기업들이 다칭식 기업이 되어야 한다고 요구했다. 이번 회의의 호소에 따라 전국의 각 기업, 특히 일부 중점기업들은 지도부와 생산 질서에 대한 정돈을 다그쳤고 노동경쟁과 증산절약운동을 광범위하게 전개했으며 짧은 시간 내에 제반 기술 지표들이 역사상 가장 높은 수준과 국내 선진 수준에 도달하도록 힘을 다해 전반 공업생산의 복구와 발전을 추동했다. 7월 6일부터 8월 5일까지 국무원은 또 1,000여 명이 참가한 전국농토기본건설회의를 소집했다. 회의 후 각지에서는 급속히 농토 기본 건설을 대대적으로 추진하는 고조를 일으켰다.

　1978년 4월 20일, 중공중앙은 '공업 발전을 추진하는 것에 관한 약간의 문제에 관한 결정(초안)'(약칭 '공업30개조')을 발부했다. 이 문건은 1975년에 덩샤오핑의 지시에 의해 작성한 '공업발전을 추진하는 것에 관한 약간의 문제'를 기초로 하여 수정, 완성한 것이었다. 문건은 기업 정돈에 대해 구체적 표준을 제기했으며 기업은 생산을 중심으로 당당하게 생산을 잘하며 책임제를 핵심으로 한 제반 규정제도를 견지하여 기업관리 수준을 대대적으로 제고해야 한다고 명확히 규정했다.

이러한 사업을 거쳐 경제 전선에서 생산 질서와 사업 질서가 점차 정상 궤도에 들어섰고 부분적 기업의 혼란 상태가 어느 정도 호전되었으며 공업생산이 비교적 빠르게 복구되었다. 안산강철, 우한강철, 번시강철, 타이위안강철, 마안산강철, 충칭강철, 판즈화강철 등 중점 철강기업들은 정돈을 거쳐 재빨리 면모를 일신했다. 전국 철강 생산은 1977년 10월에 이미 역사의 가장 높은 수준을 초과했다. 강진의 파괴를 입은 탕산의 카이란(開灤)탄광은 1년 5개월의 복구 건설을 거쳐 하루 평균 생산량은 1977년 12월에 이르러 지진이 일어나기 전의 수준에 도달했다. 전국 공업 총생산액은 1977년 3월부터 달마다 늘어났으며 6월에 와서 24개 성, 자치구, 직할시의 공업 총생산액은 1976년의 같은 시기 수준을 초과했다. 1977년 5, 6월에 이르러 80가지 주요 공업제품 가운데 대부분의 생산량이 전해의 같은 시기 수준을 초과했으며 그 가운데 26가지 제품의 월생산량은 역사상 최고 수준을 이룩했다. 1977년의 공업 총생산액은 전해보다 14.6% 성장했고 재정 수입 분야에서 연속 3년간 국가계획을 완수하지 못하던 정형을 바로잡았다. 이해에 전국적으로 60%에 달하는 종업원들의 노임이 확실하게 증가되었다. 전국 주민들의 평균 소비 수준은 1976년의 161위안에서 1978년의 175위안으로 증가했는데 이는 1961년 이후 가장 큰 성장폭을 보였다. 1978년의 공업 총생산액은 또 전해보다 13.5% 성장했고 80가지 주요 제품 가운데 65가지가 국가계획을 완수했거나 초과 완수했다. 그 가운데 철강생산량은 3,178만 톤에 달해 1976년보다 55.3% 늘어났고 연속 몇 년간 2천만 톤 안팎을 맴돌던 국면을 전환시켰다. 재정 분야에서 수입과 지출은 대체로 맞아떨어지고 여유가 생기게 되었다. 농업생산은 1978년에 풍작을 거두고 양곡 생산량이 6천억 근을 돌파하여 역사상 최고 수준을 초과했다. 인민의 생활수준도 어느 정도 향상되었다.

광범위한 간부와 군중이 힘써 분투한 보람으로 전반 경제 정세는 급격히 내리막길을 걷던 위험에서 벗어난 후 점차 호전되기 시작했다.

## 새로운 '약진' 계획이 형성

정치적 국면이 기본적으로 안정되고 경제정세가 점차 호전됨에 따라 건설속도를 높여 '4인방'에 의해 지체된 시간과 '4인방'에 의해 조성된 손실을 되찾으려는 사람들의 염원이 더욱 강렬해졌다. 그러나 이와 동시에 지난날 경제 건설 면에서의 경험과 교훈을 참답게 총화하지 않고 또 경제 호전의 정세를 너무 높게 예상했기에 경제사업의 지도사상에 급급히 성공하려고 서두르는 정서가 자라났다.

1976년 12월에 소집된 농업에서 다자이를 따라 배우는 것에 대한 제2차 전국회의에서는 전당과 전국에 '4인방'을 적발, 비판하고 농업생산을 시급히 일으켜 세울 것을 동원하고 아울러 "다자이식 현을 보급하자."는 구호를 제기했다. 동시에 마오쩌둥이 1955년에 '농업합작화 문제에 관해'란 보고에서 제기한 25년의 시간을 들여 농업기술 개조를 완수하는 것에 대한 구상에 따라 1980년에 가서 전국적으로 농업 기계화를 기본적으로 실현할 것을 제기했다. 이를 위해 또 농업, 목축업, 부업, 어업의 주요 작업에서의 기계화 수준을 70%에 도달시키고 4년 내에 전국 대·중형 트랙터의 보유량을 40만 대에서 80만 대로 늘려야 한다는 구체적인 계획을 세웠다. 그러나 당시 전국의 농촌들은 대체로 여전히 수공업을 위주로 하고 있었고 트랙터 연간 생산량은 7만 대밖에 되지 않았다. 전국적으로 농기계제조공장은 1,600개, 농기계 수리, 조립 공장은 2,700개밖에 안 되었고 그 수준이 낮아 간단한 농기계 제조와 수리, 조립 작업을 하고 있었다. 이 같은 토대에서 3년이란 시간에 농업기계화를 실현한다는 것은 분명히 불가능한 것이었다.

  1977년 2월 12일, 국가계획위원회는 국무원에 1977년의 경제계획을 회보할 때 다음과 같이 제기했다. 당면 국민경제 가운데의 일부 비율관계가 균형적이지 못하고 있다. 농업에서 주요 경제작물의 생산량이 대폭 하락했다. 1976년의 목화 생산량은 1965년보다 얼마 높지 못했고 기름작물의 생산량은 1952년의 생산량에도 미치지 못했다. 이런 정황은 경공업 생산과 시장 공급에 영향을 주어 해마다 상품 공급과 사회 구매력 사이에 40억~50억 위안의 차액이 생겼다. 공업 면에서 석탄, 전기가 부족했기에 많은 지역의 공업생산 능력이 충분히게 발휘되지 못했고 새로 건실된 적시 않은 기업들이 생산을 가동할 수 없었다. 이미 공사를 벌여놓은 기본 건설 규모는 당면의 재력, 물력의 감당 능력을 초과했다. 그러므로 결심을 내리고 배분을 조정하여 이런 문제를 해결해야 한다. 3월 1일, 중앙정치국은 이러한 계획을 토론할 때 다음과 같이 인정했다. 금년의 계획을 연구하는 데 곤란을 감안해야 한다. 그러나 곤란을 너무 강조해서도 안 된다. 대중을 제대로 동원한다면 생산을 일으켜 세우는 것은 너무 늦어지지는 않을 것이다. 좀 더 적극적이어야 하며 곤란을 감안해야 하거니와 더욱이 유리한 조건을 감안해야 한다. 결국 1977년의 경제계획은 기업 정돈에 대해서만 결정을 내리고 경제 조정에 대해서는 언급하지 않았다. 그러나 당시의 계획은 그래도 비교적 신중하게 고려한 편이었다. 계획은 1977년의 농공업 총생산액의 성장률을 7%로, 공업 총생산액의 성장률을 8%로 규정했는데 이는 1976년에 정한 계획과 대체로 비슷했다. 3월 10일부터 22일까지 소집된 중앙사업회의는 이러한 계획을 채택했다. 그러나 국민경제의 비교적 빠른 호전 정세를 지나치게 높이 평가하고 보편적으로 유리한 조건만 강조하면서 크게 벌이고 빨리 일으켜 세우도록 요구한 결과 1977년의 계획지표는 쉽게 돌파되었다.

4월 18일, 공업에서 다칭을 따라 배우는 것에 관한 전국회의 예비회의에서 화궈펑은 지질탐사 결과에 대한 논증을 도출해내지 않은 상황에서 석유부 책임자에게 다음과 같은 요구를 제기했다. 석유부는 연간 석유 생산량이 5천만 톤인 다칭 하나에만 만족해서는 안 된다. 2000년 전에 반드시 10여 개의 다칭을 만들어내야 한다. 5월 9일, 그는 공업에서 다칭을 따라 배우는 것에 관한 전국회의에서 연설할 때 "석유 부문은 10여 개 다칭유전을 건설하기 위해 싸워야 한다. 모든 기업은 힘써 다칭을 따라 배워야 한다."고 명확히 제기했다.

4월 19일, 〈인민일보〉는 '기본 고리를 확보하고 나라를 다스리며 국민경제의 새로운 약진을 추진하자'라는 제목의 사설을 발표했다. 사설은 '약진' 구호를 다시 제기했으며 "'세 가지 수준'을 따라잡을 것"을 요구했다. 즉, "먼저 본 단위의 역사상 최고 수준에 도달하거나 그 수준을 초과하고 나서 전국의 동업종의 최고 수준을 초과하며 나아가 세계 선진 수준을 초과한다."는 것이었다. 7월 30일, 당중앙위원회는 국무원의 보고서를 보내면서 공업 생산이 비교적 빠르게 복구되는 정형에 따라 "국민경제의 새로운 약진의 국면이 바야흐로 시작되고 있다."[7]고 낙관적으로 지적했다. 이러한 예측에 따라 국가계

---

7) '금년 상반기 공업생산정황에 관한 국무원의 보고', 1977년 7월 30일.

획위원회에서 원래 정했던 1977년의 생산계획은 '너무 보수적'인 것으로 인정되어 비판을 받았다. 9월 11일, 중앙정치국에서 전력문제를 토론할 때 국가계획위원회는 전 8개월 동안의 생산 정황을 회보하고 나서 지금의 수준으로 볼 때 올해에 10% 성장하여 지표인 8%를 초과할 수 있을 것이라고 설명했다. 이에 화궈펑은 다음과 같이 말했다. 무엇 때문에 10%밖에 되지 않는가? 올해 10%를 완수할 수 있다고 하여 자만해서는 안 된다. 마땅히 12%를 완수해야 한다. "소매를 걷어붙이고 일을 크게 해 나가야 한다." "기본 고리를 확보하고 나라를 다스리는" 면에서 올해 효과를 보기 시작했는데 그 효과가 더 커야 한다. '4인방'을 타도했고 나라가 크게 안정되었기에 속도를 높일 수 있으니 계획위원회에서 어떻게 속도를 높일 수 있는지 연구하기 바란다. 10월 29일, 석탄부는 중공중앙 정치국에 발전 구상을 회보할 때 다음과 같이 제기했다. 1978년과 1979년에 해마다 4천만 톤씩 증산하고 1980년 및 제6차 5개년 계획 기간에는 해마다 5천만 톤씩 증산하며 1987년에는 총생산량이 10억 톤을 돌파한다. 그리고 현세기말 마지막 13년에는 더욱 큰 '약진'을 실현하여 해마다 7천만 톤 증산하며 2000년에 가서는 20억 톤을 향해 진군한다. 중공중앙 정치국은 이를 토론할 때 1년에 4천만 톤씩 증가하는 것은 너무 적으며 6천만 톤씩 증가해야 한다면서 새 기술을 도입하는 것을 통해 석탄 생산량을 증가할 수 있다고 인정했다. 11월 9일, 야금부는 중공중앙 정치국에 회보하면서 다음과 같이 제기했다. 제5차 5개년 계획 기간의 마지막 3년에는 기존의 토대에 따라 높은 속도, 높은 질, 높은 수준의 전면적인 '대약진'을 실현한다. 1980년의 철강 생산량을 3,500만 톤으로 계획하고 가능한 한 3,800만 톤에 도달시키기 위해 노력한다. 이 토대 위에서 1985년의 철강 생산량을 6천만 톤으로 계획하고 가능한 한 7천만 톤에 도달시키기 위해 노력한다. 1990년에는 철강 생산량을 1억 톤의 정상에 올려놓으며 현세기 말에 20여 개의 안산강철공사맞잡이의 공장을 건설한다. 이 계획은 중공중앙 정치국으로부터 긍정을 얻었다.

국가계획위원회는 높은 속도를 쟁취하는 것에 대한 중앙의 요구를 집행하기 위해 1977년 11월 15일에 '경제계획에 관한 회보 요점'을 중앙에 교부했다. '경제계획에 관한 회보 요점' 가운데는 다음과 같은 것이 제기되었다. 앞으로 8년간, 즉 1985년 전에 기본 건설 면에서 전국적으로 대형 대상 120개를 새로 건설하거나 지속적으로 건설한다. 이 가운데는 주로 대형수력발전소 20개와 대형 갱구화력발전소 8개, 대형 석탄기지 7개, 대형 유전 및 대형 천연가스전 10개와 가스 수송도관 한 갈래, 대형 강철기지 11개, 대형 유색금속기지 9개, 대형 화학비료공장 10여 개가 포함되는데 그 기본 건설투자는 지난 28년간의 투자 총액에 가깝다. 2000년 전에 가서는 농업, 공업, 국방과 과학기술의 현대화를 전면적으로 실현한다. 중공중앙 정치국은 토론을 거쳐 이러한 계획은 적극적인 것으로서 노력을 거쳐 능히 실현할 수 있다고 인정함과 동시에 해당 계획을 전국계획회의에 교부하기로 결정했다.

11월 24일부터 12월 11일까지 전국계획회의에서의 토론을 거쳐 상기 '경제계획에 관한 회보요점'은 '1976년부터 1985년까지의 국민경제 발전 10년 계획 요강(초안)'(이하 '10년 계획 요강(초안)'으로 약칭)을 형성했다. 1978년 1월, 당중앙위원회정치국은 '10년 계획 요강(초안)'을 비준함과 동시에 그것을 전국인민대표대회 제5기 제1차 회의의 정부사업보고에 써넣었다. 이 요강은 국가계획위원회의 '회보요점'에서 제기된 지표에 대해 또 약간의 수정을 했다. 그 가운데 대형 수력발전소 20개를 30개로, 대형 석탄기지 7개를 8개로, 대형 철강기지 11개를 10개로 고쳐놓았다. 이러한 사실이 보여주다시피 '회보 요점'이 제기한 지표든 '10년 계획요강(초안)'이 제기한 지표든 모두 지나치게 높았으며 국가의 재력과 물력이 감당할 수 있는 한계를 초월했다. 이렇게 된 원인은 첫째로 농업에서 다자이를 따라 배우고 공업에서 다칭을 따라 배우는 군중운동의 역할을 지나치게 높이 평가하면서 경제 건설의 객관적 법칙을 홀시한 데 있었고 둘째는 선진국가들이 현대화를 실현한 경험과 중국에 적극적으로 투자를 하는 유리한 정세를 너무 단순하게 생각하면서 중국의 국정을 홀시한 데 있었다.

한편 정부사업보고를 토론할 때 그래도 일부 지도자는 상기 계획 지표에 대해 다른 의견을 제기했다. 위추리는 장구한 견지에서 볼 때 석유 지표는 가능한 것이지만 문제는 최근 3년의 비축량이 적고 석유 정제가 따라가지 못하며 제3신 지역에서 큰 유전을 발견하지 못하고 있다고 인정했다. 리셴녠은 이 계획은 아직 토론 과정에 있으며 이런 지표, 저런 대상을 제기하는 것은 괜찮지만 아직 명확하게 연구되지 못했으므로 인민대표대회에 교부하여 채택하지 말아야 한다고 제기했다. 그러나 논증과 반복적인 연구를 거치지 않은 '10년 계획요강(초안)'은 그대로 전국인민대표대회 제5기 제1차 회의에 교부되고 토론을 거쳐 채택되었다. 회의 후 '10년 계획요강(초안)'은 비록 공포, 하달되지 않았지만 그 가운데의 주요 내용은 언론 매체를 통해 광범위하게 선전되었기에 결과적으로는 경제사업에 비교적 큰 영향을 끼치었다.

국무원은 '10년 계획요강(초안)' 가운데 높은 지표를 완수하기 위해 주로 두 가지 방법을 취했다. 하나는 해외로부터 기술과 설비를 도입하는 규모를 한층 더 확대하는 것이었고 다른 하나는 기본 건설 투자를 끊임없이 추가하는 것이었다. 1978년 3월, 국가계획위원회는 앞으로 8년(1978년부터 1985년까지)에 도입하는 기술과 설비의 규모를 65억 달러에서 180억 달러로 증가하며 그 가운데 1978년 이내로 60억 달러 규모의 계약을 체결해야 한다고 제기했다. 중앙은 상기 방안을 원칙적으로 비준했다. 그 후 여러 분야에서 또 잇달아 일련의 도입대상을 제기했다. 그리하여 같은 해 9월에 이르러 중앙에서 계획했던 10년 내의 총 도입 모는 벌써 800억 달러로 증가했다. 이와 동시에 1978년의 기본 건설 투자 총규모도 연초에 계획한 332억 위안에서 500억 9,900만 위안으로 증가하여 1977년보다 31% 늘어났으며 1978년의 축적률은 1977년의 32.3%에서 36.5%로 뛰어올라 1959년과 1960년 다음으로 높은 수준에 이르렀다.

국민경제가 '문화대혁명'의 파괴를 심각히 받은 후 시급히 원기를 회복해야 하고 경험 교훈을 총화해야 하는 때에 이 같은 '약진'을 발동한 것은 마치 큰 병을 앓고 방금 깨어난 사람에게 빨리 뛰라고 하는 것과 같은 것이었으므로 결과적으로 일이 뜻대로 되지 않을 수밖에 없었다. 게다가 일면적으로 철강, 석유 등 중공업 부문을 두드러지게 내세우면서 높은 투자, 높은 축적을 추구했기에 '문화대혁명' 가운데 이미 균형이 심각하게 파괴된 국민경제 제반 분야의 비율관계가 더욱 악화될 수밖에 없었다.

## 3. 중국공산당 제11차 전국대표대회

**당중앙위원회 제10기 제3차 전원회의와 덩샤오핑의 복직**

'4인방'을 분쇄한 후 중국공산당 제11차 전국대표대회를 앞당겨 소집하여 당의 사업방침을 확정하고 새로운 중앙위원회를 선출해야 하는 정세 발전의 수요가 긴급히 대두하고 있었다. 이에 따라 1977년 3월에 소집된 중앙사업회의는 11차 당 대회를 앞당겨 소집하는 것에 관한 결정을 채택했다.

전국의 정세가 점차 안정된 기초 위에서 1977년 7월 16일부터 21일까지 당중앙위원회 제10기 제3차 전원회의가 베이징에서 소집되었다. 회의는 우선 화궈펑을 중공중앙 주석, 중공중앙 군사위원회 주석으로 보궐 선거하는 결정을 채택하고 '왕훙원, 장춘차오, 장칭, 야오원위안 반당집단에 관한 결의'를 채택하여 왕훙원, 장춘차오, 장칭, 야오원위안을 당에서 제명하고 그들의 당 내외 모든 직무를 취소한다는 결정을 내렸다.

이번 회의의 가장 중요한 성과는 덩샤오핑이 복직하여 중앙의 당, 정부, 군대의 영도 직무를 맡은 것이다. 회의는 '우경번안풍을 반격'하는 운동에서 박탈당한 덩샤오핑의 직무, 즉 중공중앙 위원, 중앙정치국 위원, 중앙정치국 상무위원, 중공중앙 부주석, 중공중앙 군사위원회 부주석, 국무원 부총리, 중국인민해방군 총참모장 직무를 전부 회복시킨다는 결정을 내렸다.

덩샤오핑은 회의에서 사업을 회복한 후 첫 번째로 공식 연설을 했다. 그는 먼저 중국혁명을 위해 위대한 역사적 공훈을 세운 마오쩌둥에 대한 존경과 '4인방'을 분쇄하고 적발, 비판하는 것을 영도한 당중앙위원회에 대한 옹호를 표명했다. 이어 그는 다시 나와서 사업을 하게 된 것에 대한 심정을 솔직하게 고백함과 동시에 재차 다음과 같이 강조했다. "마오쩌둥 사상을 완전하고 정확하게 이해하며 마오쩌둥 사상의 체계를 잘 학습하고 파악하고 적용하여 우리의 제반 사업을 지도해야 한다. 이렇게 해야만 마오쩌둥 사상이 분리, 왜곡, 손상되지 않을 수 있다."" 마오쩌둥 동지가 창도한 작풍에서 가장 근본적인 것은 군중 노선과 실사구시이며" "우리 당의 현 상태를 놓고 말하면 군중 노선과 실사구시가 특별히 중요한 것이라고 생각된다."[8] 덩샤오핑이 실사구시를 창도한 것은 뚜렷한 목적이 있었다. 이는 '두 개의 범시'의 영향을 효과적으로 배격할 수 있게 했다.

10차 당대회 이래 국내 정세에 중대한 변화가 나타난 것에 비추어 당중앙위원회 제10기 제3차 전원회의는 3월에 중앙사업회에서 채택한, 11차 당대회를 앞당겨 소집하는 것에 관한 결정을 비준하고 동시에 대회의 소집을 위해 필요한 준비를 해놓았다. 전원회의는 중국공산당 제11차 전국대표대회 의사일정을 한결같이 채택하고 제10기 중앙위원회의 정치보고, 당 규약 개정에 관한 보고와 당 규약 개정 초안을 토론함과 아울러 기본적으로 채택했으며 1977년 하반기의 적당한 시간에 중국공산당 제11차 전국대표대회를 소집하기로 결정했다.

당중앙위원회 제10기 제3차 전원회의의 제반 결정, 특히 덩샤오핑의 직무를 다시 회복시키는 것에 관한 결정은 전당과 전국 여러 민족 인민의 열렬한 옹호를 받았다. 7월 22일, 전원회의공보가 발표된 날 저녁에 베이징시의 많은 대중은 자발적으로 거리에 나와 자신의 기쁜 심정을 토로했다. 23일, 수도 군민 100여 만 명이 기쁜 마음으로 비를 무릅쓴 채 경축시위를 벌였다. 동시에 각계 대중 10만 명이 노동자체육장에서 경축집회를 성대히 거행하면서 당중앙위원회 제10기 제3차 전원회의의 소집을 열렬히 환호했다. 전국 각지에서도 잇달아 경축대회를 열었다. 사람들은 "영명한 결책, 위대한 승리"라는 문구로 전원회의를 칭송했고 "전당은 환호하고 전군은 분발하고 인민은

---

8) 덩샤오핑, '마오쩌둥 사상을 완전하고 정확하게 이해해야 한다'(1977년 7월 21일), 〈덩샤오핑 문선문집〉 제2권, 민족출판사 1995년, 65~66, 70쪽.

안심한다."는 문구로 덩샤오핑의 복직에 대한 옹호를 표명했다.

덩샤오핑의 복직은 당내외 광범위한 간부와 군중의 요구에 따른 것으로 제반 분야에서의 혼란 상태를 조속히 바로잡아야 하는 사업을 힘차게 이끌었다.

## 11차 당대회의 소집

1978년 8월 12일부터 18일까지 중국공산당 제11차 전국대표대회가 베이징에서 소집되었다. 대회에 참석한 대표는 1,510명이었는데 이때 전국의 당원 수는 3,500만여 명이었다. 대회는 화궈펑의 중국공산당 중앙위원회를 대표하여 한 정치보고를 심의, 채택했으며 예젠잉의 당 규약 개정에 관한 보고를 청취하고 동시에 개정을 거친 '중국공산당 규약'을 채택하고 새 임기의 중국공산당 중앙위원회를 구성했는데 당선된 중국공산당 중앙위원회 위원이 201명이고 후보위원이 132명이었다.

8월 19일, 당중앙위원회 제11기 제1차 전원회의는 중앙영도기구를 구성했다. 화궈펑을 중국공산당 중앙위원회 주석으로 뽑고 예젠잉, 덩샤오핑, 리셴녠, 왕둥싱을 중국공산당 중앙위원회 부주석으로 뽑았으며 이들 주석과 부주석으로 중앙정치국 상무위원회를 구성했다. 화궈펑, 웨이궈칭, 우란후, 팡이 덩샤오핑, 예젠잉, 류보청, 쉬스유 지덩쿠이, 쑤전화, 리셴녠, 리더성, 우더, 위추리, 왕둥싱, 장팅파, 천융구이, 천시롄, 겅뱌오, 녜룽쩐, 니즈푸, 쉬샹첸, 펑충을 중앙정치국 위원으로 뽑고 천무화, 자오쯔양, 싸이피딘 아이제즈(賽福鼎·艾則孜)를 중앙정치국 후보위원으로 뽑았다.

11차 당대회에서 한 정치보고에서는 '4인방'을 분쇄한 것을 징표로 하여 '문화대혁명'은 마무리되었다고 선포했다. 이번 대회의 역사적 책임은 당 내외, 국내외의 모든 적극적인 요소를 동원하고 일체 단결할 수 있는 모든 역량을 단결하여 현세기 내에 중국을 현대화한 위대한 사회주의 강국으로 건설하기 위해 노력하는 것이었다. 보고는 '4인방'을 적발, 비판한 투쟁을 기본적으로 총화하고 '4인방'이 고취한 "노 간부는 민주주의파이며 민주주의파는 곧 자본주의 길로 나아가는 집권파이다."라는 등 황당무개한 논조를 비판함으로써 민심에 순응했다. 그러나 '문화대혁명'에 의해 빚어진 정치, 사상 면에서의 혼란을 단시일 내에 제거할 수 없었기에 보고는 여전히 '문화대혁명'을 긍정하면서 "이런 정치적 성격의 대혁명은 앞으로도 여러 번 진행해야 한다."고 인정했다. 보고는 "무산계급 독재에서의 계속 혁명의 이론"에 대해 높이 평가하면서 "현시대에 이룩한 마르크스주의의 가장 중요한 성과"라고 인정했다. 보고는 현 단계에서의 당의 주요 과업에 대해 "계급투쟁을 기본 고리로 하는" 것을 견지하고 "두 계급, 두 갈래 길의 치열한 투쟁 가운데 안정 단결을 실현하고 무산계급 독재를 공고히 하며 무산계급 '문화대혁명'의 승리의 성과를 공고히 하고 발전시켜 최종적으로 나라를 잘 다스리는 목적에 도달해야 한다."라고 강조했다.

11차 당대회 정치보고를 토론할 때 일부 동지는 보고의 몇몇 '좌'적 관점에 대해 비판했다. 어떤 이는 "무산계급은 제반 문화 분야에서 독재를 시행한다."는 제기법을 반대했고 어떤 동지는 마오쩌둥이 '문화대혁명'은 "일체를 타도한 것과 전면적인 내전"의 오류를 범했다고 말한 적 있다면서 보고가 '문화대혁명'을 전반적으로 긍정하고 높이 찬양하는 것은 적절하지 못하다고 말했다. 또 어떤 동지는 보고의 "사회주의 역사 단계에서는 시종 계급투쟁이 존재한다."는 논단과 관련하여 '시종'이라는 제기법은 이론적으로 통하지 않는다고 지적했다. 네룽쩐은 서면 발언에서 '두 개의 범시' 방침에 따라 우리는 마르크스-레닌주의, 마오쩌둥 사상을 학습하고 적용하는 데 반드시 정신적 본질을 파악하고 기본 원리를 행동의 지침으로 삼아야 하며 마르크스-레닌주의, 마오쩌둥 사상의 마디마디를 시간, 지점, 조건을 떠나서 교조로 삼는 것을 강력히 반대해야 한다고 지적했다. 그러나 정치 보고를 최종 마무리할 때 이러한 의견들은 받아들여지지 않았다. 따라서 '문화대혁명'의 일부 그릇된 이론들이 여전히 지속되었다.

대회에서 채택된 새 당 규약은 10차 당대회에서 채택된 당 규약에 대해 일부 필요한 수정을 하고 "현세기 이내에 당은 전국 여러 민족 인민을 영도하여 중국을 농업, 공업, 국방과 과학기술이 현대화된 사회주의 강국을 건설해야 한다."를 총강령에 써넣었다. 예젠잉은 당 규약 개정에 관한 보고에서 전당은 당의 훌륭한 전통과 훌륭한 작풍을 유지하고 발양해야 하며 특히 당의 민주주의 중앙집권제의 조직 원칙을 회복함과 동시에 그깃이 끊임없이 완벽해지도록 해야 한나고 집중적으로 지적했다. 그러나 새 당 규약은 10차 당대회에서 채택된 당 규약 가운데 들어 있는 일부 '좌'적인 그릇된 관점을 근본적으로 시정하지 못했으며 "계급투쟁을 기본 고리로 해야 한다."와 '무산계급 독재에서의 계속 혁명' 등 '문화대혁명'을 초래한 그릇된 이론을 계속 수긍했다.

그럼에도 다시 중앙영도사업에 참가한 덩샤오핑은 혼란 상태를 바로잡는 사업을 또 한 번 힘 있게 추진했다. 그는 대회의 폐막사에서 전당에 다음과 같이 호소했다. 반드시 마오 주석이 우리 당에 수립해 군중 노선, 실사구시, 비판과 자기비판의 훌륭한 전통과 작풍, 겸손하고 근신하며 교만성과 조급함을 삼가며 간고 분투하는 훌륭한 전통과 작풍, 그리고 민주주의 중앙집권제의 훌륭한 전통과 작풍을 회복하고 발양해야 한다. 또한 전당, 전군, 전국적 범위에서 집중도 있고 민주도 있으며 규율도 있고 자유도 있으며 통일적 의지도 있고 개인의 심정도 유쾌하고 생동하고 활발한 그런 정치적 국면을 형성하기에 힘써야 한다. 덩샤오핑의 연설은 혼란 상태를 바로잡는 과업을 실현하는 관건을 확보했다. 그의 창도로 당 내외적으로 사상 해방에 유리하고 '좌'적 오류를 시정하는 데 유리한 분위기가 점차 형성되기 시작했다.

11차 당대회는 '4인방'을 적발, 비판하고 전국인민을 동원하여 현대화 건설을 진행하는 면에서 적극적인 추진 역할을 했다. 그러나 역사적 조건의 제한으로 말미암아 대회는 '문화대혁명'의 오류를 시정하고 역사적 전환을 실현하기 위해 정확한 노선, 방침을 제정해야 하는 과업을 떠맡지 못했다. 뒤이어 9월 9일에 거행된 마오 주석기념당 낙성식에서 화궈펑은 11차 당대회의 노선을 마오 주석의 위대한 기치를 높이 치켜세우고 당의 기본노선을 견지하며 기본 고리를 확보하고 나라를 다스리며 계속 혁명하여 현대화한 사회주의 강국을 건설하기 위해 노력하는 것으로 개괄했다.

11차 당대회에서 채택된 당 규약에 근거하여 각 성, 자치구, 직할시에서는 1977년 10월부터 당 대표대회를 소집하고 새 임기의 당위원회를 선거했다. 이와 동시에 중앙 직속기관과 중앙 국가기관 및 인민단체들 속에서 끊임없이 당위원회 또는 당조를 회복했다. 새로 나온 당위원회 또는 당조에서는 '4인방'을 추종하는 파벌세력을 제거하는 데 주의를 기울이는 한편 '문화대혁명' 가운데 타도당한, 오랜 시련을 거친 노 간부들을 복직시킴으로써 각 지구, 각 분야에서의 당의 영도가 충실해지고 강화되게 했다.

**국가 정치생활의 정상적인 질서 회복**

11차 당대회를 앞당겨 소집한 것과 마찬가지로 국가 정세에 중대한 변화가 발생한 것에 따라 제5기 전국인민대표대회를 앞당겨 소집하여 각급 정권 조직을 조정하는 것도 확실히 필요했다. 중앙의 배치에 따라 1977년 11월부터 각 성, 자치구, 직할시에서는 인민대표대회를 소집하고 새 임기의 정부 지도자를 뽑았다.

1978년 2월 26일부터 3월 5일까지 전국인민대표대회 제5기 제1차 회의가 베이징에서 소집되었다. 대회에 출석한 대표는 총 3,456명이었다. 화궈펑이 국무원을 대표하여 정부사업보고를 했다. 대회에서는 예젠잉을 전국인민대표대회 상무위원회 위원장으로 선거하고 쑹칭링 등 20명을 부위원장으로 선거했으며 화궈펑을 국무원 총리로 결정하고 덩샤오핑, 리셴녠 등 13명을 부총리로 결정함과 동시에 국무원 인선을 결정했다. 전국인민대표대회 제4기 제1차 회의와 비교할 때 전국인민대표대회 상무위원회와 국무원 시노부원 가운데는 '문화대혁명'의 반란파 대표인물들이 없어졌고 일부 국가지도사업을 감당하기 어려운 노력모범 대표들이 그에 알맞은 직위로 전임되었으며 덕망이 높은 노 세대 혁명가들이 국가의 지도 직위에 복귀했다. 대회는 20세기 말에 이르러 농업, 공업, 국방과 과학기술 현대화를 실현해야 하는 분투목표를 재언명하고 새로 개정한 〈중화인민공화국 헌법〉을 채택했다. 이 헌법은 1954년에 채택된 헌법 가운데 일부 훌륭한 원칙과 내용을 대체로 회복했고, 동시에 근본 대법의 형식으로 새 시기를 맞는 전국인민의 총체적 목표는 농업, 공업, 국방과 과학기술 4개 현대화를 실현하고 현대화한 사회주의 강국을 건설하는 것이라고 규정했다. 그러나 이 헌법은 1975년에 채택된 헌법의 오류를 철저히 시정하지 못하고 여전히 '무산계급 독재에서의 계속 혁명'을 역사적 새 시기의 총체적 과업에 포함시켰으며 또 공민은 '대명, 대방, 대변론, 대자보를 이용할 권리'가 있고 '혁명위원회'를 '지방 각급 인민대표대회의 집행기관', '지방 각급 국가행정기관'으로 한다는 등 조항을 보류했다.

그러나 이번 대회는 총체적으로 볼 때 그래도 혼란 상태를 바로잡는 사업을 추진하여 사회주의 현대화 건설을 추진하는 또 한차례의 동원령이 되었으며 국가사업에서의 정상적인 질서를 회복하는 추동 역할을 했다. 대회는 전국인민대표대회 제4기 제1차 회의에서 취소한 최고인민검찰원을 회복하고 새로운 최고인민법원 원장과 최고인민검찰원 검찰장을 뽑았다. 이로써 사회주의의 법제 건설이 회복되기 시작했다. 1978년 4월 13일, 중공중앙은 '전국적으로 한차례 새 헌법 선전교양을 진행하는 것에 관한 통지'를 발부하면서 필요한 역량을 모으고 시간을 집중하여 새 헌법에 대한 한 차례의 보편적인 선전교양을 대대적으로 진행함으로써 광범위한 간부와 인민대중의 정치적 각성을 높이고 사회주의 법제 관념을 강화하도록 요구했다. 4월 24일부터 5월 22일까지 최고인민법원은 전국인민사법사업회의를 소집하고 사회주의 법제를 강화하는 것에 대한 문제를 토론했다. 리셴녠은 회의에서 한 연설에서 '4인방'을 적발, 비판하는 것을 통해 '4인방'에 의해 파괴된 우리 당의 훌륭한 전통과 작풍을 반드시 회복하고 발양하도록 요구했다. 5월 24일, 중공중앙은 통지를 내려 지방 각급 인민검찰원에서 사업전개를 위해 즉시 조직체계를 구성할 것을 요구했다. 헌법의 규정에 따라 각지에서는 검찰기관을 재빨리 회복하고 건립했다. 6월 20일, 중공중앙은 통지를 내려 황훠칭 등 6명으로 구성된 중앙정법소조를 설립하기로 결정했다. 이는 정법사업에 대한 당의 통일적 영도가 한층 더 강화되었음을 의미했다.

1978년 2월 24일부터 3월 8일까지 중국인민정치협상회의 전국위원회 제5기 제1차 회의가 베이징에서 소집되었다. 정치협상회의는 정회 된 지가 이미 13년이 되었다. 회의에 출석한 위원은 1,862명이었다. 회의는 제4기 전국인민정치협상회의 상무위원회의 사업보고를 청취하고 새 임기의 정치협상회의 지도부 구성원을 뽑았다. 덩샤오핑이 제5기 전국정치협상회의 주석으로 뽑히고 우란후 등 22명이 부주석으로 뽑혔다. '문화대혁명' 기간에 정치협상회의 조직의 활동은 거의 정지되었는데 이번 대회의 소집은 중국공산당과 여러 민주당파 및 무소속대표 인사들 간의 협력을 강화하고 인민민주주의 통일전선을 튼튼히 하며 공산당이 영도하는 다당합작제도와 정치협상제도를 회복하고 건전히 하는 중요한 의의가 있었다. 덩샤오핑은 회의에서 발표한 연설에서 다음과 같이 강조했다. 중국은 새로운 발전 시기에 들어섰다. 사회주의의 4개 현대화를 실현하는 것은 전례 없는 위대한 사업이며 한 차례 시극히 심각한 혁명이다. 숭국의 혁명통일 전선은 반드시 새로운 시기 총체적 과업을 실현하는 투쟁에서, 4개 현대화를 향한 위대한 진군 가운데 중요한 역할을 발휘할 것이다.

정치협상회의의 소집과 더불어 각 민주당파와 공상연합회는 잇달아 조직기구를 조정 또는 재건했고 사업을 절차 있게 정상 수준으로 회복했다. 당의 통일전선정책을 위반한 약간의 오류도 어느 정도 바로잡히기 시작했다. 민족사업 면에서 소수민족지구에 심각한 악영향을 끼쳤던 '신내몽골인민혁명당'[9)]의 억울한 사건을 1978년 4월에 시

---

9) '신내몽골인민혁명당', 즉 내몽골인민혁명당은 1925년에 건립되었으며 반제, 반봉건의 혁명적 강령을 견지한 통일전선 성격을 띤 당이다. 일찍이 중국공산당의 영도로 적극적인 역할을 발휘했었으며 1946년에 해체되었다. '문화대혁명' 기간에 캉성, 셰푸즈는 여러 번 '신내몽골인민혁명당' 문제를 꺼내면서 이를 내몽골자치구의 당, 정부, 군대 지도자들을 공격하는 의거로 삼아 '신내몽골인민혁명당'이라는 억울한 사건을 조작해냈다.

정했다. 화교 관련 사업에서 이른 바 '해외관계'로 말미암아 귀국 화교와 국내 화교가족을 차별시하고 박해하던 현상을 시정하기 시작했고 광범위한 국내 화교가족, 귀국화교에 대해 평등하게 대하고 차별하지 못하며 특징에 따라 적당하게 배려하는 정책을 시행하여 사회주의 건설에서 그들의 적극성을 충분히 동원했다. 종교문제에서 헌법이 규정한 종교 신앙 자유정책이 재천명되고 종교를 믿는 대중의 정당한 종교 활동이 필요한 보호와 관리를 받았다. 그리고 '문화대혁명' 가운데 엄중하게 파괴된 통일전선사업이 점차 회복되었다.

그 밖에 1978년 9월부터 10월까지 10년 동안 지연되었던 공청단, 공회와 부녀연합회계통의 전국대표대회도 잇달아 소집되어 새 임기의 지도부 성원을 선거하고 동시에 사회주의 현대화 건설과업의 수요에 따라 새로운 사업 준직을 제정했다. 공회, 공청단, 부녀연합회 조직은 국가 건설과 사회생활 가운데 다시 자신에 걸맞은 역할을 발휘하기 시작했다. 공청단조직이 이미 회복됨에 따라 '문화대혁명' 가운데 설립된 홍위병 조직은 더 이상 존재하지 않게 되었다. 같은 해 10월 27일, 공청단중앙위원회 제10기 제1차 전원회의는 소선대를 회복하는 것에 관한 결의를 채택하고 홍위병 조직을 즉각 취소했다.

11차 당대회와 상기 또 일련의 회의의 소집으로 인해 '문화대혁명' 가운데 뒤죽박죽된 당과 국가의 정치생활 질서가 점차 회복되어 정상적인 궤도에 들어서게 되었다. 그러나 당의 지도사상은 여전히 근본적으로 전환하지 못했고 당과 국가의 사업은 총체적으로 여전히 배회하는 가운데 전진하는 국면에 처해 있었다.

제30장

혼란 상태를 바로잡는 사업의 국부적인 진전과
진리의 규준문제에 대한 토론

'4인방'을 적발, 비판하는 가운데 여러 전선에서는 사상, 정치, 조직 측면에서의 혼란 상태를 바로잡기에 힘썼다. 그러나 '두 개의 범시' 방침의 시행, '문화대혁명'과 장기간의 '좌'적 오류로 조성된 영향으로 말미암아 혼란 상태를 바로잡는 사업은 사상 측면에서 큰 방해를 받았다. 이런 상태는 갈수록 당 내외 다수의 불만을 초래했다. 사람들은 사상 측면에서의 혼란을 철저하고 똑똑하게 규명하려면 먼저 역사의 시비를 판단하는 규준문제와 마오쩌둥 사상을 어떻게 대하는가 하는 문제를 해결해야 함을 깨닫기 시작했다. 1978년 5월, 일부 간부와 이론사업가들은 '두 개의 범시'의 속박에서 벗어나 진리의 규준문제에 대한 토론을 벌였다. 이번 토론은 덩샤오핑 등 노 세대 혁명가들의 인도와 지지로 겹겹이 쌓인 방해세력을 재빨리 뚫고 나와 사상 해방과 실사구시를 요구하는 역사적인 조류를 형성함으로써 혼란 상태를 바로잡는 사업의 진행을 이끌었고 당과 국가의 역사적 전환을 실현하는 사상적 토대를 닦아놓았다.

## 1. 억울한 사건, 꾸며낸 사건, 잘못 처리된 사건에 대한 시정과 교육, 과학, 문예 분야의 시비에 대한 가름

**시정사업의 전개 및 부딪친 장애물**

'문화대혁명' 가운데 빚어진 억울한 사건, 꾸며낸 사건, 잘못 처리된 사건을 시정하여 무고하게 박해당한 많은 사람의 명예를 회복시켜주고 정책을 관철 집행하는 것은 '4인방'을 분쇄한 후에 나타난 매우 절박한 과제였다. 1976년 12월 5일, 중공중앙은 통지를 발부하여 "순전히 '4인방'을 반대한 사람에 대해 이미 체포했다면 석방해야 하고 입건했다면 철회해야 하며 현재 심사 중이라면 심사를 해제해야 한다. 이미 형벌을 선고했다면 형기를 취소하고 석방해야 하며 당적, 단적 책벌을 주었다면 그 책벌을 해제해야 한다."고 선포했다. 그러나 통지는 또 "순전히 '4인방'을 반대한 것이 아니라 위대한 수령 마오 주석을 반대하고 당중앙위원회를 반대하고 무산계급 문화대혁명을 반대한 사람이나 기타 반혁명 죄행이 있는 사람은 절대 번안하지 못한다."고 규정함으로써 금방 걸음을 뗀 억울한 사건, 꾸며낸 사건, 잘못 처리된 사건에 대한 시정사업의 범위를 좁게 한정했다. 1977년 2월에 '두 개의 범시' 방침이 제기되면서 시정사업은 지극히 큰 어려움에 부딪혔다. 비록 당시 억울한 사건, 꾸며낸 사건, 잘못 처리된 사건을 부분적으로 시정하고 일부 간부에게 정책을 관철 집행시켰지만 '두 개의 범시' 방침의 영향으로 말미암아 '무산계급 문화대혁명을 반대'한 것으로 인정되는 사건이나 마오쩌둥이 비준했거나 서명한 사건일 경우에는 사람들이 뭐라고 호소하든, 사실이 얼마나 분명하든, 시비가 어떻게 뒤바뀌었든 모두 오래도록 시정받지 못했다. 어떤 농지는 억울한 사정을 고소하려고 중앙조직부에 찾아갔다가 문전박대를 당했다. 억울한 사건, 꾸며낸 사건, 잘못 처리된 사건을 시정하고 간부정책을 관철 집행하는 전반 사업은 진전이 아주 느렸다. 1977년 말까지 중앙 직속기관과 중앙국가기관의 53개 부문에는 6,241명이나 되는 간부가 정책이 관철 집행되고 사업을 배정받기를 기다리고 있었다. 그 가운데는 성, 부급 간부가 116명, 사, 국급 간부가 537명 포함되어 있었다. 이 밖에 전국적으로 또 감투를 벗지 못한 '우파'가 10만여 명 되었다.

이런 정황은 당 내외 대다수의 강렬한 불만을 초래했다. 11차 당대회 기간, 어떤 노 동지들은 회의에서 심사 시간이 너무 길고 장기간 사업을 배치하지 않아 일부 간부가 조직의 배려를 받지 못하고 있다고 하면서 중앙에서 검사에 박차를 가하고 중앙조직부의 사업을 잘 정돈할 것을 건의했다. 1977년 8월, 11차 당대회 보고에서는 간부는 우리 당의 귀중한 재부로서 '4인방'이 사실을 날조하여 이들을 헐뜯은 못마땅한 언사를 근본적으로 부인해야 한다고 지적했다. 1977년 10월 7일, 〈인민일보〉는 후야오방이 책임지고 집필한 '4인방이 전도시킨 간부노선의 시비를 바로잡자'라는 글을 실었다. 이 글에서는 간부사업을 맡은 일부 책임자의 지도력이 약하다고 비판하고 각급 조직 부문들에서 "대담하게 장애를 돌파하고 사실을 날조하여 간부들을 헐뜯은 못마땅한 언사를 근본적으로 부인하며 전도된 간부노선의 시비를 바로잡을 것"을 호소했다. 글은 발표되자마자 광범위한 간부와 군중의 열렬한 칭찬을 받았다. 그러나 일부는 글이 "중앙의 정신에 부합되지 않는다."고 인정했고 심지어 "이 글은 대독초로서 지금은 비판하지 않는다 해도 앞으로는 비판해야 한다."고 말했다. 이런 정형은 많은 간부의 분노를 자아냈다. 몇몇 노 동지는 중앙조직부에 대한 광범위한 간부들의 비판 의견을 인민일보사를 통해 중앙정치국 상무위원회에 반영했다. 11월 27일, 〈인민일보〉는 또 '마오 주석의 간부정책을 반드시 올바르게 관철 집행해야 한다'라는 제목의 논평원의 글을 발표하여 다음과 같이 한층 더 지적했다. 무산계급의 원칙은 오류가 있으면 반드시 시정하고 부분적으로 잘못된 것이면 부분적으로 시정하며 완전히 잘못된 것이면 완전히 시정하는 것이다. 당의 간부정책을 관철 집행하는 과정에 무릇 사실에 부합되는 결론과 자료일 경우에는 모두 보류해야 하며 절대 "일괄적으로 부정해서는" 안 된다. 사실에 부합되지 않는 모든 결론과 자료에 대해서는 설사 '꼬리'가 하나일지라도 남겨두어서는 안 된다. 이 글은 10월 7일에 발표된 글과 마찬가지로 당 내외 광범위한 간부, 군중의 강렬한 목소리를 반영했을 뿐만 아니라 억울한 사건, 꾸며낸 사건, 잘못 처리된 사건을 시정하고 간부정책을 관철 집행하는 사업을 위한 여론 기반을 마련했다.

12월 10일, 당중앙위원회는 중앙조직부의 지도성원을 조절하고 후야오방을 중앙조직부 부장으로 임명했다. 후야오방은 부임된 후 당의 실사구시하며 오류가 있으면 반드시 시정하는 원칙에 따라 즉시 억울한 사건, 꾸며낸 사건, 잘못 처리된 사건을 시정하는 사업과 간부정책을 관철 집행하는 사업을 강력하게 추진했다. 1978년 2월부터 4월 사이, 중앙 조직부는 여섯 차례에 나누어 28개 성, 자치구, 직할시와 22개 중앙 및 국가기관의 부와 위원회의 간부사업을 주관하는 책임자들과 함께 해결하기 어려운 사건들을 연구하는 좌담회를 가졌는데 토론한 사건 수가 200건에 이르렀다. 후야오방은 토론에서 다음과 같이 지적했다. 미해결 사건들이 이렇게 많은데 해결하지 않는다면 우리의 사업에 불리하다. 억울한 사건, 꾸며낸 사건, 잘못 처리된 사건을 시정하고 간부정책을 관철 집행하는 것은 조직부문의 회피할 수 없는 책임이며 또 아무에게도 밀 수 없는 으뜸가는 임무이다. 중앙조직부는 가능한 한 빨리 혼란 상태를 바로잡고 간부정책을 관철 집행하는 사업에 힘을 기울여야 한다. 후야오방은 '두 개의 범시'로 인한 장애, 방해와 관련하여 다음과 같이 여러 차례 강조했다. 당의 훌륭한 전통을 회복해야 하며 실사구시하고 오류가 있으면 반드시 시정하는 원칙을 견지해야 한다. 또 각 사람에 대한 심사는 고정된 규정에 따르거나 어느 지도자의 말에 따를 것이 아니라 사실에서부터 출발해야 한다. 그는 또 다음과 같이 지적했다. 간부정책을 관철 집행하는 기준은 첫째, 결론이 없을 경우 가능한 한 빨리 결론을 짓고 결론이 정확하지 않을 경우 실사구시적으로 시정하며 둘째, 사업을 배치하지 않았을 경우 알맞은 사업을 배치해주고 연로하고 신체가 허약하여 정상적으로 사업을 견지할 수 없을 경우 알맞게 배치하며 셋째, 사망했을 경우 실사구시적으로 결론을 내리고 뒤처리를 잘하며 넷째, 연루된 가족, 자녀 문제를 잘 해결하는 것이다. 총체적 방침은 실사구시하는 것이고 방법은 군중 노선을 걷는 것이다. 그는 중앙 조직부에게 천원이 연안에 있을 때 제기한 목표에 따라 '간부의 집', '당원의 집'이 되어 대문을 활짝 열고 억울한 사정을 고소하러 온 간부들을 열정적으로 맞아들이도록 요구했다. 전형적인 사건에 대해 토론하고 찾아온 간부들의 고소를 직접 청취하는 것을 통해 조직 부문의 많은 동지는 오래도록 결론을 내리지 않은 일부 억울한 사건, 꾸며낸 사건, 잘못 처리된 사건에 대하여 비교적 일치하게 정확한 인식을 가졌다.

중앙조직부의 사업은 덩샤오핑, 천원 등의 강력한 지지를 받았다. 덩샤오핑은 사업을 회복한 후 누명을 벗겨주도록 요구하고 정책을 관철 집행할 것을 요구하는 부분적 고소 서신에 여러 번 회답하여 간부문제에서 조직 부문들은 마오쩌둥이 일관적으로 강조한 당의 정책을 구현하도록 요구했다. 1978년 1월과 4월, 천원은 두 차례나 중앙정치국 상무위원회에 서신을 보내 타오주, 왕허서우(王鶴壽) 등 당의 고위급 간부의 역사적 문제를 재심사함과 동시에 아직 심사가 끝나지 않은 일부 노 동지들에 대해 감호를 해제하고 베이징으로 모셔올 것을 제의했다. 중앙조직부의 주관으로 장기간 박해를 받고 수감되거나 기층에 내려가 노동을 하던 많은 노 동지들이 잇달아 감금에서 풀려나거나 베이징으로 되돌아와 치료를 받았으며 일부 중대한 억울한 사건, 꾸며낸 사건, 잘못 처리된 사건들에 대한 재심사가 시작되었다. 그러나 이 사업의 진전은 순조롭지 못했다.

1978년 4월 5일, 당중앙위원회는 중앙통일전선사업부, 공안부의 '우파분자 감투를 전부 벗겨주는 것에 관한 지시요청보고'를 비준해 이첩했다. 이어 중앙의 비준을 거쳐 6월 14일부터 22일까지 중앙조직부, 중앙선전부, 중앙통일전선사업부, 공안부, 민정부는 산둥성 옌타이에서 연합으로 회의를 열고 우파분자 감투를 전부 벗겨주는 것에 관한 시행 방안을 토론했다. 회의에서는 주로 두 가지 의견이 나왔다. 한 가지 의견은 '우파분자'들의 감투를 전부 벗겨주고 그들을 적당하게 배정해주며 더 이상 차별하지 않으면 된다. 감별 시정할 필요가 없으며 확실히 전적으로 잘못 처리된 개별적인 것만 결론을 시정해주면 된다고 주장했다. 다른 한 가지 의견은 '우파'문제를 대할 때 반드시 실사구시해야 하고 "확실히 전적으로 잘못 처리된 개별적인 것"만 시정할 것이 아니라 어느 정도 잘못되었으면 그만큼 시정해야 한다고 주장했다. 이 두 가지 의견은 논쟁 끝에 전자가 우세를 차지했다. 그러나 후자를 주장한 이들은 노력을 포기하지 않았다. 후야오방의 동의를 거쳐 중앙조직부에서는 직접 중앙에 보고서를 올려 이 일을 다시 심의해 결정하도록 요구했다.

  중앙조직부에서 '보이보 등 61명 반역자집단' 등 중대한 오심 사건들을 재심사하기 시작했을 때에도 중앙특별수사처리소조의 반대를 받았다. 이런 큰 사건들은 모두 마오 주석이 결정한 것으로 번안할 수 없고, '4인방'을 분쇄했다 하여 지난날에 결정한 사건을 뒤엎으려 해서는 안 된다는 것이 그 이유였다. 1978년 5월, 중앙은 중앙특별수사처리기구에서 관할해온 모든 사건과 자료들을 중앙조직부에 넘기기로 결정했다. 그러나 '두 개의 범시' 방침의 영향으로 이 사업은 거듭 지연되었다. 이런 정황에 직면하여 후야오방은 중앙특별수사처리소조가 자료를 제공해주지 않는다 해도 어려움을 극복하면서 처음부터 재심사를 펼치기로 결정했다.

　방해세력을 물리치고 사상 측면의 장애물을 제거하기 위해 후야오방은 구체사업을 적극적으로 추진할 뿐만 아니라 중앙조직부에 〈조직사업통신〉이라는 내부 간행물을 발행했다. 이 간행물은 창간된 후 '의 간부정책을 박차를 가해 관철 집행하자', '악랄한 공격으로 고소된 사건들을 올바르게 청산하자', '4청 운동에서 잘못 처리된 사건도 바로잡아야 한다' 등 일련의 관점이 분명한 글들을 발표했다. 그 가운데 여러 편이 〈인민일보〉에 전재되어 당내외의 주목을 받았다. 이런 글들은 비록 일부 구체적인 사건문제를 언급했지만 실제로는 '두 개의 범시'의 사상금지구역을 겨냥한 것이었다. 이는 억울한 사건, 꾸며낸 사건, 잘못 처리된 사건을 시정하고 간부정책을 관철 집행하는 사업을 강력하게 추동했을 뿐만 아니라 덩샤오핑이 대대적으로 제창한 사상해방과 실사구시의 원칙에도 강하게 호응한 셈이었다.

## 교육 전선에 대한 '두 개 평가'를 뒤엎고 대학시험제도를 회복

　문화와 교육 분야는 '문화대혁명' 과정에 맨 처음 충격을 받았기에 이런 분야에서의 혼란 상태를 바로잡는 사업은 틀림없이 기타 분야에 영향을 미치고 또 선도적 역할을 할 것이었다. 4개 현대화의 목표를 실현하는 데에도 특히 이런 분야의 광범위한 지식인들의 노력이 필요했다. 덩샤오핑은 아직 사업을 회복하지 않은 때에 이 문제와 관련하여 다음과 같이 말했다. "현대화 실현의 관건은 과학기술을 일으켜 세우는 것이다. 과학기술을 발전시키자면 교육을 확실하게 해야 한다. 빈말로는 현대화를 실현할 수 없다. 지식이 있어야 하며 인재가 있어야 한다. 지식이 없고 인재가 없이 어떻게 발전할 수 있겠는가?"¹⁾ 그는 복직 후 자진해서 교육과 과학을 관리하는 중임을 떠맡았다.

1977년 7월 23일, 덩샤오핑은 복직 후 사흘째 되는 날에 한 대학교의 책임자를 불러서 회보를 듣고 나서 특별히 다음과 같이 말했다. "우리나라는 1960년대에는 세계와의 격차가 비교적 작았으나 1970년대에 와서는 격차가 비교적 커졌다." "과학기술자가 이 몇 년 동안 뒤를 잇지 못하고 있는데 벌써 10년이나 된다. 과학기술자들이 진정으로 성과를 낼 수 있는 나이는 30세부터 40세 까지이다. 기술자들에 대해서는 그들이 힘써 기술을 연구하고 기술 측면에서 기여하기만 하면 지지해주어야 한다." "대학교는 노동자, 농민, 병사 가운데 학생을 모집해야 하며 중점학교는 본기 고중졸업생 가운데 학생을 모집할 수 있다."²⁾

8월 4일부터 8일까지 덩샤오핑은 과학 및 교육사업좌담회를 소집하고 33명 과학자와 교육사업자를 초청하여 좌담을 가졌으며 그 자리에서 과학, 교육 사업에 대한 그들의 의견을 청취했다. 회의 참가자들은 모두 다년간 받아본 적 없던 신임을 깊이 느꼈으며 저마다 속 깊은 말을 털어놓았다. 그들은 교육 전선에 대한 '두 개 평가'의 시비를 분명히 밝힐 것, 전 민족적으로 지식을 존중하고 문명을 존중하는 기풍을 다시 수립할 것, 과학기술자의 생활과 사업 대우를 개선할 것, 과학기술자의 후계자가 없는 문제를 해결할 것, 대학교의 현행 학생모집제도를 개혁하고 즉시 문화시험을 회복할 것을 모두 요

---

1) 덩샤오핑, '지식을 존중하고 인재를 존중하자'(1977년 5월 24일), 〈덩샤오핑 선문집〉 제2권, 민족출판사 1995년, 62쪽.
2) 중공중앙 문헌연구실 편: 〈덩샤오핑 연보(1975~1997)〉 상, 중앙문헌출판사 한문판, 2004년, 164~165쪽.

구했다. 이에 앞서 타이위안에서 열린 교육부의 전국 대학교학생모집사업회의에서는 '두 개의 범시'의 영향으로 말미암아 자발적으로 신청하고 군중이 추천하며 지도자가 비준하고 학교 측에서 재심사하던 '문화대혁명' 기간의 학생모집 방법을 계속 유지하기로 했다. '문화대혁명' 전에 시행하여 효과를 보았던 대학생모집 문화시험제도는 여전히 회복되지 못했다. 좌담회에서 덩샤오핑은 이 문제를 올해에 고치자면 늦지 않는가 하고 물었다. 이에 회의 참가자들은 아직 늦지 않았으며 늦었다 하더라도 응시 시간을 뒤로 조금 미루면 된다고 대답했다. 덩샤오핑은 그 자리에서 올해에 아직 시간이 있기에 확실하게 고칠 것과 올해에는 결심을 내리고 고중졸업생 가운데 학생을 직접 모집하고 대학교육 입학시험을 회복할 것을 표명했다. 회의에 참가한 사람들의 의견을 충분히 청취한 후 덩샤오핑은 8월 8일 회의에서 과학, 교육 사업에 관한 몇 가지 의견을 제안했다. 그는 다음과 같이 명확히 긍정했다. 신중국이 창건된 후 17년 동안의 교육 전선은 '붉은 선이 주도적'이다. 17년 동안 "우리나라 지식인들의 절대다수는 자각적으로, 자발적으로 사회주의를 위해 복무했다". "만일 17년에 대해 이렇게 평가하지 않는다면 우리가 거둔 모든 성과에 대해 해석할 길이 없다." 그는 또 다음과 같이 지적했다. 과학연구자나 교육자나 모두 근로자이다. 그러므로 노동을 존중하고 인재를 존중해야 하며 "지식인들에게 명예를 회복시켜야 한다".[3]

이 연설은 재빨리 교육계와 과학기술계에 널리 퍼졌으며 광범위한 지식인들을 크게 고무시켰다. 그러나 일부 지도간부들은 '두 개 평가'를 뒤엎는 것을 여전히 금지구역으로 간주하고 있었다.

---

3) 덩샤오핑, '과학, 교육 사업에 관한 몇 가지 의견'(1977년 8월 8일), 〈덩샤오핑 선문집〉 제2권, 민족출판사 1995년, 74~77쪽.

8월 13일, 덩샤오핑의 지시에 따라 교육부에서는 재차 전국대학교학생모집사업회의를 소집했다. 그러나 이때 한창 진행 중이던 11차 당대회에서 '문화대혁명'을 긍정적으로 평가했기에 '두 개 평가'의 금지구역을 돌파할 수 있는가가 재차 회의 논쟁의 초점이 되었으며 결과적으로 학생 모집 방안이 오래도록 결정되지 못했다. 1971년의 전국교육사업회의에 참석했던 몇몇 동지는 이 정황을 목격하고 몹시 초조해했다. 그들은 상론을 거쳐 '두 개 평가'의 형성 경위에 관한 1971년 '전국교육사업회의 요지'의 내용을 〈인민일보〉의 기자가 전문자료로 작성하여 〈정황집성〉(특간)의 형식으로 중앙에 올리도록 했다. 덩샤오핑은 이번 회의를 매우 중요시했다. 9월 6일, 그는 대학교 학생 모집문제를 가지고 특별히 화궈펑, 예젠잉, 리셴녠, 왕둥싱에게 서신을 보내 "적어도 80%의 대학생을 사회에서 모집해야 자질을 보장할 수 있다."[4]고 제기했다. 그리고 〈정황집성〉(특간)을 읽은 후인 9월 19일, 그는 교육부의 책임자를 찾아 담화를 하면서 다음과 같이 엄숙하게 지적했다. "'요지'는 야오원위안이 수정하고 장춘차오가 완성한 것이다. 마오쩌둥 동지가 서명했다 하여 거기에 시비문제가 없다는 것은 아니다." '두 개 평가'는 실제에 맞지 않는다. 우리가 어떻게 수백만 또는 1,000만에 달하는 지식인들을 한 방에 때려눕힐 수 있단 말인가? 지금 우리의 대부분 인재가 17년 동안 양성해낸 사람들이 아니란 말인가? 지금 대중은 열의가 높아지고 있다. 교육부가 방해가 되어서는 안 된다. "사상을 해방하고 주동을 쟁취해야 한다. 이전에 잘못 말한 것은 시정하여 다시 말해야 한다. 혼란 상태를 바로 잡을 때는 말을 똑똑하게 해야 한다. 두루뭉술하게 말해서는 문제를

---

4) 중공중앙 문헌연구실 편, 〈덩샤오핑 연보(1975~1997)〉 상, 중앙문헌출판사 한문판, 2004년, 195쪽.

해결하지 못한다."[5]

　덩샤오핑의 추동으로 전국대학교학생모집사업회의는 9월 25일에 드디어 성과를 거두게 되었다. 회의에서는 '1977년 대학교학생모집사업에 관한 의견'을 채택했다. 10월 5일, 중앙정치국은 이 의견을 토론하고 통과시켰다. 10월 12일, 국무원에서는 이 의견을 비준, 이첩하고 당해부터 대학교학생모집에서 시험을 치지 않던 '문화대혁명' 기간의 방법을 바꿔 자발적으로 신청하고 통일적으로 시험을 치며 우수한 자를 받아들이는 방법을 취한다고 정식으로 결정했다. 11월 28일부터 12월 25일까지 전국적으로 570만 명 되는 지식청년이 대학교학생모집시험에 참가했으며 그 가운데 27만 3천 명을 받아들였다(1978년 1.4분기에 더 모집한 신입생 6만 2천여 명을 포함한다). 대학교시험제도의 회복은 '문화대혁명'으로 말미암아 시기를 놓쳤던 많은 지식청년에게 대학의 문을 활짝 열어주었고 시험을 통해, 자기의 노력과 공평한 경쟁으로 고등교육을 받을 수 있는 기회를 가져다주었다. 그리하여 사회와 청년들 속에서 또다시 과학문화지식을 배우는 고조가 일어났고 나라의 현대화 건설에 필요한 많은 인재가 계획적으로 양성되기 시작했다.

　교육 부문에서 '두 개 평가'를 뒤엎는 일로 난감해하고 있을 때 마오쩌둥이 1971년 전국교육사업회의 기간에 한 한 단락의 담화 기록이 공개되었다. "무산계급 독재에서 다수가 아니라 소수의 사람이 그릇된 노선을 집행한 것이므로 17년을 평가하는 데 너무 지나쳐서는 안 된다. 다수의 지식인은 여전히 사회주의제도를 옹호한다. 봉건주의 노선, 자본주의 노선, 수정주의 노선을 집행한 사람은 그래도 소

---

[5] 덩샤오핑, '교육 전선에서 혼란 상태를 바로잡는 문제에 대하여'(1977년 9월 19일), 〈덩샤오핑 선문집〉 제2권, 민족출판사 1995년, 108쪽.

수이다."⁶⁾ '두 개의 범시'의 속박이 아직 타파되지 않은 조건에서 이 담화는 '두 개 평가'를 부정하는 중요한 근거가 되었다. 1977년 11월 18일, 〈인민일보〉는 교육부 대비판조에서 쓴 '교육 전선에서의 한 차례 대논전—4인방이 조작한 두 개 평가를 비판한다'는 제목의 글을 발표했다. 전국 교육계, 지식계는 그때에야 비로소 오래전부터 그들의 머리를 짓누르고 있던 '두 개 평가'를 뒤엎게 되었다.

대학교시험제도의 회복과 '두 개 평가'에 대한 부정은 교육 분야에서의 혼란 상태를 바로잡는 사업으로 하여금 관건적인 일보를 내딛게 했고 각 학교의 교수사업도 잇달아 제 궤도에 들어서게 했다. 1977년 11월 6일, 중공중앙은 교육부 당조의 '노동자선전대 문제에 관한 지시요청보고'를 전달하고 대학교, 중학교, 소학교에서 노동자선전대를 철수시키고 학교의 정상적인 교육 질서를 회복하기로 결정했다.

이를 토대로 1978년 4월 22일부터 5월 16일까지 전국교육사업회의가 베이징에서 열렸다. 덩샤오핑은 회의에서 연설을 발표하여 "'4인방'을 분쇄한 이후, 특히 대학교학생 모집제도를 개혁하고 '두 개 평가'를 비판한 이후 교육 전선에는 새로운 기상이 많이 나타나고 있다. 성과는 충분히 수긍해야 한다. 그러나 교육계에서나 사회에서나 모두가 교육사업에 더욱 빠른 진전이 이루어지길 바라고 있다. 이러한 면에서 우리에게는 해결해야 할 문제와 수행해야 할 일들이 많이 남아 있다."⁷⁾라고 지적했다. 이어 그는 교육 분야에서 직면한 현 상태에 비추어 교육의 질을 높이고 학교의 질서와 규율을 강화하며 교

---

6) 교육부 대비판조, '교육 전선에서의 한 차례 대논전-4인방이 조작한 두 개 평가를 비판한다', 1977년 11월 18일부, 〈인민일보〉.
7) 덩샤오핑, '전국교육사업회의에서 한 연설', 〈덩샤오핑 선문집〉 제2권, 민족출판사 1995년, 155쪽.

원의 노동을 존중하고 교원의 자질을 높이는 등 문제를 집중하여 말했다. 회의에서는 덩샤오핑이 제기한 문제를 갖고 열렬한 토론을 벌였으며 교육의 질을 높이고 과학문화 학과의 강의 수준을 높이며 인민교원의 정치적 지위와 사회적 지위를 높여주어야 한다는 등 더욱 공통된 인식을 수립했다.

덩샤오핑이 상기 연설을 발표한 후 교육부에서는 "종신토록 교육사업에 종사하도록 그들을 격려할 수 있는 적당한 대책을 세워야" 하며 "특별히 우수한 교원은 특급교원으로 정할 수 있다."는 등 연설 가운데 제기한 요구[8]에 따라 4월 28일에 베이징징산(北京景山)학교의 소학교 교원 3명을 중국의 첫 '특급교원'으로 특별히 비준했다. 이 같은 조치는 광범위한 교원들의 적극성을 지극히 크게 불러일으켰다. 잇달아 여러 학교에서는 교원의 직명을 평정하는 사업을 보편적으로 회복했다.

전국교육사업회의 정신을 관철하는 과정에서 국무원은 또 당시 교사가 보편적으로 모자라는 문제에 따라 특별히 문건을 발부하여 학교 토지, 건축물, 설비, 차량을 점용한 단위들에 되도록 빨리 반환, 상환할 것을 요구했다. 어떤 성에서는 또 단호한 조치를 취해 성급기관에서 앞장서서 교수청사를 반환하게 했다. 이런 조치는 교육사업자과 광범위한 학생들의 열렬한 환영을 받았고 학교의 정상적인 교수질서의 회복을 효과적으로 보장했다.

국무원은 인재를 일찍이 양성하고 빨리 양성하여 전반 교육의 질을 높이기 위해 1978년 2월에 88곳의 전국중점대학교를 회복하도록 비준했고 12월에는 또 169곳의 일반대학교를 회복하도록 비준했다. 같

---

8) 덩샤오핑, '전국교육사업회의에서 한 연설', 〈덩샤오핑 선문집〉 제2권, 민족출판사 1995년, 164쪽.

은 해 1월 10일, 국무원의 비준을 거쳐 교육부에서는 '대학교의 1978년 연구생 모집사업에 관한 배분 의견'을 발부하여 1977년과 1978년의 연구생 모집사업을 합쳐서 진행하는데 동시에 응시하며 모두 1978년급 연구생이라 부른다고 결정했다. 그해에 전국적으로 총 6만 3,500여 명이 응시했는데 1만 708명이 합격했다. 그 밖에 교육부에서는 또 덩샤오핑의 지시에 따라 1978년의 국비유학생의 정원을 늘렸다. 교육부에서는 전국외국어통일시험에 참가한 1만 3,383명 가운데 3,348명의 우수한 학생을 출국유학예비인원으로 뽑았는데 외국에 파견된 유학생 수는 860명이었다.[9]

교육 분야에서의 혼란 상태를 바로잡는 사업에서 거둔 이러한 진전은 교육 전선 자체로 하여금 '문화대혁명'이 조성한 엄중한 혼란 국면을 돌려세우게 했을 뿐만 아니라 국가의 현대화 건설에 기여할 인재를 양성하는 데 필요한 토대를 닦아놓았다.

### 과학의 봄을 부르다

덩샤오핑의 인도로 과학기술분야와 교육 분야에서 혼란 상태를 바로잡는 사업은 동시에 전개되었다. 1977년 5월 12일, 덩샤오핑은 중국과학원의 두 책임자와 대화를 나누고 과학기술이 뒤떨어진 상태와 기존의 문제에 따라 과학기술 전선에서의 혼란 상태를 바로잡는 사업의 지도방침을 제기했다. 그는 다음과 같이 지적했다. 명확한 지도사상이 있어야 한다. "문제더미에서 근본적으로 문제를 해결할 수 있는 방법을 찾아내야 한다." "실사구시는 마오 주석이 말한 것이며 그것은 마르크스주의의 태도이다. 이 도리를 알면 희망이 있다." "나라

---

9) 〈중국교육연감(1949~1981)〉, 중국대백과전서출판사 한문판, 1984년, 980쪽.

전반이 세계 선진 수준을 따라잡을 뿐만 아니라 이를 앞서려면 과학연구가 선행되어야 한다."[10]

전국 과학기술계가 과학기술 현대화를 향해 진군하도록 동원하기 위해 1977년 5월 30일에 중앙정치국회의에서는 전국과학대회를 열어 '문화대혁명' 전 17년 동안의 과학사업과 지식인사업을 정확히 평가하고 사상인식을 통일하며 인민에게 기여하는 과학자를 장려하여 모두의 적극성을 불러일으키기로 결정했다. 이번 회의 정신에 따라 6월 20일부터 7월 7일까지 중국과학원에서는 '4인방'을 분쇄한 후 첫 과학기술사업회의를 열었다. 회의에서는 전국과학대회의 준비사업을 토론했고 또 과학기술사업에 대한 '4인방'의 파괴활동을 체계적으로 폭로했다. 과학연구사업의 질서를 가능한 한 빨리 회복시키기 위해 회의에서는 당위원회의 영도를 받는 소장책임제를 세우고 과학원과 연구소 2급의 혁명위원회를 취소할 것, 학술위원회를 재건립할 것, 과학기술협회와 여러 전문학회를 점차 회복시킬 것, 각 분야의 인원에 대한 검정제도를 세울 것, 연구생을 모집, 양성할 것, 필요한 것을 배우지 못하고 적절히 배치받지 못한 과학기술자에 대해 점차 조정해줄 것, 억울한 사건, 꾸며낸 사건, 잘못 처리된 사건을 되도록 빨리 재심사하여 시정할 것, 과학기술자들이 매주 6분의 5의 시간을 실무에 투입할 수 있도록 보장해줄 것 등을 결정했다. 이에 앞서 1977년 5월 7일에 중공중앙은 사회과학연구사업을 강화하기 위해 중국과학원 철학사회과학학부를 중국사회과학원으로 바꾸기로 결정했다. 이런 일련의 중대한 조치들은 과학기술사업이 제 궤도에 들어서는 데 중요한 역할을 했다.

---

10) 중공중앙 문헌연구실 편, 〈덩샤오핑 연보(1975~1997)〉 상, 중앙문헌출판사 한문판, 2004년, 158~159쪽.

9월 18일, 중공중앙은 1978년 봄에 전국과학대회 소집에 관한 통지를 발부하여 각급 당위원회에서 당의 지식인정책을 신속히 관철 집행하고 각급 지도부에 대한 정돈을 서둘러 완수하고 없애버린 과학연구기구를 조속히 회복하고 과학연구자의 기술직명을 회복하며 검정제도를 세우고 기술직무 책임제를 시행하도록 요구했다. 같은 날, 중앙에서는 덩샤오핑의 의견에 따라 팡이를 주임으로 하는 국가과학기술위원회를 설립하기로 결정함으로써 과학연구사업을 통일적으로 관리하는 지도기구를 회복시켰다.

중앙의 통지가 발부된 후 전국적으로 과학기술 현대화를 향해 진군하는 고조가 일어났다. 각 성, 자치구, 직할시에서는 모두 과학기술사업에 대한 정돈을 추진하고 과학기술사업발전전망계획을 서둘러 제정했으며 지식인에 대한 정책을 한층 더 깊이 관철 집행했다. 많은 과학연구기구들은 적극적으로 행동하여 해체된 과학연구대열을 회복시키고 흩어진 도서자료를 수집했으며 이미 파손된 계기와 설비를 원상 복구했다. 중국과학원에서도 산하의 연구원, 연구소를 정돈하여 일련의 연구소를 회복시키고 과학연구대열을 다시 세웠으며 학술위원회를 설립하고 학술직명 평정 및 승급 사업을 회복시켰다. 1978년 3월까지 중국과학원에서는 이미 연구원, 부연구원, 부총공정사 255명을 평정했으며 그 가운데 천징룬(陳景潤), 양러(楊樂), 장광허우(張广厚) 등 24명의 과학기술자는 뚜렷한 과학 연구 성과를 거두어 파격적으로 승급했다. 이와 동시에 각지와 각 부문에서는 전국과학대회의 준비사업을 적극적으로 진행했다.

이 기간에 덩샤오핑은 여러 장소에서 여러 차례 담화를 발표하여 다음과 같이 강조했다. "사회주의 제도의 우월성은 그 문화, 과학기술 수준이 자본주의보다 더 빠르고 더 선진적으로 발전해야 하는 데서 표현된다. 이렇게 되어야만 사회주의라 할 수 있고 선진적인 사회제도라 할 수 있다."[11] 과학연구 분야에서 우리는 아주 큰 손실을 보았다. 뒤떨어졌다는 것을 인정해야 한다. "뒤떨어졌다는 것을 인정해야만 희망이 있는 것이다." "세계의 가장 선진적인 성과를 모두 따라 배우고 받아들여 토대로 삼아야 한다."[12] 그는 또 중국의 고에너지가속장치, 과학위성, 초당 연산능력이 억 회나 되는 컴퓨터 등 첨단기술설비의 연구제작과 관련하여 특별히 회시했다. 그의 회시에 따라 관련 부문에서는 역량을 조직하기 시작했고 이러한 첨단기술을 연구해내고 첨단기술제품을 제작하는 사업에 시동을 걸었다.

1978년 3월 18일부터 31일까지, 전국과학대회가 베이징에서 성대히 거행되었다. 대회에 출석한 대표는 총 5,586명이었다. 덩샤오핑은 개회식에서 당중앙위원회에서 이번 대회를 열기로 한 목적은 바로 과학기술에 중시를 돌리고 중국의 과학기술을 신속히 발전시키도록 전당과 전국을 동원하자는 데 있다고 말했다. 그는 다음과 같이 강조하여 지적했다. "4개 현대화에서 관건은 과학기술의 현대화이다. 현대화한 과학기술이 없이는 현대화한 농업, 현대화한 공업, 현대화한 국방을 건설할 수 없다. 과학기술이 고속도로 발전하지 않고서는 국민경제가 고속도로 발전할 수 없다."[13] 그는 오랜 기간 명확히 밝히지 못하고 '우경번안풍을 반격'하는 운동 가운데 또 뒤죽박죽 처리된 몇 가지 중요한 문제와 관련하여 다음과 같이 명확히 지적했

---

11) 중공중앙 문헌연구실 편, 〈덩샤오핑 연보(1975~1997)〉 상, 중앙문헌출판사 한문판, 2004년, 200쪽.
12) 중공중앙 문헌연구실 편, 〈덩샤오핑 연보(1975~1997)〉 상, 중앙문헌출판사 한문판, 2004년, 211쪽.
13) 덩샤오핑, '전국과학대회 개회식에서 한 연설'(1978년 3월 18일), 〈덩샤오핑 선문집〉 제2권, 민족출판사 1995년, 132쪽.

다. 과학기술은 생산력일 뿐만 아니라 갈수록 중요한 생산력이 되고 있다. 중국 지식인들의 대다수는 이미 노동계급과 근로인민의 지식인이 되었으며 따라서 이미 노동계급의 일부분이 되었다. 지식인은 우리 당의 근거 역량이다. 이 연설은 지식인의 계급적 속성에 대한 당의 1956년과 1962년의 정확한 판단을 회복시켰으며 지식인들을 일괄적으로 '자산계급 지식인'으로 간주하는 그릇된 관념을 바로잡았다. 그는 또 당이 과학기술 부문에 대한 영도, 과학연구사업에 대한 후근 보장 등 문제와 관련하여 다음과 같이 말했다. 당위원회의 영도는 주로 정치 측면에서의 영도로서 계획을 통해 영도하는 것이다. 당위원회는 노후 보장사업을 잘 완수하여 과학기술자들에게 필요한 사업 조건을 마련해주어야 한다. 그러면서 그는 회의에 참가한 과학기술자들에게 "나는 동무들의 노후 부장이 될 용의가 있다."[14]고 정답게 말했다. 이 연설은 마치 산뜻한 봄바람처럼 광범위한 지식인들의 마음에 불어왔다.

대회에서 화궈펑이 '전체 중화민족의 과학문화 수준을 높이자'라는 보고를 하고 팡이가 과학기술을 발전시킬 계획과 조치에 관한 보고를 했다. 대회에서는 '1978~1985년 전국과학기술발전계획요강(초안)'을 토론해 제정하고 앞으로 한 시기의 과학기술전선의 사업 임무를 확정했으며 선진집단 826개, 선진과학기술자 1,192명, 7,657가지 우수과학기술 성과를 달성한 단위와 개인을 표창했다.

대회의 성황을 목격한 중국 과학원 원장 궈모뤄는 3월 31일의 폐회식에서 '과학의 봄'이라는 제목으로 서면 발언을 했다. 그는 격정에 넘쳐 다음과 같이 썼다. "과학의 봄이 왔다! 나는 내 일생의 경력

---

14) 덩샤오핑, '전국교육사업회의에서 한 연설'(1978년 3월 18일), 〈덩샤오핑 선문집〉 제2권, 민족출판사 1995년, 148쪽.

을 통해 과학에는 사회주의가 필요하며 사회주의에는 더욱 더 과학이 필요하다는 변할 수 없는 진리를 깨달았다". 궈모뤄의 이 말은 광범위한 과학기술자들의 마음을 아주 진실하게 반영했다.

이번 대회는 과학기술분야에서 혼란 상태를 바로잡는 사업을 강력하게 이끌었을 뿐만 아니라 사회주의현대화 건설사업에 심원한 영향을 주었다. 그 후 광범위한 과학기술사업자들은 전에 없던 중시를 받았고 과학기술사업의 발전은 모든 사회의 관심을 받았다. 1978년 말에 이르러 중국과학원의 독립적 연구기구는 1976년의 64곳에서 110곳으로 늘어났다. 국가에서는 중국과학원에 대한 기본 건설 투자를 늘렸다. 과학기술의 현대화를 향해 진군하자는 당중앙위원회의 호소는 점차 실제 행동으로 옮겨졌다. 중국의 과학사업에는 또다시 봄날의 기상이 나타나기 시작했다.

**'문예계에서의 검은 선 독재론'에 대한 비판**

교육, 과학기술 분야에서의 혼란 상태를 바로잡는 사업을 시작으로 문학예술계에서도 이른바 '문예계에서의 검은 선 독재론'에 대한 비판을 시작했다.

1977년의 문예계는 장칭 등이 조작한 '문화대혁명' 전 17년의 '문예계에서의 검은 선 독재론'을 건드리지 않았기에 많은 작가, 예술가들이 아직 자유를 얻지 못했거나 또는 금방 자유를 얻었지만 감히 창작활동을 하지 못하고 있었다. 그러다가 교육계에서 '두 개 평가'의 금지구역에 타격을 가한 후 문예계의 일부 동지도 '백화제방'의 방침을 관철하는 것을 통해 '문예계에서의 검은 선 독재론'의 속박을 타파할 준비를 했다. 10월 하순, 〈인민문학〉편집부는 좌담회를 열고 '백화제방'의 방침을 관철해야 하며 문예창작에서 제재와 풍격의 다양화를 허용할 것을 제출했다. 11월 21일, 〈인민일보〉 편집부는 일부 문예계인사를 초청하여 좌담회를 열었다. 회의에 참가한 동지들은 발언에서 다음과 같이 지적했다. '문화대혁명' 전의 17년 동안 마오 주석의 혁명적 문예 노선이 주도적 지위를 차지했으며 이는 그 누구도 부정할 수 없다. 1966년 2월, 장칭이 린뱌오의 지지를 받고 작성한 '부대문예사업좌담회 요지'는 '문화대혁명' 전 17년 동안의 중국 문예계는 "마오 주석사상과 대립하는 반당, 반사회주의의 검은 선이 우리를 독재했다."고 중상하면서 지난 17년 동안 문예 전선에서 거둔 성과를 전면적으로 부정했다. 이는 전적으로 문예대오에 대한 중상과 비방으로 그 목적은 문예계를 돌파구로 삼아 '문화대혁명' 전의 제반 전선을 전면적으로 부정하자는 데 있다. 이 황당무계한 논조의 여독을 절대 얕잡아보아서는 안 되며 반드시 '문예계에서의 검은 선 독재론'의 정신적 멍에를 완전히 깨뜨리고 '백화제방, 백가쟁명'의 방침을 회복시킴으로써 사회주의의 문예창작이 다시 활기를 띠게 해야 한다.

그러나 '부대문예사업좌담회 요지'가 마오쩌둥의 수정과 심사 결정을 통과한 것이었기에 인민일보사에서 소집한 이 좌담회는 곧바로 일부 상급 주관 지도자의 비평을 받았다. 어떤 사람은 다음과 같은 의견을 제기했다. '문예계에서의 검은 선 독재론'에 대한 비판은 두 가지 문제와 관련되어 있다. 하나는 '요지'로서 '요지'는 마오 주석이 보았을 뿐만 아니라 세 번이나 수정한 것이다. 다른 하나는 '두 차례의 회시'[15]로서 마오 주석은 두 차례의 회시에서 문예계를 아주 엄하게 비판했다. 마오 주석의 회시를 긍정해야 할 뿐만 아니라 '문예계에서의 검은 선 독재론'을 비판한 문장을 중앙에 올려보내 심사를 받

---

15) '두 차례의 회시', 즉 1963년 12월 12일과 1964년 6월 27일에 마오쩌둥이 문예사업에 대해 연 두 차례의 회시를 가리킨다. 두 차례의 회시는 모두 문예계에 대해 실제에 부합하지 않는 비판을 했다.

게 해야 한다. 이런 압력으로 〈인민일보〉는 11월 25일에 좌담회에 관한 보도를 실으면서 부득이 '편집자의 말'을 통해 다음과 같이 설명했다. 문예전선은 '문화대혁명' 전의 17년 동안에 "비록 류사오치의 반혁명 수정주의 노선의 엄중한 교란과 영향을 받았지만 마오 주석의 붉은 선이 언제나 사회주의 문예사업의 행정을 비춰주었다". 그 후 한동안 문예계에서는 부득이 '문예계에 검은 선'이 존재하고 있음을 인정하고 문예사업에 대한 마오쩌둥의 일련의 그릇된 결정과 회시를 긍정하는 전제 아래 '문예계에서의 검은 선 독재론'을 비판해야 했다. 그리고 황당무계한 논조를 제기하고 그로 말미암아 재난적인 결과를 초래한 '부대문예사업좌담회 요지'는 여전히 금지구역으로 간주되었다.

그러나 이런 비판은 여전히 문예계에서 혼란 상태를 바로잡는 사업을 상당한 정도로 이끌었다. 1977년 12월 28일부터 31일까지 〈인민문학〉 편집부는 문학계인사 100여 명을 초청하여 좌담회를 열고 '문예계에서의 검은 선 독재론'을 재차 비판했다. 회의 기간 화귀펑은 〈인민문학〉에 "마오 주석의 혁명적 문예노선을 견지하고 '백화제방, 백가쟁명'의 방침을 관철하며 사회주의 문예창작을 번영시키기 위해 노력하자."라는 제사를 써주었다. 회의에 참가한 문학사업 종사자들은 고무를 받고 갖가지 정신적 멍에를 철저히 깨뜨리고 '백화제방, 백가쟁명'의 방침을 관철 집행하며 시대에 부끄럽지 않은 작품을 써내기에 힘쓰겠다고 잇달아 표명했다. 1978년 1월 11일과 2월 6일, 문화부 비판조, 중국인민해방군 총정치부 문화부 평논조에서는 글을 발표하여 '문예계에서의 검은 선 독재론'이 조작된 과정과 그 논점을 폭로하고 반박했다. 4월 상순, 문화부 당조는 만인대회를 열고 '4인방'의 박해를 받은 일부 문예사업가들에게 뒤집어씌운 억울한 누명을 벗겨주겠다고 선포했다. 5월 27일부터 6월 5일까지 중국문학예술계 연합회 제3기 전국위원회는 확대회의를 열고 '문예계에서의 검은 선 독재론'을 한층 더 비판하고 동시에 강제로 해체되었던 중국문학예술계연합회, 중국작가협회 등이 정식으로 사업을 회복하며 〈문예보〉를 곧바로 복간하겠다고 선포했다. 이를 전후하여 인민예술가 로사 등 '문화대혁명' 가운데 참혹하게 박해를 받은 저명한 문예계인사들이 잇달아 억울한 누명을 벗었다. 금지당했던 국내외의 많은 우수한 연극, 영화와 문예작품들이 계속해서 다시 공연되거나 출판되었다. 많은 문예사업가는 다시 예술창작을 시작했고 일련의 우수한 문예작품들이 잇달아 발표되었다. 〈인민문학〉 1977년 제11호에 발표된 단편소설 〈담임선생〉은 '문화대혁명' 기간에 성행한 극좌적 사조가 광범위한 청소년들의 내면에 상처를 입힌 것에 대해 무자비하게 규탄했고 〈인민문학〉 1978년 제1호에 실린 보고문학 〈골드바흐의 추측〉은 수학자 천징룬의 조국의 과학사업에 대한 끝없는 충성과 과학이라는 봉우리를 힘겹게 오르는 끈질긴 정신을 노래했다. 이런 작품들이 부각한 진실하고 생동감 넘치는 예술적 형상은 '문화대혁명' 기간에 문단을 얽매고 있던 정치적 속박을 타파함으로써 사회적으로 강렬한 반향을 불러일으켰고 사람들로 하여금 '문화대혁명'에 대해 반성하게 했으며 문예계에서 혼란 상태를 바로잡는 사업을 추동했다.

한편, '문예계에서의 검은 선'의 존재가 여전히 확고하게 인정되고 있고 '문화대혁명' 전 문예계에서 일어난 일련의 그릇된 비판운동이 여전히 수긍되고 있었기 때문에 광범위한 문예사업 관계자들의 마음에는 여전히 두려움이 남아 있었으며 이런 측면의 문제는 여전히 한층 더 해결해야 했다. 그러나 엄중한 손상을 입었던 문예사업은 이미 새로운 생기를 되찾기 시작했다.

## 2. 진리의 규준 문제에 대한 토론을 전개

제반 분야에서의 혼란 상태를 바로잡는 사업이 이미 점차 전개되고 있었지만 지도사상의 근본문제와 관련할 경우 거의 모두 '두 개의 범시'의 방침과 첨예한 충돌이 생겼다. 사람들은 날이 갈수록 사상 면에서의 혼란을 철저히 밝히고 '문화대혁명'에서의 오류를 시정하려면 마오쩌둥의 지시와 결정을 어떻게 정확히 대하며 진리를 가늠하는 규준은 무엇인가 하는 등 근본 문제를 먼저 해결해야 함을 깨닫게 되었다. 이런 문제를 해결하기 위한 노력은 불가피하게 실사구시 노선과 '두 개의 범시' 노선 간의 논쟁을 유발했다.

### 진리규준문제에 대한 토론을 준비

덩샤오핑 등 노 세대 혁명가들은 마오쩌둥 사상을 반드시 정확하고도 완전하게 이해해야 하며 당의 실사구시의 훌륭한 전통을 회복하고 발양해야 한다고 거듭 강조했다. 그들의 계발과 격려를 받고 혼란 상태를 바로잡는 투쟁에 앞장선 일부 간부와 이론사업 종사자들은 여러 해 동안 존재했던 이 근본문제의 사상혼란을 밝히기 위해 진리의 규준문제와 관련한 글을 쓸 준비를 했다.

1977년 10월 5일, 중공중앙은 '각급 당 학교를 잘 운영하는 것에 관한 결정'에서 "이론을 실제에 밀접히 연계시키는 학풍을 제창"할 것을 명확히 제기했다. 10월 9일, 예젠잉은 중앙당학교 개학식에서 '이론을 실제에 밀접히 연계시키는 학풍을 견지하고 발양하자'라는 연설을 했다. 그는 연설에서 다음과 같이 지적했다. 우리는 마르크스주의 이론 저작을 학습할 때 반드시 철저하게 이해하고 실제에 연계시키며 실사구시하고 목표를 확실하게 정하는 것을 제창해야 한다.

이론을 실제에 연계시키는 것에 두 가지 가장 기본적인 의미가 들어 있다. 하나는 반드시 이론을 장악해야 한다는 것이고 다른 하나는 실제에서 출발해야 한다는 것이다. 그는 모두에게 반드시 실사구시의 작풍을 회복하고 발양해야 하며 두려움을 모르는 철저한 유물론자가 되어야 한다고 호소했다. 그는 또 당 학교에 와서 사업하는 동지들과 당 학교에 와서 학습하는 동지들이 모두 힘을 기울여 당의 역사를 연구하고 특히 '문화대혁명' 이래의 역사를 집중적으로 연구하고 당의 역사적 경험을 정확하게 총화하기를 희망했다.

예젠잉이 제기한 요구에 따라 중앙당 학교는 개학 후에 '문화대혁명' 이후의 역사를 연구하는 것을 중국공산당 당사 과목의 주요 내용으로 결정하고 학교에 와서 학습하는 고급, 중급 간부 800여 명을 조직하여 '문화대혁명' 이후의 당의 역사에 대해 집중적으로 토론했다. 토론 가운데 부딪친 하나의 뚜렷한 문제는 바로 무엇을 기준으로 하여 역사의 시비를 인식하고 판단하는가 하는 것이었다. 이 문세를 해설하기 위해 후야오방의 지도로 그해 12월부터 준비하여 이듬해 4월에 완성한 한 당사연구 문건에서는 두 가지 지도 원칙을 명확히 제기했다. 하나는 마르크스-레닌주의, 마오쩌둥 사상의 기본 원리를 완전하고 정확하게 적용해야 한다는 것이고 다른 하나는 실천을, 진리를 검증하고 노선의 시비를 밝히는 규준으로 삼아야 한다는 것이었다. 이 두 가지 원칙의 계발로 어떤 학원들은 '문화대혁명'에서의 일부 중대한 사건과 '무산계급 독재에서의 계속 혁명의 이론'에 대해 의문을 제기했다. 또 어떤 학원들은 여전히 '문화대혁명'을 평가할 때 그래도 9차, 10차, 11차 당대회의 문헌 정신에 따라야 한다고 인정했다. 그리하여 일부 이론사업 종사자들은 이 문제에서의 모호한 인식을 밝히기 위해 진리를 검증하는 규준문제를 가지고 글을 쓸 준비를 했다.

'4인방'의 황당지설을 비판하는 일부 글들이 발표된 후 많은 독자가 언제나〈마오 주석 어록〉을 근거로 글들을 평가하는 내용의 서신을 보냈다. 이에 인민일보사 편집부에서도 진리의 규준문제를 두고 토론할 필요가 있다고 여겨 이 문제에 대해 글을 쓰기 시작했다. 1978년 3월 26일, 〈인민일보〉는 '규준은 하나밖에 없다'라는 제목의 사상 논평을 발표했다. 논평은 "진리의 규준은 하나밖에 없다. 그것은 곧 사회 실천이다."라고 명확히 지적했다. 글이 발표되자 또 독자들로부터 20여 통의 서신이 왔는데 대부분 글의 관점에 대해 이의를 제기하면서 마르크스-레닌주의, 마오쩌둥 사상이야말로 진리를 검증하는 규준이라고 여겼다. 이에 따라 인민일보사 편집부는 계속 글을 작성하여 이 문제를 한층 더 밝히기로 결정했다.

1978년 4월, 〈광명일보〉 편집부에서는 받은 지 오래되고 이미 여러 차례 수정한 '실천은 진리를 검증하는 규준이다'라는 제목의 글을 철학 전문란에 게재하려 했다. 이 신문사의 책임자는 글의 완교지를 본 후 해당 논제의 현실적 의의를 깨닫고 중앙당 학교 이론연구실의 전문가에게 위탁하여 한층 더 수정한 뒤 중요한 글로 취급하여 신문의 1면에 발표하기로 했다.

현실 목적성을 강화하기 위해 수정 과정에 글의 표제를 '실천은 진리를 검증하는 유일한 규준이다'로 바꾸었으며 마지막에 후야오방이 원고를 심열하고 완성했다. 1978년 5월 10일, 글은 먼저 중앙당 학교 내부 간행물인 〈이론동태〉에 발표되었다. 이어 5월 11일에는 '본사 특약논평원'('논설위원'에 해당한다-편집자 주)의 이름으로 〈광명일보〉 1면에 발표되었고 신화사에서는 그날 전국 각지 신문사들에 통일적으로 전보 원고를 발송했다. 12일에는 〈인민일보〉와 〈해방군보〉,

〈해방일보〉 등이 전문을 전재했고 13일에는 또 여러 성급 신문들이 전재했다. 이로부터 진리의 규준문제에 대한 한 차례 대토론이 전국에서 파죽지세로 전개되었다.

## 진리의 규준 문제를 둘러싸고 벌어진 사상 측면에서의 논쟁

'실천은 진리를 검증하는 유일한 규준이다'라는 글은 사회 실천은 진리를 검증하는 규준일 뿐만 아니라 유일한 규준이라는 마르크스주의 인식론의 기본 원리를 또다시 천명한 것이다. 이 글은 다음과 같이 명확하게 지적했다. 모든 과학적 이론은 실천의 검증을 두려워하지 않는다. 마르크스주의 이론의 총체는 아무런 활력도 없는 경직된 교조(敎條)가 아니다. 실천 가운데 끊임없이 새로운 관점과 결론들을 보충해야 하며 새로운 정형에 알맞지 않은 일부 낡은 관점이나 결론들은 버려야 한다. 지금 이론 면이나 실제 사업에서는 아직도 '4인방'이 사람들의 사상을 속박하려고 설치해놓은 적지 않은 금지구역들이 완전히 타개되지 않은 채 남아 있다. 우리는 이런 금지구역들을 과감히 건드리고 과감히 나서서 시비를 똑똑히 밝혀야 한다. 무릇 실천을 초월하여 스스로 절대적인 금지구역으로 자칭하는 부분이 있다면 거기에는 몽매주의, 유심주의, 문화전제주의만 있을 뿐 진정한 과학이나 진정한 마르크스-레닌주의, 마오쩌둥 사상은 없다. 공산주의자들은 이미 이루어진 공식으로 끝없이 풍부하고 활력 있는 실제생활을 제한하고 둘러맞추며 재단할 것이 아니라 새로운 실천에서 제기되는 새로운 문제들을 용감히 연구해야 한다. 오직 이렇게 하는 것만이 마르크스주의에 대한 올바른 태도이다.

이 글은 주요하게 마르크스주의 인식론의 기본문제를 정면으로 천명한 것 같지만 사실상 사상 노선 면에서 '두 개의 범시'의 관점을 비판했으며 아울러 다년간 성행해오던 사상 경화 현상과 개인숭배 현상을 건드렸다. 이 글은 사상 관점이 명확하고 첨예한 데다 발표한 형식과 그 성세로 곧바로 당 내외에 중시를 불러일으켰다.

이론은 실천과 연계되어야 하고 진리는 사회적 실천으로 검증되어야 한다는 도리는 철학에서의 상식적인 문제이다. 그러나 장기간 사상이 경화된 탓으로 이 상식적 문제의 제기는 일련의 비난을 초래했다. 어떤 사람들은 '실천은 진리를 검증하는 유일한 규준이다'란 글은 사실상 모든 것을 의심할 것을 제창함으로써 마르크스-레닌주의, 마오쩌둥 사상을 검증하고 수정하려는 것이므로 이론적으로 그릇된 것이라고 인정했다. 또 어떤 사람들은 문장의 관점에 대해서는 반대하지 않았지만 다년간에 걸쳐 형성된 사유 습관에 얽매여 이 문제에 대한 토론의 필요성을 똑똑히 보여주지 못했으며 심지어 이런 토론을 벌이면 중앙의 방침과 모순되어 당내의 단결과 사회의 안정에 영향이 미치지 않을까 하고 근심했다.

1978년 5월 18일에 중앙에서 소집한 부분적 선전단위 및 언론 단위의 책임자회의에서 이 글은 "사실상 예봉을 마오 주석 사상에 돌린"것으로 비난받았다. 이날, 각 성의 선전사업을 주관하는 책임자들은 또 '실천은 진리를 검증하는 유일한 규준이다'라는 글이 〈인민일보〉에 전재되었고 신화사에 의해 발표되었다 하여 확정된 결론은 아니라는 전달을 받았다. 이 같은 정황에서 〈인민일보〉 등 많은 신문과 잡지들은 진리의 규준문제를 토론하는 문장을 실을 때마다 커다란 압력을 받게 되었다.

그러나 다수의 동지는 '실천은 진리를 검증하는 유일한 규준이다'라는 글이 중대한 의의가 있는 문제를 제기했기에 마땅히 토론을 벌여야 한다고 인정했다. 5월 말까지 전국적으로 30여 종의 신문과 잡지들에서 이 글을 게재했다. 중국과학원과 중국과학기술협회 당조는 또 이 문제에 대한 토론을 지지함과 동시에 토론에 참가하기로 결정했다.

사실 마오쩌둥은 일찍이 여러 번이나 실천은 진리를 검증하는 유일한 규준이라는 관점을 천명했었다. 1963년 11월 18일에 마오쩌둥은 한 편의 글을 수정하는 가운데 친히 "사회적 실천은 진리를 검증하는 유일한 규준"이라는 구절[16]을 보충해 넣었다. 그러나 '실천은 진리를 검증하는 유일한 규준이다'라는 글이 '두 개의 범시' 방침에 맞서 마르크스주의 인식론의 기본 관점을 또다시 천명했기에 일부는 이를 도리어 '대역무도'한 것으로 간주했다. 이로써 당의 사상 노선과 관계되는 한 차례의 원칙적 분기와 쟁론은 필연적으로 한층 더 깊이 있게 벌어지게 되었으며 사상 노선에서의 혼란 상태를 바로잡는 사업은 아주 관건적인 시각에 들어섰다.

### 덩샤오핑 등 노 동지들의 지지와 진리의 규준에 대한 전국적인 토론의 전개

진리의 규준문제에 대한 토론이 거센 저애력에 부딪쳤을 때 덩샤오핑, 예젠잉, 리셴녠, 천윈, 후야오방, 녜룽쩐, 쉬샹첸, 뤄루이칭, 탄전린 등 노 동지들이 잇달아 토론을 벌이는 것을 지지한다고 공개적으로 표명했다. 그들은 다른 장소에서 여러 측면으로 마오쩌둥이 창도한 실사구시의 원칙을 회복하고 당의 훌륭한 전통을 회복하여 이번 토론이 압력을 이겨내게 해야 하며 이 토론을 사상이론계에서 당,

---

16) 마오쩌둥은 〈인민일보〉 편집부와 〈붉은기〉 편집부의 명의로 발표한 '전쟁과 평화에 대한 문제에서의 두 갈래 노선―다섯 번째로 소련공산당 중앙위원회의 공개서한을 평함'이란 글을 수정할 때 이 구절을 보충해 넣었다. 글은 1963년 11월 19일 자 〈인민일보〉와 〈붉은기〉 제22호에 실렸다.

정부, 군대 및 사회 각계로 확대하여 규모가 방대하고 내용이 풍부하며 심원한 영향력이 있는 한 차례의 대중적인 대토론으로 되게 해야 한다고 반복적으로 강조했다.

1978년 4월 27일부터 6월 2일까지 중국인민해방군 전군정치사업회의가 베이징에서 열렸다. 회의 기간에 누군가가 무릇 마오 주석, 화 주석이 말한 것은 고쳐서는 안 된다고 제기했다. 원래 진리 규준 문제의 제기로 말미암아 생긴 의견 차이가 있는 데다 또 이 같은 상황이 생기자 즉각 덩샤오핑의 주의를 불러일으켰다. 5월 30일에 덩샤오핑은 전군정치사업회의에서 연설하려고 준비한 내용을 가지고 해당 동지들과 담화를 나누었다. 덩샤오핑은 담화에서 다음과 같이 말했다. 당신이 한 말이 마오 주석의 원 말과 다르고 화 주석의 원 말과 달라서는 안 된다. 마오 주석이 말하지 않았고 화 주석이 말하지 않은 것을 당신이 말한다면 그 역시 안 되며 마오 주석의 원말과 화 주석의 원 말을 그대로 전부 베껴야 맞는다고 하는데 이는 고립적인 현상이 아니라 당면 불어닥치는 하나의 사조를 반영한다. 내가 이번 회의의 총화 연설에서 말하고자 하는 첫 번째 문제가 바로 "실사구시는 마오쩌둥 사상의 기본 태도이고 기본 관점이며 기본 방법"이라는 것이다. "이것은 마오 주석이 늘 말하던 도리이며 역시 그가 가장 많이 말하던 도리이다. 레닌도 이 도리에 대해 많이 말했었다. 우리는 마오 주석이 우리에게 수립해놓은 훌륭한 전통을 계승하고 발양해야 한다고 말하는데 그 첫 번째 내용이 바로 실사구시이다. 한마디로 말하면 이는 마르크스-레닌주의란 무엇이고 마오쩌둥 사상이란 무엇인가 하는 문제와 관련된다. 마오쩌둥 사상 가운데 가장 기본적이고 가장 중요한 것이 바로 실사구시이다. 그런데 지금 한 가지 문제가 생겼다. 실천은 진리를 검증하는 규준이라는 것마저 문제가 되고 있으니 정말 영문 모를 일이다!" "우리의 머릿속에는 아직도 낡은 것들이 가득 차 있다. 당면의 문제를 연구할 줄 모르고 당면한 실제에서 출발하여 문제를 제기하고 해결하려고 하지 않는다. 이래서는 날마다 4개 현대화를 말해봤자 모두 빈 소리가 되고 말 것이다."[17)

6월 2일에 덩샤오핑은 전군정치사업회의에서 연설을 발표하여 마오쩌둥의 실사구시에 관한 관점을 집중적으로 천명했다. 그는 다음과 같이 지적했다. "우리 당내에는 날마다 마오쩌둥 사상을 운운하면서도 실사구시하며 모든 것은 실제에서 출발하며 이론과 실천을 결부시키는 마오쩌둥 동지의 마르크스주의적인 기본 관점과 기본 방법을 흔히 망각하거나 포기하며 심지어 반대하고 있는 동지들도 더러 있다. 그뿐만 아니라 실사구시하며 실제에서 출발하며 이론과 실천을 결부시키는 것을 견지하는 사람을 천추에 용서하지 못 할 죄를 지은 자로 보는 사람도 더러 있다." 그들의 견해는 실질에서 마르크스, 레닌, 마오쩌둥 동지의 원 말을 그대로 베껴내고 그대로 옮겨놓기만 하면 된다는 것이다. 이 문제는 작은 문제가 아니다. 마르크스−레닌주의, 마오쩌둥 사상을 어떻게 대하는가와 관계되는 문제이다. "우리는 어느 때나 마르크스−레닌주의, 마오쩌둥 사상의 기본 원칙을 위반해서는 안 된다. 이것은 추호도 의심할 바 없는 일이다. 그러나 반드시 그 원칙을 실제와 결부시켜 실제 정황을 분석, 연구하고 실제문제를 해결해야 한다. 실제 정황에 따라 사업방침을 결정하는 것은 모든 공산당원이 반드시 명기해야 할 가장 기본적인 사상 방법이며 사업 방법이다. 실사구시하는 것은 마오쩌둥 사상의 출발점이며 기본점이다." 그는 모두에게 다음과 같이 호소했다. "우리는 반드시 린뱌

---

17) 중공중앙 문헌연구실 편, 〈덩샤오핑 연보(1975~1997)〉 상, 중앙문헌출판사 한문판, 2004년, 319~320쪽.

오와 '4인방'의 여독을 숙청하며 혼란 상태를 바로잡고 정신적 멍에를 부숨으로써 우리의 사상을 대대적으로 해방해야 한다."[18]

신화사에서는 덩샤오핑의 연설을 당일 보도했다. 6월 6일에 〈인민일보〉와 〈해방군보〉도 연설 전문을 발표했다. 이 연설은 사상이 아직도 경화된 상태에 있는 동지들에게 충격을 주었고 사상 해방을 요구하고 진리의 실천 규준을 견지한 동지들을 고무했다.

진리의 규준문제로 생긴 쟁론에 대답하기 위해 6월 24일에 〈해방군보〉는 또 '특약논평원'의 명의로 1면에 '마르크스주의의 가장 기본적인 원칙'이란 제목의 글을 발표했으며 〈인민일보〉와 〈광명일보〉도 같은 날에 이 글을 전재했다. 이 글에 대해 중앙군사위원회 비서장으로 있던 뤄루이칭은 커다란 지지와 정성 어린 가르침을 주었다. 글에서는 다음과 같이 명확히 지적했다. 마르크스-레닌주의, 마오쩌둥 사상은 그 자체가 실천으로 검증되어야 하고 그 정확성도 실천으로 증명되어야 한다. 사상은 그 자체를 증명할 수 없다. 이론은 실천을 지도하는 지침이고 실천은 진리를 검증하는 규준이다. 이 두 가지 다른 문제를 서로 뒤섞어서는 안 된다. 린뱌오와 '4인방'이 고집하던 유심론과 형이상학은 그들의 진리관에서 아주 두드러지게 나타나고 있다. 장기간에 그들은 진리를 사람들의 주관적 사상에 의해 전이되는 것으로 해석했고 이론 자체나 권위 인사의 언론 또는 문건 내용을 진리를 판단하는 규준으로 삼으면서 유독 객관적 실천에 대해 언급하기를 꺼렸다. 이로써 조성된 심각한 손해와 그 정상의 악랄함은 거의 각 사람이 직접 느껴보았을 것이다. 이에 앞서 6월 16일에 〈인민일보〉는 또 '진리의 규준에 관한 문제'라는 제목의 글을 발표했고 〈광명

---

18) 덩샤오핑, '전군정치사업회의에서 한 연설'(1978년 6월 2일), 〈덩샤오핑 선문집〉 제2권, 민족출판사 1995년, 170~171,177쪽.

일보〉에서도 그 전문을 전재했다. 몇몇 중요한 신문들에서도 연이어 이 몇 편의 글을 발표하고 전재하여 진리의 규준에 대한 토론을 벌이도록 강력하게 이끌었다.

이 시기를 전후하여 중국과학원과 중국사회과학원 등 단위에서는 진리의 규준문제에 대한 토론회를 전개했는데 참가자들 속에는 중앙, 지방 및 군대의 이론가들이 있는가 하면 자연과학 분야에서 온 과학자들도 있었다. 토론회에서 발언자들은 다음과 같이 앞다투어 지적했다. 사회적 실천은 진리를 검증하는 유일한 규준이라는 것을 긍정한다고 하여 마르크스-레닌주의, 마오쩌둥 사상의 지도적 역할을 부정 또는 약화시키는 것이 아니라 오히려 바로 마르크스-레닌주의, 마오쩌둥 사상의 지도적 역할을 긍정하고 강화하게 된다. 과학에는 금지구역이 없다. 만약 과학에 금지구역을 설치한다면 그것은 과학을 말살하는 것이다. 과학에 대한 당의 영도를 강화하는 데 금지구역을 설치하거나 과학적인 자유 토론을 압제할 것이 아니라 과학 연구의 정확한 방향을 제시해주고 정확한 정책을 제정해주며 정확한 방법으로 과학사업을 지도하도록 해야 한다. 이는 근본적인 이론문제일 뿐만 아니라 근본적인 현실문제이기도 하다. 진리의 규준문제에 대한 토론은 당의 사상 노선, 정치 노선과 관계될 뿐만 아니라 당과 국가의 나아갈 방향과도 관계된다. 오직 이 문제를 해결해야만 당의 제반 사업이 다시 마오쩌둥 사상의 정확한 궤도에 오르게 할 수 있다.

7월 21일에 덩샤오핑은 특별히 중공중앙 선전부의 책임자를 찾아 담화를 나누었다. 그는 진리의 규준문제에 대한 토론과 관련하여 "더 이상 금지령을 내리지 말고 금지구역을 설치하지 말며 더 이상 금방 시작된 활발한 정치적 국면의 발목을 잡지 말아야 한다."고 지적했다. 22일에 덩샤오핑은 후야오방과 나눈 담화에서 "'실천은 진리를 검증하는 유일한 규준이다'라는 글은 마르크스주의에 근거한 것이다. 쟁론은 불가피한 것이며 논쟁은 잘된 일이다. 쟁론을 일으킨 근원이 바로 '두 개의 범시'이다."라고 말했다. 8월 19일에 그는 또 문화부 책임자와 나눈 담화에서 "'실천은 진리를 검증하는 유일한 규준이다'라는 글은 마르크스주의에 근거한 것이기에 시비할 여지가 없다. 나는 이 글의 관점을 찬성한다."고 말했다.

이 기간에 예젠잉과 리셴녠은 덩샤오핑의 주장과 진리의 규준문제에 관한 토론에 대해 지지한다고 명확하게 표현했다. 예젠잉은 중앙정치국회의에서 다음과 같이 공개적으로 표시했다. 나는 토론에 대해 제압하는 태도를 취하는 것은 좋지 않다고 본다. 마오쩌둥 사상을 대할 때 교조주의적인 태도를 취해서는 안 된다. 리셴녠도 국무원회의에서 다음과 같이 선명하게 지적했다. 실천은 진리를 검증하는 유일한 규준이다. 무릇 장기적인 사회적 실천을 거쳐 객관적 법칙에 부합하고 대다수 사람의 이익에 부합된다는 것이 증명되었다면 가차 없이 집행해야 하며 끝까지 견지해야 한다. 우리의 모든 정책, 계획, 조치가 정확한가 정확하지 않은가는 인민대중의 이익을 도모할 수 있는가 없는가를 규준으로 삼아 검증해야 한다.

8월에 〈붉은기〉는 탄전린에게 마오쩌둥이 영도한 징강산 투쟁을 회고하는 글을 청탁했다. 일찍 1967년의 2월 항쟁에 참가한 적이 있는 이 노 동지는 다시 한 번 실사구시의 용기를 보여주면서 그 자리에서 다음과 같이 말했다. 나더러 글을 쓰라고 하면 나는 실천은 진리를 검증하는 유일한 규준임을 서술함으로써 마오쩌둥 사상은 실천 속에서 나왔고 또 혁명적 실천을 통해 검증된 과학적 진리라는 것을 설명할 것이다. 10월 하순에 글의 초고가 완성되었다. 탄전린은 근심에 쌓인 편집부 책임자에게 다시 한 번 결연히 말했다. 글의 관점을 훼손해서는 안 된다. "그대로 싣는다고 당적을 잃거나 외양간에 갇히는 일은 없을 것이다." 리셴녠, 덩샤오핑, 화궈펑, 예젠잉이 이 글을 읽어보았는데 모두 발표하는 데 동의했다. 드디어 그해에 출판된 〈붉은기〉 제12호에 이 글이 실렸다.

7월 말부터 시작하여 각 성, 자치구, 직할시와 중앙의 부분적 부문 및 각 대 군구, 각 군종과 병종, 군사위원회 직속 단위의 주요 책임자들이 잇달아 연설 또는 글을 발표하여 실천은 진리를 검증하는 유일한 규준이라는 관점을 지지한다고 공개적으로 표명했다. 각지 선전 부문과 당 학교에서도 적극적으로 배합했다. 그들은 토론회 또는 훈련반을 연이어 개최하여 토론이 전개되도록 추동했다. 1978년 하반기에 각지에서는 이 주제의 토론회가 70여 차례나 소집되었고 신문과 잡지에 650여 편의 토론문장이 발표되었다. 중앙단위들은 이번 토론에 침가하지 않있다. 이로써 이론계를 위주로 하고 언론계가 적극적으로 밀어주며 사회 각계가 광범위하게 참여한 이론문제에 대한 토론이 형성되었다. 이번 토론은 '두 개의 범시'의 엄중한 속박에서 벗어나 마르크스주의의 사상 노선, 정치 노선, 조직 노선을 다시 확립하는 이론적 기초를 마련해놓았으며 당과 국가가 역사적인 위대한 전환을 실현하는 데 있어서 사상 측면에서의 선도자적 역할을 했다.

## 3. 진리의 규준에 대한 토론이 혼란 상태를 바로잡는 사업을 강력하게 추동

진리의 규준문제에 대한 토론이 활발하게 전개되면서 재빨리 사상 해방의 급류를 형성하여 혼란 상태를 바로잡는 제반 분야의 사업을 강력하게 추동했다. 특히 사람들의 주목을 끈 것은 억울한 사건, 꾸며낸 사건, 잘못 처리된 사건을 시정하는 사업에서 '두 개의 범시'의 금지구역을 돌파하기 시작했고 경제 분야에서 '좌'적 오류의 영향을 바로잡고 노동에 따라 분배하는 원칙을 관철하는 데 지난날 그릇된 것으로 몰려 비판받았던 일련의 조치들을 시행했으며 농촌정책에서의 혼란하던 상태가 바로잡히면서 농업경영 방식에서 중대한 변혁이 준비되고 있었다.

**억울한 사건, 꾸며낸 사건, 잘못 처리된 사건을
시정하는 사업이 국면을 타개**

중공중앙 조직부는 '보이보 등 61명 반역자집단'에 대한 사건의 재심사에 착수했는데 중앙특별수사처리소조로부터 방해를 받았다. 이와 때를 같이하여 1978년 6월 25일, 덩샤오핑은 이 사건을 시정해줄 것을 요구한 신고 자료에 다음과 같이 회시했다. "이 문제를 꼭 처리해야 한다. 이 역시 실사구시와 관련되는 문제다."[19] 이에 앞서 천윈은 다음과 같이 표시했다. 나는 이 문제에 대해 그 자초지종을 알고 있다. 나는 중앙에 보고를 올려 이 일을 책임질 것이다. 7월 14일에 화궈펑도 이 문제를 해결하는 데 동의함과 아울러 중공중앙 조직부에서 재심사를 진행하도록 지시했다. 그 후, 중공중앙 조직부는 '보이보 등 61명 반역자집단'에 대한 사건의 재심사를 촉구했으며 이를 돌파구로 억울한 사건, 꾸며낸 사건, 잘못 처리된 사건을 시정하는 전반 사업과 간부정책을 관철 집행하는 사업을 이끌었다.

8월 초에 예젠잉은 후야오방에게 다음과 같이 제기했다. 역사상 당

---
19) 중공중앙 문헌연구실 편, 〈덩샤오핑 연보(1975~1997)〉 상, 중앙문헌출판사 한문판, 2004년, 332쪽.

의 공로와 과오, 옳음과 그름에 대해 확고부동하게 명확히 밝혀야 한다. 어느 시기, 어느 사람이든 관계 말고 철저한 유물주의로 똑똑히 밝혀내야 한다". 후야오방은 예젠잉의 의견을 즉시 중공중앙 조직부에 전달했다. 9월 20일에 후야오방은 전국내신내방사업회의에서 재차 다음과 같이 말했다. 간부정책을 관철 집행할 때 사실에 근거해야 하며 간부문제의 성격을 규정하거나 간부문제를 처리한 것이 정확한가 정확하지 않은가를 판단할 때에도 근본적으로는 사실에 의거해야 한다. 실제 정황에 대한 조사와 확인, 연구 분석을 거쳐 사실에 맞지 않는 말, 정확하지 않은 결론과 처리에 대해서는 언제, 어떤 정황에서 진행되었던지를 막론하고, 또 어떤 조직, 어떤 사람이 결정하고 비준했던지를 막론하고 모두 실사구시적으로 시정해야 한다. 여기에서 '두 개의 막론'이라는 제기법은 직접 '두 개의 범시'을 겨냥한 것이었기에 개별적인 회의 책임자들은 이를 반대하면서 회의 문건에서 이 구절을 삭제할 것을 주장했다. 그럼에도 후야오방의 이 연설은 아주 큰 영향력을 과시했다.

9월에 중공중앙 조직부의 요구에 따라 중앙의 동의를 거친 다음 6월의 옌타이회의에 참가했던 5개 부의 책임자들이 베이징에서 계속하여 회의를 열고 '우파'로 잘못 몰린 사람들에 대해 시정해주는 문제를 연구했다. 회의에서는 여전히 두 가지 상반되는 주장이 나왔다. '감투만 벗겨주고' 시정해주지 말 것을 주장하는 동지들은 과거의 옳고 그름에 대한 시비는 이미 다 지나간 것이기에 다시 일일이 밝힐 필요가 없다면서 만일 수십만 명이나 되는 우파들을 모두 시정해준다면 전당이 혼란에 빠질 것이라고 말했다. 이와 반면에 '감투를 벗겨'주어야 할 뿐만 아니라 누명도 벗겨주어야 한다고 주장하는 동지들은 반드시 실사구시하고 잘못이 있으면 시정하는 원칙을 견지해야 한다면서 오직 억울한 사건, 꾸며낸 사건, 잘못 처리된 사건을 시정해주어야만 시비를 똑똑히 가를 수 있고 단결을 강화할 수 있으며 사업의 발전을 촉진할 수 있다고 인정했다. 치열한 논쟁을 거쳐 두 번째 의견이 절대다수 동지의 찬성을 받았다. 중앙에서는 다수의 의견을 받아들여 9월 17일에 '우파로 몰린 사람들의 감투를 모조리 벗겨주는 것에 대한 중앙의 결정을 관철하는 시행 방안'을 전달할 때 다음과 같이 명확히 지적했다. "지난날 잘못 몰린 사람들에 대한 시정사업을 잘해야 한다. 반혁명분자가 있으면 반드시 숙청하고 잘못이 있으면 반드시 시정해야 한다. 이것은 우리 당의 일관적인 방침이다. 이미 잘못 몰린 사람이 있다는 것을 발견했으면 시간이 아무리 오래되었다 하더라도 마땅히 시정해주어야 한다." 이로써 잘못 몰린 우파를 시정하는 사업은 급속히 전개되었다. 10월 17일에 중공중앙 조직부에서는 우파심사시정판공실을 설립하여 이 사업에 대해 전문적으로 독촉하고 책임지게 했다. 중앙직속기관과 중앙국가기관의 기타 각 부와 위원회에서도 그에 상응한 기구를 설립했다. 1980년까지 전국적으로 잘못 몰린 우파 총 54만여 명이 시정을 받음으로써 20여 년간 남아 내려오던 문제가 마침내 해결되었다.

이와 때를 같이하여 톈안먼 사건에 대한 그릇된 결론을 시정해줄 것을 바라는 광범위한 간부와 군중의 목소리도 갈수록 높아갔다. 1978년 9월에 〈중국청년〉 잡지가 복간되었다. 잡지 복간호는 전문 톈안먼 사건 때 인민대중이 '4인방'과 투쟁한 내용의 글들을 묶어 실었는데 이는 당시 중앙에서 규정한 톈안먼 사건의 성격과 모순되었기에 수정, 삭제하라는 명령을 받았다. 그러나 이미 4만여 부가 발행되었기에 대중 속에서 폭넓은 영향력을 불러일으켰다. 10월부터 11월까지 〈중국청연보〉, 〈공인일보〉, 〈인민일보〉, 〈베이징일보〉 등 신문과 잡지들에서는 또 인민대중이 톈안먼 사건 때 '4인방'과 투쟁한 내용의 기사와 시문들을 연달아 실었다. 이와 때를 같이하여 톈안먼 사건을 배경으로 한 화극 〈침묵 속에서〉가 상하이와 베이징에서 공연되었는데 사회 각계로부터 찬양을 받았다. 여러 가지 판본의 〈톈안먼 혁명 시초〉도 민간에 널리 전해져 각별한 환영을 받았다. 인민대중의 목소리는 당중앙위원회에서 톈안먼 사건의 성격을 다시 결정하는 강력한 여론적 지지가 되었다.

11월 3일에 중공중앙 조직부는 '보이보 등 61명 반역자집단' 사건에 대한 재심사를 끝냈으며 11월 20일에 정식으로 중앙에 보고서를 교부하여 보이보 등 61명을 반역자집단으로 판정한 것은 잘못된 것이며 이른바 '61명 반역자집단' 사건은 중대한 오심 사건임을 증명했다. 이밖에 천원과 덩샤오핑의 지지로 중공중앙 조직부는 또 타오주 등 일부 동지들의 억울한 사건에 대해서도 재심사를 진행했다. 11월 하순에 덩샤오핑은 타오주문제에 관한 보고서에 나오수 농지를 "지난날에 반역자라고 결정한 것은 잘못 처리된 것이므로 마땅히 누명을 벗겨주어야 한다."[20]고 명확히 회시했다.

잘못 확정한 우파문제를 시정하고 '보이보 등 61명 반역자집단'의 중대한 오심 사건을 재심사한 것은 전국적으로 억울한 사건, 꾸며낸 사건, 잘못 처리된 사건을 시정하고 각항 정책을 관철 집행하도록 한층 더 이끌었다. 같은 해 10월에 중공중앙 조직부는 8개 성, 직할시, 자치구 당위원회 책임자 좌담회를 열고 억울한 사건, 꾸며낸 사건, 잘못 처리된 사건을 시정하고 농촌의 기층간부정책을 관철 집행하는 문제를 전문적으로 연구했으며 11월에 '농촌의 기층간부정책을 관철

---

20) 중공중앙 문헌연구실 편, 〈덩샤오핑 연보(1975~1997)〉 상, 중앙문헌출판사 한문판, 2004년, 304쪽.

집행하는 것에 대한 몇 가지 의견'을 발부했다. 문건이 발부된 후 전국 각지에서는 농촌의 기층간부들과 관련되는 많은 억울한 사건, 꾸며낸 사건, 잘못 처리된 사건에 대해 재심사를 했으며 그들의 누명을 벗겨주고 정책을 관철 집행했다. 동시에 중공중앙 조직부는 또 차례를 나누어 지식인에 대한 정책을 관철 집행하는 데 대한 좌담회를 소집했다. 회의에서는 전국과학대회에서 한 덩샤오핑의 연설 정신에 따라 다음과 같이 명확하게 제기했다. 해방 초기의 지식인에 대한 '단결, 교육, 개조' 방침이 현 시기의 정형에서는 적용되지 않는다. 당면에는 지식인들과 관련되는 억울한 사건, 꾸며낸 사건, 잘못 처리된 사건에 대한 재심사와 누명을 벗겨주는 사업을 계속 잘해나가야 한다. 지식인들을 충분히 믿어주고 대담하게 등용하여 그들이 직무가 있고 권리가 있고 책임이 있게 해야 한다. 배운 것을 써먹지 못하는 현상을 조절하여 사람마다 모두 재능을 발휘할 수 있도록 해야 하며 지식인들의 사업 조건과 생활 조건을 힘써 개선해주어야 한다. 11월 3일에 중공중앙 조직부는 '당의 지식인정책을 관철 집행하는 것에 대한 몇 가지 의견'을 발부하여 억울한 사건, 꾸며낸 사건, 잘못 처리된 사건을 시정하는 사업을 계속해서 잘 완수하고 동시에 지식인대오의 정황을 정확하게 평가하여 하루속히 당의 각항 정책을 관철 집행하도록 요구했다. 문건이 발부된 후 전국적으로 지식인정책을 관철 집행하는 대규모 사업이 급속히 전개되었다.

 1978년 11월까지 중공중앙 조직부는 131명의 성급, 부급 이상 간부들과 관련한 억울한 사건을 시정해주었고 사업 배치를 기다리는 중앙과 국가기관의 간부 5,344명에게 사업을 배정해주었거나 타당하게 조치했다. 이 사업을 하는 과정에 중공중앙 조직부의 동지들은 당의 훌륭한 전통을 회복하여 경력이나 직위를 따지지 않고 서신을 보내오거나 직접 찾아오는 당원과 간부들을 모두 따뜻하게 맞아주어 그들로 하여금 조직의 따사로움을 느끼게 했다. 그리하여 많은 간부는 중공중앙 조직부를 '간부의 집', '당원의 집'이라고 불렀다. 많은 지도자는 일부 간부들이 제기한 고소를 직접 받아들이고 그들의 의견과 요구를 인내심을 갖고 들어주었으며 여러 가지 사업을 깊이 있고 면밀하게 해나갔다. 중공중앙 조직부는 1978년 상반기만 해도 연인수로 6,434명에 달하는 간부들을 접대했고 접수하여 처리한 고소 서신이 3만 2,927통에 달했다. 이는 억울한 사건, 꾸며낸 사건, 잘못 처리된 사건을 시정하고 간부정책을 관철 집행하는 전반 사업을 강력하게 추동했다.

**노동에 따른 분배문제에 대한 토론을 한층 더 깊이 있게 전개**

경제이론계에서 이른바 '자산계급 성격의 법정'문제를 둘러싸고 조작해낸 '4인방'의 그릇된 논조를 비판하기 시작한 후 노동에 따른 분배가 도대체 '자산계급 성격의 법정'인가 아니면 사회주의 분배원칙인가를 비롯한 일련의 기본적인 문제가 갈수록 화제로 떠올랐다. 1978년 3월에 국무원 정치연구실에서는 '노동에 따라 분배하는 사회주의 원칙을 관철 집행하자'는 제목의 글을 작성했다. 덩샤오핑은 글의 완교지를 본 후 "참 훌륭한 글이다. 이 글에서는 노동에 따라 분배하는 것은 자본주의적 성격이 아니라 사회주의적 성격을 띠고 있다는 것을 해명하고 있다."고 충분히 수긍해주었다. 동시에 그는 "노동에 따라 분배하는 원칙을 관철하는 측면에서 아직 해야 할 일이 많다. 어떤 문제들은 조사연구를 거쳐 점차 해결해야 한다. 일부 제도를 회복하고 확립해야 한다. 총체적으로는 모두가 전진하도록 고무 격려하는 하나의 목적을 위한 것이다."[21]라고 지적했다. 4월 30일에 덩샤오핑은 이 문장의 수정과 관련하여 다음과 같은 의견을 말했다. "자산계급 성격의 법정에 대한 문제를 잘 연구해야 한다. 이론적으로 똑바로 해석하여 '4인방'이 조성한 혼란을 일소해야 한다."[22] 이 글은 리셴녠의 심열을 거친 후 5월 5일에 '특약논평원'의 명의로 〈인민일보〉에 발표되었다. 이 글은 노동에 따른 분배의 사회주의적 성격을 전면적으로 논증했고 노동에 따른 여러 가지 노동보수 형식에 대해 천명함으로써 이 문제에서 나타난 이론적인 오류와 혼란을 제거했다. 이 글은 마오쩌둥이 만년에 갖고 있던 사회주의 이론문제에 관한 일부 관점과 대립되었기에 '실천은 진리를 검증하는 유일한 규준이다'는 관점과 마찬가지로 일부 사람으로부터 질책을 받았다. 진리의 규준문제에 대한 토론이 막을 열자 이 글의 관점도 사람들의 관심사로 떠올랐다. 8월 19일에 덩샤오핑은 문화부 책임자와 나눈 담화에서 이 글과 '실천은 진리를 검증하는 유일한 규준이다'라는 글에 대해 명확히 긍정하면서 이 두 편의 글은 모두 마르크스주의적이라고 인정했다. 동시에 그는 또 다음과 같이 한층 더 지적했다. "결과적으로 이론문제는 4개 현대화를 실현할 수 있는가 없는가와 관계되는 문제이다. 우리는 대담히 문제를 생각하고 문제를 제기하며 대담히 이론을 실제와 결부시켜야 한다."[23]

 1978년 하반기에 경제이론계에서는 노동에 따른 분배문제에 관한 이론토론회를 또 한 차례 진행했다. 이는 1977년에 있었던 제3차 노

---

21) 덩샤오핑, '노동에 따라 분배하는 원칙을 견지하자'(1978년 3월 28일), 〈덩샤오핑 선문집〉 제2권, 민족출판사 1995년, 152,154쪽.
22) 중공중앙 문헌연구실 편, 〈덩샤오핑 연보(1975~1997)〉상, 중앙문헌출판사 한문판, 2004년, 302쪽.
23) 중공중앙 문헌연구실 편, 〈덩샤오핑 연보(1975~1997)〉상, 중앙문헌출판사 한문판, 2004년, 361쪽.

동에 따른 분배문제에 대한 이론토론회의 연장이었으며 더욱 심도 있게 진행된 한 차례의 이론토론회였다. 이번 회의는 앞서 진행된 몇 차례의 회의보다 규모가 컸고 참가한 인원수도 많았으며 토론 내용도 더욱 심도 있었다. 회의참가자 가운데는 경제이론연구에 종사하는 대표가 있는가 하면 농촌이나 기업 또는 경제관리 부문에서 온 대표들도 있었다. 모두 노동에 따른 분배의 성격에 관해 토론했을 뿐만 아니라 또 실천 가운데 어떻게 노동에 따라 분배하는 원칙을 구현할 것인가는 문제를 집중적으로 토론했다. 많은 사람은 사회조사에 따라 보고서를 작성했는데 이는 성과급 노임이나 상금 등 노동에 따른 분배를 구현할 수 있는 여러 가지 노동보수형식에 설득력 있는 분석과 논증을 제공했다.[24] 농촌의 분배 가운데 존재하는 문제에 대해 많은 사람이 당면에 존재하고 있는 주요한 경향은 평균주의라고 인정했다. 어떤 사람은 관리를 잘하려면 반드시 물질적 이익에 관한 원칙을 관철하여 사람들이 자신의 노동 성과를 물질적 이익과 연계시켜 관심을 갖도록 해야 한다고 호소했다. 또 어떤 동지들은 농업을 일으켜 세우기 위해서는 농업생산의 물질적 토대를 강화해야 하지만 더욱 중요한 것은 등가교환의 원칙과 노동에 따라 분배하는 정책을 올바르게 관철하는 것이라고 말했다.

이번 토론에서는 또 상품생산, 가치법칙 등 문제에 대해서도 언급했다. 5월 22일에 국무원 재정무역소조 이 논조는 〈인민일보〉에 '사회주의 상품 생산을 헐뜯은 4인방의 반동이론을 반박한다'라는 제목의 글을 발표했다. 글에서는 상품 생산을 자본주의와 동등시한 관점에 비추어 사회주의 상품 생산은 자본주의 상품 생산과 본질에서 구

---

[24] '베이징에서 열린 노동에 따른 분배에 대한 토론회가 백가쟁명의 방침을 관철했으며 토론이 점차 심화되었다', 1978년 11월 3일 자, 〈인민일보〉.

별되기에 사회주의 상품생산의 발전은 자산계급을 배출하지 않을 것이며 사회주의 국가들에서는 상품 경제의 기본 법칙인 가치 법칙을 이용하여 자신을 위해 봉사하게 하도록 해야 한다고 지적했다. 이 글이 발표됨으로써 경제이론문제에 대한 토론은 한층 더 심도 있게 진행되었다.

노동에 따른 분배문제에 대한 토론이 진행됨으로써 1978년 5월 7일에 국무원은 통지를 발부하여 종업원들의 생활을 점차 개선할 것에 관한 방침을 관철하며 장려제도와 성과급노임제도를 조건부로 절차 있게 시행하도록 요구했다. 9월에 국무원은 또 관련 부문들에서 노임제도와 장려제도, 노동복리제도 개혁에 관한 구체적 의견을 서둘러 제기할 것을 요구했다. 11월 25일에 국무원은 재정부의 '국영기업들에서 기업 기금을 시행하는 것에 관한 규정'을 비준해 이첩함으로써 국가계획을 완수한 기업들에서 이윤을 어느 정도 떼어내 기업기금으로 삼을 수 있다고 허용했다. 그뿐만 아니라 기업기금은 집체복리사업과 종업원들을 장려하는 데 사용하여 기업의 경영 성과를 기업과 종업원들의 직접적 이익과 연계시킴으로써 기업이 잘되든 못되든 누구도 관계하지 않던 현상을 바꿨다. 같은 해 하반기에 전국적으로 많은 기업과 단위들에서 성과급 노임제도와 상금제도를 회복함으로써 광범위한 종업원들의 적극성을 효과적으로 불러일으켰다.

### '좌'적인 농촌정책을 타파하기 위한 시도

'4인방'을 분쇄한 후 농업생산은 '4인방'을 적발, 비판하고 농업에서 다자이를 따라 배우는 군중운동 가운데 어느 정도로 회복되었다. 그러나 '두 개의 범시' 방침의 영향으로 말미암아 농촌사업 가운데는 많은 '좌'적인 정책이 지속되고 있었다. 전국 농촌의 많은 지방에서는 계속하여 '자연발생적인 자본주의 경향'을 비판한다는 명의로 농민들의 자류지와 농촌시장 교역을 제한했으며 중앙에서는 또 생산대대를 채산단위로 하는 다자이의 방법을 계속하여 보급하고 있었다. 1977년 11월에 중앙에서 소집한 다자이현을 보급하는 것에 대한 사업좌담회에서는 생산대를 기본채산단위로 하던 것에서 생산대대를 기본채산단위로 하도록 과도시켜 '규모가 크고 공유화'한 인민공사의 우월성을 한층 더 발휘하는 것이야말로 전진의 방향이고 대세의 흐름이라면서 각급 당위원회는 힘써 조건을 창조해야 한다고 주장했다. 회의에서는 또 1977년 겨울부터 1978년 봄까지 전국적으로 또 10%가량의 생산대대를 선정하여 대대채산을 시행하기로 결정했다. 그러나 사실상 이 요구는 근본적으로 실현될 수 없었다. 그것은 상당히 많은 생산대가 간단한 재생산마저도 유지하기 어려운 데다 농민들이 자체로 생계문제를 해결하도록 허용할 권리도 없어 전국적으로 2억 5천만에 달하는 인구가 의식문제를 해결하지 못하고 있었기 때문이다. 이 같은 상황에서 생산대대를 기본채산단위로 하는 방법을 강행한다면 생산력의 발전을 파괴하는 '가난한 대로의 진행'이 될 수밖에 없었다. 이에 적지 않은 사람 많이 우려했고 현행의 농촌정책을 바꿀 수 있기를 간절히 바랐다. 그런가 하면 일부 지방의 책임자들은 해당 지역의 실제에서 출발하여 대담히 농촌정책을 조절하기 시작했다. 그 가운데 앞장을 선 곳이 안후이와 쓰촨 두 개 성이었다.

  1977년 11월에 중국공산당 안후이성위원회는 '당면 농촌경제정책 가운데 몇 가지 문제에 관한 규정'을 제정했는데 그 주요 내용은 다음과 같다. 생산대가 농사일의 특징에 근거하여 여러 다른 생산책임제를 내오도록 허락하고 생산대의 자주권을 존중하며 공사와 생산대 사원의 부담을 덜어주고 노동에 따라 분배하는 정책을 관철 집행하며 식량분배에서 국가와 집체, 개인의 이익을 고루 관리하며 사원들이 자류지와 가내부업을 경영하는 것을 허락하고 격려하며 시장 교역을 개방한다. 이 문건은 공포되자마자 전 성 농촌에서 열렬한 지지를 받았다. 그 가운데 "생산대의 자주권을 존중한다."는 조목이 가장 환영을 받았다. 이러한 상황을 파악한 중국공산당 안후이성위원회 제1서기 완리는 1978년 2월 5일에 신화사 기자에게 다음과 같이 말했다. 생산대의 자주권을 존중하는 것은 사실상 현실을 존중하고 대중을 존중하며 민주를 발양하는 것인데 이것은 큰 문제이다. "지난날 우리가 농촌사업 가운데 많은 오류를 범하게 된 근원은 바로 생산대의 자주권을 존중하지 않은 것에 있다. 이것은 아주 심각한 역사적 교훈이다." "생산대의 자주권을 존중하는 것은 당의 농촌정책 가운데 중요한 한 부분이다."[25] 이때부터 안후이성 농촌에서 혼란 상태를 바로잡는 사업은 빠른 속도로 진행되었다.

  1978년 2월에 중국공산당 쓰촨성위원회는 본 성의 현황에 비추어 '당면 농촌경제정책의 몇 가지 문제에 관한 규정'을 제정했는데 그 주요 내용은 다음과 같다. 농민들의 자류지 면적을 총경작지 면적의 7%에서 15%로 확대한다. 농민들이 가내부업에 종사하지 못하고 잉여 생산품을 자체로 판매하지 못하도록 한 금지령을 취소한다. 가내부업을 회복시키고 시장 교역을 개방한다. 당지의 실정에 맞는 농작물을 재배하는 방침을 실행한다. 생산대의 자주권을 존중한다. 농민들이 작업조별로 생산량을 도맡는 형식으로 토지를 경영하는 것을 지지한다. 다각경영을 발전시키도록 격려한다. 이러한 조치는 농민들의 생산 적극성을 효과적으로 동원하여 쓰촨성의 농업정세는 신속

---

25) 완리, '생산대의 자주권을 존중하자'(1978년 2월 5일), 〈완리 선문집〉, 인민출판사 한문판, 1995년, 104쪽, 105쪽.

히 호전되었다.

　기타 부분적 성, 자치구에서도 이러한 측면에 노력을 기울였다. 1977년 말, 중국공산당 간쑤성위원회에서는 본 성의 정황에 따라 '평균주의와 무상징용'의 방법을 중지하여 농민의 부담을 경감시키며 현금 분배를 하며 농작물에 대한 기준량 관리와 농작물생산을 작업조에 도맡기는 방법을 허용한다고 규정했다. 1978년 년 초에 중국공산당 광둥성위원회는 '생산대의 부담을 덜고 농업생산 제1선을 강화하는 것에 관한 의견(시행 초안)'을 제정하여 다년간 보편적으로 존재해 오던 '평균주의와 무상징용' 방법을 시정하고 생산대의 자주권을 존중하는 것에 대해 강조했으며 또 사탕수수 수매정책을 조절하여 가격을 높여 수매하고 판매하는 것을 장려하는 방법을 복원했다. 7월에 중국공산당 신장위구르자치구위원회는 본 자치구의 실정에 따라 목축지역들에서 작업조를 나누고 노력, 노동의 질과 공수, 방목지를 정하며 많이 일하면 많이 얻고 생산량을 초과하면 장려하는 생산책임제를 시행하며 사원들이 가내부업을 하는 것을 허용한다고 결정했다. 8월에 중국공산당 티베트자치구위원회에서는 다음과 같이 결정했다. 실제에서 출발하여 목축업을 발전시키고 방목지를 보호하며 초원을 더 이상 개간하지 못한다. 사람 수와 나이, 출신 성분, 정치 표현에 따라 공수를 매기던 방법을 고쳐 생산대에 작업조를 두고 생산량과 작업량을 정하며 생산량을 초과하면 장려하는 등 제도를 시행한다. 이러한 조치들은 그곳 대중의 보편적인 환영을 받았으며 광범위한 농민과 목축민들의 생산 적극성을 불러일으켰다.

　1978년 여름과 가을에 안후이성에는 100년 가도 보기 드문 큰 가뭄이 들어 6천만 무가 넘는 농경지가 피해를 입었으며 400여 만 명 인구가 살고 있는 지역에서 사람과 가축이 쓸 물이 모자라 가을파종을 할 수 없었다. 심한 재해에 직면한 중국공산당 안후이성위원회에서는 집체에서 파종할 수 없는 밭을 모두 사원들에게 빌려주어 경작케 하고 경작한 사람이 수확하며 국가에서는 공량을 받지 않고 통일수매 임무도 지우지 않기로 결정했다. 이 결정은 즉시 농민들의 재해와 싸우는 적극성을 불러일으켜 안후이성은 가을파종 계획을 재빨리 초과 완수했을 뿐만 아니라 가을파종 면적이 1,000만 무가 넘게 늘어났다. '땅을 빌려주어 흉년을 넘기는' 과정에 안후이성 페이시현(肥西縣) 산난공사의 일부 공사간부, 생산대간부와 농민들은 1960년대 초에 시행했던 '책임전'제도를 떠올리면서 아예 다시 한 번 생산량을 농가에 맡겼다. 발 없는 말이 천 리 간다고 이 소문이 삽시에 퍼지자 일부 간부들은 당황하며 또다시 "자본주의를 복원시킨다."는 죄명을 쓸까 두려워했다. 완리는 사람들의 이런 근심을 헤아려 10월 11일에 성당위원회회의에서 다음과 같이 격려했다. "실천은 진리를 검증하는 유일한 규준이라는 원칙을 견지해야 한다. 성당위원회에서 결정하지 않은 것이라도 객관적 상황에 맞으면 그대로 해야 한다. 후에 성당위원회에서 인가할 것이다." "각급 지도자들은 문제를 처리하는 데 모두 이 정신을 따라야 한다."[26] 완리의 의견에 따라 성당위원회는 생산량을 농가에 도맡기는 것을 이전처럼 곧바로 제지시키고 급하게 결론을 내린 것이 아니라 먼저 사람을 파견하여 현지 조사를 하게 했다. 이로써 생산량을 농호에 도맡긴 페이시현의 방법은 보호를 받게 되었으며 성내 기타 지역들로 하여금 생산관리방식을 바꾸려는 시도를 하도록 격려했다. 그 후 펑양현(鳳陽縣) 리위안(梨園)공사 샤오강(小崗)생산대에서 또 조용히 경작지를 모두 농가에 나누어주고

---

26) 완리, '생산량과 연계시킨 책임제를 대담히 시행할 수 있다'(1978년 10월 11일), 〈완리 선문집〉, 인민출판사 한문판, 1995년, 108쪽.

집마다 나라와 집체에 바치는 임무를 완수한 나머지 수확을 전부 개인이 소유하게 했다. 일을 농가에 도맡기는 이러한 방법은 인민공사의 통일적 경영, 통일적 채산, 통일적 분배의 생산관리 체제를 철저히 바꿨다. 그 해에 안후이성은 흉년을 무사히 넘겼을 뿐만 아니라 일부 지역에서는 수확이 좋았다.

합작화를 시작하면서부터 20여 년 동안, 농민 대중은 생산량을 작업조에 도맡기는 방법, 생산량을 농가에 도맡기는 방법, 일을 농가에 도맡기는 방법을 고안해냈는데 이러한 경영방식들은 여러 번이나 되는 굴곡을 거쳐왔다. 이러한 굴곡이 집중적으로 나타난 시기는 다음과 같다. 첫 번째는 1957년 반우파 투쟁전에 나타났고 두 번째는 1959년 '반우경' 투쟁전에 나타났으며 세 번째는 1962년 당중앙위원회 제8기 제10차 전원회의 전에 나타났는데 모두 그 후에 일어난 정치운동으로 말미암아 억눌리고 말았다. 그러나 이러한 경영방식은 어디까지나 현 단계 중국 농촌의 생산력 발전 상황에 맞는 것이었기에 광범위한 농민들의 환영을 받았으며 끈질긴 생명력을 과시했다. 이러한 경영방식이 이번에 또다시 나타난 것은 그것의 끈질긴 생명력의 반영이었고 '좌'적인 농촌정책을 타파하려는 대담한 시도이기도 했다.

1978년 여름 이후, 혼란 상태를 바로잡는 제반 분야의 사업은 모두 진리의 규준문제에 대한 토론의 영향으로 말미암아 빠른 속도로 진척되었으며 일부 큰 진전을 가져왔다. 이러한 큰 진전과 사상이론계의 대토론은 서로 계발하고 서로 추진하면서 점차 사상 해방의 한 갈래 물결을 형성했고 '두 개의 범시'가 설치해놓은 금지구역에 강력한 충격을 줌으로써 당과 국가의 이 역사적인 전환이 더욱 빠른 속도로 실현되도록 추진했다.

제31장

역사적인 위대한 전환을 실현

진리 규준 문제를 토론하고 제반 분야에서의 혼란 상태를 바로잡는 사업이 전개되고 아울러 덩샤오핑의 주창과 기타 노 세대 혁명가들의 지지로 소집된 1978년 말의 중앙사업회의와 당중앙위원회 제11기 제3차 전원회의는 당과 국가가 어디로 가야 하는가 하는 중대한 역사적 고비에서 마침내 당과 국가의 방향, 운명과 관계되는 기본 방침에 대해 정확한 정치적 결단을 내리고 전략적 선택을 함으로써 신중국이 창건된 후 우리 당 역사에서 심원한 의의가 있는 위대한 전환을 실현했다.

## 1. 국제 정세에 대한 정확한 판단과 외교사업에서 거둔 적극적인 성과

### 활발한 대외교류 전개

1970년대 후기, 중국이 직면한 국제 정세는 주로 두 가지 특징을 띠고 있었다. 하나는 미국과 소련 두 강대국의 세계 패권 쟁탈로 초래된 전쟁 위기가 광범위한 개발도상국들을 끊임없이 위협했을 뿐만 아니라 일부 선진자본주의 국가까지 위협했다. 그러므로 이러한 국가들은 강대국의 통제에서 벗어나고 전쟁 위협을 줄이기 위해 모두 중국과의 관계를 발전시킬 수 있기를 희망했다. 또 다른 하나는 1970년대 중기 세계 경제 위기의 타격과 새로운 과학기술 혁명의 흥기로 말미암아 주요 자본주의 국가들은 생산설비와 자금이 대량으로 유휴 상태에 놓이고 시장이 위축된 상황에 직면했으며 경제 불황에서 벗어나고 산업구조를 조정하며 새로운 시장을 개척할 것을 대체적으로 바라고 있었다. 반면 많은 개발도상국은 자본주의 국가들이 산업 구조를 조정하는 기회를 이용하여 자금과 기술을 끌어들이고 경제 발전을 추진할 수 있는 경로를 모색했다.

당중앙위원회는 '4인방'을 분쇄하고 국내 정치 국면을 안정시킨 후 갈수록 늘어나는 대외교류를 통해 국제 정세의 이러한 특징을 더욱 직접적이고 전면적으로 파악했으며 점차 실제에 비교적 부합되는 판단을 내리고 동시에 외교사업에서 더욱 적극적이고 능동적인 행동을 취했다.

우선 "세계전쟁이 눈앞에 닥쳐왔다."는 견해를 한층 더 심화시켰다. 1977년 9월, 덩샤오핑은 국빈을 접견하면서 다음과 같이 말했다. "국제 정세의 변화가 아주 빠르다. 많은 낡은 관념, 낡은 공식은 이미 현실을 반영할 수 없으며 지난날의 낡은 전략적 규정도 현실에 맞지 않는다."[1] 같은 해 12월, 덩샤오핑은 중앙군사위원회 전체회의에서 세계전쟁이 발발하는 것을 지연시킬 수 있다는 판단을 내렸다. 이 판단은 신속하게 중앙지도층의 공통 인식이 되었다.

다음, 제반 분야에서의 혼란 상태를 바로잡는 사업이 선개됨에 따라 중국의 대외교류가 뚜렷하게 늘어났다. 외국의 대표 및 정상급 인사와 정부수뇌자들을 여러 번 초청하여 중국을 방문하게 했을 뿐만 아니라 당과 국가의 지도자 및 각 지구, 각 부문의 책임자들도 여러 번 출국하여 여러 국가를 방문했다. 1978년, 부총리와 부위원장급 이상 지도자들의 출국방문만 20여 차례나 되었고 방문한 나라는 50여 개에 달했다. 그중에는 개발도상국이 있는가 하면 선진자본주의 국가도 있었다. 이런 방문을 통해 중국과 일부 나라와의 전통적인 친선 관계가 강화되었고 다년간 중단되었던 일부 국가와의 친선협력관계도 회복되었다.

---

1) 중공중앙 문헌연구실 편, 〈덩샤오핑 연보(1975~1997)〉 상, 중앙문헌출판사 한문판, 2004년, 200쪽.

이러한 출국방문 가운데 가장 주목을 끈 것은 덩샤오핑이 1978년 10월에 일본을 방문한 것이었다. 이 역시 신중국이 창건된 후 국가 지도자가 처음으로 일본을 방문한 것이었다. 방문기간 덩샤오핑은 중국정부를 대표하여 〈중일평화우호조약〉 비준서 교환의식에 참석하고 일본 각계 인사들에게 중국의 대내, 대외 정책을 거듭하여 소개했으며 또 국제 선진 수준을 갖춘 일본의 현대화기업과 과학기술 시설 등을 자세히 시찰했다. 현지 시찰을 통해 덩샤오핑은 일본과 경제 기술 측면에서의 합작을 강화하고 국외의 선진적인 경험과 기술을 배워 중국의 현대화 건설의 발걸음을 재촉하려는 염원을 여러 번 표시했다. 이번 방문은 일본 사회 각계의 광범위한 주목을 받았다. 일본의 대표적인 모든 신문은 모두 1면에 크게 보도했다. 일본의 10개 대 중국 친선단체가 덩샤오핑의 일본 방문을 위해 거행한 환영연회에 일본 각지에서 온 각계 인사 2천여 명이 참석했다. 그리고 일본 내각 구성원 21명 가운데 14명이 덩샤오핑이 마련한 답사연회에 참가했다. 이는 기타 국가의 원수들의 일본 방문에서 보기 드문 정경이었다. 이번 성공적인 방문은 중일 두 나라의 친선관계를 새로운 단계에 올려놓았을 뿐만 아니라 중국이 국외의 선진적인 기술설비와 관리 방법을 도입하여 현대화 건설의 발걸음을 재촉하는 국면을 열어주었다.

당중앙위원회 지도자들의 출국방문 외에도 국무원에서는 또 일부 부문의 책임자, 각 성, 자치구, 직할시의 책임자들을 조직하여 출국방문을 여러 차례 진행했다. 특히 서유럽, 미국과 일본 등 선진자본주의 국가들의 농공업생산과 경제 발전 실태에 대해 중점적으로 고찰했다. 그 가운데 규모가 비교적 크고 등급이 비교적 높은 출국방문으로는 1978년 5월에 국무원 부총리 구무(谷牧)가 인솔한 중국정부대표단의 프랑스, 스위스, 벨기에, 덴마크, 독일연방공화국 5개국에 대한 방문이었다. 대표단에는 국가계획위원회, 수리전력부, 농업부와 일부 연해 성, 시의 책임자들이 포함되어 있었다. 대표단이 떠나기 전에 중앙에서는 그들에게 이번 방문에서 주로 두 가지 임무를 수행해야 했는데 하나는 친선방문을 하는 것이고 다른 하나는 이런 나라들의 경제 발전 상황을 시찰하는 것이라고 지시했다. 덩샤오핑은 특별히 구무 등을 찾아서 담화를 나누고 그들에게 우리는 자본주의의 선진적인 경험들을 마땅히 배워 와야 한다고 지적하면서 방문하게 될 국가들의 현대 공업이 어느 수준에 이르렀으며 또 그들이 경제사업을 어떻게 관리하고 있는가를 자세히 조사 연구할 것을 당부했다. 대표단은 5개국을 방문하는 기간에 도시 25개를 방문하고 공장, 광산, 항구, 농장, 대학 및 과학연구단위 총 80여 개를 참관했으며 이들 국가의 정부지도자 및 각계 인사들과 광범위하게 접촉했다. 이런 나라들의 경제 및 과학기술의 발전 수준, 현대화 측면에서의 승국과 세계 선진 수준 사이의 격차 및 서유럽 국가들이 경제 불황으로 말미암아 과잉 제품, 기술, 자본을 서둘러 수출하기 위해 중국과의 경제무역합작을 희망하고 있는 태도 등은 대표단에 깊은 인상을 남겼다. 전체 고찰활동은 한 달 남짓 지속되었다. 이처럼 고위급의 정부대표단을 서방국가에 보내 경제를 전면적으로 시찰하게 한 것은 신중국의 역사에서 처음 있는 일이었다.

이를 전후하여 중앙과 국무원에서 조직한 대표단 또는 시찰단은 또 영국, 프랑스, 이탈리아, 일본, 미국, 캐나다, 유고슬라비아, 루마니아 등 나라와 중국의 홍콩, 마카오 지구를 방문해 시찰했다. 이런 방문과 시찰을 통해 중국은 많은 나라와의 관계를 개선하고 강화했을 뿐만 아니라 일부 국가와 지구들에서 경제를 발전시킨 선진적인 방법과 관리 경험을 비교적 전면적으로 이해했으며 중국공산당과 유고슬라비아공산주의자연맹 간의 정상적인 관계를 회복했을 뿐만 아니라 자기의 경험을 유일하게 정확한 기준으로 삼아 형제 당을 평가하고 취급하지 않는다는 원칙을 제기함으로써 중국공산당과 국외 정당 간의 왕래를 한층 더 개선하고 개척하는 조건을 마련했다.

이처럼 출국방문의 차수가 많고 범위가 넓기로는 신중국이 창건된 후 보기 드문 일이었다. 이는 중국인민의 관심을 불러일으켰을 뿐만 아니라 세계 각국으로 하여금 중국이 새로운 모습으로 세계 무대에 나서고 있음을 느끼게 했다.

### 〈중일평화우호조약〉의 체결과 중미 간 공식 수교

대외교류가 활기를 띠면서 중국의 대외관계를 효과적으로 강화하고 개선했다. 그 가운데 가장 영향력이 큰 성과는 〈중일평화우호조약〉의 체결과 중미수교였다. 덩샤오핑의 직접적인 지도로 중국정부는 이 두 큰 문제를 해결하기 위한 사업을 성공적으로 진행했다.

1972년부터 중미 두 나라 관계의 정상화 행정이 시작된 후 쌍방은 일부 중대한 문제, 특히 타이완 문제에서 의견 차이가 있었기에 1977년까지도 수교문제에서 큰 진척을 가져오지 못했다. 1977년 6월, 미국 카터 정부는 지난 몇 년 동안 중국과 진행해온 협상을 총화한 후 중국에 대한 미국의 기본정책을 기본적으로 작성했다. 즉 한편으로는 중화인민공화국과의 외교관계를 맺을 수 있는 경로를 모색하고 다른 한편으로는 미국과 타이완 간의 관계를 방해하지 않는 것이었다. 미국은 이 의견을 중국 지도자에게 통보했다. 이 시기 미국 정부가 중국과의 관계 정상화를 추진하려고 한 중요한 원인은 1978년에 소련과의 제2차 전략핵무기제한협상이 체결단계에 들어서게 되는 배경에서 중국과의 관계를 개선하면 소련을 견제할 수 있었으므로 자기들의 이익에 부합되기 때문이었다.

이 시기에 국내의 현대화 건설에 진력하기 시작한 중국은 유리한 외부 환경을 쟁취하기 위해 중미관계를 한층 더 개선할 수 있는 경로를 모색하고 있었기 때문에 미국 정부로부터 온 소식에 대해 재빨리 적극적인 반응을 보였다. 1977년 8월, 덩샤오핑은 미국 국무장관 사이러스 밴스를 접견한 자리에서 다음과 같이 강조했다. 중미관계의 정상화를 실현하려면 타이완 문제에서 조약 종료, 군대철수, '외교관계' 단절의 세 가지 조건을 만족시켜야 한다. 타이완 문제는 중국의 내정으로 기타 누구도 간섭할 수 없다. 1978년 4월, 카터 대통령은 미국은 중국은 하나라는 개념을 승인하며 중화인민공화국과 공식적인 외교관계를 맺는 것은 미국의 최대 이익에 부합한다고 공식적으로 선포했다. 5월, 중국을 방문한 미국 대통령 국가안보좌관 브제진스키는 중국에서 제기한 세 가지 조건을 접수한다는 카터 대통령의 결심을 덩샤오핑에게 전달했다. 덩샤오핑은 이 세 가지 조건을 재천명한 뒤 중미수교문제를 빨리 해결할 수 있기를 희망한다고 명확히 표시했다. 7월 초, 중미 쌍방은 베이징에서 수교와 관련한 협상을 시작했으며 이로써 두 나라 관계의 정상화 진척이 조속히 진행되었다.

중미관계가 진전을 보임과 동시에 중일관계도 한층 더 개선되었다. 1972년 중일 두 나라가 수교할 때 쌍방은 평화우호조약의 체결과 관련하여 협상을 진행할 것이라고 선포했었다. 그러나 그 후 일본 측이 '패권 반대 조항' 등 문제에서 이의를 제기한 원인으로 이 협상은 1977년까지 여전히 아무런 진전을 가져오지 못했다. 중국 측은 협상에서 진전을 거두기 위해 많은 사업을 했으며 일본 측에서 하루빨리 결단을 내리도록 독촉했다. 1977년 하반기, 덩샤오핑은 여러 차례 일본 정계인사들을 접견함으로써 일본 측이 결심을 내리고 '패권 반대 조항'을 접수하도록 권고했다. 1978년 5월 초, 미국 대통령은 일본 총리와 회담을 갖고 주로 미국, 중국, 일본 3국의 쌍무관계를 발전시키는 것으로 아시아의 안정을 유지할 구상을 분명히 했다. 이 구상에 따라 미국 정부는 중일관계가 앞으로 발전하는 것을 지지한다고 명확히 표시함과 아울러 "조약이 성과적으로 체결되기를 축원한다."고 했다. 미국 측의 지지를 받은 후 일본 정부는 즉각 아시아와 일본의 안정을 위해 일중조약의 체결을 더 이상 미룰 수 없다고 표시했다. 일본 측의 태도가 변함에 따라 중국정부는 1978년 7월에 일본과 조약체결 관련 협상을 재개했다. 8월 10일, 덩샤오핑은 중국을 방문한 일본 외무대신을 접견한 자리에서 조약을 체결하는 문제와 패권주의를 반대하는 문제에서의 중국의 입장을 전면적으로 천명하면서 다음과 같이 지적했다. 조약의 중심 내용은 사실상 패권주의를 반대하는 것이다. 패권주의를 반대하는 예봉은 제3국을 향한 것이 아니다. 그러나 누가 패권을 쥐려 하면 누구를 반대한다는 한 가지 원칙이 있다. 우리가 패권주의를 일관하게 반대하는 것을 미국은 반대하지 않을 것이다. 조약에 '패권 반대 조항'을 써넣는 것은 또한 우리 스스로를 단속하는 것으로서 중국의 장구한 국가정책을 구현했다. 이는 일본에 대해서도 하나의 단속이 되며 일본의 이미지를 개선하는 데 이롭다. 중일 간에 아무런 문제가 없는 것이 아니다. 예를 들면 댜오위다오(釣魚島)문제, 대륙붕 문제와 같은 것이다. 이런 문제는 지금 끌어들이지 말고 한쪽으로 밀어놓았다가 이후 천천히 여유 있게 쌍방이 모두 수용할 수 있는 방법을 협상할 수 있다. 덩샤오핑의 의견은 나중에 일본 측에 접수되었다. 8월 12일, 베이징에서 〈중일평화우호조약〉이 공식적으로 체결되었다. 이 조약의 체결은 중일 간의 선린 친선관계를 위해 더욱 튼튼한 토대를 닦아놓았으며 두 나라가 정치, 경제, 문화와 과학기술에서의 교류를 한층 더 강화하는 데 더욱 광활한 앞날을 개척했다.

〈중일평화우호조약〉의 체결은 한창 진행되고 있던 중미수교협상을 촉진했다. 1978년 11월, 미국 측은 중미수교연합공보 초안을 제출했다. 덩샤오핑은 미국 측의 초안을 본 후 즉시 중미관계의 정상화를 실현하는 발걸음을 빠르게 추진하기로 결정했다. 수교협상 과정에서 중국 정부는 다음과 같이 명확히 지적했다. 첫째, 타이완 문제는 중미 두 나라 관계의 정상화를 방해하는 관건적인 문제이다. 이 문제는 미국 정부가 중국 내정을 간섭하여 조성된 것으로서 "문제를 일으킨 사람이 그 문제를 해결해야 한다". 둘째, 중미관계의 정상화를 실현하려면 미국은 반드시 '외교관계' 단절, 군대 철수, 조약 종료의 세 가지 원칙을 이행해야 한다. 셋째, 중미관계의 정상화를 실현한 후 미국은 다이완과 민간교류를 할 수 있고 민간 기구를 설립할 수 있지만 타이완에 계속 무기를 팔아서는 안 된다. 넷째, 타이완 문제는 중국의 내정으로 타국은 간섭할 권한이 없다. 이 가운데 타이완에 무기를 파는 문제에서 쌍방은 협의를 달성하지 못했다. 덩샤오핑은 이 문제를 수교 후에 해결하기로 결정했다. 거듭되는 협상을 통해 쌍방은 끝내 다음과 같은 협의를 달성했다. (1) 미국은 오직 중국은 하나뿐이고 타이완은 중국의 일부이며 중화인민공화국정부가 중국의 유일한 합법적인 정부임을 승인한다. 이 범위 내에서 미국 인민은 타이완 인민과 문화, 상무와 기타 비관변 측 관계를 유지하게 된다. (2) 중미수교연합공보를 발표한 후 미국 정부는 즉시 타이완과의 '외교관계'를 단절한다고 선포하며 1979년 4월 1일 전에 타이완과 타이완해협으로부터 미국의 군사력과 군사시설을 완전히 철수하며 동시에 타이완 당국에 '공동방어조약'을 종료한다고 통지한다. (3) 1979년 1월 1일부터 중미 쌍방은 서로 상대방을 승인함과 동시에 외교관계를 맺는다. 이러한 협의를 토대로 중미 두 나라 정부는 1978년 12월 16일에 공식적으로 수교하는 연합공보를 발표했다. 그리하여 장장 30여 년간 지속된 양국관계의 비정상적인 상태가 해결되었다.

중미, 중일 관계의 개선은 중국의 외교와 세계정세에 적극적이고도 심원한 영향을 주었을 뿐만 아니라 중국의 현대화 건설에 훌륭한 국제환경을 마련해주는 데도 유리했다.

### 선진적 기술과 설비 도입

대외 왕래에서의 중국의 적극적인 행동은 당과 정부로 하여금 국제정세의 발전 변화와 세계 경제의 발전 추세를 비교적 전면적으로 이해하게 했을 뿐만 아니라 세계 각국으로 하여금 '문화대혁명'을 마무리한 중국이 이미 국내의 안정을 실현하고 다시 현대화 건설에 진력하기 시작했음을 보여주었다. 이런 정형에서 한창 산업구조를 조정하고 유휴 자금과 기술의 출로를 찾고 있던 자본주의 국가들은 분분히 중국이란 큰 시장에 눈독을 들이고 중국과 무역거래를 하려는 의향과 중국의 현대화 건설을 지지한다는 입장을 표시했다. 1978년 2월, 일본은 중국과 1978년부터 1985년까지 8년 기한의 장기무역협정을 체결했는데 무역액이 200억 달러에 달했다. 4월, 유럽공동체는 중국과 무역협정을 체결하고 중국에 무역최혜국 대우를 제공한다고 선포했다. 9월, 일본정부는 또 중일장기무역협정의 기한을 5년 더 연장하고 무역액을 두 배, 즉 600억 달러로 늘릴 것을 중국에 제의했다. 많은 개발도상국도 중국과의 교류와 합작을 넓히려는 의향을 분분히 표시했다. 이런 상황들은 중국의 현대화 건설에 아주 이롭고 만나기 힘든 발전 기회가 이미 나타났음을 드러냈다. 이에 따라 당중앙위원회는 유리한 기회를 제때에 확보하고 국외 선진적 기술과 설비를 대담하게 도입하여 현대화 건설을 추진할 결정을 내렸다.

1978년 3월 13일, 중앙정치국은 국가계획위원회의 '1978년도 새 기술 도입과 일식설비수입계획에 관한 보고' 토론하고 비준했다. 화궈펑은 토론에서 다음과 같이 제기했다. "선진적 기술과 선진적 설비를 도입하는 것은 경제 발전을 추진하는 중요한 조치이다. 덩샤오핑 동지는 1975년에 이는 중대한 정책이라고 말했다. 도입을 할 때는 장구한 타산이 있어야 하며 적어도 8년간의 타산이 있어야 한다. 국제적으로 과학기술이 하루가 다르게 끊임없이 변화하므로 조사 연구를 강화하고 전면적으로 고려해야 한다."

3월 18일, 덩샤오핑은 전국과학대회 개막식에서 한 연설에서 다음과 같이 지적했다. "우리나라의 과학기술 수준을 높이려면 두말할 것 없이 우리 스스로 노력해야 하고 우리 스스로 창발성을 발휘해야 하며 독립자주, 자력갱생의 방침을 견지해야 한다. 그러나 독립자주는 폐쇄주의를 의미하지 않으며 자력갱생은 맹목적 배타주의를 의미하지 않는다. 과학기술은 인류가 다 같이 창조한 재부이다. 어떤 민족이나 어떤 나라 모든 다른 민족과 다른 나라의 장점을 따라 배우고 그들의 선진적 과학기술을 따라 배워야 한다. 우리가 외국을 힘써 따라 배워야 하는 것은 현재 과학기술이 낙후하기 때문만이 아니다. 우리의 과학기술이 세계의 선진 수준을 따라 잡은 후에도 여전히 남의 장점을 따라 배워야 한다." 이 논술은 경제 부문의 동지들로 하여금 발전계획을 제정할 때 더욱 자유로운 사상으로 임하도록 했다.

화궈펑의 요구에 따라 국가계획위원회 등 5개 부, 위원회에서는 재빨리 '앞으로 8년에 대외무역을 발전시키고 외화수입을 증가할 것에 관한 전망계획 요점'(이하 '전망계획 요점'으로 약칭)을 기초했다. '전망계획 요점'은 1985년에 이르러 외화 수입을 총 1,050억 달러에 도달시키며 그 가운데 200억 달러를 투입하여 새 기술을 도입하고 일식설비를 수입할 것을 제기했다. 4월 19일, 중앙정치국에서는 이 계획을 토론한 후 원칙적으로 동의했다. 덩샤오핑은 토론에서 다음과 같이 제기했다. "정책에서 좀 더 대담해야 한다. 시간을 다투어 설비를 수입하는 것은 수지가 맞는 일이다. 이자를 지불하는 것보다 얻는 것이 많다. 문제는 어떻게 잘해나가는가 하는 것이다. 당면한 시기는 유리하다. '4인방'을 분쇄한 후 사상이 해방되었으므로 우리는 자본주의 국가의 효과적인 방법들을 가져다 이용할 수 있다. 지금 사상이 잘 해방되었는지, 어떤 걸림돌이 있는지를 생각해보고 상부구조, 생산기술에 어떤 문제가 존재하고 있는지 살펴보아야 한다."[2] 그는 또 많은 장소에서 다음과 같이 거듭 강조했다. 우리에게 유리한 해외시장 정세를 충분히 이용해야 한다. 중국 현대화 건설은 이치상 마땅히 낙후한 기술을 시발점으로 삼을 것이 아니라 세계의 선진적인 관리 방법을 받아들이고 세계 모든 선진적인 기술, 선진적인 성과들을 발전을 도모하는 시발점으로 삼아야 한다. 5월, 중앙의 비준을 거친 후 국무원에서는 새기술도입영도소조를 전문 설립하여 도입사업을 통일적으로 영도하게 했다.

1978년에 출국방문을 한 일부 대표단, 시찰단들은 귀국 후 각각 많은 시찰보고를 써서 국외의 경제 발전 상황과 경제를 발전시킨 방법을 상세하게 소개했으며 국외에서 경제를 발전시킨 경험을 거울

---

[2] 중공중앙 문헌연구실 편, 〈덩샤오핑 연보(1975~1997)〉 상, 중앙문헌출판사 한문판, 2004년, 298쪽.

로 삼고 당면한 국제상의 유리한 조건을 이용하며 국외의 자금과 선진적인 기술설비를 도입하여 중국의 경제 건설 속도를 높여나갈 것을 일제히 중앙에 제의했다. 6월 1일과 3일, 중앙정치국은 일본을 방문한 국무원경제대표단과 홍콩, 마카오를 방문한 국무원경제무역시찰조의 사업보고를 청취했다. 일본을 방문한 경제대표단은 보고에서 전후 일본경제가 발전한 경험을 소개했으며 컨베이어 시스템을 수입하고 원료 가공을 시행하는 등 구체적인 건의를 제기했다. 홍콩, 마카오를 방문한 경제무역시찰조는 보고에서 다음과 같이 제기했다. 우리가 홍콩, 마카오에 공급하는 상품과 현지 시장수요의 격차가 갈수록 커지고 있다. 홍콩의 수입 상품 가운데 우리가 공급하는 상품이 차지하는 비중은 1966년의 27.4%에서 16.6%로 내려가 일본보다 훨씬 적다. 홍콩과 마카오 시장에서의 우리의 우위를 되찾자면 반드시 계획을 세우고 수출상품 생산을 크게 확보해야 한다. 이를 위해 홍콩, 마카오와 가까운 광둥성 바오안[즉 이후의 선전], 주하이 누 현을 두 개의 성, 자치구 관할시로 고치고 홍콩, 마카오의 유리한 조건과 무역 경로를 이용하여 대외 가공과 조립 업무를 대대적으로 발전시킴으로써 3~5년간의 노력을 거쳐 이 두 현을 상당한 수준을 갖춘 생산기지와 대외가공기지로, 홍콩, 마카오 관광객의 관광구로 건설할 것을 건의한다.

  6월 30일, 중앙정치국은 구무가 인솔한 정부대표단이 서유럽 5개국을 방문한 상황과 관련하여 회보를 청취하고 토론했다. 구무는 회보에서 다음과 같이 소개했다. 서유럽의 이 5개국은 경제를 발전시킬 때 모두 외자를 이용하고 선진적 기술을 도입한 선례가 있었다. 이런 국가들이 10~20년 이내에 국민경제의 현대화를 실현할 수 있었던 것은 과학기술이 관건적인 역할을 발휘했기 때문이다. 특정한 의미에서 말한다면 유럽 경제의 현대화는 한 차례의 새로운 산업혁명이다. 우리도 반드시 이 같은 산업혁명을 해야 한다. 현재 이런 나라들은 경제적으로 불황기에 처해 있고 과잉된 제품, 기술, 자금의 출로를 급히 찾아야 하기 때문에 모두 중국과의 무역을 발전시키려는 의향을 가지고 있다. 중국과 선진자본주의 국가와의 격차가 매우 큰데 비추어 가능한 국외 자금과 기술을 이용하고 보상무역을 시행하고 원료제공 가공과 조립 업무를 대대적으로 벌이는 등의 방법을 취하며 국외의 선진적인 기술과 경험을 따라 배워 중국의 현대화 건설을 추진할 것을 건의한다. 중앙정치국은 토론에서 다음과 같이 인정했다. 자본주의 국가의 현대화는 한쪽의 거울로 자기를 비춰보는 데 사용할 수 있다. 그러나 그냥 비춰보는 것에 그칠 것이 아니라 중국의 실정과 결부해야 하며 어떻게 국외의 경험과 교훈을 받아들여 우리의 속도를 높일 것인가를 연구해야 한다. 도입사업에서 지금 일부 새로운 구상이 생기게 되었으므로 걸음을 더 크게 내디딜 수 있다.

 1978년, 중국에서 선진적인 기술과 설비를 도입하는 발걸음이 뚜렷이 빨라졌다. 당중앙위원회의 추동과 국무원 관련 부문의 적극적인 노력으로 이 한 해에 중국은 발달한 서방국가들과 22개 일식대상 도입에 관한 계약을 체결했는데 소요되는 외화가 총 130억 달러에 달했다. 그 가운데 투자 규모가 가장 큰 것이 상하이보산강철공장이었다. 연간 강철과 선철 생산량이 각각 600만 톤인 건설 규모를 갖추고 세계 일류의 생산기술과 관리방식을 도입한 이 대상은 중국 철강공업과 세계 선진 수준 사이의 격차를 크게 줄일 수 있었다. 도입사업은 비록 당시 경제 분야에 존재했던 조급히 효과를 보려는 경향의 영향을 받아 규모가 지나치게 크고 요구가 너무 높은 문제가 있었지만 마침내 중국의 현대화 건설에 비교적 선진적인 기술 장비와 비교적 높은 출발점을 마련했으며 동시에 후에 당이 개혁개방의 방침과 정책을 제정하는 데 큰 역할을 했다.

## 2. 개혁개방과 사업 중점을 옮기기 위한 준비

**개혁을 요구하는 당내의 목소리**

　진리 규준 문제에 대한 토론이 가져다준 사상해방은 제반 분야에서의 혼란 상태를 바로잡는 사업을 보장해주었을 뿐만 아니라 전당으로 하여금 중국 사회주의 건설의 역사적 경험과 앞으로의 발전에 대해 전면적으로 숙고하게 했다. 이 시기 대외 왕래가 늘어나고 당이 세계 경제 발전 행정을 파악하게 되면서 이러한 숙고를 하는 데 더욱 많은 귀감을 가지게 되었고 시야를 더욱 넓히게 되었다.

　역사를 돌이켜보고 세계로 눈길을 돌리면서 사람들은 무엇보다도 먼저 중국과 세계 선진국가 간의 경제아 과학기술에 존재하는 커다란 격차를 명확하게 느끼게 되었다. 1978년 3월에 열린 전국과학대회에서 어떤 동지들은 다음과 같이 말했다. 세계 선진 수준에 비해 볼 때 우리나라의 과학기술은 대다수 분야에서 15~20년 남짓이 뒤떨어졌으며 일부 분야에서는 더 많이 뒤떨어졌다. 경제 측면의 격차는 20~30년에 달하며 어떤 분야에서는 심지어 50년에 달할 수도 있다. 그러므로 우리는 경제를 일으켜 세워야 하며 먼저 세계의 선진기술을 착실하게 따라 배워야 한다. 현실을 외면하고 국제상의 과학기술 발전의 동향, 추세와 수준을 파악하지 않는다면 세계 선진 수준을 따라잡고 능가한다는 것을 운운할 수 없다.

　세계 선진국가와의 비교를 통해 많은 사람은 또 중국이 기술 수준에서 뒤떨어졌을 뿐만 아니라 관리 수준에서도 마찬가지로 뒤떨어졌기 때문에 선진적인 과학기술을 따라 배우고 도입하는 동시에 반드시 관리체제도 개혁해야 함을 깨닫게 되었다. 덩샤오핑은 우리의 관리 수준이 낮은 문제를 해결해야 한다고 여러 차례나 말했다. 이런 견해는 점차 당중앙위원회 지도층의 공통적인 인식이 되었다. 1978년 6월 20일부터 7월 9일까지 중앙은 베이징에서 전국 재정과 무역 분야에서 다칭과 다자이를 따라 배우는 회의를 소집했다. 리셴녠은 연설에서 다음과 같이 지적했다. 우리의 현재 재정사업과 무역사업을 볼 때 역사적으로 가장 좋은 수준이라 하더라도 여전히 아주 낮은 수준으로 당면한 사회주의 건설의 새로운 정세 수요에 절대 부응할 수 없다. 관리 수준을 높이는 문제는 재정과 무역 분야에만 존재하는 것이 아니며 농업, 공업, 교통운수와 기타 분야에도 마찬가지로 존재한다.

경제 관리 수준을 높이는 문제를 둘러싸고 많은 사람은 중국 경제 관리 체제를 개혁해야 한다는 주장을 내놓았다. 덩샤오핑은 다음과 같이 명확히 제기했다. "선진적인 기술과 설비를 도입한 후에는 세계의 선진적인 관리방법과 선진적인 경영방법, 선진적인 기준량에 따라, 다시 말해서 경제법칙에 따라 경제를 관리해야 한다. 한마디로 말하면 개량하거나 메울 것이 아니라 혁명을 해야 한다."[3] 1978년 6월, 화궈펑은 전국 재정과 무역 분야에서 다칭과 다자이를 따라 배우는 회의에서 다음과 같이 지적했다. 우리의 상부 구조와 생산관계에는 아직도 완벽하지 못한 측면이 많이 있다. 우리의 정치제도와 경제제도의 많은 고리에는 아직도 결함이 있다. 4개 현대화를 실현하는 요구에 적응하지 못하는 이 같은 것은 생산력의 발전을 속박하고 방

---

3) 덩샤오핑, '선진적 기술과 관리방법으로 기업을 개조해야 한다'(1978년 9월 18일), 〈덩샤오핑 선문집〉 제2권, 민족출판사 1995년, 195쪽.

해한다. 그러므로 상부 구조와 생산관계 가운데 생산력의 발전에 적응하지 못하는 부분을 단호하게 또 타당하게 개혁하는 패기를 가져야 한다.

7월 6일부터 9월 9일까지 국무원에서는 2개월에 걸쳐 원칙연구회의를 열고 중국 현대화 건설의 속도를 높이는 데 어떻게 박차를 가할 것인가 하는 문제를 전문적으로 연구했다. 회의에서 화궈펑과 리셴녠은 회의참가자들에게 생각을 털어놓고 민주를 발양하며 경험을 진지하게 총화하면서 현대화 건설을 추진하기 위해 적극적으로 지혜를 짜냄으로써 이번 회의가 경제 분야에서 사상을 해방하고 새로운 것을 모색하는 회의가 되게 해야 한다고 요구했다. 회의에 참가한 관련 부문 책임자 60여 명은 경험과 교훈을 진지하게 총화한 기초 위에서 경제관리 체제를 개혁하고 국외의 선진적인 기술과 설비를 적극적으로 도입하는 것에 관한 건의를 각자 제기했다. 출국방문을 마치고 돌아온 몇몇 지도자는 당면한 국제 정세와 국외에서 경제를 발선시킨 경험을 소개했으며 국가계획위원회 등 부문에서는 국외의 선진적인 기술을 신속히 도입하는 것에 대한 구상을 밝혔다. 대외무역 부문에서는 수출입을 적극적으로 확대하고 대외무역통상구를 늘릴 것을 건의했으며 기계 부문에서는 새 기술을 도입하는 것과 국내의 기계제조 수준을 제고시키는 것을 결부시켜야 한다는 주장을 제기했다. 또한 국방공업 부문에서는 군수공업기업에서 군민결합의 방침을 시행하고 민수품을 생산할 것에 대한 의견을 제기했으며 국무원재정무역소조에서는 농산물 가격을 적당히 올려 농민들의 생산 적극성을 불러일으킬 것에 대한 문제를 제기했으며 국가노동총국에서는 노임제도를 개혁하여 종업원들의 적극성을 불러일으킬 것에 대한 의견을 제기했다. 중국사회과학원은 발언에서 단일한 행정방법에 의거하여 경제를 관리하는 것의 폐단을 열거하면서 경제법칙에 따라 일을 하고 상품 생산과 가치 법칙을 중시하며 경제적 효과를 중요시할 것을 제기했다. 각 부문의 발언 내용은 중국 경제 건설의 거의 모든 분야를 포괄했으며 새로운 구상과 조치를 많이 제기했다.

  9월 9일, 리셴녠은 이번 회의를 위해 총화 연설을 했다. 그는 다음과 같이 지적했다. 4개 현대화를 실현하는 것은 중국의 경제와 기술이 뒤떨어진 면모를 근본적으로 바꾸는 한 차례의 위대한 혁명이다. 이 혁명에서는 현재의 생산력이 뒤떨어진 국면을 대폭 개선해야 하며 또 필연적으로 여러 측면에서부터 생산관계를 개선하고 상부구조를 개선해야 한다. 그러므로 경제지도사업에서 행정 절차와 행정 방식을 고수하고 경제 채산, 경제 효과와 경제 책임을 따지지 않는 낡은 틀을 단호히 떨쳐버려야 하며 소생산적인 좁은 안목을 타파하고 수공업식, 소농경제식 더 나아가서는 봉건아문식의 관리방법을 개선하며 현대화공, 농업대 생산을 지도하고 관리하는 기능을 확보해야 한다. "지난 20여 년 동안에 우리는 이미 여러 차례의 경제체제개혁을 진행했었다." "그러나 기업관리 체제 면에서 흔히 행정 권력을 옮기는 데 많이 착안하고 권력을 풀어놓았다가 거두어들이고 거두어들였다가는 풀어놓는 낡은 틀에서 맴돌았기에 경제 발전의 요구에 부합하기 어려웠다." 이번 개혁에서는 반드시 모든 기업에 필요한 독립적 지위를 주어야 하며 중앙, 지방과 기업의 적극성을 두루 돌보아야 하며 큰 기업과 큰 전문회사의 경제적 이익과 발전 전도를 고려해야 하며 "현대적인 관리 방법으로 현대적인 경제를 관리하기에 힘써야 한다".[4] 그는 또 다음과 같이 지적했다. 당면의 국제 정세는 중국에

---

4) 리셴녠, '국무원원칙연구회의에서 한 연설'(1978년 9월 9일), 〈리셴녠 선문집〉, 인민출판사 한문판, 1989년, 331쪽.

아주 유리하다. 우리는 국외의 선진적인 기술, 설비, 자금과 조직 경험을 이용하여 우리의 건설에 박차를 가할 수 있는 패기와 능력을 갖춰야 한다. 이같이 만나기 어려운 기회를 절대 놓쳐서는 안 된다. 이렇게 하는 것은 문을 닫아걸고 자기 스스로 방법을 모색하면서 전진하는 것보다 몇 배나 더 빠른지 모른다. "도입대상을 정렬하여 급히 필요한 것과 이미 점찍어 놓은 것을 먼저 배정하며 그 밖의 것은 어느 것이 확정되면 그것을 도입하면서 신중하게 처리해야 한다."[5] 9월 30일, 중앙은 이 연설을 이첩함과 동시에 곧 소집하게 될 중앙사업회의에서 한층 더 토론하기로 준비했다.

국무원칙연구회의가 끝난 지 얼마 안 되어 전국계획회의에서는 또 경제사업에서 반드시 '세 가지 전환'을 시행해야 한다고 제기했다. 즉, 첫째, 위로부터 아래에 이르기까지 모두가 주의력을 생산 투쟁과 기술 혁명으로 전환시켜야 한다. 기업과 각급 경제관리기관의 중심임무는 생산을 잘하는 것으로시 딩의 사업, 행정사업, 군중단체의 사업은 모두 이 중심에 복종해야 하지 이 중심을 떠나서는 안 된다. 둘째, 경제적 효과와 사업 능률을 따지지 않는 관료주의적인 관리제도와 관리방법을 타파하고 경제법칙에 따라 일하는 과학적 관리의 궤도로 전환되어야 한다. 경제관리 체제에 지나치게 집중된 결함을 시정하고 지방과 기업의 권력을 확대하여 지방과 기업의 능동성, 적극성을 충분하게 발휘시켜야 한다. 셋째, 자본주의 국가와 경제기술 교류를 하지 않는 폐관자수(閉關自守) 또는 반폐관자수 상태를 타파하고 국외의 선진 기술을 적극적으로 도입하고 국외의 자금을 적극적으로 이용하며 국제시장에 대담하게 나서는 개방정책으로 전환되어

---

5) 리셴녠, '국무원칙연구회의에서 한 연설'(1978년 9월 9일), 〈리셴녠 선문집〉, 인민출판사 한문판, 1989년, 326쪽.

야 한다. 독립자주, 자력갱생의 방침을 견지하는 기초 위에서 국제적으로 통용되고 또 우리에게 유리한 여러 가지 방식을 취해 우리가 세계의 선진 수준을 따라잡는 시간을 단축해야 한다. 이 '세 가지 전환' 사상을 반영한 '1979년도, 1980년도 경제계획 배치(초고)'도 곧 소집하게 될 중앙사업회의에 제기되었다.

한동안의 준비를 거쳐 개혁개방을 시행하자는 주장은 당내에서 사상적 토대를 마련했다. 그리하여 당중앙위원회가 이 면에서 중대한 결정을 내릴 조건도 무르익어갔다.

### 덩샤오핑의 동북3성 시찰 시 담화

진리규준문제에 대한 토론이 이미 전국적 범위에서 진행되고 개혁개방을 요구하는 목소리가 점점 높아가고 있을 때 덩샤오핑은 1978년 9월에 동북3성을 시찰하면서 일련의 중요한 담화를 발표하여 사상을 해방하고 '두 개의 범시'의 금지구역을 타파하며 개혁 개방을 하고 생산력의 발전을 추진하는 것에 대한 또 한 차례의 중요한 사상 동원을 했다.

1978년 9월 13일부터 20일까지, 덩샤오핑은 북한에 대한 방문을 마친 후 특별히 동북3성을 시찰했고 베이징으로 돌아가는 연도에 또 탕산시와 톈진시를 시찰했다. 시찰 기간에 그는 번시, 안산 등 중요한 공업도시와 다칭유전, 안산강철, 카이란탄광 등 대형기업을 고찰했다. 시찰 도중에 그는 여러 번 담화를 발표하여 '두 개의 범시'을 한층 더 비판했고 사상을 해방하고 실사구시하며 관리 체제를 대담히 개혁해야 한다고 거듭 강조했다.

다칭유전을 시찰한 후 덩샤오핑은 다칭과 헤이룽강성당위원회의 동지들에게 관리 체제의 개혁에 대한 문제를 집중적으로 말했다. 그는 다음과 같이 지적했다. "총체적인 상황으로 보면 기구체제 등을 포함하여 우리나라의 체제는 대체로 소련에서 모델을 가져온 것으로서 사람은 많고 일은 적으며 기구가 중복되고 관료주의가 심하다. '문화대혁명' 전에 이미 그러했다." "많은 체제문제들은 다시 고려해야 한다. 총체적으로 말해서 우리의 체제는 현대화에 부응하지 못하고 상부구조는 새로운 요구에 부응되지 못한다. 지난날 중앙과 성, 시에서만 두 가지 적극성을 발휘할 것을 강조했는데 지금은 그것만으로 부족하며 기층의 공장, 광산에까지 범위를 넓히고 기층 기업들의 권력을 강화해야 한다."[6]

지린성당위원회의 사업회보를 청취한 후 덩샤오핑은 다음과 같이 지적했다. "지금 우리 앞에 놓인 문제에서 관건은 여전히 실사구시하고 이론과 실제를 결부시키며 모든 것은 실제로부터 출발하는 것이다. 이것은 정치문제이자 사상문제이며 우리가 4개 현대화를 실현하는 현실적 문제이기도 하다. 모든 것은 실제로부터 출발해야 우리의 사업은 희망이 있다." "문화대혁명 이전에도 그러했거니와 오랫동안 우리는 지혜롭게 사고하지 못했으며 최근 몇 년 동안에는 사상이 경화되었다." "사상이 경화되면 4개 현대화를 실현할 수 없다." "세계는 날마다 변화하고 있으며 새로운 사물이 끊임없이 출현하고 새로운 문제가 끊임없이 나타나고 있으므로 우리는 문을 닫아걸어서는 안 되며 머리를 쓰지 않고 영원히 낙후한 상태에 빠져 있어서는 안 된다." "어떻게 마오쩌둥 사상의 기치를 높이 들 것인가 하는 것은 중대한 문제이다. '두 개의 범시'는 마오쩌둥 사상의 기치를 높이 치켜든 것이 아니다. 이렇게 한다면 마오쩌둥 사상에 손상을 주게 된다."

---

6) 중공중앙 문헌연구실 편, 〈덩샤오핑 연보(1975~1997)〉 상, 중앙문헌출판사 한문판, 2004년, 376쪽.

마오쩌둥 사상의 기본은 실사구시하는 것이며 마르크스-레닌주의의 일반적 원리를 중국 혁명의 구체적 실천과 결부시키는 것이다. 실사구시 네 글자가 바로 마오쩌둥 사상의 진수이다. 지금 우리가 4개 현대화를 실현하는 많은 조건은 마오쩌둥 동지가 생존해 있을 때 마련되지 않았으나 지금은 마련되어 있다. 중앙에서 만일 지금의 조건에 따라 문제를 사고하고 결심을 내리지 않았더라면 많은 문제는 제출되지 못하고 해결되지 못했을 것이다." "우리나라는 사회주의 국가이다. 사회주의제도의 우월성의 기본적인 표징은 낡은 사회에서 볼 수 없었던 속도로 사회 생산력을 급속히 발전시켜 끊임없이 성장하는 인민들의 물질문화생활수요를 점차 충족시키는 것이다. 역사적 유물론의 견지에서 말한다면 올바른 정치적 영도의 성과는 결국 사회 생산력의 발전 및 인민들의 물질문화생활의 향상에서 표현된다."[7]

랴오닝성당위원회의 회보를 듣고 농촌정책 조절과 안산강철공사, 선양야금공장, 무순(撫順)탄광 등 기업들의 생산 상황을 물어본 후 덩샤오핑은 여전히 실사구시와 생산력을 발전시키는 문제에 치중하여 말했다. 그는 다음과 같이 강조했다. "마오 주석이 수립한 실사구시의 훌륭한 전통과 작풍을 회복하지 않는다면 4개 현대화는 가망이 없다. 우리는 지금의 국내외 조건에 따라 대담히 문제를 사고하고 문제를 제기하고 문제를 해결해야 한다. 절대 '금지구역'을 만들지 말아야 한다. '금지구역'의 나쁜 점은 사람들로 하여금 사상이 경화되게 하고 감히 자기의 조건에 따라 문제를 사고하지 못하게 하는 것이다." "마르크스주의는 종국적으로 생산력을 발전시켜야 한다고 인정한다. 우리는 너무 가난하고 너무 낙후하다. 솔직하게 말해서 인민에

---

7) 중공중앙 문헌연구실 편, 〈덩샤오핑 연보(1975~1997)〉 상, 중앙문헌출판사 한문판, 2004년, 377~380쪽.

게 미안하다. 우리는 지금 반드시 생산력을 발전시키고 인민의 생활 조건을 개선해야 한다." "모든 간부가 독립적으로 사고하는 것을 제창하고 그렇게 하도록 교육해야 한다. 불합리한 것은 대담히 개혁할 수 있다."[8]

안산강철공사를 시찰한 후 덩샤오핑은 생산력 발전과 개혁 관련 문제에 대해 더욱 절박하게, 더욱 단호하게 말했다. 그는 다음과 같이 말했다. "사회주의의 우월성을 과시해야 한다. 20여 년을 건설했는데도 지금처럼 가난해서야 무슨 소용이 있겠는가? 우리는 기술, 관리 면에서 모두 혁명을 하여 생산을 발전시키고 종업원의 수입을 늘려야 한다. 지방의 권력, 특히 기업의 권력을 확대해야 한다. 직위가 높든 낮든 간에 간부라면 누구나 다 머리를 써야 하며 게으름뱅이가 되거나 머리가 굳어져서는 안 된다. 앞으로는 기업의 간부들에게 권력을 부여할 뿐만 아니라 그들에 대해 자격심사를 하고 책임제를 시행하여 모두가 문제를 생각하지 않을 수 없도록 해야 한다. 지금 우리의 상부구조를 고치지 않으면 안 된다."[9]

9월 20일, 시찰을 끝마치고 베이징으로 돌아가는 해에 그는 톈진 시당위원회의 책임자에게 다음과 같이 말했다. "나는 여러 곳을 다니면서 사상을 해방하고 머리를 쓰며 게으름뱅이가 되지 말고 실제로부터 출발해야 한다고 거듭 강조했다."[10]

덩샤오핑의 이러한 담화는 곧이어 광범위한 간부들 속에서 커다

---

8) 중공중앙 문헌연구실 편, 〈덩샤오핑 연보(1975~1997)〉 상, 중앙문헌출판사 한문판, 2004년, 381쪽.
9) 중공중앙 문헌연구실 편, 〈덩샤오핑 연보(1975~1997)〉 상, 중앙문헌출판사 한문판, 2004년, 384쪽.
10) 중공중앙 문헌연구실 편, 〈덩샤오핑 연보(1975~1997)〉 상, 중앙문헌출판사 한문판, 2004년, 387쪽.

란 반향을 일으켰다. 많은 동지는 '4인방'을 분쇄한 후 제반 분야에서의 혼란 상태를 바로잡는 사업이 이미 전개되었지만 사상이론과 방침, 정책에 적지 않은 금지구역이 확실히 존재하고 있으므로 반드시 사상을 해방하고 실사구시하며 사상 경화를 타파해야만 정세 발전의 요구에 부응할 수 있다는 것을 느꼈으며 비록 중국이 이미 20여 년간 사회주의 건설을 진행했지만 사회 생산력은 알맞은 발전을 가져오지 못하고 여전히 많은 속박을 받고 있으므로 반드시 현행의 경제관리 체제를 대담히 개혁하고 개혁을 통해 생산력의 발전에 박차를 가하고 사회주의 건설의 새 길을 개척해야 한다는 것을 느꼈다. 이 무렵에 사람들은 이미 어떻게 '4인방'의 황당한 논조를 적발, 비판하겠는가에만 관심을 가진 것이 아니라 혼란 상태를 바로잡는 실천 가운데 어떻게 사상을 해방하고 어떻게 당의 사상노선을 착실히 바로잡아 진정 실사구시를 실현하겠는가에 관심을 두고 있었으며 또 어떻게 국외의 선진적인 기술과 설비를 도입하여 중국의 건설속도를 높이는가에만 관심을 가진 것이 아니라 어떻게 현대화의 요구에 부응하고 개혁을 통해 중국 사회생산력의 발전을 추동하겠는가도 관심을 두고 있었다. 이것은 당이 지도사상에서의 역사적인 전환을 실현하는 조건을 마련해주었다.

**사업 중점을 옮겨놓는 것에 대한 문제를 제기**

 '4인방'을 적발, 비판하는 운동이 전개된 후 당중앙위원회는 "'4인방'을 적발, 비판하는 것을 기본 고리로 하자."는 구호를 제기했다. 그러나 적발하고 비판하는 운동이 심화되고 혼란 상태를 바로잡는 사업이 진전됨에 따라 제반 분야는 실제 사업 가운데 이 구호의 한계를 점차 타파하고 현대화 건설을 더욱 중요한 위치에 놓았다.

1977년 3월에 열린 전국계획회의에서는 '4인방'이 경제 분야에서 사상 혼란을 조성한 데 비추어 기업은 생산을 위주로 해야 하고 제반 사업은 생산을 위해 복무해야 한다고 특별히 강조했다. 뒤이어 경제이론계에서 노동에 따라 분배하는 등 문제를 토론할 때 일부 동지는 레닌, 마오쩌둥의 관련 논술을 예로 들어 증명하면서 무산계급이 정권을 탈취한 후 생산력을 발전시켜야 하는 지극히 큰 중요성을 집중하여 천명했다. 그들은 다음과 같이 지적했다. 마오쩌둥 동지의 관점을 따른다면 한 계급, 한 정당, 한 집단이 선진적인가 아니면 낙후한가, 혁명적인가 아니면 반동적인가를 평가하는 데 종국적으로 해당 계급, 정당과 집단이 사회생산력의 발전에서 촉진 역할을 하는가 아니면 방해 역할을 하는가를 보아야 한다.

덩샤오핑은 사업을 회복한 지 얼마 안 되어서부터 '계급투쟁을 기본 고리'로 하는 것을 타파하고 당의 사업 중점을 옮겨놓는 것을 시행하는 것에 대한 문제를 고려하기 시작했다. 1977년 8월 23일에 열린 중앙군사위원회좌담회에서 그는 다음과 같이 지적했다. "시기마다 그 시기의 기본 고리가 있고 부문마다 그 부문의 기본 고리가 있기 마련이다. 당면하게는 '4인방'을 적발, 비판하는 투쟁이 우리의 기본 고리로 반드시 이 투쟁을 끝까지 진행해야 한다. 그러나 어디까지나 시간 제한이 있어야 한다."[11]

11차 당대회와 전국인민대표대회 제5기 제1차 회의에서 20세기 말에 4개 현대화를 실현한다는 목표를 재언명한 후 시간이 촉박하고 임무가 무거웠기에 당중앙위원회와 각 지구, 각 부문은 모두 경제 건설에 더욱 많은 정력을 쏟아 붓기 시작했다. 비록 전반 사업 배치에

---

11) 중공중앙 문헌연구실 편, 〈덩샤오핑 연보(1975~1997)〉 상, 중앙문헌출판사 한문판, 2004년, 186~187쪽.

서 '4인방'을 적발, 비판하는 운동이 여전히 첫자리에 놓여 있었으나 덩샤오핑 등 노 세대 혁명가들이 사상 해방과 실사구시를 적극적으로 창도했기에 적지 않은 지방과 부문들은 자기가 직면한 구체적 실제에 따라 중심사업을 확정하기 시작했다. 1977년 11월, 안후이성 당위원회 제1서기 완리는 전 성의 농촌사업회의에서 다음과 같이 명확히 제기했다. "농촌의 중심문제는 농업생산을 잘하는 것으로서 각급 지도자, 각 부문은 모두 농업생산을 발전시키는 데 착안해야 한다." "우리의 방침은 하나이며 바로 생산을 중심으로 하는 것이다."[12] 1978년 4월 20일, 중앙에서 발부한 '공업 발전을 추진하는 것에 대한 약간의 문제에 관한 결정(초안)'에서는 "기업은 생산단위로서 반드시 생산을 중심으로 해야 한다."라고 특별히 제기했다. 제반 분야에서의 혼란 상태를 바로잡는 사업이 점차 심화됨에 따라 경제 건설은 갈수록 전당이 관심을 두는 중점이 되었다. 그것은 당내에서 개혁 개방 방침을 연구하고 있는 데서도 표명되었다.

이런 배경에서 덩샤오핑은 제때에 전당의 사업 중점을 옮기는 것에 대한 문제를 제기했다. 1978년 9월에 동북3성을 시찰할 때 그는 선양군구당위원회의 '4인방'을 적발, 비판하는 운동의 정황에 관한 회보를 청취한 후 특별히 다음과 같이 말했다. "운동을 벌이는 것에 대해 동무들은 무엇을 끝이라고 하는지를 연구해 볼 수 있다. 철저하게 끝을 볼 수 있는 일은 영원히 있을 수 없다." "운동을 통해 주로 지도부를 잘 건설하고 행태를 잘 건설해야 한다. 반년 시간이면 충분하다. 운동을 너무 길게 벌여서는 안 된다. 시간이 지나치게 길면 싫증

---

12) 완리, '인간은 가장 중요한 생산력이다'(1977년 11월 15일), 〈완리 선문집〉, 인민출판사 한문판, 1995년, 101~102쪽.

나게 된다."¹³⁾ 그는 또 톈진시의 당, 정부, 군대 책임자들과 담화할 때 다음과 같이 말했다. "만약 10%, 20%의 단위들이 운동을 잘 벌였다면 실무 수행으로 이전할 수 있지 않겠는가. 운동을 너무 오래 벌이면 안 된다. 동무들은 이 문제를 고려해볼 필요가 있다. 이것은 전국적인 문제이다."¹⁴⁾ 10월 3일과 14일, 그는 일부 책임자 동지들과 담화할 때 이러한 주장을 거듭 강조했다. 그는 다음과 같이 지적했다. "'4인방'을 적발, 비판하는 운동은 어디까지나 끝이 있어야 한다. 3년, 5년 계속 벌일 수야 없지 않은가!" "운동을 오래 하면 쉽게 싫증나고 또 타격 정도가 확대될 수 있다." 그러므로 "일정한 시기에 정상으로 돌려세워야 한다". 이러한 담화는 덩샤오핑이 이미 '4인방'을 적발, 비판하는 군중운동을 마무리 짓고 사업 중점을 옮겨놓을 데 대한 문제를 고려하고 있었음을 표명했다.

10월 11일, 덩샤오핑은 중국공회 제9차 전국대표대회에서 한 축사에서 다음과 같이 한층 더 명확하게 제기했다. '4인방'을 적발, 비판하는 투쟁은 전국적인 광범위한 범위에서 이미 결정적 승리를 거두었다. "우리는 이 승리에 기초하여 새로운 전투적 과업을 수행할 수 있게 되었다." 이 새로운 전투적 과업은 바로 4개 현대화를 실현하고 현 시기의 낙후한 생산력을 대대적으로 개선하며 생산관계와 상부구조를 개혁하는 것이다. 이를 위해 "모든 경제 분야에서는 기술 면에서뿐만 아니라 제도 면에서와 조직 면에서도 중대한 개혁을 진행해야 한다. 이러한 개혁은 전국인민의 장구한 이익에 부합된다. 이러한

---

13) 중공중앙 문헌연구실 편, 〈덩샤오핑 연보(1975~1997)〉 상, 중앙문헌출판사 한문판, 2004년, 383쪽.
14) 중공중앙 문헌연구실 편, 〈덩샤오핑 연보(1975~1997)〉 상, 중앙문헌출판사 한문판, 2004년, 388쪽.

개혁이 없이는 생산기술과 생산관리가 뒤떨어진 지금의 상태에서 벗어날 수 없다".

덩샤오핑의 상기 의견은 인차 중앙지도층의 공통된 인식으로 되었으며 따라서 연말에 소집하게 될 중앙사업회의와 당중앙위원회 제11기 제3차 전원회의에서 전당의 사업 중점을 옮겨놓을 것에 대한 결정을 내리고 나아가 당과 국가의 역사적인 전환을 실현하는 데 더욱 충족한 조건을 마련했다.

## 3. 역사적인 위대한 전환을 실현

1978년 11월 10일, 중앙사업회의가 베이징에서 열렸다. 회의에는 각 성, 자치구, 직할시, 각 대군구와 중앙 각 부문의 주요한 책임자 총 212명이 참가했다. 개막식에서 화궈펑은 다음과 같이 선포했다. 이번 회의의 의제는 첫째, '농업 발전 속도를 추진하는 것에 관한 결정'과 '농촌인민공사 사업조례(시행 초안)'를 토론하고 둘째, 1979년도와 1980년도 국민경제계획 배분을 토의해 결정하며 셋째, 국무원 원칙연구회의에서 한 리셴녠의 연설을 토론하는 것이다. 중앙정치국은 상기의 의제를 토론하기 전에 먼저 전국적으로 진행되는 린뱌오, '4인방'을 적발해 비판하는 군중운동을 마무리 짓고 다음 해부터 전당의 사업 중점을 사회주의 현대화 건설로 옮겨놓을 것에 대한 문제를 토론하기로 결정했다. 화궈펑은 특별히 다음과 같이 설명을 달았다. 이는 한 차례 아주 중요한 회의이다. 전당의 사업 중점을 사회주의 현대화 건설로 옮겨놓고 전당을 동원하여 한마음 한뜻으로 열의 드높게 사회주의 현대화에 박차를 가하기 위해 노력하는 것은 전반적 국면과 관계되는 문제이며 이번 회의의 중심사상이다.

사업 중점을 옮겨놓기로 한 것은 모든 사람이 열렬히 옹호하고 일치하여 찬동하는 일이었다. 그러나 회의 의정을 선포할 때 진리 규준 문제에 대한 토론과 사상노선을 전환시키는 것에 대한 문제를 제기하지 않았고 당시 당 내외에서 보편적인 관심사로 되고 있던 일련의 억울한 사건, 꾸며낸 사건, 잘못 처리된 사건을 시정하는 문제도 제기하지 않았다. 그런가 하면 회의토론에 제기된 농업 문건 초안에서는 여전히 '문화대혁명' 시기의 "혁명의 기치 아래 생산을"하는 것과 농업에서 다자이를 따라 배우는 방법을 견지했다. 만약 이런 원칙적인 시비문제를 해결하지 않는다면 사업 중점을 진정으로 옮길 수 없었다. 이런 정형은 사상노선의 시비와 중대한 역사의 시비를 먼저 해결하기를 바라는 많은 동지의 불만을 자아냈다.

11월 11일에 분조토론이 시작될 때 이미 어떤 사람들은 톈안먼 사건에 대한 그릇된 결론을 시정해야 한다는 등 중대한 문제들을 제기했다. 12일, 천윈은 둥베이분조에서 발언할 때 역사적으로 남아 내려온 문제를 해결할 것에 대한 의견을 제기했다. 그는 다음과 같이 말했다. 4개 현대화를 실현하는 것은 전당과 전국인민의 절박한 염원이며 안정 단결도 전당과 전국 인민이 관심하고 있는 일이다. 안정 단결을 보장하기 위해 "아직 해결되지 못한 문제들 중에서 영향이 크거나 관련되는 면이 아주 넓은 문제들은 중앙에서 고려하고 결정을 지어야 한다".[15] 이어 그는 '보이보 등 61명 반역자집단' 사건과 톈안먼 사건에 대한 그릇된 결론을 시정할 것과 타오주, 펑더화이에 관한 결론 등 6가지 역사적으로 남아 내려온 중대한 문제를 제기했다. 이 발언은 회의에 참가한 동지들의 열렬한 호응을 받았다. 회의 분위기

---

15) 천윈, '잘못이 있으면 시정하는 방침을 견지하자'(1978년 11월 12일), 〈천윈 문선〉(1956~1985), 민족출판사 1988년, 261쪽.

는 이로 하여 활기를 띠었으며 각 조의 발언 중점은 억울한 사건, 꾸며낸 사건, 잘못 처리된 사건을 시정하는 문제, 특히 톈안먼 사건에 대한 그릇된 결론을 시정하는 문제에 집중되었다.

11월 15일, 〈베이징일보〉는 중앙정치국 상무위원회의 비준을 거친 중국공산당 베이징시위원회 상무위원회확대회의의 결정을 실었다. 결정은 다음과 같이 선포했다. 1976년 청명절에 "광범위한 대중이 비통한 심정으로 경애하는 저우 총리를 추모하고 '4인방'을 분노에 차 성토한 것은 전적으로 혁명적 행동이다. 저우 총리를 추모하고 '4인방'을 반대한 것으로 인하여 박해를 받은 동지들에 대해 일괄적으로 누명을 벗겨주고 명예를 회복시켜준다". 당일, 신화사는 '톈안먼 사건은 전적으로 혁명적 행동이다'는 더욱 선명한 표제로 〈베이징일보〉의 소식을 전국에 보도했다. 16일, 〈인민일보〉, 〈광명일보〉 등 여러 큰 신문들도 같은 표제로 이 소식을 실었으며 광범위한 독자들은 그로 인해 분발되었다. 뒤이어 허난, 저장, 장쑤 등 성의 당위원회에서도 다음과 같이 정중하게 선포했다. 1976년의 청명절 기간에 저우 총리를 추모하고 '4인방'을 반대한 것으로 말미암아 박해를 받은 동지들의 누명을 철저히 벗겨주고 명예를 회복시켜준다.

천윈이 발언에서 제기한 문제 외에도 회의에 참가한 동지들은 기타 일부 중대한 잘못 처리된 문제, 예컨대 '2월 역류', '우경번안풍을 반격하는' 등 잘못 처리된 사건을 시정하는 것에 대하여 제기했다. 어떤 동지들은 다음과 같이 지적했다. 이런 문제들은 모두 지난날 중앙에서 결정한 것이기에 중앙에서 나서서 태도를 명확하게 표시하지 않으면 안 된다. 가장 좋기는 사업 중점을 옮겨 놓기 전에 중앙에서 이런 문제들을 분명히 밝히는 것이다.

모두의 강렬한 요구에 따라 중앙정치국 상무위원회는 이러한 의견들을 토론하고 결정을 내렸다. 11월 25일, 화궈펑은 중앙정치국을 대표하여 회의에서 다음과 같이 선포했다. (1) 톈안먼 사건은 전적으로 혁명적인 군중운동으로 반드시 톈안먼 사건에 대한 그릇된 결론을 공개적으로 철저하게 시정해야 한다. (2) 이른바 '2월 역류'로 말미암아 억울함을 당한 모든 사람의 명예를 일괄적으로 회복시켜주고 연루되어 처분을 받은 모든 동지의 누명을 일괄적으로 벗겨준다. (3) '보이보 등 61명 사건' 문제는 조사를 거쳐 지금 이미 중대한 오심 사건임이 밝혀졌기 때문에 이 중대한 오심 사건을 시정해야 한다. (4) 펑더화이는 일찍 당, 정부, 군대의 중요한 영도 직무를 맡았으며 당과 인민에 대해 크나큰 기여를 했다. 그가 외국과 내통했다고 의심한 것은 아무런 근거가 없는 것으로서 마땅히 부정해야 한다. (5) 타오주는 몇 십 년 동안 사업하면서 당과 인민에 기여했다. 재조사를 거쳐 지난날 그를 반역자로 판정한 것이 잘못된 것임이 밝혀졌으므로 반드시 누명을 벗겨주어야 한다. (6) 양상쿤이 반당 음모를 꾸미고 외국과 내통했다고 판정한 것은 그릇된 것으로서 마땅히 시정해야 한다. (7) 캉성, 셰푸즈는 인민들의 분노와 원한을 크게 불러일으켰으므로 그들을 적발, 비판한 것은 사리에 맞는 일이다. (8) 일부 지방 성격을 띤 중대한 사건은 일괄적으로 각 성, 직할시, 자치구 당위원회에서 사실에 근거하여 실사구시적으로 처리해야 한다. 중앙에서는 또 중앙특별수사처리소조의 사업을 결속 짓고 모든 사건을 중앙조직부에 넘기기로 결정했다. 이번 연설 후 회의참가자들은 '우경번안풍을 반격한' 문제에 있어서도 중앙에서 태도 표시가 있어야 한다고 인정했다. 12월 14일, 회의에서는 화궈펑의 이번 연설 완성본을 인쇄하여 발부했는데 거기에 다음과 같은 한 가지 내용을 추가했다. "실천이 증명하다시피 우경번안풍을 반격한 것은 그릇된 것이다." 1975년부터 1976년 사이에 연속 발부한 '우경번안풍을 반격'하는 것에 관한 12개 중앙 문건을 전부 철회한다. 본 결정을 제2조로 하여 연설 내용을 9개 조로 늘린다. 그리하여 광범위한 간부와 군중이 지난 2년 동안 줄곧 강렬하게 호소해온 몇 가지 요구는 끝내 이 결정으로 기본적인 해결을 보게 되었다. 이에 힘을 얻은 회의참가자들은 하고 싶은 말을 속 시원히 다 했다. 일부 동지는 또 '7이 성과이고 3이 오류'라는 평가는 사람을 이해시킬 수 없다면서 '문화대혁명'에 대해 마땅히 다시 연구해야 하며 '류사오치의 자산계급사령부'는 근본적으로 존재하지 않는다고 한층 더 제기했다. 물론, 이때에는 이런 문제를 토론하고 명확히 해결하는 조건이 무르익지 않았다.

톈안먼 사건에 대한 그릇된 결론을 공개적으로 시정한 후 베이징 등 대도시들에서 일부 자발적으로 조직된 군중집회와 대자보, 소자보가 나타났다. 이런 집회와 대자보, 소자보는 당중앙위원회의 결정을 옹호함과 동시에 사상 해방을 억누르고 억울한 사건, 꾸며낸 사건, 잘못 처리된 사건의 시정을 저해한 지도자의 책임을 추궁할 것을 요구했다. 어떤 사람은 또 마오쩌둥을 전반적으로 부정해야 한다는 그릇된 의견을 제기했다. 이는 모여들어 구경하는 대중 간에 말다툼이 생기게 하고 혼란을 조성했다. 이런 동향에 따라 덩샤오핑은 즉시 다음과 같이 지시를 내렸다. "우리의 사업은 따라가야 한다. 대중을 적극적으로 이끌어야지 그들과 맞서서는 안 된다. 우리는 반드시 마오 주석의 위대한 기치를 높이 치켜세워야 한다. 마오 주석의 기치는 전당, 전군, 전국 여러 민족 인민의 단결 기치이며 국제공산주의운동의 기치이기도 하다."[16] 지금 어떤 사람은 일부 역사문제를 제기하고

---

16) 중공중앙 문헌연구실 편, 〈덩샤오핑 연보(1975~1997)〉 상, 중앙문헌출판사 한문판, 2004년, 435쪽.

있는데 그 적절한 정도와 결과에 주의를 돌려야 한다. 한 걸음 차이로 진리가 오류가 될 수 있다. 마오 주석의 위대한 공적은 마멸할 수 없다.""당중앙위원회와 중국인민은 영원히 흐루쇼프식의 그런 일을 하지 않을 것이다.""지금 중앙의 노선은 바로 안정 단결을 수호하고 국세를 안정시키며 사회주의 현대화를 건설하는 것이다."[17] 덩샤오핑의 지시를 전달하고 관철한 후 베이징 등지의 이러한 문제들은 점차 해결되었다.

중앙사업회의에서는 진리 규준 문제를 토론하는 가운데 드러난 의견 차이에 대해서도 열렬한 토론을 벌였다. 어떤 동지들은 여전히 진리 규준 문제를 토론하는 것은 모두 의심을 제창하는 것이라고 인정했는데 이는 사실상 사람들을 인도하여 마오쩌둥의 오류를 논의하게 하는 것으로 11차 당대회의 방침에 맞지 않는 것이었다. 이런 관점은 다수 동지의 비평을 받았다. 많은 사람은 이 문제에서의 의견 차이는 본질에서 볼 때 두 가지 지도사상의 의견 차이로 이 문제를 해결히지 않고 시비를 똑바로 밝히지 않는다면 사업 중점을 옮기는 사업도 순조롭게 진행할 수 없다고 인정했다. 첨예한 사상논쟁을 거쳐 진리 규준 문제를 토론하는 것에 대해 우려하던 일부 동지는 사상을 전환하고 자기비판을 했다. 사람들은 또 당중앙위원회에서 이번 토론에 대한 태도를 명확하게 밝힘으로써 사상노선문제를 철저하게 해결할 것을 요구했다.

사업 중점을 옮기는 지도사상과 관련하여 어떤 동지들은 "건설을 함에 있어서 우리는 여전히 계급투쟁을 기본 고리로 하는 것을 견지해야 한다."고 인정했다. 반면 적지 않은 이들은 다음과 같이 제기했

---

17) 중공중앙 문헌연구실 편, 〈덩샤오핑 연보(1975~1997)〉 상, 중앙문헌출판사 한문판, 2004년, 436쪽.

다. 사회주의 건설 시기의 계급투쟁문제를 새롭게 인식해야 하며 분명하지 않은 관념을 확실히 밝혀야 한다. 이는 당이 현대화 건설을 영도하는 데 반드시 해결해야 할 문제이다. 앞으로 전쟁이 일어나지 않는 한 반드시 생산투쟁과 기술혁명을 중심으로 해야 하지 그 외 다른 것이 중심이 되어서는 안 된다.

두 개 농업 문건을 토론할 때 많은 동지는 문건 초안이 준엄한 현실을 회피하고 사실적 근거가 없이 '인민공사의 우월성'과 '연속 10년여 동안의 대풍작'을 언급한 것에 대해 강한 불만을 표시했다. 어떤 동지는 다음과 같이 지적했다. 지금 전국적으로 2억 명에 가까운 사람들에게 매년 배당되는 식량은 300근 이하로 배불리 먹지 못하는 형편이다. 이런 국면을 초래한 주요 원인은 지난날 정책적으로 농민들을 지나치게 속박한 것에 있다. 걸핏하면 '자본주의의 꼬리'를 잘라버린다며 농민들을 괴롭혔는데 이러한 '좌'적 오류의 방해로 말미암아 농업이 발전하지 못했다. 어떤 동지들은 또 인민공사의 체제 측면에서의 폐단을 분석하고 나서 정권과 인민공사를 분리해야 한다고 제기했다. 농업에서 다자이를 따라 배우는 것에 대해서도 적지 않은 동지들은 전국의 상황이 천차만별한데 어찌 모두가 다자이라는 한 가지 모델만 따를 수 있는가 하며 이의를 제기했다. 회의참가자들은 또 농업생산을 재빨리 회복하고 발전시킬 것에 관한 건의를 많이 제기했다. 어떤 동지는 다음과 같이 말했다. 농민들이 부유해지는 것을 두려워하지 말아야 한다. 만일 농민들이 부유해지는 것을 자본주의가 나타난 것으로 인정한다면 우리는 세세대대로 가난할 수밖에 없으며 그 어떤 혁명을 할 필요도 없다. 천원은 발언에서 다음과 같이 지적했다. "3~5년 안으로는 해마다 양곡을 2천만 톤씩 수입할 수 있다. 우리는 도처에 긴장 상황을 만들지 말고 먼저 농민들을 안정시켜야 한다." "농민들을 안정시키는 것은 대다수를 안정시키는 것이다. 7억이 넘는 인구가 안정되면 온 나라가 안정될 것이다." "이것은 매우 중대한 경제적 조치의 하나이다."[18] 이러한 의견과 건의들은 중앙의 중시를 받았으며 농업문제에 관한 두 가지 문건은 회의참가자들의 의견에 따라 다시 작성되었다.

리셴녠이 국무원원칙연구회의에서 한 총화 연설을 토론할 때 많은 사람은 경제관리 체제를 개혁하고 국외의 선진적인 기술과 설비를 대담하게 도입하는 것에 찬성했다. 회의에서는 국외와 중국의 홍콩, 타이완이 어떻게 경제를 급속히 발전시켰는가를 소개한 자료를 인쇄, 발부했다. 적지 않은 사람들은 자료를 본 후 다음과 같은 의견을 제기했다. 지난날의 '국채도 없고 외채도 없는' 방법을 고치고 우리에게 이로운 국제 정세를 충분하게 이용하여 가능한 조건에서 외국의 자금을 많이 끌어들이고 선진적인 기술과 설비를 대량으로 도입하여 건설속도를 높여야 한다. 인민대표대회 상무위원회에서는 외국의 대부, 차관, 투자 등을 받아들이는 관련 법률을 제정하고 외국 상인들이 우리와 합작하여 기업을 운영하도록 권장해야 한다.

1979년도와 1980년도 국민경제계획 배치를 토론할 때 적지 않은 동지들은 전국계획회의에서 제기한 '세 가지 전환'의 방침을 찬성한 동시에 '4인방'을 분쇄한 후 경제사업에서 나타난 급히 효과를 보려고 서두르는 경향과 국민경제의 균형이 파괴된 문제를 비평하면서 앞으로 2~3년 이내에 균형이 파괴된 상태를 대체로 돌려세우고 실사구시적으로 실속 있게 일하며 다시는 1958년도의 모두 다 일어나 시작하던 오류를 범하지 않기를 희망했다. 천윈은 발언에서 또 다음

---

18) 천윈, '당면 경제문제에 대한 다섯 가지 의견'(1978년 12월 10일), 〈천윈 문선〉 (1956~1985), 민족출판사 1988년, 266~267쪽.

과 같이 회의참가자들의 주의를 환기시켰다. 항목을 도입할 때에도 와닥닥 달라붙지 말고 절차 있게 진행해야 한다. 생산에서나 기본 건설에서나 자료가 부족한 일이 없도록 해야 한다. 이러한 의견에 따라 국무원에서는 국민경제계획을 수정하기 시작했으며 따라서 2년 동안의 모험적 전진 경향이 시정되기 시작했다.

회의에서는 당 건설, 국가의 민주와 법제 건설 등 문제도 토론했다. 회의에 참가한 동지들은 지난날의 쓰라린 교훈과 결부하여 다음과 같이 지적했다. 당과 국가가 재난을 입은 주요 원인은 당내 민주생활, 국가민주생활과 사회주의 법제가 파괴당한 것에 있다. 그러므로 당의 민주주의 중앙집권제를 건전히 하고 중앙서기처를 회복하며 당의 규율검사위원회를 설립하고 당 건설을 강화해야 하며 여러 가지 법률을 되도록 빨리 제정하여 헌법이 규정한 인민의 민주권리가 보장받도록 확보해야 한다.

회의의 내용이 원래 정했던 의제를 훨씬 벗어났기 때문에 회의 기간도 원래 정했던 시간을 초과했다. 12월 13일, 회의는 폐막식을 거행했으며 화궈펑, 예젠잉, 덩샤오핑이 각각 연설했다. 화궈펑은 연설 가운데 '두 개의 범시' 문제와 관련하여 자기비판을 했다. 그는 "이 두 마디는 면밀한 고려가 부족한 말이다." "같지 않은 정도로 여러 사람의 사상을 속박하여 당의 정책을 실사구시적으로 집행하는 데 불리했다."고 승인했다. 화궈펑은 회의 후 당중앙위원회 제11기 제3차 전원회의를 소집하고 전당의 사업 중점을 옮긴 후의 방침과 임무를 한층 더 확정하게 될 것이라고 선포했다.

예젠잉은 다음과 같은 세 가지 의견을 제기했다. (1) 훌륭한 지도부, 특히 중앙위원회에 훌륭한 지도부가 있어야 한다. (2) 민주를 발양하고 법제를 강화해야 한다. 인민대표대회 상무위원회는 가능한 한 빨리 법률을 제정하고 사회주의 법제를 보완하는 책임을 짊어져야 한다. (3) 부지런히 학습하고 사상을 해방해야 한다. 그는 "사회주의 현대화 건설을 이룩하기 위해 우리는 사회생산력을 대대적으로 높여야 할 뿐만 아니라 경제 토대에서 상부구조에 이르는 한 차례 심각한 사회혁명을 진행해야 한다."고 말하면서 이 같은 혁명에 대해 많은 사람이 아직도 준비가 부족하고 사상이 해방되지 못했기 때문에 "우리는 봉건주의가 조성한 갖가지 미신을 타파하고 속박된 우리의 사상을 해방시켜야 한다."[19]고 말했다.

덩샤오핑은 '사상을 해방하며 실사구시하며 일치단결하여 앞을 내다보자'라는 제목의 중요한 연설을 했다. 이 연설은 모두 4개 부분으로 나뉘었다.

(1) 사상을 해방하는 것은 목전의 중대한 정치문제이다. 덩샤오핑은 반년 동안 당 내외에서 열렬하게 전개한 진리 규준 문제에 대한 토론을 총화하고 '두 개의 범시'과 개인숭배를 비판했으며 사상을 해방하고 경화를 타파해야 하는 절박한 과업을 집중적으로 강조했다. 그는 다음과 같이 말했다. "무엇보다도 우선적인 것은 사상을 해방하는 것이다. 사상을 해방해야만 마르크스-레닌주의, 마오쩌둥 사상을 지침으로 내세우고 지난 기간에 남겨놓은 문제와 새로 나타난 일련의 문제들을 올바르게 해결할 수 있다." 사상이 경화된 현상을 극복하지 않고 간부와 군중의 사상을 대대적으로 해방시키지 않는다면 4개 현대화의 실천은 가망이 없다. 실천이 진리를 검증하는 유일한 규준이라는 문제에 대한 토론은 매우 필요하며 그 의의는 매우 크다. "한 당, 한 국가, 한 민족이 모든 면에서 서적으로부터 출발하며 사상

---

[19] 예젠잉, '중앙사업회의 폐막식에서 한 연설'(1978년 12월 13일), 〈예젠잉선집〉, 인민출판사 한문판, 1996년, 501~502쪽

이 경화되고 미신이 성행한다면 그 당, 그 국가, 그 민족은 발전할 수 없으며 생기를 잃게 되며 나아가서는 멸망하고 말게 된다." 사상을 해방하고 실사구시하며 무슨 일이나 실제에서 출발하며 이론을 실제에 연계해야만 우리의 사회주의적 현대화 건설이 순조롭게 진행될 수 있고 마르크스-레닌주의, 마오쩌둥 사상의 이론도 순조롭게 발전할 수 있다. "이러한 의미에서 볼 때 진리의 규준 문제에 대한 논쟁은 확실히 사상노선 문제이고 정치적 문제이며 당과 국가의 미래와 운명에 관련된 문제인 것이다."

(2) 민주는 사상을 해방하는 중요한 조건이다. 덩샤오핑은 다음과 같이 지적했다. 사상해방을 하기 위한 매우 중요한 조건은 민주주의 중앙집권제를 진정으로 시행하는 것이다. 당장에는 민주를 특별히 강조해야 한다. 그것은 지난날 상당히 오랜 기간 민주주의 중앙집권제가 진정으로 시행되지 못했고 민주를 떠나 중앙집권을 강조했으며 민주가 너무 미약했기 때문이다. 인민민주주의를 보장하자면 반드시 법제를 강화해야 한다. 반드시 민주를 제도화, 법률화함으로써 이런 제도와 법률이 지도자의 변동에 따라 바뀌거나 지도자의 견해와 주의력에 따라 바뀌지 않게 해야 한다.

(3) 지난 기간에 남겨놓은 문제를 해결하는 것은 앞을 내다보도록 하기 위한 것이다. 이번 회의에서 역사가 남겨놓은 일부 문제를 해결하고 억울한 사건, 꾸며낸 사건, 잘못 처리된 사건 가운데 많은 중대한 사건들을 시정한 것에 대해 덩샤오핑은 다음과 같이 지적했다. 이것은 사상 해방에 필요한 것이며 안정 단결에도 필요한 것이다. 그 목적은 앞을 내다보도록 하기 위한 것이며 전당의 사업 중점을 순조롭게 옮기기 위한 것이다. 우리의 원칙은 오류가 있으면 반드시 시정하는 것이다. 지난날에 잘못한 것은 죄다 시정해야 한다. '문화대혁

명'은 중국 사회주의 역사 발전 과정의 한 단계이므로 마땅히 총화해야 하지만 급하게 서두를 필요는 없다. 어떤 일은 더 오랜 시일이 지나야 충분히 이해하고 평가할 수 있다.

(4) 새로운 상황을 연구하고 새로운 문제를 해결해야 한다. 덩샤오핑은 다음과 같이 제기했다. 당면하게는 특히 관리방법, 관리제도, 경제정책 등 세 가지 측면의 문제를 연구하고 해결하는 데 주의를 기울여야 한다. 지금의 경제관리사업을 놓고 보면 기구가 방대하고 층이 많고 절차가 복잡하며 능률이 매우 낮다. 흔히 정치적 공담에 의해 모든 것이 묻히고 만다. 만일 개혁을 시행하지 않는다면 우리의 현대화사업과 사회주의사업을 송두리째 날려버리게 된다. 당면 제일 절박한 문제는 공장, 광산 기업과 생산대의 자주권을 확대함으로써 매개 공장과 생산대로 하여금 능동성과 창발성을 온갖 방법으로 발휘하게 하는 것이다. 경제정책에서는 일부분 지구, 일부 사람이 자신의 성실하고 효과적인 노력으로 먼저 수입이 늘어나고 생활이 좋아지는 것을 허용해야 한다. 이렇게 되면 "필연적으로 커다란 모범이 되어 이웃에 영향을 주게 되고 기타 지구를 이끌고 나갈 것이며" "전체 국민경제가 꾸준히 파상식으로 발전하게 될 것이며 전국 여러 민족 인민들이 더욱 빨리 부유해질 수 있을 것이다". "이것은 하나의 큰 정책이며 전체 국민경제에 영향을 주고 전체 국민경제를 이끌 수 있는 정책이다."

폐막식에서 한 이러한 연설들의 중요성으로 말미암아 회의는 또 이틀 동안 계속하여 토론을 진행했다. 회의에 참가한 동지들은 덩샤오핑의 연설은 현 시기 역사적인 전환을 실현하고 현대화 건설을 진행하는 가운데 부딪힌 가장 중대하고 가장 관건적인 문제를 제기했고 곧 소집하게 될 당중앙위원회 제11기 제3차 전원회의의 지도사상을 명확히 했으며 당의 앞으로의 주요 과업과 전진 방향을 밝혀주었다고 완전히 인정했다.

회의는 12월 15일에 마쳤다. 노 세대 혁명가들의 인도와 회의에 참가한 절대다수 동지들이 공동으로 노력한 결과, 36일 동안 진행된 중앙사업회의는 마침내 '두 개의 범시' 방침의 속박을 타파했고 원래 경제사업을 토론하려고 준비했던 회의를 전면적 혼란 상태를 바로잡고 새로운 국면을 개척하기 위한 준비회의가 되게 했다.

중앙사업회의에서의 충분한 준비를 거쳐 당중앙위원회 제11기 제3차 전원회의가 1978년 12월 18일부터 22일까지 베이징에서 열렸다. 회의에는 중앙위원회 위원, 후보위원과 중앙 관련 부문의 책임자 등 모두 290명이 참가했다. 화궈펑은 개막식에서 다음과 같이 선포했다. 이번 전원회의의 주요 과업은 내년 1월부터 전당의 사업 중점을 사회주의 현대화 건설로 옮기는 것에 관한 중앙정치국의 건의를 토론, 채택하는 것이다. 동시에 농업문제에 관한 2개 문건과 1979년도, 1980년도 국민경제계획 배치를 심의, 채택하며 인사문제를 토론하고 중앙규율검사위원회를 선출하고 설립한다.

덩샤오핑의 '사상을 해방하고 실사구시하며 일치단결하여 앞을 내다보자'라는 이 강령적 성격을 띤 연설은 사실상 당중앙위원회 제11기 제3차 전원회의의 주제 보고가 되었다. 중앙사업회의에서 충분히 토론하고 인식의 일치를 가져온 기초 위에서 전원회의는 제반 의정을 순조롭게 완수했다. 진지한 준비를 거쳐 전원회의는 천원을 중앙정치국 위원, 정치국 상무위원, 중앙위원회 부주석으로 추가해 뽑고 덩잉차오, 후야오방, 왕전을 중앙정치국 위원으로 추가해 뽑았으며 황커청, 쑹런충, 후차오무, 시중쉰, 왕런중, 황훠칭, 천짜이다오, 한광, 저우후이를 중앙위원회 위원으로 채웠다. 그리고 100명으로 구성된 중앙규율검사위원회를 선출하고 천윈을 제1서기로, 덩잉차오를 제2서기로, 후야오방을 제3서기로, 황커청을 상무서기로 했다. 화궈펑은 여전히 중공중앙 주석을 맡았지만 이번 전원회의를 거쳐, 당의 올바른 지도사상을 구현하고 당과 국가의 중대한 방침, 정책을 결정한 실제적 역할을 놓고 볼 때 사실상 덩샤오핑이 이미 당중앙위원회 지도집단의 핵심이 되었다.

12월 22일, 회의는 '중국공산당 제11기 중앙위원회 제3차 전원회의 공보'를 그대로 채택했다. 공보는 다음과 같이 지적했다. "전원회의는 이번 회의와 이번 회의 전에 열린 중앙사업회의가 당의 역사에서 중대한 의의를 가진다고 인정한다. 두 회의의 전반 과정에서 전체 동지들은 마르크스-레닌주의, 마오쩌둥 사상에 기초하여 사상을 해방하고 속심을 털어놓음으로써 당내의 민주주의와 당의 실사구시, 군중 노선, 비판 및 자기비판의 훌륭한 작풍을 충분히 회복하고 발양했으며 단결을 강화했다. 회의는 마오쩌둥 동지가 제창한 '중앙집권도 있고 민주도 있으며 규율도 있고 자유도 있으며 통일적 의지도 있고 개인의 심정도 유쾌하고 활발하기도 한 그런 정치적 국면'을 진정으로 실현했다. 전원회의는 이런 기풍을 반드시 전당, 전군 및 전국 여러 민족 인민들에게 보급하기로 결정했다." 전원회의는 전당, 전군과 전국 여러 민족 인민들이 한마음 한뜻이 되어 안정 단결된 정치적 국면을 한층 더 발전시키고 동시에 즉시 일어나 열의를 북돋우고 대중의 지혜와 힘을 합쳐 중국을 현대화한 사회주의 강국으로 건설하기 위해 새롭게 나설 것을 요구했다.

덩샤오핑의 지도와 기타 노 세대 혁명가들의 지지로 당중앙위원회 제11기 제3차 전원회의는 '문화대혁명' 및 그 이전의 '좌'적 오류를 전면적으로 올바르게 시정하기 시작했다. '두 개의 범시'의 그릇된 방침을 단호히 비판하고 반드시 마오쩌둥 사상의 과학적 체계를 완전하고 정확하게 장악해야 함을 충분히 수긍하고 진리 규준 문제에 대한 토론을 높이 평가했다. 또한 사상을 해방하며 실사구시하며 일치단결하여 앞을 내다보는 지도방침을 확정하고 "계급투쟁을 기본 고리로 한다."는 구호의 사용을 과단성 있게 정지시켰으며 당과 국가의 사업 중심을 경제 건설로 옮겨놓고 개혁개방을 시행하는 역사적 결책을 내렸다. 이번 전원회의는 '4인방'을 분쇄한 후의 2년 동안 당의 사업이 배회하는 가운데 전진하던 국면을 종말 짓고 신중국이 창건된 후 당의 역사에서의 위대한 전환을 실현함으로써 중국 개혁 개방의 역사적 새 시기를 열어놓았다. 이때로부터 당은 전국 여러 민족 인민들을 영도하여 새로운 역사적 조건에서 새로운 위대한 혁명을 시작했다.

## ♣ 맺음말

### 당이 사회주의 혁명과 건설을 영도하여 이룩한
### 위대한 성과와 창출한 기본 경험

1949년 중화인민공화국이 창건되면서부터 1978년 당중앙위원회 제11기 제3차 전원회의가 열리기까지의 29년은 중국공산당이 마르크스-레닌주의, 마오쩌둥 사상의 지도로 중국인민을 영도하여 신민주주의 혁명의 승리를 거둔 기초 위에서 사회주의 혁명과 사회주의 건설을 진행하여 중대한 성과를 거둔 역사적 시기이다.

중화인민공화국이 창건된 후 당은 전국인민을 이끌고 이른 시일 안에 전쟁의 상처를 가시고 국민경제를 복구했으며 신민주주의 단계의 경제를 발전시키고 여러 가지 사회개혁을 진행했다. 그뿐만 아니라 시기를 놓치지 않고 과도기 총노선을 제기하여 신민주주의에서 사회주의로의 과도를 창조적으로 완수하고 중국에서 사회주의 기본제도를 수립했다. 대규모 사회주의 건설을 전면적으로 진행하기 시작한 당은 또 전국인민을 이끌고 중국 실정에 알맞은 사회주의 건설의 길을 어렵게 모색하여 독립적이고 비교적 완전한 공업 체계와 국민경제 체계를 구축했을 뿐만 아니라 사회주의를 건설하는 중요한 경험을 쌓았다. 중국처럼 경제, 문화가 낙후하고 지역 발전이 매우 불균형적인 대국에서 사회주의를 건설한다는 것은 그야말로 어렵고도 복잡한 과업이었다. 국제 정세가 복잡다단하고 국내 건설 임무가 어렵고 무거우며 사회주의 건설을 지도하는 경험이 없었기에 1957년 후에 계급투쟁을 확대하고 경제 건설에서 성급하게 모험적으로 전진한 오류가 나타났다. 그 후에 또 '문화대혁명'과 같이 전반 국면에 영향을 주고 장기적으로 지속된 심각한 오류가 나타났다. 그러나 신중국이 창건된 후의 29년의 역사를 종합적으로 관찰해 보면 중국공산당이 사회주의 혁명과 사회주의 건설을 영도하여 거둔 성과는 결정적 의의를 지니고 있었으며 이런 성과는 중국인민의 전도와 운명을 철저히 바꿨고 오늘날 중국의 발전과 진보를 위해 튼튼한 토대를 다져 놓았다.

• 구중국의 장기간 분열된 국면에 철저히 종말을 고하고 조국 대륙에서 고도의 통일을 실현했다. 중화인민공화국의 창건은 구중국에서 장기간 존재해온 사분오열 상태를 근본적으로 바꾸고 전국적 범위(타이완 등 섬을 제외)에서 국가 통일을 실현하고 공고히 했다. 국가의 법률과 정부의 법령이 전국 각 지역의 각 기층단위에까지 보편적으로 시행되었다. 이러한 인민민주주의에 기초하여 이루어진 통일된 국면은 중국 역사상 이제껏 있어 본 적이 없었다.

• 인민민주주의 독재의 국가 정권을 건립하여 중국인민은 자기의 운명을 지배하게 되었다. 5천여 년의 유구한 역사를 지닌 문명고국인 중국에서 오로지 중국공산당이 집권한 후에야 인민은 주인으로서 나라, 사회와 자기의 운명을 지배할 수 있게 되었다. 중국인민은 여러 경로를 통해 국가사무를 관리하고 경제, 문화와 사회 사무를 관리함으로써 중국인민과 중국사회의 모습은 나날이 새로워졌다.

• 사회주의 제도를 수립하여 중국 역사상 가장 광범위하고 가장 심각한 사회변혁을 실현했다. 당은 인민을 영도하여 신민주주의에서 사회주의로의 과도를 창조적으로 완수하고 사회주의 기본제도를 전면적으로 확립하여 세계 인구의 4분의 1을 차지하는 동방대국이 사회주의 사회에 들어서게 했다. 이는 중국의 사회적 변혁과 역사적 진보에서 거대한 비약이었으며 이러한 비약은 세계의 사회주의 사업과 모든 진보적 사업을 지극히 크게 지지하고 추진했다.

• 전국 여러 민족 인민의 대단결을 실현하고 공고히 하여 중화민족의 응집력을 크게 높였다. 중화인민공화국은 구중국의 산산이 흩어진 국면에 철저히 종말을 고했다. 당은 여러 민족의 공동 발전과 번영을 추진하는 일련의 방침과 정책을 제정, 시행하여 사회주의 조국을 여러 민족이 평등호조하고 단결우애하며 공동 진보하는 대가정으로 만들었다. 각 애국적 민주당파, 무소속 민주인사, 인민단체와의 협력을 꾸준히 강화, 확대하고 광범위한 애국통일 전선을 결성하고 발전시킴으로써 전체 중화 아들딸들의 대단결을 강력하게 추진하고 조국통일 행정을 추동했다. 나라가 외국 침략의 위협을 받거나 엄중한 자연재해와 경제 곤란이 생기거나 사회정치에 불안정이 나타나는 등 준엄한 시기에 중화민족의 대단결은 시련을 이겨냄으로써 거대한 응집력을 과시했다.

• 독립적이고 비교적 완전한 국민경제 체계를 기본적으로 구축하여 구중국의 '가난하고 아무것도 없는' 낙후한 면모를 크게 개선했다. 여러 차례의 5개년 계획 건설을 거쳐 1978년에 중국의 국민총생산액과 재정 수입은 각각 신중국 창건 초기보다 몇 배, 몇 십여 배로 증가했고 농업 생산 조건이 크게 개선되었다. 기존의 공업 부문들이 크게 강화되고 많은 새로운 공업 부문들이 없던 데에서 생겨나고 작았던 데에서 큰 데로 급속히 발전했으며 거의 모든 공업 제품이 구중국의 최고 생산량보다 몇 배, 몇 십 배 심지어 몇 백 배로 늘어났다. 우리나라 경제 발전 정형에 비추어 시행한 노동에 따라 분배하는 제도와 사회복리제도는 인민의 기본생활 수요를 보장한다는 측면에서 중요한 작용을 했다.

• 사회주의 문화를 끊임없이 발전시켜 인민대중의 사상도덕 자질과 과학문화 자질이 뚜렷하게 제고되었다. 당은 마르크스주의의 지도적

지위를 견지했고 애국주의와 집단주의, 사회주의로 인민을 교양하고 사회주의 문화를 발전시켰다. 신중국은 문맹과 반문맹이 절대다수를 차지하고 중국인이 '동아의 병부'로 불리던 구중국의 역사에 종말을 고하고 교육, 과학, 문화, 보건위생, 체육 등 제반 사업에서 커다란 발전을 가져왔다. 인구당 기대 수명이 뚜렷이 연장되었다. 신중국이 보유하고 있는 일부 첨단과학기술은 이미 세계 선진 수준에 접근했거나 도달했는데 이는 국가 안전을 보장하고 종합적 국력을 증강하는 중요한 의의가 있다.

• 튼튼한 국방을 건립하고 인민무장력 건설을 꾸준히 추진했다. 중화인민공화국은 외부의 침략을 자주 받고 국방 역량이 광활한 영토에 지극히 어울리지 않던 구중국의 역사를 종말 짓고 육군, 해군, 공군과 기타 기술병종을 보유하고 있는 강대한 국방력을 갖추고 발전시켰으며 인민무장력 체계가 점차 형성, 발전되게 했다. 국방첨단과학기술사업에서 끊임없이 획기적인 진전을 가져왔다. 인민군대는 당이 군대를 절대적으로 영도하는 원칙과 전심전력으로 인민을 위해 복무하는 취지를 일관적으로 견지하면서 국방을 공고히 하고 침략에 저항하며 조국의 영토 확정과 인민의 안전을 보위하고 나라의 사회주의 건설과 위험 제거 및 재해 구조에서 중대한 역할을 발휘했다.

• 국제적 지위가 뚜렷이 높아졌고 세계 평화와 진보 사업에 중요한 기여를 했다. 신중국은 근대 이후의 굴욕적인 외교 역사에 철저히 종말을 고하고 완전한 주권을 가진 독립국가로서 세계의 동방에 우뚝 서게 되었다. 신중국은 독립자주의 외교정책을 일관하게 시행하고 평화적 공존 5개 원칙을 창도하고 견지함으로써 국가의 주권, 안전과 민족의 존엄을 힘 있게 수호했으며 피압박 민족의 해방사업, 새로 독립한 국가의 건설사업과 여러 나라 인민의 정의적 투쟁을 확고히 지

지, 원조하고 제국주의, 패권주의, 식민주의와 인종주의를 단호히 반대하고 세계평화를 힘써 수호하여 국제사회, 특히 광범위한 개발도상국 인민들의 존중과 찬양을 받았다. 신중국은 많은 나라, 지역과의 경제, 정치, 문화 교류를 발전시켰으며 국제업무에서 갈수록 중요한 역할을 하고 있다.

• 당의 영도가 끊임없이 공고, 강화되고 당 조직이 갈수록 발전하고, 장대해졌다. 당은 새로운 역사적 조건에서 자체 건설을 강화하는 데 중시를 돌리고 광범위한 당원 간부들이 간고분투하며 겸손하고 신중하며 교만함과 조급함을 삼가고 군중과 밀접히 연계하도록 시시각각 교양했다. 당은 당원과 간부대열 가운데 존재하는 문제들을 과감하게 정시하고 전체 당원과 인민대중에게 의거하여 이러한 문제들을 힘써 해결했다. 당원과 간부대열이 끊임없이 발전하고, 장대해졌다. 중국 자체의 사회주의 건설의 길을 어렵게 모색하는 과정에서 당은 경험을 총화하고 진리를 견지하는 데 중시를 돌려 '계급투쟁을 기본 고리로 하는' '좌'적 오류를 최종적으로 시정하고 사업 중점을 사회주의 현대화 건설로 옮겨놓았다.

덩샤오핑 동지는 중화인민공화국이 창건된 후 지나온 29년의 역사를 돌이키면서 "사회주의 혁명을 거쳐 우리나라는 경제 발전 측면에서 선진자본주의 국가들과의 격차를 크게 줄였다. 우리가 비록 일부 오류를 범하기는 했지만 어쨌든 이 30년 동안에 우리는 낡은 중국이 몇 백 년, 몇 천 년을 거치면서 이루지 못한 진보를 가져왔다."고 지적했다.

장쩌민 동지는 "당과 마오쩌둥 동지의 지도로 중국사회에는 천지개벽의 변화가 일어났다. 중국은 반식민지반봉건 사회로부터 사회주의 새 시대에 들어섰다."고 지적했다.

후진타오 동지는 "사회주의 혁명과 건설 시기에 우리는 사회주의 기본제도를 수립하고 가난하고 말끔한 조건에서 독립적이고 비교적 완전한 공업 체계와 국민경제 체계를 구축함으로써 낡은 중국이 참신한 모습으로 세계의 동방에 우뚝 서게 했다."고 지적했다.

중국공산당과 중국인민은 마오쩌둥 동지를 핵심으로 한 당의 제1세대 중앙지도집단이 전당, 전국 여러 민족 인민들을 이끌고 중국의 사회주의사업을 위해 이룩한 거대한 공적을 영원히 잊지 않을 것이며 신중국이 창건된 후 29년 동안에 거둔 역사적인 진보를 더욱 소중하게 여길 것이다.

그 어떤 성과를 거두고 그 어떤 성공의 길을 개척한다는 것은 순풍에 돛단 듯이 순조로울 수 없다. 그러나 역경에 처했을 때에도 중국공산당이 영도하는 사회주의사업은 여전히 강한 생명력을 과시했다. 중국 혁명과 건설 사업에서 마오쩌둥 동지가 이룩한 위대한 공적과 그의 드높은 성망으로 말미암아, 당의 목표인 공산주의의 원대한 이상과 사회주의 사업의 거대한 감화력과 응집력으로 말미암아, 당이 중국 자체의 사회주의 건설의 길을 모색하는 과정에서 견지한 정확한 주장이 시종 존재하고 끊임없이 축적됨으로써 중국공산당은 자기의 힘과 인민대중의 지지에 의지하여 획기적 의의가 있는 위대한 역사적 전환을 최종적으로 실현했다.

중화인민공화국이 창건된 후 지나온 29년은 중국의 역사적 발전 행정에 심각한 영향을 준 29년이며 중국 공산주의자들이 모색하는 가운데 전진하고 당과 인민의 사업이 곡절을 겪으면서 발전한 29년이다. 이 29년 동안에 당이 전국인민을 영도하여 실천 속에서 쌓은 긍정적인 측면과 부정적인 측면의 경험은 중국공산주의자와 중국인민이 미래를 향해 성공적으로 나아가는 데 심오한 계시를 주고 있다.

1. 경제 건설을 중심으로 하는 것을 일관적으로 견지하고 생산력을 대대적으로 발전시켜야 한다. 사회주의적 개조가 기본적으로 완수된 후 중국 사회의 주요 모순은 날로 늘어나는 인민들의 물질 문화적 수요와 낙후한 사회생산 간의 모순이다. 그러므로 당과 국가의 사업 중점을 반드시 확고부동하게 경제 건설을 중심으로 하는 사회주의 건설로 옮겨야 하고 사회 생산력을 대대적으로 발전시켜야 하며 동시에 그 기초에서 인민의 물질 문화생활을 점차 개선해야 한다. 가난한 것은 사회주의가 아니며 사회주의의 근본 임무는 생산력을 발전시키는 것이다. 이것은 중국 사회주의 건설의 경험 교훈을 총화하여 얻어낸 중요한 결론이다.

2. 기본 국정으로부터 출발하여 중국 사회가 처한 역사적 단계를 정확히 판단, 파악하며 사회주의 현대화의 발전 목표를 절차적으로 단계를 나누어 실현해야 한다. 우리가 지금 처해 있는 사회 발전 단계는 초급 단계의 사회주의, 즉 발달하지 못한 사회주의이다. 사회주의 초급단계에 놓여 있는 것은 중국의 기본 국정이므로 우리의 모든 사업은 다 초급 단계의 실제에서 출발해야 하며 제반 방침, 정책을 제정할 때 모두 초급 단계의 국정을 기본적 의거로 삼아야 한다. 중국 사회주의 건설이 거둔 위대한 성과와 성공적인 경험을 잘 알아야 하는 동시에 중국 사회주의 건설의 장기성, 복잡성, 간고성도 잘 알아야 하며 소극적 정서를 반대해야 하고 조급해하는 경향도 반대해야 한다.

3. 사회주의적 생산관계의 변혁과 완비는 반드시 생산력 상황에 적응하고 생산의 발전에 유리해야 한다. 사회주의적 생산관계를 실현하는 데는 그 어떤 고정된 모델이 없으므로 중국 생산력 발전의 수준과 요구에 따라 변혁을 통해 매 단계에서 생산력 발전에 부응하는 생

산관계의 구체적인 실현 형태를 창출해야 한다. 단순히 생산수단의 공유화 정도를 높이고 '계급투쟁을 기본 고리로 하여' 생산력의 발전을 추진하려 한다면 반드시 좌절하게 될 것이다.

4. 자력갱생을 견지하는 기초 위에서 대외 교류와 협력을 강화해야 한다. 독립자주, 자력갱생은 지난 시기에는 물론 오늘날과 앞으로도 여전히 우리의 입각점이다. 그러나 독립자주는 폐쇄주의를 의미하지 않으며 자력갱생은 맹목적인 배타주의를 의미하지 않는다. 중국의 발전은 세계를 떠날 수 없으므로 문을 닫아걸고 건설을 한다면 성공할 수 없다. 중국 사회주의 현대화를 실현하자면 중화민족의 우수한 문화전통을 계승하고 발양해야 할 뿐 아니라 또한 자본주의 국가를 포함한 세계 각국이 창조한 우수한 문명 성과를 따라 배우고 받아들여야 한다.

5. 중국 사회 내부에 대량으로 존재하고 있으며 계급투쟁의 범위에 속하지 않는 여러 가지 사회 모순을 올바로 인식하고 처리해야 한다. 중국의 착취계급이 계급으로서 소멸된 후 국내 요소와 국제 영향으로 말미암아 계급투쟁은 여전히 일정한 범위 내에서 장기적으로 존재할 것이며 어떤 조건에서는 격화될 수도 있다. 그러나 사회에 존재하는 대다수 모순은 이미 계급투쟁의 성격을 띠고 있지 않으며 계급투쟁은 이미 사회의 주요 모순이 아니다. 중국 사회 내부에 대량으로 존재하고 있으며 계급투쟁의 범위에 속하지 않는 여러 가지 사회 모순을 올바로 인식하고 계급투쟁이 아닌 다른 방법으로 원만히 해결해야 한다.

6. 민주와 법제를 긴밀히 연결해야 하는 요구에 따라 사회주의 민주정치를 발전시켜야 한다. 반드시 사회주의 민주를 발전시켜 민주가 제도화, 법제화되게 함으로써 이런 제도와 법률이 지도자가 바뀌

면 달라지거나 지도자의 견해와 주의력에 따라 바뀌지 않도록 해야 한다. 민주주의 중앙집권제의 원칙에 따라 각급 국가기관의 건설을 강화하고 각급 조직들 가운데서 민주를 점차 확대하며 정치생활과 사회생활에서 인민이 향유해야 하는 기본 권리를 보장해야 한다. 국가의 헌법과 법률을 완비하여 헌법과 법률이, 모든 사람이 엄격히 준수하는 불가침의 힘이 되게 함으로써 사회주의 법제가 인민의 권리를 수호하는 강력한 무기가 되게 해야 한다.

7. 교육, 과학과 문화 사업을 중시하고 정치사상사업을 강화함으로써 전체 사회 구성원의 사상도덕 자질과 과학문화 자질을 끊임없이 높여야 한다. 교육, 과학, 문화 건설을 경시하는 그릇된 경향을 단호히 제거하고 의식형태 영역에서의 계급투쟁을 극단적으로 과장하는 그릇된 경향을 단호히 시정해야 한다. 모든 면에서 시종일관 건설에 주안점을 두며 인민을 단합시키고 인민의 사회주의 적극성과 창발 정신을 남김없이 발휘시키는 데 주의력을 집중하며 인민의 문화적 수요와 정신적 수요를 충족시키는 데 주의력을 집중하며 사상도덕 건설과 교육, 과학, 문화 건설을 강화하는 데 주의력을 집중해야 한다. 지식을 존중하고 인재를 존중하며 현대화 건설에서의 교육, 과학, 문화의 지위를 높이고 작용을 강화해야 한다. 사상정치사업을 강화하고 개진하며 전 사회적으로 올바른 세계관, 인생관과 가치관을 창도하고 수립해야 한다.

8. 모든 적극적인 요소를 동원하고 가장 광범위한 인민대중에 의거하여 사회주의를 건설해야 한다. 중국 사회 계급, 계층의 상황을 정확하게 인식, 분석하고 실제에 맞는 방침, 정책을 취하며 단결할 수 있는 모든 역량을 단결하여 사회주의를 건설해야 한다. 노동자, 농민과 지식인에게 충분하게 의지하고 그들의 역사적인 능동 정신을 발

휘시켜야 한다. 이와 동시에 또 정확한 민족정책과 종교정책을 제정해야 한다. 중국공산당의 영도를 견지하고 사회주의 길을 견지하는데 유리하며 현대화 건설과 조국의 통일, 민족의 진흥에 유리하며 민족단결, 사회의 진보와 인민의 행복에 유리하기만 하면 그 어떤 계급, 계층이든 그 어떤 당파, 단체와 개인이든 관계없이 그들을 굳게 단합시켜 함께 사회주의를 건설하도록 해야 한다.

9. 시대의 특징과 국제 정세의 발전, 변화를 정확하게 파악하여 중국의 외교 전략을 세우고 제때에 조정함으로써 사회주의 현대화 건설에 유리한 외부적 조건을 적극적으로 마련해야 한다. 시대의 특징을 과학적으로 판단하고 국제 정세를 정확하게 분석해야 한다. 국가의 독립, 주권, 통일과 영토 확정을 강력히 수호해야 한다. 사항 자체의 시비곡직에 근거하여 자주적, 독립적으로 국제문제를 판단하고 자기의 입장과 정책을 정해야 한다. 의식형태와 사회제도를 기준으로 경계를 긋지 않으며 자기의 가치관을 다른 사람에게 강요하지 않으며 그 어떤 국가나 국가적 그룹과 동맹을 결성하지 않으며 다른 나라의 내부 사무를 간섭하지 않을 뿐만 아니라 그 어떤 나라든지 중국의 내정을 간섭하는 것을 허용하지 말아야 한다. 패권주의와 강권 정치를 반대하고 우리 자체도 영원히 패권을 잡지 말아야 한다.

10. 당 건설을 강화, 개진하며 당의 영도를 강화, 개진하는 데 각별한 주의를 기울여야 한다. 어디까지나 마르크스주의의 지도적 지위를 견지하고 마르크스주의를 과학적으로 대하며 정확한 사상노선을 견지해야 한다. 집체적 영도를 시행하고 그 어떤 형태의 개인숭배도 반대해야 한다. 당의 수령인물의 권위를 존중하는 동시에 그들의 활동이 당과 인민의 감독으로 진행되도록 보장해야 한다. 민주주의 중앙집권제 원칙을 올바르게 관철해야 한다. 각급 당 조직과 전체 당

원, 간부들은 반드시 실제로 군중 속에 깊숙이 들어가고 관료주의를 강력히 극복해야 한다. 반드시 비판과 자기비판의 무기를 정확히 운용해야 한다. 당은 국가사무와 제반 경제, 문화, 사회사업을 영도하는 데 반드시 당과 이런 조직의 관계를 정확히 처리하고 국가권력기관, 행정기관, 사법기관과 각종 경제문화기구가 자기의 직권을 효과적으로 행사하도록 여러 면에서 보장하며 각 부류의 군중 조직이 주동적으로 책임지고 사업하도록 보장해야 한다. 당은 당외 인사들과 더욱더 협력하여 함께 일해야 하며 인민정치협상회의의 역할을 발휘해야 한다. 각급 당 조직은 기타 사회조직과 마찬가지로 반드시 헌법과 법률의 범위 내에서 활동해야 한다.

중화인민공화국이 창건된 후 지나온 29년의 역사는 사회주의 건설사업을 추진하는 것은 신민주주의 혁명의 승리를 쟁취하는 것과 마찬가지로 반드시 마르크스주의의 기본 원리를 중국의 구체적 실제에 관련지어 자체의 길을 걸어야 한다는 것을 증명해주고 있다. 사회주의는 인류 역사에서 선혀 새로운 사업이며 중국은 매우 뒤떨어진 토대 위에서 사회주의를 건설하기 시작했으므로 이러한 결속을 실현하고 또 원만히 결속시키는 것은 매우 어려운 일이다. 여기에는 어떻게 중국의 구체적 실제, 즉 중국의 국정을 올바로 인식해야 하는가 하는 문제가 나타날 뿐 아니라 어떻게 사회주의 사회에 관한 마르크스주의의 기본 원리를 정확히 장악하고 운용하는가 하는 문제도 나타나고 있다. 마르크스주의를 장악하는 데 그 정신적 실질을 확보하는 것이 무엇보다 중요하며 마르크스주의를 운용하는 데 그 입장, 관점, 방법을 통해 실제적 문제를 이해하고 분석하는 것이 무엇보다 중요하며 중국의 구체적인 실제를 이해하는 데 중국의 사회주의 혁명과 사회주의 건설에 대해 중대한 영향을 미치는, 모든 유리하거나 불리한 역사적 요소와 현실적 요소를 인식하는 것, 특히 중국사회의 성격과 발전 단계를 인식하고 사회의 주요 모순과 그 변화를 인식하는 것이 무엇보다 중요하다. 마르크스주의의 기본 원리를 중국 실제에 관련지어 중국 자체의 사회주의 건설의 길을 모색하는 과정에서 어디까지나 당의 실사구시의 사상노선을 견지하여 모든 것은 실제로부터 출발하고 실천 속에서 진리를 검증하고 발전시켜야 하며 당의 군중 노선을 견지하여 모든 것은 군중을 위하고 모든 것은 군중에 의지하며 군중 속에서 나와 군중 속으로 들어가고 인민대중의 실천 경험과 지혜를 집중해야 한다. 또한 독립 자주적으로 중국의 문제를 분석하고 해결하는 것을 견지하여 중국의 실정에 알맞은 전진의 길을 찾아내야 한다. 국제 사회주의 운동의 역사적 경험은 우리에게 자국의 사회주의 건설의 길을 모색하는 과정에 오류를 범하지 않은 정당은 없으며 중요한 것은 오류 가운데 배우는 것임을 알려주었다. 중국공산당은 이전부터 역사적인 경험과 교훈을 능숙하게 총화했으며 특히 능란하게 교훈을 총화하여 객관적 법칙에 대한 인식을 높이고 나아가서 오류를 시정함으로써 오류가 오히려 정확한 것의 길잡이가 되게 했다. 인민대중은 당이 영도하는 중국 사회주의 사업의 미래에 대해 신심이 가득한데 그 원인은 당이 영도한 사회주의 사업이 위대한 성과를 거둔 것도 있겠지만 또한 당이 비록 엄중한 오류를 범했지만 경험과 교훈을 총화하는 것을 통해 오류를 범하기 전에 모르고 있었거나 잘 모르고 있었던 것을 많이 배워나감으로써 중국 사회주의사업이 끊임없이 전진하도록 더 잘 지도한 데 있다.

 당중앙위원회 제11기 제3차 전원회의가 신중국 창건 이후 당의 역사에서 심원한 의의를 가지는 위대한 전환을 실현할 수 있었던 중요한 원인은 당이 지난 시기의 값진 경험과 훌륭한 사상을 총화, 계승하고 확대, 발전시킬 수 있었기 때문이며 또 과거에 범한 오류를 피상적이 아니라 심각하게, 부분적이 아니라 전체적으로 총화하여 교훈을 섭취하고 오류를 시정함으로써 정확한 노선, 방침과 정책을 제정할 수 있었기 때문이었다.

후진타오 동지는 다음과 같이 지적했다. "당중앙위원회 제11기 제3차 전원회의는 우리 당이 마르크스주의의 사상 노선, 정치 노선, 조직 노선을 새로 확립했음을 보여주었고 중국 공산주의자들이 새로운 시대적 조건에서 위대한 각성을 했음을 보여준 동시에 시대의 흐름과 인민의 염원에 순응하여 사회주의 건설의 새 길을 과감하게 개척해나가려는 우리 당의 굳은 결심을 보여주었다." 당중앙위원회 제11기 제3차 전원회의를 빛나는 시발점으로 하여 중국공산당은 마침내 심각한 좌절을 딛고 다시 일어나 중국인민을 이끌고 새로운 역사적 조건에서 새로운 위대한 혁명을 시작했다.

사회주의 중국은 이 새로운 혁명 가운데 점차 가난하고 뒤떨어진 면모를 일신하고 번영과 진보를 향해 나아가 중화민족의 위대한 부흥을 실현하게 될 것이다.

개혁 개방과 사회주의 현대화 건설을 주요 내용으로 한 새로운 역사적 시기가 시작되었다.

## ♣ 후기

중국공산당 창건 90주년에 즈음하여 우리는 〈중국공산당역사〉 제2권을 전체 공산당원과 광범위한 독자들에게 내놓는다.

중국공산당 역사를 연구하고 집필하는 것은 중공중앙 당사연구실이 맡은 중요한 과업 가운데 하나이다.

이 책은 중국공산당이 1949년 10월 중화인민공화국이 창건되면서부터 1978년 12월, 당중앙위원회 제11기 제3차 전원회의가 열리기까지의 29년 역사를 다뤘다.

우리는 이 책을 집필하면서 다음의 지도 원칙을 따르기 위해 노력했다.

(1) 마르크스-레닌주의, 마오쩌둥 사상, 덩샤오핑 이론, '세 가지 대표' 중요 사상을 지침으로 삼고 과학적 발전관을 깊이 있게 관철 시행하며 중대한 역사문제를 파악하는 데 중공중앙의 '건국 이래 당의 약간의 역사문제에 관한 결의'와 당중앙위원회 제11기 제3차 전원회의 이후 당의 매 차례 중요한 회의와 중앙지도자 동지들이 이와 관련해 말한 것을 중요한 논술의 근거로 삼았다.

(2) 변증법적 유물론과 역사적 유물론의 견지에서 당의 역사를 전면적으로 기술하고 반영했으며 우리 당이 전국 여러 민족 인민들을 이끌고 사회주의 혁명과 사회주의 건설을 진행하여 거둔 위대한 성과를 전면적으로 반영했으며 중국 자체의 사회주의 건설의 길을 모색해온 역사적 행정과 거기에서 나온 긍정적 및 부정적 경험을 전체적으로 반영했으며 당의 대열이 끊임없이 발전, 장대해지고 당 자체의 건설이 강화된 역사를 전체적으로 반영했다.

(3) 공산당의 집권법칙, 사회주의의 건설법칙, 인류사회의 발전법

칙을 깊이 있게 모색하여 당의 기본 이론, 기본 노선, 기본 강령, 기본 경험을 관철 시행하고 사회주의 핵심가치 체계를 구축하며 당 건설의 새로운 위업을 추진하고 중국 특색의 사회주의를 견지하고 발전시키는 것 등을 위해 봉사했다.

(4) 당사학계가 지난 30여 년간 연구하여 거둔 새로운 성과를 전체적으로 받아들이고 적극적으로 참조, 이용했다.

이 책은 집필하면서 당중앙위원회와 중앙지도자 동지들의 따뜻한 배려와 세심한 지도를 받았다. 1994년에 이 책의 집필사업이 가동된 후 장쩌민 동지는 특별히 이에 대한 회보를 청취하고 장편 회시를 내렸으며 16차 당대회 이후 후진타오 동지는 이 책의 수정 및 심열과 관련하여 지도적 의의가 있는 중요한 건의를 내놓았다. 이 책의 집필과 심열 과정에 중공중앙 당사연구실의 사업을 책임진 후진타오, 쩡칭훙, 시진핑 동지는 이 책의 수정과 관련하여 명확한 요구를 제기했고 전체적으로 지지했다. 2009년 5월과 8월에 후진타오 동지와 장쩌민 동지는 2009년 5월에 집필이 끝난 이 책의 심열고를 긍정적으로 평가하면서 중요한 회시를 내렸다. 이에 앞서 중앙지도자 동지들의 지시에 근거하여 우리는 집필한 원고를 중공중앙 정치국, 중공중앙 서기처 지도자 동지들에게 네 번 보내어 심사를 받았는데 중앙지도자 동지들은 원고를 자세히 심사, 열독한 후 중요한 건의를 제기했다.

이 책의 집필사업은 중공중앙 당사 연구실 실위원회의 지도 아래 진행되었다. 이 책은 중공중앙 당사 연구실의 집단적 연구 성과로서 여기에는 몇 세대 당사사업 종사자들의 심혈이 깃들어 있다.

중공중앙 당사연구실 실위원회는 모두 이 책의 집필사업에 각별한 주의를 기울였으며 이를 중점 항목으로 정하여 중공중앙 당사 연구실의 사업전망계획에 넣었다. 원고의 집필과 수정 과정에 나타난 일부 중대한 문제들, 예를 들면 집필에서의 지도 원칙, 기본 방안, 체계 구성과 틀 그리고 중대한 문제를 파악하고 중요한 의견을 모으는 등에서 모두 중공중앙 당사 연구실 실위원회의 집단적인 연구 토론을 거쳐 결정했다. 실위원회는 또 정세의 발전, 변화에 근거하여 일부 중요한 내용을 충실히 하고 완벽히 하는 것에 대한 새로운 요구를 끊임없이 제기했다.

16년 동안 진행해온 이 책의 집필, 수정 작업은 주로 다음의 몇 단계를 거쳤다.

1994년부터 2000년 말까지 후성(胡繩)의 지도와 주최로 공위즈(龔育之), 스중취안(石仲泉)이 원고의 집필작업을 주도했다. 1991년에 〈중국공산당역사〉(상권)가 출판된 후 이 책의 집필준비사업에 들어갔고 1994년 9월에 집필사업이 본격적으로 가동되었다. 1995년 초에 집필조는 신중국 창건 이후의 당사를 당중앙위원회 제11기 제3차 전원회의를 경계로 하여 중권과 하권으로 나누며 먼저 힘을 모아 〈중국공산당역사〉(중권)를 집필할 것을 건의했다. 이 방안은 당사 연구실 실위원회에서 검토하여 동의한 후 중앙에 올려보내 중앙의 비준을 받았다. 그 후 집필조는 집필사업의 지도사상을 제시하고 원고의 총체적인 틀과 문장 구성을 기획했다. 1998년 말에 이르러 중권의 초고가 기본적으로 완성되었으며 공위즈, 스중취안이 전반을 수정하고 후성이 심사결정한 후 1999년 5월에 일정한 범위에서 의견을 청취했다.

2001년 1월부터 2005년 7월까지 쑨잉(孫英)의 지도와 주최로 스중취안이 2003년 1월까지의 원고를 수정하는 작업을 주도했고 장치화가 2003년 2월 이후의 원고를 수정하는 작업을 주도했다. 수정조는 부분적 지도간부, 전문가, 학자 및 기타 여러 면의 의견을 진지하게 청취한 기초 위에서 원고에 취급된 일부 중대한 문제에 대하여 연구 토론을 깊이 있게 진행하고 원고를 수정했다. 이번 수정에서 실위원회의 결정에 따라 책 이름을 〈중국공산당역사〉(1949~1978년)로 바꾸었다.

2005년 8월부터 2008년 8월까지 리징톈(李景田)의 지도와 주최로 장치화(張啓華)가 계속하여 원고의 수정작업을 주도했다. 수정조는 학습과 연구토론을 한층 더 강화하고 차례로 중앙의 관련 지도자와 많은 전문가, 학자들의 의견을 세 번 청취한 후 이에 기초하여 원고를 재차 수정했다.

2008년 9월부터 2010년 12월까지 오우양쑹(歐陽淞)의 지도와 주최로 장치화가 2009년 10월까지의 원고를 수정하는 작업을 주도했고 취칭산(曲靑山)이 2009년 11월 이후의 원고를 수정하는 작업을 주도했다. 그동안에 원고를 중공중앙정책연구실의 관련 지도자에게 보내어 의견을 청취하고 저명한 전문가와 학자들을 모아 좌담회를 가졌으며 중앙과 국가기관의 주요 책임자 및 관련 전문가와 학자 64명에게 원고를 보내어 열독, 심사하게 했다. 의견을 널리 청취한 기초 위에서 수정조는 원고를 네 번 수정하면서 일부 중요한 내용을 충실히 하고 맺는말을 추가해 넣은 동시에 역사적 사실을 고증하여 정정하고 인용문을 대조하며 수치를 확인하고 주해를 규범화하며 삽화를 선정하고 문자를 다듬는 등 작업을 여러 번 진행하여 최종적으로 이 저작을 탈고하게 되었다.

룽신민(龍新民), 리중제(李忠杰), 장바이자(章百家), 뤼스광(呂世光), 장수쥔(張樹軍)이 전반 원고를 열독, 심사하고 수정 건의를 제기했다. 취칭산이 후기 원고의 최종 감수를 했고 정첸(鄭謙), 장화

(張化), 장수줜, 리샹첸(李向前)이 원고의 최종 감수에 참가했다. 전반 원고는 오우양쑹이 최종 심사, 결정을 했고 당사 연구실 실위원회의 심의를 거친 후 중앙에 올려보내 출판 비준을 받았다.

이 책의 집필과 수정에 참가한 이들로는 제1편에 팡송(龐松), 린원휘(林蘊暉)(중국인민해방군국방대학), 장바이자, 싱허밍(邢和明)이 참가했고 제2편에 한강(韓鋼), 장바이자, 왕쑤리(王素莉), 셰춘다오(謝春濤)(중공중앙 당교), 양셴차이(楊先材), 류유위(劉友于), 장수줜, 리샹첸, 푸이(傅頤)가 참가했으며 제3편에 정첸, 장화, 장바이자, 장바오쥔(張保軍), 안젠서(安建設)(중공중앙 문헌연구실), 천촨바오(沈傳宝)가 참가했고 제4편에 쑨다리(孫大力)가 참가했다.

정후이(鄭惠), 리촨화(李傳華), 천웨이(陳威)가 전 단계 토론에 참가한 동시에 원고를 열독, 심사했다. 다이루밍(戴鹿鳴), 우리(武力)(중국사회과학원 당대중국연구소), 쑤사오즈(蘇少之)(중난재경정법대학), 장선건(張神根) 등이 관련 장, 절의 초고를 썼다. 1994년에 〈제2권〉 집필 작업에 본격적으로 들어가기 전에 중공중앙 당사 연구실의 적지 않은 당사 전문가들이 이 책의 집필을 위해 전 단계 준비 사업을 했다.

중공중앙 당사연구실 제2연구부가 주요한 집필과 조직조율사업을 맡았고 기타 각 부문은 이 책의 집필과 수정을 위해 적지 않은 작업을 했다. 본서의 자료제공 등 작업에 참가한 이들로는 또 황루쥔(黃如軍), 훠하이단(霍海丹), 황이빙(黃一兵), 리린(李林), 허옌칭(賀艶青), 리루밍(李祿明), 우즈쥔(吳志軍), 왕융쿠이(王永魁), 야오옌(姚燕), 자오펑(趙鵬), 쩡타오(曾濤), 거닝(葛宁), 쑨옌링(孫艶玲), 부웨이화(卜偉華), 양훠린(楊火林), 류옌루(劉延茹), 원칭룽(溫靑蓉) 등이 있다.

원고의 의견을 청취하는 과정에 중앙과 국가기관, 군대 관련 부문의 주요 책임자와 전문가, 학자들이 값진 의견과 건의를 제기했으며 그 가운데 일부 지도자와 전문가, 학자들은 원고를 여러 번 열독, 심사했다. 원고를 열독, 심사한 관련 부문의 주요 책임자와 전문가, 학자(한자 성의 획수 순)들로는 위융보(于永波), 마원(馬馼), 마젠탕(馬建堂), 유취안(尤權), 팡리(方立), 왕천(王晨), 왕치(王淇), 왕이(王毅), 왕완빈(王万賓), 왕타이화(王太華), 왕둥밍(王東明), 왕웨이광(王偉光), 왕웨이화(王偉華), 왕녠이(王年一), 왕쉬둥(王旭東), 왕런즈(王忍之), 왕자루이(王家瑞), 왕멍쿠이(王夢奎), 총진(叢進), 바오즈민(包志敏), 바이커밍(白克明), 류쉐(劉鶴), 류융즈(劉永治), 류화추(劉華秋), 류궈광(劉國光), 류전치(劉振起), 쑨간(孫淦), 안민(安民), 여우린(有林), 주즈신(朱之鑫), 주리란(朱麗蘭), 주자무(朱佳木), 주웨이췬(朱維群), 주무즈(朱穆之), 장핑(江平), 싱펀쓰(邢賁思), 치더쉐(齊德學), 허핑(何平), 허이팅(何毅亭), 렁룽(冷溶), 우렁시(吳冷西), 우헝취안(吳恒權), 우징롄(吳敬璉), 장주우(張竹梧), 장옌눙(張硏農), 장샤오밍(張曉明), 장후이신(張惠新), 장징루(張靜如), 리제(李捷), 리치(李琦), 리리안(李力安), 리총쥔(李從軍), 리촨화(李傳華), 리쥔루(李君如), 리지쥔(李際均), 리바오산(李宝善), 리톄린(李鐵林), 양펑청(楊鳳城), 양카이성(楊凱生), 양제치(楊洁篪), 양승성(楊胜群), 양옌인(楊衍銀), 양충후이(楊崇匯), 천웨웨(沈躍躍), 사젠쑨(沙健孫), 쑤싱(蘇星), 구안린(谷安林), 사오화쩌(邵華澤), 사오웨이정(邵維正), 천샤오진(陳小津), 천잔안(陳占安), 천쉐웨이(陳雪薇), 천푸진(陳福今), 천시원(陳錫文), 천야오방(陳耀邦), 저우훙(周鴻), 저우번순(周本順), 정비젠(鄭必堅), 정커양(鄭科揚), 진충지(金冲及), 허우수둥(侯樹棟), 스즈훙(施芝鴻), 류젠후이

577

(柳建輝), 류빈제(柳斌杰), 자오성쉬안(趙胜軒), 팡셴즈(逢先知), 탕쌍닝(唐双宁), 구이스융(桂世鏞), 위안구인런(袁貴仁), 궈차오린(郭超人), 타오루쟈(陶魯笳), 차오칭쩌(曹慶澤), 량주(梁柱), 샤오차오란(蕭超然), 황샤오퉁(黃小同), 황슈룽(黃修榮), 펑맹(彭明), 둥푸렁(董輔礽), 셰푸잔(謝伏瞻), 셰쉬린(謝旭人), 위윈야오(虞云耀), 차이우(蔡武), 뤼수강(雒樹剛), 텅원성(滕文生), 무칭(穆靑), 쉐무차오(薛暮橋), 다이저우(戴舟), 웨이주밍(魏久明), 웨이리췬(魏礼群) 등이다.

베이징, 허베이, 산시, 내몽골, 랴오닝, 헤이룽강, 상하이, 장쑤, 안후이, 장시, 산둥, 후베이, 티베트, 산시, 간쑤, 닝샤 등지의 당사 관계 부문들에서 이 책 관련 내용의 확인 작업을 도와주었다.

중앙기록보존관, 중공중앙 판공청 비서국, 농업부 판공청 기록보존처 등 단위들에서 이 책의 집필을 위해 기록 문서를 제공해주었고 신화사에서 이 책의 앞부분에 수록될 사진들을 제공해주었다. 그리고 중앙기록보존관에서 이 책의 기록 문서자료의 확인 작업을 도와주었고 국가통계국, 중국사회과학원 경제연구소에서 이 책에 나오는 모든 수치를 확인해주었다.

이 책의 집필에 관심을 기울이고 도움과 지지를 준 모든 단위와 동지들에게 진심으로 감사를 드린다.

집필자의 능력이 제한되어 이 책에는 적절하지 못하거나 미비한 점들 더러 있으리라 생각한다. 다시 인쇄할 때 적절하게 수정할 수 있도록 광범위한 독자들의 비평과 의견을 기다리는 바이다.

중공중앙 당사연구실 2010년 12월

## ◆ 찾아보기 ◆

### ㄱ

겅바오(耿飚)　　　459.
관펑(關鋒)　　　21, 26, 33, 90, 196, 197, 241
구무(谷牧)　　　58, 520, 521, 529
궈모뤄(郭沫若)　　　274, 305, 485, 486

### ㄴ

녜룽전(聶榮臻)　　　76, 77, 78, 93, 95, 107, 116, 190, 230, 245, 443, 459, 461, 495
녜얼(聶耳)　　　339
녜위안쯔(聶元梓)　　　34, 35, 54
니즈푸(倪志福)　　　235, 459
닉슨　　　211, 215, 243, 244, 249, 251, 253, 254, 255, 257, 258, 259, 260, 262, 263, 265, 266

### ㄷ

덩샤오핑(鄧小平)　　　28, 36, 37, 39, 40, 45, 46, 51, 52, 75, 87, 91, 125, 190, 198, 211, 214, 215, 230, 236, 269, 272, 276, 288, 289, 290, 291, 292, 293, 294, 295, 298, 302, 303, 305, 306, 307, 308, 309, 310, 311, 312, 314, 315, 316, 317, 318, 321, 322, 323, 324, 325, 326, 327, 328, 329, 330, 331, 332, 333, 334, 335, 336, 337, 339, 340, 342, 343, 344, 345, 346, 349, 350, 352, 353, 354, 355, 356, 360, 361, 362, 364, 365, 366, 367, 368, 370, 371, 373, 374, 375, 376, 377, 378, 379, 380, 382, 388, 400, 402, 419, 420, 424, 428, 433, 434, 435, 436, 437, 438, 439, 440, 441, 442, 448, 456, 457, 458, 459, 461, 462, 463, 465, 468, 472, 474, 475, 476, 477, 478, 479, 480, 481, 482, 483, 484, 485, 490, 495, 496, 497, 498, 499, 500, 501, 502, 505, 506,

| | |
|---|---|
| | 507, 508, 518, 519, 520, 521, 522, 523, 524, 525, 527, 528, 532, 536, 537, 538, 539, 541, 542, 543, 544, 548, 549, 552, 553, 554, 556, 557, 563 |
| 덩잉차오(鄧穎超) | 190, 556, 557 |
| 덩자셴(鄧稼先) | 408 |
| 덩쯔후이(鄧子恢) | 107, 115, 190 |
| 덩퉈(鄧拓) | 33, 34 |
| 델레스 | 47 |
| 둥비우(董必武) | 116, 230, 235, 292, 298 |
| 딩성(丁盛) | 277 |

# ㄹ

| | |
|---|---|
| 랴오모사(廖沫沙) | 33, 34 |
| 랴오청즈(廖承志) | 236 |
| 레닌 | 26, 27, 35, 43, 46, 112, 113, 163, 165, 169, 278, 299, 300, 301, 325, 326, 373, 384, 396, 401, 410, 411, 412, 461, 491, 492, 493, 494, 496, 497, 498, 499, 538, 541, 553, 554, 557, 559 |
| 레이펑(雷鋒) | 369 |
| 루딩이(陸定一) | 25, 26, 28, 29, 329 |
| 루쉰(魯迅) | 338, 339 |
| 뤄루이칭(羅瑞卿) | 26, 27, 28, 29, 199, 495, 498 |
| 류란타오(劉瀾濤) | 55 |
| 류보청(劉伯承) | 115, 235, 459 |
| 류빙(劉冰) | 354 |
| 류사오치(劉少奇) | 22, 27, 29, 31, 36, 38, 39, 40, 41, 43, 45, 46, 52, 53, 54, 55, 66, 74, 75, 87, 102, 103, 104, 105, 107, 108, 109, 125, 159, 160, 170, 198, 284, 285, 303, 353, 363, 488, 548 |
| 류젠장(劉建章) | 198, 199 |
| 류즈젠(劉志堅) | 35, 74 |

| | |
|---|---|
| 류페이펑(劉沛丰) | 176 |
| 리더성(李德生) | 116, 170, 183, 235, 277, 459 |
| 리바오화(李葆華) | 236 |
| 리셴녠(李先念) | 75, 78, 107, 115, 203, 205, 211, 212, 217, 235, 288, 290, 292, 298, 306, 328, 360, 373, 386, 388, 391, 403, 434, 455, 459, 463, 464, 477, 495, 500, 501, 508, 532, 534, 535, 544, 551 |
| 리쉐펑(李雪峰) | 36, 116, 170 |
| 리웨이신(李偉信) | 177, 184 |
| 리웨이한(李維漢) | 329 |
| 리쭤펑(李作鵬) | 27, 28, 159, 162, 163, 165, 166, 173, 182, 184, 189 |
| 리징취안(李井泉) | 231 |
| 리푸춘(李富春) | 45, 75, 116, 190, 205, 230 |
| 린리궈 | 168, 175, 176, 177, 178, 182, 183, 184 |
| 린뱌오(林彪) | 14, 15, 23, 24, 26, 27, 29, 32, 44, 45, 46, 47, 49, 51, 52, 53, 61, 64, 72, 74, 76, 77, 80, 86, 94, 95, 96, 102, 106, 107, 109, 110, 114, 115, 116, 117, 121, 124, 158, 159, 160, 161, 162, 163, 164, 165, 166, 167, 168, 169, 171, 173, 174, 175, 176, 177, 179, 180, 181, 182, 183, 184, 185, 186, 188, 189, 190, 191, 192, 193, 194, 195, 196, 197, 199, 218, 222, 225, 226, 227, 228, 229, 231, 233, 234, 236, 272, 273, 274, 275, 276, 277, 278, 279, 280, 281, 282, 283, 285, 286, 287, 288, 295, 298, 300, 301, 302, 306, 307, 308, 327, 328, 329, 349, 361, 363, 366, 392, 394, 400, 401, 402, 415, 433, 435, 436, 443, 487, 498, 544 |

## ㅁ

| | |
|---|---|
| 마롄량(馬連良) | 18 |
| 마르크스 | 26, 27, 32, 43, 46, 60, 61, 62, 69, 107, 111, 112, 113, 163, 164, 165, 167, 169, 179, 278, 300, 301, 304, 325, 326, 343, 351, 360, 367, 373, 383, 384, 387, 396, 401, 410, 411, 412, 419, 424, 460, 481, 490, 491, 492, 493, 494, 495, 496, 497, 498, 499, 500, 501, 508, 538, |

553, 554, 557, 561, 568, 569, 570, 571
마오위안신(毛遠新) 282, 353, 354, 355, 374, 375
마오쩌둥(毛澤東) 12, 13, 18, 19, 20, 21, 22, 24, 25, 26, 27, 28, 29, 30, 31, 32, 34, 35, 36, 37, 39, 40, 41, 42, 43, 44, 45, 46, 47, 48, 49, 50, 51, 52, 53, 55, 56, 57, 60, 61, 62, 63, 64, 68, 69, 71, 72, 74, 76, 77, 79, 80, 81, 82, 84, 85, 87, 89, 90, 91, 92, 94, 96, 97, 100, 102, 103, 104, 106, 108, 109, 110, 112, 113, 114, 115, 116, 117, 120, 123, 125, 126, 128, 129, 130, 131, 132, 133, 134, 135, 147, 158, 161, 162, 163, 164, 165, 166, 167, 168, 169, 170, 171, 172, 173, 174, 175, 177, 178, 179, 180, 181, 182, 183, 184, 186, 188, 189, 190, 191, 193, 194, 195, 196, 197, 198, 199, 200, 209, 211, 212, 222, 227, 230, 231, 232, 234, 235, 236, 239, 240, 241, 242, 243, 244, 245, 246, 250, 253, 254, 255, 256, 262, 266, 267, 268, 269, 270, 272, 273, 274, 275, 276, 277, 279, 286, 287, 288, 289, 290, 291, 292, 293, 294, 295, 297, 298, 299, 300, 301, 302, 305, 306, 307, 310, 311, 318, 321, 325, 326, 327, 328, 329, 330, 337, 338, 339, 343, 344, 345, 346, 350, 351, 352, 353, 354, 355, 356, 360, 362, 363, 364, 365, 366, 374, 375, 377, 380, 381, 382, 383, 384, 385, 387, 389, 390, 394, 402, 404, 411, 412, 413, 414, 415, 414, 415, 424, 435, 436, 437, 438, 439, 440, 441, 443, 445, 450, 457, 458, 460, 461, 468, 469, 472, 477, 478, 487, 488, 490, 491, 492, 493, 494, 495, 496, 497, 498, 499, 500, 508, 537, 538, 541, 548, 549, 553, 554, 557, 558, 559, 563, 564
마이클 맨스필드 244
무신(穆欣) 35

## ㅂ

반다라나이케 195
베른슈타인 32
보이보(薄一波) 55, 473, 502, 505, 545, 547

## ㅅ

| | |
|---|---|
| 샤오화(蕭華) | 74 |
| 셰징이(謝靜宜) | 278, 279, 284, 354 |
| 셰탕중(謝鐘忠) | 35 |
| 셰푸즈(謝富治) | 85 |
| 셴싱하이(洗星海) | 339 |
| 쉬샹첸(徐向前) | 59, 76, 77, 78, 86, 107, 116, 230, 245, 443, 459, 495 |
| 쉬스유(許世友) | 115, 235, 277, 459 |
| 슝샹후이(熊向輝) | 245 |
| 싸이피딘(賽福鼎) | 235, 459 |
| 쑤전화(苏振华) | 235, 459 |
| 쑹칭링(宋慶齡) | 292, 298 |

## ㅇ

| | |
|---|---|
| 안쯔원(安子文) | 55 |
| 야오원위안(姚文元) | 18, 19, 20, 21, 26, 33, 34, 67, 68, 69, 79, 91, 102, 116, 125, 131, 166, 175, 177, 226, 227, 228, 235, 236, 275, 286, 289, 290, 291, 299, 301, 302, 304, 350, 351, 367, 368, 370, 375, 382, 388, 390, 429, 432, 434, 436, 457, 477 |
| 야히아 칸 | 254 |
| 양더즈(楊得志) | 277 |
| 양러(楊樂) | 483 |
| 양상쿤(楊尙昆) | 26, 28, 29, 547 |
| 양전닝(楊振宁) | 219 |
| 양청우(楊成武) | 91, 94, 159, 199 |
| 에드가 스노 | 174, 253 |
| 엥겔스 | 169, 300, 411 |
| 예젠잉(叶劍英) | 59, 76, 77, 95, 107, 115, 116, 189, 195, 197, 203, 235, 245, 249, 275, |

| | |
|---|---|
| | 276, 278, 281, 290, 291, 305, 306, 308, 326, 327, 328, 332, 333, 338, 346, 360, 362, 373, 386, 388, 391, 403, 431, 434, 440, 459, 461, 463, 477, 490, 491, 495, 500, 501, 502, 503, 552, 553 |
| 예췬(叶群) | 27, 28, 115, 117, 158, 159, 164, 165, 166, 172, 175, 182, 184 |
| 완리(萬里) | 309, 313, 314, 378, 512, 514, 542 |
| 왕광메이(王光美) | 74, 103, 104, 284, 285 |
| 왕둥싱(汪東興) | 91, 116, 235, 354, 375, 386, 388, 459, 477 |
| 왕런중(王任重) | 35, 74, 556 |
| 왕리(王力) | 33, 35, 79, 85, 86, 88, 90, 196, 197, 229, 241 |
| 왕야줘(王亞卓) | 284 |
| 왕언마오(王恩茂) | 329 |
| 왕웨이궈(王維國) | 178 |
| 왕자샹(王稼祥) | 107, 115, 230, 236 |
| 왕전(王震) | 190, 438, 556 |
| 왕허서우(王鶴壽) | 472 |
| 왕훙원(王洪文) | 57, 67, 68, 87, 93, 183, 232, 235, 236, 274, 275, 277, 279, 286, 287, 290, 291, 292, 293, 326, 328, 355, 363, 370, 378, 386, 388, 300, 429, 432, 457 |
| 우구이셴(吳桂賢) | 236 |
| 우더(吳德) | 36, 183, 232, 327, 355, 374, 459 |
| 우란후(烏蘭夫) | 91, 231, 236, 459, 465 |
| 우렁시(吳冷西) | 25 |
| 우파셴(吳法憲) | 27, 28, 94, 116, 159, 162, 163, 164, 165, 166, 167, 168, 171, 172, 173, 175, 176, 189 |
| 우한(吳晗) | 18, 20, 21, 22, 28, 33, 34 |
| 웨이궈칭(韋國淸) | 459 |
| 위리진(余立金) | 91, 94, 159, 199 |
| 위신예(于新野) | 176, 177, 182, 184 |
| 위안룽핑(袁隆平) | 409 |
| 위추리(余秋里) | 58, 75, 78, 205, 211, 212, 455, 459 |

찾아보기 *585*

인다(尹達)　　　　35

## ㅈ

자오쯔양(趙紫陽)　　459
장광허우(張广厚)　　483
장원위(張文裕)　　220
장원톈(張聞天)　　55, 403
장윈이(張雲逸)　　190
장첸(張茜)　　198
장춘차오(張春橋)　　19, 24, 25, 26, 33, 57, 67, 68, 69, 77, 78, 79, 91, 93, 116, 121, 131, 161, 162, 163, 165, 166, 168, 175, 177, 183, 202, 226, 227, 229, 232, 234, 235, 274, 283, 286, 289, 290, 292, 293, 298, 299, 301, 302, 303, 304, 325, 338, 362, 363, 366, 367, 368, 370, 372, 387, 388, 390, 429, 432, 436, 457, 477
장칭(江靑)　　14, 15, 19, 23, 24, 25, 26, 33, 35, 37, 39, 42, 54, 59, 63, 64, 66, 72, 73, 74, 76, 77, 79, 80, 83, 86, 93, 94, 95, 104, 106, 107, 108, 109, 115, 116, 117, 121, 158, 159, 160, 161, 163, 164, 166, 168, 169, 174, 175, 183, 188, 193, 195, 197, 209, 218, 226, 227, 231, 232, 233, 235, 236, 239, 241, 274, 275, 276, 277, 278, 279, 280, 281, 282, 283, 284, 285, 286, 287, 288, 289, 290, 291, 292, 293, 325, 326, 327, 328, 336, 337, 338, 339, 342, 351, 352, 353, 360, 362, 366, 367, 368, 372, 373, 377, 378, 379, 385, 386, 387, 388, 389, 390, 391, 392, 394, 402, 415, 432, 457, 486, 487
장텅자오(江騰蛟)　　178
장톄성(張鐵生)　　282, 283
장팅파(張廷發)　　459
저우광야(朱光亞)　　220
저우룽신(周榮鑫)　　340, 341, 355, 366, 378
저우양(周揚)　　25, 337

저우언라이(周恩來) 21, 28, 34, 40, 45, 46, 50, 55, 56, 57, 58, 72, 74, 75, 77, 79, 80, 81, 85, 88, 90, 91, 92, 94, 96, 110, 115, 116, 120, 123, 124, 136, 142, 146, 162, 166, 171, 184, 186, 188, 189, 191, 194, 196, 197, 198, 199, 201, 202, 203, 204, 205, 206, 207, 209, 210, 211, 212, 213, 214, 215, 216, 217, 218, 219, 220, 221, 222, 223, 224, 225, 226, 227, 228, 229, 230, 231, 232, 233, 234, 235, 236, 240, 241, 242, 244, 245, 246, 248, 250, 251, 253, 254, 255, 257, 258, 263, 266, 270, 272, 275, 276, 277, 278, 279, 280, 281, 285, 287, 289, 290, 291, 292, 293, 294, 298, 299, 302, 303, 305, 306, 326, 327, 329, 338, 340, 346, 349, 350, 352, 360, 361, 362, 368, 369, 370, 371, 372, 374, 375, 376, 384, 402, 403, 407, 408, 436, 439

저우위츠(周宇馳) 176, 177, 178, 182, 184, 185
저우젠린(周建人) 338
저우젠핑(周建平) 178
저우페이위안(周培源) 219, 220, 226
저우하이잉(周海?) 338
정웨이산(鄭維山) 170
주더(朱德) 45, 46, 107, 115, 230, 235, 292, 294, 298, 338, 360, 381, 384
중한화(鍾漢華) 86
지덩쿠이(紀登奎) 116, 170, 183, 235, 298, 459
지펑페이(姬鵬飛) 88
진충지(金冲及) 295

## ㅊ

쩡산(曾山) 190
쩡쓰위(曾思玉) 277
차오관화(喬冠華) 88, 261, 262
차오디추(曹荻秋) 54, 68
차우셰스쿠 254

| | |
|---|---|
| 차이창(蔡暢) | 190 |
| 천리윈(陳勵耘) | 178 |
| 천무화(陳慕華) | 459 |
| 천보다(陳伯達) | 21, 33, 35, 39, 45, 52, 53, 54, 73, 74, 76, 77, 79, 87, 115, 161, 164, 165, 166, 167, 168, 169, 170, 171, 172, 173, 174, 175, 176, 178, 179, 183, 189, 197, 229, 234 |
| 천사오민(陳少敏) | 108 |
| 천시롄(陳錫聯) | 115, 235, 277, 298, 328, 354, 362, 459 |
| 천윈(陳雲) | 45, 46, 107, 115, 116, 198, 211, 214, 215, 216, 217, 230, 434, 438, 443, 472, 495, 502, 505, 545, 546, 550, 551, 556, 557 |
| 천융구이(陳永貴) | 235, 236, 459 |
| 천이(陳毅) | 59, 78, 79, 88, 93, 95, 107, 116, 190, 195, 197, 198, 245, 246, 249, 250 |
| 천징룬(陳景潤) | 222, 409, 483, 489 |
| 천짜이다오(陳再道) | 86, 556 |
| 천피셴(陳丕顯) | 54, 68, 329 |
| 츠췬(遲群) | 278, 279, 281, 282, 284, 354 |
| 치번위(戚本禹) | 21, 26, 33, 104, 196, 197 |
| 치우후이줘(邱會作) | 116, 159, 165, 166, 173, 182, 184, 189 |

## ㅋ

| | |
|---|---|
| 카우츠키 | 32 |
| 캉성(康生) | 19, 22, 25, 26, 29, 30, 32, 35, 39, 45, 55, 56, 63, 66, 73, 76, 77, 79, 87, 93, 103, 104, 106, 107, 109, 115, 116, 162, 163, 164, 175, 235, 239, 289, 465, 547 |
| 코세예친 | 124, 247, 248, 250 |
| 키신저 | 253, 254, 255, 257, 258, 259, 262, 263, 267 |

## ㅌ

타오주(陶鑄)　　　　　35, 45, 50, 56, 57, 58, 59, 73, 74, 77, 87, 91, 125, 329, 403, 472, 505, 545
탄전린(譚震林)　　　　75, 78, 79, 107, 230, 231, 236, 500
톄잉(鐵瑛)　　　　　　286
퉁화이저우(童怀周)　　372, 373

## ㅍ

팡셴즈(逄先知)　　　　295
펑더화이(彭德怀)　　　19, 21, 403, 545, 547
펑전(彭眞)　　　　　　20, 21, 22, 25, 26, 28, 29, 30, 32, 34
펑충(彭沖)　　　　　　459
푸롄장(傅連暲)　　　　329
푸충비(傅崇碧)　　　　94, 159, 199
피딩쥔(皮定均)　　　　277

## ㅎ

하이루이(海瑞)　　　　18, 19, 20, 21, 23, 28, 34
한셴추(韓先楚)　　　　277
허룽(賀龍)　　　　　　91, 160, 199, 287, 288, 403
허청(賀誠)　　　　　　329
호찌민　　　　　　　　32, 124
화궈펑(華國鋒)　　　　205, 212, 232, 235, 298, 360, 362, 364, 365, 373, 375, 381, 382, 384, 385, 386, 387, 388, 389, 391, 432, 434, 435, 438, 439, 442, 445, 448, 452, 453, 457, 459, 462, 463, 477, 485, 488, 501, 502, 527, 532, 533, 544, 547, 552, 556
황융성(黃永勝)　　　　94, 116, 124, 159, 163, 171, 172, 173, 174, 179, 182, 184, 189
후야오방(胡耀邦)　　　115, 335, 336, 431, 434, 443, 470, 471, 473, 491, 492, 495, 500, 502, 503, 556, 557

후차오무(胡喬木)　　18, 338, 556
흐루쇼프　　　　　23, 28, 31, 32, 35, 99, 163, 549